日本思想大系10

法然 一遍

大橋俊雄

岩波書店刊行

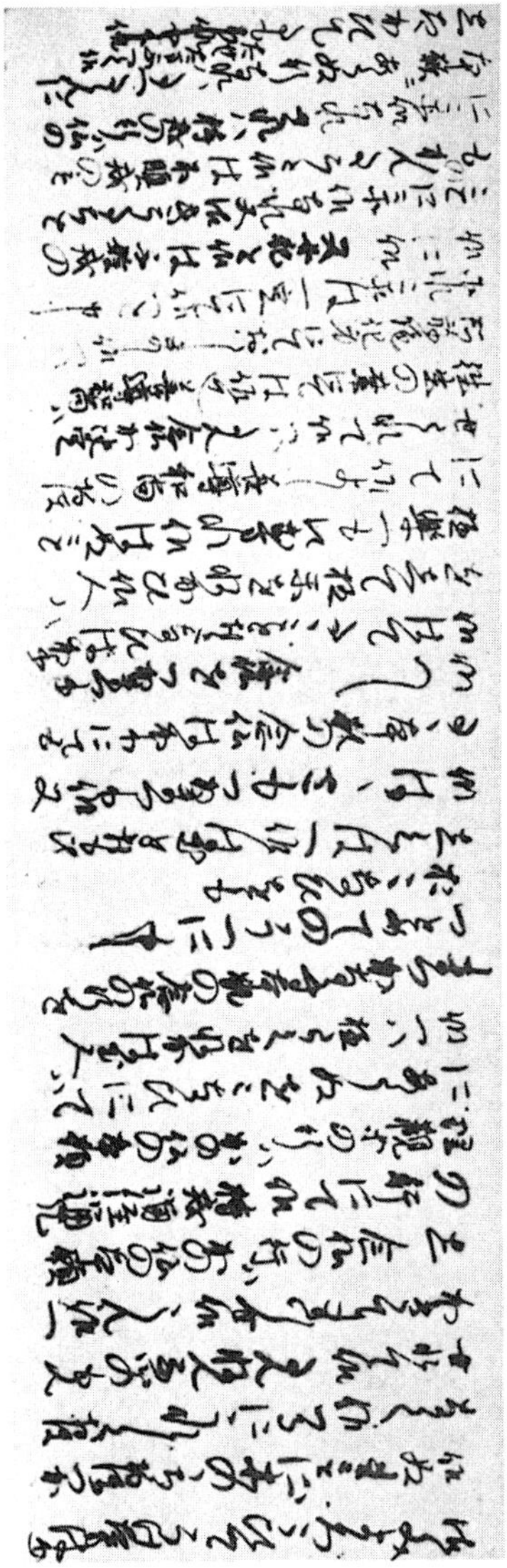

法然消息（自筆）

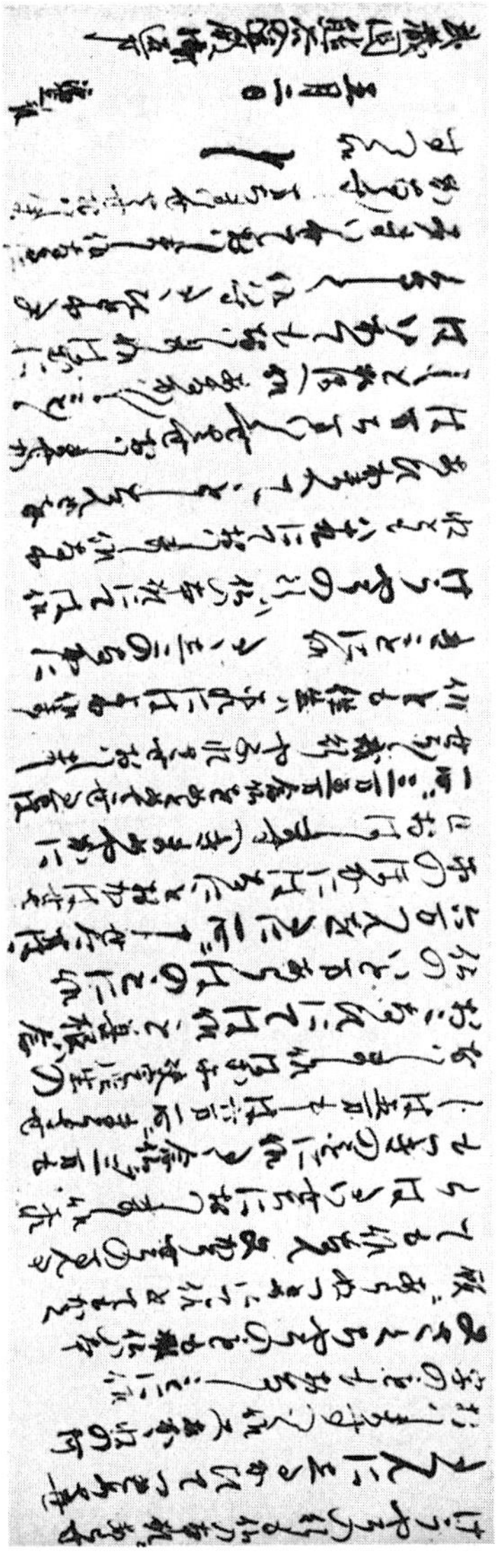

京都清涼寺蔵

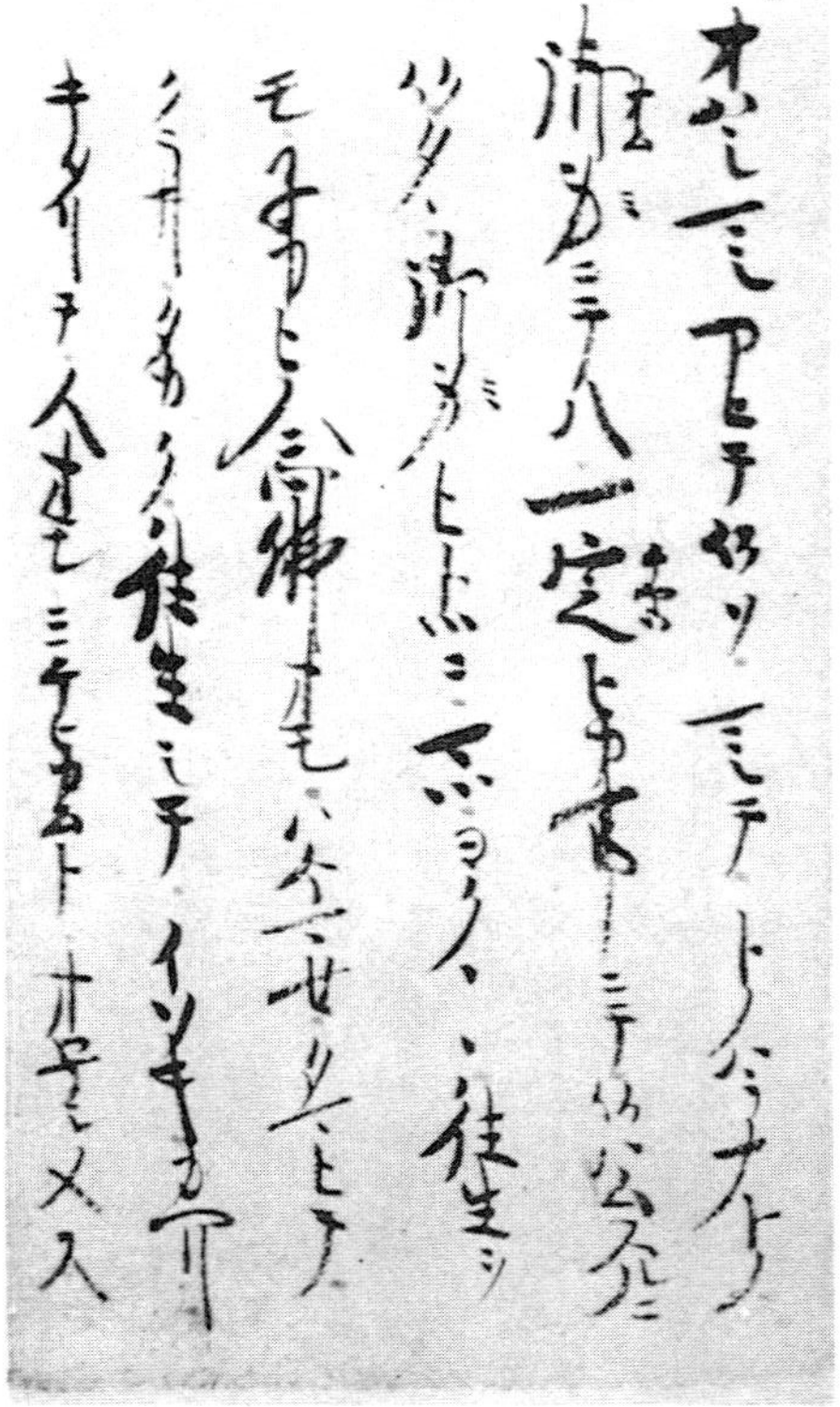

法然消息（親鸞筆 西方指南抄）

高田専修寺蔵

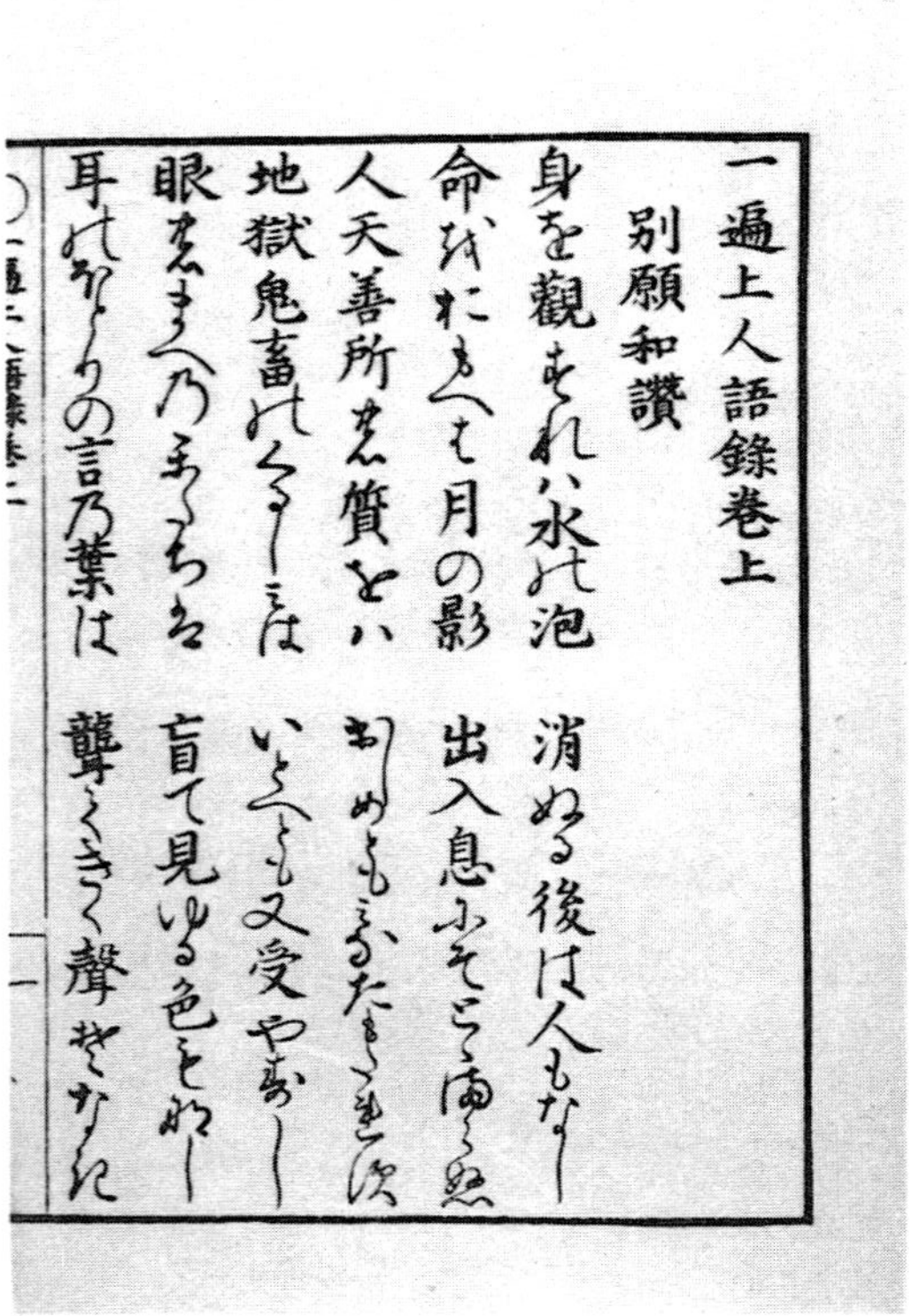

一遍上人語録巻上

別願和讃

身を観ずれば水の泡　消ぬる後は人もなし

命をおもへば月の影　出入息にぞとゞまらぬ

人天善所の質をば　惜めどもみなたもたれず

地獄鬼畜のくるしみは　いとへども又受やすし

眼のまへのかたちは　盲て見ゆる色もなし

耳のほとりの言乃葉は　聾てきく聲ぞなき

一遍上人語録　文化八年版本

目次

凡例

底本について

一、本書に収めたものの底本は、次の通りである。

（法　然）

往生要集釈――承久二年書写本。神奈川県立金沢文庫蔵。

三部経大意――正嘉二年書写本。三重県津市高田専修寺蔵。

無量寿経釈――寛永九年版本。東京都佐々木求巳氏蔵。

選択本願念仏集――元久元年書写本。奈良県当麻奥院蔵。

七箇条制誡――元久元年筆法然花押本。京都市嵯峨二尊院蔵。

一枚起請文――鎌倉期書写本。京都市黒谷金戒光明寺蔵。

消息文【熊谷直実入道蓮生へつかわす御返事】――法然自筆。京都市嵯峨清涼寺蔵。

【正行房へつかわす御返事】――法然自筆。奈良市興善寺蔵。

【黒田の聖人へつかわす御消息】以下十通の片仮名文による消息――康元元、二年親鸞書写の西方指南抄。三重県津市高田専修寺蔵。

【津戸の三郎へつかわす御返事】以下七通の平仮名文による消息――元亨元年版の和語灯録。竜谷大学図書館蔵。

（一遍）

一遍上人語録――文化八年版本。

播州法語集――安永五年版本。

本文について

一、法然の著作のうち、底本が漢文であるものについては、訓下し文を以て本文とし、原漢文は巻末に一括して掲げた。なお、一遍上人語録の偈頌の類は、訓下し文のすぐうしろに原漢文を掲げた。

一、往生要集釈、三部経大意、無量寿経釈、選択本願念仏集、一枚起請文は、成立の年代順に配列したものである。

一、本文の翻刻にあたっては、底本の形をできるだけ忠実に伝えることを旨とした。

一、漢字は新字体を使用し、漢字・仮名の古体・変体・略体などは、通行の字体に改めた。

一、片仮名と平仮名の別は底本のままとしたが、平仮名文の中における「ハ」「ミ」「ニ」などの片仮名は、平仮名に改めた。

一、仮名づかいは底本のままとし、歴史的仮名づかいを傍記した。漢文訓下しの本文は歴史的仮名づかいによった。

一、振仮名(ルビ)は、片仮名によるものは底本ルビであり、平仮名で現代仮名づかいによるものは校注者の施したものである。ただし、播州法語集の振仮名は底本のまま平仮名で施し、校注者が補ったものは〔　〕に入れた。法然の消息のうち、自筆以外のものには底本にルビがついているが、これは省略した。なお、漢字の左側についている底本の振仮名は、〔　〕に入れて割りルビとし、本行に組んだ。

一、読解に資するために、適宜、句読点を施し、改行を行なった。ただし、一遍上人語録巻下と播州法語集の段落は底本に従い、これに通し番号をつけた。

一、引用文や問答などには「　」をつけた。更にその中にカギが必要な場合には「　」『　』をつけた。

一、仮名の清濁については、校注者の見解に従った。

一、底本における割書きは、小字にして〈　〉で括り、一行組みとした。

一、和文中の経文の類については、訓下し文(《　》に入れて示した)を掲げた。

一、漢文の訓読にあたっては、選択本願念仏集の場合は、底本に付されている訓みを尊重し、つとめて鎌倉期の訓みに近いものにした。他の諸書については、底本についている訓みは参考にとどめ、かならずしも採用していない。なお、副詞・接続詞などの類は、なるべく仮名で表記した。

一、脱字・脱文については、他本によって補入したものは〔　〕で囲み、校注者の見解によって補入したものは(　)で囲んだ。ただし、底本が漢文のものは、原文にのみ〔　〕を付した。なお、往生要集釈は古本漢語灯録所収本(大谷大学蔵)、無量寿経釈は享保十一年版本、選択本願念仏集は主として廬山寺本により補入した。朽損は□によって示した。

一、誤字・衍字などと思われるものは正し、適宜、頭注にそのむねを記した。原文が漢文のものについては、原文のその部分に。(白マル)を付し、訓下し文では正しいものに改めた。

一、巻末に掲げた原漢文については、適宜、読点を施し、改行を行なったが、底本に付された返り点や送り仮名や連字符は省略した。底本に使われている字体はできるだけ採用するよう努めたが、訓下し文では通行の字体に改めた。また、慣用と異なる用字についても同様である。

一、往生要集釈と七箇条制誡は、底本には内題がないが、(　)に入れて加えた。

頭注・補注について

一、本文における経論疏の出典は、頭注においてこれを明示した。
一、仏教用語は紙幅の許すかぎり、頭注にこれを注記した。
一、頭注欄に載せ得なかった詳解・考証は補注に述べた。

＊

一、解説を巻末におさめた。

＊

一、本書を著わすにあたり、高田専修寺・金沢文庫・竜谷大学図書館・大谷大学図書館・黒谷金戒光明寺・嵯峨二尊院・同清涼寺・奈良興善寺・当麻奥院・東京佐々木求巳氏の貴重な書籍を使用させていただき、且つ岡見正雄氏には訓下し文作製上、貴重なご意見をたまわった。併せて厚く感謝の意を表す。

法然

往生要集釈

（往生要集釈《おうじょうようしゅうしゃく》）

*往生要集。まさにこの集を釈《しゃく》せむとするに、経論《きょうろん》を釈するに准《じゅん》ぜば、三門《さんもん》あるべし。一には*大意《たいい》、二には*釈名《しゃくみょう》、三には*入文解釈《にゅうもんげしゃく》なり。初めに大意とは、それ法性平等《ほっしょうびょうどう》にして、浄穢《じょうえ》を離るといへども、またまた*染浄縁起《ぜんじょうえんぎ》・*因縁仮有《いんねんけう》を離れず。この故に仏《ほとけ》、厭穢欣浄《おんねごんじょう》を勧めたまふ。但し厭《いと》ふといへども空《むな》しく厭ひ、欣《よろこ》ぶといへども空しく欣びて、もしその行なくは、終《つい》に獲《え》るところなし。この故に念仏行《ねんぶつぎょう》を修め往生《おうじょう》を求願《ぐがん》す。これその大意なり。

二に題目《だいもく》を釈すとは、「往生」と言ふは、草菴《そうあん》に目を瞑《ひさ》ぐ間、便《すなわ》ちこれ*蓮台《れんだい》に跏《か》を結ぶの程、即ち弥陀仏《みだぶつ》の後に従ひ、菩薩衆《ぼさつしゅう》の中にあり。一念《いちねん》の頃に西方極楽世界《さいほうごくらくせかい》に生まることを同じくす、故に往生と言ふなり。次に「要《よう》」とは、この集の中に念仏・諸行《しょぎょう》の二門ありといへども、諸行をもつて、その要とせず。即ち念仏をもつて往生の要とす。故に序《じょ》に云く、「念仏の一門によつて、いささか経論《きょうろん》の要文《ようもん》を集む」と。また、第八念仏証拠門《ねんぶつしょうこもん》に云く、「往生の要を直弁《じきべん》するに、多く念仏と云ふにはしかず」と。また云く、「明らかに知んぬ、*契経《かいきょう》には多く念仏をもつて往生の要とす」と。これらの意《こころ》によるに、要の言《ことば》はただ念仏に局《かぎ》つて諸行に通ぜず。次に「集」とは、広く経論によつて念仏往生の文を撰集《せんじゅう》す、故に集と言ふなり。この集に上中下あり、故に巻上と言ふのみ。

往生要集　恵心僧都源信が、永観二（九八四）年十一月から翌寛和元年四月にかけて著述したもので、三巻ある。源信は比叡山横川の恵心院の住僧で、天台浄土教の大成者。
大意　内容のあらまし。
釈名　書名の解題。
入文解釈　本文にしたがい、いくつかの分段に分け解説をほどこすこと。
染浄縁起　無明煩悩により染汚された有漏法を染法、垢染のない無漏法を浄法といい、染法と浄法が因と縁の関係にあること。法華経玄義釈籤巻十四に、「法性が無明と遍く諸法を造する、これを名づけて染とし、無明が法性と遍く衆縁に応ずる、これを号して浄とす。濁水と清水と波湿殊なることとなく、清濁は即ち縁に由るといへども、しかも濁成ずること本有なり、濁は本有なりといへども、しかも全体これ清なり」とある。
因縁仮有　成唯識論に、「果においてこれ因縁の性なり。これを除いて余の法は皆因縁にあらず。たとひ因縁と名づくとも、まさに知るべし、仮設なりと」とある。
蓮台　仏・菩薩が穢国に住し、離塵清浄神力自在であることを、蓮華が泥中にありながら淤泥に染まらないのにたとえたもので、仏の住する浄土を指し、蓮のうてなという。
契経　経典。

三に入文解釈《にゅうもんげしゃく》とは、これに二の意《こころ》あり。一には三段を分別し、二には章門《しょうもん》の開合《かいごう》を明かす。一に、「三段を分別す」とは、三段と言ふは一には序分《じょぶん》、二には正宗分《しょうじゅうぶん》、三には流通分《るずうぶん》なり。一に序分と言ふは、*根《こん》「それ往生極楽《ごくらく》の」より、「廃忘《はいもう》に備ふ」に至るまでは、これ序分なり。二に正宗《しょうじゅう》と言ふは、大文《だいもん》第一より下巻の末、*宝性論《ほうしょうろん》の偈《げ》に終るまで、これ正宗分なり。三に流通と言ふは、下巻の内題の奥七言四句《しちごんしく》の偈、これ流通分《るずうぶん》なり。二に、「章《しょう》門《もん》の開合《かいごう》を明かす」とは、先づ開《かい》し、次に合《ごう》す。先づ開と言ふは、序の中に云ふが如く惣《そう》じて十門あり、分つて三巻とす。一には*厭離穢土《おんりえど》ないし十には*問答料簡《もんどうりょうけん》、これ則ち開の義なり。次に合《ごう》と言ふは、前の十門を束《つか》ねて五門とす。謂《い》はく、一には厭離穢土門、二には*欣求浄土門《ごんぐじょうどもん》、この門の中に即ち第三の*極楽証拠門《ごくらくしょうこもん》を摂《せっ》す。三には*正修念仏門《しょうしゅねんぶつもん》、この門の中に即ち助念《じょねん》・別時《べつじ》・利益《りやく》・証拠の四門を摂す。四には*往生諸行門《おうじょうしょぎょうもん》、五には問答料簡なり。

問うて曰く、十門の次第《しだい》、造主《ぞうしゅ》定めて、その意《こころ》あるべし。今、何が故ぞ末学《みがく》、膚《はだえ》に稟《う》け、輙《たやす》く開合《かいごう》を論ずるの義、何の故《ゆえ》かあるや。

答へて曰く、第三極楽証拠門の意は、即ち第二欣求浄土門の疑《うたが》ひを釈す。謂はく、*十方《じっぽう》及び*覩率《とそつ》に対し、ただ偏《ひとえ》に*西方《さいほう》の一義を釈成《しゃくじょう》す、故に合して一門とす。

問うて曰く、何が故ぞ、第四・第五・第六・第七・第八、これを合して一門とするや。

答へて曰く、正助《しょうじょ》・長時《じょうじ》・別時《べつじ》・修因《しゅういん》・得果《とくか》等の義によつて、一往《いちおう》これを開いて五門とすといへども、諸行門に対するに、五門ともにこれ念仏の故に、また合して一門とす。故に序の中に云く、「念仏の一門によつて、いささか経論《きょうろん》の要文《ようもん》を集む」と。また第八念仏《ねんぶつ》

根　古本漢語灯録所収本は「初」につくる。

宝性論　つぶさには究竟一乗宝性論といい、四巻あり、後魏勒那摩提の訳にかかる。

厭離穢土　穢れた迷いの世界をいとい離れることをすすめる一章門。

問答料簡　問答形式による諸問題の解決を説く一章門。

欣求浄土門　浄らかな阿弥陀仏の浄土に往生したいと願い求めることを明かした一章門。

極楽証拠門　阿弥陀仏の浄土である極楽に往生することを勧めるよりどころとなる経論等の文証を挙げた一章門。

正修念仏門　念仏を正しく修行することを明かした一章門。

往生諸行門　浄土への往生について、念仏以外の諸種の一般的修行を明かした一章門。

十方　十方にある浄土の意で、十方とは東・南・西・北・東南・西南・東北・西北・下・上をいう。

覩率　兜率天といい、六欲天の一で、当来仏である弥勒菩薩の浄土。その位置は夜摩天の上、欲界六天の第四位に位し、須弥山の頂上十二万由旬、夜摩天より十六万由旬、閻浮提より三十二万由旬をへだてる上層にあるという。

西方　西方にましますす阿弥陀仏の極楽浄土を指す。

証拠《しょうこ》の中に云く、「問うて曰く、一切の善業《ぜんごう》おのおの利益《りやく》ありて、おのおの往生を得。何が故ぞ、ただ念仏の一門を勧むるや」と。第九門の初めに謂はく、「極楽《ごくらく》を求むる者、必ずしも念仏を修め専らにせず。すべからく諸行《しょぎょう》を明《あ》かして、おのおの楽欲《ぎょうよく》に任すべし」と。次に序の中に「一門」と言ふは、惣じて一部十門の中に言ふところの念仏を指して、念仏一門と云ふ。これ則ち諸行に対してこれを論ず。第八証拠門の中に言ふところの一門とは、上《かみ》の正修念仏已下《しょうしゅねんぶついげ》の四門を指す。また諸行に対して一門と云ふなり。第九門の初めに念仏と言ふは、一門の言《ことば》なしといへども、意《こころ》は正修已下の五門を指して念仏と云ふなり。これは諸行に対して、また念仏と云ふ。

往生要集《おうじょうようしゅう》について、広《こう》・略《りゃく》・要《よう》の三あり。広とは、この一部三巻に序《じょ》・正《しょう》・流通《るずう》あり。厭離《おんり》等の十門を束《つか》ねて、もつて広と名づく。十門とは一には厭離穢土《おんりえど》、二には欣求浄土《ごんぐじょうど》、三には極楽証拠《ごくらくしょうこ》、四には正修念仏《しょうしゅねんぶつ》、五には*助念方法《じょねんほうほう》、六には*別時念仏《べつじねんぶつ》、七には*念仏利益《ねんぶつりやく》、八には念仏証拠《ねんぶつしょうこ》、九には往生諸業《おうじょうしょごう》、十には問答料簡《もんどうりょうけん》なり。初めに厭離について七あり。一には*地獄《じごく》、二には*餓鬼《がき》、三には*畜生《ちくしょう》、四には*阿修羅《あしゅら》、五には人《にん》、六には天《てん》、七には*惣結《そうけつ》なり。地獄について八あり。一には等活《とうかつ》、二には黒縄《こくじょう》、三には衆合《しゅごう》、四には叫喚《きょうかん》、五には大《だい》叫喚《きょうかん》、六には焦熱《しょうねつ》、七には大焦熱《だいしょうねつ》、八には无間《むけん》なり。次に、欣求について十あり。一には*聖衆来迎楽《しょうじゅらいごうらく》、二には蓮花初開楽《れんげしょかいらく》、三には身相神通楽《しんそうじんずうらく》、四には五妙境界楽《ごみょうきょうかいらく》、五には快楽无退楽《けらくむたいらく》、六には引接結縁楽《いんじょうけちえんらく》、七には聖衆倶会楽《しょうじゅくえらく》、八には見仏聞法楽《けんぶつもんぼうらく》、九には随心供仏楽《ずいしんくぶつらく》、十には増進仏道楽《ぞうしんぶつどうらく》なり。次に極楽証拠について二あり。十方《じっぽう》に対し、兜率《とそつ》に対す。次に正修《しょうしゅ》に

助念方法　念仏修行の助けとなるさまざまの方法。
別時念仏　特定の日時をかぎり、念仏を修行すること。
念仏利益　念仏を修することにより受けるさまざまな利益。
地獄　三悪道・五趣・六道・十界の一で、自らのつくった悪業により、衆生の趣入すべき地下の牢獄をいい、これに八種がある。↓補
餓鬼　飢えと渇きに常に苦しめられている一種の鬼。
畜生　人間に飼われ養われている生きもので、鳥・獣・虫等も含む。
阿修羅　古代インドでは帝釈天との戦いを好む鬼神として知られ、争い、戦いの象徴とされている。
惣結　「惣じて厭う相を結ぶ」ということで、概括的なしめくくりをいう。
聖衆来迎楽…増進仏道楽　往生要集十大門の第二欣求浄土門に示されている十種の楽相。↓補
礼拝門…　帰命の念に住して浄土願生の意をもち礼拝するのを礼拝門、仏徳を讃嘆し称揚するのを讃嘆門、浄土に生じ奢摩他の行を成ぜんがために積極的に願生の意志をはたらきかけるのを作願門、毘婆舎那を成就するため、広く物的・人的両面の二種真実の功徳相を対境として観察するのを観察門、自己所修の功徳を廻して普く衆生に施し、ともに浄土に

ついて五あり。一には*礼拝門《らいはいもん》、二には讃嘆門《さんだんもん》、三には作願門《さがんもん》、四には観察門《かんざつもん》、五には廻向《えこう》門《もん》なり。この中、作願門について二あり。一には縁事《えんじ》の四弘誓願《しぐぜいがん》、二には縁理《えんり》の四弘誓願なり。次に観察門について三あり。一には別相観《べつそうかん》、二には惣相観《そうそうかん》、三には雑略観《ざつりやくかん》なり。この中、雑略観について極略観《ごくりやくかん》あり。次に助念方法について七あり。一には*方処供具《ほうしよくぐ》、二には*修行相皃《しゆぎようそうみよう》、三には*対治懈怠《たいじけたい》、四には*止悪修善《しあくしゆぜん》、五には*懺悔衆罪《さんげしゆざい》、六には*対治魔事《たいじまじ》、七には*惣結要行《そうけつようぎよう》なり。この中に修行相皃について四修《ししゆ》あり、三心《さんじん》あり。四修とは、一には長時《じようじ》修《しゆ》、二には慇重修《おんじゆうしゆ》、三には无間修《むけんしゆ》、四には无余修《むよしゆ》なり。三心とは、一には至誠心《しじようしん》、二には深心《じんしん》、三には廻向発願心《えこうほつがんしん》なり。次に止悪修善《しあくしゆぜん》について五の因縁《いんねん》あり。一には持戒不犯《じかいふぼん》、二には不起邪見《ふきじやけん》、三には不生憍慢《ふしようきようまん》、四には不恚不嫉《ふいふしつ》、五には勇猛精進《ゆうみようしようじん》なり。次に別時念仏《べつじねんぶつ》について二あり。一には尋常《じんじよう》の別行《べつぎよう》、二には臨終《りんじゆう》の行儀《ぎようぎ》なり。次に念仏利益《りやく》について七あり。一には*滅罪生善《めつざいしようぜん》、二には冥得護持《みようとくごじ》、三には現身見仏《げんしんけんぶつ》、四には当来勝利《とうらいしようり》、五には弥陀別益《みだべつやく》、六には引例勧信《いんれいかんしん》、七には悪趣利益《あくしゆりやく》なり。次に念仏証拠に三重《さんじゆう》の問答あり。次に往生諸行《おうじようしよぎよう》門《もん》あり。次に問答料簡《もんどうりようけん》について十あり。一には*極楽《ごくらく》の依正《えしよう》、二には*往生の階位《かいい》、三には往生の多少、四には尋常の念相《ねんそう》、五には臨終の念相、六には*麁心妙果《そしんみようか》、七には諸行勝劣、八には信毀因縁《しんきいんねん》、九には助道資縁《じよどうしえん》、十には助道人法《じよどうにんぼう》なり。これをもつて広《こう》と名づくるなり。

　また略とは、助念方法の中の惣結要行の七法、これなり。文《もん》に云く、「問ふ、上《かみ》の諸門の中に陳《の》ぶるところ、既に多し。いまだ知らず、いづれの業《ごう》をか往生の要とするを。答ふ、*大菩提心《だいぼだいしん》・護三業《ごさんごう》・深信《じんしん》・至誠《しじよう》、常に念仏すれば、願《がん》に随つて、決定《けつじよう》して極楽《ごくらく》に生《しよう》ず」と。

生ぜんと願ずるのを廻向門という。

方処供具　方処は念仏修行の場所とか方角、供具は供養の道具の意で、力に応じて花・香などを供え、道具を整えること。

修行相皃　念仏修行のすがたで、源信は西方要決(慈恩)と往生礼讃(善導)とを対比しつつ、摂大乗論により四修を、更に観無量寿経により三心を示した。

対治懈怠　怠りの心のおこりやすいのを抑え止めること。

止悪修善　悪をとどめ善を修することで、源信はこれに観仏三昧経により五事を挙げている。↓補

懺悔衆罪　多くの罪を悔いて許しを請うこと。

対治魔事　修観中におこるさまざまの障礙を魔事として除くこと。

惣結要行　往生行の肝要となるべき行為のとりまとめ。

滅罪生善…　罪を消滅して善を得るのを滅罪生善、諸仏の守護を知らぬ間に得るのを冥得護持、次の世でうける勝れた利益を当来勝利、例証を引いて信を勧めるのを引例勧信、悪道にいる者の受ける利益が悪趣利益。

極楽の依正　極楽の国土と阿弥陀仏。

往生の階位　↓補

麁心妙果　凡夫の心で修行することの勝れた果報を論ずること。

大菩提心　仏果菩提を証得せんと要期する心。

〈已上文〉

私《わたくし》に云く、問《とい》の意《こころ》は、「上の諸門」とは上の厭離《おんり》等の五門を指すなり。「陳《の》ぶるところ既に多し」とは、厭離《おんり》に七あり、欣求《ごんぐ》に十あり、証拠《しょうこ》に二あり、正修《しょうしゅ》に五あり、助念《じょねん》に七あり。かくのごとく諸門の中に陳《の》ぶるところ既にもつて多し。いまだ知らず、何の業をか往生の要とするやを。答《こたえ》の意は、しばらく問に准じ七法を撰《えら》び、もつて往生の要と名づくるなり。上《かみ》の五門の中に厭離・欣求・証拠の三門は要にあらず、故に捨て執《と》らず。「大菩提心」とは、上《かみ》の正修念仏門《しょうしゅねんぶつもん》の中に*五念門《ごねんもん》あり、その中に作願門《さがんもん》を取るなり。「護三業《ごさんごう》」とは、上《かみ》の止悪修善《しあくしゅぜん》の中に止悪の辺《へん》を取るなり。問ふ、止悪の中に*十重《じゅうじゅう》・四十八軽《しじゅうはっきょう》あり、ともにこれを取るか。答ふ、しからず、正《まさ》しく十重を取るなり。故に下《しも》の文《もん》に云く、「三業の重悪よく正道《しょうどう》を障《さ》ふ。故にすべからくこれを護《まも》るべし」と、これなり。「*深信《じんしん》」とは上《かみ》の修行相貌《そうみょう》の中に四修・三心あり、三心の中に深心《じんしん》を取るなり。「至誠《しじょう》」とは至誠心を取るなり。「常」とは四修の中に無間修《むけんしゅ》を取るなり。「念仏」とは上《かみ》の五念門の中に観察門《かんざつもん》を取るなり。問ふ、観察門の中に*称念《しょうねん》あり、*観念《かんねん》あり、正《まさ》しくは何を取るか。答ふ、称念を取るなり。故に下の文に云く、「称念仏《しょうねんぶつ》はこれ*行善《ぎょうぜん》なり」と。「*願に随つて」とは、上の三心《さんじん》の中に廻向発願心《えこうほつがんしん》を取るなり。故に、「大菩提心・護三業・深信・至誠、常に念仏すれば、願に随つて、決定《けつじょう》して極楽に生ず」と云ふ。これなほ問に准じて要否を簡《えら》ぶといへども、これしばらく*助念門《じょねんもん》の心なり。この集の正意にはあらず。問ふ、何をもつてか知ることを得たる、正意《しょうい》にはあらずや。答ふ、上の止悪修善の中に云く、「問ふ、念仏せば自《みずか》ら罪を滅す、

五念門　礼拝門・讃嘆門・作願門・観察門・廻向門。

十重・四十八軽　梵網経に説く大乗菩薩の必ず持すべき戒法で、十重禁戒は瓔珞経には十波羅夷罪としている。この戒を犯せば菩薩の資格を失うものとし、四十八軽戒は軽垢罪で、菩薩の七衆により、おのおの持すべき戒法の数に異なりがある。

深信　深固の心をもって、所聞所解の法を信愛して、疑いないこと。善導は深心を深く信ずるの心と解している(観経疏散善義)。

称念・観念　阿弥陀仏のみ名を称えるのを称念、阿弥陀仏を観察し思念するのを観念という。

行善　菩提をおこして仏道を行ずる出世間の善根。観経疏散善義には、「第三の福をば名づけて行善とす。これはこれ大乗心を発せば、凡夫自らよく行を行じ、兼ねて有縁を勧め、悪を捨て、心を持して廻して浄土に生ず」と述べている。

願に随つて　随願往生。随願は願によって生ずる因であり、往生は七法の因によって得られる果。

助念門　念仏修行を助ける一門。

なんぞ必ずしも堅《かた》く戒《かい》を持《たも》たんや。答ふ、もし一心《いっしん》に念ぜば誠《まこと》に責《せ》むるところの如し。しかるに尽日《じんじつ》に念仏し、閑《しず》かにその実《じつ》を検《けん》するに、*浄心《じょうしん》はこれ一両、その余は皆*濁乱《じょくらん》なり。ないし、この故に、要《かなら》ずまさに*精進《しょうじん》して戒を持《たも》つこと、なほし明珠《みょうしゅ》を護《まも》るが如くにすべし」と。故に知んぬ、如説《にょせつ》に念仏せば必ずしも持戒等を具すべからず。これをもつて略と云ふなり。

第七惣結要行《そうけつようぎょう》とは、問ふ、上の諸門の中に陳《の》ぶるところ、既に多し。いまだ知らず、いづれの業《ごう》をか往生《おうじょう》の要《よう》とするを。答ふ、大菩提心《だいぼだいしん》・護*三業《さんごう》・深信《じんしん》・至誠《しじょう》、常に念仏すれば、願《がん》に随つて、決定《けつじょう》して極楽に生ず。いはんやまた、余のもろもろの*妙行《みょうぎょう》を具せむをや。問ふ、何が故ぞ、これらを往生の要とするや。答ふ、菩提心の義、前につぶさに釈《しゃく》するが如し。三業《さんごう》の重悪よく正道《しょうどう》を障《さ》ふるの故に、すべからくこれを護《まも》るべし。往生の業には念仏を本《もと》とす。その念仏の心、必ずすべからく理《り》の如くすべし。故に深信・至誠・*常念《じょうねん》の三事を具す。常念に三の益《やく》あり、*迦才《かさい》の云ふが如し。「一には諸悪覚観《しょあくかくかん》、畢竟《ひっきょう》して生ぜず。また業障《ごうしょう》を消すことを得。二には*善根増長《ぜんごんぞうじょう》して、また見仏《けんぶつ》の因縁《いんねん》を種《う》うることを得。三には薫《くん》習熟利《じゅうじゅくり》して、命終《みょうじゅう》の時に臨んで*正念現前《しょうねんげんぜん》す」と。〈已上〉業《ごう》は願によつて転ず、故に随願《ずいがん》往生《おうじょう》と云ふ。惣じてこれを言はば、三業を護るはこれ止善《しぜん》、念仏を称するはこれ行善《ぎょうぜん》なり。菩提心および願は、この二善を扶助《ふじょ》す。故にこれらの法を往生の要とす。その旨、経《きょう》・論《ろん》に出《い》でたり。これを具することあたはず。

私《わたくし》に云く、この第七の惣結要行《そうけつようぎょう》とは、これ則ちこの*集の肝心《かんじん》、決定往生《けつじょうおうじょう》の要法《ようぼう》なり。学

浄心はこれ一両　きよらかな心は僅か一二にしかすぎない。
濁乱　乱れにごっていること。
精進　ひたむきに勇敢に、善をつとめはげむ行い。
三業　身口意の三処において起こすところの所作、身業・口業・意業。
妙行　すぐれたたえなる修行。
常念　常念仏の念は前後に通じ、仏を念ずるときは念仏となり、念仏の心が如実如理なるための要件として深信・至誠・常念の三事所具を明かすときは常念となる。即ち念仏は所念の体であり、常念は能念の常なる相。念仏の如実な相をいう。
迦才　唐代の人。貞観のころ、長安の弘法寺に住して浄土の業を修した僧であるが、伝歴は未詳。著書に浄土論三巻がある。
善根　善法は善果をもたらす根本であるが故に善根という。善本に同じ。
正念現前　心に何らの疑慮なき状態で、諸仏如来を目前に見ること。
集の肝心　惣結要行の七法(大菩提心・護三業・深信・至誠・常念・念仏・随願)が往生要集の肝要であるとの意で、七法を定立したのは法然であり、以来浄土各派の祖師の認めるところとなる。

六章　先には「助念方法に七あり」といっているのに、ここではなぜ六章に分けるかというに、惣結要行をもってしめくくりとしているからである。

いまだ…なり　底本には、「来此問也」とあるが、今はしばらく、古本漢語灯録所収本の「云未知也」とあるによる。

者さらにこれを思択《しちゃく》して、明らかにその要否《ようひ》を識《し》るべきなり。文に二の問答あり。しばらく初めの問《とい》の中に、「諸門」とは、上《かみ》に五門あり。一には厭離穢土《おんりえど》、二には欣求浄土《ごんぐじょうど》、三には極楽証拠《ごくらくしょうこ》、四には正修念仏《しょうしゅねんぶつ》、五には助念方法《じょねんほうほう》なり。故にこれらを指して、「上の諸門」と云ふなり。次に、「陳《の》ぶるところ既に多し」とは厭離門《おんりもん》に七章あり、欣求門《ごんぐもん》に十章あり、証拠門《しょうこもん》に二章あり、正修門《しょうしゅもん》に五章あり、助念門《じょねんもん》に六*章あり。これらの諸章に明かすところ既に多し。故に、「陳《の》ぶるところ既に多し」と云ふなり。次に、「いまだ知らず、いづれの業《ごう》をか往生の要とするを」とは、上の諸門において、おのおの述ぶるところの行《ぎょう》、すでに条数《じょうすう》あり。要否《ようひ》の法において学者識《し》りがたし。要法を決せむがための故に、「*いまだ知らず」と云ふなり。

次に答《こたえ》の中に二あり。一にはほぼ答の意《こころ》を述べ、二には答の文《もん》を釈す。初めに「答の意」とは、問の意既に上の諸門・諸行において、その要否を問ふ。故に答の中に、また上の諸門中において、その不・要を簡《えら》んで、その要行を示す。これ則ち答の中の大意なり。

次に正《まさ》しく「答の文を釈す」とは、また分つて二とす。一には惣じて五門に約して、これを簡《えら》び、二には別して二門に約して、これを簡《えら》ぶ。初めに「惣じて五門に約して簡ぶ」とは、上の厭離等《おんりとう》の三門はこれ往生の要にあらず。故に簡びて取らず。第四・第五の二門は正しくこれ往生の要行《ようぎょう》なり。故に答《こたえ》の中に、「大菩提心《だいぼだいしん》・護三業《ごさんごう》」等と云ふなり。「大菩提心」および「念仏」とは、これ則ち第四門なり。「護三業・深信《じんしん》・至誠《しじょう》」等とはこれ第五門なり。これ則ち惣じて諸門に約して、その要を挙げて、その不・要を簡《えら》ぶなり。次に、

「別して二門に約して簡《えら》ぶ」とは、これにまた二あり。一には第四門に約して、これを簡び、二には第五門に約して、これを簡ぶ。初めに、「第四門に約す」とは、これについてまた五門あり。一には礼拝門《らいはいもん》、二には讃嘆門《さんだんもん》、三には作願門《さがんもん》、四には観察門《かんざつもん》、五には廻向門《えこうもん》なり。この五門の中に作願と観察との二門をもつて、往生《おうじょう》の要とす。余の三門はこれ要にあらず。故に今、菩提心および念仏と云つて、また更に*礼讃等《らいさんとう》と云はず。また菩提心について*事《じ》あり、*理《り》あり。文《もん》の中にいまだこれを簡ばずといへども、もし念仏に例せば、しばらく事《じ》をもつて往生の要とす。また念仏と云ふは、これ観察門の異名《いみょう》なり。しかるに念仏の行《ぎょう》において、また*観想《かんそう》・*称名《しょうみょう》あり。二行《にぎょう》の中においては称名を要とす。故に次の答の中に、「念仏を称するはこれ行善《ぎょうぜん》なり」と云々。これをもつてこれを思ふに、往生要集は、称名念仏をもつて往生の至要《しよう》とす。二に、「第五門に約す」とは、これについて、また六法《ろつぼう》あり。一には方処供具《ほうしょくぐ》、二には修行相皃《しゅぎょうそうみょう》、三には対治懈怠《たいじけたい》、四には止悪修善《しあくしゅぜん》、五には懺悔《ざんげ》衆罪《しゅざい》、六には対治《たいじ》魔事《まじ》なり。この六法の中に、第二・第四の二門をもつて往生の要とし、第一・第三・第五・第六の四門、これ往生の要にあらざるが故に捨てて取らざるなり。第二門について、また四修あり、三心あり。四修とは、一には*長時《じょうじ》、二には慇重《おんじゅう》、三には無《む》間《けん》、四には無余修《むよしゅ》なり。四修の中において、ただ無間修を取つてその要とす、余の三は要にあらず。故に文《もん》に*要決《ようけつ》を引いて云く、「三には无間修、謂はく、常に念仏して往生の想《おもい》をなす」と。三心《さんじん》においては全く取つて棄《す》てず。皆これ往生の要なればなり。故に云く、「文に、深信《じんしん》・至誠《しじょう》および随願《ずいがん》と云ふ、これ則ちこの意《こころ》なり」と。次に第四門について、

礼讃　阿弥陀仏を恭敬の念をもって礼拝し、仏の徳を讃嘆すること。

事・理　事相差別を事、真理の体同を理、即ち具体的な事物をもって示すのを事、万有の根源的な絶対の真理と一体になるのを理という。

観想　真理とか仏体を、心中に観察し思念することで、観念というに同じ。

称名　仏のみ名をとなえること。称念・口称というに同じ。

長時…　発心のはじめより命終の夕べまで長時にわたって念仏するのを長時修、一切の三宝を尊び恭敬するのを慇重修、間断なく念仏を相続するのを無間修、念仏の一行を修し、余の行をまじえないのを無余修という。

要決　つぶさには西方要決釈疑通規といい、また西方要決ともいう。窺基の撰で、一巻(または二巻)ある。諸経論の説より西方往生に対しておこる疑難を会通しつつ釈し、西方往生を勧めたもので、仁和寺済進のごときは、五難を挙げ偽作と決めつけているが、源信(往生要集)、永観(往生拾因)をはじめ、法然も窺基の真撰としてこれを引用している。

菩薩戒　三聚浄戒の異名。三聚浄戒は三聚の清浄な禁戒の意で、摂律儀戒・摂善法戒・摂衆生戒をいう。梵

また六あり。一には持戒《じかい》不犯《ふぼん》、二には不起《ふき》邪見《じやけん》、三には不生憍慢《ふしようきようまん》、四には不恚《ふい》不嫉《ふしつ》、五には勇猛精進《ゆうみようしようじん》、六には読誦大乗《どくじゆだいじよう》なり。六法の中において、ただ第一を取つて往生の要とす。故に文に、「護《ご》三業《さんごう》の要」と云ふ。「護三業の要」とはこれ即ち持戒不犯なり、余の五は要にあらず。故に棄《す》てて取らず。いはゆる戒《かい》とは、これ*菩薩戒《ぼさつかい》なり、*声聞戒《しようもんかい》にはあらず。その旨、文《もん》に見えたり。ただし菩薩戒において、また十重《じゆうじゆ》あり、四十八軽《しじゆうはつきよう》あり。今の意《こころ》は軽《きよう》を捨てて重《じゆう》を取る。故に文《もん》に、「三業重悪《さんごうじゆうあく》」と云ふ。つらつらこの問答を案ずるに、この要集の意によつて往生を遂げむと欲する者、先づ縁事《えんじ》の大菩提心《だいぼだいしん》を発《おこ》し、次に*十重の木叉《もくしや》を持《たも》ち、深信と至誠とをもつて、常に弥陀の名号《みようごう》を称し、願《がん》に随つて、決定《けつじよう》して往生を得べし。これ則ちこの集の正意《しようい》なり。

次にまた問答《もんどう》あり。菩提心等の七法をもつて往生の要とし、その由《よし》を問答するなり。その文《もん》見易《みやす》し。繁《しげ》きを恐れて記さず。また上の厭離《おんり》等《とう》の五門において、要否を簡択《かんしやく》す。既にもつてかくの如し。下の別時《べつじ》等《とう》の五門また至要《しよう》にあらざること、これをもつて知るべし。また念仏において二あり。一には*但念仏《たんねんぶつ》、前の正修門《しようしゆもん》の意なり。二には*助念仏《じよねんぶつ》、今の助念門の意なり。この要集の意は、助念仏をもつて決定《けつじよう》の業《ごう》とするか。ただし善導和尚《ぜんどうかしよう》の御意《ぎよい》はしからざるかと云々。

三に要とは、念仏の一行に約して勧進《かんじん》する文《もん》これなり。第四の正修念仏、五門の中の観《かん》察門《さつもん》に云く、「初心の観行《かんぎよう》は深奥《じんおう》に堪へず」ないし「この故に*色相観《しきそうかん》を修すべし。これを分つて三とす。一は別相観《べつそうかん》、二は惣相観《そうそうかん》、三は雑略観《ざつりやくかん》なり。意楽《いぎよう》に随つて、まさにこれを

網経所説の十重四十八軽戒を実行し秩序正しい生活をするのを摂律儀戒、与えられた業務に精励邁進し八万四千の法門を実行するのを摂善法戒、大慈悲をもって一切衆生を利益するのを摂衆生戒という。

声聞戒 声聞は仏の声教を聞いて証悟する出家の弟子をいい、その声聞が守るべき規範が声聞戒。

十重の木叉 つぶさには十重波羅提木叉といい、十重禁戒に同じ。

但念仏 但念仏往生。ただ念仏のみで往生を期するのをいう。無量寿経釈に、「但念仏とは、およそ三品の義を論ずる事とは、もと一法についてこれを論ず、九品の煩悩等の如し。…何ぞ必ずしも行の多少について三品を論ぜむ。故に今本願念仏の行について、三品往生の旨を説くなり」と述べている。↓七三頁

助念仏 助念仏往生。余行をもって念仏を資助して弥陀の浄土に往生せんとするのをいう。無量寿経釈に、「かの集(往生要集)の意、念仏を助くるをもって決定往生の業とすと云々。能助に随はば、諸行往生と謂ふべし」と記している。↓七五頁

色相観 仏のすがた・かたちを想いみること。

帰命想 おのれが身命を投げだして仏に帰趣する想いをなすこと。

引接想 極楽にひきとられる想いをなすこと。

用ゐるべし。初めに別相観とは云々。二に惣相観とは云々。三に雑略観とは云々。もし相《そう》好《ごう》を観念《かんねん》するに堪へざることあらば、或いは*帰命想《きみようそう》により、或いは*引接想《いんじようそう》により、或いは往生想によつて、まさに称念すべし。〈已上、意楽不同なるが故に、種々の観を明かす〉*行住坐臥《ぎようじゆうざが》、語黙作々《ごもくさ さ》、常にこの念をもつて胸中に在くこと、飢《う》ゑて食を念ずるが如く、渇《かつ》して水を追ふが如くせよ。或いは低頭挙手《ていとうきよしゆ》し、或いは挙声称名せよ。*外儀《げぎ》は異なりといへども、心念《しんねん》は常に存して、念々相続《ねんねんそうぞく》して*寤寐《ごび》忘るることなかれ」と云々。

また念仏証拠門に云く、「問ふ、一切の善業《ぜんごう》おのおの利益《りやく》あつて、おのおの往生を得。何が故にただ念仏の一門を勧《すす》むるか。答ふ、今、念仏を勧むることは、これ余の種々の妙《みよう》行《ぎよう》を遮《しや》するにはあらず。ただこれ男女《なんによ》・貴賤《きせん》、行住坐臥《ぎようじゆうざが》を簡《えら》ばず、時処諸縁《じしよしよえん》を論ぜず、これを修するに難《かた》からず、ないし、臨終に往生を願求《がんぐ》するに、その便宜《べんぎ》を得ること念仏にはしかざればなり。故に*木槵経《もくげんきよう》に云く、「難陀国《なんだこく》の波瑠璃王《はるりおう》、使《つかい》を遣《つか》はし仏に白《もう》して言《もうさ》く、『ただ願はくは、世尊《せそん》特に慈愍《じみん》を垂《た》れて、我に要法を賜《たま》へ。我をして日夜に修行を得易《えやす》くして、未来世《みらいせ》の中に衆苦《しゆうく》を遠離《おんり》せしめたまへ』と。仏、大王に告げ言《たま》はく、『もし*煩悩障《ぼんのうしよう》・報障《ほうしよう》を滅せむと欲せば、まさに*木槵子《むくろじ》一百八を貫《つらぬ》いて、もつて常に自《みずか》ら随つて、もしは行《ぎよう》、もしは坐《ざ》、もしは臥《が》に、恒《つね》にまさに至心《ししん》にして分散の意《こころ》なく、*仏陀《ぶつだ》・*達磨《だるま》・*僧伽《そうぎや》の名を称し、乃《すなわ》ち一木槵子《むくろじ》を過《すぐ》すべし。かくのごとくしてもしは十、もしは二十、もしは百、もしは千、ないし百千万すべし。もしよく二十万遍を満《み》ちて、身心《しんしん》乱れず、もろもろの諂曲《てんごく》なくは、命を捨て第三の*炎摩天《えんまてん》に生ずることを得て、衣食自然《えじきじねん》にして、常に安楽を受し、

行住坐臥、語黙作々　行住坐臥を身の四威儀といい、これに語黙を加えて六作という。作は外部に現われる作用で、総じて日常の起居動作、種々のふるまいをいう。
外儀　外に現われる作法。
寤寐　寝てもさめても。
木槵経　一巻、唐不空(神竜元―大暦九年)訳で、三十帖策子第十七に収められている。
煩悩障　五障(煩悩障・業障・生障・法障・所知障)の一で、煩悩によって生ずるさわり。煩悩とは有情の身心を擾乱し、三界の牢獄につないで涅槃を障礙する法をいう。
木槵子　むくろじ科の落葉喬木で、その種子で数珠をつくる。
仏陀　悉曇で、覚者と訳し、覚寤した者という意。また漢訳で自覚覚他覚行窮満ともいう。これは煩悩を覚察して害をなさしめない一切智と、諸法の事理に通暁して明らかなる一切種智とを具し、上求菩提(自覚または自利)と下化衆生(覚他または利他)の行を完成した者の意。
達磨　悉曇で、自性を保持して改変せざるものの意。倶舎論巻一に、「よく自相を持するが故に、名づけて法とす」とある。
僧伽　悉曇で、衆と訳す。如来の教法を信受し、その道を行じて入聖得果する者、すなわち僧のこと。
炎摩天　護世八方天の一。閻魔天。

もしまたよく一百万遍を満つれば、まさに百八の結業《けつごう》を除断《じよだん》することを得て、生死《しようじ》の流れに背き、涅槃《ねはん》の道に趣《おもむ》いて、无上の果《か》を獲《え》るべし』と」と。〈略抄、*感禅師《かんぜんじ》の意《こころ》、またこれに同じ〉いはんやまた、もろもろの聖教《しようぎよう》の中に、多く念仏をもつて往生の業《ごう》とす。その文《もん》、甚だ多し。略して十文を出《いだ》さむ。一には*占察経《せんさつきよう》の下巻に云く、「もし人、他方現在の浄国《じようこく》に生まれむと欲せば、まさにかの世界の仏の名字《みようじ》に随《したが》ひ、意《こころ》を専らにして誦念《じゆねん》すべし。一心不乱なること、上の観察のごとくならば、決定《けつじよう》してかの仏の浄国に生まるることを得て、善根増《ぜんごんぞう》長《じよう》し、速《すみ》やかに不退《ふたい》を成《じよう》ぜむ」と。〈「上の観察のごとく」とは、*地蔵菩薩《じぞうぼさつ》の*法身《ほつしん》および諸仏の法身、己が自身と平等无二《びようどうむに》なれば、不生不滅《ふしようふめつ》・常楽我浄《じようらくがじよう》・功徳円満《くどくえんまん》を観じ、また己身《こしん》の無常、幻《まぼろし》のごとしと厭《いと》ふべきこと等を観ずるなり〉二には*双巻経の*三輩《さんぱい》の業《ごう》、浅深《せんじん》ありといへども、しかも通《つう》じて皆、「一向に専ら*无量寿仏《むりようじゆぶつ》を念ず」と云へり。三には*四十八願の中に、念仏門において、別して一願を発《おこ》して、「ないし十念せむに、もし生ぜずは*正覚《しようがく》を取らじ」と云ふ。四には*観経に「極重悪人《ごくじゆうあくにん》」と云々。五には同経に云く、「もし至心に欲せば」と云々。六には同経に云く、「光明遍《こうみようへん》照《じよう》」と云々。七には*阿弥陀経《あみだきよう》に云く、「少善根《しようぜんごん》をもつてすべからず」と云々。八には*般舟《はんじゆ》経《きよう》に云く、「阿弥陀仏言《のたま》はく、我が国に来たり生ぜむと欲さば」と云々。九には鼓音声経《くおんじようきよう》に云く、「もし衆生あらば」と云々。十には*往生論《おうじようろん》に、「もつてかの仏の依正《えしよう》の功徳《くどく》を観念して、往生の業とす」と。〈已上〉この中に観経の下々品《げげぼん》・阿弥陀経・鼓音声経、ただし名号を念ずるをもつて往生の業とす。いかにいはんや相好《そうごう》を観念せむ功徳をやと。問ふ、余行には、むしろ勧進《かんじん》の文《もん》なからむや。答ふ、それ余行の法は、因《ちなみ》にかの法の種々の功能《くのう》を明か

感禅師　懐感。中国唐代の人で、群疑論七巻の著者。善導の弟子で、長安千福寺の住僧。はじめ有宗を学び、のち善導に帰依して浄土の要義を究め、念仏三昧を証得したという。

占察経　つぶさには占察善悪業報経、二巻。隋菩提灯の訳。

地蔵菩薩　六道に示現して、未来際をつくし、苦の衆生を成熟せしめんと願う菩薩。

法身　三身(法身・報身・応身)の一で、宇宙の真理、仏の自性である無為・無漏・無生無滅の真如の理法。

双巻経　曹魏康僧鎧の訳で、無量寿経のこと。二巻より成るが故に双巻経とか両巻経とも呼んでいる。

三輩　浄土往生を願う人につき、その能力・素質より上輩・中輩・下輩に分類したもので、無量寿経に出る。観無量寿経にはこれを開いて九品としている。

无量寿仏　阿弥陀仏の異名。

四十八願　阿弥陀仏が法蔵菩薩として修行されたときおこされた四十八種の誓願で、六八弘願ともいう。

正覚　悉曇で、三藐三菩提の意訳で、仏十号の一。真正なる仏陀の覚悟をいい、縁起法を内容とする。

観経　観無量寿経。浄土三部経の一で、畺良耶舎の訳出したもの。一巻。

阿弥陀経　鳩摩羅什が姚秦弘始四年訳出したもの。一巻。

般舟経　般舟三昧経、後漢支婁迦讖

す。自《みずか》ら往生の事を説くに、直ちに往生の要を弁じて、多く念仏せよと云ふにはしかず。いかにいはんや、仏《ほとけ》、自《みずか》ら「まさに我《われ》を念ずべし」と言ふをや。また仏の光明《こうみよう》、余行《よぎよう》の人を摂取《せつしゆ》すと云はず。これらの文《もん》分明なり。なんぞ重ねて疑ひを生ぜむや。問ふ、諸経の所《しよ》説《せつ》、機《き》に随つて万品《ばんぽん》なり。なんぞ管見《かんけん》をもつて一文を執《しゆう》するや。答ふ、馬鳴菩薩《めみようぼさつ》の*大乗起信論《だいじようきしんろん》に云く、「また次に衆生、初めてこの法を学せむに、その心怯弱《こうにやく》にして、信心成就《しんじんじようじゆ》し難しと懼畏《くい》して、意《こころ》に退《しりぞ》かむと欲せば、まさに知るべし、如来《によらい》に勝方便《しようほうべん》あつて信心を摂護《しようご》したまふことを。随つて心を専らにして、念仏する因縁《いんねん》をもち、願《がん》に随つて他方の仏土に往生することを得べし。*修多羅《しゆたら》に、「もし人専ら西方《さいほう》の阿弥陀仏《あみだぶつ》を念じ、所作《しよさ》の善業《ぜんごう》を廻向《えこう》して、かの世界に生まれむと願求《がんぐ》せば、即ち往生を得」と説くが如し。〈已上〉明らかに知んぬ、*契経《かいきよう》に多く念仏をもつて往生の要とすることを。もししからずは*四依《しえ》の菩薩、即ち理《り》を尽《つ》くすにあらず」と云々。

私《わたくし》に云く、この中に三番の問答あり。初めの問《とい》の意《こころ》は見るべし。唯勧《ゆいかん》の語は正《まさ》しく上の観察門の中の「行住坐臥」等の文を指すなり。その故は、一部の始末《しまつ》を尋ぬるに、慇懃《おんごん》に勧進《かんじん》すること、ただ観察の門にあり。余の処には、全く見ざるところなり。答の中に二義あり。一には*難行《なんぎよう》・易行《いぎよう》、謂はく諸行《しよぎよう》は修し難《がた》く念仏は修し易《やす》し。二には少分《しようぶん》・多分《たぶん》、謂はく諸行は勧進《かんじん》の文ははなはだ少なく、念仏は諸経に多くこれを勧進すと。次の問答の中に、問《とい》の意は知りぬべし。答《こたえ》の中に三義あり。一には*因明《いんみよう》・直弁《じきべん》。謂はく諸行は専ら往生のために、これを説かず。念仏は専ら往生のために、撰《えら》んでこれを説く。二には自説《じせつ》・不自説《ふじせつ》、

が光和二年訳出したもの。一巻。
往生論　具名を無量寿経優婆提舎願生偈といい、一に浄土論ともいう。
大乗起信論　一巻。馬鳴菩薩撰というも、インド・中国両撰述説がある。
修多羅　聖道衣料編に、「修多羅は梵語、此には契経と翻ず。本と契経とは、如来所説の黄巻赤軸の経文に名づく」と見える。即ち経典をいう。
契経　経典。
四依の菩薩　衆生が信頼し得る四類の人で、一に出世の凡夫、二に預流果・一来果の聖者、三に不還果の聖者、四に阿羅漢果に達した人をいう。出世の凡夫は出家し仏道を求めるが、聖者の位に達していない凡愚の人。
難行・易行　長期間にわたり、自力で精進し不退転地に至るのを難行、弥陀の願力により浄土に生じ、速やかに正定聚に入るのを易行という。
因明・直弁　宗(断案)・因(小前提)・喩(大前提)の三支作法により、物事の理を究めるのを因明、横道にそれることなく、直ちに本論に入り、考究するのを直弁という。

摂取　事物を選択して、おさめとること。浄土門では専ら阿弥陀仏の慈悲の光明が、苦の衆生をおさめ救済するのをいう。
四依の理尽　四依の菩薩が、真実の

謂はく諸行は阿弥陀如来《あみだにょらい》自《みずか》らまさにこれを修すべしと説きたまはず。念仏は自《みずか》らまさに我を念ずべしと説きたまふ。三には*摂取《せつしゅ》・不摂取《ふせつしゅ》、謂はく諸行を修すは仏光《ぶっこう》これを摂取《せつしゅ》したまはず。行念仏《ぎょうねんぶつ》は仏光これを摂取したまふと云々。次の問答の中に問の意を得べし。答の中に一義あり。如来の随機《ずいき》と*四依《しえ》の理尽《りじん》となり。謂はく諸行は釈迦如来《しゃかにょらい》、衆生《しゅじょう》の機《き》に随つてこれを説きたまふ。念仏は四依の菩薩、理を尽くしてこれを勧めたまふと云々。これ則ちこの集の本意《ほい》なり。委《くわ》しくこれを思ふべし。

往生の階位《かいい》に云く、「*問ふ、もし凡下《ぼんげ》の輩《ともがら》、往生を得ば、いかんが近代、かの国土において求むる者は千万なれども、得るものは一二もなきや。答ふ、*綽和尚《しゃくかしょう》の云く、「*信心深からず、存《そん》するがごとく、亡《ぼう》するがごとくなるが故に。信心一《しんじんいっ》ならず、決定《けつじょう》せざるが故に。信心相続せず、余念《よねん》間《まじ》はるが故に。この三を相応《そうおう》せざれば、往生することあたはず。もし三《さん》心《じん》を具して往生せずといはば、この処《ことわり》あることなけむ」と。*導和尚《どうかしょう》の云く、「*もしよく上《かみ》の如く念々相続して畢命《ひつみょう》を期《ご》とせば、十は即ち十生《しょう》じ、百は即ち百生ず。もし専を捨てて雑《ぞう》業《ごう》を修せむと欲する者は、百の時に希《まれ》に一二を得、千の時に希に三五を得」と。〈「上の如く」と言ふは、礼拝等《らいはいとう》の五念門《ごねんもん》、至誠等《しじょうとう》の三心《さんじん》、長時等《じょうじとう》の四修《ししゅ》を指すなり〉

私《わたくし》に云く、*恵《え》心理《しんり》を尽《つ》くして往生の得否《とくひ》を定めたまふには、善導《ぜんどう》・道綽《どうしゃく》をもつて指南《しなん》とすべきなり。また処々《しょしょ》に多く引いてかの師の釈を用ゐ、見るべしと云々。しかれば則ち恵心を用ゐるの輩《ともがら》は必ず善導・道綽に帰《き》すべきなり。これによつて先づ綽禅師《しゃくぜんじ》の安楽集《あんらくしゅう》を披《ひら》いて、これを覧《み》て聖道《しょうどう》・浄土《じょうど》二門の仏教を分ち釈するなり。次に善導の観経《かんぎょう》の疏《しょ》見るべし。

道理を究めつくすこと。

問ふ　以下の問答は、往生要集巻下大文第十、問答料簡中の往生階位のもとに明かす十三問答中の第九問答にあたり、ここで凡下の輩も念仏の生涯をつくすことにより往生できることを確認した。

綽和尚　道綽のこと。道綽は中国浄土五祖中の第三祖。はじめ涅槃宗の人であったが、のち汶水石壁玄忠寺に遊び、曇鸞の碑文に接したのが縁で、その芳躅を慕い、同寺に留まり専ら浄業をはげみ、称名日に七万遍におよんだという。著書に安楽集二巻がある。

信心深からず…なけむ　安楽集巻上に出る文。原文には、「信心不淳」とあったのを、源信は「不深」と改めた。深は浅に対する語で、奥深く勝れている、厚いの意があり、淳にはあつい、ゆたかの意がある。

導和尚　善導のこと。善導は中国浄土五祖の一であり、また中国浄土教の大成者。隋末唐初の人で、道綽から浄土教を受け、終南山や洛陽でそれを弘布し、また観経疏四巻・観念法門一巻・往生礼讃一巻・法事讃二巻・般舟讃一巻等五部九巻を著わし、浄土教の興隆につくした。

もしよく…三五を得と　往生礼讃に出る文で、前序にある。

恵心　源信、比叡山横川の恵心院に住していたための呼称であろう。

三部経大意

三部経大意《さんぶきようたいい》

*双巻経《サウクワンギヤウ》・*観无量寿経《クワンムリヤウジユキヤウ》・*阿弥陀経《ワアミダキヤウ》、コレヲ浄土《じようど》ノ三部《ブ》経トイフナリ。

双巻経《サウクワンギヤウ》ニハ、マヅ阿弥陀仏ノ四十八願ヲトキ、ツギニ願ノ成就《ジヤウジユ》ヲアカセリ。ソノ四十八願トイフハ、*法蔵比丘《ホフザウビク》、*世自在王《ジザイワウ》仏ノミマヘニシテ、*菩提心《ぼだいしん》ヲオコシテ、*浄仏国土成就衆《じようぶつこくどじようじゆしゆ》生《じよう》ノ願ヲタテタマヘリ。オホヨソ、ソノ四十八願ハ、アルイハ無《ム》三悪趣《アクシユ》トモタテ、不更悪《フキヤウアク》道《ダウ》トモトキ、或《アルイ》ハ悉皆金色《シチカイコムジキ》トモイヒ、無有好醜《ムウカウシユ》トモチカフ。ミナコレ、カノ国《クニ》ノ荘厳《シヤウゴム》、往《おう》生《じよう》ノノチノ果報《クワホウ》ナリ。コノ中ニ、衆生ノ彼国《カノクニ》ニムマルベキ行ヲタテタマヘル願ヲ、第十八ノ願トスルナリ。

「設我得仏《セチガトクブチ》、十方衆生、至心信楽《シシムシンゲウ》、欲生我国《ヨクシヤウガコク》、乃至十念《ナイシジフ》、若不生者《ニヤクフシヤウジヤ》、不取正覚《フシユシヤウガク》、唯除《ユイヂヨ》*五逆《グギヤク》誹謗正法《ヒハウシヤウボフ》《たとひ我仏《われほとけ》を得たらむに、十方《じつぽう》の衆生、至心に信楽して、我が国に生ぜむと欲して、乃至十念《じゆうねん》せむに、もし生ぜずは正覚を取らじ。ただ、五逆《ごぎやく》と、正法を誹謗するものを除く》」ト云々。オホヨソ四十八願ノ中ニ、コノ願コトニスグレタリトス。ソノユエ《(ゑ)》ハ、カノ国《クニ》ムマル、衆生ナラバ、悉皆金色《シチカイコムジキ》ノ願モ、無有好醜《ムウカウシユ》ノ願《グワン》モ、ナニ、ヨリテ成就《ジヤウジユ》セム。往生スル衆生ノアルニツケテコソ、身《ミ》ノイロモ金色《コムジキ》ニ、好醜《カウシユ》アルコトモナク、*五通《ゴツ》オ《(を)》モエ、*三十二相オ《(を)》モ具スベケレ。コレニヨリテ、*善導釈《ゼンダウシヤク》シテノタマハク、「法蔵比丘《はうぞうびく》、四十八願ヲタテタマヒテ、

双巻経　康僧鎧訳「仏説無量寿経」のこと。上下二巻あるので、双巻経といい、また大経ともいう。

観无量寿経　畺良耶舎(きようりようやしや)訳、一巻。劉宋元嘉元年より同十九年までの間に訳出されたもので、十六観経・観経とも呼ばれている。

阿弥陀経　鳩摩羅什(くまらじゆう)が、姚秦弘始四年訳出したもので、一巻あり。小無量寿経・小経・四紙経・一切諸仏所護念経ともいう。

法蔵比丘　悉曇の曇摩訶羅。阿弥陀仏の成仏前の名。比丘は乞士の原語で、仏道修行中のものをいう。

世自在王仏　法蔵の師仏の名。

菩提心　仏の完全な悟りを求める心。

浄仏国土成就衆生ノ願　清浄な悟りの世界(浄土)をつくりたい、また一般大衆を浄土に往生せしめ、衆生を救いたいという希望をいい、大乗菩薩の仏道修行の内容の一つ。

五逆　父を殺し(殺父)、母を殺し(殺母)、聖者を殺し(殺阿羅漢)、教団を乱し(破和合僧)、仏の身から血を出す(出仏身血)罪をいう。

五通　五種の神通。五種とは神境智証通・天眼智証通・天耳智証通・他心智証通・宿住随念智証通。

三十二相　仏や転輪聖王の身に具足する三十二種の一般の人とは異なる微妙の相をいう。

善導　中国浄土教の大成者で、善導流念仏の創始者。

一一ノ願ニミナ、*若我得仏《ニヤクガトクブチ》、十方衆生《シュジヤウ》、称我名号《ショウガミヤウガウ》、下至十声《ゲシシヤウ》、若不生者《ニヤクフシヤウジヤ》、不取正覚《フシュシヤウガク》《もし我《われ》仏を得たらむに、十方の衆生、我が名号を称すること、下十声《しもじっしょう》に至るまで、もし生ぜずは正覚を取らじ》」ト云々。オホヨソ、諸仏ノ願トイフハ、*上求菩提下化衆生《ジヤウグボダイゲクエシュジヤウ》ノコヽロナリ、アル大乗《ジョウ》経《キヤウ》ニイハク、「*菩薩《ボサチ》ノ願ニ二種《シュ》アリ。一ニハ上求菩提《ジヤウグボダイ》、二ニハ下化《ゲクエ》衆生ナリ。ソノ上求菩提《グボダイ》ノ本意《ホンイ》ハ、衆生ヲ済度《サイド》シヤスカラムガタメナリ」ト云々。シカレバ、タヾ本意下化《ホンイゲクエ》衆生ノコヽロニアリ。イマ弥陀如来ノ浄土ヲ荘厳《シヤウゴム》シタマヒシモ、衆生ヲ引摂《インゼフ》シヤスカラムガタメナリ。スベカラク、イヅレノ仏モ成仏ノノチハ*内証外用《ナイショウゲユウ》ノ功徳《クドク》、済度利生《サイドリシヤウ》ノ誓願《セイグワン》、イヅレモフカクシテ勝劣《ショウレチ》アルコトナケレドモ、行《ギヤウ》菩薩道《ダウ》ノ時《トキ》ノ*善巧方便《ゼンゲウハウベン》ノチカヒ、ミナコレマチ〳〵ナリ。弥陀如来ハ*因位《インヰ》ノトキ、モハラ我名《ワガナ》ヲトナエ(へ)ム衆生ヲムカヘムトチカヒタマヒテ、*兆載永劫《テウサイヰヤウゴフ》ノ修行《シュギヤウ》ヲ衆生ニ廻向《エカウ》シタマフ。*濁世《ヂョクセ》ノ我等《ワレラ》ガ依怙《エコ》、生死《シヤウジ》ノ出離《シュツリ》コレニアラズハ、ナニオ(を)カ期《ゴ》セム。コレニヨリテ、カノ仏ハ、「ワレヨニコエタル願ヲタツ」トナノリタマヘリ。三世ノ諸仏モイマダカクノゴトキノ願オ(を)バオコシタマハズ、十方ノ薩埵《サチタ》モイマダカヽルチカヒハマシマサズ。「コノ願モシ剋果《コククワ》スベクハ*大千感動《カムドウ》スベシ。虚空《コク》ノ諸天マサニ珍妙《チンメウ》ノ華《ハナ》ヲフラスベシ」トチカヒシカバ、大地《チ》六種《シュ》ニ振動《シムドウ》シ、天ヨリハナフリテ、ナムヂマサニ正覚《シヤウガク》ヲナルベシトツゲキ。法蔵比丘、イマダ仏ニナリタマハズトモ、コノ願ウタガフベカラズ、イカニイハムヤ成仏《じょうぶつ》ノノチ*十劫《じっこう》ニナリタマヘリ、信ゼズハアルベカラズ。「*彼仏今現在成仏《ヒブチコムゲンザイ》、当知《タウチ》、本誓重願不虚《ゼイヂウグワンフコ》、衆生称念《シュジヤウショウネム》、必得往生《ヒチトクワウジヤウ》《かの仏、今《いま》現にましまして成仏したまへり。まさに知るべし。本誓《ほんぜい》の重願虚《むな》しからず、衆生称念すれば、必ず往生を得》」ト釈《シヤク》

若我得仏…不取正覚　往生礼讃の文。

上求菩提下化衆生　大乗の菩薩が初発心のとき弘誓の願をたて、上に向かってみずから菩提を求むるのを上求菩提、下に向かい一切の衆生を化度するのを下化衆生という。

菩薩　菩提薩埵の略で、覚有情と訳し、仏の覚悟を求めて努力するもの。

内証外用ノ功徳　修行して成就した仏の内面に具している功徳を内証、外面的・対他的な功徳を外用という。

善巧方便　菩薩が衆生を度するにあたり、機宜に応じ、自由自在に施設適化する巧妙な智用。往生論註巻下に、「正直を方と曰ひ、己を外にするを便と曰ふ」と述べている。

因位　菩薩が六度(布施・持戒・忍辱・精進・禅定・智慧)の因行を修しつつある間の位。

兆載永劫　時間の無限であること。兆は百万、載は一千万の一千万倍の数、劫は劫波の略で、長時と訳し、その長い劫の兆載倍をいう。

濁世　五濁悪世の略。娑婆世界のごとく、五濁の世があらわれ悪事しげき世をいう。

大千　大千世界のことで、全宇宙をいう。太陽圏の全世界の千倍を小千世界、その千倍を中千世界、その千倍を大千世界という。

十劫　長時をいう。劫の十倍の時間。

彼仏…往生　往生礼讃の文。

シタマヘル、コレナリ。*「諸有《シヨウ》衆生、聞其名号《モンゴミヤウガウ》、信心歓喜《シンジムクワンギ》、乃至《ナイシ》一念至心廻向《シシムエカウ》、願生彼国《グワンシヤウヒコク》、即得《ソクトク》往生、住不《ヂユフ》退転《タイテン》、唯除五逆誹謗正法《ユイヂヨゴグギヤクヒハウシヤウボフ》《もろもろの衆生《しゆじやう》あつて、その名号を聞き、信心歓喜し、乃至一念、至心に廻向して、かの国に生ぜむと願ずれば、即ち往生を得て、不退転に住す。ただ五逆と、正法を誹謗するものを除く》」トイヘリ。コレハ第十八ノ願成就ノ文《もん》ナリ。願ニハ「乃至*十念」トトクトイヘドモ、マサシクハ願ノ成就スルコトハ、一念ニアリトアカセリ。次《ツギ》ニ*三輩《バイ》往生ノ文アリ。コレハ第十九ノ臨終現前《リムジユゲンゼン》ノ願成就ノ文ナリ。発菩提心等《ホチボダイシムトウ》ノ業《ゴフ》ヲモテ、三輩《バイ》ヲワカツトイヘドモ、往生ノ業《ゴフ》ハ通《ツ》ジテ、ミナ「一向専《セン》念*无量寿仏《ムリヤウジユブチ》《一向《いつこう》に専ら无量寿仏を念ず》」トイヘリ。コレスナワチ《(は)》、コノ仏ノ本願ナルガユ《(ゑ)》ヘナリ。「*其仏本願力《ゴブチホングワンリキ》、聞名欲《モンミヤウヨク》往生、皆悉到彼《カイシチタウヒ》国《コク》、自致不退転《ジチフタイテン》《その仏の本願力により、名を聞いて往生せむと欲すれば、皆《みな》ことごとくかの国に到つて、自《おのずか》ら不退転に致《いた》る》」トイフ文アリ。漢朝《カンテウ》ニ玄通律師《グエンツリチシ》トイフモノアリキ、*小乗戒《セウジヨウカイ》ヲタモツモノナリ。遠行《エンカウ》シテ野《ノ》ニ宿《シユク》シタリケルニ、隣房《リンバウ》〈トナリノバウ〉ニ人アリテコノ文ヲ誦《ジユ》シキ。玄通《グエンツ》コレヲキヽテ、一両返誦《リヤウヘンジユ》シテノチニ、オモヒイヅルコトモナクシテワスレニキ。ソノヽチ、玄通律師《グエンツリチシ》戒《カイ》ヲヤブリテ、ソノツミニヨリテ、*閻魔《エムマ》ノ庁《チヤウ》ニイタル。ソノトキニ閻魔法王《エムマホフワウ》ノノタマハク、「ナムヂ仏法流布《ブチホフルフ》ノトコロニムマレタリキ、所学《シヨガク》ノ法《ホフ》アラバ、スミヤカニトクベシ」ト、高坐《カウザ》ニオイノボセラレシトキニ、玄通高坐《グエンツカウザ》ニノボリテオモヒマワ《(は)》スニ、スベテコヽロニオボユルコトナシ。ムカシ野宿《ノジユク》ニテキヽシ文アリキ。コレヲ誦《ジユ》シテムトオモヒイデヽ、「其仏本願力」トイフ文ヲ誦《ジユ》シタリシカバ、閻魔《エンマ》王タマノカブリヲカタブケテ、「コレハコレ西方極楽《サイハウゴクラク》ノ弥陀如来ノ功徳《クドク》ヲトク文ナリ」トイヒテ、礼《ライ》

諸有衆生…誹謗正法　無量寿経巻下の文。

乃至十念　極楽往生の行業である念仏には、遍数に制限のないのをいう。法然が「多より少に向ふ言なり。多といふは上一形を尽すなり。少といふは下十声・一声等に至るなり」(選択集)といっているように、一生涯を乃至としている。↓一〇八頁

三輩往生　三輩は極楽往生の機類における上輩・中輩・下輩の三種の別をいい、三輩の行を修して往生するのを三輩往生という。

无量寿仏　阿弥陀仏の異名。時間的に永遠に存在することをしめす意図をもつとき、無量寿仏と呼んでいる。

其仏…不退転　無量寿経巻下。

小乗戒　声聞戒ともいい、小乗律に制している二百五十の戒をいう。

閻魔　地獄の主で、冥界を支配している王を閻魔王といい、王は衆生の罪を監視し、悪の恐るべきことを知らしめる人間行為の審判官で、その行所が閻魔の庁。

仏語弥勒…无上功徳　無量寿経巻下。

弥勒　慈曇で怛麗耶、慈氏と訳し、大乗の菩薩で、釈尊の仏位をつぐ補処の菩薩。弥勒は釈尊の入滅に先だち、兜率天に上昇し、現に兜率天の内院に住し、将来の世にこの娑婆世界に出て釈尊の位処を補い、賢劫千仏中の第五仏となることが約束されている。その出世は釈尊滅後五十六

拝《ハイ》シタマフト云々。願力《グワンリキ》ノ不思議《フシギ》ナルコト、コノ文ニミエタリ。「*仏語《ブチゴ》*弥勒《ミロク》、其有得聞《ゴウトクモン》、彼仏名号《ヒブチミヤウガウ》、歓喜踊躍《クワンギユヤク》、乃至《ナイシ》一念、当知《タウチ》、此人為得大利《シニンヰトクリ》、則是具足無上功徳《ソクゼグソクムジヤウクドク》《仏《ほとけ》、弥勒に語《つ》げたまはく、それかの仏の名号を聞くことを得ることあつて、歓喜踊躍して乃至一念《いちねん》せむに、まさに知るべし、この人は大利を得たりとす。則ちこれ无上の功徳を具足す》」トイヘリ。弥勒菩薩《ミロクボサチ》ニコノ経《キヤウ》ヲ付属《ゾク》シタマフニハ、乃至一念スルヲモチテ大利《リ》无上ノ功徳《クドク》トノタマヘリ。経《キヤウ》ノ大意《イ》、コノ文ニアキラカナルモノカ。

次《ツギ》ニ観経《クワンギヤウ》ニハ、*定善《チヤウゼン》・散善《サンゼン》ヲトクトイヘドモ、念仏ヲモチテ*阿難尊者《ワナンソンジヤ》ニ付属《フゾク》シタマフ。「汝好持是語《ニヨカウヂゼゴ》《汝《なんじ》よくこの語を持《じ》せよ》」トイヘル、コレナリ。第九《ダイク》ノ*真身観《シンシンクワン》ニ、「光明遍《クワウミヤウヘン》照《ゼウ》十方世界《セカイ》、念仏衆生摂取《セフシユ》不捨《シヤ》《光明は遍《あまね》く十方《じつぽう》の世界を照らし、念仏の衆生《しゆじよう》を摂取して捨てたまはず》」トイフ文アリ、済度衆生《サイドシユジヤウ》ノ願《グワン》ハ平等《ビヤウドウ》ニシテアルコトナレドモ、縁《エン》ナキ衆生ハ利益《リヤク》ヲ*カフル事アタハズ。コノユヘ《(ゑ)》ニ、弥陀*善逝《ゼンセイ》、平等《ビヤウドウ》ノ慈悲《ジヒ》ニモヨヲ《(ほ)》サレテ、十方世界ニアマネク光明《クワウミヤウ》ヲテラシテ、*転《ウタ、》一切衆生ニコト〴〵ク縁《エン》ヲムスバシメムガタメニ、光明无量《クワウミヤウムリヤウ》ノ願《グワン》ヲタテタマヘリ、第《ダイ》十二ノ願コレナリ。ツギニ名号《ミヤウガウ》ヲモテ因《イン》トシテ、衆生ヲ引摂《インゼフ》セムガタメニ、念仏往生ノ願ヲタテタマヘリ。第十八ノ願コレナリ。ソノ名《ミナ》ヲ往生ノ因トシタマヘルコトヲ、一切衆生ニアマネクキカシメムガタメニ、諸仏称揚《シヨウヤウ》ノ願《グワン》ヲタテタマヘリ。第十七ノ願コレナリ。コノユヘ《(ゑ)》ニ、釈迦《シヤカ》如来《ニヨライ》ノコノ土《ド》ニシテトキタマフガゴトク、十方ニオノ〳〵*恒河沙《ゴウガシヤ》ノ仏マシ〳〵テ、オナジクコレヲシメシタマヘルナリ。シカレバ、光明《クワウミヤウ》ノ縁《エン》アマネク十方世界《セカイ》ヲテラシテモラスコトナク、名号ノ因《イン》ハ十方諸仏称讃《シヨウサン》シタマヒテキコエ

億七千万年で、この土の人寿八万歳の時であるという。

定善・散善　一切の善根を、修する者の心の持ち方から二つに分けたもので、心をしずめてよくものを考える善根を定善、平素の心のありのままのすがたで善行をはげむ善根を散善といい、定善に十三の観法、散善に三福九品がある。

阿難　つぶさには阿難陀といい、仏の十六弟子の随一で、多聞第一と称されている。二十余年間、釈尊に常随給仕した弟子で、第一結集に尽力した人という。

真身観　観経十六観の第九で、仏身観ともいい、正真の無量寿仏、すなわち六十万那由他恒河沙由旬の色身を観ずるのをいう。この観をなすものは、また十方一切の諸仏をみることを得るが故に偏観一切色想観とも称している。

カフル　蒙ること。

善逝　仏十号の一。仏の最初の発心を捨てたまうことなく、無量の智恵をもって、よく諸惑を断じ、世間を出過して、さとりの彼岸に去り逝き、生死をはなれるという意。

転　しみじみと感情のうごくようす。

恒河沙　恒河はインド東北に流れる三大河の一、ガンジス河。恒河の砂の数ほどあるという意で、計算をもって知ることあたわざるに喩えたもので、無数ということ。

ズトイフコトナシ。「我《ガ》至成仏道《シジヤウブチダウ》、名声超《ミヤウシヤウテウ》十方、究竟靡《クキヤウミ》所聞《シヨモン》、誓不成正覚《セイフジヤウシヤウガク》《我《われ》仏道を成ずるに至らば、名声十方に超えむ。究竟して聞ゆる所に靡《なび》かむは、誓って正覚を成ぜず》」トチカヒタマヒシ、コノユヘ《(ゑ)》ナリ。シカレバスナワ《(は)》チ、光明《クワウミヤウ》ノ縁《エン》ト名号ノ因《イン》ト和合《ワガウ》セバ、*摂取不捨《セフシユフシヤ》ノ益《ヤク》ヲカフラムコトウタガフベカラズ。ソノユヘ《(ゑ)》ニ*往生礼讃《ライサン》ノ序《ジヨ》ニイハク、「諸仏ノ所証《シヨシヨウ》ハ平《ビヤウ》等《ドウ》ニシテ、コレヒトツナレドモ、モシ願行《グワンギヤウ》ヲモテキタシオ《(を)》サムレバ、因縁《インエン》ナキニアラズ。シカモ弥陀*世尊モト深重《ジムヂウ》ノ誓願《セイグワン》ヲオコシテ、光明・名号ヲモテ*十方ヲ摂取《セフシユ》シタマフ」トイヘリ。又コノ願《グワン》ヒサシクシテ、衆生ヲ済度《サイド》セムガタメニ寿命無量《ジユミヤウムリヤウ》ノ願《グワン》ヲタテタマヘリ。第十三ノ願コレナリ。シカレバ、光明無量《クワウミヤウムリヤウ》ノ願《グワン》、横《ワウ》〈ヨコサマ〉ニ一切《サイ》衆生ヲヒロク摂取《セフシユ》セムガタメナリ。寿命無量《ジユミヤウムリヤウ》ノ願ハ竪《タヽサマ》ニ十方世界ヲヒサシク利益《リヤク》セムガタメナリ。カクノゴトク、因縁《インエン》和合《ワガウ》スレバ、摂取不捨《セフシユフシヤ》ノ光明《クワウミヤウ》ツネニテラシテステタマハズ。コノ光明《クワウミヤウ》ニマタ化仏・菩薩《ボサチ》マシ〳〵テ、コノ人ヲ摂護《セフゴ》シテ百重《ヂウ》千重囲《ヂウキ》繞《ネウ》シタマフニ、信心イヨ〳〵増長《ゾウヂヤウ》シ、衆苦《シユク》コト〴〵ク消滅《セウメチ》ス。*臨終《リムジユ》ノ時《トキ》ニハ仏ミヅカラキタリテムカヘタマフニ、モロ〳〵ノ邪業繋《ジヤゴフケ》ヨクサウ《(ふ)》ルモノナシ。コレハ衆生イノチオ《(を)》ハル時ニノゾミテ、百苦《ク》キタリセメテ身心《シンシム》ヤスキコトナク、悪縁《アクエン》ホカニヒキ、妄《マウ》念ウチニモヨヲ《(ほ)》シテ、*境界《キヤウガイ》・自体《ジタイ》・当生《タウシヤウ》ノ三種《シユ》ノ愛《アイ》心キオイ《(ほひ)》オコリテ、*第《ダイ》六天ノ魔王《マワウ》モ、コノ時ニアタリテ威勢《キセイ》ヲオコシテサマタゲヲナス。カクノゴトキノ種種《シユジユ》ノサハリヲノゾカムガタメニ、シカモ臨終《リムジユ》ノ時《トキ》ニハミヅカラ菩薩聖衆《ボサチシヤウジユ》ト囲遶《ヰネウ》シテ、ソノ人ノマヘニ現《ゲン》ゼムトイフ願《グワン》ヲタテタマヘリ。第《ダイ》十九ノ願コレナリ。コレニヨリテ臨終《リムジユ》ノトキニイタリヌレバ、仏来迎《ライカウ》シタマフ。行者《ギヤウシヤ》コレヲミテ、コヽロニ歓喜《クワンギ》ヲナシテ*禅《ゼン》

摂取不捨　阿弥陀仏の光明が念仏の衆生を摂取し護念して、捨てることなく救済すること。

往生礼讃　一巻。唐善導の撰にかかる五部九巻の一で、三種行儀のうちの尋常行儀を明かしたもので、往生礼讃偈または六時礼讃ともいう。六時すなわち日没・初夜・中夜・後夜・晨朝・日中の各時に、西方極楽世界の阿弥陀仏国に生ぜんとして礼拝・讃嘆する法を説いたもので、前序・六時礼法・発見仏願・後序の四段から成っている。

世尊　仏十号の一で、世間にもっとも尊重されているという意。

十方　東・南・西・北・東南・西南・東北・西北・上・下をいう。

臨終　終りに臨む意。詳しくは臨命終時といい、命のまさに終らんとする時をいう。

境界・自体・当生　対象と自身と後生に対する執着心。

第六天ノ魔王　欲界に属する六欲天の最高他化自在天の主、波旬を魔王という。一属を率い、人間界の仏教興隆を妨害するものといわれる。

禅定　六度の一。正しく座して心を静め、真理を身にさとること。

蓮台　蓮華台・蓮華座ともいい、仏や菩薩の坐する蓮華の台座をいう。仏・菩薩の台座に蓮華を用いるのは、仏や菩薩が穢国に住して、清浄神力自在であるのを、あたかも蓮華が泥

定《チヤウ》ニイルガゴトクシテ、タチマチニ観音《クワンオム》ノ*蓮台《レンダイ》ニノリテ、安養《アンヤウ》ノ*宝刹《ホウセチ》ニイタルナリ。コレラノ益《ヤク》アルガユヘ《(ゑ)》ニ、「念仏衆生摂取不捨《シユジヤウセフシユフシヤ》」トイヘリ。

ソモ〳〵コノ経ニ、「具《グ》三心者必生彼国《シヤヒチシヤウヒコク》《三心《さんじん》を具する者、必ずかの国に生ず》」トトケリ。一ニハ*至誠心《シジヤウシム》、二ニハ*深心《ジムシム》、三ニハ*廻向発願心《ヱカウホチグワンシム》ナリ。三心マチ〳〵ニワカレタリトイヱ《(へ)》ドモ、要《エウ》ヲトリ詮《セム》ヲエラビテコレヲイヘバ、深心《ジムシム》ヒトツニオ《(を)》サマレリ。善導和尚釈《ゼンダウクワシヤウシヤク》シテノタマハク、「*至《シ》トイフハ真《シン》ナリ、誠《ジヤウ》トイフハ実《ジチ》ナリ、一切衆生《サイシユジヤウ》ノ身口意《シンクイ》業《ゴフ》ニ修《シユ》スルトコロノ*解行《ゲギヤウ》、カナラズ真実心《シンジチシム》ノ中《ナカ》ニナスベキコトヲアカサムトス。ホカニハ賢善精進《ケンゼンシヤウジン》ノ相《サウ》ヲ現《ゲン》ジ、ウチニハ虚仮《コケ》ヲイダクコトヲエザレ」トイヘル、ソノ解行《ゲギヤウ》トイフハ、罪悪生死《ザイアクシヤウジ》ノ凡夫、弥陀ノ本願ニヨリテ十声《シヤウ》・一声決定《シヤウクヱチヂヤウ》シテムマルト、真実《シンジチ》ニサトリテ行ズル、コレナリ。ホカニハ本願《ホングワン》ヲ信《シン》ズル相《サウ》ヲ現《ゲン》ジテ、ウチニハ疑心《ギシム》ヲイダク、コレハ不真実《フシンジチ》ノサトリナリ。ホカニハ精進《シヤウジン》ノ相《サウ》ヲ現《ゲン》ジテ、ウチニハ懈怠《ケタイ》ナル、コレハ不真実《フシンジチ》ノ行ナリ、虚仮《コケ》ノ行ナリ。「*貪《トム》・瞋《ジン》・邪偽《ジヤグヰ》・奸詐《カンサ》*百端《ヒヤクタン》ニシテ、*悪性《アクシヤウ》ヤメガタシ、事《ジ》*蛇蝎《ジヤカチ》ニオナジ。*三業《ゴフ》ヲオコストイヱ《(へ)》ドモ、ナヅケテ*雑毒《ザフドク》ノ善《ゼン》トス、マタ虚仮《コケ》ノ行《ギヤウ》トナヅク、真実《シンジチ》ノ業《ゴフ》トナヅケズ。モシカクノゴトク*安心《アンジム》・起行《キギヤウ》ヲナスモ*、タトヒ身心《シンシム》ヲ苦励《クレイ》〈ネムゴロニハゲムトイフ〉シテ、日夜《ニチヤ》十二時《ジ》ニ急走急作《キフソウキフサ》シテ、頭燃《ヅネン》ヲハラフガゴトクスルモノハ、オホク雑毒《ザフドク》ノ善《ゼン》トナヅク。コノ雑毒《ザフドク》ノ善《ゼン》ヲメグラシテ、カノ仏《ブチ》ノ浄土《ジヤウド》ニムマレムトモトムモノハ、コレカナラズ不可《フカ》ナリ。ナニヲモテノユヘ《(ゑ)》ニ。彼阿弥陀仏《カノワアミダブチ》ノ、因中《インチウ》ニ菩薩《ボサチ》ノ行《ギヤウ》ヲ行ジタマヒシ時《トキ》、乃至《ナイシ》一念一*刹那《セチナ》モ三業《ゴフ》ニ修《シユ》スルトコロ、ミナコレ真実《シンジチ》心ノ中《ナカ》ニナス。オホヨソ*施為趣求《セキシユグ》スルトコロ、マタミナ真実ナ

中にあって泥に染まないのに喩えたもの。

宝刹　国土のこと。悉曇および中国で刹土の語が用いられ、また宝国ともいわれ、極楽浄土を指す。

至誠心　真実心ともいい、純なまじりけのない清い心。

深心　道心を聞き、深く信じて疑うことのない心。

廻向発願心　理想を実現するため欲求をおこす心。

至トイフハ…エザレ　観経疏散善義の文。

解行　知解と修行。知識により宗義を領解するのを解、宗義に示すところの行を実践するのを行という。

貪・瞋・邪偽…　観経疏散善義の文。貪はむさぼり、瞋ははらだち、邪はよこしま、偽はいつわり。

百端　多く。

悪性ヤメガタシ　原文は、「悪性難侵」となっている。観念法門に善性の人、悪性の人とあるように、性は不改の義で、本来の持ちまえ、生れつきというほどの意。侵はそこなう、断つの義で、無始のむかしから本性のようになっているので、これを止めようとしても容易に損減し得ない状態になっているということ。

蛇蝎　毒素をもった蛇やさそり。

三業ヲオコストイヱドモ　悪性の凡夫が三業(身業・口業・意業)の善をおこしても、それは雑毒虚仮の業で

ルニヨル。又真実ニ二種アリ、一ニハ自利《ジリ》ノ真実、二ニハ利他《リタ》ノ真実ナリ。真実ニ自他《ジタ》ノ諸悪及穢《オヨビエ》国等《コクトウ》ヲ制捨《セイシャ》シテ、一切菩薩《ボサチ》トオナジク、諸悪《ショアク》ヲステ諸善《ショゼン》ヲ修《シュ》シ、真実ノ中《ナカ》ニナスベシ」トイヘリ。コノホカオホクノ釈《シャク》アリ、スコブルワレラガ分ニコエタリ。

タヾシ、コノ至誠心《シジヤウシム》ハヒロク定善《ヂヤウゼン》・散善《サンゼン》・*弘願《ググワン》ノ三門《モン》ニワタリテ釈《シャク》セリ。コレニツキテ摠別《ソウベチ》ノ義《ギ》アルベシ。摠《ソウ》トイフハ自力《ジリキ》ヲモテ定散等《ヂヤウサントウ》ヲ修《シュ》シテ往生ヲネガフ至誠心ナリ。別トイフハ他力ニ乗《ジョウ》ジテ往生ヲネガフ至誠心ナリ。ソノユヘ(ゑ)ハ*疏《ショ》ノ玄義分《グエンギブン》ノ序題《ジョダイ》ノ下《シタ》ニイハク、「定《ヂヤウ》ハスナワ(は)チオモヒヲトヾメテコヽロヲコラシ、散《サン》ハスナワ(は)チ悪《アク》ヲトヾメテ善《ゼン》ヲ修《シュ》ス。コノ二善《ゼン》ヲメグラシテ往生ヲモトムルナリ。弘願《ググワン》トイフハ、大経ニトクガゴトシ。一切善《ゼン》悪《アク》ノ凡夫《ボムブ》ムマルヽコトヲウルハ、ミナ阿弥陀仏ノ大願業力《グワンゴフリキ》ニ乗《ジョウ》ジテ増上縁《ゾウジヤウエン》トセズトイフコトナシ」トイヘリ。自力《じりき》ヲメグラシテ他力《たりき》ニ乗《ジョウ》ズルコト、アキラカナルモノカ。シカレバハジメニ、「*一切衆生ノ身口意業《シンクイゴフ》ニ修《シュ》スルトコロノ解行《ゲギヤウ》、カナラズ真実心ノ中ニナスベシ。*外賢善精進《ホカニケンゼンシヤウジン》ノ相《サウ》ヲ現《ゲン》ズルコトヲエザレ、ウチニ虚仮《コケ》ヲイダケレバナリ」。ソノ解行《ゲギヤウ》トイフハ、罪悪生死《ザイアクシヤウジ》ノ凡夫《ボムブ》、弥陀ノ本願《ホングワン》ニ乗《ジョウ》ジテ十声・一声決定シテムマルベシト、真実心ニ信ズベシトナリ。外《ホカ》ニハ本願ヲ信ズル相ヲ現《ゲン》ジテ、内《ウチ》ニハ疑《ギ》心ヲ懐《イダク》、コレハ不真実ノ心ナリ。次ニ、「貪《トム》・瞋《ジン》・邪偽《ジヤグヰ》・奸詐《カンサ》百端《ヒヤクタン》ニシテ、悪性《アクシヤウ》ヤメガタシ、事《ジ》蛇蝎《ジヤカチ》ニオナジ。三業《ゴフ》ヲオコストイヘドモ、ナヅケテ雑毒《ザフドク》ノ善《ゼン》トス、マタ虚仮《コケ》ノ行トナヅク、真実《シンジチ》ノ善《ゼン》トナヅケズ」トイフナリ。自他《ジタ》ノ諸悪《ショアク》ヲステテ*三界《ガイ》・六道毀厭《ロクダウクヰエム》シテ、ミナ専真実《モハラシンジチ》ナルベシ。カルガユヘ(ゑ)ニ至誠心《シジヤウ》トナヅクトイフ。コレラハコレ摠《ソウ》ノ義《ギ》ナリ。ユヘ(ゑ)ハイカムトナレバ、深心《ジムシム》ノ下《シタ》ニ、

あるから、往生業とはならないことを示した文。

雑毒ノ善 煩悩の毒をまじえた善根。

安心 心を、求め所帰する所に止住して不動であること。安は安置、心は心念の意。

ナスモ 底本「ナスモノハ」。

刹那 最も短い時間。一日の六百四十八万分の一、一秒の七十五分の一をいい、瞬間というような意。

施為趣求 施主となり、衆生を教化するのが施為、悟りを求めるのが趣求。

弘願 広弘の誓願の意で、阿弥陀仏の本願の異名。

疏 観経疏。

一切衆生…イダケレバナリ 観経疏散善義の文。

外…イダケレバナリ この読み方は浄土真宗的で、浄土宗では、「外に賢善精進の相を現じて、内に虚仮を懐く事を得ざれ」と読む。

三界・六道 三界は三有ともいい、一切衆生の居住する三種の世界、すなわち欲界・色界・無色界で、迷いの世界をいう。六道とは六趣ともいい、地獄・餓鬼・畜生・修羅・人間・天上の六をいう。衆生の業によって趣き住む所。

罪悪…信ズベシ 観経疏散善義の文。

曠劫 久しい時(劫)の意で、大昔をいう。

「*罪悪生死《ザイアクシヤウジ》ノ凡夫《ボムブ》、*曠劫《クワウゴウ》ヨリコノカタ出離《シュツリ》ノ縁《エン》アルコトナシト信ズベシ」トイヘリ。モシカノ釈《シヤク》ノゴトク、一切ノ菩薩トオナジク諸悪《ショアク》ヲステ行住座臥《ギヤウヂユザグワ》ニ真実ヲモチキルハ悪人ニアラズ、煩悩《ボムナウ》ヲハナレタルモノナルベシ。カノ*分段生死《ブンダンシヤウジ》ヲハナレ、*初果《ショクワ》ヲ証《ショウ》シタル聖者《シヤウジヤ》、ナホ貪《トム》・瞋《ジン》・痴《チ》等《トウ》ノ三毒《ドク》ヲオコス。イカニイハムヤ、一分《ブン》ノ悪《アク》オ《(を)》モ断《ダン》ゼザラム*罪悪生死《ザイアクシヤウジ》ノ凡《ボム》夫《ブ》、イカニシテカコノ真実心ヲ具スベキヤ。コノユヘ《(ゑ)》ニ、自力《ジリキ》ニテ諸行《ショギヤウ》ヲ修《シュ》シテ至誠心《シジヤウシム》ヲ具《グ》セムトスルモノハ、モハラカタシ。千ガ中ニ一人モナシトイヘル、コレナリ。スベテコノ三心、念仏《ネムブチ》オヨビ諸行《ショギヤウ》ニワタリテ釈《シヤク》セリ。文《モン》ノ前後《ゼンゴ》ニヨリテコヽロエワカツベシ。例《レイ》セバ、*四修《シュ》ノ中《ナカ》ノ無間修《ムケンシュ》ヲ釈《シヤク》シテイハク、「相続《サウゾク》シテ恭敬《クギヤウ》・礼拝《ライハイ》・称名《ショウミヤウ》・讃嘆《サンダン》・憶《オク》念・観察《クワンザチ》・廻向発願《エカウホチグワン》シテ、心心相続《サウゾク》シテ余業《ヨゴフ》ヲモテキタシヘダテズ、カルガユヘ《(ゑ)》ニ無間修《ムケンシュ》トナヅク。又貪《トム》・瞋《ジン》、煩悩《ボムナウ》ヲモテキタシヘダテズ、随《シタガフ》テ犯《ボム》セバ随《シタガフテ》*懺《サム》ジテ、念ヲヘダテ時《トキ》ヲヘダテ月ヲヘダテズ、ツネニ清浄《シヤウ〲》ナラシム、又無間修《ムケンシュ》トナヅク」トイヘリ。コレモ念仏ト*余行《ヨギヤウ》トワカチ釈《シヤク》セリ。ハジメノ釈《シヤク》ハ貪《トム》・瞋等《ジントウ》オ《(を)》バイハズ。余行ヲモテキタシヘダテザル無間修《ムケンシュ》ナリ。後《ノチ》ノ釈《シヤク》ハ行《ギヤウ》ノ*正雑《シヤウザフ》オ《(を)》バイハズ、貪《トム》・瞋等《ジントウ》ノ煩悩《ボムナウ》ヲモテキタシヘダテザル無間修《ムケンシュ》ナリ。シカノミナラズ、往生礼讃《ライサン》ノ二行ノ得失《トクシチ》ヲ判《ハン》ジテ、「上《カミ》ノゴトク念念相続《サウゾク》シテイノチオワ《(をは)》ルヲ期《ゴ》トスルモノハ、十ハスナワ《(は)》チ十ナガラムマル。ナニヲモテノユヘ《(ゑ)》ニ。仏ノ本願ト相《サウ》応《オウ》スルガユヘ《(ゑ)》ニ、慚愧懺悔《ザムクヰサムグヱ》ノ心アルコトアルガユヘ《(ゑ)》ニ」トイヘリ。コノ中ニ、「貪《トム》・瞋諸《ジンショ》見《ケン》ノ煩悩《ボムナウ》キタリ間断《ケンダン》スルガユヘ《(ゑ)》ニ」トイヘルハ、ヒトリ雑行《ザフギヤウ》ノ失ヲイダセリ。爰《コヽニ》シリヌ、余行《ヨギヤウ》ニオイテハ貪《トム》・瞋《ジン》等ノ煩悩ヲオコサズシテ行ズベシトイフコトヲ。コレニ順《ジュン》ジテコレ

分段生死　果報の寿命にかぎりがあり、うける果報のからだに段々の別がある。迷いの凡夫の生死の果報を分段生死という。

初果　見惑すなわち思想上の煩悩を断って得た最初の聖果。

罪悪生死ノ凡夫　罪悪のために生死に迷える凡庸の士夫。罪悪というのは、総じていえばすべて不善の行業で、その数は実に無限であるが、別していえば十悪・五逆・誹謗正法などの重罪をいう。

四修　善導が往生礼讃に説いた念仏行者の修養法で、恭敬修・無余修・無間修・長時修をいう。阿弥陀仏をうやまい礼拝するのを恭敬修、専ら阿弥陀仏のみ名をとなえて、余業をまじえないのを無余修、安心相続してへだてなく念仏を修するのを無間修、生涯を通じて実行し、かならず中止しないのを長時修という。

懺ジテ　懺悔する。くいあらためる。

余行　念仏以外の読誦・観察・礼拝・讃嘆供養等の諸余の行業をいう。

正雑　正行と雑行。数多き浄土往生の行業に対する善導の分類で、所求(目的)、所帰(信仰の対象)、去行(実践行法)がともに、専ら西方の阿弥陀仏に帰一する行業が正行、その目的・対象・実践が一定せず、西方弥陀一仏にかぎらず、一切の諸仏菩薩・十方浄土に通ずる雑多の行業が雑行。

ヲオモフニ、貪《トム》・瞋等《ジントウ》ヲキラフ至誠心《シジヤウシム》ハ余行《ヨギヤウ》ニアリトミエタリ、イカニイハムヤ廻向発願《エカウホチグワン》ノ釈《シヤク》ハ、水火《シキクワ》ノ二《ニ》河ノタトヒヲヒキテ、「愛欲《アイヨク》・瞋恚《シンイ》ツネニヤキ、ツネニウルホシテ止事《トヾマルコト》ナケレドモ、深信《ジムシン》ノ白道《ビヤクダウ》タユルコトナケレバムマル、コトヲウ」トイヘリ。

次《ツギ》ニ、「*深心《ジムシン》ハ深信ノ心ナリ。決定《クエチヂヤウ》シテフカク自身《ジシン》ハコレ罪悪生死《ザイアクシヤウジ》ノ凡夫《ボムブ》ナリ、曠劫《クワウゴウ》ヨリ已来《コノカタ》ツネニ流転《ルテン》シテ出離《シユツリ》ノ縁《エン》アルコトナシト信ジ、決定シテフカクカノ阿弥陀仏ノ四十八願ヲモテ衆生ヲ摂受《セフジュ》シタマフニ、ウタガヒナク*ウラモヰ《(ひ)》ナク、カノ願力ニ乗ジテ、サダメテ往生スルコトヲウト信ズベシ」トイヘリ。ハジメニ、マヅ、「罪悪生死ノ凡夫、曠劫ヨリコノカタ出離ノ縁アルコトナシト信ゼヨ」トイヘル、コレスナワ《(は)》チ*断善《ダンゼン》ノ闡提《センダイ》ノゴトキノモノナリ。カヽル衆生ノ一念・十念スレバ、无始《ムシ》ヨリ已来《コノカタノ》生死《ジ》輪廻《リンエ》ヲイデヽ、極楽世界《ゴクラクセカイ》ノ不退《フタイ》ノ国土ニ生ズトイフニヨリテ、信心ハオコルベキナリ。仏ノ別願《ベチグワン》ノ不思議《フシギ》ハ、タヾ心ノハカルトコロニアラズ、タヾ仏ト仏トノミヨクシリタマヘリ。阿弥陀仏ノ名号ヲトナフルニヨリテ、五逆《グギヤク》・十*悪《アク》コト〲クムマルトイフ別願《ベチグワン》ノ不思議力《フシギリキ》ノマシマス、タレカコレヲウタガフベキヤ。*善導《ゼンダウ》ノ疏《シヨ》ニイハク、「或人《アル》、ナムダチ衆生、曠劫《クワウゴフ》ヨリコノカタ、オヨビ今生《コムジヤウ》ノ身口《シンク》意業《イゴフ》ニ、一切《サイ》ノ凡聖《ボムシヤウ》ノ身《ミ》ノウエ《(へ)》ニオキテ、ツブサニ十悪《アク》・五逆《ゴグギヤク》・*四重《シヂウ》・謗法《ハウボフ》・闡提《センダイ》・破戒《ハカイ》・*破見《ハケン》等《トウ》ノツミヲツクリテ、イマダ除尽《ヂヨジン》スルコトアタハズ、シカモコレラノ罪《ツミ》ハ三界ノ三悪《マク》ニ繫属《ケゾク》ス、イカムゾ一生修福《シヤウシュフク》ノ念仏ヲモチテ、スナワ《(は)》チ*无漏《ムロ》无生ノクニヽイリテ、ナガク*不退《フタイ》ノ位《クラヰ》ヲ証悟《シヨウゴ》スル事ヲエムヤトイハヾ、コタエ《(へ)》テイフベシ。諸仏ノ教行《ケウギヤウ》ハ、カズ塵沙《ヂンジヤ》ニコエ、*稟識《ボムジキ》ノ機《キ》縁《エン》心《コ、ロ》ニシタガヒテヒトツニアラズ、世間ノ人ノマナコニミ

深心　底本「深信」。「深心ハ…信ズベシ」は、観経疏散善義の文。

ウラモヰ　うらおもい、ためらうこと、おもんぱかること。

断善ノ闡提　善根を断ったため成仏の不可能なもの、闡提の一類。

十悪　十善に対するもので、十不善業・十悪業道ともいい、身口意業につくるところの身三・口四・意三の十種の罪悪をいう。すなわち殺生・偸盗・邪婬・妄語・悪口・両舌・綺語・貪欲・瞋恚・邪見で、前三を身悪行、次の四を口悪行、後の三を意悪行と名づけている。

善導の疏　観経疏散善義。

四重　四重禁のことで、波羅夷罪(断頭罪)と呼ばれ、比丘の犯した殺生・偸盗・邪婬・妄語をいう。

破見　邪見をおこして正見を破するの意で、仏法の正理にあわぬ意見。

无漏无生　報土には一切の煩悩がないから无漏であり、また報土は不生不滅の世界であるから无生という。いずれも浄国の特色をあらわす語。

不退ノ位　三界に退転しない地位。

稟識　こころを稟(う)けているものという意で、意識を有する生物、すなわち人をいう。

ツベシ、信ジツベキガゴトキハ、明《ミヤウ》ノヨク闇《アン》ヲ破《ハ》シ、空《ク》ノヨク有《ウ》ヲフウミ、地《チ》ノヨク*載養《サイヤウ》シ、水《ミヅ》ノヨク*生潤《シヤウニム》シ、火《ヒ》ノヨク*成壊《ジヤウエ》スルガゴトシ。カクノゴトキノ事《コト》ハ、コト〱ク*待対《タイダイ》ノ法トナヅク。スナワ(は)チ目《メ》ニミツベシ、千差万別《センシヤマンベチ》ナリ、イカニイハムヤ仏法不思議《ブチホフフシギ》ノチカラヲヤ、アニ種種《シユジユ》ノ益《ヤク》ナカラムヤ」トイヘリ。極楽世界《ゴクラクカイ》ニ水鳥《シキテウ》・樹林《ジユリン》、微妙《ミメウ》ノ法《ホフ》ヲサエ(へ)ヅルモ不思議《フシギ》ナレドモ、コレオ(を)バ仏ノ願力《グワンリキ》ナレバト信《シン》ジテ、ナムゾタヾ第《ダイ》十八ノ乃至十念トイフ願ヲノミウタガフベキヤ。スベテ仏説《ブチセチ》ト信《シン》ゼバ、コレモ仏説《セチ》ナリ。*華厳《クエゴン》ノ三無差別《ムシヤベチ》、*般若《ハンニヤ》ノ尽浄虚融《ジンジヤウコユ》、*法華《ホフクエ》ノ実相皆如《ジチサウカイニヨ》、*涅槃《ネチハン》ノ悉有仏性《シチウブチシヤウ》、タレカ信《シン》ゼザラム。コレモ仏説《セチ》ナリ、カレモ仏説《セチ》ナリ、イヅレオ(を)カ信ジ、イヅレオ(を)カ信ゼザラムヤ。コレ三*字《ジ》ノ名号《ミヤウガウ》ハスクナシトイヘドモ、如来所有《ニヨライシヨウ》ノ内証外用《ナイシヨウグエユウ》ノ功徳《クドク》、万徳恒沙《マンドクゴウジヤ》ノ甚深《ジムジム》ノ法門《ホフモン》ヲ、コノ名号ノ中ニオ(を)サメタル、タレカコレヲハカルベキ。疏《シヨ》ノ玄義分《グエンギブン》ニ、コノ名号《ミヤウガウ》ヲ釈《シヤク》シテイハク、「阿弥陀仏トイフハ、コレ天竺《テンヂク》ノ正音《シヤウオム》、コヽニハ翻《ホム》ジテ无量寿覚《ムリヤウジユカク》トイフ。無量寿《ムリヤウジユ》トイフハ、コレ法《ホフ》ナリ。覚《カク》トイフハ、コレ人ナリ。人法《ニンボフ》ナラビニアラハス、カルガユヘ(ゑ)ニ阿弥陀仏《アワミダブチ》トイフ。人法トイフハ所観《シヨクワン》ノ境也《サカイナリ》。コレニツキテ依報《エホウ》アリ、正報《シヤウボウ》アリ」トイヘリ。シカレバ弥陀如《ミダニヨ》来《ライ》・観音《クワンオム》・勢至《セイシ》・普賢《フゲン》・*文殊《モンジユ》・地蔵《チザウ》・*竜樹《リウジユ》ヨリハジメテ、乃至《ナイシ》カノ土《ド》ノ菩薩《ボサチ》・声聞等《シヤウモントウ》ノソナヘタマヘルトコロノ事理《ジリ》ノ観行《クワンギヤウ》、定慧《ヂヤウヱ》ノ功力《クリキ》、内証《ナイシヨウ》ノ実智《ジチチ》、外用《グエユウ》ノ功徳《クドク》、スベテ万徳无《マンドクム》漏《ロ》ノ所証《シヨシヨウ》ノ法門ミナコト〱ク三字《サムジ》ノ中《ナカ》ニオ(を)サマレリ。スベテ極楽世界《ゴクラクセカイ》ニイヅレノ法門カモレタルトコロアラム。シカルヲ、コノ三字《ジ》ノ名号《ミヤウガウ》オ(を)バ、諸宗《シヨシユ》オノ〱我宗《ワガシユ》ニ釈《シヤク》シイレタリ。真言《シンゴン》ニハ*阿字本不生《アワジホンブシヤウ》ノ義《ギ》、八万四千《マンシセン》ノ法門阿字《ホフモンアワジ》ヨリ出生《シユツシヤウ》セリ。一切ノ法ハ阿字ヲハナ

載養　ものをささえ、長養すること。

生潤　生かしうるおすこと。底本「生閏」。

成壊　ものを成熟し、もしくは焼きつくすこと。

待対の法　相対的にはたらくもの。

華厳ノ三無差別　心と仏と衆生の三つが差別のあるものではないと説く華厳経の説。

般若ノ尽浄虚融　一切諸法はことごとく空で、別に自性がないから、そのまま同じ真如のさとりのすがたであるという般若経の説。

法華ノ実相皆如　執着をはなれてしまえば悟られ、諸法の真実のすがたがあらわれるという法華経の説。

涅槃ノ悉有仏性　いかなる者でも仏となり得る性格をそなえているという涅槃経の説。

三字　阿弥陀の三字。

文殊　底本「文珠」。

竜樹　浄土三国伝灯の祖師で、学識宏遠にして論理明晰、大いに大乗教を宣揚した。

阿字本不生ノ義　阿は字の根本であり、音の基本であり、これを諸法の実相として観察する。

レタルコトナシ。カルガユヘ《(ゑ)》ニ功徳《クドク》甚深《ジムジム》ノ名号《ミヤウガウ》ナリトイヘリ。天台《テンダイ》ニハ*空《ク》・仮《ゲ》・中《チウ》ノ三諦《タイ》、*性《シヤウ》・縁《エン》・了《レウ》ノ三法義《ギ》、*法《ホフ》・報《ボウ》・応《オウ》ノ三身如来《ジンニヨライ》ナリ、所有《シヨウ》ノ功徳莫大《クドクバク》ナリトイフ。カクノゴトク諸宗《シヨシ》オノ〳〵ワガ存《ゾン》ズルトコロノ法《ホフ》ニツキテ、阿弥陀ノ三字《サムジ》ヲ釈《シヤク》セリ。イマコノ宗《シユ》ノコヽロハ、真言《シンゴン》ノ阿字本不生《ワジホンブシヤウ》ノ義《ギ》オ《(を)》モ、天台《テンダイ》ノ*三諦《タイ》一理《リ》ノ法モ、三論《ロン》ノ*八不中道《ブチウダウ》ノムネモ、法相《ホフサウ》ノ*五重唯識《ゴヂウユイシキ》ノコヽロモ、スベテ一切ノ万法《マンボフ》ヒロクコレニオ《(を)》サムトナラフ。極楽世界《ゴクラクセカイ》ニモレタル法門《ホフモン》ナキガユヘ《(ゑ)》ナリ。タヾシ、イタク弥陀《ミダ》ノ願ノコヽロハカクノゴトクサトレトニハアラズ、タヾフカク信心ヲイタシテトナフルモノヲムカヘムト也。*耆婆《ギバ》・*扁鵲《ヘンジヤク》ガ万病ヲイヤス薬《クスリ》ハ、万草諸薬《マンサウシヨヤク》ヲモテ合薬《ガフヤク》セリトイヘドモ、ソノ薬草《ヤクサウ》ナムブン和合《ワガウ》セリトシラネドモ、コレヲ服《フク》スルニ万病《マンビヤウ》コト〴〵クイユルガゴトシ。タヾシウラムラクハ、コノ薬《ヤク》ヲ信《シン》ゼズシテ、我病《ワガヤマウ》ハキワ《(は)》メテオモシ、イカヾコノ薬《クスリ》ニテイユルコトアラムトウタガヒテ服《フク》セズハ、耆婆《ギバ》ガ医術《イジユチ》モ、扁鵲《ヘンジヤク》ガ秘方《ヒホウ》モ、ムナシクテソノ益《ヤク》アルベカラザルコトヲ。弥陀《ミダ》ノ名号《ミヤウガウ》モカクノゴトシ。ワガ煩悩悪業《ボムナウアクゴフ》ノヤマウ、キワ《(は)》メテオモシ、イカヾコノ名号ヲトナヘテムマル、コトアラムトウタガヒテコレヲ信ゼズハ、弥陀ノ誓願《セイグワン》、釈尊《シヤクソン》ノ所説《シヨセチ》モ、ムナシクテ験《ゲム》アルベカラザルモノカ。タヾアフイデ信《シン》ズベシ。良薬《ラウヤク》ヲモテ服《フク》セズシテ死《シ》スル〈シヌトイフ〉コトナカレ。*崐崘《コンロン》ノ山《ヤマ》ニユキテ玉《タマ》ヲトラズシテカヘリ、*栴檀《センダン》ノ林《ハヤシ》ニ入《イリ》テ枝《エダ》ヲオ《(を)》ラズシテイデナム後悔《コウクワイ》イカヾセム、ミヅカラヨク思量《シリヤウ》スベシ。

ソモ〳〵我等《ワレラ》曠劫《クワウゴフ》ヨリコノカタ、仏《ブチ》ノ出世《シユツセ》ニモアヒケム、菩薩《ボサチ》ノ化導《クエダウ》ニモアヒケム、過去《クワコ》ノ諸仏《シヨブチ》モ現在《ゲンザイ》ノ如来《ニヨライ》モ、ミナコレ宿世《シウセ》ノ父母《ブモ》ナリ、多生《タシヤウ》ノ朋友《ホウウ》ナリ。コレニイカニシテ

空・仮・中ノ三諦　現象の実相というものはないから空であるというのが真実、しかし現象は仮法として存在するから仮というのが真実、空をはなれ仮をはなれたところに中道の真実がある。

性・縁・了の三法義　正因仏性・縁因仏性・了因仏性をいい、正因仏性は衆生の具えている真理が成仏の本性であること、縁因仏性は真理をさとらせる修行、了因仏性は真理を照らす智慧をいう。

法・報・応ノ三身　法身は真理、報身は仏道の修行によりむくい現われた仏身、応身は衆生を済度するため、その世界に応じてあらわれた仏身。

三諦一理　三諦は空諦・仮諦・中道第一義諦をいい、一は三に即し、三は一に即して融通無礙なるをいう。

八不中道　諸法の真実相は一切のかたよりをはなれた八不の中道。八不とは不生・不滅・不去・不来・不一・不異・不断・不常をいう。

五重唯識　心外の法、相分の境、心内の法、心所有法、事相をつぎつぎに離れて唯識の実性をさとる五つの心のはたらき。

耆婆　釈尊在世時のインドの名医。阿闍世の異母兄にあたり、マカダ国の阿闍世太子が提婆の示唆によって、父王頻婆娑羅を弑せんとしたとき、時の大臣月光と共に諫めたという。

扁鵲　中国の名医。

カ菩提《ボダイ》ヲ証《ショウ》シタマヘルゾ、ワレラハナニヽヨリテ生死《シヤウジ》ニトヾマレルゾ、ハヅベシ〳〵。シカルニ＊本師《ホンシ》釈迦《シヤカ》如来《ニヨライ》、大罪《ダイザイ》ノ山《ヤマ》ニイリ、邪見《ジヤケン》ノ林《ハヤシ》ニカクレテ、＊三業放逸《ゴフハフイチ》ニ＊六情《ロクジヤウ》マタカラザラム衆生ヲ、ワガクニヽトリオキテ教化度脱《ケウクヱドダチ》セシメムトチカヒタマヒタリシカバ、ソモ〳〵イカニシテカヽル諸仏《シヨブチ》ノ＊コシラヘカネタマヘル衆生オ(を)バ度脱《ドダチ》セシメムトハチカヒタマヘルゾトタヅヌレバ、阿弥陀如来ノ因位《インヰ》ノ時《トキ》、＊無浄念王《ムジヤウ》トマフ(う)シヽヨニ、菩提心《ボダイシム》ヲオコシテ生死《シヤウジ》ヲ過度《クワド》セシメムトチカヒタマヒシニ、釈迦如来《シヤカニヨライ》ハ宝海＊梵士《ホウカイボンシ》トマフ(う)シキ。無浄念王《ムジヤウ》菩提心《ボダイシム》ヲオコシ摂取衆生《セフシユシユジヤウ》ノ願ヲタテヽ、ワレ仏ニナレラムトキ、十方三世ノ諸仏モコシラヘカネタマヒタラム悪業深重《アクゴフジムヂフ》ノ衆生《シユジヤウ》ナリトモ、我名《ワガナ》ヲトナヘバミナコト〴〵クムカヘムトチカヒタマヒシヲ、宝海梵士《ホウカイボンシ》キヽオ(を)ハリテ、ワレカナラズ穢悪《ヱアク》ノ国土《コクド》ニシテ正覚《シヤウガク》ヲトナヘテ、悪業深重《アクゴフジムヂウ》、＊輪廻無際《リンヱムサイ》ノ衆生等《シユジヤウトウ》ニコノコトヲシメサム。衆生コレヲキヽテトナヘバ、生死《シヤウジ》ヲ解脱《ゲダチ》セムコト、ハナハダヤスカルベシトオボシメシテ、コノ願ヲオコシタマヘリ。曠劫《クワウゴフ》ヨリコノカタ、諸仏ヨニイデヽ、縁《エン》ニシタガヒ、機《キ》ヲハカリテ、オノ〳〵群萌《グンマウ》ヲ化シタマフコト、カズ塵沙《ヂンジヤ》ニスギタリ。アルイハ大乗《ジヨウ》ヲトキ小乗ヲトキ、或《アルイ》ハ実教《ジチケウ》ヲヒロメ権教《ゴンケウ》ヲヒロム。機縁純熟《キエンジユンジユク》スレバミナコト〴〵クソノ益《ヤク》ヲウ。コヽニ釈尊《シヤクソン》＊八相成道《サウジヤウダウ》ヲ＊五濁世《ゴヂヨクセ》ニトナヘテ、放逸邪見《ハウイチジヤケン》ノ衆生ノ出離《シユツリ》、ソノ期《ゴ》ナキコトヲアハレミテ、「コレヨリ西方《サイハウ》ニ極楽世界《ゴクラクセカイ》アリ、仏マシマス、阿弥陀《ワミダ》トナヅケタテマツル。カノ仏、「乃至《ナイシ》十念若不生者不取正覚《ニヤクフシヤウジヤフシユシヤウガク》」トチカヒテ、スデニ仏ニナリタマヘリ。スミヤカニコレヲ念ゼヨ、出離生死《シユツリシヤウジ》ノ道《ミチ》オホシトイ(へ)エドモ、悪業煩悩《アクゴフボムナウ》ノ衆生ノ、トク生死ヲ解脱《ゲダチ》スベキコト、コレニスギタルコトナシ」ト

崐崘　中国の天山南路につらなる山脈で、宝の山にたとえられている。

栴檀　インド等に産する香樹の名。巨木にして材に芳香あり。無量寿経巻上に、「口気香潔なること優鉢羅華の如く、身の諸の毛孔より、栴檀香を出す」と記している。

本師　根本の導師、仏の敬称。

三業放逸　身・口・意の三業をほしいままにすること。

六情　喜・怒・哀・楽・愛・悪(にくしみ)。

コシラヘ　誘導する、さとす。

無浄念王　法蔵菩薩がもと転輪聖王として、全世界を統一していたころの名で、悲華経に見えている。

梵士　梵志または梵士ともいい、婆羅門の訳。梵天の法を志求する人士。

輪廻　廻は底本「転」、金沢文庫本により正した。

八相成道　八相作仏・八相示現ともいい、釈尊が衆生を済度するため、この世に出現して示された八種の相状をいう。八種とは生天下天・托胎・出胎(降誕)・出家・降魔・成道・転法輪(説法)・入涅槃。

五濁世　劫濁(住劫のうち人寿二万歳以後、次の四濁がおこるからこの名がある)、見濁(身見・辺見等の見惑が盛ん)、煩悩濁(貪・瞋・痴等の一切修惑の煩悩が盛ん)、衆生濁(人間の果報漸く衰え、心鈍く体弱く、苦多く福少ない)、命濁(人寿漸く縮小し乃至十歳に至る)の世をいう。

オシヘタマヒテ、「ユメ〳〵コレヲウタガフコトナカレ、*六方恒沙ノ諸仏モミナオナジク証《シヨウ》誠《ジヤウ》シタマヘルナリ」ト、ネムゴロニオシヘタマヒテ、「ワレモヒサシク穢土《エド》ニアラバ邪見《ジヤケン》・放逸《ハウイチ》ノ衆生、ワレヲソシリ我《ワレ》ヲソムキテ、カヘリテ悪趣《アクシユ》ニオチナム、ワレヨニイヅルコトハ、本意《ホンイ》タヾコノコトヲ衆生《シユジヤウ》ニキカシメムガタメナリ」トテ、阿難尊者《ワナンソンジヤ》ニムカヒテ、「汝《ナムヂ》ヨクコノコトヲトオ《(ほ)》キヨニ流通《ルヅ》セヨ」ト、ネムゴロニヤクソクシオキテ、*抜提河《バチダイガ》ノホトリ、*沙羅林《シヤラリン》ノモトニテ、八十ノ春《ハル》ノ天《テン》、二月十五《ジフゴ》ノ夜半《ヤハン》ニ、頭北面西《ヅホクメンサイ》ニシテ涅槃《ネチハン》ニイリタマヒニキ。ソノトキニ日月ヒカリヲウシナヰ《(ひ)》、草木色《サウモクイロ》ヲ変《ヘン》ジ、*竜神《リウジン》八部《ブ》、禽獣《キムジユ》・鳥類《テウルイ》ニイタルマデ、天《テン》ニアフギテナキ、地《チ》ニフシテサケブ。阿難《ワナン》・*目連等《モクレントウ》ノ諸大弟子《シヨダイデシ》、悲涙《ヒルイ》ノナミダヲオサヘテ相議《アヒギ》シテイハク、「ワレラ釈尊《シヤクソン》ノ恩《オン》ニナレタテマツリテ八十年《ネン》ノ春秋《シユンジウ》ヲオクリ、化縁《クエエン》コヽニツキテ、黄金《ワウゴム》ノハダエ《(へ)》タチマチニカクレタマヒヌ。アルイハ我等《ワレラ》釈尊《シヤクソン》ニトヒタテマツルニ、コタエ《(へ)》タマフコトモアリキ。アルイハ釈尊《シヤクソン》ミヅカラツゲタマフコトモアリキ。済度《サイド》利生《リシヤウ》ノ方便《ハウベン》、イマハタレニムカヒテカトヒタテマツルベキ、スベカラク如来《ニヨライ》ノ御《ミ》コトバヲシルシオキテ、未来《ミライ》ニモツタヘ、御《オム》カタミニモセム」トイヒテ、*多《タ》羅《ラ》葉《エフ》ヲヒロイ《(ひ)》テコト〴〵クコレヲシルシオキテ、*三蔵達《サムザウタチ》コレヲ訳《ヤク》〈シルス〉シテ*振旦《シムダン》ニワタシ、本朝《ホンテウ》ニツタヘ、諸《シヨ》宗《シユ》ニツカサドルトコロノ一大聖教《ヰチダイシヤウゲウ》コレナリ。シカルヲ阿弥陀《ワミダ》如来《ニヨライ》、善導和尚《ゼンダウクワシヤウ》トナノリテ、*唐土《タウド》ニイデヽノタマハク、「*如来出現於五濁《ニヨライシユツゲンオゴヂヨク》、随宜《ズイギ》方便化群萌《ハウベンクエグンマウ》、或説多《ワクセチタ》聞而《モンニ》得度《トクド》、或説少《ワクセチセウ》解証《ゲシヨウ》。*三明《サムミヤウ》、或教福慧双除障《ワクケウフクヱサウヂヨシヤウ》、或教《ワクケウ》*禅《ゼン》念坐思量《ザシリヤウ》、種種法門皆解脱《シユジユホフモンカイゲダチ》、無過《ムクワ》念仏往西方《ワウサイハウ》、上尽《ジヤウジン》一形至《ギヤウシ》十念、三念《ネム》五念仏来迎《ネムブチライカウ》、直《ヂキヰ》為弥陀《ミダ》弘誓重《グゼイヂウ》、致使《チシ》凡夫念即生《ボムブネムソクシヤウ》《如来五濁に出現して、随宜

六方恒沙ノ諸仏 東南西北下上の六方の仏国にまします多くの仏。

抜提河 照連河ともいい、恒河(ガンジス河)の支流。インドのクシナガラを流れている。

沙羅林 抜提河の西岸にあって、釈尊の死亡したところ。仏の死を入涅槃という。

竜神八部 竜神をふくむ八部衆。八部とは天・竜・夜叉・乾闥婆・阿修羅・迦楼羅・緊那羅・摩睺羅伽をいい、いずれもインドで古来祭られた神で、今も古式の仏教行事には行事の先頭に立つことがある。

目連 仏十大弟子の一。中インド王舎城近郊の拘離迦村に住していた婆羅門の子で、はじめ舎利弗と共に波離闍婆外道の刪闍耶に師事したが、のち王舎城で釈尊の説法を聞き、仏弟子となった。仏門の長老として、各地に遊化して仏法を弘通し、神通第一と呼ばれている。

多羅葉 ヤシ科の多羅樹の葉。大きくて、ここに経文を針で書くと、葉汁が出て、文字が黒くのこる。

三蔵 経・律・論の三蔵にくわしい法師を三蔵法師という。

振旦・唐土 ともに中国を指す。

如来出現…致使凡夫念即生 法事讃巻下の文。

三明 過去の生死を知る宿命通、未来の生死を知る天眼通、現在の苦を知って煩悩を断ずる漏尽通をいう。

方便して群萌を化す。或いは多聞にして得度すと説き、或いは少解をもつて三明《さんみょう》を証すと説く。或いは福慧双《ならび》に障りを除くと教へ、或いは禅念《ぜんねん》し坐して思量せよと教ふ。種種の法門皆《みな》解脱すれども、念仏して西方に往《ゆ》くに過ぎたるはなし。上一形《かみいちぎょう》を尽し十念に至り、三念五念まで仏《ほとけ》来迎したまふ。直に弥陀の弘誓重《おも》きがために、凡夫をして念ずれば即ち生ぜしむることを致す』」と。釈尊出世《シヤクソンシユツセ》ノ本懐《ホンクワイ》、タヾコノコトニアリトイフベシ。「*自信教人信《ジシンケウニンシン》、難中転更難《ナンヂウテンキヤウナン》、*大悲伝普化《ヒデンプクヱ》、真成報仏恩《シンジヤウホウブチオン》《自《みずか》ら信じ、人をして信ぜしむ、難が中に転《うた》たさらに難し。大悲《だいひ》を伝へて普《あまね》く化すれば、真成に仏恩を報ずるなり》」トイヘリ。*釈尊《シヤクソン》ノ恩《オン》ヲ報《ホウ》ズル、コレタレガタメゾヤ、ヒトヘニ我等《ワレラ》ガタメニアラズヤ。コノタビムナシクテスギナバ、出離《シユツリ》イヅレノトキヲカ期《ゴ》セムトスル。スミヤカニ信心ヲオコシテ生死《シヤウジ》ヲ過度《クワド》スベシ。

次《ツギ》ニ廻向発願心《エカウホチグワンシム》ハ人ゴトニ具《グ》シヤスキコトナリ。国土《コクド》ノ快楽《クヱラク》ヲキヽ、テタレカネガハザラムヤ。ソモカノクニヽ*九品《クホム》ノ差別《シヤベチ》アリ、ワレライヅレノ品《ホム(を)》オカ期《ゴ》スベキ。善導和尚《ゼンダウクワシヤウ》ノ御コヽロニ、「*極楽《ゴクラク》ノ弥陀ハ*報仏報土《ホウブチホウド》ナリ、*未断惑《ミダンワク》ノ凡夫《ボムブ》ハスベテムマルベカラズトイヘドモ、*弥陀ノ別願《ベチグワン》ノ不思議《フシギ》ニテ、罪悪生死《ザイアクシヤウジ》ノ凡夫ノ一念・十念シテムマル」ト釈《シヤク》シタマヘリ。シカルヲ上古《ジヤウコ》〈カミトイフ〉ヨリコノカタ、オホクハ*下品《ゲボム》トイフトモタム《(ん)》ヌベシナム《(ん)》ドイヒテ、*上品《じようぼん》ヲネガハズ、コレハ悪業《アクゴフ》ノオモキニオソレテ、心ヲ上品ニカケザルナリ。モシソレ悪業《アクゴフ》ニヨラバ、スベテ往生スベカラズ、願力《グワンリキ》ニヨリテムマレバ、ナム《(ん)》ゾ上品ニス丶マムコトヲノゾミガタシトセムヤ。スベテ弥陀ノ浄土ヲマウケタマフコトハ、願力ノ成就《ジヤウジユ》スルユ《(ゑ)》ヘナリ。シカラバマタ念仏ノ衆生ノマサシクムマルベキ国土《コクド》ナリ。「*乃至十念若不生者不取正覚《ニヤクフシヤウシヤフシユシヤウガク》」ト

福慧　幸福と智慧。

禅念　心を一所にとどめて念ずる。

自信教人信…真成報仏恩　往生礼讃の文。

大悲　声聞・縁覚等の小慈小悲に対して、如来の広大無辺なる慈悲を大慈大悲という。

釈尊　底本は「釈迦」と書いて「シャクソン」と振り仮名しているので、ここでは釈尊と訂正した。

九品　極楽浄土に往生する機根を、その行業の優劣により九品、すなわち九類に分つ。観経には上中下の三輩に、おのおの上中下の三品が開かれ、これを総称して九品という。上品上生・上品中生・上品下生・中品上生・中品中生・中品下生・下品上生・下品中生・下品下生の九品をいう。

極楽ノ…ムマル　観経疏玄義分の文。

報仏　衆生の機に応じて化現し、それぞれをみちびく仏。

未断惑　いまだ煩悩を断じないこと。

弥陀ノ別願　総願に対する願で、その仏独自の誓願をいう。ここでは阿弥陀仏の四十八願を指している。

下品　善導は下品の三人を愚悪の凡夫とし、罪悪の因縁に遇った凡夫としている。

上品　善導は大乗の教法にあった凡夫を、その機類とする。

乃至十念…正覚　無量寿経巻上に説く第十八願の文。

タテタマヘリ。コノ願ニヨリテ感得《カムドク》シタマヘルトコロノ国土《コクド》ナルガユ《(ゑ)》ヘナリ。イマ又観《マタクワン》経《ギヤウ》ノ九品《クホム》ノ業《ゴフ》ヲイハヾ、下品《ゲボム》ハ五逆《ゴギヤク》・十悪《アク》ノ罪人《ザイニン》、命終《ミヤウジユ》ノ時《トキ》ニノゾミテ、ハジメテ*善知《ゼンヂ》識《シキ》ノスヽメニヨリテ、或《アルイハ》十声、アルイハ一声称《シヤウシヨウ》シテ、ムマルヽコトヲエタリ。ワレラ罪《ザイ》業《ゴフ》オモシトイヱ《(へ)》ドモ、五逆《ゴグキヤク》ヲツクラズ、行業《ギヤウゴフ》オロカナリトイヱ《(へ)》ドモ、一声《シヤウ》・十声《シヤウ》ニスギタリ。臨終《リムジユ》ヨリサキニ弥陀ノ誓願《セイグワン》ヲキヽエテ、随分《ズイブン》ニ信心ヲイタス。シカレバ下品《ゲボム》マデハクダルベカラズ。中品ハ小乗《ジヨウ》ノ持戒《ヂカイ》ノ行者《ギヤウジヤ》、孝養《ケウヤウ》・*仁《ニン》・義《ギ》・礼《レイ》・智《チ》・信等《シントウ》ノ行人ナリ。コレ中《ナカ》〳〵ムマレガタシ。小乗《ジヨウ》ノ行人ニアラズ、タモチタル戒《カイ》モナシ、ワレラガ分ニアラズ。上品ハ大乗《ジヨウ》ノ凡夫《ボムブ》、菩提心等《ボダイシムトウ》ノ行者ナリ。菩提心《ボダイシム》ハ諸宗《シヨシユ》オノ〳〵フカクコヽロエタリトイヘドモ、*浄土宗《ジヤウドシユ》ノコヽロハ、浄土ニムマレムト願《グワン》ズルヲ菩提心《ボダイシム》トイヘリ。念仏ハコレ大乗《ジヨウ》ノ行ナリ。無上《ムジヤウ》ノ功徳《クドク》也。シカレバ上品ノ往生、テヲヒクベカラズ。又本願《マタホングワン》ニ「*乃至《ナイシ》十念」トタテタマヒテ、臨終現前《リムジユゲンゼン》ノ願《グワン》ニ「大衆囲遶《シユキネウ》シテ、ソノ人ノマヘニ現《ゲン》ゼム」トタテタマヘリ。中品ハ*化仏ノ三尊《ゾン》、アルイハ金蓮華等来迎《コムレングヱトウライカウ》ストイヘリ。シカルヲ大衆ト囲遶《キネウ》シテ現《ゲン》ゼムトタテタマヘリ。大願ノ意趣《イシユ》上品ノ来迎《ライカウ》ヲマウケタマヘリ、ナム《(ん)》ゾアナガチニスマハムヤ。又《マタ》善導和尚、「*三万已上《いじよう》ハ上品ノ業《ゴウ》」トノタマヘリ。数返《スヘン》ニヨリテ上品ニムマルベシ。又三心《マタさんじん》ニツキテ九品《くほん》アリ、信心《しんじん》ニヨリテモ上品ニ生ズベキカ。上品ヲネガフコト、ワガミノタメニアラズ、カノクニヽムマレオ《(を)》ハリテ、トク衆生ヲ化《クヱ》セムガタメナリ。コレ仏ノ御心《オムコヽロ》ニカナハザラムヤ。

次《ツギ》ニ阿弥陀経ハ、マヅ極楽《ゴクラク》ノ*依正《エシヤウ》二報《ホウ》ノ功徳《クドク》ヲトク。衆生ノ願楽《グワンゲウ》ノ心ヲスヽメムガタメ

善知識　善友・勝友・善親友ともいい、知識とはその心を知り、その形を識るという意。仏の正道を教示し、勝益を得させる師友のこと。

仁・義・礼・智・信　人のそなえる五常の道をいい、仁はいつくしみ、義は正しきすじみち、礼は礼儀、智は智慧、信はまことの心の意。

浄土宗　往生浄土を旨とする学問的な教えを指し、教団としての独立性をもつ宗名ではない。

乃至十念　念仏には遍数に制限のないのをいう。曇鸞は無間相続の意念とし、義寂は念を時間を意味するものとしているが、法然は随所で「上《(みか)》一形を取り、下《(しも)》一念を取る」といい、畢命を期として修する念仏を乃至十念の正意としている。

化仏　変化身・応化身・化身仏ともいい、仏が衆生を教化利益せんがために、種々の身形に変化し応現する仏身。

三万已上ハ上品ノ業　観念法門の文。

依正二報　依報と正報との二種の果報。正報は果報の主体である五蘊和合の身体、すなわち阿弥陀仏をいい、依報は正報のよりどころとなる国土、すなわち極楽浄土を指す。

少善根　あたかも草木が根によって繁茂するように、善事が根となって、他の幾多の善い事象の生ずるのを善根という。その善法の生ずる力の多いのと少ないのとがあり、多いのを

ナリ。ノチニ往生ノ行ヲアカス。「*少善根《ゼンゴン》ヲモテハ、カノクニヽムマル、コトヲウベカラズ、阿弥陀仏ノ名号執持《ミヤウガウシフヂ》シテ、一日七日スレバ往生ス」トアカセリ。衆生《シユジヤウ》ノコレヲ信ゼザラムコトヲオソレテ、六方ニオノ〳〵恒沙《ゴウジヤ》ノ諸《シヨ》仏マシ〳〵テ、*大千ニ*舌相《ゼチサウ》ヲノベテ*証誠《シヨウジヤウ》シタマヘリ。善導釈《ゼンダウシヤク》シテノタマハク、「コノ*証ニヨリテムマル、コトヲエズハ、六方《バウ》ノ如《ニヨ》来《ライ》ノノベタマヘルミシタ、ヒトタビクチヨリイデヽ、カヘリイラズシテ、自然《ジネン》ニヤブレタヾレシメム」トノタマヘリ。シカルヲ、コレヲウタガフモノハ、タヾ弥陀《ミダ》ノ本願《ホングワン》ヲウタガフノミニアラズ、釈尊《シヤクソン》ノ所説《シヨセチ》ヲウタガフナリ。釈尊《シヤクソン》ノ所説《シヨセチ》ヲウタガフハ、六方恒沙《ゴウジヤ》ノ諸仏ノ所説《シヨセチ》ヲウタガフナリ。コレ大千ニノベタマヘル舌相《ゼチサウ》ヲヤブリタヾラカスナリ。モシマタコレヲ信《シン》ズレバ、タヾ弥陀ノ本願《ホングワン》ヲ信《シン》ズルノミニアラズ、釈迦《シヤクカ》ノ所説《シヨセチ》ヲ信《シン》ズルナリ、釈迦《シヤカ》ノ所説《シヨセチ》ヲ信《シン》ズルハ、六方恒沙《ゴウジヤ》ノ諸仏ノ所《シヨ》説ヲ信ズルナリ。一切諸仏ヲ信ズレバ、一切《サイ》菩《ボ》薩《サチ》ヲ信ズルニナリ。コノ信ヒロクシテ広大《クワウダイ》ノ信心《シンジム》也。

*南无阿弥陀仏

*正嘉二歳戊午《つちのえうま》八月十八日書写之

多善根、少ないのを少善根としている。

大千　つぶさには三千大千世界といい、小千世界・中千世界・大千世界の三者を合わせたもので、宇宙全体をいう。

舌相　経には、「広長の舌相を舒べ、遍く三千世界を覆ふ」と述べ、「広長の舌相」とある。仏の舌の軟薄広長は三十二相の一で、不妄語の徳を示すものとされている。

証誠　誠は真実、証はあかしをたてるの意で、釈尊所説の念仏法門が真実であることを証明すること。

証ニヨリテ…タヾレシメム　この文は観念法門に出典をもつ。

南无阿弥陀仏　西方極楽世界の教主阿弥陀仏に帰命すること。六字名号または念仏と称し、口にこれをとなえ、これを書きしるすことによって本尊を表示する。南無とは帰命、敬礼の意。仏とは覚者。阿弥陀には無量寿(かぎりないいのち)、無量光(かぎりない光)の二義がある。无を浄土宗では多く無と書くのに対し、浄土真宗では无と書くのを例としている。

正嘉二歳　一二五八年。法然滅後四十六年、この年は親鸞の八十六歳の年に当っている。

無量寿経釈

無《む》量《りよう》寿《じゆ》経《きよう》釈《しやく》〈正には*善導《ぜんどう》により、傍には諸師によつて、幷《なら》びに愚懐《ぐかい》を述ぶ〉

天台*黒谷*沙門《しやもん》　源　空　記

まさにこの経を釈せむとするに、略して五意あり。一には大意《たいい》、二には立教開宗《りつきようかいしゆう》、三には浄教の不同、四には釈名《しやくみよう》、五には入文解釈《にゆうもんげしやく》なり。

一に「大意」とは、釈迦、*無勝浄土《むしようじようど》を捨てて、この穢土《えど》に出でたまふ事は、もと浄土の教へを説いて、衆生を勧進《かんじん》して、浄土に生ぜしめむがためなり。弥陀如来穢土を捨て、かの浄土に出でたまふ事は、もと穢土の衆生を導いて、浄土に生ぜしめむがためなり。これ則ち諸仏の浄土に出で穢土に出でたまふ、御本意なり。善導の釈*に云く、「釈迦はこの方より*発遣《はつけん》す」と云々。これ則ちこの経の大意なり。

二に「立教開宗」とは、また分つて二とす。一には諸宗の立教の不同、二には正《まさ》しく二教を立つ。一に「諸宗の立教の不同」とは、法相《ほつそう》には三時*と云々。三論《さんろん》には二蔵*と云々。天台には或いは*五味《ごみ》、或いは*四教《しきよう》なりと云々。華厳《けごん》には五教*、或いは十宗*と云々。真言には或いは二教*、或いは十住心*と云々。二に「正しく二教を立つ」とは、*綽禅師《しやくぜんじ》の意《こころ》、略して二教を立てて、もつて仏教を判ず。一には聖道の教へ、二には浄土の教へなり。一に聖道の教へとは、もしは小乗、もしは大乗、もしは顕教、もしは密教の中と云々。二に浄土

善導　中国浄土教の大成者で、浄土五祖の第三祖。

黒谷　↓補

沙門　悉曇の舎囉摩拏で、慧琳音義巻二十六に「沙門は梵語なり…古経に桑門とし、或いは娑門とす。羅什法師は音便にあらざるをもつて、改めて沙門とするなり」と述べている。

無勝浄土　つぶさには無勝荘厳浄土、また無勝土ともいい、釈迦牟尼仏の浄土を指す。

釈　観経疏散善義。

発遣　釈迦がこの娑婆世界で迷っている衆生を勧めて、弥陀の浄土に往生せしめること。

三時　解深密経巻三による、有・空・中の三時の教判をいう。

二蔵　一代仏教を声聞蔵と菩薩蔵(大乗教を総摂したもの)に分類し、三論宗を菩薩蔵におさめる。

五味　五時ともいい、五時とは華厳時・阿含時・方等時・般若時・法華涅槃時をいう。

四教　蔵・通・別・円。↓補

五教　小乗教・始教・終教・頓教・円教。

十宗　我法倶有宗・有法無我宗・法無去来宗・現通仮実宗・俗妄真実宗・諸法但名宗・一切皆空宗・真徳不空宗・相想倶絶宗・円明具徳宗。

二教　顕教・密教。

十住心　↓補

綽禅師　道綽禅師。中国浄土五祖中

の教へとは、小乗の中には全く浄土の法門を説かず、大乗の中には多く往生浄土《おうじょうじょうど》の法を説く。これを名づけて浄土教と謂ふ。今この経は正しくこれ浄土の教へに摂《せつ》す云々。次に*横《おう》截五《せつご》悪趣《あくしゅ》の文《もん》をもつて、二門を分別するなり。そもそも三乗・四乗の聖道は、*正像《しょうぞう》既に過ぎて末法に至つてより、ただ教へのみあつて*行証《ぎょうしょう》なし。故に末法の近来は、*断惑証理《だんなくしょうり》なし。断惑証理なきが故に、これをもつて生死《しょうじ》を出づる輩《やから》なし。往生浄土の法門は、いまだ煩悩の迷《まよ》ひを断ぜずといへども、弥陀の願力によつて、極楽に生ずる者、永く*三界《さんがい》を離れて*六道《ろくどう》生死を出づ。故に往生浄土の法は、これいまだ断惑せず、三界を出づるの法なり云々。故に末代の出離生死は往生浄土なり、出離生死さらにもつて階《とも》すべからざる事なるが故に、心あらむ人、もし生死を出でむと欲せば、必ず浄土の門に帰すべし。故に道綽禅師《どうしゃくぜんじ》この経の横截《おうせつ》五悪趣《あくしゅ》の文を釈して云く、「もしこの方の修治断除によらば、先づ*見惑《けんわく》を断つて、*三途《さんず》の因を離れ、三途の果を滅す。後に*修惑《しゅわく》を断つて人天の果を離る。これ皆、漸次の断除にして横截と名づけず。もし弥陀の浄国に往生することを得ば、*娑婆《しゃば》の五道一時に頓《とみ》に捨つる故に、横截と名づく」と。截五《せつご》悪趣《あくしゅ》とはその果を截《き》るなり。天台・真言皆*頓《とん》教《ぎょう》と名づくといへども、惑《まど》ひを断つが故に、なほこれ*漸教《ぜんぎょう》なり。いまだ惑ひを断たず、三界の長迷を出過《しゅつか》するが故に、この教へをもつて頓中《とんちゅう》の頓《とん》とするなり。

三に「浄教の不同」とは、往生教において根本あり、また枝末あり、例せば真言の如しと云々。この経をもつて根本と名づけ、余経をもつて枝末と名づくと云々。またこの経をもつて正往生の教へと名づけ、余経をもつて傍往生の教へと名づくと云々。またこの経を

の第二祖。著書に安楽集二巻がある。

横截五悪趣の文 無量寿経巻下に出る文で、五悪趣は迷界を地獄・餓鬼・畜生・人間・天上の五種に分けたもの。

正像 正法と像法。

行証 行法とそれによって得られたあかし。

断惑証理 見思の二惑を断じて人空の理を証る。

三界 欲界・色界・無色界。婬食の二欲ある有情の住処が欲界、欲界の上にある婬食二欲を離れた有情の住処が色界、物質的なもの一としてなく、唯心識をもって深妙なる禅定に住するものの在る世界が無色界。

六道 地獄・餓鬼・畜生・修羅・人間・天上をいい、前三を三悪道、後三を三善道という。

見惑 見道において四聖諦の理を見るとき、断ずる煩悩をいう。

三途 三悪趣ともいう。三悪趣とは地獄趣・餓鬼趣・畜生趣。

修惑 見惑に対する語で、思惑ともいい、修道において断じなければならない貪などの迷事の煩悩をいう。

娑婆 煩悩に繫縛されている迷いの世界、即ち現在生活している世界。

頓教・漸教 中国南北朝時代劉宋の慧観が創始したもので、頓速に証悟する法門を頓教、漸次修行の功をつみ証悟する法門を漸教という。

もつて有所往生《うしょおうじょう》の教へと名づけ、他経をもつて無所往生《むしょおうじょう》の教へと名づくと云々。またこの経をば往生具足《おうじょうぐそく》の教へと名づけ、他経をば往生不具足の教へと名づく。

四に「釈名」とは云々。五には「入文解釈《にゅうもんげしゃく》」とは、この経一部二巻を分つて三段とす。始め、「我聞如是《がもんにょぜ》」より「願楽欲聞《がんぎょうよくもん》」に至るまでは、これ序分なり。次に、「乃往過去久遠《ないおうかこくおん》無量《むりょう》」より下巻の「略説之耳《りゃくせつしいにい》」に至るまでは、これ*正宗《しょうじゅう》なり。次に、「其有得聞彼仏名号《ごうとくもんひぶつみょうごう》」より「靡不歓喜《みふかんぎ》」に至るまでは、これ流通《るずう》なり。始めの序について、通《つう》あり別《べつ》あり。通とは云々、別とは云々。

次に正宗について、略して四段あり。一には四十八願の興意、二には依願修行《えがんしゅぎょう》、三には所得の依正《えしょう》、四には往生の行業なり。一に「四十八願の興意」とは、*双巻経《そうかんぎょう》に云く、「乃往過去久遠無量不可思議劫に、仏の出世あり、*錠光《じょうこう》如来と名づくと云々。次の仏をば光遠《こうおん》と名づく。ないし第五十三の仏をば処世《しょせ》如来《にょらい》と名づくと云々。その次に仏ましましき、世自在王如来と名づくと云々。時に国王あり、離垢浄王《りくじょうおう》か、無諍念王《むじょうねんのう》か、所詮は一体にして*同名なり。仏の所説を聞いて無上の道心を発《おこ》し、即ち*金輪《こんりん》の位を棄て、行つて沙門となり、万乗の機を辞し、無上道を求む。*高才勇哲《こうさいゆうてつ》にして、*世と超異せり、号して法蔵と曰ふ。*世自在王如来の所《みもと》に詣でて、ないしこれにおいて、世自在王仏、即ちために広く二百一十億諸仏の刹土《せつど》の人天《にんでん》の善悪、国土の麁妙《そみょう》を説いて、その心願に応じて、ことごとく現はれて、これを与ふ。時にかの比丘、仏の所説の厳浄《ごんじょう》の国土を聞き、皆ことごとく覩《と》見《けん》して無上殊勝の願を超発《ちょうはつ》す。*その心寂静《こころじゃくじょう》にして、志《こころざし》 所着《しょじゃく》なきこと一切の世間によく及ぶ者なし。

正宗　正しく中心となるもの。
双巻経　浄土三部経のうち無量寿経は二巻より成るので、双巻経とか両巻経と呼ぶ。
錠光如来　定光仏・然灯仏とも訳され、過去世に出世して、釈迦菩薩に未来成仏の記別を授けた仏。
同名　享保版には「異名」とある。
金輪　転輪聖王のもつ七宝の一で、転輪聖王が出現したとき、他の六宝とともに王前に来至し、その治化をたすける天から授けられた金剛輪宝をいう。転じて、国王を示すに金輪をもってするようになった。
高才勇哲　才徳人にすぐれ、意志堅固で智慧聡明であること。
世と超異　世の凡人と大いなる隔たりがある。
世自在王如来　世間自在王仏・世饒王仏・饒王仏ともいい、無量寿経巻上に説くがごとく、過去の錠光仏以来処世仏に至る五十三仏に次いで世に出興し、阿弥陀仏の因位たりし法蔵比丘の師となり、ために二百一十億の諸仏刹土の相を説き、またこれを示現して悉く覩見せしめ、もって法蔵比丘をして、その心中の行願を選択摂取し、四十八願をおこさせた。
その心寂静…所着なき　人空と法空の真理の体現から心寂静であり、三界繋縛を断じた上に、無明の一分を断ずるから所着なしという。この二句により、古来、法蔵比丘の発願の五劫を具足し思惟して、荘厳仏国の清浄の行を摂取す。阿難、仏に白《もう》さく、「かの仏の国土の寿量いくそばくぞや」と。仏の言はく、「その仏の寿命*四十二《しじゆうに》劫《こう》なり」と。時に法蔵比丘、二百一十億諸仏の妙土の清浄の行を摂取す」と。〈已上〉また*大阿弥陀経に云く、「その仏、即ち二百一十億の仏の国土の中の、諸天人民の善悪、国土の好醜《こうしゆう》を選択《せんちやく》して、ために心中所欲の願を選択す。楼夷亘羅仏《るいこうらぶつ》〈ここには世自在王仏と云ふ〉、経を説き畢《おわ》つて、曇摩迦《どんまか》〈ここには法蔵と云ふ〉、便《すなわ》ちその心を一にして、即ち天眼を得て徹視し、ことごとく自《みずか》ら二百一十億の諸仏の国土の中の、諸天人民の善悪、国土の好醜を見て、即ち心中の所願を選択《せんちやく》す。便《すなわ》ちこの*二十四願の経を結び得たり」と。〈*平等覚経《びようどうかくきよう》またまたこれに同じ〉この中に選択とは、即ちこれ取捨の義なり。謂はく、「二百一十億の諸仏の浄土の中において人天の悪を捨て、人天の善を取つて、国土の醜を捨て、国土の好を取るなり。大阿弥陀経の選択《せんちやく》の義かくの如し」と。双巻経の意《こころ》また選択の義あり。謂はく、「二百一十億の諸仏の妙土の清浄の行を摂取す」と云へる、これなり。選択と摂取と、その言異なりといへども、その意これ同じ。しかれば不清浄の行を捨て、清浄の行を取るなり。上の人天の善悪、国土の麁妙、その義またしかなり。これに准じて、まさに知るべし。

それ四十八願に約して、一往おのおの選択《せんちやく》・摂取の義を論ぜば、第一に無三悪趣の願とは、覩《と》見《けん》するところの二百一十億の土の中において、或いは*三悪趣《さんなくしゆ》あるの国土あり、或いは三悪趣なきの国土あり。その三悪趣ある麁《そ》悪《あく》の国土を選び捨てて、その三悪趣なき善妙の国土を選び取る、故に選択と云ふなり。第二に不更悪趣の願とは、かの諸仏の土《くに》の中に

位を初地と判定している。

四十二劫 十住・十行・十向・十地・等覚・妙覚の四十二位をあらわしたもので、劫は極大なる時限の意。

大阿弥陀経 無量寿経には古来五存七欠といい、現存するもの五、いま失われて見ることのできない異訳は七本あったといわれている。その中、五存の一に支謙の訳出した大阿弥陀経(諸仏阿弥陀三耶三仏薩楼仏檀過度人道経)がある。

二十四願の経 大阿弥陀経を指す。

平等覚経 無量寿経の異訳の一である無量清浄平等覚経。この経は後漢月支国の支婁迦讖が訳出したもので二巻あり、二十四願成就の阿弥陀仏の因願果成を説いている。

三悪趣あるの国土あり 文意によれば、二百一十億の浄土の中には三悪趣ある国土が存するようにみえる。そこで明恵は、浄土は善業所成の土であるから三悪趣などありうるはずはないとし、仮りに二百一十億は浄土・穢土に通ずると解釈しても、法然が第二の不更悪趣の願について、国に三悪趣はないが、悪趣にかえる浄土があると解しているのは、諸仏の浄土を無視するもので、大賊であり、邪言であると破している(摧邪輪巻上)。以来この問題については、西山派の堯慧(私集鈔巻三)・記主良忠(決疑鈔巻二)もいかに解すべきかに苦心している。

おいて、或いはたとひ国の中に三悪道なしといへども、その国の人天、寿終《じゅじゅう》の後にその国土より去つて、また三悪趣に更《かえ》るの土《くに》あり、或いは悪道に更《かえ》らざるの土あり。即ちその悪道に更《かえ》る麁悪《そあく》の国土を選び捨てて、その悪道に更らざる善妙の国土を選び取る。故に選択《せんちゃく》と云ふなり。第三に*悉皆金色《しっかいこんじき》の願とは、かの諸仏の土の中において、或いは一土の中に*黄《おう》白二《びゃくに》類《るい》の人天《にんでん》あるの国土あり、或いは純黄金色《じゅんおうこんじき》の国土あり。即ち黄白二類の麁悪の国土を選び捨てて、即ち黄金一色の善妙の国土を選び取る、故に選択と云ふなり。第四に無有《むう》好醜《こうしゅう》の願とは、かの諸仏の土の中において、或いは人天の形色《ぎょうしき》、好醜不同の国土あり、或いは形色一類にして好醜あることなきの国土あり、即ち好醜不同の麁悪の国土を選び捨てて、無有好醜の善妙の国土を選び取る、故に選択と云ふなり。ないし第十八の念仏往生の願とは、かの諸仏の土の中において、或いは*布施《ふせ》をもつて往生の行とするの土あり、或いは*持戒をもつて往生の行とするの土あり、或いは*忍辱《にんにく》をもつて往生の行とするの土あり、或いは*精進《しょうじん》をもつて往生の行とするの土あり、或いは*禅定《ぜんじょう》をもつて往生の行とするの土あり、或いは*般若《はんにゃ》〈第一義を信ずる等これなり〉をもつて往生の行とするの土あり、或いは菩提心《ぼだいしん》をもつて往生の行とするの土あり、或いは*六念《ろくねん》をもつて往生の行とするの土あり、或いは*持《じ》経《きょう》をもつて往生の行とするの土あり、或いは*持呪《じじゅ》をもつて往生の行とするの土あり、或いは*起立塔像《きりゅうとうぞう》・飯食沙門《ぼんじきしゃもん》および孝養父母《きょうようぶも》・奉事師長《ぶじしちょう》等の種々の行をもつて、おのおの往生の行とするの国土等あり、或いは専らその国の仏名を称するを往生の行とするの土あり。かくのごとく一行をもつて、一仏の土に配することは、これ且《しばら》く*一往《いちおう》の義なり。*再往《さいおう》これを

悉皆金色の願　四十八願中の第三願で、この願は極楽浄土の人天は、悉く金色ならんと誓われたもの。

黄白二類　黄色人と白色人。

布施　無貪の心をもって、仏・僧および貧窮の人に衣食等を施与すること。後代、大乗にて六波羅蜜の一にかぞえられ、法施の説が生ずるに至り、布施に二・三・四・五・七・八と、いくつかの種類を生じた。

持戒　仏所制の戒を受持して、犯さざること。梵網経に十重四十八軽戒、瓔珞経に十波羅夷を挙げているが、円頓戒では総じて三聚浄戒をもって持戒の規範としている。

忍辱　心よく安住して、他の侮辱悩害などをたえしのぶこと。

精進　勇悍にして、もろもろの善法を進修すること。

禅定　心を一境に住して正審思慮すること。

般若　第一義空の絶対境と一味になる智慧。

六念　心に定を得て涅槃におもむくための六種の法。六種とは念仏・念法・念僧・念戒・念施・念天をいう。

持経　経典の誦持。

持呪　光明真言等の陀羅尼・神呪の類の誦持。

起立塔像　堂塔伽藍を建てたり、仏像を造立する。

一往・再往　一往とは一たびとか仮りの意、再往は再度とか本当の意。

論ぜば、その義不定《ふじょう》なり。或いは一仏の土の中に多行《たぎょう》をもつて往生の行とするの土あり、或いは多仏の土《くに》の中に一行《いちぎょう》をもつて、通じて往生の行とするの土あり。かくのごとく往生の行、種々不同なり。つぶさに述ぶべからず。即ち今は前の布施・持戒ないし孝養父母等の諸行を選び捨てて、専称仏号《せんしょうぶつごう》を選び取る。故に選択《せんちゃく》と云ふなり。且《しばら》く*五願《ごがん》に約して、略して選択を論ずること、その義かくの如し。自余の諸願これに准じて、まさに知るべし。

問うて曰く、普《あまね》く諸願に約して、麁《そ》悪《あく》を選び捨てて善妙を選び取ることは、その理《ことわり》しかるべし。何が故ぞ、第十八願に一切の諸行を選び捨てて、ただ偏《ひとえ》に念仏の一行を選び取つて、往生の本願としたまふや。

答へて曰く、聖意測《しょういはか》り難し、輙《たやす》く解《げ》するにあたはず。しかりといへども、今試みに二義をもつて、これを解《げ》せむ。一には勝劣の義、二には難易《なんい》の義。初めに勝劣とは、念仏はこれ勝なり、余行はこれ劣なり。ゆゑ何となれば、名号《みょうごう》はこれ*万徳《まんとく》の帰するところなり。しかれば則ち弥陀一仏の所有の*四智《しち》・*三身《さんじん》・*十力《じゅうりき》・*四無畏《しむい》等の一切の*内証《ないしょう》の功徳《くどく》、相好《そうごう》・光《こう》明《みょう》・説法《せっぽう》・利生《りしょう》等の一切の*外用《げゆう》の功徳、皆ことごとく阿弥陀仏の名号の中に摂在《しょうざい》す。故に名号の功徳は最も勝とするなり。余行はしからず、おのおの一隅《いちぐう》を守る。これをもつて劣とするなり。譬へば世間の屋舎《おくしゃ》の如し。その屋舎の名字《みょうじ》の中には、棟《とう》・梁《りょう》・椽《えん》・柱《ちゅう》等の一切の家具を摂す。棟・梁等の一々の名字の中には、一切を摂することあたはず。これをもつてまさに知るべし。しかれば則ち仏の名号の功徳は、余の一切の功徳に勝《すぐ》れたり。故に劣を捨てて勝を取つて、もつて本願としたまふか。次に難易の義とは、念仏は修し易く諸

五願　無三悪趣願・不更悪趣願・悉皆金色願・無有好醜願・念仏往生願を指す。

万徳の帰するところ　阿弥陀仏が因位のとき修された一切の功徳、果上にそなえられた一切の功徳が悉く六字名号に摂められているとの意で、万徳の帰納する場として名号の深勝をたたえたもの。

四智　四種の智慧の意で、四種とは大円鏡智・平等性智・妙観察智・成所作智をいう。

三身　仏格の価値を三種に分類したもので、三種とは自性身・受用身・変化身をいう。↓補

十力　仏にのみ具有する十種の作用、すなわち力で、雑阿含経第二十六・仏十力経等にでている。十種の作用とは処非処智力・業異熟智力・静慮解脱等持等至智力・根上下智力・種々勝解智力・種々界智力・遍趣行智力・宿住随念智力・死生智力・漏尽智力をいう。

四無畏　仏の説法にあたり畏るるところのない、正等覚無畏・漏永尽無畏・説障法無畏・説出道無畏の四種の智力。

内証の功徳　親しく内に証悟証得する智・定等の功徳。

外用の功徳　外用とは外に施す作用の意で、機に応じて説法・神通等の用を示現する功徳。

行は修し難し。故に諸仏の心とは、慈悲《じひ》を体とす。この平等の慈悲をもつて、普《あまね》く一切を摂するなり。仏の慈悲は一人をも漏らさず、普《あまね》く一切を利すべし。先づ宗《しゅう》に約してこれを言はば、昔法蔵比丘《ほうぞうびく》、真言宗の心によつて、*三密《さんみつ》の章句をもつて往生の別願とすれば、無《む》畏《い》・不空《ふくう》・恵果《えか》・法全《ほうぜん》は往生すべし、自余の諸宗の人は生ずべからず。次に*仏心宗《ぶっしんしゅう》の意によつて、見性成仏《けんしょうじょうぶつ》をもつて別願とすれば、恵可《えか》・僧璨《そうさん》・弘忍《こうにん》・恵能《えのう》は往生すべし、自余の諸宗の人は生ずべからず。次に*法華宗の意によつて、一乗実相《いちじょうじっそう》をもつて別願とすれば、天《てん》台《だい》・章安《しょうあん》・妙楽《みょうらく》・道邃《どうすい》は生ずべし、諸宗の人は生ずべからず。次に*華厳法界《けごんほっかい》の意によつて、海印頓現《かいいんとんげん》をもつて別願とすれば、賢首《けんじゅ》・清涼《しょうりょう》は生ずべし、諸宗の人は生ずべからず。次に*無相宗《むそうしゅう》の意によつて、八不中道《はっぷちゅうどう》をもつて別願とすれば、嘉祥《かじょう》・興皇《こうこう》は生ずべし、諸宗の人は生ずべからず。次に*有相宗《うそうしゅう》の意によつて、唯識唯心《ゆいしきゆいしん》をもつて別願とすれば、玄奘《げんじょう》・慈恩《じおん》は生ずべし、諸宗の人は生ずべからず。次に*四分宗《しぶんしゅう》によつて、二百五十戒をもつて別願とすれば、*南山《なんざん》・東西の律師《りつし》は生ずべし、諸宗の人は生ずべからず。次に*梵網《ぼんもう》の意によつて、四十八戒をもつて別願とすれば、恵威《えい》・明曠《みょうこう》は生ずべし、諸宗の人は生ずべからず。しかるに念仏往生の願は、真言《しんごん》・止観《しかん》の行人《ぎょうにん》、同じくこれを修し、華厳・*達磨《だるま》の人またもつてこれを修するに妨《さまた》げなし。無相・有相の行人、四分・五分の律師、念仏に妨げなくして往生に憑《たの》みあり。しかれば則ち真言等の八宗、ともに往生慈悲の願網《がんもう》に漏らさざるなり。しかのみならず、もし布施をもつて別願とせば、*戒日孤《ひと》り往生すべし、一切貧窮の人は生ずべからず。もし起塔をもつて別願とせば、*育王一《ひと》り往生すべし、一切困乏《こんぼう》の倫《やから》は往生すべ

三密　身密・口密・意密。仏身の相、口に説くところ、心に思うことは秘密にして知りがたい故にいう。
仏心宗　禅宗。仏の心印を端的に直伝するため仏心宗という。
法華宗　天台宗。天台宗は法華経の教旨にもとづいて五時八教の教相を判じ、三諦円融の理を主唱し、観心の法により、速疾頓成を期する宗派であるが、中国では専ら智顗の主張にのっとり、単に法華円教の教旨のみを宣揚するところから、天台法華宗・天台法華円宗、または単に法華宗と呼ばれていた。
華厳法界の意　大方広仏華厳経によって法界縁起の妙旨を談ずる宗派ということで華厳宗を指す。
無相宗　空無相八不中道の理を説くところから、三論宗のことを、空宗とか無相宗という。
有相宗　法相宗。五位百法を立てて有為無為の諸法を判じ、一切唯識の旨を鼓吹する宗派。
四分宗　四分律を依憑とする宗派で、四分律宗ともいう。
南山・東西　終南山を依拠とする道宣の法流を南山宗、懐素の流れを東塔宗、満意の法脈を西塔宗という。
梵網　梵網経。
達磨　禅宗。
戒日　↓補
育王　阿育王(アショカ王)。

からず。もし稽古《けいこ》鑚仰《さんごう》をもつて別願とせば、*訪生光基《ほうしょうこうき》の倫《やから》は生ずべし。もし多《た》聞広学《もんこうがく》をもつて別願とせば、*生《しょう》・肇《ちょう》・融《ゆう》・叡《えい》の類は生ずべし。もし棄家《きけ》・捨欲《しゃよく》をもつて別願とせば、*出家《しゅつけ》の二衆は生ずべし、*在家の両輩は生ずべからず。もし貴家《きか》・尊宿《そんじゅく》をもつて別願とせば、*一人・三公は生ずべし、*九民・百黎《ひゃくれい》は生ずべからず。しかるに今の念仏往生の願は、有智《うち》・無智《むち》を選ばず、持戒・破戒を嫌はず、少聞・少見を云はず、在家・在俗を云はず、一切有心の者、唱へ易く生じ易し。一月《いちげつ》の万水に浮びて、水の浅深を嫌ふことなきが如く、大陽世界を照らして、地の高低を選ばざるが如し。*法照《ほっしょう》の釈に云く、「貧を簡《えら》ばず」と云々。たとひ多聞・多見なりといへども、名号を唱ふれば即ち生ずべし。たとひ少聞・少見といへども、名号を唱ふれば即ち生ずべし。たとひ月卿雲客《げっけいうんかく》なりといへども、念仏する者は即ち生ず。たとひ*田夫野人《でんぷやじん》なりといへども、称念すれば即ち生ずと云々。万機《ばんき》を一願に摂し、千品《せんぼん》を十念に納む。この平等の慈悲をもつて、普《あまね》く一切を摂するなり。〈この意、釈すべきなりと云々〉

問うて曰く、一切の菩薩、その願を立つといへども、或いは已成就《いじょうじゅ》あり、或いは未成就《みじょうじゅ》あり。いまだ審《つまび》らかならず。法蔵菩薩の四十八願は、已成就とやせむ、はたまた未成就とやせむ。

答へて曰く、法蔵の誓願は一々に成就したまへり。*僉式《せんしき》をもつて信受す、敢へて狐疑《こぎ》することなかれ。何となれば、極楽世界の中に既に三悪趣《さんなくしゅ》なし。まさに知るべし、これ即ち第一の無三悪趣の願を成就するなり。何をもつてか知ることを得る。即ち無三悪趣の願成就の文に、「また地獄《じごく》・餓鬼《がき》・畜生《ちくしょう》の諸難の趣《おもむき》なし」と云へる、これなり。またかの国の人

訪生光基　↓補

生・肇・融・叡　羅什門下の道生・僧肇・道融・僧叡を指し、関中の四傑と呼ばれている人。道生は二諦論・仏性当有論・法身無身論などの著書をものして仏教の興隆につくし、僧肇は般若無知論二千余言、道融は法華経・大品経・金光明経等の義疏、僧叡は禅法要解および大品・小品・法華・維摩等の序を注し、多聞広学をもって世に聞えていた。

出家の二衆　出家とは家を出て専心に道を修するものをいい、男女および年齢により、十戒を持する年少の沙弥・沙弥尼、六法戒を持する式叉摩那、二百五十戒を持する比丘、三百四十八戒を護持する比丘尼に分け、これを総じて五衆といい、このうち比丘・比丘尼を出家の二衆という。

在家の両輩　家に在って生計を営むもののうち、仏教に帰依し、三帰五戒を受けた優婆塞・優婆夷をいう。

一人・三公　一人はいちのひとともいい関白摂政の位にあるもの、三公は太政大臣・左大臣・右大臣を指す。

九民・百黎　九民は各種の職業についている民、百黎は多くの民、すなわち一般民衆を指す。

法照の釈　五会法事讃。

田夫野人　田を耕作し野にあって生活する人の意で、農民をいう。

僉式　すべてのおきて。最上の礼儀。

天、既にもつて一人として*三十二相を具せざることあることなし。まさに知るべし、これ即ち第二十一の具三十二相の願を成就するなり。何をもつてか知ることを得る。即ち具三十二相の願成就の文に、「*かの国に生ずれば、皆ことごとく三十二相を具足す」と云へる、これなり。かくの如く、初め無三悪趣の願より、終り得三法忍《とくさんぼうにん》の願に至るまで、一々の誓願皆もつて成就したまへり。第十八の念仏往生の願あに孤《ひと》りもつて成就したまはざらむや。しかれば則ち念仏の人皆もつて往生すべし。何をもつてか知ることを得る。即ち念仏往生の願成就の文に、「*もろもろの衆生《しゅじょう》あつて、その名号を聞き、信心歓喜《しんじんかんぎ》して、ないし一念、至心に廻向《えこう》して、かの国に生ぜむと願ずれば、即ち往生を得て不退転《ふたいてん》に住す」と云へる、これなり。およそ四十八願荘厳《しょうごん》の浄土は、華池《けち》・宝閣《ほうかく》、願力にあらざることなし。何ぞその中において、独《ひと》り念仏往生の願を疑惑すべきや。しかのみならず、一々の願の終りに、皆、「もししからずは、正覚《しょうがく》をとらじ」と云へり。しかるに阿弥陀仏、成仏《じょうぶつ》より已来《このかた》今において十劫《じっこう》なり、成仏の果《か》もつて成就したまへり。まさに知るべし、一々の願虚《むな》しく設くべからず。故に上《かみ》に引くところの*往生礼讃《おうじょうらいさん》に云く、「かの仏、今現に世にましまして成仏したまへり。まさに知るべし、本誓《ほんぜい》の重願虚しからず。衆生称念すれば、必ず往生を得」と。〈已上〉釈家《しゃっけ》願の旨を得たり。すべからく仰信《こうしん》すべきのみ。

問うて曰く、*経《きょう》には十念と云ひ、*釈《しゃく》には十声《じっしょう》と云ふ、念声《ねんしょう》の義、一異いかん。

答へて曰く、*念声これ一《いっ》なり。何をもつてか知ることを得るとならば、観経《かんぎょう》の下品下生《げぼんげしょう》に云く、「声をして絶えざらしめ、十念を具足《ぐそく》し、南無阿弥陀仏《なむあみだぶつ》と称《とな》ふ。仏名を称するが故

三十二相　仏および転輪聖王の身に具足している三十二種の微妙の相をいうが、これは中阿含第十一、三十二相経・宝女所問経第四、三十二相品等により、多少の相違が見られる。

かの国…具足す　無量寿経巻下。第二十一願を三十二相願という。

もろもろ…住す　無量寿経巻下。第十八念仏往生願にあたる。

往生礼讃　一巻。唐善導が撰述。五部九巻の一。六時すなわち日没・初夜・中夜・後夜・晨朝・日中の各時に西方極楽世界の阿弥陀仏国に生ぜんとして礼拝・讃嘆する法を説くところから、六時礼讃とも呼んでいる。

経には十念　無量寿経巻下の第十八願中の「乃至十念」をいうが、梵本には「たとひ十返の念を発してでも」とあり、チベット本には「少くとも心を生ずること十たびすることをもつて」と記している。

釈　往生礼讃後序に「もしは七日および一日、下十声に至り、乃ち一声一念等に至るまで」とある。

念声これ一なり　念と声は同一の意味をもっているか、他意があって等しいといったかについては古来問題があるが、道綽は「十念相続して、我が名字を称せむに」(安楽集巻上)と釈した。その後、善導は経文の意をさぐり、十念は十声の意であると解し、念を声と書き改めた。

大集日蔵経　大方等大集経第四十三

に、念々の中《うち》において、八十億劫《おっこう》の生死の罪を除く」と。〈已上〉今この文によるに、声即ちこれ念、念則ちこれ声なること、その意暁《こころあき》らかなり。しかのみならず、*大集日蔵経《だいしゅうにちぞうきょう》に云く、「大念は大仏を見、小念は小仏を見る」と。*感師《かんし》釈して云く、「大念とは大声に念仏するなり、小念とは小声に念仏するなり」と。またこの意によるに、念声これ一なり。まさに知るべし、念は即ちこれ*唱《しょう》の訓なり。

問うて曰く、経には乃至《ないし》と云ひ、釈には下至《げし》と云ふ。乃《ない》・下《げ》の義、その意いかん。

答へて曰く、乃至と下至と、その意これ一なり。経に乃至と云ふは、多より少に向ふの言《ことば》なり。*多とは、上一形《かみいちぎょう》を尽すなり。少とは、下《しも》十声・一声等に至るなり。釈に下至と云へるは、下とは上に対するの辞《ことば》なり。言ふところの下とは、下至十声一声等なり。対するところの上とは、上尽一形なり。上下相対の文、その例一にあらず。且《しばら》く*宿命通《しゅくみょうつう》の願に云ふが如し。「たとひ我《われ》仏を得たらむに、国中の人天《にんでん》、宿命を識《し》らず、下至百千億那由他《なゆた》の諸劫の事を知らずは、正覚を取らじ」と。かくの如く*五神通《ごじんずう》および光明《こうみょう》・寿命等の願の中に、一々皆下至の言を置けり。これ則ち多より少に至る、下をもつて上に対するの義なり。まさに上の八種の願に准例するに、今この願の中の乃至とは、即ちこれ下至なり。この故に、今善導所引の解釈《げしゃく》の下至の言は、その意経旨《こころきょうし》に冥《かな》ふ。但しこの願を解すること、善導と諸師とその意同じからず。*諸師の釈に別して十念往生の願と云ふは、もし十を満《まん》ぜずは、即ち生まるることを得ず。善導の意は、惣じて念仏往生の願と云ひ、員数《いんずう》を限らず、称念すれば皆生《みなしょう》ず。諸師の別して十念往生の願と云ふは、その意即ち周《あまね》からざるなり。

に収載されている大集日蔵分送使分第九を指す。

感師 懐感。

唱 となう。吟ずる。

多とは、上一形… ↓補

宿命通の願 四十八願中の第五宿命智通願を指す。

五神通 色界の四大種所造の眼根をもって、自地および下地の近遠粗細等の諸色を見る天眼通、耳根をもって人天三悪道等の遠近の声を聞く天耳通、過去世中の一世十世百世千万億世のことを憶念し了知する宿命通、他人の心の有垢無垢等を知る他心通、意のごとく境界を変現したり飛行自在なる神境通の、仏・菩薩が定慧力によって示現する五種の無礙自在の妙用。

諸師の釈 永観は「眠るごとに臨終を思ひ、必ず十念を唱ふ」(往生拾因)と釈し、源信は「期する所は、この臨終の十念」(往生要集巻中大文第六)と述べ、十念の文に拘泥して一声等の功徳をあらわしていない。また諸師の立てた願名についていえば、智光は諸縁信楽十念往生願、慈懿は聞名信楽十念定生願、真源は十念往生願と名づけ、一念でもなければ、一生涯でもない、十念に限定して十念往生願をもってしている。ここに善導が一生涯の念仏から、下は臨終の十声一声までをふくめた念仏往生願を願名としたこととの相違がある。

しかる所以《ゆえん》は、上は一形を捨て、下は一念を捨つるの故なり。善導の惣じて念仏往生の願と言ふは、その意広く周《あまね》きなり。しかる所以《ゆえん》は、上は一形を取り、下《しも》一念を取るが故なり。

そもそもこの四十八の願は、皆抜苦与楽《ばっくよらく》の義あり。しかる故は、*大悲《だいひ》は抜苦、*大慈《だいじ》は与楽なり。第一の無三悪趣は大悲抜苦なり。第二の不更悪趣《ふきょうあくしゅ》もまたこれ大悲抜苦なり。第三の悉皆金色《しっかいこんじき》はこれ与楽なり。第四の無有好醜《むうこうしゅう》もまたこれ与楽なり。ないし十八の念仏往生の願に二の意あり。出離生死《しゅつりしょうじ》はこれ抜苦なり、往生極楽はこれ与楽なり。生死の衆苦一時によく離れて、浄土の諸楽一念によく受く。もし弥陀に念仏の願なく、衆生この願力に乗ぜずは、*五苦《ごく》逼迫《ひょくはく》の衆生、いかんが苦界を離るべき。過去生々世々、弥陀の誓願に値《あ》はざりければ、今に三界皆《みな》苦の*火宅《かたく》にあつて、いまだ*四徳常楽の宝城に至らず。過去皆もつてかくの如し。未来また空しく送るべし。今生《こんじょう》にいかなる福あつてか、この大願に値《あ》へる。たとひ遇ふといへども、もし信ぜずは値《あ》はざるが如し。既に深くこれを信ず、今正しくこれに値《あ》ふなり。但したとひ心にこれを信ずといへども、もしこれを行ぜずは、また信ぜざるが如し。既にこれを行ず、正しくこれ信なり。願力空しからず、行業誠《まこと》あり、往生疑ひなし。既に生死を離れ、衆苦を離るべし。即ちこれ大悲抜苦なり。次に極楽に往生するの後、身心に*諸楽を受け、眼《まなこ》に如来を拝見し、聖衆を*瞻仰《せんごう》せむ。見るごとに眼根の楽を増し、耳に深妙《じんみょう》の法を聞く。聞くごとに耳根の楽を増し、鼻に功徳の法香を聞いて、聞くごとに鼻根の楽を増す。舌に*法喜《ほうき》禅悦《ぜんねつ》の味を嘗《な》め、嘗むるごとに舌根の楽を増す。身には弥陀の

大悲・大慈　悲は物に感じてあわれに思うこと、慈はいつくしみの意。観経に「仏心とは大慈悲これなり」とある大慈悲に同じ。凡夫二乗等が一切衆生を縁として楽をあたえ苦を抜かんとする衆生縁の小慈悲に対して、有所得の念なくして済度したもう仏の慈悲を大慈悲という。

五苦　生苦・老苦・病苦・死苦・愛別離苦。

火宅　心地観経巻四に「生老病死の苦は時として滅することなし。この因縁をもつてもろもろの世尊は三界を説いて火宅とす」といい、また法華経巻三に「三界安きことなく、なほ火宅の如し」とあるによったもので、三界とは欲界・色界・無色界。そのいずれの世界も貪・瞋・痴などの煩悩の火焔につつまれているので、それを燃える家の中に喩えたもの。即ち迷いの世界をいう。

四徳　如来法身の四徳で、常・楽・我・浄をいう。

諸楽　身心にうける楽とは、身心適悦の感覚をいい、楽根とも称し、大毘婆沙論巻百四十二に「楽根とはいかん。答ふ、順楽触によつて生ぜられたる身心の楽なり、平等受にして受の所摂なる、これを楽根と謂ふ」と述べている。

瞻仰　仰ぎみてたっとぶ。

法喜禅悦　仏法を聞き喜び身にしみて感ずる。

光明を蒙り、触るごとに身根の楽を増す。意《こころ》に楽の境を縁じ、縁ずるごとに意根の楽を増す。極楽世界の一々の境界、皆離苦得楽《りくとくらく》の計《はかりごと》なり。風の宝樹を吹くもこれ楽なり、*枝条華菓常楽《けかじょうらく》を韻《いん》す。波の金の岸を洗ふもこれ楽なり、*微瀾《びらん》四徳《しとく》を廻流《えりゅう》す。*洲鶴《しゅうかく》の囀《さえず》るもこれ楽なり、根力覚道《こんりきかくどう》の法門なるが故に。*塞鴻《さいこう》の鳴くもこれ楽なり、念仏法僧の妙法なるが故に。宝地を歩《あゆ》むも、これ楽なり。天衣の趺《ふ》を受け宝宮に入るも、これ楽なり。天楽《てんがく》の耳に奏す、これ則ち弥陀如来慈悲の御心《みこころ》、念仏の誓願を発《おこ》して、我等衆生に苦を抜き楽を与ふる心なり。

次に別して女人《にょにん》に約して発願《ほつがん》して云く、「*たとひ我《われ》仏を得たらむに、その女人あつて我が名字を聞き、歓喜《かんぎ》信楽《しんぎょう》して菩提心を発《おこ》し、女身《にょしん》を厭《いと》ひ、寿終《じゅじゅう》の後《のち》、また女像《にょぞう》たらば正覚《しょうがく》を取らじ」と。これについて疑ひあり、上の念仏往生の願は男女を嫌はず、来迎引接《らいごういんじょう》も男女に亘《わた》る、*繋念定生《けねんじょうしょう》の願またしかなり。今別にこの願あり、その心いかん。つらつらこの事を案ずるに、女人は障り重くして、明らかに女人に約せずは、即ち疑心を生ぜむ。そのゆゑは、女人は過《とが》多く障り深くして、一切の処に嫌はれたり。*道宣《どうせん》、*経を引いて云く、「十方世界に女人ある処には、即ち地獄あり」と云々。しかのみならず、内に*五障《ごしょう》あり、外に*三《さん》従《じゅう》あり。五障とは、「*一には不《ふ》得《とく》云々。二には帝釈《たいしゃく》、三には魔王《まおう》、四には転輪王《てんりんのう》、五には仏身なり」と云々。一に不得作《ふとくさ》*梵天王《ぼんてんのう》とは、色界初禅《しきかいしょぜん》の王、梵衆《ぼんしゅう》・梵輔《ぼんぽ》の王なり。かれなほ生滅の境、輪転の質なり。無量の梵王かはるがはる居れども、全く女身をもつて、高台の閣に登る者なく、三朱《さんしゅ》の襟《えり》を刷《かいつくろ》ふ者なし。これなほ難し、いかにいはんや往生をやと。

枝条華菓　枝条は木の幹より生ずるえだ、華菓は花と実。

微瀾　さざなみ。

洲鶴　砂洲にいる鶴。

塞鴻　喉もとをふさがれたおおとり。

たとひ…取らじ　無量寿経巻下、第三十五女人往生願。

繋念定生の願　四十八願中の第二十願。十方衆生にして弥陀の名号を聞き、念を浄土にかけ、弥陀と結縁したことがあって、もろもろの徳本(念仏および諸行)を修し、至心に廻向して往生をねがうものがあれば、遂には極楽往生のことを果遂せしめんと誓われた願。

道宣　弘福寺智首について具戒を受けて律を学び、西明寺の成るにおよんで勅して上座となし、玄奘の訳場に参与せしめた。律宗の大成者で、第九祖としている。

経　浄心誡観経巻上。

五障・三従　女人は罪障深きため梵天王・帝釈天・魔王・転輪聖王・仏身になれぬという五種のさわりを五障、女人の生涯に三種の随従すべきものを三従という。三従とは幼にしては父兄に従い、嫁しては夫に従い、老いては子に従うことをいう。

一には…仏身なり　法華経巻四。

梵天王　梵書時代以来の神で、インドにおいてバラモンにより最も尊崇された主神。欲界六欲天の上に位する最高神の一。

これを疑ふべきが故に、別して女人往生《にょにんおうじょう》の願を発《おこ》す。二に*帝釈《たいしゃく》とは欲界《よくかい》第二の天、須弥《しゅみ》八万の頂*三十三天の王、殊勝殿《しゅしょうでん》の主なり。かれまた*五衰《ごすい》の形、摩滅《まめつ》の境なり。もし帝釈に替り移ると云ふとも、いまだ女身をもつて帝釈の宝座に登る者あらず。三に魔王とは、欲界の第六天他化自在の王なり。なほ業報《ごうほう》の質、遷変《せんぺん》の処なり。百千の魔王移り居ると云へども、いまだ女身の魔王と云ふことあらず。四に転輪聖王《てんりんじょうおう》とは、東西南北四洲の王、金銀銅鉄四輪の王なり。その中にいまだ一人も女輪王といふものあらず。五に仏身とは、仏に成ることは男子なほ難し、いかにいはんや女人をや。大梵《だいぼん》の高台の閣にも嫌はれ、梵衆・梵輔の雲を望むことなく、帝釈柔軟《たいしゃくにゅうなん》の床にも下《くだ》られて、三十三天の華《はな》を翫《もてあそ》ぶことなし。六天魔王の位、四種輪王の跡、望み永く絶えて、影だにも指《さ》さず。天上天下のなほ賤《いや》しき生死有漏《うろ》の果報《かほう》、無常生滅《むじょうしょうめつ》の拙《つたな》き身にだにも成ぜず、いかにいはんや仏位《ぶつい》をや。申すに憚《はばか》りあり、思へば恐れあり。

　*三惑頓《さんわくとん》に尽き、*二死永く除いて、長夜爰《ここ》に明かして覚月《かくげつ》正に円《まど》かなり。*四智円明《しちえんみょう》の春の苑《その》に、三十二相の華鮮《あざや》かに発《ひら》き、*三身即一《さんじんそくいつ》の秋の虚《そら》には八十種好の月清く澄《す》めり。位は妙覚高貴の位、四海灌頂の法王なり。形は仏果円満《ぶっかえんまん》の形、三点法性円融《さんてんほっしょうえんゆう》の聖容《せいよう》なり。実《まこと》には男子だにも、*善財大士《ぜんざいだいし》の一百一十の城に求めしが如く、*雪山童子《せっせんどうじ》の四句《しく》の半偈《はんげ》に身を投げしが如くにして、仏には成るべしと申して候に、緩《ゆる》く行ひ疎《そ》に求めては全く叶ふべからず候。されば五千上慢《じょうまん》これ男子なれども、成仏の座を去つて、しかも起《た》つ。五闡提羅《ごせんだいら》が沙門なるすら無間《むけん》の業を結んで、しかも落つ。およそ仏道に嫌はれ、仏家に棄てらるる者勝《しょう》

帝釈　帝釈天。十二天の随一で、東方の守護者にして、梵天王とともに仏教の護神といわれている。須弥山の頂きにある忉利天善見城の主。

三十三天　欲界の六天の第二。忉利天と称し、帝釈天所居の天界で、須弥山の頂上にある。四方に各八天あり、これと中央の善見城を合して三十三あるので、三十三天と呼ぶ。

五衰　天人の死するとき現わすという五つの死相。

三惑　天台家で界内界外の惑を見思・塵沙・無明の三種に類別したもの。

二死　分段死と不思議変易死。分段死は六道の衆生が業力の縁にしたがって感ずる肉身の死をいい、不思議変易死は無明住他の力によって感ずる意生身で、その身の生滅変易をまぬがれないのをいう。

四智　仏果にいたり有漏の識蘊の依を転捨して得る四種の無漏智(大円鏡智・平等性智・妙観察智・成所作智)をいう。

三身即一　法身・報身・応身の別があるが、これらの三は所詮一仏の体・相・用の関係にしかすぎず、したがって三身は即一身であるとの意。

善財大士　南方に遊行して五十五人の善知識を歴訪参問した聖者。

雪山童子　釈尊が過去世に菩薩行を修していたおりの名。

計《けい》すべからず。いかにいはんや、女人の身は諸経論の中に嫌はれ、在々所々に*擯出《ひんしゅつ》せられたり、*三途《さんず》・八難*にあらずは、趣《おもむ》くべき方《かた》もなく、*六趣《ろくしゅ》・*四生《ししょう》にあらずは、受くべき形もなし。しかれば則ち*富楼那尊者《ふるなそんじゃ》の成仏の国には、「もろもろの女人あることなく、またもろもろの悪道なし」等と云へり。三悪道に等しくして、永く女人の跡を削《けず》る。*天親菩薩《てんじんぼさつ》の往生論《おうじょうろん》の中には、「女人《にょにん》および根欠《こんけつ》、二乗の種《しゅ》生ぜず」と云つて、根欠敗種に同じくして、遠く往生の望みを絶つと云々。諸仏の浄土には思ひ寄るべからず。

この日本国にさしも貴き無上の霊地・霊験の砌《みぎ》りには、皆ことごとく嫌はれたりと云々。先づ比叡山はこれ伝教大師《でんぎょうだいし》の建立、桓武天皇の御願なり。大師自《みずか》ら結界*して、谷を堺《さか》ひ、峰を局《かぎ》つて、女人の形を入れず。一乗の峰高く立ちて、五障の雲聳《そび》ゆることなく、一味の谷深くして、三従の水流るることなし。薬師医王《やくしいおう》の霊像、耳に聞いて眼に視《み》ず。大師結界の霊地、遠く見て近く臨《のぞ》まず。高野山は弘法大師結界の峰、真言上乗《しんごんじょうじょう》繁昌の地なり。三《さん》密《みっ》の月輪《がつりん》普《あまね》く照らすといへども、女人非器の闇をば照らさず。五瓶《ごびょう》の智水等《ひと》しく流るといへども、女身垢穢《にょしんくえ》の質には灑《そそ》がず。これらの所において、なほその障りあり。いかにいはんや、出過三界道《しゅつかさんがいどう》の浄土においてをや。しかのみならず、また聖武天王の御願、*十六丈金銅の舎那《しゃな》の前《みまえ》、遙かにこれを拝見すといへども、なほ扉の内には入らず。天智天王の建立、*五丈の石像弥勒《みろく》の前《みまえ》、高く仰いでこれを礼拝すといへども、なほ壇上には障りあり。ないし*金峰《きんぶ》の雲の上、*醍醐《だいご》の霞の中、女人は影をささず。悲しきかな、両足を備ふといへども登らざる法《のり》の峰あり、沓《ふ》まざる仏の庭あり。恥づべきかな、両眼は明らかなりといへども

擯出　しりぞける。
三途　雑阿含経巻七に「身口意にもろもろの悪業あらば、まさに三塗に堕すべし」といえる三塗にあたり、地獄・餓鬼・畜生をいう。
八難　梵行を修し、菩提の道に向うことのできない難所が八種あるとの意で、地獄・畜生・餓鬼・長寿天・辺地・聾盲瘖瘂・世智弁聡・仏前仏後をいう。
六趣　五趣(地獄・餓鬼・畜生・人間・天上)に阿修羅を加えたもの。
四生　卵生・胎生・湿生・化生。
富楼那尊者　悉達太子出城の夜、朋友三十人と共に出家し、雪山に入りて苦行精進し、四禅六通を得、更に釈尊の成道したのを聞き、鹿野苑に至り出家受戒して阿羅漢を得たという。
天親菩薩　世親。旧訳では天親といい、五世紀ごろの論主。
結界　作法によって一定の界区を結約すること。
十六丈金銅の舎那　東大寺の本尊大毘盧舎那仏。
五丈の石像弥勒　天智天皇七年正月近江国志賀郡長等山に創建した崇福寺の本尊。
金峰　大和国にある山。吉野山の高峰大峰一帯の地を指す。
醍醐　真言宗の大本山三宝院一帯の地。

見ざる霊地あり、拝さざる霊像あり。この穢土の*瓦礫荊棘《がれきけいきょく》の山、*泥木素像《でいぼくそぞう》の仏にだにも障りあり。いかにいはんや衆宝合成の浄土、万徳究竟《まんとくくきょう》の仏をや。ここによつて往生その疑ひあるべきが故に、この理《ことわり》を鑑《かんが》みて、別にこの願ありと云々。

善導この願を釈して云く、「*乃《すなわ》ち弥陀の大願力によるが故に、女人仏の名号を称へて、正しく命終《みょうじゅう》の時に、即ち女身を転じて男子となることを得。弥陀接手し、菩薩身を扶《たす》けて、宝華《ほうけ》の上に坐して、仏に随つて往生し、仏の大会《だいえ》に入つて無生を証悟す。また一切の女人、もし弥陀の名願力《みょうがんりき》によらずは、千劫《せんごう》・万劫《まんごう》・*恒河沙《ごうがしゃ》等の劫《ごう》にも、終《つい》に女身を得転すべからず。或いは道俗ありて云く、女人浄土に生ずることを得ずといはば、これはこれ妄説《もうせつ》なり、信ずべからず」と云々。これ則ち女人の苦を抜いて、女人の楽を与へる慈悲の御意の誓願利生なり。

またその後、不可思議兆載永劫《ふかしぎちょうさいようごう》に、菩薩の無量の行願を積み植ゑて、難行苦行して劫を積み徳を累《かさ》ぬ。或人云く、「その因行《いんぎょう》とは多く六度《ろくど》を摂し、その果徳と云ふは、多く三身《さんじん》を摂す」と。*法華《ほっけ》に云く、「*声聞《しょうもん》を求めむとするには、まさに*四諦《したい》の法を説くべし」と云々。六度とは一には*檀《だん》、二には戒《かい》、三には忍《にん》、四には進《しん》、五には禅《ぜん》、六には恵《え》なり。初めの檀について無量あり。謂はく国城・妻子・奴婢《ぬひ》・僕従《ぼくじゅう》・聚落・田地・舎宅・園林・象馬・車乗・珍宝・*輦輿《れんよ》等、もろもろの身外の一切の財物、よくこれを施与す。ないし*眼《げん》・耳《に》・鼻《び》・舌《ぜつ》・身《しん》、頭目《とうもく》・髄脳《ずいのう》一切の身の上の諸根、よくこれを捨与す。しかれば則ち弥陀如来、菩薩の道を行じたまふ時、檀を修して劫海《こうかい》を送る。*経に云く、「所施の目は一恒河沙《ごうが しゃ》の如く、

瓦礫荊棘　瓦礫はかわらと小石、荊棘はいばらで、価値なきものに喩えている。
泥木素像　土や木でつくった彩色などを施してない像。
乃ち…信ずべからず　観念法門。
恒河沙　インドのガンジス河の沙。大智度論巻七には、「恒河の沙多く、金河はしからず。また次にこの恒河沙はこれ仏の生処、遊行処なり…もし中に入つて洗へば諸罪垢悪みなことごとく除尽す。人この河を敬事することを、皆ともに識知するをもての故に、恒河沙をもつて喩へとす」と述べている。
法華　法華経巻一序品。
声聞　仏の声教を聞いて証悟する出家の弟子。ここでは仏の教えを指す。
四諦　苦・集・滅・道の真実にして変わることのない理義をいう。
檀　大智度論巻十一に「問うて曰く、いかんが檀と名づくる。答へて曰く、檀とは布施心相応の善思に名づく、これを名づけて檀となす」と記しており、布施と訳している。
輦輿　輦は人のあるいて引く車、輿は人の手にてもつこし。総じて天子の乗りものを指す。
眼・耳・鼻・舌・身　五根。
経　悲華経巻九。
乞眼婆羅門　眼を乞う婆羅門の意で、因位修行中の菩薩に対し、眼目の施

*乞眼婆羅門《こつげんばらもん》の如し。飲血《おんけつ》の衆生あつて、身分の生血を乞《こ》へるに、施すところの生血は*四大海の水の如し。*噉宍《たんにく》の衆生あつて、身分の脂肉《しにく》を乞へるに、施すところの宍《にく》は千の須弥山の如し。しかのみならず捨つるところの舌は、*大鉄囲《だいてっち》山《せん》の如し。捨つるところの耳は純陀《じゅんだ》羅山《らせん》の如し。捨つるところの鼻は、毘布羅《びふら》山《せん》の如し。捨つるところの歯は、*耆《ぎ》闍崛《じゃくっ》山《せん》の如し。捨つるところの身皮は三千大千世界の所有の地の如し」と云々。しかのみならず、或る時には肉山となつて衆生に食噉《じきたん》せられ、或る時には大魚となつて身分を衆生に与へ、菩《ぼ》薩《さつ》の慈悲これをもつて知るべし云々。衆生の貪欲《とんよく》これをもつて知るべし云々。飲血噉肉《おんけつたんにく》の衆生は情《なさけ》なく、菩薩利生の膚《はだえ》を破り、求食着味の凡夫は憚《はばか》りなく、薩埵《さった》慈悲の肉を食す。かくの如く一劫・二劫にあらず。兆載永劫《ちょうさいようごう》の間、四大海水の血を流し、千の須弥《しゅみ》山《せん》の肉を竭《つく》す。捨て難きをよく捨て、忍び難きをよく忍んで、檀度《だんど》を満《み》たし*尸羅波羅蜜《しらはらみつ》を満足す云々。忍辱《にんにく》・精進《しょうじん》・禅定《ぜんじょう》・智恵《ちえ》の六度《ろくど》を円満し、万行具足す云々。

次に果位《かい》の三身〈常の如し〉。*法身《はっしん》とは〈常の如し〉。*報身《ほうじん》とは前因に報《むく》いて感得《かんとく》するところの身なり。髪を布《し》いて泥を掩《おお》ふの功、紺瑠璃《こんるり》頂を感じ、血を流し肉を割《さ》くの勤《つと》め、紫磨金《しまこん》の膚《はだえ》を得。禽《きん》に代へるの慈《いつく》しみ、空しからずして、早く鵝王《がおう》の相を得、獣に代へるの悲《かな》しみに誠あつて、遙かに鹿王《ろくおう》の膊《はぎ》を感ず。脳を破つて他の病を治せしが故に、今医王の大医王となる。肉を施して商人に与へしが故に、今船師の大船師となる。灯燭《とうしょく》を施すが故に光明無量の仏となり、殺生を断つが故に寿命無量の聖《ひじり》となる。宝をもつて人に与ふれば衆宝国土の主《あるじ》となり、床をもつて人に施して大宝華王の座を得たり。布施《ふせ》を庫蔵となして、百福

与を乞う婆羅門をいう。高僧法顕伝、犍陀衛国の下に「仏は菩薩たりし時、またこの国において眼をもつて人に施す」と見えているのはその意。

四大海　閻浮提にあって、海にそそぐ四つの大河。阿毘曇毘婆沙論巻二に「また四大河あり、阿耨達池より出でて大海に流趣す。一を恒伽と名づけ、二を辛頭と名づけ、三を博叉と名づけ、四を私陀と名づく」とあり、このうち恒伽はガンジス河、辛頭はインダス河、博叉はオキサス河、私陀はヤクサルテス河にあたる。

噉宍　肉をむさぼり食べること。

大鉄囲山　須弥四洲の外海をめぐっている鉄所成の山。

耆闍崛山　中インド、マカダ国の王舎城の東北に位置し、釈尊が説法した地として、無量寿経・金光明最勝王経等の諸経典にその名が見えている。

尸羅波羅蜜　悉曇で戒と訳す、六波羅蜜の一。身口七支の悪を防止するもので、仏教に帰依したものが守るべき規範。大智度論巻十三に「尸羅は好んで善道を行じて、自ら放逸ならず、これを尸羅と名づく」とある。

法身　宇宙の真理、仏の自性である真如の理法をいう。

報身　因位における願行にむくいて成就した万徳円満な仏身。阿弥陀仏は四十八願を成就した報身仏。

荘厳の財を収め、持戒を良田となして、三*菩提《さんぼだい》の種子を下す。忍辱《にんにく》の鎧《よろい》を着て、固く魔王の十軍と戦ひ、精進の駿馬《しゅんめ》に乗つて、早く嶮難《けんなん》の六度を超ゆ。静慮《じょうりょ》の利剣《りけん》をもつて、結使の首を裁《き》り、禅定《ぜんじょう》の深水をもつて、諸欲の垢《あか》を洗ひ、智恵の船筏《せんぱつ》をもつて、生死の大海を渡り、般若《はんにゃ》の明灯を挑《かか》げて、無明の長夜を照らす。およそ万行の因に答へて万徳の果を感ずること、依因感果《えいんかんか》、華《はな》の果《か》を結ぶが如し。業《ごう》に酬《むく》いて報を招く、響《ひび》きの声に随ふに似たり。これ則ち法蔵比丘の実修の万行に酬いて、弥陀如来実証の万徳を得たまへる報身如来なり。次に*応身《おうじん》とは、始終応同の身なりと云々。次に仏の色身相好の功徳とは、その身量を云はば六十万億と云々。その身色を言はば百千万億と云々。この身量の所得の依正は、これ則ち別のものにあらず、*六度万行の修因に酬《むく》いたり。四十八願一々に相違なく、本願の如く、名に顕《あら》はれたる所得の依正は、*聴聞の人々、申さざる前にこれを知らしむ。もしこれを釈するには一々の依正、四十八願によつて釈す。*別にこれあり、これを読むべし。

四に「往生の行業」とは〈来意云々〉、これに二あり。一には二行を分ち、二には文によつて別に釈す。一に二行を分つとは、また分ちて三とす。一には正しく二行を分ち、二には*善導によつて得失《とくしつ》を論ず。三には*感師等の義をもつて善導の義を助く。一に二行を分つとは、また分ちて二とす。一には正しく二行を分つ。*善導等によらば、往生の行大いに分ちて二とす。一には念仏の行、二には余の諸行なりと云々。余の諸師はいまだ必ずしもかくの如く分別せずと云々。これによつて往生の正行、凡夫輙《たやす》くもつて了すべきこと難しと云々。二に略して相を釈すとは、これにまた二とす。一には念仏を釈し、二には諸行を釈す。

菩提　悉曇で、覚・智などと訳し、煩悩・所知の二障を断じて得た三乗無学所得の覚智をいう。これに声聞・縁覚・仏の菩提があるので、三菩提と呼んでいる。

応身　衆生の機感に応じてあらわれた仏身で、地前の菩薩、二乗の人、凡夫等が見ることのできる仏。

六度万行　布施・持戒等の六度は一切善行の根本となるもので、開けば万行となり、合すれば六度となる意であるが、浄土門では念仏以外のすべての諸行を指すを例とする。

聴聞の人々　法然が俊乗房重源の招きにより、東大寺で三部経を講説したのは文治六年二月のことであり、聴聞の大衆を前にして講説したであろうことは、こうした呼びかけの語によって知られる。

別にこれあり　四十八願を釈したものがあり、しかも読むことを指示しているところを見ると、別本があったように思われるが、長西の「浄土依憑経論章疏目録」にも見えず、他に徴証もなく、現存もしていない。

善導によつて得失を論ず　観経疏散善義および往生礼讃により、正行の得、雑行の失を詳説し、後者には十三の得失を挙げている。

感師　懐感の群疑論。

善導等…二とす　懐感は念仏往生・諸行往生(群疑論)、道綽は念仏往生・万行往生(安楽集)に分類。

一に念仏とは、或いは仏の*相好《そうごう》を観じ、或いは光明を観じ、或いは*帰命想《きみようそう》により、或いは*引接想《いんじようそう》によつて、一心に弥陀仏の名を称念する、これを名づけて念仏とす。相好を観ずとは云々。光明とは云々。帰命想とは云々。引接想とは云々。たとひまた観念なくとも、ただ称名を信ずるもの、また往生を得と云々。二に余の諸行を釈すとは、極楽を求むる者は、必ずしも念仏のみならず。おのおの楽欲《ぎようよく》に随つて種々《しゆじゆ》の行を修し、その行相広く経論にあり、つぶさにこれを引くことあたはず。*諸経に説くところ、その業多しといへども、その要を結べるに三意を出でず。故に往生要集に云く、「諸経の行業、惣じてこれを言はば*梵網《ぼんもう》の戒品《かいほん》を出でず。別してしかもこれを論ぜば六度を出でず。細《くわ》しくその相を明かすに、その十三あり。一には財・法等の施、二には*三帰《さんき》・*五戒・八戒・十戒等の多少の戒行、三には忍辱《にんにく》、四には精進《しようじん》、五には禅定《ぜんじよう》、六には般若《はんにや》〈第一義を信ずる等これなり〉、七には菩《ぼ》提心《だいしん》を発《おこ》し、八には六念《ろくねん》〈仏と法と僧と戒と施と天と、これを六念と謂ふ〉を修行す。九には大乗《だいじよう》を読誦《どくじゆ》し、十には仏法を守護し、十一には父母《ぶも》に孝順《きようじゆん》し、師長に奉事《ぶじ》す。十二には憍慢《きようまん》を生ぜず、十三には利養《りよう》に染まざるなり」と。一には布施《ふせ》とは云々。九に読誦大乗とは云々。この中に持《じ》経《きよう》・持呪《じじゆ》ありと云々。

次に*善導によるに二あり。一には先づ二行を釈し、二には正しく得失を論ず。一に二行とは、「一には正行《しようぎよう》、二には雑行《ぞうぎよう》なり。正行と言ふは、専ら*往生経によつて行を行ずるもの、これを正行と名づく。何ものか是《ぜ》なるや。一心に専らこの観経《かんぎよう》・弥陀経《みだきよう》・無量寿経《むりようじゆきよう》等を読誦し、一心にかの国の二報《にほう》の荘厳《しようごん》を専注し思想し観察し憶念《おくねん》す。もし礼《らい》せむには即ち一

相好　仏の色身に具備する端厳微妙の形相。仏の身体について微妙の相状了別すべきを相といい、更に細相の受楽すべきを好という。

帰命想　仏に思いをかける。

引接想　極楽に引きとられる思いをなす。

諸経…ざるなり　往生要集巻下大文第九。

梵網の戒品　梵網経に受持すべきものとして説いている十重・四十八軽戒を指す。

三帰　帰依仏両足尊・帰依法離欲尊・帰依僧衆中尊といい、仏法僧の三宝に帰依し、永く一切の苦を解脱することで、観無量寿経には「三帰を受持し、衆戒を具足す」とある。

五戒・八戒・十戒　五戒は優婆塞戒ともいい、在家男女の受持すべき制戒(不殺生・不偸盗・不邪婬・不妄語・不飲酒)であり、八戒は八斎戒ともいい、在家の男女が一日一夜にかぎって受持する戒法(不殺生戒・不与取戒・不婬戒・不妄語戒・不飲酒戒・不塗飾香鬘歌舞観聴戒・不坐高広厳麗牀座戒・不過中食戒)。十戒は沙弥・沙弥尼の受持すべき戒で、五戒に不塗飾香鬘戒・不歌舞観聴戒・不坐高広大牀戒・不非時食戒・不蓄金銀宝戒を加えたもの。

善導によるに　観経疏散善義。

往生経　往生浄土を明かす経典で、つぶさには浄土三部経を指す。

心に専らかの仏を礼し、もし口に称《とな》へむには即ち一心に専らかの仏を称へ、もし*讃歎供養《さんだんくよう》せむには即ち一心に専ら讃歎供養す。これを名づけて正《しょう》とす。またこの正の中について、また二種あり。一には一心に専ら弥陀の名号を念じ、行住坐臥《ぎょうじゅうざが》に時節の久近《くごん》を問はず、念々に捨てざるもの、これを*正定《しょうじょう》の業《ごう》と名づく。かの仏の願《がん》に順ずるが故に。もし礼誦《らいじゅ》等によるをば、即ち名づけて*助業《じょごう》とす。この正助二行を除く已外《いげ》の自余の諸善をば、ことごとく雑行と名づく。もし前《さき》の正助二行を修するには、心常に親近《しんごん》し、憶念《おくねん》して断えざれば、名づけて無間《むけん》とするなり。もし後の雑行を行ずるには、即ち心常に間断《けんだん》す。廻向《えこう》して生ずることを得べしといへども、すべて疎雑《そぞう》の行《ぎょう》と名づく」と云々。

私《わたくし》に云く、この文について二の意あり。一には往生の行相《ぎょうそう》を明かし、二には二行の得《とく》失《しっ》を判ず。初めに「往生の行相を明かす」とは、善導和尚《ぜんどうかしょう》の意《こころ》によるに、往生の行多しといへども、大いに分つて二とす。一には正行、二には雑行なり。初めに正行とは、これについて開合《かいごう》の二義あり。初めには開いて五種とし、後には合して二種とす。初めに「開いて五種とす」とは、一には読誦正行《どくじゅしょうぎょう》、二には観察《かんざつ》正行、三には礼拝《らいはい》正行、四には称名《しょうみょう》正行、五には讃歎供養正行なり。第一に読誦正行とは、専ら観経等を読誦するなり。即ち文に、「一心に専らこの観経・阿弥陀経・無量寿経等を読誦す」と云へる、これなり。言ふところの「等《とう》」とは、上の三経を指す。今、余経諸典を等しく取るにはあらず。例せばかの*法華記の第五の中に、*妙楽大師十力《みょうらくだいしじゅうりき》等の功徳の文を釈するに、「言ふところの等とは、ただ供仏浄土を兼ぬる行にあらず」と云ふが如し。かくの如き等の例、甚だ多きなり。繁《しげき》を恐

讃歎供養　仏を嘆美称揚するのを讃嘆といい、仏に物を捧げるのを供養という。前者は口業、後者は身業であるから、両者を分ければ二種となるが、供養するときは必らず讃嘆し、讃嘆するときは自然に供養がともなうので一種とする。

正定の業　法然は「正定とは、法蔵菩薩、二百一十億諸仏の誓願海の中において、念仏往生の願を撰定したまふ。故に定と云ふなり」(六二頁)といい、また「称名念仏は是れ彼の仏の本願行なり。故に之を修する者、彼の仏願に乗じて必ず往生を得、願虚しからざるに由るが故に、念仏をもつて正定業と為す」(広本選択集)と述べている。前者によれば選定、後者によれば必定の意となる。これにより聖冏は正定の業には、選定と決定の二義があるとしている。

助業　称名を除いた読誦・観察・礼拝・讃嘆供養を助業というが、助には補助の意と助発の意とがある。補助とは念仏のみでは解脱は困難であるから、他の行をつけ加えて不足を補うことであり、助発は念仏生活を増進するための機縁をあたえることである。補助の意をもつのは法然以前の念仏であり、助発は法然の意とするものであった。

法華記　法華文句記をいうが、ここに示す文は巻五でなく、巻六上に見えている。

れて出ださず。学者さらに検《しら》べよ。しかのみならず、*五種正行、皆弥陀一仏の功徳《くどく》に限る。ゆゑに観察・礼拝・称名・讃歎四箇の正行、既にただかの弥陀の依正《えしょう》にあり。あに読誦の行独《ひと》り他経を兼ねむや。第二に観察正行とは、専らかの国の*依正二報《えしょうにほう》を観察するなり。即ち文に、「一心にかの国の二報の荘厳を専注し思想し観察し憶念す」と云へる、これなり。第三に礼拝正行とは、専ら弥陀を礼拝する等なり。即ち文に、「もし礼せむには即ち一心に専らかの仏を礼す」と云へる、これなり。第四に称名正行とは、専ら弥陀の名号を称するなり。即ち文に、「もし口に称へむには即ち一心に専らかの仏を称ふ」と云へる、これなり。第五に讃歎供養正行とは、専ら弥陀を讃嘆し供養するなり。即ち文に、「もし讃嘆供養せむには即ち一心に専ら讃歎供養す。これを名づけて正とす」と云へる、これなり。もし讃嘆と供養とを開いて二とせば、六種の正行と名づくべきなり。今は合《ごう》の義によるが故に五種と云ふ。次に「合《がっ》して二種とす」とは、一には*正業《しょうごう》、二には*助業《じょごう》なり。初めに正業とは、上の五種の中の第四の称名をもつて、正定の業とす。即ち文に、「一心に専ら弥陀の名号を念じ、行住坐臥《ぎょうじゅうざが》に時節の久近《くごん》を問はず、念々に捨てざるもの、これを正定の業と名づく。かの仏の願に順ずるが故に」と云へる、これなり。次に助業とは、第四の口称《くしょう》を除いての外の読誦等の四種をもつて、しかも助業とす。即ち文に、「もし礼誦《らいじゅ》等によるをば、即ち名づけて助業とす」と云へる、これなり。

問うて曰く、何が故ぞ、五種の中に独《ひと》り称名念仏をもつて、正定《しょうじょう》の業《ごう》とするや。

答へて曰く、かの仏の願に順ずるが故に。意《こころ》の云く、称名念仏はこれかの仏の本願の行

妙楽大師　天台宗中興の祖で、名は湛然。また荊渓尊者と呼称され、法華玄義・法華文句・止観輔行伝弘決各十巻をはじめ多くの著書がある。

五種正行　五種正行の意は善導の著書にも見えているが、それを明らかに組織づけて五種正行としたのは法然であり、しかも無量寿経釈に見ゆるのが最も早い。善導以前は天親の五念門をもって往生行としていた。天親の場合は止観行を主としているが、善導は称名中心の浄土行法論の立場から五種に分類し組織した。

依正二報　依報と正報。観経疏玄義分には、極楽の依正二報を通依報・別依報・通正報・別正報に分ち、仏と聖衆と共に受用するものを通依報、弥陀のみにぞくする華座を別依報、それ以外の宝池・宝楼などをことごとく通依報と名づけている。別正報は弥陀を指し、通正報は観音勢至等のもろもろの聖衆を総摂したもの。

正業・助業　正業というときは、それ自身に独立価値があって、往生の業となり得るが、助業の場合は独立価値はなく、正定業にささえられることにより、はじめて往生浄土の価値が生ずる。この場合、五種の得は正定業の余徳をうけて助業の上にもあたえられる。念仏信仰が確立していれば、すべてが念仏の助業となり得る。

なり。故にこれを修する者、かの仏の願に乗じて、必ず往生することを得。願虚《がんむな》しからざるによるが故に、念仏をもつて正定《しょうじょう》の業《ごう》とす。本願の義は下に至つて弁ずべし。但し正定とは、*法蔵菩薩、二百一十億諸仏の誓願海《せいがんかい》の中において、念仏往生の願を撰定《せんじょう》したまふ。故に定《じょう》と云ふなり。選択《せんちゃく》の義また前の如し。これらの意《こころ》によるが故に、念仏をもつて名づけて正定の業とするものなり。読誦等の行は、即ち本願選択の行にあらざるが故に、名づけて助《じょ》とす。念仏はまたこれ*正中《しょうちゅう》の正《しょう》なり、礼誦等はこれ正中の助なり。正助異《こと》なりといへども、同じく弥陀《みだ》にあるが故に、正とすといへども、しかも勝劣の義なきにはあらず。

次に雑行《ぞうぎょう》とは、即ち文《もん》に、「この正助二行を除く已外《いげ》の自余の諸善をば、ことごとく雑行と名づく」と云へる、これなり。意の云く、雑行無量なり、つぶさに述ぶるに遑《いとま》あらず。今且《しばら》く五種の正行に*飜対《ほんたい》して、もつて五種の雑行を明かすなり。一には読誦雑行、二には観察雑行、三には礼拝雑行、四には称名雑行、五には讃嘆供養雑行なり。第一に読誦雑行とは、上《かみ》の観経等の往生浄土の経を除いて已外《いげ》の、大小乗顕密《だいしょうじょうけんみつ》の諸経において受持し読誦するを、ことごとく読誦雑行と名づく。第二に観察雑行とは、上の極楽《ごくらく》の依正《えしょう》を除いて已外《いげ》の、大小顕密*事理《じり》の観行《かんぎょう》を、皆ことごとく観察雑行と名づく。第三に礼拝雑行とは、上の弥陀を礼拝するを除いて已外の、一切の諸余の仏・菩薩等および*諸世《しょせ》天《てん》等において*礼《らい》拝恭敬《はいくぎょう》するをば、ことごとく礼拝雑行と名づく。第四に称名雑行とは、上の弥陀名号を称するを除いて已外の、自余の一切の諸仏・菩薩等およびもろもろの世天等の名号を称するをば、ことごとく称名雑行と名づく。第五に讃嘆供養雑行とは、上の弥陀仏を除いて已外

法蔵菩薩　無量寿経巻上に「時に国王あり。仏の説法を聞きて、心に悦予を懐く。すなはち無上正真の道意を発し、国を棄て、王を捐て、行じて沙門となり、号して法蔵と曰ふ。高才勇哲にして世と超異せり」といい、無量寿経義疏(吉蔵)に「よく仏法を蘊蓄するに在るが故に法蔵と言ふ」と述べている。阿弥陀仏が因位にあって四十八の大願を発願したころの名。

正中の正　あまた正行あるなかでも正定業が念仏であるという意。

飜対　裏がえしてみる。

事理の観行　事観と理観。仏や浄土の具体的なすぐれた姿・形を心にうかべて観察するのを事観、万有の根源的な絶対の真理と一体になろうとするのを理観という。

諸世天　世天とは、世間にまつられている天部の意で、天部とは天上の者とか尊き者という義があり、通常、神の称呼として用いられている。倶舎論巻八によれば欲界に六天、色界に十七天、無色界に四天の総じて二十七天あるという。

礼拝　三品の礼拝がある。頭と両臂と両膝を地につけて礼する五体投地の作法を上品の礼拝、両膝を立て腰をあげ、合掌して礼する長跪合掌の作法を中品の礼拝、坐しながら合掌低頭する礼拝を下品の礼拝という。

の、一切の諸余の仏・菩薩等およびもろもろの世天等において讃嘆供養するをば、ことごとく讃嘆供養雑行と名づく。この外にまた布施《ふせ》・持戒《じかい》等の無量の行あり、皆雑行《ぞうぎょう》の言《ことば》に摂《しょう》尽《じん》すべし。

次に「二行の得失《とくしつ》を判ず」とは、「*もし前の正助二行を修するには、心常に*親近《しんごん》し、*憶念《おくねん》して断えざれば、名づけて無間《むけん》とするなり。もし後の雑行を行ずるには、即ち心常に間断《けんだん》す。廻《え》向《こう》して生ずることを得べしといへども、衆《すべ》て疎雑の行と名づく」、即ちその文なり。この文の意《こころ》を案ずるに、正雑二行について*五番《ごばん》の相対《そうたい》あり。一には親疎《しんそ》対《たい》、二には近遠対《ごんのんたい》、三には無間《むけん》有間対《けんたい》、四には不廻向廻向対《ふえこうえこうたい》、五には純雑対《じゅんぞうたい》なり。第一に親疎対とは、先づ親とは正助二行を修する者は、阿弥陀仏において甚だもつて*親昵《しんじつ》を結ぶ。故に*疏《しょ》の上《かみ》の文《もん》に云く、「衆生、行《ぎょう》を起して、口に常に仏を称ふれば、仏即ちこれを聞きたまふ。身に常に仏を礼敬《らいきょう》すれば、仏即ちこれを見たまふ。心に常に仏を念ずれば、仏即ちこれを知りたまふ。衆生《しゅじょう》仏を憶念《おくねん》すれば、仏また衆生を憶念したまふ。彼此《ひし》の三業《さんごう》相ひ捨離《しゃり》せざるが故に親《しん》縁《ねん》と名づくるなり」と。次に*疎《そ》とは雑行《ぞうぎょう》なり。親を翻《ほん》じてこれを謂はば、衆生仏を称へざれば、仏即ちこれを聞《き》こしめさず。身に仏を礼《らい》せざれば、仏即ちこれを見たまはず。心に仏を念ぜざれば、仏即ちこれを知らしめさず。衆生仏を憶念せざれば、仏衆生を憶念したまはず。彼此《ひし》の三業常に相ひ捨離するが故に、疎行《そぎょう》と名づくるなり。第二に近遠対《ごんのんたい》とは、先づ*近《ごん》とは、正助二行を修する者は、阿弥陀仏において甚だもつて隣近《りんごん》とするなり。故に疏の上の文《もん》に云く、「衆生仏を見たてまつらむと願ずれば、仏即ち念に応じて、現に目の前

もし前の…名づく　観経疏散善義。

親近　阿弥陀仏に親しく近づく。

憶念　憶は憶持、念は心に仏を明記して常に忘れないこと。往生論註巻上に「この中に念と云ふは、この時節を取らず、但だ阿弥陀仏を憶念するを言ふのみ」とある。

五番の相対　正行・雑行の価値批判の標準を五種に分け、相対的に比較しようとして、法然は五番の相対と名づけた。

親昵　お互いの心がとけあい親しむこと。

疏の上の文　観経疏定善義。五番の得失は散善義の文であるが、ここに明かす親近の義は散善義の前、すなわち上の定善義の文であるから、このような表現をとっている。

疎　疎隔の義で、仏と衆生の間が疎隔されている状態。

近　三縁の中の近縁で、親が精神的結合を意味するのに対し、近は距離の上についてあらわしたもの。

にまします、故に近縁《ごんえん》と名づくるなり」と。次に遠《おん》とは、これ雑行なり。近《ごん》を翻《ほん》じてこれを謂はば、衆生仏を見たてまつらむと願ぜざれば、仏即ち念に応ぜず、目の前に現はれたまはざるが故に、遠と名づくるなり。但し親近《しんごん》の義これ一に似たりといへども、善導の意《こころ》分ちてしかも二とす。その旨、疏の文に見えたり、故に今引釈《いんしゃく》するところなり。第三に*無《む》間有間対《けんうけんたい》とは、先づ無間とは、正助二行を修する者は、阿弥陀仏において、憶念《おくねん》し間断《けんだん》せざるが故に、「名づけて無間とす」と云へる、これなり。次に有間《うけん》とは、これ雑行なり。無間を翻《ほん》じてこれを謂はば、雑行を修する者は、阿弥陀仏において憶念常に間断す。即ち文に、「もし後の雑行を行ずるには、即ち心常に間断す」と云へる、これなり。第四に*不廻向《ふえこう》廻向対《えこうたい》とは、正助《しょうじょ》二行を修する者は、たとひ別して廻向《えこう》を用ゐずといへども、自然《じねん》にしかも往生の業となる、故に疏*の上の文に云く、「今この観経の中の十声称仏《じっしょうしょうぶつ》は、即ち十*願十行具足することあり。いかんが具足する、*南無《なむ》と言ふは即ち帰命《きみょう》、またこれ発願廻向《ほつがんえこう》の義なり。阿弥陀仏と言ふは即ちこれその行《ぎょう》なり。この義をもつての故に、必ず往生することを得」と。〈已上〉次に廻向《えこう》とは、これ雑行なり。不廻向《ふえこう》を翻《ほん》じてこれを謂はば、即ち雑行を修する者は、必ず廻向を用ゐるの時、往生の因となる。もし廻向を用ゐざるの時、往生の因とならざるが故に、「廻向して生ずることを得べしといへども」と云へる、これなり。第五に*純雑対《じゅんぞうたい》とは、先づ純《じゅん》とは、正助二行を修するものは、純《もっぱ》らこれ極楽《ごくらく》の行《ぎょう》なり。次に雑《ぞう》とは、これ雑行なり。純ら翻じてこれを謂はば、雑行を修するものは、これ純《もっぱ》ら極楽の行にあらず。人天《にんでん》および三*乗に通じ、また十方《じっぽう》の浄土に通ず、故に雑と云ふなり。しかれば*西《さい》

無間有間対　実践する場合の心的関係を時間的にながめて比較したもので、柔遠は一に間雑の義、即ち二者の間を障礙するものの有無について釈し、二に間断の義、即ち時間的に間隙の有無について釈している(錐指録巻二)。

不廻向廻向対　目的に到達せんとする意志の要不要について比較したもので、良忠は、念仏行を修するものに廻向心がないというのではなく、行それ自体が極楽のことであるから、行体についていえば廻向がある。従って行体に廻向があるから無間というと釈しているが(決疑鈔巻二)、行観は、浄土への行は阿弥陀仏の側で成就したものであるから不廻向行であるとしている(選択集秘鈔巻二)。

疏　観経疏玄義分。

十願十行　口称念仏のおのおのに、願と行とが具足されているが故に、十声称仏には十願十行があるという意で、もと善導が摂論学派の念仏方便論に対し、往生法としては願行具足すればよいと説く天親の摂論釈をもって反駁してより以来、浄土の経典をもって安心起行を具足する典拠とするに至った。

南無　悉曇の那摩・曩謨にあたり、帰命・恭敬と訳し、仏・菩薩に帰順敬礼する意をあらわすのに用いる。

純雑対　行そのものの有する内容の純粋性・狭雑性により比較したもの。

方《ほう》の行者《ぎょうじゃ》、すべからく雑行を捨て正行を修すべきなり。

問うて曰く、この*純雑の義、経論中において、その証拠《しょうこ》ありや。

答へて曰く、大小乗の経・律・論の中において純雑二門を立つること、その例一にあらず。大乗には即ち八蔵の中において雑蔵《ぞうぞう》を立つ。八蔵とは*安然和尚《あんねんかしょう》の教時義《きょうじぎ》の中に菩薩処《ぼさつしょ》胎経《たいぎょう》を引いて云く、「一には胎化蔵《たいけぞう》、二には中陰蔵《ちゅういんぞう》、三には摩訶衍方等蔵《まかえんほうとうぞう》、四には戒律蔵《かいりつぞう》、五には十住蔵《じゅうじゅうぞう》、六には雑蔵《ぞうぞう》、七には金剛蔵《こんごうぞう》、八には仏蔵《ぶつぞう》なり」と。まさに知るべし、七蔵はこれ純なり、一蔵はこれ雑なり。小乗には即ち*四《し》含《ごん》の中において、雑含を立てたり。四含とは一には増一阿含《ぞういつあごん》、二には長阿含《じょうあごん》、三には中阿含、四には雑《ぞう》阿含なり。まさに知るべし、三含はこれ純なり、一含はこれ雑なり。律には則ち*二十犍度《けんど》の中において、しかも雑《ざっ》犍度《けんど》を立てたり。二十犍度とは、一には受戒《じゅかい》犍度、二には説戒《せっかい》犍度、三には安居《あんご》犍度、四には自恣《じし》犍度、五には皮革《ひかく》犍度、六には衣《え》犍度、七には薬《やっ》犍度、八には迦絺那衣《かきなえ》犍度、九には鳩睒弥《くえみ》犍度、十には瞻婆《せんば》犍度、十一には呵責《かせき》犍度、十二には人《にん》犍度、十三には覆蔵《ふくぞう》犍度、十四には遮《しゃ》犍度、十五には破僧《はそう》犍度、十六には滅諍《めつじょう》犍度、十七には尼《に》犍度、十八には説法《せっぽう》犍度、十九には房舎《ぼうしゃ》犍度、二十には雑《ざっ》犍度なり。まさに知るべし、前の十九はこれ純なり、後の一は雑犍度なり。*論には則ち八犍度の中において、しかも雑犍度を立てたり。八犍度とは、一には業《ごう》、二には使《し》、三には智《ち》、四には定《じょう》、五には根《こん》、六には大《だい》、七には見《けん》、八には雑《ぞう》なり。まさに知るべし、前の七はこれ純なり、後の一はこれ雑犍度なり。また小《しょう》乗経量部《じょうきょうりょうぶ》に五蔵の中において、しかも雑蔵《ぞうぞう》を立てたり。五蔵とは、一には修多羅《しゅたら》蔵、二

三乗　乗に三種あるという意で、乗は譬喩で運載の義がある。声聞乗・縁覚乗・菩薩乗を三乗という。

西方の行者　西方極楽浄土に往生せんとねがい念仏を行ずる者。

純雑の義　観経疏には「疎雑之行」とのみあって、純の字はない。それをあえて法然は、疎雑の語に対立する純を立てて、二行価値の標準とし、五番相対の一にかぞえた。

安然和尚　天台の学匠で、五大院阿闍梨・阿覚大師と呼ばれ、幼にして円仁の室に入り、没後遍昭に師事して顕密の奥秘をきわめた僧。天台大師在世時は真言が渡来してなかったので四教(蔵・通・別・円)であったが、真言(密)がはいり五教となったとして、一代仏教を五教の判釈をもって確立し、もって中国天台に別立して日本天台を成立させた。

四含　四阿含経のことで、増一阿含経五十一巻・長阿含経二十二巻・中阿含経六十巻・雑阿含経五十巻を指している。

二十犍度　四分律行事鈔資持記巻上に見えている。犍度とは聚とか分段と訳し、同類の法を聚集して一括とするのをいう。

論　阿毘曇八犍度論を指し、本書には結使犍度・智犍度・行犍度・四大犍度・根犍度・定犍度・見犍度・雑犍度を挙げ、大毘婆沙論は八犍度を翻じて八蘊としている。

には毘尼《びに》蔵、三には阿毘曇《あびどん》蔵、四には雑《ぞう》蔵、五には呪《じゅ》蔵なり。まさに知るべし、四は純なり、一は雑なり。また*賢聖集《けんしょうしゅう》の中に、*唐宋両伝《とうそうりょうでん》に十科の中において、しかも雑科《ざっか》を立てたり。十科の法とは、一には訳経《やっきょう》、二には義解《ぎげ》、三には習禅《しゅうぜん》、四には明律《みょうりつ》、五には護法《ごほう》、六には感応《かんのう》、七には読誦《どくじゅ》、八には遺身《ゆいしん》、九には興福《こうふく》、十には雑科《ざっか》なり。まさに知るべし、前の九はこれ純なり、後の一はこれ雑科なり。ないし*大乗義章《だいじょうぎしょう》には五聚《ごじゅ》の法門を立てたり。その中に雑聚《ぞうじゅ》あり。五聚とは、一には教聚《きょうじゅ》、二には義《ぎ》聚、三には染《せん》聚、四には浄《じょう》聚、五には雑聚なり。まさに知るべし、前の四聚はこれ純なり、後の一はこれ雑なり。また*顕教《けんぎょう》のみにあらず、*密教《みっきょう》の中に純雑の法あり。謂はく*山家《さんげ》仏法血脈《ぶっぽうけちみゃく》の譜《ふ》に云く、「一には*胎蔵《たいぞう》界の曼陀羅血脈《まんだらけちみゃく》の譜一首、二には*金剛界《こんごうかい》の曼陀羅血脈の譜一首、三には雑曼陀羅血脈の譜一首」と。前の二首はこれ純なり、後の一首はこれ雑なり。かくの如く純雑の義多しといへども、今且《しばら》く略して少分を挙ぐるのみ。まさに知るべし、純雑の義、法に随つて不定《ふじょう》なり。しかれば則ち今善導和尚の意《こころ》、且《しばら》く浄土の行において、しかも純雑を論ずるなり。またこの純雑の義、ただ*内典《ないてん》のみに局《かぎ》らず、*外典《げてん》の中にその例甚だ多し。繁《しげ》きを恐れて出ださず。要を取りこれを言はば、正には即ち読誦・観察・礼拝・讃嘆等の五種の不同ありといへども、称名を取つて、名づけて正行《しょうぎょう》とす。雑には即ち疎遠《そおん》・有間・廻向・雑等の五義の不同ありといへども、純雑の義を取つて、名づけて雑行とす。

但し往生の行において、かくの如く二行を分つこと、ただ独《ひと》り善導の一師に限るにあらず。もし*道綽禅師の意《こころ》によらば、往生の行多しといへども、束《つか》ねて二とす。一には謂はく

賢聖集　開元釈教録巻二十および貞元新定釈教目録巻三十等に見える。

唐宋両伝　唐高僧伝と宋高僧伝を指している。目録の賢聖集中に十科を載録しているのは、唐高僧伝のみであって、宋高僧伝にはない。しかし分け方はほぼ同様であるから、両伝といい相従したものと思われる。

大乗義章　巻一。

顕教・密教　弁顕密二教論巻上に、「それ仏に三身あり。教は則ち二種なり。応化の開説を名づけて顕蔵と曰ふ。言顕略にして機に逗へり。法仏の談話を、これを密蔵と曰ふ。言秘奥にして実説なり」というように、報身や化仏の資格で説かれた釈尊の法門を顕教、その仏格の根本である法身の資格で説かれた大日如来の自内証の法を密教という。また釈尊が迷える衆生に適応するように説かれた随他意(他動的)の教えを顕教というに対し、如来の悟りのままの随自意(自発的)の教えを密教という。

山家　山中の家門の意で、その山に住する師主、またはその門徒をいうのが常であるが、日本では主として最澄を指し、また広く比叡山一派の門風を呼称するのに用いている。

胎蔵界・金剛界　大日経を根本聖典として成立しているのが胎蔵界、金剛頂経をもってするのが金剛界。

内典・外典　仏教の書物を内典、仏教以外のものを外典という。

念仏往生、二には謂はく万行往生《まんぎようおうじよう》なり。念仏はこれ正なり、万行はこれ雑なり。もし*懐感《えかん》禅師《ぜんじ》の意によらば、往生の行多しといへども、束ねてしかも二とす。一には謂はく念仏往生、二には謂はく諸行往生なり。〈*恵心《えしん》これに同じ〉念仏は前の如く、諸行はこれ雑なり。かくの如く*三師は言異《ことばこと》にして、意一《こころいつ》なり。おのおの二行を立てて往生の行を摂すること、甚だその旨を得たり、最も帰依《きえ》すべし。*余師はしからず、行者思択《しちやく》すべし。

また善導和尚、往生礼讃《おうじようらいさん》の中に細《くわ》しく二行の得失を判ず。謹《つつし》んでかの文を案ずるに云く、「もしよく上《かみ》の如く*念々に相続して畢命《ひつみよう》を期《ご》とする者は、十は即ち十ながら生じ、百は即ち百ながら生ず。何をもつての故に。外の*雑縁《ぞうえん》なくして正念《しようねん》を得るが故に、仏の本願と相応するが故に、教へに違《い》せざるが故に、仏語《ぶつご》に随順《ずいじゆん》するが故に。もし専《せん》を捨てて雑業《ぞうごう》を修する者は、百が時に希《まれ》に一二を得、千が時に希《まれ》に五三を得。何をもつての故に。雑縁乱動《ぞうえんらんどう》して正念を失ふによるが故に、仏の本願と相応せざるが故に、教へと相違するが故に、仏語に順ぜざるが故に、*係念相続《けねんそうぞく》せざるが故に、*憶想間断《おくそうけんだん》するが故に、廻願慇重《えがんおんじゆう》真実ならざるが故に、貪《とん》・瞋《じん》諸見の煩悩《ぼんのう》来たつて間断するが故に、*慚愧悔過《ざんきけか》の心あることなきが故に、*また相続して念じてかの仏の恩を報ぜざるが故に、心に軽慢《きようまん》を生じて業行《ごうぎよう》をなすといへども、常に名利《みようり》と相応するが故に、人我《にんが》自《みずか》ら覆《おお》つて同行善知識《どうぎようぜんちしき》に親近《しんごん》せざるが故に、雑縁に楽《ねが》ひ近づいて自《みずか》らも障《さ》へ、他の往生の正行をも障ふるが故なり。何をもつての故に。余、比日《このごろ》自《みずか》ら諸方の道俗を見聞《けんもん》するに、解行不同《げぎようふどう》にして専雑異《せんぞうこと》なりあり。ただし意を専らにしてなさしむる者は、十は即ち十ながら生じ、雑を修して*至心せざる者は、*千が中に一もな

道綽禅師の意　安楽集巻下。

懐感禅師の意　群疑論巻五。

恵心これに同じ　往生要集巻下に大文第八念仏証拠、大文第九往生諸行と分類しているのを指す。

三師　善導・道綽・懐感。

余師はしからず　浄影・天台・嘉祥などに浄土教に関する著述はあるが、念仏の取扱いは極めて雑駁で、本願念仏の意は見えず、万行の一としての念仏でしかないとの意。

念々に相続　決疑鈔巻二によれば、この文の上の句は無間修を明かし、後の「畢命を期とする」の文は長時修を明かしたもので、念仏より念仏への生涯を続けてゆくこと。

雑縁　仏道の修行を障礙するところの内外の縁で、貪瞋等の心および異学異見の人をいう。

係念・憶想　係念は明記不忘の義であり、憶想は形をとる行相であるから、係念は正行、憶想は助業である。

慚愧　自己の良心にはじるのを慚、他の人に対してはじるのを愧という。

また　十三失を挙げているうち、この第十失の上にのみ「また」の語がある。これについて白旗寂慧は、往生礼讃の本文では第九失の懺悔に要略広の三品が明示され、意にしたがって用いることを勧めている。用文を隔別するために「また」の言をおいたものであろうと述べている(決疑鈔見聞巻二)。

し。この二行の得失、前に已《すで》に弁ずるが如し。仰ぎ願はくは一切の往生の人等、よく自《みずか》ら思量《しりよう》すべし。已によく今身《こんしん》にかの国に生ぜむと願はむ者は、行住坐臥《ぎようじゆうざが》に必ずすべからく心を励《はげ》まし、己《おのれ》を剋《せ》めて、昼夜に廃することなく、畢命《ひつみよう》を期《ご》とすべし。上一形《かみいちぎよう》にあつて小苦に似たれども、前念に命終《みようじゆう》して、後念《ごねん》には即ちかの国に生まれて、長時永劫《じようじようごう》に常に無為《むい》の諸楽を受け、ないし成仏までまた生死に逕《いた》らず。あに快《こころよ》きにあらずや。まさに知るべし」と。〈已上〉

私《わたくし》に云く、およそこの文はこれ行者の至要《しよう》なり。*専雑の訓《おしえ》、*得失の誡《いましめ》、甚だもつてねんごろなり。極楽を求むる人、なんぞ寸府《すんぷ》に貯へざるや。もしそれ雑を抛《なげう》つて専を修する者は、百は即ち百ながら生ずべし、*迂《う》を棄て直に向ふが如し。あにもつて届《いた》らざらむや。専を捨て雑を修する者は、千が中に一もなし。*夷《い》を捨てて嶮《けん》に趣《おもむ》くが如し。遂にもつて達せざらむ。*往生要集の下に云く、「問ふ。もし凡下《ぼんげ》の輩《やから》また往生を得ば、いかんが近代にかの国土において、求むる者は千万なれども得るものは一二もなきや。答ふ。*綽和尚《しやくかしよう》の云く、「信心深からず、存するがごとく亡《わす》るるがごとき故に。信心一《いつ》ならず、決定《けつじよう》せざるが故に。信心相続《しんじんそうぞく》せず、余念間《まじ》はるが故に。この三《みつ》相応せざるが故に、往生することあたはず。もし三心《さんじん》を具する者往生せずといはば、この処《ことわり》あることなけむ」と。導和尚云く、「もしつぶさによく上の如く念々相続して畢命《ひつみよう》を期《ご》とする者は、*十は即ち十ながら生じ、百は即ち百ながら生ず。もし専を捨てて雑業を修せむと欲せむ者は、百の時に希《まれ》に一二を得、千の時に希《まれ》に三五を得」と」と。〈已上〉この問答の意《こころ》明らかなり。善導和尚の二修をもつて、往

至心せざる者　至心は至誠心であり、ここには三心が含まれている。したがって三心の具わらない雑修にいそしむ者を指している。

千が中に一もなし　良忠は、あえていえば少々あるにせよ、大体は困難であるから少在属無の意によって千中無一といったものであるとしている(決疑鈔巻二)。

専雑の訓　専修と雑行に分け、専修念仏のものは浄土に往生できるから雑行を捨て専修念仏せよという教え。

得失の誡　称名と雑修について十三の得失があり、称名には得があり、雑行には失があるから、失を捨てて専修念仏に帰せよという誡め。

迂　「遠し」ということで、往生が遠まわりであるという意。ここでは雑行を指す。

夷　「やすし」ということで、易修易行の念仏を指す。従って「夷を捨てて嶮に趣く」とは、念仏を修さないで雑行を修することに喩えている。

往生要集　巻下大文第十。

綽和尚の…　道綽の安楽集巻上の文。

十は即ち十ながら生じ　雑行雑修に対比して、正定業の念仏を専修するときは、その効果は全く虚しからざることの表現で、十人が十人、専修念仏に精進しているものは、もれなく阿弥陀仏の浄土に生まれることができるという意。

生極楽の行を決せむと欲する者なり。意の云く、もし専修により*行用《ぎょうゆう》する者は、千万ごとく生ず。もし雑業《ぞうごう》によつて欣求《ごんぐ》する者は一二も生じがたし。既に恵心の意、*西方《さいほう》の行《ぎょう》においては導和尚《どうかしょう》をもつて、しかも指南《しなん》とす。その余の末学《まつがく》、むしろ依憑《えひょう》せざらむや。既に知んぬ。恵心なほもつて叙用《じょゆう》す、いかにいはんや、その余の世人においてをや。なかんづく、我が輩《やから》賢愚《けんぐ》を隔《へだ》つることは万々里なり。人の情《こころ》念々に下劣《げれつ》の故に、*時代を去ることは二百廻《にひゃくかい》なり。仏法日々に*澆薄《ぎょうはく》するが故に、いかんぞ近代の浅識《せんしき》の徒《ともがら》、愚に処《よ》つて賢を誚《そし》り、末に居して本を非とせむや。しかれば則ち決定《けつじょう》してかの極楽国土に生ずることを得と欲せば、この答の意によつて、雑を捨て専を修すべし。これ先徳の意なり。*懈慢《けまん》すべからず。努《つと》力め努力めよ。また綽禅師の*三信三不《さんしんさんぶ》またこれ専雑二修の義なり。答の中の二文は一意を成ぜむがためなり。*師資《しし》儡同《らいどう》して差なきのみ。

次に感師《かんし》・智栄《ちえい》等によつて、善導の義を補助せば、これに七あり。一には智栄《ちえい》、二には信仲《しんちゅう》、三には感師、四には天竺《てんじく》の覚親《かくしん》、五には日本の源信《げんしん》、六には禅林《ぜんりん》、七には越洲《えつしゅう》。一に感師とは、群疑論《ぐんぎろん》に云く、「問うて曰く、*菩薩処胎経の第二巻に説く、「西方《さいほう》この閻浮提《えんぶだい》を去ること十二億那由佗《なゆた》にして懈慢国《けまんこく》あり。その土快楽《けらく》にして*倡伎楽《しょうぎらく》を作る。衣、服飾を被《き》て、香花《こうげ》荘厳《しょうごん》せり。七宝転開《しっぽうてんかい》の床あり。目を挙げて東を視れば、宝床随つて転ず。北を視《み》、西を視、南を視るに、またかくの如く転ず。前後に意を発《おこ》す衆生、阿弥陀仏国に生ぜむと欲する者、深く懈慢国土に染着《ぜんちゃく》して、進んで阿弥陀仏国土に生まるることあたはず。千万衆にして時に一人あつて阿弥陀の国に生ず」と。この経をもつて准ずるに生まるることを

行用　念仏を専ら修すること。

西方の行　西方極楽浄土に往生するための念仏、または浄土教を指す。

時代を去ることは二百廻　源信の時代からすでに二百年を経ているという意。無量寿経釈は文治六(一一九〇)年二月東大寺での講説がもととなり著述されたものと考えられており、往生要集は二百五年前の寛和元(九八五)年撰述されている。

澆薄　澆・薄ともにうすいという意で、末代になると仁徳浮薄になるをいう。

懈慢　懈・慢ともにおこたることをいう。したがって懈慢国は怠る人の生ずる国。菩薩処胎経によれば、物質的快楽に満ちた国土で、現実の快楽をのみ追い、真実の悟りを求めることを怠る人の生まれる国。

三信三不　三信とは淳心・一心・相続心、三不とは信心あつからず、信心一ならず、信心相続せざることで、曇鸞は三不信を立て(往生論註)、道綽はこれを相承し三信三不説をとなえた(安楽集巻上)。

師資儡同　弟子を教訓する長者を師といい、師の教えを施すべき資料となる者を資という。師と弟子の教えは全く同一で、差異のないこと。

菩薩処胎経…かくの如く転ず　底本になし。享保版によって補う。

倡伎楽　酒席の興をそえるため遊び女の行なう音曲歌舞。

得べきこと難し。何によつてか、今かの仏の国に生ぜよと勧むるや。答へて曰く、この経にこの言教《ごんきょう》あるによるが故に、善導禅師もろもろの衆生を勧めて、専ら西方浄土《さいほうじょうど》の業を修するは、四修墜《お》つることなく、三業雑《さんごうまじ》はることなくして、余の一切の諸願諸行を廃して、西方の一行を*唯願《ゆいがん》し唯行《ゆいぎょう》せしむ。雑修《ざっしゅ》の者は万に一も生ぜず、専修の人は千に一も失《しつ》なし。即ちこの経の下の文に言く、「何をもつての故に。皆懈慢《けまん》にして*執心牢固《しゅうしんろうこ》せざるによる」と。これに知んぬ、雑修の者は執心不牢《しゅうしんふろう》の人とす。故に懈慢に生ずるなり。正しく処胎経《しょたいきょう》の文と相ひ当たれり。もし雑修をせずして、専らこの業《ごう》を行《ぎょう》ずるものは、これ即ち執心牢固にして、定んで極楽国に生ず」と云々。二に*智栄とは。〈その文別紙にあり。これを見るべし〉三に*信仲。〈その文別にあり、これを見るべし。或いは取意《しゅい》暗《くら》く、これを釈すべし〉四に*天竺の覚親。〈その文別にあり、これを見るべし〉五に日本の源信に、二の意あり。一には三重《さんじゅう》の問答、二には専修等。〈*十門を立て、専ら念仏往生を明かして、諸行を捨つ云々〉その中に第八門に至つて、念仏と諸行とを相対して、*三番の問答あり。後日にこれを釈すべし。これ則ち諸行を捨てて念仏を取る、取捨の意なり。次に第十門に至つて、また十門の料簡《りょうけん》あり。謂はく、極楽の依正《えしょう》ないし第十の助道《じょどう》の人法《にんぼう》なり。その中に第二の往生の階位《かいい》の中に、二の問答あり。善導の専雑二修《せんぞうにしゅ》の義をもつて問答し決択《けっちゃく》す。その問答別にこれを書す。見るべし。故に知んぬ、恵心《えしん》の意、始めには二行において取捨を論じ、次には善導の得失の義を用ゐる云々。六に禅林《ぜんりん》とは、即ち*当寺の権律師永観なり。即ち善導・道綽の意によつて、往生十因を作つて、永く諸行を廃して、念仏の一門において十因を開す。あに*但念仏《たんねんぶつ》の行にあらずや。七に越洲《えっしゅう》とは、

唯願し唯行す　ひたすら第十八願をのみ信じて、念仏を行ずること。

執心牢固　かたくなに深く心に思いこむこと。ここでは浄土に往生せんと往生業を専修する者を執心牢固の人といい、懈慢国に生まれる雑修の人を執心不牢の人といっている。

智栄・信仲　善導の釈義にもとづいて、浄土教に志向した人と考えられるが、その伝は不詳。またその文は別にあるから見るべしと指示しているが、現在は見当らない。

天竺の覚親　覚親についても、明らかでないが、インドにいて浄土教に関係をもっていた人といえば、世親のことであろうか。

十門　厭離穢土・欣求浄土・極楽証拠・正修念仏・助念方法・別時念仏・念仏利益・念仏証拠・往生諸行・問答料簡。

三番の問答…釈すべし　法然は三番の問答を後日釈すると約束し、また善導の専雑二修の義をもって問答し決択したものが他にあるといっているが、現存していない。これについて赤松俊秀氏は、往生要集大綱は両者の問題を取扱っているので、無量寿経釈の約束が基となり、著述されたものではないかと見ている(続鎌倉仏教の研究)。

当寺　東大寺。永観は、康和二(一一〇〇)年に東大寺別当職についている。

但念仏の行　ただ念仏のみにて往生

また同じく当寺の三論の碩徳《せきとく》越洲の*珍海《ちんかい》なり。これまた同じく*決定往生集《けつじようおうじようしゆう》一巻を作つて、十門を立てて往生の法を明かす。その中にまた善導の前の文により、傍らに諸行を述ぶといへども、正《まさ》しくは念仏往生を用ゐる。ここに知んぬ、往生の行業において専雑の二修を論じ、雑行《ぞうぎよう》を捨てて専ら正行を修することは、天竺《てんじく》・震旦《しんたん》・日域《にちいき》、その伝来尚《ひさ》しと云々。

二には来意《らいい》、上に「文によつて別に釈す」とは、経の文により別に釈すとは、経の文より念仏の行を釈するなり。その文《もん》に七あり。一には前の四十八願の中の、「ないし十念せむに、もし生ぜずは」の文なり。二には願成就《がんじようじゆ》の「もろもろの衆生あつて、名号を聞き」等の文、三には*三輩往生《さんぱいおうじよう》を明かし、中の上輩生《じようはいしよう》の「*一向専念」の文、四には同じく中輩生の中の「一向専念」の文、五には同じく下輩生の中の「一向専念」の文、六には流通《るずう》の初めに「それかの仏の名号《みようごう》を聞くこと得ることあつて」等の文、七には同じく流通の中の「*当来《とうらい》の」等の文、この七文、皆専ら一向に念仏往生を明かす云々。

一に、「たとひ我《われ》仏を得たらむに、十方《じつぽう》の衆生《しゆじよう》ないし十念せむに、もし生ぜずは」とは、これ四十八願の中の第十八念仏往生の願《がん》なり云々。四十八の願は、等しく微妙殊勝《みみようしゆしよう》なりといへども、中においてまた要《よう》あり、不要あり。第一の無《む》三悪趣《さんなくしゆ》ないし第四十八の得三法忍《とくさんぼうにん》、いづれの願も最要なり云々。愚僧《ぐそう》いまだ知らず云々。祖師善導その要を出して云く、「弘《ぐ》誓多門《ぜいたもん》にして四十八なり、偏《ひとえ》に念仏を標《ひよう》して最も親《した》しとす。人よく仏を念ずれば、仏還《かえ》つて念じたまふ。専心に仏を想《おも》へば、仏人《ほとけひと》を知りたまふ」と云々。次に念仏門において、独

を期すること。これにつき法然は、「但念仏とは、およそ三品の義を論ずる事とは、もと一法についてこれを論ず…何ぞ必ずしも行の多少について三品を論ぜむ。故に今本願念仏の行について、三品往生の旨を説くなり」(七三頁)と述べている。

珍海　幼にして東大寺東南院覚樹の門に投じて三論を学び、兼ねて華厳・法相・因明等の学に通じた学匠で、常に東大寺禅那院に住していたので、法然は当寺の三論の碩学といったものであろう。

決定往生集　西方浄土往生の道は時機にかない、称念弥陀の行に決定往生の信を求むべきことを説いた書で、保延五(一一三九)年治定されたもの。珍海には、このほか浄土教に関するものとして菩提心集二巻、安養知足相対鈔一巻が現存している。

三輩往生　仏道修行上の一般の素質や修行の優劣を標準として上輩・中輩・下輩のものが、念仏の行を修して往生するをいう。

一向専念　三輩に通じ、ともにあるのが一向専念の文である。これを依拠に善導・法然は三輩九品にわたり、称名念仏のあることを高調した。

当来の等の文　無量寿経巻下の「当来の世に経道滅尽せむに、我慈悲をもつて、ひとりこの経を留めて、止住すること百歳ならむ」の文。

りこの願を発《おこ》す。諸行門《しょぎょうもん》において別にこの願の由《よし》なし云々。*願力往生《がんりきおうじょう》の義、これを釈すべし。

二には願成就《がんじょうじゅ》*の文に、「もろもろの衆生あつて、その名号《みょうごう》を聞き、信心歓喜《しんじんかんぎ》してないし一念」等とは、これに三あり。一には来意《らいい》、二には一*念・十念等の義、諸師不同なり。三には*唯除五逆《ゆいじょごぎゃく》の義云々。一に「来意」とは云々。二に「一念・十念の義、諸師と不同」とは云々。三に「唯除五逆《ゆいじょごぎゃく》の義」とは云々。この二文をもつてこれを案ずるに、念仏往生の義の事、已《すで》に切《せつ》に畢《おわ》んぬ。何の疑ひかあらむや云々。

三には三輩《さんぱい》の中に、上輩の「一向に専ら無量寿仏《むりょうじゅぶつ》を念ず」とは、上に二文をもつて念仏往生の義を明かすといへども、いまだその*品秩《ほんちつ》を分たず。故に今、一の念仏を開いて三品《さんぼん》となし、もつてその品秩《ほんちつ》を分つ。これに二の意あり。一には念仏往生について三品あり。中下を捨てて上品を欣《よろこ》ばしめむがために品秩を分つ。二には行者《ぎょうじゃ》をして自《みずか》らの念仏の位の分斉《ぶんさい》を知らしめむがために。一に「中下を捨てて上品を欣《よろこ》ばしむ」とは云々。二に「次位を知る」とは云々。

問ふ、今の三輩《さんぱい》の文《もん》を見るに、念仏のほかにもろもろの行業《ぎょうごう》を説く。何ぞただ念仏と謂ふや。ゆゑに上品《じょうぼん》の中に、念仏のほかに出家《しゅつけ》・受戒《じゅかい》・発心《ほっしん》・修諸功徳《しゅうしょくどく》をあげたり。中品の中に、念仏のほかに菩提心《ぼだいしん》および斎戒《さいかい》等の善を説き、下品《げぼん》の中に、念仏のほかに発菩提心《ほつぼだいしん》を説く。何が故ぞただ念仏往生と云ふや。

答ふ、この問《とい》最もしかるべし。*仏意測《はか》り難し。凡下《ぼんげ》輙《たやす》く解《げ》し難し。しかるに今、善導等

願力往生の義　阿弥陀仏が法蔵因位の昔おこした本願力によって、浄土に往生できるという教え。

文　底本にはないが、以下の文を指し、しかも義山開版の漢語灯録には文の字があるので、付加した。

一念…不同なり　曇鸞は「経に十念といふは業事成弁を明かすのみ、必ずしも頭数を知ることを須ゐざれ」(往生論註巻上)といい、心に他想なく相続して一心に阿弥陀仏を憶持するのを十念といっている。道綽もこの説を継承し憶念相続説をとっているが(安楽集巻上)、善導は「乃至十念」を「称我名号下至十念」といい、十念即十声と解している(往生礼讃)。

唯除五逆の義　曇鸞は、無量寿経は五逆と謗法との二重罪を具するが故に往生せず、観経は十悪五逆はつくるも謗法しないが故に往生を得とし、たとい謗法のみで余罪はなくとも、謗法者は極重罪なるがために往生しない(往生論註巻上)というに対し、善導は、無量寿経の不生というは未造なるが故に抑止したものであり、観経の得生は已造なるが故に摂取したのだといっている(観経疏散善義)。

品秩　いくつかに秩序だてて分けること。ここでは、上中下の三品に分けることを指す。

仏意測り難し　仏の思召しなどにつき、凡夫がとやかく推測していうべきすじあいのものではない。

の意《こころ》によつて、今この文を案ずるに、略して二の意あり。一には但念仏往生《たんねんぶつおうじょう》、二には助念《じょねん》仏往生《ぶつおうじょう》。一に但念仏とは、およそ三品の義を論ずる事とは、もと一法《いっぽう》についてこれを論ず、九品《くほん》の煩悩《ぼんのう》等の如し。今往生の行も、またしかるべし。何ぞ必ずしも行《ぎょう》の多少について三品を論ぜむ。故に今本願念仏の行《ぎょう》について、三品往生の旨を説くなり。何をもつてかこれを知る。三品の文にともに念仏において、*一向《いっこう》の言《ことば》を置けり。謂はく、上品に、「一向専念《いっこうせんねん》無量寿仏《むりょうじゅぶつ》」と説き、ないし下品に、「一向専念無量寿仏」と説く。およそ余所になずらふるに、一向と云ふは余行を兼ねずといふ意なり。故に今念仏について、三品を立てて品秩《ほんちつ》を分別するなり云々。これもまた私《わたくし》の義にあらず。故に*善導の釈に云く、「*この経の下巻の初めに云く、「仏《ほとけ》一切衆生《いっさいしゅじょう》の根性《こんじょう》の不同を説きたまふに、上中下あり。その根性に随つて、仏皆《みな》勧めて専ら無量寿仏の名を念ぜしめたまふ。その人命《いのち》終らむと欲する時に、仏、聖衆とともに自《みずか》ら*来迎《らいごう》したまふ」と」と。釈の意《こころ》によつて、三輩ともに念仏往生と云ふなり。

問うて曰く、この釈、いまだ*前の難を遮《しゃ》せず、何ぞ余行《よぎょう》を棄て、ただ念仏と云ふや。

答へて云く、これに三の意《こころ》あり。一には諸行を廃して、念仏に帰せむがために、しかも諸行を説くなり。二には念仏を助成《じょじょう》せむがために、しかも諸行を説くなり。三には念仏・諸行の二門に約して、おのおの三品を立てむがために、しかも諸行を説くなり。一に「諸行を廃して、念仏に帰せむがために諸行を説く」とは、善導《ぜんどう》の観経疏《かんぎょうしょ》の中に、「*上来《じょうらい》、定《じょう》散《さん》両門の益を説くといへども、*仏の本願に望むに、意《こころ》衆生をして一向に専ら弥陀仏の名を称せしむるにあり」と云へる、釈の意に准じて、且《しばら》くこれを解せば、上輩の中に菩提心等

一向 心を一方に向けて、他をかえりみないこと。余行を捨て、ひたすら心を阿弥陀仏に向け念仏を修するため、一向専念という。

善導の釈 観念法門。

この経 無量寿経。

来迎 念仏行者の臨終に際して、極楽浄土より、仏・菩薩がその人の前に来現して、浄土へ引接すること。

前の難を遮せず 前の答にもとづいて説いたものであるということ。

上来…称せしむるにあり 法然が専修念仏を立てるにあたり依拠とした文について、往生要集に求めるものもあれば(源空聖人私日記)、湛然の止観輔行伝弘決の「諸経に讃ずるところ、多く弥陀にあり」に求むるものもあり(伝法絵)、また「一心専念弥陀名号」の文によるものもあるが(四十八巻伝等)、伝法絵巻一はこの文をもって立宗したと見、西山の尭恵は「観経の定散は万行を摂尽す、この一行を立すれば本願名号、即ち一代の宗極と開顕するものなり」と釈している(私集鈔第七)。

仏の…意衆生をして 良忠や西山派の行観は「仏」を阿弥陀仏と見ているが、九品寺流義では釈尊を指すと見る(選択述疑)。「意」についても釈尊か弥陀かの両説があり、「仏の本願の意を望む」とよめば弥陀となり、「仏の本願を望む意」とよめば釈尊となる。

の余行を説くといへども、上の本願の意に望まば、ただ衆生をして専ら弥陀の名を称せしむるにあり。しかるに本願の中にさらに余行なし。三輩共に上の本願によるが故に、「一向専念無量寿仏」と云ふなり。一向とは二向等に対するの言《ことば》なり。例せば、かの*五天竺《ごてんじく》に三の寺あり。一には*一向大乗寺《いっこうだいじょうじ》、この寺の中には小乗を学することなし。二には*一向小《いっこうしょう》乗寺《じょうじ》、この寺の中には大乗を学することなし。三には*大小兼行寺《だいしょうけんぎょうじ》、この寺の中には大小を兼学《けんがく》す、故に兼行寺と云ふ。まさに知るべし、大小両寺には一向の言《ことば》あり、兼行の寺には一向の言なし。今この経の中の一向もまた然《しか》なり。もし念仏の外にまた余行《よぎょう》を加へば、即ち一向にあらず。もし寺に准《じゅん》ぜば兼行と云ふべし。既に一向と云ひ、余を兼ねざること明らけし。既に先づ余行を説くといへども、後に一向専念と云ふ。明らかに知んぬ、諸行を廃してただ念仏を用ゐるが故に一向と云ふ。もししからずは、一向の言は最もつて消しがたきか。

　二には「念仏を助成《じょじょう》せむがために、この諸行を説く」とは、これにまた二の意あり。一には*同類《どうるい》の善根《ぜんごん》をもつて念仏を助成し、二には異類《いるい》の善根をもつて念仏を助成す。初めに同類助成とは、前に善導の専修正行の中の助念《じょねん》これなり。前に委《くわ》しく申し了《おわ》んぬ云々。二に異類の善とは、これ往生要集《おうじょうようしゅう》の意なり。かの集の中に十門を立て、念仏往生を釈す。且《しばら》くその中の第四は*正修念仏《しょうしゅねんぶつ》、第五は*助念方法《じょねんほうほう》なりと云々。正修念仏とは、これに*五念門《ごねんもん》あり。その中の第四観察門は正しくこれ念仏門なりと云々。助念方法に七あり。その七とは云々。且《しばら》く第七の惣結要行《そうけつようぎょう》に、「問うて云く、上諸門中等《かみしょもんちゅうとう》」と云々。この義は即ち今の経

五天竺　全インドを中・東・南・西・北の五区に分けた呼称で、西域記には百四か国の名を挙げている。

一向大乗寺　文殊を上座として、華厳・大集・法華等の純一大乗を研究し、他の小乗は全く研究しない寺。

一向小乗寺　賓頭盧を上座として、小乗の阿含部経典等の純粋小乗部のみ研究し、他の大乗は全くかえりみず研究しない寺。

大小兼行寺　文殊と賓頭盧をともに上座とし、大小乗並び学している寺。

同類の善根…助成す　念仏と同一の目的内容をもつ善根をもって、中心の念仏を助成するのを同類助業、阿弥陀仏への直接的な関係のある念仏とは聊か類を異にした善根をもって念仏を助成するのを異類の助業という。ここに同異という標準は、念仏に対して名づけたもので、「異類の善とは、これ往生要集の意なり」とあり、往生要集にみちびかれて立てられた説であると法然自ら語っているが、この分類は法然の独創である。

正修念仏　念仏を正しく修行する。

助念方法　念仏修行を助ける方法。

五念門　往生論に示された五種の浄土往生実践の行軌儀礼。礼拝門・讃嘆門・作願門・観察門・廻向門。

の意に似たり。これは即ち異類の善根をもつて、念仏を助成するなり。かの集の意、念仏を助くるをもつて決定往生《けつじょうおうじょう》の業《ごう》とすと云々。*能助《のうじょ》に随《したが》はば、諸行往生と謂ふべし。今は且《しばら》く*所助《しょじょ》に随ひ、これをもつてまた念仏門とす。三に「念仏と諸行とに約して、おのおの三《さん》品《ぼん》を立つ」とは、今の文の中に菩提心《ぼだいしん》および造像等《ぞうぞうとう》のもろもろの善根は、余経に准ぜば、おのおのこれ一の往生の業なり。しかれば則ちこの文は、菩提心のもろもろの善根に約して、おのおの三品を立て、往生を明かすなり。謂はく、且《しばら》く菩提心について、上品《じょうぼん》あり、中品《ちゅうぼん》あり、下品《げぼん》あり。上品の発心《ほっしん》をもつて上品の業とす。ないし下品の発心をもつて下品の業とす云々。菩提心已《すで》に然《しか》なり、造像等またかくの如し。故に知んぬ、この文は諸行について三品に分つと云ふこと、これまた私《わたくし》の義にあらず。往生要集の中にこれらの文を引いて、また諸行往生の証《あかし》とするが故に、またこの解《げ》を作る。しかのみならず、善導《ぜんどう》の観経《かんぎょう》疏《しょ》に、「また*三種の衆生《しゅじょう》あり」の文《もん》を釈するに、ほぼこの義を見たり云々。「念仏に約して三品を立つ」とは、往生要集の中にこの三品の文を引いて念仏往生の証拠《しょうこ》とす。その意これに同じ。これ則ち但念仏往生《たんねんぶつおうじょう》の義なり。

問ふ、念仏の一法《いっぽう》について、何ぞ*三品《さんぼん》を分つ。

答ふ、これに且《しばら》く*三義あり。一には*返数《へんしゅ》の多少に約し、二には*時節《じせつ》の長短《ちょうたん》に約し、三には*観念《かんねん》の浅深《せんじん》に約す。一に「返数に約して分つ」とは、善導の釈に云く、「毎日三万返は上品の業なり」と云々。これをもつてこれを案ずるに、二万は中、一万は下《げ》なり。これ則ち返数の多少に約して三品を分つの義なり。九品《くほん》これに准《じゅん》ずべし。二に「時節に約す」と

能助・所助　よく念仏を助ける役目をなすものを能助、助成されるものを所助という。

三種の衆生　上輩・中輩・下輩。

三品を分つ　三品も観経疏にいう三種の衆生と同一で、選択集には「念仏に約して三輩を分別せば」と記している。→一一五頁

三義…浅深に約す　大経釈には三義を挙げているが、選択集には「三輩を分別せば、…一には観念の浅深に随つてこれを分別す、二には念仏の多少をもつてこれを分別す」(一一五頁)として二義を挙げている。この二義は、良忠が指摘しているように、倶舎論巻十五に定業を釈し、一に重惑または淳浄心、二に恒に造る所、三に功徳田(三宝)より起るもの、四に父母に対する場合という四種原因により、果に軽重のあることを示したのに準拠したものであるらしい(決疑鈔巻三)。

返数の多少　念仏する数の多少。

時節の長短　念仏する時間・時期の長短をいい、長く念仏するものは自然その数も多くなる。

観念の浅深　念は称念の意。聖冏は浅深を強弱と理解し、念仏の強弱は安心の強弱によるものであるから、専ら安心の浅深によるものと解釈し(直牒巻七)、寂慧は行の強弱を示すものとみている(決疑鈔見聞巻三)。

は、源信僧都《げんしんそうず》の*弥陀経《みだきょう》の記《き》の中に、かの経の七日の念仏をもつて上品《じょうぼん》とす。彼によつてこれを准ずるに、或いは十日の念仏をもつて上々品《じょうじょうぼん》となすべし。これ即ち一往《いちおう》時節の久近《くごん》に約して三品を分つなり。九品これに准ずべし。三に「観念の浅深に約す」とは云々。これをもつてこれを案ずるに、今の文も念仏について三品を立つるなり。

これによりこれを案ずるに、今の三輩《さんばい》の文に但念仏《たんねんぶつ》の義あり、助念仏《じょねんぶつ》の義あり、また諸行往生の義あり。*仏《ほとけ》一音をもつて説法を演《の》ぶ、衆生類に随つておのおの解《げ》することを得云々。仏意《ぶっち》は多含《たごん》なり。今且《しばら》く三解《さんげ》を作る。次にこの三義*について傍正《ぼうしょう》を論ずるに、但念仏をもつて正となし、余の二を傍となす。何をもつての故に、仏の本願に准ずるが故に、前後の多文《たもん》によるが故に云々。次に中輩の造像について、*道鏡《どうきょう》并《なら》びに*志《し》法賢《ほうけん》をもつて釈すべし。二に願生往生業《がんしょうおうじょうごう》云々。中輩にまた諸行および助念并びに但念あり云々。

四には中輩の「一向専念無量寿仏」の文。中輩にまた諸行往生と助念往生と但念仏往生の義の由あり云々。

五には下輩《げはい》にまた三あり。前の如く下輩の一向専念の文、上輩《じょうはい》に例して知るべし、別にこれを釈せず云々。往生の業を修するに三の意あり。一には但念仏、二には助念、三には但諸行《たんしょぎょう》なり。聴聞《ちょうもん》の人々、おのおの御心に任《まか》せて修行せしめ給ふべし。但し導*師の愚意《ぐい》は善導による云々。已上、正宗了《しょうじゅうおわ》んぬ。

六に流通《るずう》の初めに、「それかの名号を聞くこと得ることあつて、*歓喜踊躍《かんぎゆやく》して、ないし一念せむに、まさに知るべし、*大利《だいり》を得《え》たりとす。この人則ちこれ無上《むじょう》の功徳《くどく》を具足《ぐそく》せり」

弥陀経の記　阿弥陀経略記。

仏一音…三解を作る　仏は一音で説かれたものを、機根がそれぞれ差別して自得しているから、それをしばらく三類に分けてみたという意であろうから、機について分類したものであろう。これについて聖冏は、無量寿経釈は機解に約し、選択集は仏意を明らめての釈であるという説と、選択集も無量寿経釈同様、機解について釈すべきであるという両説を挙げ(直牒巻七)、良忠の弟子寂慧は第一説を支持していたと述べている。

三義　但念仏・助念仏・諸行往生の三義。選択集には、㈠諸行を廃して念仏に帰せしめんがため、㈡念仏を助成せんがため、㈢念仏諸行に約しておのおの三品をたてんがため、また廃立のため、傍正のために諸行を説くと記している。↓一一一頁以下

道鏡・志法賢　中国で造像につとめた人であるらしいが、伝未詳。

導師の愚意は善導による　念仏門に入るための手だてとなさんとする自分の考えは、あくまで善導の教えにもとづいている。

歓喜踊躍　心のうちで喜ぶのを歓喜といい、その喜びが形の上にあらわれたすがたを踊躍という。

大利を得たりとす　念仏を相続することにより、永遠の大生命に生かされる大いなる利益を得る。利は利益で、自ら得る益を功徳、他を益する

とは、この文に四の意あり。一には来意《らいい》、二には助念《じょねん》および諸行を廃して、但念仏《たんねんぶつ》を明かし、三には一念を挙げて十念等に況《ま》す。四には信心《しんじん》を生じて、*誹謗《ひほう》をなさず。一に「来意」とは、上の正宗は正しく時会《じえ》の衆生のために、念仏往生の法を説くなり。今の流通とは、ただ当時大利益《だいりやく》を獲《う》るのみにあらず、後五百歳また念仏往生の法を説いて、遠く妙道《みょうどう》を沾《うるお》す等と云々。二に「これ上の助念および諸行を廃して、但念仏《たんねんぶつ》を明かす故」とは、上《かみ》の本願の願成就《がんじょうじゅ》の文に但念仏を明かすといへども、上の来迎《らいごう》の願等《がんなど》の中および次の三輩《さんぱい》の文に、助念の往生と諸行の往生を明かす。これによつてもろもろの往生の行者《ぎょうじゃ》、但念・助念・諸行において、疑網《ぎもう》を懐《いだ》いて、いまだ決せず。故に流通に至つて、初めには助念・諸行の二門を廃し、但念仏往生《たんねんぶつおうじょう》を明かす。謂はく、「それかの仏の名号《みょうごう》を聞くこと得ることあり」と云々。善導の釈に云く、「それかの弥陀仏の名号を聞くこと得ることあり、歓喜《かんぎ》して一念に至り、皆まさに彼《かしこ》に生ずることを得べし」と云々。この義また私《わたくし》の意にあらず、即ち善導の御意《ぎょい》なり。この経の三輩の中に助念および諸行を説き、後に流通の中にこれを廃して、ただ念仏を明かす。その次第観経《かんぎょう》に似たり。観経の中には、先づ広く機縁《きえん》に逗《とど》め、*十三定善《じょうぜん》・三福《さんぷく》・九品《くほん》の業を説いて諸行往生を明かす。その次に仏《ほとけ》この法をもつて付属《ふぞく》し給ふ文に云く、「仏阿難《あなん》に告げたまはく、汝よくこの語《ご》を持《たも》て」等と云々。*善導の釈に云く、「仏告阿《ぶつごうあ》難汝好持《なんにょこうじ》是語《ぜご》より已下《いげ》は、正《まさ》しく弥陀の名号を付属して、*遐代《かだい》に流通することを明かす。上来《じょうらい》、定散両門《じょうさんりょうもん》の益《やく》を説くといへども、仏の本願に望まば、意《こころ》衆生《しゅじょう》をして一向《いっこう》に専ら弥陀仏の名を称へしむるにあり」と。〈已上〉これ已《すで》にかくの如し。今の経またかくの

のを利益という。

誹謗　人の非を指してそしるのを誹といい、かげ口をいってそしるのを謗という。戒体即身成仏義(日蓮)に「謗と云は、但口を以て誹り、心を以て謗るのみ、謗には非ず。法華経流布の国に生て信ぜず、行ぜざるも、即ち謗なり」とある。

十三定善・三福　観経の行法を定散二善に分つのは、浄影の観経義疏にみえているが、浄影は三福を散善、観経の十六観をすべて定善とみなしている。しかるに善導は「教我思惟、教我正受」と釈尊にお願いしたのは、いずれも定善の法門を教示されたいと願ったもので、そのため十三定善の法門を教示された。しかし、後の三観は未来の衆生のために仏自ら開示したもので、散善である。それをあえて観と呼んでいるのは、十三観にならったものにほかならず、後の三観とは即ち三福を指すとしている(観経疏散善義)。十三観とは日想観・水想観・地想観・宝樹観・宝池観・宝楼閣観・華座観・像想観・阿弥陀仏観・観音観・勢至観・普往生観・雑想観をいい、三福とは世福・戒福・行福をいう。

善導の釈　観経疏散善義。

遐代　釈尊の在世から遠くへだたった時代という意で、無量寿経の意によれば、遠く末法万年後百年後の時を指している。

如し。上《かみ》には機縁《きえん》に逗《とど》め、且《しばら》く助念仏往生および諸行往生の旨を説くといへども、仏の本願に准《じゅん》ずるが故に、流通の初めに至つて、諸行を廃して但念仏《たんねんぶつ》に帰するなり。助行《じょぎょう》なほこれを廃す、いはんや但諸行《たんしょぎょう》をや云々。三には上に念仏往生を説くに、意《こころ》三品を説く。「一念を挙げて十念等に況《ま》す文《もん》」とは、ただ下品《げぼん》一念の往生を明かすのみにあらず。一念を挙げて十念等に況《ま》し、兼ねて上中二品の往生を明かす。ゆゑに一念なほ往生す、いはんや十念をや。十念なほ往生す、いはんや多念をや。一日なほ往生す、いはんや一月をや。一月なほ往生す、いはんや三月・*一夏《いちげ》・九旬《くじゅん》をや。一夏なほ往生す、いはんや一年をや。一年なほ往生す、いはんや一生をや云々。四に「信心《しんじん》を生じ誹謗《ひほう》をなさず」と云ふは、但念仏往生の文義《もんぎ》かくの如し。誰人かこれを聴いて踊躍歓喜《ゆやくかんぎ》せざる。しかるにある人これを聴いて誹謗をなす。まさに知るべし、この人は*五劫《ごごう》の中に大地獄《だいじごく》に堕《お》つべし。故に*称揚諸仏功徳経《しょうようしょぶつくどっきょう》に云く、「それ阿弥陀仏の名号の功徳を讃嘆《さんだん》し称揚《しょうよう》することを信ぜずして、しかも謗《ほう》毀《き》することある者は、五劫の中にまさに地獄に堕して、つぶさに衆苦《しゅうく》を受くべし」と云々。まさに地獄に堕《お》つべし、いまだいづれの地獄と謂はず、つぶさに衆苦を受くと云つて、いまだいづれの苦も説かず。もしは*等活地獄《とうかつじごく》砕刺《さいし》し磨舂《すりうす》の苦か。もしは*衆合地獄《しゅごうじごく》の両山合来《りょうせんごうらい》の苦か云々。御聴聞《ごちょうもん》の人々、有智《うち》・無智《むち》、若男《にゃくなん》・若女《にゃくにょ》、貴賤《きせん》・上下《じょうげ》、願はくはおのおの信《しん》心《じん》を生じて誹謗《ひほう》をなさざれ云々。しかれば則ち無量劫《むりょうこう》の中において、適《まさ》に始めてこれを聞くことを得たり。聞く者即ち踊躍歓喜《ゆやくかんぎ》すべし、何ぞ軽易《けいい》の思ひとなさむ、何ぞまた誹謗となさむや云々。設満大千火《せつまんだいせんか》の義これを釈すべし。

一夏・九旬　陰暦四月十五日より七月十五日までの称で、この間安居するを例とした。これを夏安居と呼んでいる。源平盛衰記に「一夏安居の仏前もなければ、供花の薫りも絶えにけり」とある。従って三月も九旬も一夏もともに九十日の異称。

五劫の…堕つべし　大乗を誹謗した者は大焦熱地獄のさらに下にある無間地獄におちることをいう。

称揚諸仏功徳経　上・中・下三巻あり、元魏吉迦夜の訳で、諸仏の世界およびその仏名をあげて、功徳を讃嘆したもの。西方極楽世界の阿弥陀仏は下巻に見えている。

等活地獄…苦か　地下一千由旬(西域記第二によれば、二十四指を一肘、四肘を一弓、五百弓を一拘廬舎、八拘廬舎を一由旬という)にあって、殺生罪を犯したものがおちる地獄。ここでは、地獄の鬼、獄卒が鉄棒で罪人を打ち砕いたり刺したりするといわれ、その苦を臼に入れられ磨られるほどの苦にたとえたもの。

衆合地獄…苦か　等活地獄の下に黒縄地獄、更にその下に衆合地獄があり、黒縄地獄は、殺生・盗みをはたらいた者の堕ちる地獄。ここでは多くの鉄山が両々あい対し、牛頭馬頭の形をした獄卒が罪人を山中に追いこむと、山は両方から迫り、押しあって罪人を打ち砕くという。↓補「地獄」

七に、「*当来《とうらい》の世に*経道滅尽《きょうどうめつじん》せむに、我慈悲哀愍《われじひあいみん》をもつて、独《ひと》りこの経を留《とど》め*止住《しじゅう》すること百歳」とは、この文を釈するに多くの意《こころ》あり。一には来意《らいい》、二には正しく諸行を廃して、但念仏を明かす。三には聖道《しょうどう》と浄土《じょうど》の二教の滅尽の久近《くごん》に約して往生を勧め、四には十方《じっぽう》浄土《じょうど》と往生極楽の二教の滅尽の前後に約して往生を勧む。五には上生《じょうしょう》と往生《おうじょう》との二教の滅尽の久近に約してまた往生を勧め、六には釈迦《しゃか》の慈悲《じひ》、弥陀の本願に約して往生を勧む。一に「来意」とは、上の正宗《しょうじゅう》の五文《ごもん》并びに流通の初めの文、但念仏往生《たんねんぶつおうじょう》の義、文理《もんり》ともに顕はれ了《おわ》んぬ。しかるに今この文の意は、諸行往生の義、念仏往生の経論、巻を重ね軸《じく》を並べて共に正法・末法の間に流布《るふ》す。誠に念仏と諸行との両行の是非傍正《ぜひぼうしょう》、暗《あん》にもつて定め難し。或いは諸行往生の経を見て、諸行往生の旨を執《しゅう》し、或いは念仏往生の経を見て、念仏往生の旨を執す。いづれか是《ぜ》、いづれか非《ひ》。仏にあらずは知り難し。しかるに今また百年の時は但念仏往生の意を挙げ、今時《こんじ》の但念仏往生《たんねんぶつおうじょう》を勧むるなり。これまた私の義にあらず。浄影《じょうよう》の双巻経《そうかんぎょう》の疏《しょ》の釈に云く、「後をもつて、今を勧む」と。故に上に次いでこの文《もん》来たるなり。

二に委《くわ》しく重ねて「諸行を廃して、念仏を明かす」とは、諸行について略して十三あり、前に申すが如し。一には布施《ふせ》ないし十三は不染利益《ふぜんりやく》なり。要を取つてこれを言ふに、十三の中について持戒往生《じかいおうじょう》あり、持経往生《じきょうおうじょう》あり。持戒と云ふは、*四分《しぶん》・*五分《ごぶん》・*十誦《じゅうじゅ》・*僧祇《そうぎ》・*梵《ぼん》網《もう》・*地持《じじ》・*瓔珞《ようらく》等の大小の戒経《かいぎょう》により、三帰《さんき》・五戒《ごかい》ないし声聞《しょうもん》の具足戒《ぐそくかい》、菩薩《ぼさつ》の十重《じゅうじゅう》・四《し》十八軽戒《じゅうはっきょうかい》、ないし三聚浄戒《さんじゅじょうかい》を持するなり。しかるにかの百歳の時に経道滅尽《きょうどうめつじん》す。これら

当来　五濁いよいよ盛んな時代。
経道滅尽　諸経に教示された解脱の道が滅しつくすこと。
止住すること百歳　康僧鎧訳の無量寿経にただ当来の世とあったのを、法然は末法万年後百年と解釈したが、平等覚経や大阿弥陀経には仏滅後千年後の百年となっている。これについて聖冏は、浄影等の祖師も末法万年後の百年説をとっているし、また滅後二千三百余年後の今日なお経道が存在していることを理由に、千年後の百年という説は誤謬であると指摘している(直牒巻七)。
四分　四分律六十巻。姚秦の仏陀耶舎・竺仏念等の訳で、四分律蔵ともいい、小乗曇無徳部に伝えられた広律。
五分　曇無徳部・薩婆多部・弥沙塞部・迦葉遺部・摩訶僧祇部の五部で伝持されてきた小乗律。
十誦　十誦律。後秦の弗若多羅・羅什等の共訳、六十一巻ある。薩婆多部所伝の広律で、十誦より成る。
僧祇　つぶさには摩訶僧祇律といい、東晋の仏陀跋陀羅・法顕等の共訳で、四十巻あり、大衆部所伝の広律。
梵網　菩薩修道の階位と、その受持すべき十重四十八軽の戒相を説いた梵網経二巻をいう。
地持　菩薩修行方便の相を広説した菩薩地持経十巻を指す。
瓔珞　菩薩瓔珞本業経二巻。

の戒経ことごとく滅尽しなば、かの時に已《すで》に戒経なし。戒経なき故に、受戒の者なし。受戒の者なき故に、持戒の者なし。持戒の者なき故に、破戒の者なし。破戒の者なき故に、ただ無戒の衆生あり。しかりといへどもただ至誠《しじよう》に弥陀の名を念じて、遂に往生を得るなり。この経に持戒の言《ことば》ありといへども、いまだ持戒の*行相《ぎようそう》を説かず。持戒の行相を説くとは、広く*大小の戒律にあり。かの戒律先づ滅しなば、持戒の行《ぎよう》、何によつてか、これを修《しゆ》せむ。故に*善導の釈に云く、「万年《まんねん》に*三宝滅《さんぼうめつ》す」等と云々。これをもつて、これを案ずるに、たとひ今時の我等、専ら戒行を持《たも》たずといへども、もし一心に念仏せば、何ぞ往生を遂げざらむ。いはんや今日随分《こんにちずいぶん》に一戒・二戒を持《たも》つをや。故に知んぬ、別に戒品《かいほん》を持たずといへども、もしよく念仏せば、往生極楽を遂ぐべしと云ふ事を。この中に聴聞集来《ちようもんしゆうらい》の人々、或いは戒品を持ち、或いは戒を持たず。持戒も破戒も無戒も、一心に念仏して往生を期《ご》すべし。この経に菩提心の言《ことば》ありといへども、いまだ菩提心の行相《ぎようそう》を説かず。しかるに菩提心の行相を説くとは、広く*菩提心経《ぼだいしんぎよう》等にあり。かの経先づ滅しなば、菩提心の行、何によつてかこれを修して往生し給はむ。また次に読誦往生《どくじゆおうじよう》あり。読誦とは、持経《じきよう》・持呪《じじゆ》の往生なり。持経について華厳《けごん》あり、法華《ほつけ》あり、および諸大乗経《しよだいじようきよう》あり。しかるに今かの百歳の時の衆生は、これらの諸経滅尽《めつじん》するが故に、この経を持たずといへども、この経留《とど》まるが故に、経によつて念仏して、即ち往生を得べし。故に善導の釈に云く、「万年に三宝《さんぼう》滅す」等と云々。これをもつてこれを案ずるに、今時《こんじ》たとひ華厳・法華等を持たずといへども、ただよく念仏せば、何ぞ往生を遂げざらむ。今聴聞集来の人々の御中《おんなか》に、或いは華厳《けごん》の*普《ふ》

行相　内容と方法。

大小の戒律　梵網経・瓔珞経・四分律・五分律・十誦律・摩訶僧祇律など大小乗の戒律を明かした経典を指す。

善導の釈　往生礼讃に、「万年に三宝滅して、この経、住すること百年なり。その時、一念を聞かば、皆まさに彼に生ずることを得べし」とある。

三宝　仏宝・法宝・僧宝をいうが、具体的内容から同体三宝・別相三宝・住持三宝に分けている。宇宙の本体である真如の上に三宝の義の具わっているのを同体三宝、弥陀・釈尊等を仏といい、仏の説法を法、仏に随従した弟子を僧というように、三宝が別々に存するのを別相三宝、木や刺繡で造立した仏像のように、低い信仰しか持ちあわさない者のために視覚に訴え、すがた形を見ることのできるもの(経典・僧など)を住持三宝という。

菩提心経　これについて聖冏は二説を出している。一は菩提心経(羅什訳)・出生菩提心経(闍那崛多訳)のような特殊な経典を指すという説と、二は一経に止まらず、菩提心を明かしている心地観経・思益経などの大乗経を指したものという説である(直牒巻七)。

普賢の十願　四十華厳経巻四十に出ている普賢菩薩のおこした十大願。

賢《げん》の十願を持《たも》つ人あり、或いは持《たも》たざる人あり。或いは法華を持《たも》つ人あり、或いは持たざる人あり。諸大乗経またかくの如し。持経《じきょう》・不《ふ》持経《じきょう》を簡《えら》ばず、*転読《てんどく》・不《ふ》転読《てんどく》を論ぜず、往生の志ましまさば、ただよく弥陀の名号を念ずべし。次に持《じ》呪《じゅ》について、呪《じゅ》とはこれもろもろの*陀羅尼《だらに》なり。陀羅尼について、*随求《ずいぐ》あり、*尊勝《そんしょう》あり、*宝篋印《ほうきょういん》あり、*光明真言《こうみょうしんごん》あり、およびもろもろの神呪《しんじゅ》あり。持《たも》てば皆往生《みなおうじょう》することを得べし。しかるにかの百歳の時には経道滅尽《きょうどうめつじん》と云ひ、これらの陀羅尼ことごとく滅尽すべし。これによりかの時の衆生、一人も持呪の者あることなし。もししからば、たとひ呪を持たずといへども、皆弥陀の名号を念じ、ことごとく往生を得。たとひ今時の我等も、神呪《しんじゅ》を持たずといへども、もしよく念仏せば、何ぞ往生せざらむ。これをもつてこれを知んぬ。今時の聴聞の諸衆、或いは尊勝《そんしょう》を持つ人あり、或いは持たざる人あり。或いは宝篋印・光明真言を持つ人あり、或いは持たざる人あり。持《じ》呪《じゅ》・不《ふ》持《じ》呪《じゅ》を論ぜず。もし往生の志《こころざし》あらば、ただ仏名《ぶつみょう》を念ずべし。故に善導往生礼讃《おうじょうらいさん》に釈して云く、「万年に三宝滅して、この経、住すること百年なり。その時、一念を聞かば、皆まさに彼《かしこ》に生ずることを得べし」と。この文を釈するに、略して四《よつ》の意《こころ》あり。一には聖道《しょうどう》と浄土との二教住滅の前後、二には十方《じっぽう》と西方《さいほう》との二教住滅の前後、三には*都《と》率《そつ》と西方《さいほう》との二教住滅の前後、四には念仏と諸行との住滅の前後なり。

一に「聖道と浄土との二教の住滅の前後」とは、謂はく、聖道門の諸経は先づ滅す、故に「経道滅尽《きょうどうめつじん》」と云ひ、浄土門のこの経は特《ひと》り留《とど》まる、故に「止住百歳《しじゅうひゃくさい》」と云ふなり。まさに知るべし、聖道の機縁《きえん》は浅薄《せんばく》にして、浄土の機縁は深厚《じんこう》なり。

転読　経典を読み下すのに真読・転読・心読・色読の別があり、終始次第をおって通読するのを真読、単に経題をよむのみで、以下経典を翻転するのを転読、心中でよむのを心読、体読するのを色読という。

陀羅尼　悉曇で、総持・能持・能遮と訳し、よく総摂し憶持するの義。初めは慧を体とし、所聞所観の法を摂持して散失することのない一種の記憶術のことであったが、その形式が誦呪に似ていることから、遂に呪と混同し、後には呪をすべて陀羅尼と称するようになった。

随求　つぶさには大随求陀羅尼といい、一切の罪障を消滅し、悪趣を破し、求むるところに従い、即時に福徳を得させる陀羅尼。

尊勝　つぶさには浄除一切悪道仏頂尊勝陀羅尼といい、仏頂尊勝の内証功徳を説く陀羅尼。

宝篋印　つぶさには一切如来心秘密全身舎利宝篋印陀羅尼といい、一切如来の全身が舎利であるという功徳を積聚した陀羅尼。

光明真言　大日如来の真言で、この真言を受持する者は、生死の重罪を滅し、宿業病障を除き、智慧弁才・長寿福楽を得るという。

都率　六欲天の一で、当来仏である弥勒菩薩の浄土。古くからこの浄土に往生せんと願求する者、インド・中国・日本を通じて少なくない。

二に「十方と西方との二教の住滅の前後」とは、謂はく十方浄土往生の諸教は先づ滅す、故に「経道滅尽」と云ひ、西方浄土往生のこの経は特《ひと》り留まる、故に「止住百歳」と云ふなり。まさに知るべし、十方浄土の機縁は浅薄にして、西方浄土の機縁は深厚なり。

三に「都率《とそつ》と西方との二教の住滅の前後」とは、謂はく*上生《じょうしょう》・*心地《しんじ》等の*上生都率の諸教先づ滅す、故に「経道滅尽」と云ひ、往生西方のこの経は特《ひと》り留まる、故に「止住百歳」と云ふなり。まさに知るべし、都率は近しといへども縁浅く、極楽は遠しといへども縁深きなり。

四に「念仏と諸行との二行の住滅の前後」とは、諸行往生の諸教は先づ滅す、故に「経道滅尽」と云ひ、念仏往生のこの経は特《ひと》り留まる、故に「止住百歳」と云ふなり。まさに知るべし、諸行往生の機縁は最も浅く、念仏往生の機縁は甚だ厚きなり。しかのみならず諸行往生の縁は少なく、念仏往生の縁は多し。また諸行の往生は近く*末法万年《まつぼうまんねん》の時に局《かぎ》り、念仏往生は遠く法滅百歳の代を霑《うるお》すなり。

問うて曰く、既に「我慈《われじ》悲《ひ》哀愍《あいみん》をもつて、特《ひと》りこの経を留《とど》め、止住すること百歳」と云ふ。もししからば、釈尊慈悲をもつて、しかも経教《きょうぎょう》を留めたまはば、いづれの経いづれの教か、しかも留めたまはざらむ。しかも何ぞ余経《よきょう》を留めずして、ただこの経を留めたまふや。

答へて曰く、たとひいづれの経を留むといへども、別に一経を指さば、またこの難《なん》を避《さ》けず。ただ特《ひと》りこの経を留めたまふは、その深意《じんい》あるか。もし善導和尚《ぜんどうかしょう》の意《こころ》によらば、こ

上生　つぶさには観弥勒菩薩上生兜率天経という経典の略で、弥勒六部経の一。

心地　大乗本生心地観経。釈尊が耆闍崛山において、文殊師利・弥勒等の菩薩のために説いたもの。等とはこれら諸経典のほか弥勒下生経・弥勒成仏経を指す。

上生…縁深きなり　因縁の浅いものは先に滅し、縁の深いものは永く衆生を救う力があるという立場から、法然は西方に比し兜率は劣っているという見方に立っているが、両者の優劣論は中国では隋唐以来さかんに論義され、日本でも平安朝以来問題になっていた。こうした社会背景と、双修されていた信仰にもとづき、法然は特に分別したものであろう。

末法万年…霑すなり　正法・像法の時代を経て末法に入ると、五濁ますます盛行し、釈尊の教法も滅尽するが、念仏のみは末法万年の後までも衆生を救う力があるという善導(往生礼讃)の考えは、浄影(大経義疏)・道綽(安楽集)・慈恩(西方要決)にも見えているが、璟興は法住記(玄奘訳)の、減劫の終り人寿十歳から漸次増して、人寿七万歳に達したとき、独覚聖衆みな滅没すという説を引き、七万歳の時をもって経道滅尽としている。

の経の中に已《すで》に弥陀如来念仏往生の本願を説きたまふ。釈迦の慈悲、念仏を留めむがために、殊にこの経を留めたまふ。余経の中には、いまだ弥陀如来念仏往生の本願を説きたまはず。故に釈尊の慈悲をもつて、しかもこれを留めたまはざるなり。およそ四十八願、皆本願なりといへども、殊に念仏をもつて往生の*規《き》となす。故に*善導釈して云く、「弘誓《ぐぜい》多門《もん》にして四十八なれども、偏《ひとえ》に念仏を標《ひよう》して最も親《しん》となす。人よく仏を念ずれば、仏還《かえ》つて念じたまふ。専心に仏を想《おも》へば、仏人を知りたまふ」と。〈已上〉故に知んぬ、四十八願の中に既に念仏往生の願をもつて、しかも*本願の中の主《あるじ》とするなり。これをもつて釈迦の慈悲、特《ひと》りこの経をもつて止住《しじゆう》すること百歳なり。例せば、かの観無量寿経《かんむりようじゆきよう》の中に定散《じようさん》の行を付属《ふぞく》せず、ただ孤《ひと》り念仏の行を付属したまふが如し。これ即ちかの仏の願に順ずるが故に念仏の一行を付属するなり。

問うて曰く、百歳の間、念仏を留むべきこと、その理《ことわり》しかるべし。この念仏の行はただかの時の機に被るとやせむ。はたまた正像末の機に通ずるとやせむ。

答へて曰く、広く正像末に通ずべし。また次に諸宗諸家に甚深理観の行あり。云く、法相宗《ほつそうしゆう》の*五重唯識《ごじゆうゆいしき》・三性三無性《さんしようさんむしよう》の観《かん》、三論宗《さんろんしゆう》の*八不中道《はつぷちゆうどう》・勝義皆空《しようぎかいくう》の観《かん》、華厳宗《けごんしゆう》の*十玄《じゆうげん》・六相《ろくそう》・法界円融《ほつかいえんゆう》の観《かん》、天台宗の*一念三千《いちねんさんぜん》・一心三諦《いつしんさんたい》の観、達磨宗《だるましゆう》の*即心是仏《そくしんぜぶつ》・一念不生《いちねんふしよう》の観、真言宗の*阿字本不生《あじほんぶしよう》・三密同体《さんみつどうたい》の観、これらのもろもろの理観《りかん》の法は皆経論によつてこれを建立《こんりゆう》す。しかるにかの時に已《すで》に所依《しよえ》の経ことごとく滅尽しなば、能依《のうえ》の章疏《しようしよ》皆塵埃《じんあい》となるべし。*八宗・九宗の章疏ことごとく滅尽しなば、何によつてかかの時の衆生《しゆじよう》、理観を修

規 正しきもの。法則。

善導釈して 法事讃巻上。

本願の中の主 第十八念仏往生願は四十八願中の主体であるとの意であるが、選択集には「本願中の王」としているので、王の誤りであろう。これは安楽集巻上の華厳経を引き「この念仏三昧は即ちこれ三昧中の王」によったものらしい。

五重唯識・三性三無性 所観の唯識に遣虚存実識・捨濫留純識・摂末帰本識・陰劣顕勝識・遣相証性識の五重の粗細の次第があることを五重唯識といい、一切法を善・不善・無記の三種に分類するのを三性、扁依円の三性について無自性の義を論ずるのを三無性という。

八不中道 生滅断常一異去来の四双八計を破し、一切の邪執を破り、無得正観を発すこと。

十玄・六相 諸法が無礙渉入して縁起を成ずる義門に十種あるというのを十玄、六相たがいに円融して相即無礙であることを六相という。

一念三千・一心三諦 一念の心に三千の諸法を具するというのを一念三千、一心のうちに空仮中の三諦を修するのを一心三諦という。

即心是仏・一念不生 ↓補

阿字本不生・三密同体 ↓補

八宗・九宗 南都六宗と平安二宗を合して八宗といい、これに達磨宗を加えて九宗といったものか。

せむ。しかりといへども独《ひと》りこの経を留むが故に、この経により理観を修せずといへども、弥陀の名を称《とな》へ、一心に乱れずは、皆往生を得べし。これをもつてこれを思ふに、今時《こんじ》の我等たとひ法相《ほつそう》・三論《さんろん》の学徒たりといへども、五重唯識《ごじゆうゆいしき》・勝義皆空《しようぎかいくう》の観をも修せず、たとひ華厳・天台の門人たりといへども、法界円融《ほつかいえんゆう》・一念三千の観をも修せず、たとひ禅門《*ぜんもん》・三密《さんみつ》の行者《ぎようじや》たりといへども、即心是仏《そくしんぜぶつ》・阿字本空《*あじほんくう》を観ぜずとも、何ぞ一心に称名して往生せざらむや。これをもつてこれを案ずるに、今聴聞の諸衆の御中に、或いは五重唯識・勝義皆空の観を修する人もあり、或いは修せざる人もあり。或いは華厳・天台の観門《かんもん》を修する人もあり、修せざる人もあり。或いは禅門・三密の即心是仏《そくしんぜぶつ》・阿字本空《あじほんくう》を修する人もあり、修せざる人もあり。諸宗の理観において修習《しゆじゆう》する輩《やから》においては、往生極楽の沙汰及ぶべからず。たとひ理観を修せずといへども、本願を憑《たの》んで一心に称念せば、何ぞ往生を遂げざらむ。次にただ名号を唱《とな》ふる事、盛《さか》んなるが故に、善導の釈に云く、「万年に三宝《さんぼう》滅す」と云々。〈始皇《*しこう》、五経《ごきよう》・毛詩《もうし》を焼けども、誦《じゆ》を失はず、人口にあるの故に。弥陀の名号を称すること、これに例すべし〉故に知んぬ、往生極楽の道は専ら弥陀の名号を念ずるに過ぎたるはなし云々。

次に何が故ぞ、独《ひと》り念仏の行昌《さか》んなるや。今この経の中に委《くわ》しくこれを尋《たず》ぬとは、傍正においてこれを論ぜば、念仏をもつて正《しよう》とし、諸行をもつて傍《ぼう》とす。故に知んぬ、往生の行者、念仏をもつて正とし、諸行をもつて傍とす。しかれば則ち今行人《ぎようにん》傍を捨て、正を行ずることをなす云々。〈次に玄通《*げんつう》の縁、その文《もん》別にあり〉

そもそも上には善導《ぜんどう》・道綽《どうしやく》の御意《ぎよい》を捜《さぐ》り、下《しも》には往生要集等の意により、殊に愚意《*ぐい》を抽《ぬきん》

禅門・三密の行者　禅宗や真言宗にぞくし修行する者。

阿字本空　阿(あ)の音は多くの声のもととなるものであり、阿字はまた多くの字の母ともいうべきもの。従って内外一切の法教は、みなこの字から出生している。大日経巻七に「阿字に自ら三義あり、謂はく不生の義、空の義、有の義あり」とあって、阿字はもと空なりと観ずる義のあることを記している。

始皇…例すべし　始皇は中国秦の第一世始皇帝(紀元前二五九—二一〇)、五経は易経・書経・詩経・春秋・礼記を指す。始皇帝は四隣の国々をほろぼし、法家の説を基礎として治国したが、その間、前二一三年、医薬と卜筮・種樹以外の一切の典籍を集めて焼棄し、翌年儒者を坑殺するなどして(焚書坑儒)、この世から一切の儒学を葬り去ろうとした。しかし焚書されても、口誦し来たったものは消滅することなく後世まで残り得た。そのように念仏も、たとえ弾圧を受けようとも口誦しているかぎり、のちのちまで国民の中に残り得ることができるという意。

玄通の縁　諸行に比し念仏が正であり、時機相応の教えであるという奥深き理に通ずる原因。

愚意　自己の考えの謙称。

両巻　無量寿経と観無量寿経。

大衆…仰ぎ乞ふ　証誠とは、証はた

でて、*両巻の経文において、要を取り詮を抽でて、ほぼ解釈《げしゃく》し了《おわ》んぬ。もし万が一も仏意《ぶっち》に階《かな》ふ事あらば、願はくは自他倶《とも》に浄土に帰し、菩提においておのおの不退《ふたい》を得しめむがためなり。もし文理において謬《あやま》りあらば、願はくは*大衆の御証誠《ごしょうじょう》を仰ぎ、宜《よろ》しく三宝の照《しょう》見《けん》を憑《たの》むべし。仰ぎ乞ふ云々。

無量寿経釈

しかめること、誠は真実の意。ここに述べた無量寿経釈が正しく法然のものであることを、聴衆のものから認めてもらうと同時に、ここに記されていることは諸経論をもとにして説いたものであるから、真実であり、仏の真意を伝えたものであることを仏法僧の三宝に証明してもらいたいと願望をのべたもの。

選択本願念仏集

*選択《せんちゃく》本《ほん》願《がん》念《ねん》仏《ぶつ》集《しゅう》

南無阿弥陀仏《なむあみだぶつ》〈往生《おうじょう》の業《ごう》には念仏《ねんぶつ》を先《さき》とす〉

(一)*道綽禅師《どうしゃくぜんじ》、*聖道《しょうどう》・浄土《じょうど》の二門を立てて、しかも聖道を捨てて
正《まさ》しく浄土に帰《き》するの文《もん》

安楽集《あんらくしゅう》の上に云く、「問うて曰く、一切衆生《いっさいしゅじょう》は皆*仏性《ぶっしょう》あり。遠劫《おんごう》より以来《このかた》、まさに多仏に値《あ》ひたてまつるべし。何によつてか、今に至るまでなほ自《みずか》ら生死《しょうじ》に輪廻《りんね》して、*火宅《かたく》を出でざるや。答へて曰く、大乗《だいじょう》の聖教《しょうぎょう》によらば、まことに二種の勝法《しょうぼう》を得て、もつて生死を*排《はら》はざるによる。ここをもつて火宅を出でざるなり。何《なに》ものをか二とする。一には謂はく聖道、二には謂はく往生浄土なり。それ聖道の一種は、今の時、証し難《がた》し。一には大聖《だいしょう》を去れること遙遠《ようおん》なるによる。二には*理は深く*解《さとり》は微《び》なるによる」と。この故に*大集月蔵経《だいしゅうがつぞうきょう》に云く、「我が*末法の時の中の億々《おくおく》の衆生《しゅじょう》、行《ぎょう》を起し道を修せむに、いまだ一人として得る者あらじ」と。*当今《とうこん》は末法《まっぽう》、*現にこれ*五濁悪世《ごじょくあくせ》なり。ただ浄土の一門のみありて通入《つうにゅう》すべき路《みち》なり。この故に*大経《だいきょう》に云く、「もし衆生あつて、たとひ一生悪を造れども、命終《みょうじゅう》の時に臨んで、十念相続して、我が名字を称せむに、もし生ぜずといはば正覚《しょうがく》を取らじ」と。

選択　浄土宗ではセンチャクと清音に読むが、浄土真宗ではセンジャクと読むのを例としている。底本(当麻奥院蔵)は「撰択」につくる。

道綽禅師　曇鸞の碑文を見て涅槃宗をすてて浄土に帰し、観経を講じたという。浄土五祖中の第二祖で、著書に「安楽集」二巻がある。

聖道　娑婆世界にあって、修業をかさねることにより、聖者の位に入ること。

仏性　仏となるべき本性。涅槃経「一切衆生、悉有仏性」。

火宅　迷いの世界。

排ふ　排擠、排斥の意。竹谷乗願房は、「ひらく」と読む(選択私集鈔)。

理　真如法性、即ち宇宙の本体。

解は微　凡夫の認識は微劣微少という意。

大集月蔵経　大方等大集経所収の大集月蔵分を指す。

末法　三時の一。期間に異説あるが、大集経は、正法五百年、像法千年、末法一万年説をとる。↓補

当今　道綽の時代を指し、法上の説(武平七年が、釈尊滅後一四六五年に相当)によれば、道綽五十歳のとき、末法に入ったことになる。

現に　廬山寺本によって補う。

五濁　劫濁・見濁・煩悩濁・衆生濁・命濁。

大経　無量寿経。

またまた一切の衆生は都《すべ》て自《みずか》ら量《はか》らず。もし大乗によらば、*真如実相《しんにょじっそう》・*第一義空《だいいちぎくう》、かつていまだ心を措《お》かず。もし小乗《しょうじょう》を論ぜば、*見諦《けんたい》・修道《しゅどう》に脩入《しゅにゅう》し、ないし*那《な》含《ごん》・羅《ら》漢《かん》に、*五下《ごげ》を断じ*五上《ごじょう》を除くこと、道俗《どうぞく》を問ふことなく、いまだその分あらず。たとひ人天《にんでん》の果報《かほう》あれども、皆五戒*・十善のために、よくこの報《むくい》を招く。しかるを持得する者は甚だ希《まれ》なり。もし起悪造罪《きあくぞうざい》を論ぜば、何ぞ暴《あら》き風駛《と》き雨に異《こと》ならむ。ここをもつて諸仏の大慈《だいじ》、勧《すす》めて浄土に帰せしめたまふ。たとひ一形悪《いちぎょうあく》を造れども、ただよく意《こころ》を繫《か》けて、専精《せんしょう》に常によく念仏せば、一切の諸障《しょしょう》、自《じ》然《ねん》に消除《しょうじょ》して、定《さだ》んで往生《おうじょう》することを得。何ぞ思量《しりょう》せずして、都《すべ》て去りゆく心なきや。

私《わたくし》に云く、窃《ひそか》に計《はかりみ》れば、それ立教《りっきょう》の多少は宗に随つて不同なり。しばらく*有相宗《うそうしゅう》の如きは、三時教《さんじきょう》を立てて一代の聖教《しょうぎょう》を判ず。いはゆる有《う》・空《くう》・中《ちゅう》これなり。*無相宗《むそうしゅう》の如きは、二蔵教《にぞうきょう》を立てて、もつて一代の聖教を判ず。いはゆる菩《ぼ》薩蔵《さつぞう》・声聞蔵《しょうもんぞう》これなり。華厳宗《けごんしゅう》の如きは、五教《ごきょう》を立てて一切の仏教を摂《しょう》す。いはゆる小乗教《しょうじょうきょう》・*始教《しきょう》・*終教《じっきょう》・*頓教《とんぎょう》・*円教《えんきょう》これなり。法華宗《ほっけしゅう》の如きは、四教《しきょう》・*五味《ごみ》を立てて、もつて一切の仏教を摂す。四教といふは、いはゆる蔵《ぞう》・通《つう》・別《べち》・円《えん》これなり。五味といふは、いはゆる乳《にゅう》・酪《らく》・生《しょう》・熟《じゅく》・醍醐《だいご》これなり。真言宗《しんごんしゅう》の如きは、二教を立てて一切を摂す。いはゆる顕教《けんぎょう》・密教《みっきょう》これなり。

今この浄土宗は、もし道綽禅師《どうしゃくぜんじ》の意《こころ》によらば、二門を立てて一切を摂す。いはゆる聖《しょう》道門《どうもん》・浄土門《じょうどもん》これなり。

真如実相　宇宙の本体、万有発現の根本。

第一義空　一切の虚妄分別をむなし去った絶対的境地。

見諦・修道・那含・羅漢　小乗仏教における修業段階。

五下・五上　欲界と色界・無色界における各五種の煩悩。

五戒　在家人の受持する戒で、優婆塞戒ともいう。

有相宗　現象と本体との存在を肯定して教学を組織したもので、一に現象の根本を心と立てるところより、唯識宗とも法相宗ともいう。

無相宗　現象界・本体界を空とみるところから無相といい、中論・百論・十二門論を立宗根本の依憑とするため、三論宗ともいう。

始教　大乗入門の初めの教え。

終教　大乗終極の教え。

頓教　仏性顕現の一切衆生は、すべて成仏し得る可能性のあることを主張する教え。

円教　完全円満な教え。

五味　五時ともいい、仏一代の説法次第を五期に分かち、教化の過程を明らかにしたもの。

問うて曰く、それ宗の名を立つることは、もと華厳《けごん》・天台等の*八宗・九宗にあり。いまだ浄土の家において、その宗の名を立つることを聞かず。しかるを今、浄土宗と号することは何の証拠かあるや。答へて曰く、浄土宗の名、その証一《しょういつ》にあらず。*元暁《がんぎょう》の遊心安楽道《ゆしんあんらくどう》に云く、「浄土宗の意《こころ》はもと凡夫《ぼんぶ》のためなり、兼ねては聖人《しょうにん》のためなり」と。また*慈《じ》恩《おん》の西方要決《さいほうようけつ》に云く、「この一宗窃《ひそ》かに要路たり」と。その証かくの如し。疑端《ぎたん》に足らず。

但し諸宗の立教《りっきょう》は、正《まさ》しく今の意《こころ》にあらず。しばらく浄土宗について、略して二門を明かさば、一は聖道門、二は浄土門。初めの聖道門とは、これについて二あり。一は大乗、二は小乗。大乗の中について、顕密《けんみつ》・*権実《ごんじつ》等の不同ありといへども、今この集の意《こころ》はただ顕大《けんだい》および権大《ごんだい》を存す。故《かるがゆえ》に歴劫*迂廻《りゃくこううえ》の行に当れり。これに准じてこれを思ふに、まさに密大《みつだい》および実大《じつだい》を存すべし。しかれば則ち、今、真言《しんごん》・*仏心《ぶっしん》・天台《てんだい》・華厳《けごん》・*三《さん》論《ろん》・*法相《ほっそう》・*地論《じろん》・*摂論《しょうろん》、これら八家《はっけ》の意《こころ》、正《まさ》しくこれにあり。まさに知るべし。次に小乗は、惣《すべ》てこれ小乗の経《きょう》・律《りつ》・論《ろん》の中に明かすところの声聞《しょうもん》・縁覚《えんがく》・*断惑証理《だんわくしょうり》・*入聖《にっしょう》得果《とっか》の道なり。上《かみ》に准じてこれを思ふに、また倶舎《くしゃ》・成実《じょうじつ》・諸部《しょぶ》の律宗《りっしゅう》を摂すべきのみ。およそこの聖道門の大意《たいい》は、大乗および小乗を論ぜず。この娑婆世界《しゃばせかい》の中において、*四《し》乗《じょう》の道を脩し四乗の果を得るなり。四乗は、三乗《さんじょう》の外《ほか》に仏乗《ぶつじょう》を加ふ。

次に往生浄土門《おうじょうじょうどもん》とは、これについて二あり。一は正《まさ》しく往生浄土を明かすの教へ、二は傍らに往生浄土を明かすの教へなり。

八宗・九宗　南都六宗・平安二宗を加えて八宗とし、達磨宗を加えて九宗とする。
元暁　新羅の人、華厳の学僧。
慈恩　唐の学僧で、諱は窺基。法相唯識宗を大成。
迦才　唐の人。貞観のころ長安の弘法寺に住したが、伝歴は未詳。
権実　権大乗と実大乗。
迂廻　良忠は小乗から大乗に遠まわりする義と、長い間の修行の二義があるとする(決疑鈔巻一)が、道綽の所説は前者である。
仏心　禅宗(達磨宗)。
三論　中論・百論・十二門論を立宗根本の依憑とし、嘉祥寺の吉蔵が一宗を大成した。無相宗。
法相　解深密経を根本依憑とし、有・空・中の三時教判を立てて一代仏教を批判し、一に唯識宗・中道宗ともいう。
地論　天親の十地経論を所依として唱えた一宗。
摂論　摂大乗論を所依とする宗で、摂大乗論は無着が阿毘達磨十万頌の中から摂大乗の一品を解釈したもの。
断惑証理　見思の二惑を断じて、人空の理をさとること。
入聖得果　聖道門に入って仏果を得ること。
四乗　声聞・縁覚・菩薩・仏。
華厳　四十華厳経巻四十に、「面見二彼仏阿弥陀一、即得レ往二生安楽刹一、我

初めに「正《まさ》しく往生浄土を明かすの教へ」といふは、謂はく三経《さんきょう》・一論《いちろん》これなり。三経とは、一には無量寿経《むりょうじゅきょう》、二は観無量寿経《かんむりょうじゅきょう》、三は阿弥陀経《あみだきょう》なり。一論とは、天親《てんじん》の往生論《おうじょうろん》これなり。或いはこの三経を指して浄土の三部経《さんぶきょう》と号す。

問うて曰く、三部経の名、またその例ありや。答へて曰く、三部経の名その例一にあらず。一は法華の三部。謂はく無量義経《むりょうぎきょう》・法華経《ほけきょう》・普賢観経《ふげんかんぎょう》これなり。二は大日《だいにち》の三部。謂はく大日経・金剛頂経《こんごうちょうきょう》・蘇悉地経《そしつじきょう》これなり。三は鎮護国家《ちんごこっか》の三部。謂はく法華経・仁《にん》王経《のうきょう》・金光明経《こんこうみょうきょう》これなり。四は弥勒《みろく》の三部。謂はく上生経《じょうしょうきょう》・下生経《げじょうきょう》・成仏経《じょうぶつきょう》これなり。今はただこれ弥陀の三部なり。故《かるがゆえ》に浄土の三部経と名づくるなり。弥陀の三部は、これ浄土の正依《しょうえ》の経なり。

次に「傍らに往生浄土を明かすの教へ」といふは、*華厳・*法華・*随求《ずいぐ》・*尊勝等の、もろもろの往生浄土を明かすの諸経これなり。また*起《き》信論《しんろん》・*宝性論《ほうしょうろん》・*十住毘婆沙論《じゅうじゅうびばしゃろん》・*摂《しょう》大乗論《だいじょうろん》等の、もろもろの往生浄土を明かすの諸論これなり。

およそこの集の中に聖道・浄土の二門を立つる意《こころ》は、聖道を捨てて浄土門に入らしめむがためなり。これについて二の由《ゆえ》あり。一は大聖《だいしょう》を去ること遙遠《ようおん》なるによる。二は理《り》深解微《じんげみ》なるによる。この宗の中に二門を立つることは、独《ひと》り道綽《どうしゃく》のみにあらず。曇鸞《どんらん》・天台《てんだい》・迦才《かざい》・慈恩《じおん》等の諸師、皆この意《こころ》あり。

しばらく曇鸞法師《どんらんほっし》の往生論の注に云く、「謹んで竜樹菩薩《りゅうじゅぼさつ》の十住毘婆沙を案ずるに云く、菩薩《ぼさつ》*阿毘跋致《あびばっち》を求むるに、二種の道あり。一は難行道《なんぎょうどう》、二は易行道《いぎょうどう》。難行道とは、

既往二生彼国一已、現前成二就此大願一」と説く。

法華 法華経巻六薬王品に、「若有二女人一聞二是経典一如レ説修行、於レ此命終、即往二安楽世界一阿弥陀仏大菩薩衆囲二繞住処一生二蓮華中宝座之上一」と説く。

随求 随求陀羅尼儀軌に、「若具足誦、一切重罪悉皆消滅、得二無量福徳一、死必生二極楽世界一」と説く。

尊勝 仏頂尊勝陀羅尼経に、「日々誦二此陀羅尼二十一遍一、罪滅福増、衆人愛敬、命終之後生二極楽国一」と説く。

起信論 大乗起信論には、「若人専念二西方極楽世界阿弥陀仏一所レ修善根廻向願三求生二彼世界一即得二往生一」と説く。

宝性論 究竟一乗宝性論巻四には、「依二此諸功徳一、願於二命終時一、見二無量寿仏、無辺功徳身一、我及余信者、既見二彼仏一已、願得二離垢眼一、成二無上菩提一」と願じている。

十住毘婆沙論 巻五易行品に、「若人命終時、得レ生二彼国一者、即具二無量徳一、是故我帰命」とある。

摂大乗論 摂大乗論釈巻十五に、「衆宝界如覚徳業、我説二句義一所レ生善、因レ此願悉見二弥陀一」。この文は真諦訳にのみあって、達摩笈多・玄奘の両訳にはない。

阿毘跋致 仏果を求める心堅固にして、二乗や悪道に退転しないこと。

謂はく五濁《ごじょく》の世に、無仏の時において、阿毘跋致を求むるを難とす。この難に乃《すなわ》ち多くの途《みち》あり。ほぼ五三を言つて、もつて義意を示さむ。一は外道《げどう》の相善《そうぜん》、菩薩の法を乱る。二は声聞の自利、大慈悲を障《さ》ふ。三は无顧《むこ》の悪人、他の勝徳《しょうとく》を破す。四は顛倒《てんどう》の善《ぜん》の果《か》、よく*梵行《ぼんぎょう》を壊《やぶ》る。五はただしこれ自力のみにして他力の持《たも》つなし。かくの如き等《ら》の事、目に触るるに皆これなり。譬へば陸《ろく》路より歩行《ぶぎょう》するは則ち苦しきが如し。易行道とは、謂はくただ仏を信ずる因縁《いんねん》をもつて、浄土に生ぜむと願ずれば、仏の願力に乗つて、便《すなわ》ちかの清浄《しょうじょう》の土《ど》に往生することを得。仏力住持《ぶつりきじゅうじ》して即ち大乗*正定の聚《じゅ》に入る。正定は即ちこれ阿毘跋致なり。譬へば水路より船に乗つて則ち楽なるが如し」と。〈已上〉この中の難行道は即ちこれ聖道門なり。*易行道は即ちこれ浄土門なり。難行・易行、聖道・浄土、その言《ことば》異《こと》なりといへども、その意これ同じ。*天台・*迦才これに同じ。まさに知るべし。

また西方要決《さいほうようけつ》に云く、「仰いで惟《おもん》みれば、釈迦、*運を啓《ひら》いて弘く有縁《うえん》を益《やく》す。教へ、*随《ずい》方《ほう》に闢《ひら》けて、並びに法潤《ほうにん》に霑《うる》ふ。親しく*聖化《しょうけ》に逢うて、道《どう》、三乗を悟りき。福薄《ふくうす》く、因《いん》疎《おろそ》かなるものを、勧めて浄土に帰せしめたまふ。この業《ごう》をなす者は、専ら弥陀を念じ、一切の善根《ぜんごん》、廻らしてかの国に生ず。弥陀の本願、誓うて娑婆《しゃば》を度《ど》したまふ。上現生《かみげんしょう》の一形《いちぎょう》を尽し、下臨終《しもりんじゅう》の十念に至るまで、倶《とも》によく決定《けつじょう》して皆往生《おうじょう》を得《う》」と。〈已上〉

また同じき後序《ごじょ》に云く、「それ以《おもん》みれば、生《む》まれて*像季《ぞうき》に居《こ》して、聖《しょう》を去ることこれ遙かに、道三乗に預かつて、契悟《けいご》するに方《のり》なし。人天の両位《りょうい》は*躁動《そうどう》して安からず。智《ち》博《ひろ》く、情《こころ》弘きものは、よく久しく処するに堪へたり。もし識痴《しきおろ》かに、行《ぎょう》浅きものは、おそらく

梵行　清浄な無漏の善行。

正定の聚　不退の位置に到達したことが決定した当体。

易行道　易は安易・平易の義で、誰でも行じうる道。

天台　天台大師智顗の十疑論に、曇鸞の二道判を援引して、「有二漏凡夫一発二無上菩提心一求レ生二浄土一常念仏故、伏二滅煩悩一得レ生二浄土一」と述べ、浄土への帰命をすすめている。

迦才　浄土論巻下に、「若自知レ有二定慧分一者則於二此方一修レ道求二無上菩提一、若自知レ無二定慧分一者則須下修二浄土行一就二浄土中一求中無上菩提上」とある。

運を啓く　啓は初めて開く、運は宜しきに合う意で、機縁すでに熟し、釈尊出世の好期に至ったことを示す。

随方　方は類で、十方の群類に随順して説法すること。

聖化　釈尊。

像季　像法の時代。三時の一。

躁動　躁は急にすすむの意で、煩悩のために駆使されて、心常に安穏でない状態をいう。特に欲界散地といい、心散乱して落ちつかないのが、この世の特色であるから、三昧を成ずることはできない。色界は定地に入るが、無漏の世界に比すると総じて躁動であるため、人天という。

は*幽途《ゆうず》に溺れむ。必ずすべからく跡を娑婆に遠くして、心を浄域《じょういき》に栖《す》ましむべし」と。〈已上〉この中、三乗は即ちこれ聖道門の意《こころ》なり。浄土は即ちこれ浄土門の意なり。三乗浄土、聖道浄土、その名《な》異《こと》なりといへども、その意また同じ。浄土宗の学者、先づすべからくこの旨を知るべし。

たとひ先より聖道門を学する人といふとも、もし浄土門において、その志《こころざし》あらば、すべからく聖道を棄てて浄土に帰すべし。例するに、かの曇鸞法師、*四論の講説《こうぜつ》を捨てて一向《いっこう》に浄土に帰し、道綽禅師は*涅槃《ねはん》の広業《こうごう》を閣《さしお》いて、偏《ひとえ》に西方《さいほう》の行を弘めしが如し。上古の賢哲《けんてつ》、なほもつてかくの如し。末代《まつだい》の愚魯《ぐろ》、むしろこれに遵《したが》はざらむや。

問うて曰く、聖道家《しょうどうけ》の諸宗、おのおの*師資相承《ししそうじょう》あり。謂はく*天台宗の如きは、慧文《えもん》・南岳《なんがく》・天台・章安《しょうあん》・智威《ちい》・慧威《えい》・玄朗《げんろう》・湛然《たんねん》、次第相承せり。*真言宗の如きは、大日如《だいにちにょ》来《らい》・金剛薩埵《こんごうさった》・竜樹《りゅうじゅ》・竜智《りゅうち》・金智《こんち》・不空《ふくう》、次第相承せり。自余の諸宗、またおのおの相承の血脈《けつみゃく》あり。しかるに今言ふところの浄土宗に師資相承の血脈の譜《ふ》ありや。答へて曰く、聖道家の血脈の如く、浄土宗にまた血脈あり。ただし浄土一宗において、*諸家また不同なり。いはゆる*盧山《ろざん》の慧遠法師《えおんほっし》、*慈愍三蔵《じみんさんぞう》、道綽・善導《ぜんどう》等これなり。今しばらく道綽・善導の一家によつて、師資相承の血脈を論ぜば、これにまた両説あり。一には菩提流《ぼだいる》支《し》三蔵《さんぞう》・慧寵法師《えちょうほっし》・道場法師《どうじょうほっし》・曇鸞法師・大海禅師《だいかいぜんじ》・*法上法師《ほうじょうほっし》。〈已上、安楽集に出づ〉二には菩提流支三蔵・曇鸞法師・道綽禅師・善導禅師・懐感法師《えかんほっし》・少康法師《しょうこうほっし》。〈已上、唐宋両伝に出づ〉

幽途　暗昧なる地獄・餓鬼・畜生の三途。

四論　中論・百論・十二門論・智度論をいい、曇鸞は四論の祖。

涅槃　涅槃宗。智徽が創唱し、法宝が五時教を立てて一代仏教を批判して、一宗として成立をみたもの。

師資相承　師から弟子にと法を伝えること。

天台宗…　内証仏法相承血脈譜の文。

真言宗…　付法伝に出る。

諸家また不同　仏祖統記第二十六には、蓮社七祖として円悟(慧遠)、光明(善導)、般舟(承遠)、五会(法照)、台岩(少康)、智覚(永寿)、円浄(省常)を挙げ、宗暁は楽邦文類巻三に蓮社継祖五大法師と称し、善導・法照・少康・省常・宗賾を、また安楽集巻下には菩提流支・慧寵・道場・曇鸞・大海・法上の六大徳を挙げている。

盧山　盧山流は中国浄土教の始祖ともいうべき慧遠の提唱による禅浄一致の浄土教。

慈愍　諱は慧日、唐代の人。著書に往生浄土集三巻・浄土文記五巻(以上佚書)・慈悲集一巻などがあり、その思想は禅浄律綜合の浄土教で、承遠・法照と次第した。

法上　安楽集に斉朝上統とあるのによったものであるが、伝によれば兜率願生者であるため、光統の誤りではないかという。

(二)善導和尚《ぜんどうかしょう》、*正雑二行《しょうぞうにぎょう》を立てて、雑行《ぞうぎょう》を捨てて正行《しょうぎょう》に帰するの文《もん》

観経疏《かんぎょうしょ》の第四に云く、「行について信を立つといふは、しかも行に二種あり。一には正行、二には雑行。正行と言ふは、専ら往生の経によつて行《ぎょう》を行ずるもの、これを正行と名づく。何のものか是《これ》や。一心《いっしん》に専らこの観経・弥陀経・无量寿経等を読誦《とくじゅ》し、一心に専ら思想を注《とど》めて、かの国の二《に》報荘厳《ほうしょうごん》を観察し憶念《おくねん》し、もし*礼《らい》せば即ち一心に専らかの仏を礼し、もし口称せば即ち一心に専らかの仏を称し、もし*讃歎供養《さんだんくよう》せば即ち一心に専ら讃歎し供養す。これを名づけて正《しょう》とす。また、この正の中について、また二種あり。一には一心に専ら弥陀の名号を念じて、行住坐臥《ぎょうじゅうざが》、時節《じせつ》の久近《くごん》を問はず、*念々《ねんねん》に捨てざるもの、これを*正定《しょうじょう》の業《ごう》と名づく。かの仏の願に順ずるが故《ゆえ》に。もし礼誦等《らいじゅとう》によるをば、即ち名づけて助業《じょごう》とす。この正助二行《しょうじょにぎょう》を除いての已外の、自余《じよ》の諸善をばことごとく雑行と名づく。もし前の正助二行を脩すれば、心常に親近《しんごん》して、憶念断えず、名づけて*无間《むけん》とす。もし後の雑行を行ずれば、即ち心《こころ》常に*間断《けんだん》す。*廻向《えこう》して生ずることを得べしといへども、衆《おお》く疎《そ》雑《ぞう》の行と名づく」と。

私《わたくし》に云く、この文《もん》について二の意《こころ》あり。一には往生の行相《ぎょうそう》を明かし、二には二行の得《とく》失《しつ》を判ず。初めに「往生の行相を明かす」といふは、善導和尚の意によらば、往生の行多しといへども、大きに分つて二とす。一には正行、二には雑行。初めの正行とは、これについて開合《かいごう》の二の義あり。初めの開を五種*とし、後の合を二種とす。初めの「開を五種とす」といふは、一には読誦正行《どくじゅしょうぎょう》、二は観察《かんさつ》正行、三は礼拝《らいはい》正行、

正雑二行　正行と雑行。往生浄土のための正しき行が正行、以外の諸行が雑行。

礼　礼拝に三品あって、頭と両臂・両膝を地につけて礼する五体投地の礼拝を上品、両膝を立て腰を挙げ、合掌して礼する長跪合掌を中品、坐しながら合掌低頭するのを下品の礼拝という。

讃歎供養　仏を嘆美称揚するのを讃嘆、仏に物をささげるのを供養というが、供養するときは必ず讃嘆し、讃嘆するときは自然に供養がともなうので一種とする。

念々に捨てざるもの　念々とは時間を指し、「念々不捨者の釈は念仏を行ずるさまなり」(十二問答)と釈すごとく、刻々念仏してやめないこと。

正定の業　法然が、「正定とは、法蔵菩薩、二百一十億諸仏の誓願海の中において、念仏往生の願を選定したまふ。故に定と云ふなり」(無量寿経釈。→六二頁)というように、阿弥陀仏が本願に誓った心行具足の口称の行業を指す。

无間　たえまがないこと。

間断　とだえがちなこと。

廻向　自己のなすところの、過去および今生の功徳善根をふりむけて、衆生に施しあたえること。往生論巻下には往相・還相の二廻向をあげている。通常、死者のために、読経し念仏するのを廻向というのは、その

四は称名《しようみよう》正行、五は讃歎供養《さんだんくよう》正行なり。第一の読誦正行は、専ら観経等を読誦するなり。即ち文《もん》に、「一心に専らこの観経・弥陀経・無量寿経等を読誦す」と云ふ、これなり。第二に観察正行は、専らかの国の*依正二報《えしようにほう》を観察するなり。即ち文に、「一心に専ら思想を注《と》めて、かの国の二報荘厳《にほうしようごん》を観察し憶念す」と云ふ、これなり。第三に礼拝正行は、専ら弥陀を礼するなり。即ち文に、「もし礼せば即ち一心に専らかの仏を礼す」と云ふ、これなり。第四に称名正行は、専ら弥陀の名号《みようごう》を称するなり。即ち文に、「もし口称せば即ち一心に専らかの仏を称す」と云ふ、これなり。第五に讃歎供養正行は、専ら弥陀を讃歎供養するなり。即ち文に、「もし讃歎供養せば即ち一心に専ら讃歎し供養す。これを名づけて正《しよう》とす」と云ふ、これなり。もし讃歎と供養とを開《かい》して二とせば、六種正行と名づくべきなり。今、合《ごう》の義によるが故に、五種と云ふ。

次に「合を二種とす」といふは、一には*正業《しようごう》、二には*助業《じよごう》。初めの正業は、上《かみ》の五種の中の第四の称名をもつて正定《しようじよう》の業《ごう》とす。即ち文に、「一心に専ら弥陀の名号を念じて、行住坐臥、時節の久近《くごん》を問はず、念々に捨てざるもの、これを正定の業と名づく。かの仏の願に順ずるが故に」と云ふ、これなり。次に助業は、第四の口称《くしよう》を除いての外《ほか》、読誦等の四種をもつて、しかも助業とす。即ち文に、「もし*礼誦《らいじゆ》等によるをば、即ち名づけて助業とす」と云ふ、これなり。

問うて曰く、何が故ぞ、五種の中に独《ひと》り*称名念仏《しようみようねんぶつ》をもつて、正定の業とするや。答へて曰く、かの仏の願に順ずるが故に。意《こころ》に云く、称名念仏はこれかの仏の*本願の行なり。

功徳を死者にふりむけて、仏道に向かわせるという意。

五種　五種正行の意は善導の上にあるが、それを明らかに組織づけしたのは法然であり、善導以前は天親の五念門(礼拝門・讃嘆門・作願門・観察門・廻向門)をもって浄土行を組織していた。

依正二報　浄土の阿弥陀仏を正報、国土の荘厳を依報という。

正業　正には三重の義がある。第一は邪に対する正で正直、正しいという意、第二は雑に対する純正の義で、その目的意志も行ないも、結果の上のいずれもが阿弥陀仏への事にかぎっているから正という。第三は助に対する正で、主体的意味がある。

助業　正業はそれ自身に独立価値をもって往生の行となるが、助業にはそれ自身に独立価値なく、正定業に支持されてはじめて往生浄土の価値が生ずる。

礼誦　礼拝と読誦。

称名念仏　称名即念仏の意。行住坐臥を問わず、阿弥陀仏の名号を唱えること。

本願　元来、昔の願いとか、前の熱望と訳される語で、いかなる者でも、仏たらんと志すものの必ず起こさなければならない実行をともなった大願望をいう。本願には総願と別願があり、総願は四弘誓願ともいい、衆生化益のために自己の迷いを破して故にこれを修すれば、かの仏の願に乗じて必ず往生を得るなり。その仏の本願の義、下《しも》に至りて知るべし。次に雑行は、即ち文に、「この正助二行を除いての已外《ほか》の、自余の諸善をばことごとく雑行と名づく」と云ふ、これなり。意《こころ》に云く、雑行無量《ぞうぎょうむりょう》なり、つぶさに述ぶるに遑《いとま》あらずと。但し今しばらく五種の正行に*飜対《ほんたい》して、もつて五種の雑行を明かすべし。一は読誦雑行《どくじゅぞうぎょう》、二は観察《かんざつ》雑行、三は礼拝《らいはい》雑行、四は称名《しょうみょう》雑行、五は讃歎供《さんだんく》養《よう》雑行なり。第一に読誦雑行といふは、上《かみ》の観経等の往生浄土《おうじょうじょうど》の経を除いての已外《ほか》、大小乗の*顕密の諸経において受持《じゅじ》し読誦するを、ことごとく読誦雑行と名づく。第二に観察雑行といふは、上の極楽《ごくらく》の依正《えしょう》を除いての已外、大小、顕密《けんみつ》、*事理《じり》の観行《かんぎょう》を、皆ことごとく観察雑行と名づく。第三に礼拝雑行といふは、上の弥陀を礼拝するを除いての已外、一切の諸余の仏・菩薩等およびもろもろの*世天《せてん》等において礼拝恭敬《らいはいくぎょう》するを、ことごとく礼拝雑行と名づく。第四に称名雑行といふは、上の弥陀の名号を称するを除いての已外、自余の一切の仏・菩薩等およびもろもろの世天等の名号を称するを、ことごとく称名雑行と名づく。第五に讃歎供養雑行といふは、上の弥陀《みだ》仏を除いての已外、一切の諸余の仏・菩薩等およびもろもろの世天等において讃歎供養するを、ことごとく讃歎供養雑行と名づく。この外また*布施《ふせ》・*持戒《じかい》等の無量の行あり。皆雑行の言《ごん》に摂尽《しょうじん》すべし。

次に二行の得失《とくしつ》を判ぜば、「もし前の正助二行を脩すれば、心常に親近《しんごん》して、憶念断えず、名づけて無間《むけん》とす。もし後の雑行を行ずれば、即ち心常に間断す。廻向《えこう》して生ずることを得べしといへども、衆《おお》く疎雑の行と名づく」と、即ちその文なり。この文の意を

宇宙の真相に達しようとねがう願、別願は具体的な救済条件を願望の対象としたもの。ここでは阿弥陀仏のおこした願をいう。↓補

今　廬山寺本によって補う。

飜対　裏がえす。

顕密　顕教と密教。仏格を三身に分けたとき、報身や化身の資格で説いた釈尊の教えを顕教、その仏格の根本である法身の資格で説いた大日如来の自内証の法を密教という。

事理　現象観(事)と本体真理観(理)。

世天　一般世間でまつる天部。

布施　他人に物をほどこすこと。悉曇柁那・檀那の訳で、六念・四摂法・六波羅蜜・十波羅蜜の一。無貪の心をもって、仏や僧、ならびに貧窮の人に衣食等を施与するのをいう。

持戒　戒法を護持すること。すなわち仏所制の戒を受持して犯さないことをいう。持つべき戒品については在家・出家、声聞・菩薩等によって一定していないが、梵網経には十重四十八軽戒、円頓戒では三聚浄戒(摂律儀戒・摂善法戒・摂衆生戒)を持戒の規範としている。

案ずるに、正雑二行について、五番の相対《そうたい》あり。一には親疎対《しんそたい》、二には近遠対《ごんのんたい》、三は有《う》間無《けんむ》間対《けんたい》、四は廻向《えこう》不廻向対《ふえこうたい》、五は純雑対《じゅんぞうたい》なり。

第一に*親疎対といふは、先づ親といふは、正助二行を脩する者は、阿弥陀仏において甚だもつて*親眤《しんじつ》とす。故《かるがゆえ》に*疏《しょ》の上《かみ》の文《もん》に云く、「衆生、行《ぎょう》を起して、口に常に仏を称すれば、仏即ちこれを聞《きこ》しめす。身に常に仏を礼敬《らいぎょう》すれば、仏即ちこれを見たまふ。心に常に仏を念ずれば、仏即ちこれを知りたまふ。衆生、仏を憶念すれば、仏、衆生を憶念したまふ。彼此《かれこれ》の三業《さんごう》相ひ捨離せず。故に親縁《しんねん》と名づくるなり。次に疎《そ》といふは雑行《ぞうぎょう》なり。衆生、仏を称せざれば、仏即ちこれを聞きたまはず。身に仏《ほとけ》を礼せざれば、仏即ちこれを見たまはず。心に仏を念ぜざれば、仏即ちこれを知りたまはず。衆生《しゅじょう》、仏《ほとけ》を憶念《おくねん》せざれば、仏、衆生を憶念したまはず。彼此の三業、常に捨離す。故に疎行《そぎょう》と名づくるなり」と。

第二に*近遠対《ごんのんたい》といふは、先づ近《ごん》といふは、正助二行を脩する者は、阿弥陀仏において甚だもつて隣近《ちかくちかし》とす。故に疏の上の文に云く、「衆生、仏を見むと願ずれば、仏即ち念に応じて、目の前に現在したまふ。故に近縁《ごんねん》と名づくるなり。次に*遠《おん》といふは雑行《ぞうぎょう》なり。衆生、仏を見むと願ぜざれば、仏即ち念に応ぜず、目の前に現じたまはず。故に遠と名づくるなり」と。但し親近《しんごん》の義、これ一に似たりといへども、善導の意《こころ》分ちて二とす。その旨、疏の文に見えたり。故に今、引き釈するところなり。

第三に*無《む》間有《けんう》間対《けんたい》といふは、先づ無間といふは、正助の二行を修する者は、弥陀仏に

親疎対　仏心と行者の心の親しい状態を親、疎隔されているすがたを疎という。

親眤　底本は眤となっているが、眤は小目の意であり、眤は尼質の功、日に近くなること、親近の意があるので、眤が正しい。

疏　観経疏定善義。

近遠対　仏と衆生との関係深いことを距離の上についてあらわしたもので、近とは三縁(親縁・近縁・増上縁)のうちの近縁を指している。

遠　遠離の意で、仏と衆生との間が遠くはなれていること。

無間有間対　実践する場合の心的関係を時間的にながめて比較したもの。堯恵は仏の憶念摂持の功によるから、正行に憶念無間の意があるとし(選択私集鈔巻二)、柔遠はこれに間雑の義(二者の間を障礙するものの有無)と、間断の義(時間的な間隙の有無)があるとしている(錐指録巻二)。

おいて憶念間断《おくねんけんだん》せず。故に「名づけて無間とす」と云ふ、これなり。次に有間は、雑行を修する者は、弥陀仏において憶念《おくねん》常に間断《けんだん》す。故に「心常に間断す」と云ふ、これなり。

第四に*不廻向廻向対《ふえこうえこうたい》は、正助二行《しょうじょにぎょう》を修する者は、たとひ別に廻向を用ゐざれども、自然《じねん》に往生の業となる。故に疏の上の文に云く、「今この観経の中の、十声仏《じっしょうほとけ》を称するは、即ち*十願十行《じゅうがんじゅうぎょう》ありて具足《ぐそく》せり。いかんが具足する。*南無《なむ》と言ふは即ちこれ帰命《きみょう》、またこれ発願廻向《ほつがんえこう》の義、阿弥陀仏と言ふは即ちこれその行《ぎょう》なり。この義をもつての故に、必ず往生を得」と。〈已上〉次に廻向といふは、雑行を修する者は必ず廻向を用ゐるの時に、往生の因となる。もし廻向を用ゐざるの時には、得往生《とくおうじょう》の因とならず。故に「廻向して生ずることを得べしといへども」と曰《い》ふ、これなり。

第五に*純雑対《じゅんぞうたい》は、先づ純《じゅん》といふは、正助二行を修する者は、純《もつぱ》らこれ極楽《ごくらく》の行《ぎょう》なり。次に雑《ぞう》といふは、これ純ら極楽の行にあらず。人天《にんでん》および三乗《さんじょう》に通ず、また十方《じっぽう》浄土に通ず、故に雑と云ふなり。しかれば西方《さいほう》の行者《ぎょうじゃ》、すべからく雑行を捨てて正行を修すべし。

問うて曰く、この純雑の義、経論の中において、その証拠《しょうこ》ありや。答へて曰く、大小乗の経《きょう》・律《りつ》・論《ろん》の中において、純雑二門を立つること、その例一にあらず。大乗は即ち*八蔵の中において、しかも雑蔵《ぞうぞう》を立つ。まさに知るべし。七蔵《しちぞう》はこれ純、一蔵はこれ雑《ぞう》なり。小乗は即ち*四含《しごん》の中において、しかも雑含《ぞうごん》を立つ。まさに知るべし。三含《さんごん》はこれ純、一含はこれ雑《ぞう》なり。律には則ち*二十の犍度《けんど》を立てて、もつて戒行《かいぎょう》を明かす。その中

不廻向廻向対　目的への意志の要不要について比較したもの。良忠は念仏行を修するものに廻向心がないというのではなく、行そのものが極楽であり、行体について廻向があるから無間であると釈し(選択伝弘決疑鈔巻二)、行観は浄土への行は阿弥陀仏の側で成就したものであるから不廻向行であるとしている(選択集秘鈔巻二)。

十願十行　口称念仏の十声に願と行が具足しているという意。

南無　悉曇の南謨にあたり、帰命と訳し、「どうぞ」と発願廻向する義。

純雑対　行そのものの有する内容が純粋性か夾雑性かということについて比較したもの。

八蔵　胎化蔵・中陰蔵・摩訶衍方等蔵・戒律蔵・十住蔵・雑蔵・金剛蔵・仏蔵(菩薩処胎経巻七等)。

四含　増一阿含経・長阿含経・中阿含経・雑阿含経。

二十の犍度　受戒・説戒・安居・自恣・皮革・衣・薬・加絺那衣・鳩睒弥・瞻婆・呵責・人・覆蔵・遮・破僧・滅諍・尼・説法・房舎・雑(四分律行事鈔資持記巻上)。

に前の十九はこれ純、後の一は雑犍度《ぞうけんど》なり。論には則ち*八犍度を立てて、諸法の性相《しょうぞう》を明かす。前の七犍度はこれ純、後の一はこれ雑犍度なり。賢聖集《げんじょうしゅう》の中、唐宋両伝《とうそうりょうでん》には*十科の法を立てて、高僧の行徳《ぎょうとく》を明かす。その中に前の九はこれ純、後の一はこれ雑科《ぞうか》なり。ないし大乗義章《だいじょうぎしょう》に*五聚《ごじゅ》の法門あり。前の四聚《しじゅ》はこれ純、後の一はこれ雑聚《ぞうじゅ》なり。また顕教《けんぎょう》のみにあらず。密教の中に純雑の法あり。謂はく山家《さんげ》の仏法《ぶっぽう》の血脈《けつみゃく》の譜《ふ》に云く、「一には*胎蔵界《たいぞうかい》の曼陀羅《まんだら》の血脈の譜《ふ》一首。二には*金剛界《こんごうかい》の曼陀羅の血脈の譜一首。三には雑曼陀羅《ぞうまんだら》の血脈の譜一首」と。前の二首はこれ純、後の一首はこれ雑なり。純雑の義多しといへども、今《いま》略して小分《しょうぶん》を挙ぐるのみ。まさに知るべし。純雑の義、法に随つて不定《ふじょう》なり。これによつて今善導和尚の意《こころ》、しばらく浄土の行において、純雑《じゅんぞう》を論ずるなり。この純雑の義、*内典《ないてん》のみに局《かぎ》らず、外典《げてん》の中にその例甚だ多し。繁《しげ》きことを恐れて出ださず。

但し往生の行において二行を分つこと、善導一師《ぜんどういっし》のみに限らず。もし道綽禅師《どうしゃくぜんじ》の意《こころ》によらば、往生の行多しといへども、束《つか》ねて二とす。一には謂はく念仏往生《ねんぶつおうじょう》、二には謂はく万行往生《まんぎょうおうじょう》。もし懐感禅師《えかんぜんじ》の意《こころ》によらば、往生の行多しといへども、束ねて二とす。一には謂はく念仏往生、二には謂はく諸行往生《しょぎょうおうじょう》。〈*恵心《えしん》これに同じ〉　かくの如きの三師、おのおの二行を立てて往生の行《ぎょう》を摂《しょう》す。甚だその旨を得。*自余の諸師はしからず。行者まさにこれを思ふべし。

*往生礼讃《おうじょうらいさん》に云く、「もしよく上《かみ》の如く*念々相続《ねんねんそうぞく》して、畢命《ひつみょう》を期《ご》とする者は、十は即ち十な

八犍度　雑・結使・智・行・四大・根・定・見(八犍度論)。

十科　訳経・義解・習禅・明律・護法・感応・読誦・遺身・興福・雑科。

五聚　教聚・義聚・染聚・浄聚・雑聚。

胎蔵界・金剛界　→六六頁注

内典・外典　仏教経典を内典というのに対し、儒道二教の経典を外典という。漢書九流に儒流・道流・陰陽流・法流・名流・墨流・縦横流・雑流・農流があるなど、純雑の名は内典にのみ局限されていない。

恵心　比叡山横川恵心院の学僧で、世に恵心僧都と呼ばれ、諱は源信。その著「往生要集」に第八念仏証拠、第九往生諸行を挙げている。

自余の諸師　浄影・天台・嘉祥を指し、これら諸師の念仏の取扱いは雑駁で、万行の一としての念仏であるため、往生行の分類の上に指針はしめされていない。

往生礼讃　一巻。唐善導の述作にかかり、三種行儀の中、尋常行儀を明かし、一に往生礼讃偈・六時礼讃偈とも呼ばれている。

念々相続　無間修の立場からすれば、念々は時々刻々と釈するよりも、間隔なき意で、念仏より念仏への生涯をつづけてゆくことを意味している。

がら生じ、百は即ち百ながら生ず。何をもつての故に。外の*雑縁《ぞうえん》なく、正念《しょうねん》を得るが故に。*仏の本願と相応《そうおう》するが故に。*教《きょう》に違《たが》はざるが故に。仏語《ぶつご》に随順《ずいじゅん》するが故に。もし専を捨てて雑業《ぞうごう》を修せむと欲する者は、百の時に希《まれ》に一二を得、千の時に希に五三を得。何をもつての故に。雑縁乱動《ぞうえんらんどう》して正念を失ふによるが故に。仏の本願と相応せざるが故に。教と相違するが故に。仏語に順ぜざるが故に。*係念相続《けねんそうぞく》せざるが故に。*憶想間断《おくそうけんだん》するが故に。*廻《え》願慇重真実《がんいんじゅうしんじつ》ならざるが故に。*貪《とん》・瞋《じん》、諸見《しょけん》の煩悩《ぼんのう》、来たつて間断するが故に。*慚愧《ざんき》*悔過《けか》あることなきが故に。*また相続してかの仏の恩を報ぜむと念《おも》はざるが故に。心に軽慢《きょうまん》を生じて、業行《ごうぎょう》をなすといへども常に名利《みょうり》と相応するが故に。人我《にんが》自《みずか》ら覆《おお》うて、同行善知識《どうぎょうぜんちしき》に親近《しんごん》せざるが故に。楽《ねが》うて雑縁《ぞうえん》に近づいて、往生の正行を自障障他《じしょうしょうた》するが故になり。何をもつての故に。余《よ》、比日自《このごろみずか》ら諸方の道俗を見聞《けんもん》するに、解行《げぎょう》不同なり、専雑異《せんぞうい》あり。ただ意《こころ》を専らにしてなす者は、十は即ち十生ず。雑《ぞう》を修して*心を至さざる者は、千が中に一もなし。この二行の得失《とくしつ》、前《さき》に已《すで》に弁《べん》ずるが如し。仰ぎ願はくは一切の往生人等《ら》、よく自《みずか》ら己《おのれ》が能を思量せよ。今身《こんじん》にかの国に生ぜむと願ぜば、行住坐臥《ぎょうじゅうざが》に必ずすべからく心を励まし、己《おのれ》を剋《こく》して昼夜に廃することなかるべし。畢命《ひつみょう》を期《ご》とせよ。*正《まさ》しく一形にあつて、少《しょう》苦《く》に似たれども、前念《ぜんねん》に命終《みょうじゅう》して、後念《ごねん》に即ちかの国に生まれて、長時永劫《じょうじょうごう》に常に無為《むい》の*諸楽を受く。ないし成仏までに生死《しょうじ》を逕《へ》ず。あに快《こころよ》きにあらずや。まさに知るべし」と。

私《わたくし》に云く、この文を見るに、いよいよすべからく雑《ぞう》を捨てて専《せん》を修すべし。あに百即《ひゃくそく》百生《ひゃくしょう》の専修正行《せんじゅしょうぎょう》を捨てて、堅《かた》く千中無《せんちゅうむ》一《いっ》の雑修雑行《ざつしゅぞうぎょう》を執《しゅう》せむや。行者よくこれを思量

雑縁　仏道修行を障礙するところの内外の縁で、貪瞋の心および異学異見の人をいう。

仏の本願　無量寿経巻上所説の阿弥陀仏の第十八念仏往生の願。

教　観経所説の、釈尊が阿難に汝好くこの称名を伝持せよと付属された教え。

係念相続　思いを阿弥陀仏にかけて継続すること。

憶想間断　極楽浄土に対する憶想の間断するのをいい、良忠は、「もし正行を修すれば、弥陀を行ずるが故に、想ひを浄境に留めて憶想断ぜず、今雑行を修し、余法を行ずるが故に、その想ひ間断して極楽を想はず、故に憶想間断す」(選択伝弘決疑鈔巻二)と説いている。

廻願　廻向発願の略。所修の一切の善根を廻施して、浄土に往生せんと発願するのをいう。

貪・瞋　むさぼり・いかり。

慚愧　自己の良心にはじるのが慚、他の人に対しはじるのが愧。

悔過　廬山寺本「懺悔心」。

また　第十失の上にのみ「又」の字がある。寂恵は、往生礼讃の本文の上には第九失の懺悔に要・略・広の三品が明示されており、意にしたがって用いることを勧め、用文隔別の故に、又の言をおいたと解している。(決疑鈔第二見聞)

心を至す　至誠心、純心に専修する。

せよ。

(三)弥陀如来、余行《よぎよう》をもつて往生の*本願《ほんがん》としたまはず。

ただ念仏をもつて往生の本願としたまへるの文《もん》

無量寿経の上《じよう》に云く、「たとひ我《われ》仏を得たらむに、十方《じつぽう》の衆生、*心を至し信楽《しんぎよう》して、我が国に生ぜむと欲して、*ないし十念せむに、もし生ぜずといはば正覚《しようがく》を取らじ」と。

観念法門《かんねんほうもん》に、上《かみ》の文を引いて云く、「もし我成仏《じようぶつ》せむに、十方の衆生、我が国に生ぜむと願じて、我が名号《みようごう》を称すること下十声《しもじつしよう》に至らむに、我が願力に乗つて、もし生ぜずは正覚を取らじ」と。

往生礼讃《おうじようらいさん》に、同じく上の文を引いて云く、「もし我仏と成らむに、十方の衆生、我が名号を称すること下十声に至らむに、もし生ぜずは正覚を取らじ。かの仏、今現《いまげん》に世にましまして仏に成りたまへり。まさに知るべし。*本誓《ほんぜい》の重願《じゆうがん》虚《むな》しからず、衆生称念すれば、必ず往生することを得」と。

私に云く、一切の諸仏、おのおの*惣別《そうべつに》二種《しゆ》の願あり。惣といふは四弘誓願《しぐぜいがん》これなり。別といふは釈迦の五百の大願、薬師の十二の上願*等の如きこれなり。今この四十八の願は、これ弥陀の別願なり。

問うて曰く、弥陀如来、いづれの時、いづれの仏の所《みもと》においてか、この願を発《おこ》したまへるや。答へて曰く、寿経《じゆきよう》に云く、「仏《ほとけ》、阿難《あなん》に告げたまはく、乃往過去《ないおうかこ》、久遠無量《くおんむりよう》、

正しく　廬山寺本も「正」、義山開板本は「上」。

諸　廬山寺本「法」。

本願　本には因本と根本の両義があり、仏たらんとするものの、必ず起こさねばならない実行の伴った大願望。

心を至し…欲して　浄土行者の安心を示したもので、「心を至し」は至誠心、「信楽して」は深心、「我が国に生ぜむと欲して」は廻向発願心にあたり、法然は観経の三心を釈して、「此三心は、本願の至心信楽欲生我国の文を成就する文なり。しからば則ち念仏せん人は、此三心を具して念仏すべき也」(十二問答)と述べている。

ないし十念　法然は、「多より少に向ふの言なり。多といふは上一生涯をつくすなり。少といふは下十声一声等に至るなり」(十二問答)と釈し、一生涯をないしとしている。

本誓の重願　阿弥陀仏になる前におこした重要な誓願。

惣別二種の願　仏としての一般共通の願、すなわち四弘誓願を総願といい、仏それぞれに有する救済の具体的条件を示した、いわば他に共通しない独特な本願を別願という。

等　普賢の十大願、勝鬘の十大願などを指す。

不可思議《ふかしぎ》、*無央数劫《むおうしゅこう》に、*定光如来《じょうこうにょらい》世に興出《こうしゅつ》したまひて、無量の衆生を教化《きょうけ》し度脱《どだつ》して、皆道《みち》を得せしめて、乃《すなわ》ち滅度《めつど》を取りたまへり。次に如来まします、名づけて光遠《こうおん》と曰《い》ふ。〈乃至《ないし》〉次を処世《しょせ》と名づく。かくの如きの諸仏〈五十三仏なり〉、皆ことごとく已《すで》に過ぎて、その時に、次に仏まします、世自在王如来《せじざいおうにょらい》と名づく。時に国王まします。仏の説法を聞いて、心に*悦予《えつよ》を懐いて、尋《つ》いで無上正真道《むじょうしょうしんどう》の意《こころ》を発《おこ》し、国を棄《す》て王を捐《す》て、行《ぎょう》じて沙門《しゃもん》となり、号《なづ》けて法蔵《ほうぞう》と曰ふ。*高才勇哲《こうさいゆうてつ》にして世と超異《ちょうい》せり。世自在王如来の所《みもと》に詣《もう》でたまふ。〈乃至《ないし》〉ここにおいて世自在王仏、即ちために広く、二百一十億の諸仏《しょぶつ》の刹土《せつど》の人天の善悪《ぜんなく》、国土の麁妙《そみょう》を説いて、その心願《しんがん》に応じて、ことごとくこれを現与したまふ。時にかの比丘《びく》、仏の所説《しょせつ》の厳浄《ごんじょう》の国土を聞き、皆ことごとく覩見《とけん》して、超えて無上殊勝《むじょうしゅしょう》の願を発す。*その心寂静《こころじゃくじょう》にして、志所着《こころざししょじゃく》なく、一切世間によく及ぶ者なし。五劫《ごこう》を具《ぐ》足《そく》して、荘厳仏国《しょうごんぶっこく》の清浄《しょうじょう》の行《ぎょう》を思惟《しゆい》し摂取《せっしゅ》しき。阿難《あなん》、仏に白《もう》さく、かの仏の国土の寿《じゅ》量《りょう》、幾何《いくそばく》ぞや。仏の言《のたま》はく、その仏の寿命、*四十二劫《しじゅうにこう》なり。時に法蔵比丘、二百一十億の諸仏の妙土の清浄の行を摂取しき」と。〈已上〉*大阿弥陀経《だいあみだきょう》に云く、「その仏、即ち二百一十億の仏の国土中の諸天人民の善悪、国土の好醜《こうしゅ》を選択《せんちゃく》し、心中《しんちゅう》の所欲の願を選択せむがためなり。楼夷亘羅仏《るいかんらぶつ》〈ここには世自在王仏と云ふ〉、経を説き畢つて、曇摩迦《どんまか》〈ここには法蔵と云ふ〉、便《すなわ》ちその心を一にして、即ち*天眼《てんげん》を得、徹視《てっし》して、ことごとく自《みずか》ら二百一十億の諸仏の国土の中の諸天人民の善悪《ぜんなく》、国土の好醜を見て、即ち心中の所願を選択して、便《すなわ》ちこの二十四の願経を結得《けっとく》す」。〈*平等覚経《びょうどうかくきょう》またまたこれに同じ〉

無央数劫　悉曇で阿僧祇というに同じで、央は尽、劫(カルパ)は極大なる時限をいう。大劫をつんで無央数に至り、無央数をつんで無量不思議に至る意より転じ、極めて長遠をしめす語に用いている。

定光如来　原語悉曇では錠光仏・然灯仏とも訳し、過去世に出世して、釈迦菩薩に未来成仏の記別を授けた仏。

悦予　喜楽の意で、喜び楽しむこと。

高才勇哲　才徳人にすぐれ、意志堅固に、智慧聡明であること。

その心寂静…　人空法空の真理を体現したすがたを心寂静、三界繋縛を断じた上に無明の一分を断じたすがたを無所著といい、この二句によって法蔵比丘の発願の位を、古来初地と判定している。

四十二劫　十住・十行・十向・十地・等覚・妙覚。方四十里の城の中に芥子を満たし、長寿の天人が三年ごとに一粒をとり去り、その尽きたときを一劫(芥子劫)とも、また方四十里の磐石があり、三年に一度、天衣をもって一払し、石の消滅したときを一劫(払石劫)ともいう。総じて数え及ばぬほどの長大な年月を意味している。

大阿弥陀経　呉支謙訳。二巻。内題に諸仏阿弥陀三耶三仏薩楼仏檀過度人道経といい、無量寿経の異訳で、阿弥陀仏の二十四願を説く。

この中の選択《せんちゃく》とは、即ちこれ取捨《しゅしゃ》の義なり。謂《い》はく二百一十億の諸仏の浄土の中において、人天の悪を捨て人天の善を取り、国土の醜《しゅ》を捨て国土の好《こう》を取るなり。大阿弥陀経の選択の義かくの如し。双巻経《そうかんぎょう》の意、また選択の義あり。謂はく、二百一十億の諸仏の妙土《みょうど》の清浄《しょうじょう》の行を摂取《せっしゅ》すと云ふこれなり。選択と摂取と、その言異《ことばこと》なりといへども、その意《こころ》これ同じ。しかれば不清浄《ふしょうじょう》の行を捨て、清浄の行を取るなり。上《かみ》の人天《にんでん》の善悪《ぜんなく》、国土の麁妙《そみょう》、その義また然なり。これに准じてまさに知るべし。

それ四十八願に約して、一往《いちおう》おのおの選択摂取の義を論ぜば、第一に無三悪趣《むさんなくしゅ》の願は、覩《と》見《けん》するところの二百一十億の土《くに》の中において、或いは*三悪趣あるの国土あり。或いは三悪趣なきの国土あり。即ちその有三悪趣の麁悪《そあく》の国土を選捨して、その無三悪趣の善《ぜん》妙《みょう》の国土を選取す。故に選択と云ふなり。第二に不更悪趣《ふきょうあくしゅ》の願は、かの諸仏土の中において、或いはたとひ国の中に三悪道《さんなくどう》なしといへども、その国の人天、寿《いのち》終つて後《のち》に、その国より去つて、また三悪趣に更《かえ》るの土あり。或いは悪道に更らざるの土あり。即ちその悪道に更る麁悪《そあく》の国土を選捨して、その悪道に更らざる善妙の国土を選取す。故に選択と云ふなり。第三に悉皆金色《しっかいこんじき》の願は、かの諸仏の土の中において、或いは一土《いちど》の中に*黄白二類《おうびゃくにるい》の人天あるの国土あり。或いは純《もっぱ》ら黄金色《おうごんじき》の国土あり。即ち黄白二類の麁悪の国土を選捨して、黄金一色《おうごんいっしき》の善妙の国土を選取す。故に選択と云ふなり。第四に無有《むう》好醜《こうしゅ》の願は、かの諸仏の土の中において、或いは人天の形色《ぎょうしき》、好醜不同の国土あり。或いは形色一類にして、好醜あることなきの国土あり。即ち好醜不同の麁悪の国土を選捨

天眼　五眼（肉眼・天眼・慧眼・法眼・仏眼）の一で、天趣または禅定等によって得た眼で、遠く広く微細に事物を見ること。肉眼が通常人のものの見方であるのに対し、天眼は鋭い観察力を有する人の観察をいう。

平等覚経　無量清浄平等覚経といい、無量寿経の異訳の一で、二巻あり、後漢支婁迦讖訳。二十四願成就の阿弥陀仏の因願果成を説く。

三悪趣あるの国土　三悪趣とは地獄・餓鬼・畜生を指す。文意によれば二百一十億の浄土中に、三悪趣の存在する国土があるように思われる。これに対し明恵は、もともと浄土は善業所成であるから三悪趣などあるようはずはない。仮りに二百一十億は浄土・穢土に通ずると解釈しても、不更悪趣の願を釈する中で、国に三悪趣はないが、悪趣に更る浄土があるという。浄土から悪趣に更るなどというごとき、諸仏の浄土を無視する説をとなえることは大賊であり、邪言であるといっている（摧邪輪巻上）。これにつき良忠は、成住壊空の四相遷流のうち壊劫についていうのであり、壊劫のときは法爾に定を得て上界天に生ずることができるが、その場合、最も哀れなのは定受業の者で、他の悪趣へ更らなければならない。そのためこの願をおこしたという（決疑鈔巻二）。

黄白二類　黄色人と白色人。

して、好醜あることなき善妙《ぜんみょう》の国土を選取す。故に選択と云ふなり。

ないし第十八の念仏往生の願は、かの諸仏の土《くに》の中において、或いは布施《ふせ》をもつて、往生の行とするの土あり。或いは持戒《じかい》をもつて、往生の行とするの土あり。或いは*忍辱《にんにく》をもつて、往生の行とするの土あり。或いは*精進《しょうじん》をもつて、往生の行とするの土あり。或いは*禅定《ぜんじょう》をもつて、往生の行とするの土あり。或いは*般若《はんにゃ》をもつて、〈第一義を信ずる等これなり〉往生の行とするの土あり。或いは*菩提心《ぼだいしん》をもつて、往生の行とするの土あり。或いは*六念《ろくねん》をもつて、往生の行とするの土あり。或いは*持経《じきょう》をもつて、往生の行とするの土あり。或いは*持呪《じじゅ》をもつて、往生の行とするの土あり。或いは起立塔像《きりゅうとうぞう》、*飯食沙門《ぼんじきしゃもん》および*孝養父母《きょうようぶも》、*奉事《ぶじ》師長《しちょう》等の種々の行《ぎょう》をもつて、おのおの往生の行とするの国土等あり。或いは専らその国の仏の名を称して、往生の行とするの土あり。かくの如く一行をもつて、一仏の土に配することは、これしばらく*一往《いちおう》の義なり。*再往《さいおう》これを論ぜば、その義《ぎ》不定《ふじょう》なり。或いは一仏の土の中に、多行《たぎょう》をもつて、往生の行とするの土あり。或いは多仏の土の中に、一行《いちぎょう》をもつて、通じて往生の行とするの土あり。かくの如く往生の行、種々不同なり。つぶさに述ぶべからず。即ち今は前《さき》の布施《ふせ》・持戒《じかい》ないし孝養父母《きょうようぶも》等の諸行を選捨して、専称仏号を選取す。故に選択と云ふなり。しばらく五の願に約して、略して選択を論ずること、その義かくの如し。自余の諸願はこれに准じてまさに知るべし。

問うて曰く、普《あまね》く諸願に約して、麁悪《そあく》を選捨し善妙を選取すること、その理《ことわり》しかるべし。何が故《ゆえ》ぞ、第十八の願に、一切の諸行を選捨して、ただ偏《ひとえ》に念仏一行を選取して、

忍辱　悉曇の羼提の訳で、安忍または忍と訳し、六波羅蜜の一。心よく安住して、他の侮辱・悩害などをたえしのぶこと。

精進　悉曇の毘梨耶の訳で、勤・精勤などとも訳し、六波羅蜜の一。勇悍にして、もろもろの善法を進修することをいう。

禅定　禅は心を一境に住して正審思慮し、定は心を一境に住して動かぬようにすることで、要するに精神を統一して静かに真理を考えること。

般若　悉曇の波若・鉢若で、慧・明・智慧と訳し、分別妄想をはなれた智慧をいう。

菩提心　究極のさとりを求める心。つぶさには阿耨多羅三藐三菩提心といい、仏果菩提を証得しようと要期する心で、大乗の菩薩は仏道に入る手はじめとして、この心を発すべきであるが故に、発菩提心ともいう。

六念　念仏・念法・念僧・念戒・念施・念天。仏法僧の三宝に帰依し、戒をたもち、施を行じ、もって生天を期する法。

持経　経典を誦し持すること。

持呪　光明真言等の陀羅尼などを誦し持すること。

飯食沙門　沙門に食べもの等を捧げて供養すること。沙門は悉曇の室摩那拏にあたり、貧道・勤息・出家等と訳し、世俗を厭捨して仏道を欣修する人をいう。

往生の本願とするや。答へて曰く、*聖意《しょうい》測《はか》り難し、たやすく解《げ》することあたはず。しかりといへども、今試みに二の義をもつてこれを解《げ》せば、一は勝劣《しょうれつ》の義、二は難易《なんい》の義なり。初めの勝劣は、念仏はこれ勝、余行はこれ劣なり。ゆゑいかんとならば、名号《みょうごう》はこれ*万徳《まんとく》の帰する所なり。しかれば則《すなわ》ち、弥陀一仏の所有の*四智《しち》・*三身《さんじん》・*十力《じゅうりき》・*四無畏《しむい》等の一切の*内証《ないしょう》の功徳《くどく》、相好《そうごう》・光明《こうみょう》・説法《せっぽう》・利生《りしょう》等の一切の*外用《げゆう》の功徳、皆ことごとく阿弥陀仏の名号の中に摂在《しょうざい》せり。故に名号の功徳、最も勝とするなり。余行はしからず。おのおの一隅《いちぐう》を守《まも》る。ここをもつて劣とするなり。譬《たと》へば世間の屋舎《おくしゃ》の、その屋舎の名《みょう》字《じ》の中には棟《とう》・梁《りょう》・椽《えん》・柱《ちゅう》等の一切の家具《けぐ》を摂すれども、棟梁等の一々の名字の中には一切を摂《しょう》することあたはざるが如し。これをもつてまさに知るべし。しかれば則ち仏の名号の功徳は、余の一切の功徳に勝《すぐ》れたり。故に劣を捨て勝を取つて、もつて本願としたまふか。

次に難易の義は、念仏は修《しゅ》し易《やす》し、諸行は修し難し。この故に往生礼讃《おうじょうらいさん》に云く、「問うて曰く、何が故ぞ、観《かん》をなさしめずして、ただちに専ら名字《みょうじ》を称せしむるは何の意《こころ》あるや。答へて曰く、乃《すなわ》ち衆生障《さわ》り重《おも》く、境《きょう》は細《ほそ》く、心は麁《あら》し、*識颺《しきあが》り、神《たましい》飛んで、観成就《かんじょうじゅ》し難きによるなり。ここをもつて、大聖悲憐《だいしょうひれん》して、ただちに専ら名字を称せよと勧《すす》めたまふ。正《まさ》しく称名の易《やす》きによるが故に、相続して即ち生ず」と。〈已上〉

また往生要集《おうじょうようしゅう》に、「問うて曰く、一切の善業《ぜんごう》、おのおの利益《りやく》ありて、おのおの往生を得。何が故ぞ、ただ念仏一門を勧むるや。答へて曰く、今念仏を勧むることは、これ余の種

孝養父母　父母に孝養をつくすこと。

奉事師長　師匠とか先輩の長たる人々にうやうやしく仕えること。

一往　ひとまず。かりに。

再往　更にくわしく。

聖意　仏のみ心。

万徳の帰する所　阿弥陀仏が因位にあったとき修したすべての功徳がことごとく六字名号に摂められているから、万徳の帰納する場として名号の深勝なる所以をたたえたもの。

四智　大円鏡智・平等性智・妙観察智・成所作智。↓補

三身　仏格の価値を三種に分類したもので、三身とは自性身・受用身・変化身、または法身・報身・応身。

十力　仏のみ具有している処非処智力・業異熟智力・静慮解脱等持等至智力・根上下智力・種々勝解智力・種々界智力・遍趣行智力・宿住随念智力・死生智力・漏尽智力の十種の作用。

四無畏　つぶさには四無所畏といい、仏の説法にあたり畏る所のない正等覚無畏・漏永尽無畏・説障法無畏・説出道無畏の四種の智力をいう。

内証・外用　内証は自内証・己証ともいい、親しく内に証悟証得する智・定等の功徳であり、外用は外にほどこす作用の意で、機に応じて説法・神通等の用を示現すること。

識颺り、神飛んで　颺は風が物をとばすがたで、神は識の換え語であ

々の妙行を遮《しや》せむとにはあらず。ただこれ男女《なんによ》貴賤《きせん》、行住坐臥《ぎようじゆうざが》を簡《えら》ばず、時処諸縁《じしよしよえん》を論ぜず、これを修するに難《かた》からず、ないし臨終《りんじゆう》に往生を願求《がんぐ》するに、その便宜《べんぎ》を得たるは念仏に如《し》かざればなり」と。〈已上〉故に知んぬ。念仏は易きが故に一切に通ず。諸行は難きが故に諸機《しよき》に通ぜず。しかれば則ち一切衆生をして平等《びようどう》に往生せしめむがために、難を捨て易《い》を取りて、本願としたまふか。もしそれ*造像起塔《ぞうぞうきとう》をもつて本願とせば、貧窮《びんぐう》困乏《こんぼう》の類《たぐい》は定んで往生の望《のぞみ》を絶たむ。しかも富貴《ふき》の者は少なく、貧賤《ひんせん》の者は甚だ多し。もし智慧《ちえ》高才《こうさい》をもつて本願とせば、愚鈍下智《ぐどんげち》の者は定んで往生の望を絶たむ。しかも智慧の者は少なく、愚痴《ぐち》の者は甚だ多し。もし多聞多見《たもんたけん》をもつて本願とせば、少聞少見《しようもんしようけん》の輩《ともがら》は定んで往生の望を絶たむ。しかも多聞の者は少なく、少聞の者は甚だ多し。もし持戒持律《じかいじりつ》をもつて本願とせば、破戒無戒《はかいむかい》の人は定んで往生の望を絶たむ。しかも持戒の者は少なく、*破戒の者は甚だ多し。自余の諸行、これに准じてまさに知るべし。

まさに知るべし。上《かみ》の諸行等をもつて本願とせば、往生を得る者は少なく、往生せざる者は多からむ。しかれば則ち、弥陀如来、法蔵比丘《ほうぞうびく》の昔、平等の慈悲に催《もよお》されて、普《あまね》く一切を摂せむがために、造像起塔等の諸行をもつて、往生の本願としたまはず。ただ称名念仏の一行《いちぎよう》をもつて、その本願としたまへるなり。

故に*法照禅師《ほつしようぜんじ》の五会法事讃《ごえほうじさん》に云く、「かの仏の因中《いんちゆう》に弘誓《ぐぜい》を立てたまへり。名を聞きて我を念ぜば惣《すべ》て迎へに来たらむ。貧窮と富貴とを簡《えら》ばず、下智と高才とを簡ばず、多聞にして浄戒《じようかい》を持《たも》つを簡ばず、破戒にして罪根《ざいこん》の深きをも簡ばず、ただ心を廻《え》して*多く

る。すなわち心に落ちつきがなく、常に客観のために動揺されがちなのは、あたかも軽きものが風に吹きとばされるのと同じという意。

造像起塔　仏像をつくり堂塔を建立する。

破戒　受持する戒法を毀破することで、犯戒ともいう。

法照　中国唐代の人。初め廬山慧遠の芳躅を慕い、廬山に入って念仏三昧を修し、次いで衡山の承遠より浄土教を受く。大暦元年四月、弥陀台において毎夏九旬般舟三昧の勤修を発願し、同年夏、道場にて親しく阿弥陀仏を拝し、五会念仏誦経の法を受け、のち五台山に到り大聖竹林寺を創建した。著書に五会念仏誦経観行儀三巻・五会念仏略法事儀讃(五会法事讃)二巻あり、後善導と呼ばれている。

多く念仏　多は平生の念仏する数を指している。

瓦礫…已上　ここまでが安楽房の執筆にかかり、廬山寺本にはこの下に「問曰以念仏為本願其義実可然未審其願已為成就将為未成就答曰其願已成就成仏以来於今十劫故無量寿経下巻願成就文云諸有衆生聞其名号信心歓喜乃至一念至心廻向願生彼国即得往生住不退転已上又善導釈云彼仏今現在世成仏当知本誓重願不虚衆生称

念仏せば、よく*瓦礫《がりやく》をして変じて金《こん》となさしめむ」と。〈已上〉

問うて曰く、一切の菩薩は、その願を立つといへども、或いは已成就《いじようじゆ》あり、また未成就あり。いぶかし、法蔵菩薩《ほうぞうぼさつ》の四十八願は、已に成就すとやせむ、はたいまだ成就せずとやせむ。答へて曰く、法蔵の誓願《せいがん》、一々に成就す。いかんとならば極楽界《ごくらくかい》の中にすでに三悪趣《さんなくしゆ》なし。まさに知るべし。これ即ち無三悪趣の願を成就するなり。何をもつてか知ることを得。即ち願成就《がんじようじゆ》の文《もん》に、「*また地獄《じごく》・餓鬼《がき》・畜生《ちくしよう》、諸難の趣《しゆ》なし」と云ふ、これなり。またかの国の人天《にんでん》、寿《いのち》終つて後に、三悪趣に更《かえ》ることなし。まさに知るべし。これ即ち不更悪趣《ふきようあくしゆ》の願を成就するなり。何をもつてか知ることを得。即ち願成就の文に、「*またかの菩薩、ないし成仏《じようぶつ》までに悪趣《あくしゆ》に更《かえ》らず」と云ふ、これなり。

また極楽の人天、既にもつて一人として*三十二相を具せずといふことあることなし。まさに知るべし。これ即ち*具三十二相の願を成就するなり。何をもつてか知ることを得。即ち願成就の文に、「*かの国に生まるる者は、皆ことごとく三十二相を具足す」と云ふ、これなり。かくの如く初め無三悪趣《むさんなくしゆ》の願より、終り得三法忍《とくさんぼうにん》の願に至るまで、一々の誓願、皆もつて成就す。第十八の念仏往生の願、あに孤《ひと》りもつて成就せざらむや。しかれば則ち念仏の人、皆もつて往生す。何をもつてか知ることを得。即ち念仏往生の願成就の文に、「*もろもろの衆生あつて、その名号を聞きて信心歓喜《しんじんかんぎ》して、*ないし一念《いちねん》心を至して廻《え》向《こう》して、かの国に生ぜむと願ずれば、即ち往生を得て不退転《ふたいてん》に住す」と云ふ、これなり。

およそ四十八願荘厳の浄土《じようど》は、花池《けち》・宝閣《ほうかく》、願力《がんりき》にあらずといふことなし。何ぞその

念必得往生」の百十六字が、欄外に記されている。

また地獄… 無量寿経巻上。

またかの… 無量寿経巻下。

三十二相 仏および転輪聖王の身に具足する三十二種の微妙の相をいい、三十二大人相ともいう。三十二相とは、智度論巻八十八によれば、足安平相・足千輻輪相・手指繊長相・手足柔軟相・手足縵網相・足跟満足相・足趺高相・腨如鹿王相・手過膝相・馬陰蔵相・身縦広相・毛孔生青色相・身毛上靡相・身金色相・常光一丈相・皮膚細滑相・七処平満相・両腋満相・身如獅子相・身端直相・肩円満相・四十歯相・歯白斉密相・四牙白浄相・頬車如獅子相・咽中津液得上味相・広長舌相・梵音深遠相・眼色如紺青相・眼睫如牛王相・眉間白毫相・頂上肉髻相を指すが、諸経論によって一定してはいない。

具三十二相の願 無量寿経所説の第二十一願、ここでは上の第三悉皆金色の願成就を兼ねあらわしている。

かの国に… 無量寿経巻下。

もろもろの… 無量寿経巻下。

ないし一念 浄土宗では、上は一生涯から下は一念の称名念仏を指すものとし、安心起行具足のものは、かの二乗や凡夫地に退転することなく、必ず浄土に生ずることができると解しているが、真宗では往生の信行を獲得する時刻の一念とみている。

中において、独《ひと》り念仏往生の願を疑惑《ぎわく》すべきや。しかのみならず、一々の願の終りに、「もししからずは正覚《しょうがく》を取らじ」と云ふ。しかも阿弥陀仏、仏《ほとけ》になりたまひてより已来《このかた》、今において*十劫《じっこう》。成仏の誓《ちかい》既にもつて成就せり。まさに知るべし、一々の願虚設《こせつ》すべからず。故に*善導《ぜんどう》の云く、「かの仏、今《いま》現に世にましまして仏になりたまへり。まさに知るべし。本誓《ほんぜい》の重願《じゅうがん》虚しからず、衆生称念《しゅじょうしょうねん》すれば、必ず往生を得」と。〈已上〉

問うて曰く、*経には十念《じゅうねん》と云ふ、*釈には十声《じっしょう》と云ふ。念声《ねんしょう》の義いかん。答へて曰く、*念声はこれ一なり。何をもつてか知ることを得。観経《かんぎょう》の下品下生《げぼんげしょう》に云く、「声《こえ》をして絶《た》えざらしめて、十念を具足して、南無阿弥陀仏と称せば、仏の名を称するが故に、念々の中において八十億劫の生死《しょうじ》の罪を除く」と。今この文によるに、声はこれ念なり、念は則《すなわ》ちこれ声なり。その意明《こころあき》らけし。しかのみならず、*大集日蔵経《だいしゅうにちぞうきょう》に云く、「大念《だいねん》は大《だい》仏《ぶつ》を見、小念は小仏を見る」と。*感師《かんし》の釈《しゃく》に云く、「大念といふは、大声に仏を念じ、小念とは小声に仏を念ずるなり。故に知んぬ。念は即ちこれ唱《しょう》なり」と。

問うて曰く、経には乃至《ないし》と云ひ、釈には下至《げし》と云ふ。その意《こころ》いかん。答へて曰く、乃至と下至と、その意これ一なり。経に乃至と云ふは、多より少に向ふ言《ことば》なり。*多といふは上一形《かみいちぎょう》を尽すなり。少といふは下十声《しもじっしょう》・一声《いっしょう》等に至るなり。釈に下至と云ふは、下《しも》とは上《かみ》に対する言なり。下とは下十声・一声等に至るなり。上とは上一形を尽すなり。上下相対《じょうげそうたい》の文《もん》、その例多しといへども、*宿命通《しゅくみょうつう》の願に云く、「たとひ我、仏を得たらむに、国の中の人天《にんでん》、宿命を識《し》らずして、下、百千億那由他諸劫《なゆたしょこう》の事を知らざるに至ると

十劫　阿弥陀経には十劫とあるが、大阿弥陀経には十小劫、平等覚経には十八劫とある。ただし諸師多く八は小の誤りとみているところをみると、この劫は小劫であって、中劫・大劫ではない。

善導の云く　往生礼讃後序。

経　無量寿経第十八願に、「乃至十念」とある。

釈　善導の観念法門や往生礼讃には、「下至十声」とある。

念声はこれ一なり　法然は念と声は一と断案を下しているが、全く同一か、他意があって等しいといったかについて古来異説がある。

大集日蔵経　つぶさには大方等大集経といい、六十巻。仏が十方の仏・菩薩を集めて、大乗の法を説いたもの。底本は、「月蔵」とするが、以下の文は巻四十三日蔵分送使品第九にあるので、日蔵の誤りであろう。

感師　懐感。中国唐代の人、善導の弟子にして、長安千福寺の住僧。はじめ有宗を学び、よく強悍の資性を発揮したが、のち善導に帰依し浄土の要義を学び、念仏三昧を証得したという。著書に群疑論七巻がある。

多といふは…　↓五一頁

宿命通の願　無量寿経所説第五願。

五神通　第五宿命通・第六天眼通・第七天耳通・第八他心通・第九神足通の五願をいう。

いはば、正覚《しょうがく》を取らじ」と。かくの如く*五神通《ごじんずう》および*光明《こうみょう》・寿命等の願の中に、一々に下至《げし》の言《ことば》を置く。これ則ち多より少に至り、下をもつて上に対するの義なり。*上の八種の願に例するに、今この願の乃至は、即ちこれ下至なり。この故に今善導《ぜんどう》の引釈《いんしゃく》するところの下至の言、その意《こころ》相違せず。

但し善導と諸師と、その意不同なり。*諸師の釈には別して十念往生《じゅうねんおうじょう》の願と云ふ。善導独《ひと》り、惣じて念仏往生の願と云ふ。諸師の別して十念往生の願と云ふは、その意即ち周《あまね》からず。しかる所以は、上一形《かみいちぎょう》を捨て、下一念《しもいちねん》を捨つるの故なり。善導の惣じて*念仏往生の願と言ふは、その意即ち周し。しかる所以は、上一形を取り、下一念を取るの故なり。

(四)三輩念仏往生《さんぱいねんぶつおうじょう》の文《もん》

「*仏《ほとけ》、阿難《あなん》に告げたまはく、十方世界《じっぽうせかい》の諸天人民《しょてんにんみん》、それ心を至し、かの国に生ぜむと願ふことあるに、およそ*三輩あり。その上輩《じょうはい》は、家を捨て欲を棄て、しかも沙門《しゃもん》となつて、菩提心《ぼだいしん》を発《おこ》して、一向に専ら無量寿仏《むりょうじゅぶつ》を念じ、もろもろの功徳《くどく》を修して、かの国に生ぜむと願ふ。これらの衆生は、寿《いのち》終る時に臨んで、無量寿仏もろもろの大衆《だいしゅ》とともに、その人の前に現じて、即ちかの仏に随つてその国に往生して、便《すなわ》ち七宝《しっぽう》の花《はな》の中において、自然《じねん》に*化生《けしょう》して*不退転《ふたいてん》に住す。智慧勇猛《ちえゆみょう》、神通自在《じんずうじざい》なり。この故に阿難、それ衆生ありて、今《こん》世《ぜ》において無量寿仏を見たてまつらむと欲《おも》はば、まさに無上菩提《むじょうぼだい》の心を発《おこ》し、功徳を修行

光明・寿命　光明は第十二光明無量願、寿命は第十三寿命無量願を指す。

八種の願　五神通の願に光明・寿命の願と、第十四声聞無数願を加える。

諸師の釈　道綽は、「十念相続似二若不レ難、然諸凡夫如二野馬一（中略）若習先不レ在懐念何可レ弁」（安楽集巻上）、永観は、「毎レ眠思二臨終一必唱二十念一」（往生拾因）、源信は、「所レ期是臨終十念」（往生要集巻中大文第六）と述べて十念往生の願ととり、智光は、「諸縁信楽十念往生願」（大経鈔巻三）、真源は、「十念往生願」（直牒巻六）としている。

念仏往生の願　善導の著述の中に、明瞭なこの願名は見当たらない。

仏、阿難に…　無量寿経巻下。

三輩　輩は類の意。浄土願生者の機類を上中下の三種に分けたもので、この三類は仏道修行上の一般の素質・修行の優劣を標準にして分けている。

化生　有情の生をうける場合の様相に胎生・卵生・湿生・化生があり、この場合の化生は、迷妄の因によって生ずる化生ではない。故に智顗は、「蓮花化生とは胎卵湿化の化生にはあらず、化にあらずして化といふのみ」と釈している（法華文句巻八）。

不退転　悉曇の阿毘跋致で不退と訳し、二乗・凡夫・悪趣に退転しないこと。不退に位不退・行不退・念不退・処不退の四不退がある。

し、かの国に生ぜむと願ずべし。

仏、阿難に語《つ》げたまはく、その中輩《ちゅうはい》は、十方世界の諸天人民、それ心を至し、かの国に生ぜむと願ふことあるに、行《ぎょう》じて沙門《しゃもん》となることあたはずといへども、大きに功徳《くどく》を修し、まさに無上菩提《むじょうぼだい》の心を発《おこ》して、一向《いっこう》に専ら無量寿仏を念じ、多少に善を修し、*斎戒《さいかい》を奉持《ぶじ》し、塔像《とうぞう》を起立《きりゅう》し、沙門に飯食《ぼんじき》せしめ、*繒《そう》を懸《か》け、灯《とう》を燃《とも》し、華《か》を散じ、香《こう》を焼《た》き、これをもつて廻向《えこう》してかの国に生ぜむと願ずべし。その人終りに臨んで、無量寿仏その身を化《け》現《げん》したまふ。*光明相好《こうみょうそうごう》、つぶさに*真仏《しんぶつ》の如し。もろもろの大衆とともにその人の前に現ず。即ち*化仏《けぶつ》に随つてその国に往生して、不退転《ふたいてん》に住す。功徳智慧《くどくちえ》、次いで上輩《じょうはい》の者の如し。

仏、阿難《あなん》に告げたまはく、その下輩《げはい》は、十方世界の諸天人民、それ心を至し、かの国に生ぜむと欲することあるに、たとひもろもろの功徳《くどく》をなすことあたはずとも、まさに無上《むじょう》菩提《ぼだい》の心を発《おこ》して、*一向に意《こころ》を専らにして、ないし十念、无量寿仏を念じて、その国に生ぜむと願ずべし。*もし深法《じんぼう》を聞き歓喜《かんぎ》信楽《しんぎょう》して、疑惑《ぎわく》を生ぜず、ないし一念、かの仏を念じ、至誠心《しじょうしん》をもつて、その国に生ぜむと願ぜば、この人終りに臨み、*夢にかの仏を見て、また往生することを得。功徳智慧、次で中輩の者の如し」。

私《わたくし》に問うて曰く、上輩《じょうはい》の文《もん》の中に、念仏の外にまた捨家《しゃけ》棄《き》欲《よく》等の余行あり。中輩《ちゅうはい》の文の中に、また起立塔像《きりゅうとうぞう》等の余行あり。下輩《げはい》の文の中にまた菩提心《ぼだいしん》等の余行あり。何が故ぞ、ただ念仏往生と云ふや。答へて曰く、善導和尚《ぜんどうかしょう》の観念法門《かんねんほうもん》に云く、「またこの*経の下巻の初めに云く、仏、一切衆生の*根性《こんじょう》の不同を説きたまふに、上中下あり。その根性に

斎戒　近住律儀・八戒斎・八分戒などもいい、在家の優婆塞(居士)・優婆夷(大姉)が一日一夜をかぎり身心を清浄にし、つつしんで受持する戒。

繒　絹でつくった幡や蓋。

光明相好　光明は仏徳、すなわち心の智慧の外にあらわれた相であり、相好は仏身にそなわるうるわしい形相。

真仏　真実の報身。

化仏　化身仏・仏化ともいい、本身より分かれた化土の仏身。化身は三身仏格上の第三の化身であるか、第二の報身の化であるかについて良忠門下に異説があり、寂恵は第三の化身とし(浄土述聞鈔)、尊観(浄土十六箇条疑問答)および性心(決疑鈔見聞巻三)はともに第二の化と見ている。

一向に…无量寿仏を念じ　この文は三輩に通じてあり、これにより善導・法然は三輩九品に通じ称名念仏のあることを高調している。

もし深法を聞き　良忠は、一に上の十念を指し、二に十念の機のほかの別機を挙げたものと、二説を挙げて釈している(決疑鈔巻三)。

夢に…　良忠は、夢に仏を見たてまつり、覚めおわって生ずと釈している(決疑鈔巻三)。

経　観無量寿経。

随つて、仏、皆《みな》専ら無量寿仏の名を念ぜよと勧《すす》めたまふ。その人、命終らむと欲する時、仏、聖衆《しょうじゅ》とともに自《みずか》ら来たつて迎接《こうしょう》したまうて、ことごとく往生を得しめたまふ」と。この釈の意《こころ》によるに、三輩《さんぱい》ともに念仏往生と云ふなり。

問うて曰く、この釈いまだ前《さき》の難を遮《しゃ》せず。何ぞ余行を棄てて、ただ念仏と云ふや。

答へて曰く、これに三の意《こころ》あり。一には諸行《しょぎょう》を廃《はい》して念仏に帰せしめむがために、しかも諸行を説く。二には念仏を助成《じょじょう》せむがために、しかも諸行を説く。三には念仏と諸行の二門に約して、おのおの三品《さんぼん》を立てむがために、しかも諸行を説く。

一に、「諸行を廃して念仏に帰せしめむがために、しかも諸行を説く」といふは、善導の観経疏《かんぎょうしょ》の中に、「上《かみ》より来《このかた》、定散両門《じょうさんりょうもん》の益《やく》を説くといへども、仏の本願に望むれば、意《こころ》、衆生をして、一向に専ら弥陀仏の名を称せしむるにあり」と云ふ*釈の意に准じて、しばらくこれを解《げ》せば、上輩の中に菩提心等の余行を説くといへども、*上《かみ》の本願に望むれば、意ただ衆生をして、専ら弥陀仏の名を称せしむるにあり。しかるに本願の中には、さらに余行なし。三輩《さんぱい》ともに上の本願によるが故に、一向専念無量寿仏《むりょうじゅぶつ》と云ふなり。一《いっ》向《こう》は、二向三向等に対する言《ことば》なり。例するに、かの*五竺《ごじく》に三寺あるが如し。一は*一向大《いっこうだい》乗寺《じょうじ》、この寺の中には小乗《しょうじょう》を学することなし。二は*一向小乗寺、この寺の中には大乗を学することなし。三は*大小兼行寺《だいしょうけんぎょうじ》、この寺の中には大小兼ね学す、故に兼行寺と云ふ。まさに知るべし。大小の両寺には一向の言《ことば》あり。兼行の寺には一向の言なし。今この経の中の一向もまた然なり。もし念仏の外にまた余行を加へば、即ち一向にあらず。もし

根性　三輩を指す。

云　原文には「云善導観経疏中」とあるが、良忠は、元来「云」の字は「中」の下にあるべきであるとし、選択集の述作にあたり、筆記を固辞した真観房が、華筆を要しない、ただ我がいうところを記せばよいからとの法然の命によって筆記した事情から推定すれば、おそらく真観房による誤りではないか、と述べている(決疑鈔巻三)。

上の本願　上が何を指すかについて、一には選択集の第三超世本願篇といい、二に観経は無量寿経の下にあるから無量寿経なるべしといい、三に三輩の前に明かす願成就の文を指すという。この三説の中、第三説がふさわしいようである。

五竺　インド。全インドを中・東・南・西・北の五区に分けて五天竺、略して五竺という。

一向大乗寺　文殊を上座として、華厳・大集・法華等の純一大乗を研究し、他の小乗を研究しない寺。

一向小乗寺　賓頭盧を上座として、小乗の阿含部経典等の純粋小乗部の研究をなし、他の大乗を研究しない寺。

大小兼行寺　文殊と賓頭盧をともに上座となし、大小乗ならべ学する寺。

寺に準ぜば、兼行と云ふべし。既に一向と云ふ、余を兼ねざること明《あき》らけし。既に先に余行を説くといへども、後に一向専念《いつこうせんねん》と云ふ。明らかに知んぬ。諸行《しよぎよう》を廃して、ただ念仏を用ゐるが故に一向と云ふ。もししからずは一向の言、最ももつて消《け》しがたきか。

二に、「念仏を助成《じよじよう》せむがためにこの諸行を説く」とは、これにまた二の意《こころ》あり。一には*同類の善根《ぜんごん》をもつて念仏を助成《じよじよう》す。二には*異類《いるい》の善根をもつて念仏を助成す。初めに同類の助成は、善導和尚の観経疏《かんぎようしよ》の中に、*五種の助行《じよぎよう》を挙げて念仏一行《いちぎよう》を助成す、これなり。つぶさに上《かみ》の正雑二行《しようぞうにぎよう》の中に説くがごとし。次に異類《いるい》の助成は、先づ上輩《じようはい》について正助《しようじよ》を論ぜば、「一向に専ら無量寿仏を念ず」とは、これ正行《しようぎよう》なり、またこれ所助《しよじよ》なり。「家を捨て欲を棄て、しかも沙門《しやもん》となつて、菩提心《ぼだいしん》を発《おこ》す」等は、これ助行《じよぎよう》なり、またこれ能助《のうじよ》なり。謂はく往生の業《ごう》には、念仏を本とす。故に一向に念仏を修せむがために、「家を捨て欲を棄て、しかも沙門となつて、また菩提心を発《おこ》す」等なり。中について出《しゆつ》家《け》発心《ほつしん》等は、しばらく*初出《しよしゆつ》および初発《しよほつ》を指《さ》せり。念仏はこれ*長時不退《じようじふたい》の行、むしろ念仏を妨礙《ぼうげ》すべけむや。中輩《ちゆうはい》の中に、また起立塔像《きりゆうとうぞう》・懸繒《けんそう》・燃灯《ねんとう》・散花《さんけ》・焼香《しようこう》等の諸行あり。これ則ち念仏の助成なり。その旨《むね》、*往生要集に見えたり。謂はく助念《じよねん》の方法《ほうほう》の中の、*方《ほう》処供具《しよくぐ》等これなり。下輩の中に、また発心《ほつしん》あり、また念仏あり。助正《じよしよう》の義、前に準じて知るべし。

三に、「念仏と諸行に約して、おのおの三品《さんぼん》を立てむがために、しかも諸行を説く」といふは、先づ「念仏に約して三品を立つ」は、謂はくこの三輩の中に、通じて皆「一向

同類の善根　善導のいわゆる五種正行、即ち読誦・観察・礼拝・称名・讃嘆供養のうち前三後一の四種の正行は、正定業の念仏を助発する功能あるをもって助業とし、しかも直接阿弥陀仏に関する行事であることにおいて、念仏と同等の独立的価値を有するので同類という。

異類の善根　前三後一以外の余の善根で、念仏に精進することの機縁をあたえるもの。法然が「弥陀仏ノ本願ニ乗ジ、決定往生ノ信ヲトルウエニハ、他ノ善根ニ結縁シ助成セム事、マタク雑行トナルベカラズ、ワガ往生ノ助業トナルベキ也」(西方指南抄巻下本)というのは、これにあたる。

五種の助行　前三後一を助業とするのが善導の釈である。しかるに五種助行といったのは何故かについて、良忠は、讃嘆と供養とを別立したからであるとし(決疑鈔巻三)、堯恵また同意と見ている(私集鈔巻三)。

初出および初発　出家また発心することにより念仏する機縁を生ぜしめた初めの点をいう。

長時不退　生涯を通じてやめない。

往生要集　巻中大文第五、助念の方法。

方処供具　観念するとき、念仏を修するに適当な一定の閑静な場所を選び、仏前に香花・燈明などの道具を供養して、道場を荘厳することの必要を一箇条に数えたもので、往生要

専念無量寿仏」と云ふ。これ則ち念仏門に約して、その三品を立つるなり。故に往生要集の念仏証拠門《ねんぶつしようこもん》に云く、「双巻経《そうかんぎよう》の三輩の業《ごう》に浅深《せんじん》ありといへども、しかも通じて皆、一向専念無量寿仏と云ふ」と。〈感師《かんし》これに同じ〉次に「諸行門に約して三品を立つ」とは、謂はくこの三輩の中に、通じて皆菩提心《ぼだいしん》等の諸行あり。これ則ち諸行に約して、その三品を立つるなり。故に往生要集の*諸行往生門《しよぎようおうじようもん》に云く、「双巻経の三輩も、またこれを出でず」と。〈已上〉

およそかくのごときの三義、不同ありといへども、ともにこれ一向念仏のための所以《ゆえん》なり。初めの義は、即ちこれ*廃立《はいりゆう》のために説く。謂はく諸行は廃せむがために説き、念仏は立せむがために説く。次の義は、即ちこれ*助正《じよしよう》のために説く。謂はく念仏の正業《しようごう》を助けむがために、諸行の助業《じよごう》を説く。後《のち》の義は即ちこれ*傍正《ぼうしよう》のために説く。謂はく念仏・諸行の二門を説くといへども、念仏をもつて正《しよう》とし、諸行をもつて傍《ぼう》とす。故に三《さん》輩《ぱい》通じて皆、念仏と云ふなり。但しこれらの三義は、*殿最《でんさい》知りがたし。請《こ》ふ、もろもろの学者、取捨心《しゆしやこころ》にあり。今もし善導によらば、初めをもつて正とするのみ。

問うて曰く、三輩の業《ごう》、皆念仏と云ふ。その義しかるべし。但し観経《かんぎよう》の九品《くほん》と、寿経《じゆきよう》の三輩と、もとこれ*開合《かいごう》の異《い》なり。もししからば、何ぞ寿経の三輩の中には皆念仏と云ひ、観経の九品に至つて上・中二品には念仏を説かず、下品《げぼん》に至つて始めて念仏を説くや。答へて曰く、これに二の義あり。一には*問端《もんたん》に云ふが如く、「双巻《そうかん》の三輩と観経の九品とは開合の異」とは、これをもつてまさに知るべし。九品の中に、皆念仏あるべし。

集のいわゆる七種助念の一。

諸行往生　諸行もそれをなし得る機さえあれば、往生することができるという意で、行観は、諸行自体によって往生するのではなく、定散の諸機は、みな念仏に帰して往生の機となるとしている(選択集秘鈔巻二)。

廃立　諸行を廃捨し、念仏を立てること。弥陀の本願、釈尊の付属、諸仏の証誠はみな偏えに念仏にある。故に三輩九品の機に対し、広く念仏と諸行をあわせ説くといえども、釈尊弥陀諸仏の本意に随順すれば、諸行を廃し、一向に念仏を専修すべしと説くをいう。

助正　正定業の念仏をすすめ行く機縁をあたえるための手段として、諸行を説く。

傍正　念仏と諸行の二門をあわせ説くが、念仏をもって仏の正意とし、諸行を随他意の傍説として示したものとあじわう。

殿最　最は軍のさきがけ、殿はしんがりをいい、先陣はすぐれ、後陣は劣る意から勝劣の意にもなるが、法然は傍意・正意と見ているらしい。

開合の異なり　三輩と九品との開合については古来より異説もあるが、法然は、無量寿経の三輩と観経の九品とを同一視し、広狭の違いのみあるとみている。

問端　問によって、論の端緒(いとぐち)をうること。

いかんが知ることを得。三輩の中に皆念仏あり。九品の中、なんぞ念仏なからむや。故に*往生要集に云く、「問ふ、念仏の行は、九品の中においても、これいづれの品の摂《しょう》ぞや。答ふ、もし説《せつ》の如く行《ぎょう》ぜば、理《ことわり》、上々に当れり。かくの如くその勝劣《しょうれつ》に随つて、まさに九品を分つべし。しかるに*経に説くところの九品の行業《ぎょうごう》は、これ一端《いったん》を示す。理実《まこと》に無量なり」と。〈已上〉故に知んぬ、念仏また九品に通ずべしといふことを。二に観経の意、初め広く定散《じょうさん》の行を説いて、*普《あまね》く衆機《しゅき》に逗《とう》す、後には定散二善を廃して、念仏一行に帰せしむ。いはゆる「汝好持是語」等の文《もん》これなり。その義、下《しも》につぶさに述ぶるが如し。故に知んぬ、九品の行はただ念仏にありといふことを。

(五)念仏《ねんぶつ》*利益《りやく》の文《もん》

無量寿経《むりょうじゅきょう》の下《げ》に云く、「仏、弥勒《みろく》に語《つ》げたまはく、それかの仏の名号《みょうごう》を聞くことを得ることあつて、*歓喜《かんぎ》踊躍《ゆやく》し、ないし一念《いちねん》せむ。まさに知るべし、この人は大利《だいり》を得たりとす。則ちこれ無上《むじょう》の功徳《くどく》を具足す」と。

善導の*礼讃《らいさん》に云く、「それかの弥陀仏の名号を聞くことを得ることあつて、歓喜して一念を至すも、皆彼《かしこ》に生ずることを得べし」と。

私《わたくし》に問うて曰く、上《かみ》の三輩《さんぱい》の文に准ずるに、念仏の外、菩提心《ぼだいしん》等の功徳を挙ぐ。何ぞ彼等の功徳を歎《ほ》めずして、ただ独り念仏の功徳を讃《ほ》むるや。答へて曰く、聖意測《しょういはか》り難《がた》し。定めて深き意《こころ》あらむか。しばらく*善導の一意《いちい》によつて、しかもこれを謂はば、*原《もと》、それ

往生要集　巻下大文第十、尋常の念相。

経　観無量寿経。

普く衆機に逗す　広く一切の機類に応ずる。

利益　智顗によれば、利益と功徳とは同一にして異なるところはないというが、しいて区分すれば自益を功徳といい、他を益するのを利益という(法華玄義巻六)。

歓喜踊躍　心のうちで喜んでいるのを歓喜、それを形の上にあらわしたすがたが踊躍で、智顗は、「内解心にあるを歓喜と云ひ、喜びの形を動ずるを踊躍と名づく」(十疑論)と述べている。

礼讃　往生礼讃。

善導の一意　観経疏の釈意。

原、それ　荊渓が、原とは本、それ(夫)とは発語の端であるといっているように、その原因をおし究めようという場合における発端の語。

正しく直ちに　法華経巻二方便品の、「正直に方便を捨てて、但無上道を説く」という経文に準拠したもので、法華経によれば、法華経以前の権教は、仏の正意を曲げて三乗の機に順じ、偏えに三乗を説いている。しかるに今、法華経を説くにあたり、はじめて仏の本意を曲げることなく、

仏意《ぶつち》は*正《まさ》しく直《ただ》ちに、ただし念仏の行《ぎょう》を説かむと欲すといへども、機《き》に随つて、一往《いちおう》、菩提心《ぼだいしん》等の諸行を説いて、三輩の浅深不同を分別《ふんべつ》す。しかるを今諸行においては、既に捨てて歎《ほ》めたまはず、*置いて論ずべからざるものなり。ただ念仏の一行について、既に選んで讃歎《さんたん》す。思うて分別すべきものなり。

もし念仏に約して*三輩を分別せば、これに二の意あり。一には*観念《かんねん》の浅深《せんじん》に随つてこれを分別す。二には念仏の多少をもつてこれを分別す。浅深は、上《かみ》に引くところの如し。「もし説の如く行《ぎょう》ぜば、理《ことわり》、上々に当れり」、これなり。次に多少は、下輩《げはい》の文《もん》の中に、既に十念ないし一念の数あり。上中の両輩はこれに准じて随つて増すべし。観念法門《かんねんほうもん》に云く、「日別《にちべつ》に念仏一万遍、またすべからく時によりて、浄土《じょうど》の荘厳《しょうごん》を礼讃《らいさん》すべし。はなはだ精進《しょうじん》すべし。或いは三万・六万・十万を得る者は、皆これ*上品上生《じょうぼんじょうしょう》の人なり」と。まさに知るべし。三万已上《いじょう》はこれ上品上生の業《ごう》、三万已去《いこ》は上品已下《いげ》の業なり。既に念《ねん》数《じゅ》の多少に随つて*品位《ほんい》を分別すること、これ明らけし。

今この一念と言ふは、これ*上《かみ》の念仏の願成就《がんじょうじゅ》の中に言ふところの一念と、下輩《げはい》の中に明かすところの一念とを指すなり。願成就の文の中に、一念と云ふといへども、いまだ功《く》徳《どく》の*大利《だいり》を説かず。また下輩の文の中に、一念と云ふといへども、また功徳の大利を説かず。この一念に至つて、説いて大利とし、歎《ほ》めて無上《むじょう》とす。まさに知るべし。これ上《かみ》の一念を指すなり。この大利とは、これ小利《しょうり》に対するの言《ことば》なり。しかれば則ち菩提心等の諸行をもつて小利となし、ないし一念をもつて大利とするなり。また無上功《むじょうく》徳《どく》とは、

そのまま素直に説かれたという意に用いた語で、それを念仏の上におきかえるため正直の語を依用している。即ち本来の意志ということ。

置いて　諸行の取捨を沙汰しないことが、即ち捨てる意を示している。

三輩　上輩・中輩・下輩。無量寿経釈に、一には返数の多少に約し、二には時節の長短に約し、三に観念の浅深に約して、念仏による三品の不同が生ずると説いている。↓七五頁

観念の浅深　この場合、浅深は観念の念仏にかぎるように考えられるが、念は称念を意味しているから、観と称との浅深になり、口称をこそ要とする。かくて良忠は、念の浅深は寒冷に汗を流すほどに心行を策励するのが深であるとし(決疑鈔巻三)、聖冏は浅深を強弱と理解し、念仏の強弱は安心の強弱によるのであるから、専ら安心の強弱によるものと解している(決疑鈔見聞巻三)。

上品上生　九品往生の一で、上々品ともいう。大乗上善の凡夫が三心を具して極楽往生をねがい、臨終のとき阿弥陀仏をはじめ、多くの菩薩等の来迎をうけ、金剛の蓮台に乗って極楽浄土に往生し、その後直ちに無生法忍を悟るのをいう。

品位　三輩九品。

上　無量寿経所説の十八願成就の文を指している。

大利　大いなる利益。

これ*有上《うじよう》に対するの言なり。余行をもつて有上とし、念仏をもつて無上とするなり。既に一念をもつて一の無上とす。まさに知るべし。十念をもつて十無上とし、また百念をもつて百無上とし、また千念をもつて千無上とす。かくの如く*展転《てんでん》して、少より多に至る。念仏《ねんぶつ》*恒沙《ごうじや》の無上の功徳もまた恒沙なるべし。かくの如くまさに知るべし。しかればもろもろの往生を願求《がんぐ》せむ人、何ぞ無上大利の念仏を廃して、あながちに有上小利の余行を修せむや。

(六)末法《まつぽう》万年の後に、余行ことごとく滅し、特《ひと》り念仏を留《とど》むるの文《もん》

無量寿経の下巻に云く、「*当来《とうらい》の世に*経道滅尽《きようどうめつじん》せむに、我、慈悲《じひ》をもつて哀愍《あいみん》して、特《こと》にこの経を留めて、*止住《しじゆう》すること百歳《ひやくさい》ならしめむ。それ衆生《しゆじよう》あつて、この経に値《あ》はむ者、意《こころ》の所願《しよがん》に随つて、皆得度《みなとくど》すべし」と。

私《わたくし》に問うて曰く、経にただ「特留《とくる》此経止住百歳」と云うて、全くいまだ「特留念仏止住百歳」と云はず、しかるに今何ぞ「特留念仏」と云ふや。答へて曰く、この経の詮ずるところは全く念仏にあり。その旨《むね》前に見えたり。再び出だすにあたはず。善導《ぜんどう》・*懐《え》感《かん》・*恵心《えしん》等の意《こころ》も、またまたかくの如し。しかれば則ちこの経の止住は、即ち念仏の止《し》住《じゆう》なり。しかる所以《ゆえん》は、この経に菩提心《ぼだいしん》の言《ことば》ありといへども、いまだ菩提心の行相《ぎようそう》を説かず。また持戒《じかい》の言ありといへども、いまだ持戒の行相を説かず。しかるに菩提心の行相を説くことは、広く*菩提心経《ぼだいしんぎよう》等にあり。かの経先《さき》に滅しなば、菩提心の行、何によつ

有上　限りあること。
展転　展開する。くり広がる。
恒沙　つぶさには恒河沙。ガンジス川を恒河といい、その恒河中にある無数の沙を指して恒沙という。即ち河の中にある無数の沙にちなみ、念仏の功徳は広大にして計算をもってはかることのできない功徳のあることをあらわしたもの。
当来　まさに来たるべき世ということで、来世をいう。
経道滅尽　仏の経法のほろび尽きることで、三宝滅・法滅ともいう。
止住すること百歳　康僧鎧訳の無量寿経巻下には、ただ「当来之世」とあったのを、法然は経の意をうけて、「末法万年後百歳」と解釈した。しかるに異訳の平等覚経や大阿弥陀経などには仏の滅後千年後の百年としている。
懐感　群疑論巻五に、「上中下輩の行に浅深あれども、皆唯一向に専ら阿弥陀仏を念じて、極楽に生ずることを得」と説く。
恵心　往生要集巻下大文第八に、「双観経の三輩の業には浅深ありといへども、しかも通じて皆、一向専念無量寿仏と云へり」と説く。
菩提心経　羅什訳の仏説荘厳菩提心経。

てかこれを修せむ。また持戒の行相を説くことは、広く*大小の戒律《かいりつ》にあり。かの戒律先に滅しなば、持戒の行、何によつてかこれを修せむ。自余《じよ》の諸行《しよぎよう》、これに准じてまさに知るべし。

故に善導和尚《ぜんどうかしよう》の往生礼讃《おうじようらいさん》に、この文《もん》を釈して云く、「万年に*三宝《さんぼう》滅しなば、この経住すること百年ならむ。その時に聞きて一念せむ。皆まさに彼《かしこ》に生ずることを得べし」と。またこの文《もん》を釈するに、略して四の意《こころ》あり。一には聖道《しようどう》・浄土《じようど》二教の住滅《じゆうめつ》の前後、二には*十方《じつぽう》・西方《さいほう》二教の住滅の前後、三には*兜率《とそつ》・西方二教の住滅の前後、四には念仏《ねんぶつ》・諸《しよ》行二行《ぎようにぎよう》の住滅の前後なり。

一に聖道・浄土二教の住滅の前後といふは、謂《い》はく聖道門の諸経は先に滅す、故に経《きよう》道滅尽《どうめつじん》と云ふ。浄土門のこの経は特《ひと》り留まる、故に止住百歳《しじゆうひやくさい》と云ふなり。まさに知るべし、聖道は機縁浅薄《きえんせんぱく》にして、浄土は機縁深厚《きえんじんこう》なりといふことを。

二に十方・西方二教の住滅の前後とは、謂はく十方浄土の往生は諸教先に滅す、故に経道滅尽と云ふ。西方浄土の往生はこの経特《ひと》り留まる、故に止住百歳と云ふなり。まさに知るべし、十方浄土は機縁浅薄にして、西方浄土は機縁深厚なり。

三に兜率・西方二教の住滅の前後とは、謂はく*上生《じようしよう》・*心地《しんじ》等の上生・兜率の諸教は先に滅す、故に経道滅尽と云ふ。往生西方のこの経特《ひと》り留まる、故に止住百歳と云ふなり。まさに知るべし、兜率は近しといへども縁浅く、極楽は遠しといへども縁深し。

四に念仏・諸行二行の住滅の前後は、諸行往生の諸教は先に滅す、故に経道滅尽と云

大小の戒律　大乗の戒律としての梵網経・瓔珞経・地持経、小乗の戒律としての四分律・五分律・十誦律・阿僧祇律などをいう。

三宝　仏法僧で、仏教を指す。

十方　十方浄土すなわち四方上下四維の十方に構えられた諸仏の浄土を指す。道綽は十方と西方との優劣につき、(一)随願往生経に、「十方の仏国いづれも厳浄にして、願に応じて往生し得るも西方無量寿に如かず」と説いている、(二)大経によれば、もと西方浄土は法蔵比丘が二百一十億の浄土から選択し荘厳されたもので、選捨された十方浄土よりすぐれている、(三)観経には韋提希夫人が十方一切の浄土の中から、ひとり選んで西方浄土を選定した、と三義を挙げて、西方浄土のすぐれた所以を明かしている。

兜率　弥勒菩薩の浄土で、弥勒は釈尊の仏位をつぐ補処の菩薩。弥勒は釈尊の入滅に先だち兜率天に上生し、現に兜率天の内院に住しているという。

上生　弥勒上生経を指し、一巻あり、劉宋沮渠京声の訳にかかる。弥勒の本願を明かしたものには、このほか弥勒下生経・弥勒成仏経がある。

心地　大乗本生心地観経八巻を指し、唐代般若の訳したもので、四恩が強調されているが、この経もまた弥勒関係の経典の一である。

ふ。念仏往生のこの経特り留まる、故に止住百歳と云ふなり。まさに知るべし、諸行往生は機縁最も浅し、念仏往生は機縁甚だ深し。しかのみならず、諸行往生は縁少なく、念仏往生は縁多し。また諸行往生は、近く*末法万年《まつぼうまんねん》の時を局《かぎ》る。念仏往生は、遠く*法滅《ほうめつ》百歳《ひやくさい》の代《よ》に霑《うる》ふ。

問うて曰く、既に、「我、慈悲《じひ》をもつて哀愍《あいみん》して、特《こと》にこの経を留《とど》めて、止住《しじゆう》すること*百歳ならしめむ」と云ふ。もししからば釈尊《しやくそん》慈悲をもつて、しかも経教《きようぎよう》を留めたまはむに、いづれの経、いづれの教か、しかも留まらざらむや。しかるを何ぞ余経《よきよう》を留めずして、ただこの経を留めたまふや。答へて曰く、たとひいづれの経を留むといへども、別して一経を指さば、またこの難《なん》を避《さ》けず。ただし特りこの経を留むる、その深き意《こころ》あるか。もし善導和尚《ぜんどうかしよう》の意《こころ》に依《よ》らば、この経の中に已《すで》に、弥陀如来《みだによらい》の念仏往生の本願を説けり。釈迦《しやか》慈悲をもつて念仏を留めむがために、殊にこの経を留めたまふ。余経の中には、いまだ弥陀如来の念仏往生の本願《ほんがん》を説かず。故に釈尊慈悲、もつてこれを留めたまはず。およそ四十八願、皆本願なりといへども、殊に念仏をもつて往生の*規《のり》とす。故に*善導の釈に云く、「弘誓《ぐぜい》、門多くして*四十八なれども、偏《ひとえ》に念仏を標《あら》はして、最も親《した》しとす。人よく仏を念ずれば、仏還《かえ》つて念じたまふ。専心《せんしん》に仏を想《おも》へば、仏、人を知りたまふ」と。〈已上〉故に知んぬ、四十八願の中に、既に念仏往生の願をもつて、*本願の中の王とすといふことを。ここをもつて釈迦の慈悲、特《こと》にこの経をもつて、止住百歳なり。例するに、かの観無量寿経《かんむりようじゆきよう》の中に、定散《じようさん》の行《ぎよう》を付属《ふぞく》せずして、ただ孤《ひと》り念仏の行を付属したまふが

末法万年　末法に入ってからのち一万年のあいだ。正法・像法の時限については異説あるが、末法は諸説ともに一万年とする。

法滅百歳　仏法が滅亡するという一万年後の百年をいう。

百歳　末法万年後の百年の意であるが、憬興は増劫七万歳の時とし(大経述文賛巻下)、慧雲は(一)涅槃経による滅後四十年後、(二)摩訶摩耶経による千五百年後、(三)大集経による二千五百年後、(四)法滅尽経による正しく年代を指さず、ただ衰相をしめす文、(五)法住記による増劫七万歳の五説を挙げ(大経安永録巻十二)、性海は止住百歳といっても滅尽の期を記していないから、百歳はおおまかな数にしかすぎないという(大経顕宗疏巻十)。

規　法則。

善導の釈　法事讃巻上。

四十八　四十八願。

本願の中の王　第十八念仏往生願を四十八願中の王であるといったもので、後世この願は王本願と呼ばれている。これは道綽が安楽集巻上に、華厳経を引文して、「此念仏三昧即是三昧中王」と述べた文を参考に、華厳経中の念仏三昧と、法然の念仏とは内容的に相異があるとしても、王本願と呼ぶようになったらしい。

時機　時代と教えを受ける人。

如し。これ即ちかの仏願《ぶつがん》に順ずるが故に、念仏一行を付属するなり。

問うて曰く、百歳の間、念仏を留むべきこと、その理《ことわり》しかるべし。この念仏の行は、ただかの時*機に被《かうぶ》らしむとやせむ。はた正《しよう》・像《ぞう》・末《まつ》の機に通ずとやせむ。答へて曰く、広く正・像・末法に通ずべし。後*を挙げて今を勧む。その義まさに知るべし。

(七)弥陀の*光明《こうみよう》、余行《よぎよう》の者を照らしたまはず、ただ念仏行者を摂取《せつしゆ》するの文《もん》

観無量寿経《かんむりようじゆきよう》に云く、「無*量寿仏に八*万四千の*相《そう》あり。一々の相に八万四千の随形《ずいぎよう》*好《こう》あり。一々の好《こう》に八万四千の光明あり。一々の光明、遍《あまね》く十方《じつぽう》世界の念仏衆生《しゆじよう》を照らし、摂*取して捨てたまはず」と。

*同経《どうきよう》の疏《しよ》に云く、「無量寿仏より下《しも》、摂取不捨《せつしゆふしや》に至るまでより已来《このかた》は、正《まさ》しく身《しん》の別相《べつそう》を観ずるに、光有縁《ひかりうえん》を益《やく》することを明かす。即ちその五あり。一には相《そう》の多少を明かし、二には好《こう》の多少を明かし、三には光の多少を明かし、四に光の照らす遠近《おんごん》を明かし、五に光の及ぶところの処《ところ》、偏《ひとえ》に摂益《しようやく》を蒙《こうむ》ることを明かす」と。

問うて曰く、つぶさに衆行《しゆぎよう》を修して、ただよく廻向《えこう》すれば、皆往生《みなおうじよう》を得。何をもつてか、仏の光普《あまね》く照らすにただ念仏者を摂《せつ》する、何の意《こころ》かあるや。答へて曰く、これに三義あり。一に親縁《しんねん》を明かす。衆生、行《ぎよう》を起して口に常に仏を称すれば、仏即ちこれを聞きたまふ。身《み》に常に仏を礼敬《らいきよう》すれば、仏即ちこれを見たまふ。心《こころ》に常に仏を念ずれば、仏即ちこれを知りたまふ。衆生、仏を憶念《おくねん》すれば、仏また衆生を憶念したまふ。*彼此《ひし》の三業《さんごう》相ひ捨離《しやり》せ

後を挙げて今を勧む　浄影の大経疏を援引したもので、無量寿経釈には浄影云くとして、「以レ後勧レ今」と記している。即ち念仏は三時普益の法であるが、末法の下機を救う法がないとしても、ひとりこの法のみ利益あるが故に、特に末法の当益を挙げ、今時末法の人々を勧励したことを指している。

光明　仏身より発する光焔をいう。光明に、目で見ることのできる色光(外光)と、見ることのできない智慧光(内光)とがあり、色光をさらに常光と神通光とに分けている。

無量寿仏　阿弥陀仏の異名。

八万四千　実数ではなしに、無量の殊妙なるものを概称したものであろう。なお戒度は、弥陀仏が因地の修業中に八万四千の塵労煩悩を断じたので、果上に至り八万四千の相好光明を現じたと述べている(観経疏正観記巻下)。

相　仏身に具備する端麗微妙の形相をいう。

好　形相の大きなものを相、その中の細小な部分を好と名づけている。

摂取　事物を選択して摂め取ること。

同経の疏　観経疏定善義。

彼此の三業　衆生には三業があるが、仏は意業のみある。では彼此の三業とはどういうことかにつき、良忠は衆生の三業に相従して、かく表現したものとみている(決疑鈔巻三)。

ず。故に親縁《しんねん》と名づくるなり。二に近縁《ごんねん》を明かす。衆生、仏を見むと願ずれば、仏即ち念に応じて、現に目の前に在《ま》します。故に近縁と名づくるなり。三に増上縁《ぞうじょうえん》を明かす。衆生称念《しょうねん》すれば、即ち多劫《たごう》の罪を除いて、命終《いのちお》わらむと欲する時、仏《ほとけ》、聖衆《しょうじゅ》とともに自《みずか》ら来たりて迎接《こうしょう》したまふ。もろもろの*邪業繫《じゃごうけ》、よく礙《さ》ふるものなし。故に*増上縁と名づくるなり。自余の衆行《しゅぎょう》は、これ善と名づくといへども、もし念仏に比《たくら》ぶれば、全く*比校《ひきょう》にあらず。この故に、諸経の中に、処々《しょしょ》に広く念仏の功能《くのう》を讃《ほ》む。无量寿経の四十八願の中の如きは、ただ専ら弥陀の名号《みょうごう》を念じて、生ずることを得と明かす。また弥陀経《みだきょう》の中の如きは、一日七日、専ら弥陀の名号を念じて生ずることを得。また十方恒沙《じっぽうごうじゃ》の諸仏、虚《むな》しからずと*証《しょう》誠《じょう》したまふなり。またこの経の定散《じょうさん》の文《もん》の中には、ただ専ら名号を念じて生ずることを得と標《あら》はせり。この例《れい》一にあらざるなり。広く*念仏三昧《ねんぶつざんまい》を顕《あら》はし竟《おわ》んぬ。

観念法門《かんねんほうもん》に云く、「また前の如く、身相等《しんそうとう》の光、一々遍《あまね》く十方世界《じっぽうせかい》を照らすに、ただ専ら阿弥陀仏を念ずる衆生のみあつて、かの仏の心光《しんこう》、*常にこの人を照らして、摂護《しょうご》して捨てたまはず。惣《すべ》て余の*雑業《ぞうごう》の行者を照摂《しょうしょう》することをば論ぜず」と。

私《わたくし》に問うて曰く、仏の光明《こうみょう》、ただ念仏の者を照らして、余行の者を照らさざるは何の意《こころ》かあるや。答へて曰く、解《げ》するに二の義あり。一には親縁《しんねん》等の三の義、文《もん》の如し。二には本願《ほんがん》の義、謂はく余行は本願にあらざるが故に、これを照摂《しょうしょう》せず。念仏はこれ本願の故に、これを照摂す。故に善導和尚《ぜんどうかしょう》の*六時礼讃《ろくじらいさん》に云く、「弥陀の身色《しんじき》は金山《こんせん》の如し。相《そう》好《ごう》の光明十方を照らす。ただ仏を念ずるのみあつて、光摂《こうしょう》を蒙《こうぶ》る。まさに知るべし、本

邪業繫　悪魔によるさまたげや害。

増上縁　善導は、衆生が称名することにより、長い間つくった罪業が除滅するという功徳すなわち滅罪増上縁、人生の終りに阿弥陀仏が聖衆と親しく来迎引接する功徳すなわち摂生増上縁、念仏すれば仏の護念をうけ寿命を長らえる功徳すなわち護念得長命増上縁を挙げ、観念法門にはさらに見仏三昧増上縁と証生増上縁を加え、五種の増上利益因縁を明かしている。

比校　比較。くらべもの。

証誠　一仏所説のなかの方便真実の疑惑を決するため、諸仏の証明を得ること。ここでは、十方の諸仏が、釈尊所説の念仏はこれ誠実の語であると証明することをいう。

念仏三昧　専心に阿弥陀仏の名号を称すること。

常に…照らして　仏光の念仏摂護は念仏する時だけに限るか、念仏しない時にもあるかにつき、隆寛は念仏時のみとし、証空は念仏するしないにかかわらず摂益があると説いている(選択私集鈔巻三)。

雑業の行者　念仏以外の四種の助業を修する行者を指すが、この行者が摂益を得るかにつき、良忠は、非本願の行を修するのであるから摂益はないと釈している(決疑鈔巻三)。

六時礼讃　往生礼讃の中、昼夜六時に阿弥陀仏を礼讃する偈頌をいう。

願最も強《こわ》しとす」と。〈已上〉また引くところの文の中に、「自余衆善、雖名是善、若比念仏者、全非比校也《自余の衆善《しゆぜん》は、これ善《ぜん》と名づくといへども、もし念仏に比ぶれば、全く比校《ひきよう》にあらず》」と言ふは、意《こころ》の云く、これ浄土門の諸行に約して比論《ひろん》するところなり。念仏は、これ既に二百一十億の中に、選取するところの*妙行《みようぎよう》なり。諸行は、これ既に二百一十億の中に、選捨《せんしや》するところの*麁行《そぎよう》なり。故に「全非比校」と云ふなり。また念仏はこれ本願の行なり、諸行はこれ本願にあらず。故に「全非比校」と云ふなり。

(八)念仏行者は必ず三心《さんじん》を具足《ぐそく》すべきの文《もん》

観無量寿経に云く、「もし衆生あつて、かの国に生ぜむと願ふ者は、三種の心を発《おこ》して、*即便《すなわ》ち往生しなむ。何等をか三とす。一は*至誠心《しじようしん》、二は深心《じんしん》、三は廻向発願心《えこうほつがんしん》なり。三心を具すれば、必ずかの国に生ず」と。

同経の疏《しよ》に云く、「経に、一には至誠心と云ふは、至は真なり。誠《じよう》は実《じつ》なり。一切衆生の身《しん》・口《く》・意業《いごう》に修するところの*解行《げぎよう》、必ずすべからく真実心の中になすべきことを明かさむと欲す。外《ほか》に*賢善精進《けんぜんしようじん》の相を現じ、内に*虚仮《こけ》を懐《いだ》くことを得ざれ。*貪《とん》・瞋《じん》・邪偽《じやぎ》・奸《かん》詐《さ》、*百端《ひやくたん》にして、悪性《あくしよう》侵《おか》しがたく、事蛇蝎《じだかつ》に同じ。三業《さんごう》を起すといへども、名づけて雑《ぞう》毒《どく》の善とし、また虚仮の行と名づけ、真実の業と名づけざるなり。もしかくの如く安心起行をなせば、たとひ身心《しんじん》を苦励《くれい》して、*日夜十二時、急に走り急になして、*頭燃《ずねん》をはらふが如くすとも、すべて雑毒《ぞうどく》の善と名づく。この雑毒の行を廻《めぐ》らして、かの仏の浄土に生ぜむ

妙行　すぐれている行ない。
麁行　おとっている行ない。
即便ち往生　即に同時即と不離即の二義があり、良忠は不離即の意に解して、当来に往生の果をうることを決定したものとする(散善義記巻一)。
至誠心　三心の一。真実心ともいい、虚仮不実心に対するもの。
解行　知解と修行。知識により宗義を領解することと、宗義にしめすところの行を実践すること。
賢善精進の相　かしこい人と思われようとするふるまい。
虚仮　中味がなくうわべだけの意。
貪・瞋・邪偽・奸詐　貪は貪欲の意でむさぼり、瞋は瞋恚ではらだち、邪は不正、偽は真にあらざるいつわり、奸は姦なるいつわり、詐は詭であざむくこと。
百端　いろいろというほどの意で、注維摩経にいう八万四千の煩悩をふくめたもの。
日夜十二時　昼夜兼行。一日中。
頭燃　自分の髪の毛に火のついたさまをいう。

ことを求めむと欲せば、これ必ず不可《ふか》なり。何をもつての故ぞ。正《まさ》しくかの阿弥陀仏の因《いん》中《ちゆう》に、菩薩《ぼさつ》の行を行じたまひし時に、ないし一念《いちねん》*一刹那《いつせつな》も、三業に修するところ、皆これ真実心の中になしたまひしによるなり。およそ*施為趣求《せいしゆぐ》するところ、また皆真実《みなしんじつ》なるべし。また真実に二種あり。一は自利《じり》の真実、二は利他《りた》の真実。自利の真実と言ふは、また二種あり。一は真実心の中に、自他の諸悪および穢国《えこく》等を制捨《せいしや》して、行住坐臥に、一切の菩薩の諸悪を制捨するに同じく、我もまたかくの如くならむと想《おも》ふなり。二は真実心の中に、*自他《じた》の凡聖《ぼんじよう》等の善を勤修《ごんしゆ》して、真実心の中に、口業《くごう》をもつてかの阿弥陀仏および*依正二報《えしようにほう》を讃歎《さんだん》し、また真実心の中に、口業をもつて三界六道《さんがいろくどう》等の*自他の依正二報の苦悪の事《じ》を毀《き》厭《えん》し、また一切衆生の三業所為の善を讃歎す。善業《ぜんごう》にあらざるをば、敬《つつ》しんでこれを遠《とお》ざかれ、また随喜《ずいき》せざれ。また真実心の中に、身業《しんごう》をもつて合掌礼敬《がつしようらいきよう》し、*四事《しじ》等をもつてかの阿弥陀仏および依正二報を供養す。また真実心の中に、身業をもつてこの生死三界《しようじさんがい》等の自他の依正二報を*軽慢《きようまん》し厭捨《えんしや》し、また真実心の中に、意業《いごう》をもつてかの阿弥陀仏および依正二報を思想し観察《かんざつ》し憶念《おくねん》して、目前に現ずるが如くにし、また真実心の中に、意業をもつてこの生死三界等の自他の依正二報を*軽賤《きようせん》し厭捨《えんしや》し、不善《ふぜん》の三業をば必ずすべからく、真実心の中に捨つべし。またも*し善の三業を起せば、必ずすべからく真実心の中になすべし。*内外明闇《ないげみようあん》を簡《えら》ばず、皆すべからく真実なるべし。故に至誠心《しじようしん》と名づく。

二は深心《じんしん》。深心と言ふは即ちこれ深信《じんしん》の心なり。また二種あり。一は決定《けつじよう》して深く、自身は現にこれ*罪悪生死《ざいあくしようじ》の凡夫《ぼんぶ》、*曠劫《こうごう》より已来《このかた》、常に没し常に流転《るてん》して、出離《しゆつり》の縁あること

一刹那 刹那は時間の単位で、現今の二十四時間の六百四十八万分の一、一秒の七十五分の一にあたる。

施為趣求 菩薩が衆生を化するのを施為、菩提を求めるのを趣求。

自他…勤修して 前の止悪の文意に順じ、自ら善を修し、また他の善を随喜すること、一切の内凡外凡の菩薩や十地の聖者等があらゆる善根を修するに内外相応するように、自らもかくあるように心がけること。

依正二報 正報(阿弥陀仏国土の仏・菩薩)と依報(国土の荘厳)。

自他の依正二報 自己(正報)と自己所有の物件(依報)、他人の身の上(正報)とその所有物件(依報)。

四事 飲食・衣服・臥具・湯薬。

軽慢 心からあなどること。

軽賤 心からいやしむこと。

もし善の…なすべし 前の三業のいずれもが、すべての面に遇った場合に真実であるべきことを示した文。

内外明闇 内と外とが、明であり闇であるように相応していないこと。ここでは救いの仏に対し、心の内に思っている助けたまえの願いと、身口の外面にあらわれている念仏合掌等の相状のくい違いをいう。

罪悪生死の凡夫 凡夫は智慧も浅く修行も足らず、常に罪悪をのみつくり、永く生死に流転して出離解脱することはなはだ困難なる故に、一般の凡夫を指してかくいう。

なしと信ず。二は決定して深く、かの阿弥陀仏の、四十八願をもつて衆生を*摂受《しょうじゅ》したまふこと、疑ひなく慮《おもんばか》りなく、かの願力《がんりき》に乗つて、定んで往生を得と信ず。また決定して深く、釈迦《しゃか》仏《ぶつ》の、この観経の三福《さんぷく》・九品《くほん》・定散二善を説いて、かの仏の依正二報を証讃して、人をして欣慕《ごんぼ》せしめたまふを信ず。また決定して深く、弥陀経《みだきょう》の中に、十方恒沙《じっぽうごうじゃ》の諸仏は、一切の凡夫を証勧したまふ、決定して生ずることを得と信ず。また深信とは、仰ぎ願はくは、一切の行者《ぎょうじゃ》等、一心にただ仏語《ぶつご》を信じて、身命《しんみょう》を顧みず、決定して依り行じて、仏の捨てしめたまふをば即ち捨て、仏の行《ぎょう》ぜしめたまふをば即ち行じ、仏の去らしめたまふ処をば即ち去る。これを仏教に随順《ずいじゅん》し*仏意《ぶっち》に随順すと名づけ、これを仏願に随順すと名づけ、これを真《しん》の仏弟子《ぶつでし》と名づく。

また一切の行者《ぎょうじゃ》、ただよくこの経によつて深く信じて行《ぎょう》ずる者は、必ず衆生を悞《あやま》たざるなり。何をもつての故に。仏はこれ満足*大悲《だいひ》の人なるが故に。実語の故に。仏を除いてより已還《このかた》は、*智行《ちぎょう》いまだ満《み》たずして、その*学地《がくじ》にありて、なほし*正習二障《しょうじゅうにしょう》あつて、いまだ除かず。果願《かがん》いまだ円《まど》かならざるに、これらの凡聖《ぼんじょう》は、たとひ諸仏の教意《きょうい》を測量すれども、いまだ決了《けつりょう》することあたはず。*平章《へいしょう》することありといへども、要《かなら》ずすべからく仏の証を請《しょう》して定《じょう》とすべきなり。もし仏の意に称《かな》へば、即ち*印可《いんか》して、「如是如是《にょぜにょぜ》」と言《のたま》ふ。もし仏の意にかなはざれば、即ち、「汝等所説是義不如是」と言《のたま》ふ。印《いん》したまはざれば、即ち无記《むき》・无利《むり》・无益《むやく》の語に同じ。仏の印可したまふものは、即ち仏の正教《しょうぎょう》に随順するなり。もし仏の所有の言説《ごんぜつ》は、即ちこれ*正教《しょうぎょう》・正義《しょうぎ》・正行《しょうぎょう》・正解《しょうげ》・正業《しょうごう》・正智《しょうち》なり。もしは多、もしは

曠劫　久しい時(劫)の意。無始無明がその根本となっているから、迷いはじめの起点はない。

摂受　受は取の義で、摂取と同意。

仏意　諸仏の証誠。

大悲　観経にいう「仏心者大慈悲」にあたり、凡夫二乗等が一切衆生に楽を与え苦を抜こうとする衆生縁の小慈悲や、菩薩が一切衆生は無我無法にして五陰生滅の法のみとておこす法縁の中慈悲と異なり、一切衆生は本来無所有であるとの考えにもとづき、有所得の念なくして、救わざればやまずといって度す仏の大悲。

智行　六度を智と行に分けたもので、慧が智、檀・戒・忍・進・禅が行。

学地　有学地のことで、無学地に対するもの。ことごとく修行し終わり、学すべきもののなくなったところの仏果を無学地、煩悩の断ずべくして断ぜず、真理の証すべくして証し得ない、いまだ何ものかが残されている地位を有学地という。

正習　つぶさには正使習気といい、正使とは正しく人を迷界に駆使するという意で、煩悩の体を指し、習気はその体はなくなっても、なお習慣惰力あって、多年の悪い気分の抜けないのをいう。

平章　正しく明らめる。正しく学ぶ。

印可　間違いないというあかし。

正教…正智　↓補

少、もろもろの菩薩・人天等を問はず、その是非を定む。もし仏の所説は、即ちこれ*了《りよう》教《きよう》なり。菩薩等の説は、ことごとく*不了教と名づく。まさに知るべし。この故に今の時、仰いで一切の有縁《うえん》の往生人等に勧む。ただ深く仏語を信じて、専注奉行《せんじゆうぶぎよう》すべし。菩薩等の不相応の教《きよう》を信用して、もつて疑礙《ぎげ》をなし、惑《わく》を抱いて自ら迷ひて、往生の大益《だいやく》を廃失《はいしつ》すべからざるなり。

また深心とは、深信とは、決定して自心《じしん》を建立《こんりゆう》して、教に順つて修行して、永く疑錯《ぎしやく》を除いて、一切の*別解《べつげ》・別行《べつぎよう》・*異学《いがく》・異見《いけん》・異執《いしゆう》のために、退失し*傾動《きようどう》せられざるなり。

問うて曰く、凡夫は智浅く、惑障《わくしよう》*処《ところ》深し。もし解行《げぎよう》不同の人に、多く*経論を引いて来たつて相ひ*妨難《ぼうなん》し、証して一切《いつさい》の罪障《ざいしよう》の凡夫、往生することを得ずと云ふに逢はむに、いかんがかの難を対治《たいじ》して、信心を成就して、決定して直《じき》に進んで、*怯退《こうたい》を生ぜざらむや。

答へて曰く、もし人ありて、多く経論の証を引いて、生ぜずと云はば、行者即ち報《こた》へて云へ、*仁者《なんじ》経論を将《も》て来たり、証して生ぜずと謂《い》ふといへども、我が意《こころ》の如きは、決定して汝が破を受けず。何をもつての故に。しかも我また、これかのもろもろの経論を信ぜざるにはあらず。ことごとく皆仰信《こうしん》す。しかるに仏、かの経を説きたまふ時は、処別《ところべつ》に、時別《ときべつ》に、対機《たいき》別《べつ》に、利益別《りやくべつ》なり。またかの経を説きたまふ時は、即ち観経・弥陀経等を説きたまふ時にあらず。しかるに仏の説教は、機に備ふ。時《とき》また不同なり。彼は即ち通じて人天・菩薩の解行《げぎよう》を説き、今は観経の定散二善を説いて、ただ*韋提《いだい》および仏の滅後の五濁《ごじよく》・*五苦《ごくら》等の一切凡夫のために、証して生ずることを得と言《のたま》へり。この因縁《いんねん》のために、我、今

了教・不了教　↓補

別解・別行　浄土門と解(安心)を別にし、行(起行)を別にするもの。

異学・異見　異門異流、すなわち浄土往生のために障礙となる解行をいい、修学を異にし、見解を異にするもの。

傾動　ゆり動かす。

処　道理の意。動かすことのできない事実。

経論　諸仏の浄土に生ずるには、六度十波羅蜜の修行をなし、初地以上にして初めて報土に生じ報仏を見ると説いている華厳経・維摩経・大乗起信論・宝性論を指す。

妨　底本は「好」。

怯退　怯は怯弱の意で、心のよわよわしく、あともどりするような心をいい、退は退転の意で、正しくあと戻りするのをいう。

仁者　相手を指す語。

韋提　韋提希。中インド摩竭陀国王頻婆娑羅の夫人で、阿闍世太子の生母。阿闍世が悪友の示唆により父王を七重の室内に幽閉し、餓死せしめようとした時、夫人は身に蜜をぬり、瓔珞に漿を盛って、ひそかに王に献じ、かつ自ら深く厭世心をおこし、釈尊に求哀懺悔したため、その請を受け王宮に来て観経を説いたという。

五苦等　生・老・病・死・愛別離苦を五苦といい、等には求不得苦・五蘊盛苦・怨憎会苦の三苦や、苦苦・

一心《いっしん》にこの仏教によつて決定して奉行《ぶぎょう》す。たとひ汝等百千万億あつて生ぜずと謂《い》ふとも、ただ我が往生の信心を増長《ぞうじょう》し成就せむ。

また行者さらに向つて説いて言へ。仁者《なんじ》よく聴け。我今、汝がために、さらに決定の信《しん》相《そう》を説かむ。たとひ*地前《じぜん》の菩薩《ぼさつ》・*羅漢《らかん》・辟支仏《びゃくしぶつ》等、もしは一、もしは多、ないし十方に遍《へん》満《まん》して、皆経論の証を引いて生ぜずと言はば、我またいまだ一念の疑心を起さじ。ただ我が清浄《しょうじょう》の信心《しんじん》を増長《ぞうじょう》し成就せむ。何をもつての故に。仏語は決定成就の*了義《りょうぎ》にして、一切のために破壊《はえ》せられざるによるが故に。

また行者よく聴け。たとひ*初地已上《しょじいじょう》、*十地已来《いらい》、もしは一、もしは多、ないし十方に遍満して、異口同音《いくどうおん》に、皆、「釈迦仏は弥陀を*指讃《しさん》し、*三界六道《さんがいろくどう》を*毀呰《きし》して、衆生を勧励《かんれい》し、専心に念仏し、および余善を修して、この一身を畢《お》へて後に、必定《ひつじょう》してかの国に生ずといふは、これは必ず虚妄《こもう》なり。依信《えしん》すべからず」と云はむに、我これらの所説を聞くといへども、また一念の疑心を生ぜずして、ただ我が*決定して*上々《じょうじょう》の信心を増長し成就せむ。何をもつての故に、乃ち仏語は、真実《しんじつ》の決了《けつりょう》の義なるによるが故に。仏はこれ実知《じっち》・実《じつ》解《げ》・実見《じっけん》・実証《じっしょう》にして、これ疑惑の心中の語にあらざるが故に。また一切の菩薩の異見・異解《いげ》のために破壊《はえ》せられず、もし実にこれ菩薩ならば、衆《おお》く仏教に違《たが》はじ。

またこの事を置け。行者まさに知るべし。たとひ*化仏《けぶつ》・*報仏《ほうぶつ》、もしは一、もしは多、ないし十方に遍満して、おのおの光を輝かし、*舌を吐いて、遍《あまね》く十方に覆《おお》うて、一々に説いて言《のたま》はく、「釈迦の所説、相ひ讃《ほ》め、一切凡夫を*勧発《かんぽつ》して専心に念仏し、および余善を修し

壊苦・行苦の三苦が含まれている。

地前の菩薩　十住・十行・十廻向の三賢の菩薩をいい、菩薩は勇猛に仏果・菩提を志求するものをいう。

羅漢　悉曇の阿羅漢で、応供・殺賊・不生などと訳し、三界の見惑・思惑を断尽し、世間の供養を受けるにたる聖者をいう。

了義　完全で円満なこと。

初地・十地　→補

指讃　指さしほめる。

三界　三有ともいい、一切衆生の居している欲界・色界・無色界の三種の世界の総称。

毀呰　厭うべきであると毀ちそしる。

決定、上々　信の不動であるのを決定といい、相手の破人が凡夫に越え(上)、三賢に越え(上)ているのを上上と呼んでいる。

化仏　仏が衆生を教化するため、種々の身形に変化し応現した仏身。

報仏　報身仏ともいい、因位における願行にむくいて成就した万徳円満な仏身をいう。

舌を吐いて　インドの習慣として虚言でないことを証明するにあたり、もし私がいう言語に偽りがあるならば、この舌くされかしということで舌を出すというならわしがある。

勧発　すすめて心をかえさせる。

て、廻願《えがん》してかの浄土に生ずることを得といふは、これはこれ虚妄《こもう》なり。定んでこの事なし」と。我これらの諸仏の所説を聞くといへども、畢竟《ひっきょう》して、一念《いちねん》の疑退《ぎたい》の心を起して、かの仏国に生ずることを得ずと畏れじ。何をもつての故に。*一仏は一切仏《いっさいぶつ》なり。所有の知見・解行《げぎょう》・*証悟《しょうご》・*果位《かい》・大悲、等同にして少しきの差別《しゃべつ》なし。この故に一仏の制したまふところは、即ち一切の仏同じく制したまふ。前仏の殺生《せっしょう》・十悪等の罪を制断したまふが如《ご》似《と》く、畢竟《ひっきょう》して犯《ぼん》ぜず、行ぜざるは、即ち*十善・*十行と名づけ、*六度の義に随順す。もし後仏《ごぶつ》あつて世に出でむに、あに前の十善を改めて、十悪を行ぜしむべけむや。この道理をもつて推験《すいけん》するに、明らかに知んぬ。諸仏の言行《ごんぎょう》は、相ひ違失せず。たとひ釈迦一切の凡夫を指し勧めて、この一身を尽して、専念専修して、命を捨てて已後に、定んでかの国に生ずといふは、即ち十方の諸仏も、ことごとく皆同じく讃《ほ》め、同じく勧め、同じく証したまふ。何をもつての故に。*同体の大悲の故に。一仏の所化《しょけ》は、即ちこれ一切の仏の化《け》なり。一切の仏の化は、即ちこれ一仏の所化なり。即ち弥陀経の中に説かく、「釈迦、極楽の種々《しゅじゅ》荘厳《しょうごん》を讃歎し、また一切凡夫を勧めたまふ。一日七日、一心に専ら弥陀の名号を念じて、定んで往生を得」と。次下《じげ》の文《もん》に云く、「十方におのおの恒河沙《ごうがしゃ》等の諸仏あつて、同じく釈迦を讃めて、よく五濁悪時《ごじょくあくじ》・悪世界・*悪衆生・悪煩悩・悪邪・无信の盛んなる時において、弥陀の名号を指讃《しさん》して、衆生を勧励《かんれい》して称念すれば、必ず往生を得」と、即ちその証なり。また十方の仏等、衆生の釈迦一仏の所説を信ぜざらむことを恐畏《くい》して、即ちともに同心同時に、おのおの舌相《ぜっそう》を出だして、遍《あまね》く三千世界に覆《おお》うて、誠実《じょうじつ》の言《ことば》を説きたまふ。汝等《なんだち》衆

一仏は一切仏　菩薩の間には智増悲増の差別はあっても、仏はいずれも悲智円満で、絶対価値を成就しているので等同であり、差別はないの意。
証悟　さとりの内容。
果位　到達すべき仏の位。
十善　不殺生・不偸盗・不邪婬・不妄語・不綺語・不両舌・不悪口・不貪欲・不瞋恚・不邪見をいい、雑阿含経巻三十七には、「十善業跡の因縁の故に、身壊し命終して天上に生ずることを得」といい、八十華厳巻三十五には、十善行によって人天に生ずるばかりではなしに、上品の十善業道によって声聞・縁覚を成じ、上下の十善道により一切仏法みな成就することができると説いている。
十行　深励は、「十善のことを十行と言ふ。所修の善根から言へば十善、能修から言へば十行なり」と釈している(選択集講義巻四)。
六度…随順す　智顗は十善と六度を関係づけるため、不殺生・不偸盗・不邪婬・不妄語を檀、不両舌を戒、不悪口を忍、不綺語を進、不貪欲・不瞋恚を禅、不邪見を般若に相順させている(法華文句巻八下)。
同体の大悲　無縁大悲ともいい、仏や菩薩などのおこす大慈悲。衆生と自身は同体であるという見解に立脚して、自他の区別なく、他の歓喜を自らの歓喜とする慈悲心をいう。
悪衆生　この下、廬山寺本には、「悪

見」の語がある。

人について　人がどのような人格を指すかにつき、良忠は(一)解行不同の人について不退の信を立つ、(二)満足大悲の人について決定往生の信を立つ、(三)罪悪生死の人について往生の機信を立つ、の三説を挙げ、第一説は聖光の説であって、文に親しいと判じている(散善義記第二)。
前の二行　「善導和尚、正雑二行を立てて、雑行を捨てて正行に帰するの文」を指す。
廻向発願　ある目的に向って、一切の善根功徳をふりむけて、目的を達成しようとする願望をおこすこと。
世・出世の善根　世間の善根とは一般世間の道徳をいい、出世間の善とは仏教独自の宗教行為をいう。
随喜　他の善根を修するに随い、他の徳の成ずるのを喜ぶこと。
願　廬山寺本によって補う。
廻顧して道に落ちて　三界六道の迷界に心をひかれ、遂にそこに堕落する。
十悪　殺生・偸盗・邪婬・妄語・悪口・両舌・綺語・貪欲・瞋恚・愚痴。
四重　殺生・偸盗・邪婬・妄語。
闡提　生死を楽欲し、出離を欣求しないもの。

生、皆まさにこの釈迦の所説・所讃・所証を信ずべし。一切凡夫、罪福の多少、時節の久《く》近《ごん》を問はず。ただよく上《かみ》百年を尽して、下《しも》一日七日に至るまで、一心に専ら弥陀の名号を念ずれば、定んで往生を得ること、必ず疑ひなきなり。この故に一仏の所説は、即ち一切の仏、同じくその事を証誠《しょうじょう》したまふなり。これを、*人について信を立つと名づくるなり。

次に行について信を立つは、しかるに行に二種あり。一には正行、二には雑行云々。
〈*前の二行の中に引くところの如し。繁《しげ》きを恐れて載せず。見む人、意を得よ〉
三には*廻向発願心《えこうほつがんしん》。廻向発願心と言ふは、過去および今生《こんじょう》の身《しん》・口《く》・意業《いごう》に修するところの*世・出世の善根、および他の一切の凡聖《ぼんじょう》の身・口・意業に修するところの世・出世の善根を*随喜して、この自他の所修の善根をもつて、ことごとく皆真実《しんじつ》の深信《じんしん》の心の中に廻向して、かの国に生ぜむと発願す。故に廻向発願心と名づくるなり。また廻向発願して、生ぜむと*願ずる者は、必ずすべからく決定して真実心の中に廻向して、得生《とくしょう》の想《おも》ひを願作すべし。この心深く信ずること、なほし金剛《こんごう》の若《ごと》く、一切の異見・異学・別解・別行の人《にん》等《とう》のために、動乱破壊《どうらんはえ》せられず。ただこれ決定して一心に捉《と》つて、正直《しょうじき》に進んで、かの人語を聞いて、即ち進退あつて、心に怯弱《こうにゃく》を生じて、*廻顧《えこ》して道に落ちて、即ち往生の大益《だいやく》を失ふことを得ざれ。

問うて曰く、もし解行《げぎょう》不同の邪雑《じゃぞう》の人等あつて、来たつて相ひ惑乱《わくらん》して、種々の疑難を説いて往生を得ずと噵《い》ひ、或いは云はむ、「汝等衆生、曠劫《こうごう》より已来《このかた》、および今生《こんじょう》の身・口・意業に、一切の凡聖《ぼんじょう》の身の上において、つぶさに*十悪・五逆・*四重・謗法《ほうぼう》・*闡提《せんだい》・破戒・破見等の罪を造りて、いまだ除尽することあたはず。しかもこれらの罪は、三界《さんがい》の悪道に繫属《けぞく》す。いかんぞ、一生の修福念仏《しゅふくねんぶつ》をもつて、即ちかの无漏无生《むろむしょう》の国に入《まい》つて、永く不退の位《くらい》を証悟することを得むや」と。答へて曰く、諸仏の教行《きょうぎょう》、数塵沙《かずじんしゃ》に越えたり。*稟《ほん》識《じき》の機縁、情《こころ》に随つて一《いつ》にあらず。譬へば世間の人の、眼《まなこ》に見つべく信ずべきが如きは、明《めい》よく闇《あん》を破し、空《くう》はよく有《う》を含《がん》ず、地はよく*載養《さいよう》す、水はよく*生潤《しょうにん》す、火はよく*成壊《じょうえ》するが如し。かくの如き等の事、ことごとく*待対《たいだい》の法と名づく。即ち目に見るべし。千差万別なり。

いかにいはんや*仏法の不思議の力、あに種々の益《やく》なからむや。随つて一の門より出づれば、即ち一の煩悩門《ぼんのうもん》より出づるなり。随つて一の門に入れば、即ち一の解脱智慧《げだつちえ》の門《もん》より入るなり。これがために縁に随つて行を起して、おのおの*解脱《げだつ》を求む。汝、何をもつてか、乃ち有縁《うえん》にあらざる要行《ようぎょう》をもつて、我を障惑《しょうわく》するや。しかも我が愛するところは、即ちこれ我が有縁の行《ぎょう》なり。即ち汝が所求にあらず。汝が愛するところは、即ちこれ汝が有縁の行なり。また我が所求にあらず。この故に、所楽《しょぎょう》に随つてその行を修すれば、必ず疾《と》く解《げ》脱《だつ》を得るなり。行者まさに知るべし。もし解《げ》を学せむと欲《おも》はば、凡《ぼん》より聖《しょう》に至り、ないし仏果《ぶつか》まで、一切无礙《いっさいむげ》に、皆学《みながく》することを得よ。もし行を学せむと欲はば、必ず有縁の法に藉《よ》れ。少しき功労《くろう》を用ゐるに、多く益《やく》を得るなり。

また一切の往生人等に白《もう》す。今、さらに行者のために*一の譬喩《ひゆ》を説いて信心を守護して、もつて外邪異見《げじゃいけん》の難を防がむ。何の者か是《これ》や。譬へば、人あつて西に向つて百千の里《みち》を行

稟識　意識を有する生物のこと。
載養　草木などをやしなうこと。
生潤　生かしめぐみを施すこと。
成壊　ものを成熟し、焼き尽くすこと。
待対の法　明と闇、空と有というように相対的にはたらくものをいう。それぞれ相手に対しては不思議の作用があることから、やがて念仏法門にしても、それに適する機につけば、誰にも考え及ばない功徳があるという意をもつ喩説。
仏法の不思議　竜樹は世に不思議と称するものをまとめて五類とし、これを五不可思議と称した(大智度論巻三十)。五類とは衆生多少・業果報・座禅人力・諸竜力・諸仏力で、仏の説く法門によって転迷開悟するのを仏法不可思議という。
解脱　煩悩のきずなを離脱すること。
一の譬喩　ここに示されている譬喩は、「二河白道」と呼ばれ、鎌倉時代以降絵画化されているが、何にもとづいたものかにつき、良忠は大般涅槃経巻二十三や大智度論巻三十七によったものとしている(決疑鈔巻四)。内容的に全同ではないが、構想は酷似している。

かむと欲するに、忽然《こつねん》として中路《ちゆうろ》に二の河あり。一はこれ火の河、南にあり。二はこれ水の河、北にあり。二河おのおの闊《ひろ》さ百歩《ひやつぽ》、おのおの深さ底もなく、南北辺《ほと》りなし。正《まさ》しく水火の中間に一の白道《びやくどう》あり。闊さ四五寸ばかりなるべし。この道、東の岸より西の岸に至るまで、また長さ百歩。その水の波浪交過《はろうきようか》して道を湿《うるお》す、その火の燄《ほのお》、また来たつて道を焼く。水火相ひ交つて、常に休息《くそく》することなし。この人すでに*空曠《くうこう》の迥《はる》かなる処に至るに、さらに人物なし。多く群賊・悪獣のみあり。この人の単独《たんどく》なるを見て、競《きお》ひ来たつて、殺さむと欲す。この人死を怖れて、直《じき》に走つて西に向へば、*忽然《こつねん》としてこの大河を見る。即ち自ら*念言《ねんごん》すらく、この河、南北に辺畔《ほとり》を見ず。中間に一つの白道を見るも、極めてこれ狭少《きようしよう》なり。二つの岸、相ひ去ること近しといへども、何によつてか行くべき。今日《こんにち》定めて死すこと疑はず。正《まさ》しく到り廻《かえ》らむと欲すれば、群賊・悪獣《あくしゆ》漸々《ぜんぜん》に来たり逼《せ》む。正しく南北に避け走らむと欲すれば、悪獣・毒虫《どくちゆう》、競《きお》ひ来たつて我に向ふ。正《まさ》しく西に向つて道を尋ねて去らむと欲すれば、またおそらくはこの水火の二河に堕《お》ちてむことを、時に当つて惶怖《おうふ》すること、また言ふべからず。即ち自ら思念《しねん》すらく、我、今廻《かえ》るともまた死なむ。住すともまた死なむ。去るともまた死なむ。一種として死を免《まのか》れざれば、我むしろこの道を尋ねて、前に向つて去らむ。既にこの道あり。必ずまさに度《わた》るべし。この念をなす時に、*東の岸にたちまちに人の勧むる声を聞く。「仁者《なんじ》ただ決定《けつじよう》して、この道を尋ねて行け。必ず死の難なけむ。もし住せば即ち死なむ」と。また*西岸の上に人あつて喚《よ》ばつて言く、「汝、一心《いつしん》に正念《しようねん》に直《じき》に来たれ。我よく汝を護《まぼ》らむ。衆《すべ》て水火の難に堕つることを畏《おそ》れざれ」と。

空曠の迥かなる処　はるかに遠い茫漠たる曠野。

忽然として…見ず　廬山寺本によって補う。

念言　思い念じて言う。考えささやく。

東の岸　法華経巻二譬喩品に、あたかも凡夫は煩悩の火につつまれた家の中にいるようであると説かれた娑婆世界に譬えたもの。

西岸　阿弥陀経に指示されている西方の極楽世界に譬えている。

この人すでにここに遣《や》り彼《かしこ》に喚《よ》ばふを聞いて、即ち自ら正しく身心《しんじん》に当つて、決定して道を尋ねて、直に進んで*疑怯退《ぎこたい》心を生ぜず。或いは行くこと一分二分するに、東の岸に群賊等喚《よ》ばつて言く、「仁者《なんじ》廻《かえ》り来たれ。この道嶮悪《けんあく》にして過ぐることを得じ。必ず死せむこと疑はず。我等衆《すべ》て悪心をもつて、相ひ向ふことなし」と。この人喚ぶ声を聞くといへども、また廻顧せず。一心に直《じき》に進んで道を念じて行くに、須臾《しゆゆ》にして即ち西岸《さいがん》に到つて、永くもろもろの難を離れて、善友と相ひ見《まみ》えて*慶楽《きようらく》已《や》むことなきが如し。これはこれ喩《たとえ》なり。

次に喩《たとえ》を合はせば、東岸と言ふは、即ちこの娑婆《しやば》の火宅《かたく》に喩ふるなり。西岸と言ふは、即ち*極楽の宝国に喩ふるなり。群賊・悪獣詐《いつわ》り親しむと言ふは、即ち衆生の*六根《ろつこん》・*六識《ろくしき》・*六塵《ろくじん》・*五陰《ごおん》・*四大《しだい》に喩ふるなり。人なき*空迥《くうきよう》の沢《さわ》と言ふは、即ち常に悪友に随つて、真の善知識に値《あ》はざるに喩ふるなり。水火の二河と言ふは、即ち衆生の貪愛《とんない》は水の如く、瞋憎《しんぞう》は火の如きに喩ふるなり。中間《ちゆうげん》の白道*四五寸なると言ふは、即ち衆生の貪瞋煩悩の中に、よく清浄《しようじよう》の願往生《がんおうじよう》の心を生ずるに喩ふるなり。乃《すなわ》ち貪瞋強《こわ》きによるが故に、即ち水火の如しと喩ふ。善心は微《み》なるが故に、白道の如しと喩ふ。また水波《すいは》常に道を湿《うるお》すといふは、即ち愛心《あいしん》常に起つてよく善心を染汚《ぜんわ》するに喩ふるなり。また火燄《かえん》常に道を焼くとは、即ち瞋《しん》嫌《けん》の心、よく功徳《くどく》の法財《ほうざい》を焼くに喩ふるなり。人の、道の上を行つて、直《じき》に西に向ふと言ふは、即ちもろもろの行業を廻して、直に西方に向ふに喩ふるなり。東の岸に人声の勧めを聞いて、道を尋ねて直に西に進むと言ふは、即ち釈迦は已に滅して、後の人《ひと》見たてまつらざれども、なほ教法《きようぼう》あつて尋ぬべきに喩ふ。即ちこれを声の如しと喩ふるなり。或

疑怯退心　疑いやねたみや退くような心。

慶楽　よろこび楽しむこと。

極楽の宝国　阿弥陀仏のいる西方の極楽浄土。

六根　主観に属する感覚器管で、眼・耳・鼻・舌・身・意の六つの依りどころをいう。

六識　六根を依りどころとし、各自境を了別する六種の意識。

六塵　六識の所縁となる六種―色・声・香・味・触・法の境界をいい、六境ともいう。色塵は眼識、声塵は耳識、香塵は鼻識、味塵は舌識、触塵は身識、法塵は意識の所縁である。

五陰　五蘊ともいい、存在するもののすべてが、色・受・想・行・識の五つの要素から成っていること。色は物質的要素としての肉体、受は外界から受ける苦楽などの感覚や印象作用、想は外界の事物についての形像を概念的に構成する知覚や表象の作用、行は前二者以外のあらゆる心(意志)の作用、識は個々の心の作用を総合する認識判断の知的作用。

四大　一切の色法をつくる地・水・火・風の四種の要素。

空迥　むなしく、はるかに遠いこと。

四五寸　堯慧は(一)四修五念をあらわす、(二)願往生心の狭小であることを喩えた、という二説を挙げ、後者を正しい説であるとし(選択私集鈔巻五)、良栄もこの説を支持して

いは行くこと一分《いちぶ》二分《にぶ》するに、群賊等喚《よ》び廻《かえ》すと言ふは、即ち別解・別行・悪見人等の、妄《みだ》りに見解《けんげ》を説いてたがひに相ひ惑乱《わくらん》し、および自ら罪を造つて退失するに喩ふるなり。西岸の上に人あつて喚ぶと言ふは、即ち弥陀の願意に喩ふるなり。須臾《しゅゆ》に西岸に到つて、善友相ひ見《まみ》えて喜ぶと言ふは、即ち衆生久しく生死《しょうじ》に沈んで、曠劫《こうごう》に輪廻《りんね》し、*迷倒《めいとう》して自から纏《まつ》はつて、解脱《げだつ》するによしなきに喩ふ。仰いで釈迦の*発遣《はっけん》して西方に指向したまふを蒙り、また弥陀の悲心をもつて招喚《しょうかん》したまふに藉《よ》つて、今*二尊《にそん》の意に信順して、水火の二河を顧《かえり》みず、念々《ねんねん》に遺《わす》るることなく、かの*願力の道に乗つて、命を捨て已つて後に、かの国に生ずることを得て、仏と相ひ見《まみ》えて、慶喜《きょうき》何ぞ極まらむ。また一切の行者、行住坐臥、*三業《さんごう》に修するところ、昼夜時節を問ふことなく、常にこの解《さとり》をなし、常にこの想《おも》ひをなす。故に廻《え》向発願心《こうほつがんしん》と名づく。また廻向と言ふは、かの国に生じ已《おわ》つて、*還《かえ》つて大悲を起して、生死《しょうじ》に*廻入《えにゅう》して、衆生を教化するをまた廻向と*名づくるなり。三心既に具すれば、*行として成ぜずといふことなし。*願行《がんぎょう》既に成じて、もし生ぜずは、この処《ことわり》あることなけむ。またこの三心は、また通じて*定善《じょうぜん》の義に摂《せっ》す。まさに知るべし」と。

往生礼讃に云く、「問うて曰く、今《いま》人を勧めて、往生せしめむと欲《おも》はば、いまだ知らず、いかんが安心《あんじん》起行して、業《ごう》をなしてか、定んでかの国土に往生することを得む。答へて曰く、必ず浄国の土に往生せむと欲はば、観経の説の如きは、三心《さんじん》を具すれば必ず往生を得。何等をか三とす。一は至誠心《しじょうしん》、いはゆる身業《しんごう》をもつてかの仏を礼拝《らいはい》し、口業《くごう》をもつてかの仏を讃歎称揚《さんだんしょうよう》し、意業《いごう》をもつてかの仏を専念観察《せんねんかんざつ》す。およそ三業を起すに、必ずすべから

いる(決疑鈔見聞巻四)。

迷倒して…　迷い顚倒して、自ら出した煩悩の糸で自らをしばること。

発遣　尋ねて行けと勧め、つかわす。

二尊　釈尊と阿弥陀仏。

願力の道　行者の願心。

三業　身業・口業・意業。

還つて大悲を起し　往生礼讃には、極楽に往生すること(往相)は上に述べているように記されているが、この文のように極楽からこの土に還ってきて教化すること(還相)は、全くふれていない。しかし本意としては二種の廻向が完具するのが望ましいので、かように述べたと良忠は述べている(決疑鈔巻四)。

廻入　めぐり入る。

名づくる　廬山寺本によって補う。

行として…ことなし　三心を具さない行は別時意方便であるが、三心相応の行は往生行として完全であることを示す文。

願行　浄土への往生を願求する心と、そこに到達するための行である称名念仏とをいう。

定善　一境に住して他に移動せず妄念雑慮しない心(定心)をもって修する善根で、あらゆる観念の行をいう。

く真実なるべし。故に至誠心と名づく。二は深心《じんしん》、即ちこれ真実の信心《しんじん》をもつて、身はこれ煩悩を具足せる凡夫、善根薄少《ぜんごんはくしょう》にして、*三界《さんがい》に流転《るてん》して、火宅《かたく》を出でずと信知し、今、弥陀の*本弘誓願《ほんぐぜいがん》、名号を称すること、下《しも》十声一声等に至るに及ぶまで、定んで往生を得と信知して、ないし一念も疑心あることなし。故に深心と名づく。三は廻《え》向発願心《こうほつがんしん》、所作の一切の善根《ぜんごん》、ことごとく皆廻《え》して往生を願ず。故に廻向発願心と名づく。この三心を具すれば、必ず生ずることを得るなり。*もし一心をも少《か》けぬれば、即ち生ずることを得ず。観経につぶさに説くが如し。まさに知るべし」と。

私に云く、引くところの三心はこれ行者の*至要《しよう》なり。所以はいかんぞ。経*には則ち、「具三心者、必生彼国《三心を具する者は、必ずかの国に生ず》」と云ふ。明らかに知んぬ。三を具すれば、必ず生ずることを得べし。釈*には則ち、「若少一心、即不得生《もし一心をも少《か》けぬれば、即ち生ずることを得ず》」と云ふ。明らかに知んぬ。一も少《か》けぬれば、これさらに不可なり。これによつて極楽《ごくらく》に生ぜむと欲《おも》はむ人は、全く三心を具足すべきなり。

その中に至誠心とは、これ真実の心なり。その相、かの文の如し。ただし外《ほか》に*賢善精《けんぜんしょう》進《じん》の相を現じ、内《うち》に*虚仮《こけ》を懐《いだ》くといふは、外《げ》は内《ない》に対するの辞《ことば》なり。謂はく外相と内心と不調の意《こころ》なり。即ちこれ外《げ》は智《ち》、内《ない》は*愚《ぐ》なり。賢《けん》といふは愚《ぐ》に対するの言《ことば》なり。謂はく外はこれ賢、内は即ち愚なり。善とは悪に対するの辞なり。謂はく外はこれ善、内は即ち悪なり。精進《しょうじん》は懈怠《けたい》に対するの言なり。謂はく外には精進の相を示し、内は即ち懈怠の心を懐くなり。もしそれ外を飜《ほん》じて内に蓄《たくわ》へば、祇《まこと》に*出要《しゅつよう》に備ふべし。内《ない》に虚仮《こけ》を

三界　欲界・色界・無色界。

本弘誓願　一切衆生を済度して仏果を得させようとする仏・菩薩の誓願で、弥陀の別願を弘誓といい、これを万機普益の誓願の義と解している。

もし一心…　文意は三心のうちのいずれか一つでも欠けたならば往生はできないという意であるが、これにつき良忠は、三心は同時に相応するものであるから具欠の不同はないが、それまでの過程において、行者によっては欠ける場合もあり得るのを指したものと解している(決疑鈔巻四)。

至要　大切なもの。

経　観無量寿経。

釈　往生礼讃。

賢善精進　賢はかしこい、才智がすぐれる、善は美しい、まさる、精進は一心に道を修めることで、正しい行いの義。

虚仮　いつわりの心。

愚　智に対するもので、聖光が、「近代の人々学文を先として、その称名を物の員とせず。これ則ち邪義なり、邪執なり、無道人の人なり、後世の心なきなり」(念仏三心要集)という類のものをいい、外面的には物知りのごとく見せかけて、実は内心に信仰もなければ、行もないものを指している。

出要　迷いを出で迷いを離れるかなめ、即ち出離解脱の要道であるとの意。

懐く等とは、内は外に対するの辞なり。謂はく内心《ないしん》と外相《げそう》と不調の意《こころ》なり。即ちこれ内は虚《こ》、外は実《じつ》なり。虚は実に対するの言《ことば》なり。謂はく内は虚、外は実なるものなり。仮は真に対するの辞なり。謂はく内は仮、外は真なり。もしそれ*内を翻じて外に播《ほどこ》さば、また出要に足んぬべし。

次に深心とは、謂はく深信の心なり。まさに知るべし。生死《しょうじ》の家には、疑ひをもつて*所止《しょし》とし、*涅槃《ねはん》の城《しろ》には信をもつて*能入《のうにゅう》とす。故に今、二種の信心《しんじん》を建立《こんりゅう》して、九品《くほん》の往生を決定《けつじょう》するものなり。またこの中に、一切の*別解《べつげ》・別行《べつぎょう》・異学《いがく》・異見《いけん》等と言ふは、これ聖道門《しょうどうもん》の*解行《げぎょう》学見を指すなり。その余は即ちこれ浄土門の意なり。文《もん》にあつて見るべし。明らかに知んぬ、善導の意《こころ》、またこの二門を出《い》でざるなり。

廻向発願心の義、別の釈を俟《ま》つべからず。行者まさにこれを知るべし。この三心は惣じてこれを言へば、もろもろの行法《ぎょうぼう》に通ず、別してこれを言はば、往生の行にあり。今、通《つう》を挙げて別《べつ》を摂《せつ》す。意《こころ》、即ち周《あまね》し。行者よく用心して、敢へて忽諸《こっしょ》せしむることなかれ。

(九)念仏の行者は四修《ししゅ》の法を行用《ぎょうゆう》すべきの文《もん》

善導の往生礼讃《おうじょうらいさん》に云く、「また四修の法を勧行す。何《なに》ものをか四とす。一は*恭敬修《くぎょうしゅ》。いはゆるかの仏および一切の聖衆《しょうじゅ》等を*恭敬礼拝《くぎょうらいはい》す、故に恭敬修と名づく。*命畢《おわ》るを期《ご》として誓うて中止せざる、即ちこれ長時修《じょうじしゅ》なり。二は*無余修《むよしゅ》。いはゆる専らかの仏の名を称して専念し専想し、専らかの仏および一切の聖衆《しょうじゅ》等を礼讃*して、余業《よごう》を雑《まじ》へず、故に無余修と

内を翻じて…足んぬべし　外も内どおりになることで、法然のいう愚痴にかえって往生するという意。

所止　土台。

涅槃の城　極楽浄土のこと。涅槃に至る都城の意で、浄土に往生するものは、必ず涅槃の証を得て不退位に到るが故に、かようにいう。

能入　第一の要具。

別解・別行・異学・異見　浄土教とは異なった別の智足と行足をもつ人を別解・別行といい、また異なった学問と見解をもつ人を異学・異見という。善導は当時の摂論学派を指して、かようにいっているが、法然は聖道門の人を指している。法然が異学・異見は聖道であるとし、聖道を群賊にたとえたことから、法然は許すことのできない釈尊の怨敵であるといきまいたのが、明恵であった(摧邪輪巻下)。

解行学見　認識と修行、研究と見解。

恭敬修　慇重修・尊重修ともいい、心謙虚にして敬うを修習する意。

恭敬　うやうやしくすること。

命畢るを期として　一生涯を終わるまでを限度とするの意。

無余修　一切の善根をあますところなく修習する意と、純粋の二意があり、後者は法然の考えに同じく、正行以外の他の雑行などを修習しないという意。

礼讃　廬山寺本「讃」。

名づく。畢命を期として誓うて中止せざる、即ちこれ長時修なり。三は*無間修《むけんじゅ》。いはゆる相続して恭敬礼拝し、称名《しょうみょう》讃歎《さんだん》し、憶念観察《おくねんかんざつ》し、廻向発願《えこうほつがん》し、心々《しんじん》に相続して、余業《よごう》をもつて来たし間《まじ》へず、故に無間脩と名づく。また貪嗔煩悩《とんじんぼんのう》をもつて来たし間《まじ》へず。犯せむに随ひ、随つて懺ぜよ。念を隔《へだ》て時を隔て日を隔てず、常に清浄《しょうじょう》ならしめよ。また無間脩と名づく。畢命《ひつみょう》を期《ご》として誓うて中止せざる、即ちこれ*長時修《じょうじしゅ》なり」と。

*西方要決《さいほうようけつ》に云く、「ただし四脩を修してもつて正業《しょうごう》となせ。一は長時脩。初発心《しょほっしん》よりないし菩提《ぼだい》まで、恒《つね》に浄因《じょういん》をなして、終《つい》に退転《たいてん》なし。二は恭敬脩《くぎょうしゅ》。これにまた五あり。一は有縁《うえん》の聖人《しょうにん》を敬《うやま》ふ。謂はく行住坐臥、西方に背《そむ》かず、*涕唾便痢《ていだべんり》、西方に向はざるなり。二は有縁の像教《ぞうきょう》を敬ふ。謂はく西方の弥陀の*像変《ぞうへん》を造る。広く作ることあたはず、ただし一仏二菩薩を作ることもまた得《え》たり。教《きょう》とは弥陀経等を五色《ごしき》の袋に盛《い》れて、自ら読み他を教ふ。この経像《きょうぞう》を室《しつ》の中に安置して、六時に*礼懺《らいせん》し、花香《けこう》をもつて供養し、特《こと》に尊重《そんじゅう》をなせ。三は有縁の*善知識《ぜんちしき》を敬ふ。謂はく浄土の教《おし》へを宣《の》ぶる者は、もしは千《せん》*由旬《ゆじゅん》、十由旬より已《この》来《かた》、並びにすべからく敬重《きょうじゅう》し親近《しんごん》し供養すべし。別学《べつがく》の者には、惣じて敬心《きょうしん》を起せ、己《おのれ》と同ぜざるをば、ただし深く敬ふことを知れ。もし軽慢《きょうまん》を生ぜば、罪を得ること窮《きわま》りなし。故にすべからく惣《すべ》て敬ふべし。即ち*行障《ぎょうしょう》を除く。四は同縁《どうえん》の伴《とも》を敬ふ。謂はく同じく業を修する者なり。自ら障《さわ》り重《おも》くして、独業《どくごう》成ぜずといへども、要《かなら》ず良朋《よきとも》によつて、方《まさ》によく行をなす。危《あやう》きを扶《たす》け、厄《やく》を救ふ、助力して相ひ資《たす》けて、同伴《どうばん》の善縁《ぜんえん》深く相ひ保重《ほうじゅう》す。五は三宝《さんぼう》を敬ふ。*同体別相《どうたいべっそう》、並びに深く敬ふべし。つぶさに録《しる》すことあたはず。浅き行者

無間修　無間隙の意で、刹那刹那間断なく菩薩行にいそしむこと。

長時修　長時に時間的長時と、一生涯を終わるを極限として、その中間に中止しないという二義がある。浄土教の長は短に対する長ではなく、念仏生活に入ってから人生を終わるまでの全生涯を意味している。

西方要決　つぶさには「西方要決釈疑通規」といい、大慈恩寺窺基の撰で、諸経論の説より西方往生に対しておこる疑難を会釈し、もって西方往生をすすめたもの。二巻。

涕唾便痢　涙をこぼしたり、唾をはいたり、大小便の不浄を行なったりするをいう。

像変を造る　像は似ることの意で、仏像を真仏に似せてつくる。

礼懺　礼拝し罪過を悔い改めること。

善知識　善をもって人を化す信仰の先輩をいい、良忠はこれに外護・同伴・教授の三種を挙げている（序分義記巻三）。

由旬　踰繕那ともいい、玄奘は二十四指を一肘、四肘を一弓、五百弓を一拘盧舎、八拘盧舎を一踰繕那といい（西域記巻二）、インドの国俗では三十里にあたるという。

行障　修行のさまたげ。

同体別相　同体三宝・別相三宝の略で、宇宙の本体である真如の上に三宝の義の具わっているのを同体三宝、釈尊や弥陀のごとく仏・法・僧の体

のために、果して依脩《えしゅ》せざればなり。住持《じゅうじ》の三宝《さんぼう》とは、今の浅識《せんしき》のために大因縁となる。今ほぼ料簡《りょうけん》せむ。仏宝と言ふは、謂はく檀《だん》に雕《え》り、綺《かんはた》に繍《ぬ》ひ、素質《そしつ》に金容玉《こんようたま》を鏤《ちりば》め、繒《そう》に図《うつ》し、石に磨《す》り、土に削り、この霊像特《こと》に尊承《そんじょう》すべし。蹔《しばら》く形を観たてまつれば、罪消えて福を増す。もし少慢《しょうまん》を生ぜば、悪を長じ善を亡《ほろ》ぼす。ただし尊容《そんよう》を想《おも》ふに、まさに真仏《しんぶつ》を見つべし。法宝《ほうぼう》と言ふは、*三乗《さんじょう》の教旨《きょうし》、*法界所流《ほうかいしょる》なり。*名句《みょうく》の所詮《しょせん》する、よく解縁《げえん》を生ず。故にすべからく珍仰《ちんぎょう》すべし。もつて恵《え》を発《おこ》す基《もとい》なり。尊経《そんぎょう》を抄写《しょうしゃ》して、恒に浄室《じょうしつ》に安んぜよ。箱篋《はこ》に盛れ貯《い》へて、並びに厳敬《ごんぎょう》すべし。読誦《どくじゅ》の時は、身手《しんしゅ》清潔なれ。僧宝《そうぼう》と言ふは、聖僧《しょうそう》・菩薩・破戒の流《ともがら》、*等心に敬を起せ。慢想《まんそう》を生ずることなかれ。三は無間脩。謂はく常に念仏して、往生の心をなす。一切時において、心に恒に*想巧《そうぎょう》すべし。譬へば人あつて、他に*抄掠《しょうりょう》せられて、身下賤《みげせん》となつて、つぶさに艱辛《かんしん》を受けむに、たちまちに父母《ぶも》を思つて、国に走り帰らむことを欲す。*行装《ぎょうそう》いまだ弁ぜず。なほ他の郷《きょう》にあつて、日夜に思《し》惟《ゆい》して、苦しみ忍ぶるに堪へず。時として蹔くも捨てて、*爺嬢《やじょう》を念ぜざることなし。計《はかりごと》をなすこと既に成じて、便《すなわ》ち帰つて達することを得て、父母に親近《しんごん》して、*ほしきままに歓《かん》娯《ご》するがごとし。行者もまたしかなり。往因の煩悩、善心《ぜんしん》を壊乱《えらん》し、福智《ふくち》の珍財《ちんざい》並びに皆散失して、久しく生死《しょうじ》に流れて、制するに自由ならず。恒に魔王のために、しかも僕使《ぼくし》となつて、六道に駆馳《くち》し、身心《しんじん》を苦切《くせつ》す。今善縁《いまぜんえん》に遇うて、たちまちに弥陀《みだ》の慈父《じふ》、弘願《ぐがん》に違《たが》はず、群生《ぐんじょう》を*済抜《さいばつ》することを聞いて、日夜に*驚忙《きょうぼう》して、心を発して往かむと願ふ。所以《このゆえ》に精勤《しょうごん》して倦《う》まずして、まさに*仏恩《ぶつとん》を念ずべし。報《ほう》じ尽すを期《ご》として、心に恒に計《はか》り念《おも》ふ

が別々であるのを別相三宝という。

三乗の教旨　三乗とは声聞乗・縁覚乗・菩薩乗を指し、唯識で三乗真実一乗方便という場合は、三乗は大乗、一乗は小乗であるから、大乗の教えということになる。

法界所流　法は万法、界は体の意、即ち万法の本体。本体界を照らす智慧を根本智といい、その上から衆生界を照らす智慧を後得智という。即ち仏の説教は後得智からあらわれたもので、その説教をつづった経文のもとをたずねて行くと、法界に到達することができる。

名句　法界から流れでた文字や文章。

等心に　心を同じくして。

想巧　思いめぐらすこと。

抄掠　奪い取り盗むこと。

行装　旅装束。旅の用意。

爺嬢　爺は父、嬢は母。ここでは阿弥陀仏にたとえている。

ほしきままに歓娯す　親に懐かれて心まかせに自由に楽しむ。

済抜　苦しみを抜くこと。

驚忙　驚はおどろき、忙は心迫で、いそいそした相をいう。

仏恩　仏の尊い御恩。

べし。四は无余脩。謂はく専ら極楽を求めて、弥陀を礼念《らいねん》するなり。ただし諸余の業行《ごうぎょう》を雑起《ざっき》せしめざれ。所作《しょさ》の業《ごう》、日別《にちべつ》にすべからく念仏誦経《ねんぶつじゅきょう》を脩すべし。*余課《よか》を留《とど》めざるべきのみ」と。

私に云く、四脩の文《もん》見つべし。繁《しげ》きを恐れて解《げ》せず。ただし前文の中に、既に四脩と云うて、ただ三修あり。もしはその文を脱するか。もしはその意《こころ》あるか。さらに脱文《だつもん》にあらず、その深き意を有《も》つなり。何をもつてか知ることを得。四修とは、一には長時修《じょうじしゅ》、二は慇重修《おんじゅうしゅ》、三は無余修《むよしゅ》、四は無間修《むけんじゅ》なり。しかも初めの長時をもつて、ただこれ後の三修に通用《つうゆう》す。謂はく*慇重もし退《たい》せば、慇重の行、即ち成ずべからず。無余もし退せば、無余の行、即ち成ずべからず。無間もし退せば、無間の修、即ち成ずべからず。この三《さん》修《しゅ》の行を成就せしめむがために、みな長時《じょうじ》をもつて、三修に属して、通じて修せしむるところなり。故に三修の下《しも》に皆結《みなけつ》して、「畢命為期誓不中止即是長時修《畢命《ひつみょう》を期《ご》として誓うて中止せざる、即ちこれ長時修なり》」と云ふ、これなり。*例するにかの精進《しょうじん》の、余の五度に通ずるが如くなるのみ。

(十)弥陀化*《け》仏来迎《ぶつらいごう》して、聞経《もんぎょう》の善を讃歎《さんだん》したまはず、
　ただ念仏の行を讃歎したまふの文《もん》

観無量寿経に云く、「或いは衆生あつて、もろもろの悪業《あくごう》を作り、*方等経典《ほうどうきょうてん》を誹謗《ひほう》せずといへども、かくの如きの愚人《ぐにん》、多く衆悪《しゅあく》を造つて、*慚愧《ざんき》あることなし。命《いのち》終らむと欲する

余課　一日に行なうべき仕事を定めておくのを課といい、念仏と誦経以外の宗教行事は、課の中に入れない。

慇重　慇勤尊重の意で、恭敬と同意。

例するに　竜樹の大智度論巻十六に記す他の五度は、精進波羅蜜によって退転せずにすすめられて行くことを示している。

化仏　化は無にして、たちまちあるをいい、化益すべき衆生の願いに応じて仏が自在に救いの相を忽然として現わすところから化仏という。仏格からいえば応身、応化身にあたる。中国では阿弥陀仏の仏格論には化身説と報身説があったが、道綽・善導に至り報身と論断された。しかし、ここでは弥陀化仏とあるところから、良忠門下の間では問題となっている。→補

方等経典　方等は悉曇の毘仏略で、広大経・方広と訳されている。十二部経の一で、大乗阿毘達磨雑集論巻十一に広く甚深の法を宣説するのを方広といっているように、多くの大乗経典を指す。

慚愧　自己の良心に対して恥じるを慚といい、他に対して恥じるのを愧という。

時、善知識のために、大乗《だいじょう》の*十二部経の首題《しゅだい》の名字《みょうじ》を讃《ほ》むるに遇はむ。かくの如きの諸経の名を聞くをもつての故に、千劫《せんごう》の極重《ごくじゅう》の悪業を除却《じょきゃく》す。智者また教へて、掌《たなごころ》を合せ手を叉《あざ》へて南無阿弥陀仏と称せしむ。仏の名を称するが故に、五十億劫の生死《しょうじ》の罪を除く。その時かの仏、即ち化仏・化観世音・化大勢至を遣はして、行者《ぎょうじゃ》の前に至らしめ、讃《ほ》めて言《のたま》はく、善男子《ぜんなんし》、汝仏名《ぶつみょう》を称するが故に、もろもろの罪消滅《しょうめつ》すれば、我来たつて汝を迎ふ」と。

同経の疏に云く、「聞くところの化讃《けさん》、ただし称仏《しょうぶつ》の功を述べて、我来たつて汝を迎ふと、聞経《もんぎょう》の事を論ぜず。しかるに仏の願意に望むれば、ただ*励んで正念《しょうねん》に名を称せしむ。往生の義、疾《と》きこと*雑散《ぞうさん》の業《ごう》に同じからず。*この経および諸部の中の如き、処々《しょしょ》に広く歎じて、勧めて名を称せしむ。まさに*要益《ようやく》とするなり。まさに知るべし」と。

私に云く、聞経《もんぎょう》の善はこれ本願にあらず、雑業《ぞうごう》の故に、化仏讃《けぶつほ》めたまはず。念仏の行はこれ本願の正業《しょうごう》なるが故に、化仏讃歎したまふ。しかのみならず、聞経と念仏とは滅罪の多少不同なり。観経疏に云く、「問うて曰く、何が故ぞ、経を聞くこと十二部、ただし罪を除くこと千劫《せんごう》、仏を称すること一声、即ち罪を除くこと五百万劫とは、何の意《こころ》ぞや。答へて曰く、造罪の人障《さわ》り重くして、加ふるに*死苦《しく》来たり逼《せ》むるをもつてす。善人《ぜんにん》多経《たきょう》を説くといへども、*湌受《さんじゅ》の心*浮散《ふさん》す。心散ずるによるが故に、罪を除くことやや軽《かろ》し。また仏名はこれ一なれども、即ちよく散《さん》を摂《せつ》してもつて心を住せしむ。また教へて正しく念じて名を称せしむ。*心重《おも》きによるが故に、即ちよく罪を除くこと多劫《たこう》なり」と。

十二部経　仏所説の経典を内容と組織の上から分類したもので、契経・応頌・授記経・諷誦・自説・因縁・譬喩・本事・本生・方広・最勝経・論義の十二に分けられている。

励　廬山寺本「勧」。

雑散の業　心の散乱しやすい雑行。

この経　底本は「如此経及諸部中」とあり、「かくの如き経」と読むか、「この経および諸部の中の如き」と読むか両説ある。前者によれば経は観経と同類の三部経を指し、後者によれば観経で、諸部の中に無量寿経と阿弥陀経がはいる(散善義記巻三)。

要益　肝要な利益。

死苦　四苦(生・老・病・死)のなかの最も苦しい死。

湌受　湌は食の義、聖冏は領納の義と釈している。即ち食べものを受けること、転じて教をうけ入れることをいう(伝通記糅鈔巻四十七)。

浮散　心の散乱し、うわついていること。

心重き　経を聞くだけで行者の心が浮散し統一し得ないのに対し、称名はよく心を摂して住せしめるので重といったのであろう。

（十一）雑善《ぞうぜん》に約対《やくたい》して念仏を讃歎するの文《もん》

観無量寿経に云く、「もし仏を念ぜむ者、まさに知るべし、この人は即ちこれ人中《にんちゅう》の*分《ふん》陀《だ》利《り》華《け》なり。観世音《かんぜおん》菩薩《ぼさつ》・大勢至《だいせいし》菩薩《ぼさつ》、その*勝友《しょうゆう》となる。まさに*道場《どうじょう》に坐して、*諸仏の家に生まる」と。

同経の疏に云く、「「若念仏者」といふより下《しも》、「生諸仏家」に至るまでより已来《いらい》は、正《まさ》しく念仏三昧《ねんぶつざんまい》の功能超絶《くのうちょうぜつ》して、実に*雑善《ぞうぜん》の比類《ひるい》とすることを得るにあらざることを顕はす。即ちその五あり。一は専ら弥陀仏の名を念ずることを明かし、二は能念《のうねん》の人を讃《ほ》むることを明かし、三はもしよく相続して念仏すれば、この人甚だ希有《けう》とし、さらに物として、もつてこれに方《なら》ぶべきことなきことを明かす。故に分陀利を引いて喩へとす。分陀利と言ふは人中の*好花《こうけ》と名づけ、また*希有花《けうけ》と名づけ、また人中の上々花と名づけ、また人中の*妙好花《みょうこうけ》と名づく。この花、相伝して*蔡花《さいけ》と名づくる、これなり。念仏の者は、即ちこれ人中の好人《こうにん》なり、人中の*妙好人《みょうこうにん》なり、人中の上々人なり、人中の希有人《けうにん》なり、人中の最勝人《さいしょうにん》なり。四は専ら弥陀の名を念ずれば、即ち観音・勢至常に随つて影護《ようご》したまふこと、また親友知識の如くなることを明かす。五は今生《こんじょう》既にこの益《やく》を蒙つて、命を捨てて、即ち諸仏の家に入ることを明かす。即ち浄土これなり。彼《かしこ》に到り長時《じょうじ》に法を聞いて*歴事《りゃくじ》し供養す。*因円《いんまど》かに、果《か》満《まん》ず。道場の座、あに*賒《おそ》からむや」と。

私に問うて曰く、経に、「もし仏を念ぜむ者、まさに知るべし、この人」等と云ふは、

分陀利華　悉曇で、白蓮華・百葉華とも訳す。ここでは念仏行人を蓮華中でも、最もすぐれて美しい白蓮華に喩えている。
勝友　すぐれた同伴者、友人。
道場　仏道修行の場所。元来は中インド伽耶城の南にあたる釈尊成道の地に名づけたものであるが、後には仏心開顕のところを道場と称するようになった。
諸仏の家に生まる　諸仏の法王である阿弥陀仏の浄土に生まれること。
雑善　念仏の多善根に対して、随他意説法の雑修雑行の少善根福徳の因縁をいい、少善根・劣善根ともいう。
好花　花の中でもすぐれた好い花。
希有花　花のなかでも希にしか見ることのできない花。
妙好花　霊妙にして勝れた花。
蔡花　良忠は論語公冶長篇の註に、「蔡は蔡国の君の守亀、蔡の地に出づ、故に名とす」といい、史記の亀策伝に亀千歳にして蓮華の上に遊ぶとあるのをとり合わせて、千歳の霊亀が遊ぶ華という意にとりなし、これ即ち蓮華のことをいったものと解している（散善義記巻三）。
妙好人　念仏行者の讃称。好人、希有人、最勝人というに同じ。念仏の法門を信受する人は、人中の白蓮華のごとくすぐれた人であるという意。
歴事し供養す　諸仏の土に遊歴し、奉事供養すること。

ただ念仏者に約して、しかもこれを讃歎す。*釈家《しやくけ》何の意《こころ》あつてか、「実に雑善《ぞうぜん》の比類とするることを得るにあらず」と云つて、雑善に相ひ対して、独《ひと》り念仏を歎《ほ》むるや。答へて曰く、文《もん》の中に隠れたりといへども、*義意《ぎい》これ明らけし。知る所以は、この経既に定散の諸善、并びに念仏の行を説いて、しかもその中において、孤《ひと》り念仏を標《ひよう》して芬陀利《ふんだり》に喩ふ。雑善に待《たい》するにあらずは、いかんがよく念仏の功の余善諸行に超《こ》えたることを顕《あら》はさむ。しかれば則ち、「念仏の者は即ちこれ人中の好人」とは、これ*悪に待《たい》して美《ほ》むるところなり。「人中の妙好人」と言ふは、これ麁悪《そあく》に待して称するところなり。「人中の上々人」と言ふは、これ下々《げげ》に待して讃《ほ》むるところなり。「人中の希有人《けうにん》」と言ふは、これ常有《じようう》に待して歎《ほ》むるところなり。「人中の最勝人」と言ふは、これ最劣に待して褒《ほ》むるところなり。

問うて曰く、既に念仏をもつて上々《じようじよう》と名づけば、何が故ぞ、上々品の中に説かずして、下々品に至つて、しかも念仏を説くや。答へて曰く、あに前に云はずや。念仏の行は広く九品に亘《わた》ると。即ち前に引くところの往生要集に、「その勝劣《しようれつ》に随つて、まさに九品を分つべし」と云ふ、これなり。しかのみならず、下品下生《げぼんげしよう》はこれ五逆重罪《ごぎやくじゆうざい》の人なり。しかもよく逆罪を除滅《じよめつ》すること、*余行の堪《た》へざるところなり。ただ念仏の力のみあつて、よく重罪を滅するに堪へたり。故に極悪最下《ごくあくさいげ》の人のために、極善最上《ごくぜんさいじよう》の法を説くところなり。例するに、かの*無明淵源《むみようえんげん》の病《やまい》は、中道府蔵《ちゆうどうふぞう》の薬《くすり》にあらずは、即ち治《ち》することあたはざるが如し。今この五逆の重病の淵源は、またこの念仏の霊薬府蔵《れいやくふぞう》なり。この薬にあ

因円かに、果満ず　菩薩としてなすべき因行をまどかに修すれば、仏果の功徳を成満することができる。
賖し　賖は遥、また遠の義。
釈家　善導を指す。

義意　意とするところ。

悪に待して　この悪は善に対する悪ではなしに、好に対する悪で、劣の意である。
余行の堪へざる所　底本には、「所不堪余行」とあり、五逆罪を滅することは、余行としてたえられるところではないとの意であるが、正しくは「余行所不堪」と書くべきである。深励は、かかる文にしたのは恐らく執筆者の不慮の過であろうといっている(選択集講義巻五)。

無明淵源の病は、中道府蔵の薬　これは智顗が、「登地のとき病を知り病の淵源を尽す。その持薬を知り薬の府蔵を窮む」(摩訶止観巻六)と述べたのを、荊渓が、「深水を淵と曰ひ、水本を源と曰ふ。衆生の病を見て病の根本を知る。(中略)無明を病の淵源とし、中道を薬の府蔵とす」(止観弘決伝輔行巻六)といったのに依ったもの。

らずは、何ぞこの病を治せむ。故に弘法大師《こうぼうだいし》の*二教論《にきょうろん》に、六波羅蜜経《ろくはらみつきょう》を引いて云く、「第三の法宝《ほうぼう》といふは、いはゆる過去無量の諸仏所説の正法《しょうぼう》と、および我が今の所説となり。いはゆる*八万四千のもろもろの妙法蘊《みょうほううん》なり。ないし有縁《うえん》の衆生を*調伏《じょうぶく》し純熟《じゅんじゅく》して、しかも阿難陀《あなんだ》等の諸大弟子をして、一たび耳に聞いて、皆ことごとく憶持《おくじ》せしむ。摂《せつ》して五分《ごぶん》とす。一は*素怛纜《そたらん》、二は*毘奈耶《びなや》、三は*阿毘達磨《あびたつま》、四は*般若波羅蜜多《はんにゃはらみった》、五は*陀羅尼門《だらにもん》なり。この*五種の蔵《ぞう》は有情《うじょう》を教化《きょうけ》し、度《ど》すべきところに随つて、しかもためにこれを説く。もしかの有情《うじょう》、山林に処《しょ》せむと楽《ねご》うて、常に閑寂《かんじゃく》に居《こ》して、*静慮《じょうりょ》を脩せむ者には、しかも彼のために素怛纜蔵を説く。もしかの有情、威儀《いぎ》を楽ひ習ひ正法《しょうぼう》を護持して、一《いち》味和合《みわごう》して、久住《くじゅう》することを得しむ、しかも彼のために毘奈耶蔵を説く。もしかの有情、正法《しょうぼう》を楽うて説き、*性相《しょうそう》を分別《ふんべつ》し、*循環研覈《じゅんかんけんきゃく》して、究竟甚深《くきょうじんじん》なり、しかも彼のために阿毘達磨蔵を説く。もしかの有情、大乗真実の智慧を楽ひ習ひて、*我法執着《がほうしゅうじゃく》の分別《ふんべつ》を離る、しかも彼のために般若波羅蜜多蔵を説く。もしかの有情、契経《かいきょう》・*調伏《じょうぶく》・*対法《たいほう》・*般若《はんにゃ》を受持することあたはず、或いはまた有情あつて、もろもろの悪業を造り、*四重《しじゅう》・*八重《はちじゅう》・*五《ご》無間罪《むけんざい》・謗方等経《ほうほうどうきょう》・*一闡提《いっせんだい》等の種々の重罪をして、*銷滅《しょうめつ》することを得しめ、速やかに解《げ》脱《だつ》し、頓《と》く涅槃《ねはん》を悟る。しかも彼のためにもろもろの陀羅尼蔵を説く。この五蔵は、譬へば乳《にゅう》・酪《らく》・生酥《しょうそ》・*熟酥《じゅくそ》および*妙醍醐《みょうだいご》の如し。契経《かいきょう》は乳の如く、調伏《じょうぶく》は酪の如く、対法《たいほう》教《きょう》はかの生酥の如く、大乗般若はなほし熟酥の如く、*捴持門《そうじもん》は譬へば醍醐の如し。醍醐の味《あじわ》ひ、乳・酪・酥の中に微妙第一《みみょうだいいち》なり。よく諸病を除いて、もろもろの有情をして、

二教論　つぶさには弁顕密二教論といい、二巻ある。
八万四千…妙法蘊　↓補
調伏し純熟す　荒れくるう衆生の根機をしらべ、おさえつけること。
素怛纜　悉曇で、経蔵をいう。
毘奈耶　悉曇で、律蔵をいう。
阿毘達磨　悉曇で、論蔵をいう。
般若波羅蜜多　悉曇で智慧度と訳し、真実の智慧を説く諸種の大乗経典。
陀羅尼　悉曇で総持・能遮と訳し、密教をいう。
五種の蔵　↓補
静慮　悉曇の禅那の訳で、心を散乱しないのをいう。
性相　本体(性)と現象(相)。
循環研覈　それからそれへと循環して問題を深く追究すること。
我法執着　自我意識と所有観念としての繋縛。
調伏　戒法。ととのえこなしつける。
対法　論蔵。
般若　智慧。
四重　婬・盗・殺・戒。
八重　四重に、女子として慎しむべき摩触・八事(捉手・捉衣・入屏処・共立・共語・共行・身相倚・共期)・覆尼・随挙苾芻を加えたもの。
五無間罪　五逆に同じ。
一闡提　生死を楽欲し、仏となる性のないもの。
銷滅　きえほろびること。
熟酥　廬山寺本によって補う。

身心安楽《しんじんあんらく》ならしむ。捴持門は、契経等の中に最も第一とす。よく重罪を除き、もろもろの衆生をして、生死《しょうじ》を解脱《げだつ》して速やかに涅槃安楽《ねはんあんらく》の法身《ほっしん》を証せしむ」と。〈已上〉この中《うち》、五無間罪《ごむけんざい》はこれ五逆罪《ごぎゃくざい》なり。即ち醍醐の妙薬にあらずは、五無間の病《やまい》、甚だ療《りょう》し難しとす。念仏もまた然《しか》なり。往生の教の中に、念仏三昧《ねんぶつざんまい》はこれ捴持の如く、また醍醐の如し。もし念仏三昧の醍醐の薬にあらずは五逆深重《ごぎゃくじんじゅう》の病《やまい》は甚だ治《ち》し難しとす。まさに知るべし。

問うて曰く、もししからば下品上生《げぼんじょうしょう》は、これ十悪軽罪《じゅうあくきょうざい》の人なり。何が故ぞ念仏を説くや。答へて曰く、念仏三昧は、重罪なほ滅す、いかにいはんや、軽罪《きょうざい》をや。余行はしからず。或いは軽《きょう》を滅して、重《じゅう》を滅せざるあり。或いは一を消《け》して、二を消さざるあり。念仏はしからず、軽重《きょうじゅう》兼ね滅す、一切遍《いっさいあまね》く治《ち》す。譬へば*阿伽陀薬《あかだやく》の、遍く一切の病《やまい》を治するが如し。故に念仏をもつて、*王三昧《おうざんまい》とす。およそ*九品《くほん》の配当は、これ一往《いちおう》の義なり。*五逆の廻心《えしん》、上々《じょうじょう》に通ず。読誦《どくじゅ》の妙行、また下々《げげ》に通ず。十悪の軽罪、破戒の次罪《じざい》、おのおの上下に通じ、解第一義《げだいいちぎ》、発菩提心《ほつぼだいしん》、また上下に通ず。一法におのおの九品あり。もし品に約せば、即ち九々《くく》八十一品《はちじゅういっぽん》なり。しかのみならず、迦才《かざい》の云く、「*衆生、行《ぎょう》を起すに既に千殊《せんしゅ》あり。往生して土《くに》を見ること、また万別《まんべつ》あり」と。一往《いちおう》の文《もん》を見て*封執《ふしゅう》を起すことなかれ。

その中に、念仏はこれ即ち勝行《しょうぎょう》なり。故に芬陀利《ふんだり》を引いて、もつてその喩《たと》へとす。譬への意《こころ》まさに知るべし。しかのみならず、念仏行者をば観音《かんのん》・勢至《せいし》、影と形との如く、暫くも捨離《しゃり》せず。余行はしからず。また念仏者は、命を捨て已つて後、決定《けつじょう》して極楽世

妙醍醐　酪の精純なるもの、味甘美にして滋養に富むこと妙なるもの。

捴持門　総持門。総持は悉曇の陀羅尼に当たり、すべての善法を持って悪を散ぜさせず、すべての悪法を持って善を起こさせない深い智慧の働き。

阿伽陀薬　阿伽陀は悉曇で、無病・無価・普去と訳し、不死薬ともいう薬名。慧苑音義巻上に、「阿はこれに普と言ひ、揭陀は去と言ふ。言ふこころは、この薬を服すれば、身中の諸病、あまねく皆除去すればなり」と述べている。

王三昧　大智度論巻七に、「いかんがこの三昧を王三昧と名づくるか、この三昧は諸三昧中において最も第一なりとす」とあり、道綽もこの文により、「念仏三昧は即ちこれ一切三昧の王なる故なり」(安楽集巻上)と述べている。

九品　観無量寿経の上中下の三輩に、それぞれ上中下の三品を配したもの。

五逆…上々に通ず　良忠は、五逆人も命延び日積み、運心の年もたけなわなる者は上々品に生ずることができると釈し、それは念数の多いばかりではなく、心の強弱により仏願強きによって、臨終の十念をとなえた五逆者も上々品に生ずることができるといっている(決疑鈔巻四)。

衆生…万別あり　浄土論巻上。

封執　かたくなにとらわれること。

界に往生す。余行は不定《ふじょう》なり。およそ五種の*嘉誉《かよ》を流《なが》し、二尊の影護《ようご》を蒙る。これはこれ*現益《げんやく》なり。また浄土に往生して、ないし仏に成る、これはこれ当益《とうやく》なり。また道綽禅師《どうしゃくぜんじ》は、念仏の一行において始終《しじゅう》の両益《りょうやく》を立つ。安楽集《あんらくしゅう》に云く、「念仏の衆生を摂取《せっしゅ》して捨てたまはず、寿《いのち》尽きて必ず生ず」、これを始めの益《やく》と名づく。終りの益《やく》と言ふは、*観音授記経《かんのんじゅききょう》によるに、阿弥陀仏、世に住すること長久にして、兆載永劫《ちょうさいようごう》に、また滅度《めつど》したまふことあり。般涅槃《はつねはん》の時、ただ観音・勢至あつて、安楽に住持し、十方《じっぽう》を接引《しょういん》す。その仏の滅度、また住世《じゅうせ》と時節、等同なり。しかるにかの国の衆生は、一切仏《いっさいほとけ》を*覩見《とけん》する者あることなし。ただ一向に専ら阿弥陀仏を念じて往生する者のみあり。常に弥陀は現在して、滅したまはずと見たてまつる。これ即ちこれその終益《しゅうやく》なり」と。〈已上〉まさに知るべし。念仏はかくの如き等の現当二世《げんとうにせ》、始終《しじゅう》の両益《りょうやく》あり。まさに知るべし。

(十二)釈尊、定散《じょうさん》の諸行を付属したまはず。ただ念仏をもつて
　阿難《あなん》に付属したまふの文《もん》

観無量寿経に云く、「仏《ほとけ》、阿難に告げたまはく、汝よくこの語を持《たも》て。この語を持てとは、即ちこれ無量寿仏の名を持てとなり」と。*同経の疏に云く、「仏告阿難汝好持是語といふより以下は、正《まさ》しく弥陀の名号を付属して、*遐代《かだい》に流通《るずう》することを明かす。上より来《このかた》、定散両門の益《やく》を説くといへども、*仏の本願に望むれば、意《こころ》衆生《しゅじょう》をして一向に専ら弥陀仏の名を称せしむるにあり」と。

嘉誉を流し　嘉誉は、良いほまれの意で、念仏者に与えられる好人・上々人等の名誉ある名をいう。流は、伝えるまたは与えるの意。
現益　当益に対する語で、現在世の利益の意。当益は来世に得る利益。
観音授記経　宋曇無竭訳。一巻。
覩見　ちょっと目にふれる。
同経の疏　観経疏散善義。
遐代　はるか後の世。末代。
仏の本願　仏とはどの仏を指すかについて、阿弥陀とみる説と釈尊とみる両説があり、前者によれば下の「意」は「釈尊の意」になる。
疏　観経疏。
日想観　極楽浄土の方所を知るために、日輪の出没が東西正当であるときを選び、落日を観じ、かの土の光明を観想し念を浄土におよぼすこと。
水想観　極楽浄土の大地を観想する方便としての観法で、まず水の清澄なるを観じ、漸次に思いをすすめてかの土の瑠璃の大地の寛平広大なるを観ずること。
地想観　極楽浄土の大地を観ずること。
宝樹観　極楽浄土の宝樹の不思議なる徳相を観ずること。
宝池観　極楽浄土の八功徳池の不思議なる徳相を観ずること。
宝楼閣観　極楽浄土の一々の界上にある五百億の宝楼珠閣を観ずること。
花座観　極楽浄土のあるじ阿弥陀仏

の台座たる七宝の蓮華を観ずること。
像想観　真仏の形像を観想すること。
普往生観　あまねく極楽浄土の依正二報の荘厳を観想するをいう。
雑想観　種々なものをまじえ観ずる。
疑慮　疑いおもんぱかること。
三福　世福・戒福・行福。世福は世善ともいい、一般の人倫道徳。戒福は戒善ともいい、戒を守る善。行福は行善ともいい、大乗心をおこし、自ら特殊な宗教的行法を行なうのみならず、また人にもすすめ悪を捨てしめ善心を保持し、浄土往生を願ずるものをいう。
経　観無量寿経。
師長　師また目上の人、尊者。
三帰　仏法僧の三宝に帰依し、長く一切の苦を解脱すること。
孝経等　孝経に、「身体髪膚これを父母に受く。敢へて毀傷せざるを孝の始めとし、身を立て道を行ひ、名を後世に揚げて父母を顕はすは孝の終りなり」、論語に、「父在すときはその志を観、父没するときはその行を観る。三年父の道を改むることなきを孝と謂ふべし」とあるを指す。
律　四分律。
四無量心　慈無量・悲無量・喜無量・捨無量。
慈無量　無量の衆生を縁として、楽を得させようと思惟して、慈しみをなすこと。

私に云く、*疏《しょ》の文を案ずるに二行《にぎょう》あり、一には定散、二は念仏。初めに定散と言ふは、また分ちて二とす。一は定善《じょうぜん》、二は散善《さんぜん》。初めに定善について、その十三あり。一には*日想観《にっそうかん》、二は*水想観《すいそうかん》、三は*地想観《じそうかん》、四は*宝樹観《ほうじゅかん》、五は*宝池観《ほうちかん》、六は*宝楼閣観《ほうろうかくかん》、七は*花座《けざ》観《かん》、八は*像想観《ぞうそうかん》、九は阿弥陀仏観《あみだぶつかん》、十は観音観《かんのんかん》、十一は勢至観《せいしかん》、十二は*普往生観《ふおうじょうかん》、十三は*雑想観《ざつそうかん》、つぶさに経説の如し。たとひ余行なしといへども、或いは一、或いは多、その所堪に随つて十三観《じゅうさんがん》を脩し、往生を得べし。その旨、経に見えたり。敢へて*疑慮《ぎりょ》することなかれ。

次に散善《さんぜん》について二あり。一は*三福《さんぷく》、二は九品。初めに三福とは、*経に曰く、「一は孝養父母《きょうようぶも》、奉事《ぶじ》*師長、慈心《じしん》不殺、脩十善業《じゅうぜんごう》。二は受持*三帰《さんき》、具足衆戒《しゅかい》、不犯《ぼん》威儀。三は発菩提心、深信因果、読誦大乗、勧進行者《かんじんぎょうじゃ》」と。〈已上経文〉孝養父母《きょうようぶも》とは、これについて二あり。一は世間の孝養、二は出世の孝養。世間の孝養とは、*孝経《こうきょう》等の説の如し。出世の孝養とは、*律《りつ》の中の生縁奉事《しょうえんぶじ》の法の如し。奉事師長とは、これについてまた二あり。一は世間の師長、二は出世の師長。世間の師とは仁《じん》・義《ぎ》・礼《れい》・智《ち》・信《しん》等を教ふる師なり。出世の師は、聖道・浄土の二門等を教ふる師なり。たとひ余行なしといへども、孝養奉事をもつて、往生の業《ごう》とするなり。慈心不殺、脩十善業とは、これについて二義あり。一は初めに慈心不殺とは、これ*四無量心《しむりょうしん》の中の初めの*慈無量《じむりょう》なり。即ち初めの一を挙げて、後《のち》の三を摂《せっ》するなり。たとひ余行なしといへども、四無量心をもつて、往生の業とするなり。次に脩十善業は、一は不殺生《ふせっしょう》、二は不偸盗《ふちゅうとう》、三は不邪婬《ふじゃいん》、四は不妄語《ふもうご》、五は

*不綺語《ふきご》、六は不悪口《ふあっく》、七は不両舌《ふりょうぜつ》、八は不貪《ふとん》、九は不瞋《ふしん》、十は不邪見《ふじゃけん》なり。二は慈心不殺、修十善業の二句を合して一句とす。謂はく初めに慈心不殺とは、これ四無量の中の慈無量にはあらず。これ十善の初めの不殺《ふせつ》を指す。故に知んぬ、正しくこれ十善の一句なり。たとひ余行なしといへども、十善業をもつて、往生の業とするなり。*受持三帰とは、仏法僧《ぶっぽうそう》に帰依《きえ》するなり。これについて二あり。一は大乗の三帰、二は小乗の三帰。具足衆戒《しゅかい》とは、これに二あり。一は*大乗戒、二は*小乗戒。不犯*威儀《いぎ》は、これにまた二あり。一は大乗、謂はく八万あり。二は小乗、謂はく三千あり。発菩提心《ぼだいしん》とは、諸師の意《こころ》不同《ふどう》なり。天台には即ち四教《しきょう》の菩提心あり。謂はく蔵《ぞう》・通《つう》・別《べつ》・円《えん》これなり。つぶさには*止観《しかん》の説の如し。真言には即ち三種の菩提心あり。謂はく*行願《ぎょうがん》・*勝義《しょうぎ》・*三摩地《さんまじ》これなり。つぶさには菩提心論の説の如し。華厳にはまた菩提心あり。かの菩提心義および遊心安楽道等の説の如し。三論・法相に、おのおの菩提心あり。つぶさにはかの宗の章疏《しょうしょ》等の説の如し。また*善導《ぜんどう》の所釈《しょしゃく》の菩提心あり。つぶさには疏に述ぶるが如し。発菩提心《ほつぼだいしん》その言《ことば》一なりといへども、おのおのその宗に随つて、その義不同なり。しかれば則ち菩提心の一句、広く諸経に亘《わた》り、遍《あまね》く顕密を該《か》ねたり。*意気博遠《いきはくおん》にして、*詮測沖邈《せんしきちゅうばく》なり。願はくはもろもろの行者《ぎょうじゃ》、一を執《しゅう》して万を遮《しゃ》することなかれ。もろもろの往生を求むる人、おのおのすべからく自宗の菩提心を発《おこ》すべし。たとひ余行なしといへども、菩提心をもつて往生の業とするなり。深信因果とは、これについて二あり。一は世間の因果、二は出世の因果。世間の因果は、即ち六道の因果なり。*正法念経《しょうぼうねんぎょう》の説の如し。出世の

不綺語　綺はあや模様のある織物。すなわち言葉にあやばかりつくるような、不真実な言葉をつかわぬこと。

受持三帰　仏法僧の三宝に帰依する意で、三帰を善知識から授かり、心に憶持すること。三帰のうち、仏がいまだ二百五十戒等を制しないとき、直ちに三帰を説き受具せしめるのを直受三帰、五戒・八戒・十戒・具足戒を授かるためにうける三帰を受持三帰という。

大乗戒　瓔珞本業経巻下の三聚浄戒や梵網経巻下の十重四十八軽戒などを指し、いずれも尽未来際の要期をもって受ける。

小乗戒　五分律・四分律等の律書に明かす五戒・八斎戒・二百五十戒・五百戒等を指す。

威儀　威ある儀容の意で、一挙手一投足ことごとく規矩に合して方正を失わず、自ら見るものをして崇敬の念をおこさしめる儀容をいう。

止観　摩訶止観(智顗説、章安註)。

行願　大慈悲。

勝義　一切法自性なしと知り、涅槃を証得しようとする自利心。

三摩地　心を一境、即ち生仏一如、凡聖不二の境地に専注すること。

善導の所釈の菩提心　↓補

意気博遠　意気ごみが広博であり、深遠なること。

詮測沖邈　おしはかることが、深くはてしない。

因果は、即ち*四聖《ししょう》の因果なり。もろもろの大小乗経の説の如し。もしこの因果の二法をもつて、遍《あまね》く諸経を摂《せつ》せば、諸家不同なり。しばらく天台によらば、謂はく華厳《けごん》は仏・菩薩二種の因果を説き、阿含《あごん》は声聞《しょうもん》・縁覚《えんがく》の二乗の因果を説き、方等《ほうどう》の諸経は四乗*の因果を説くなり。般若《はんにゃ》の諸経は通・別・円の因果を説き、法華は仏因仏果《ぶついんぶつか》を説き、涅槃《ねはん》はまた四乗の因果を説くなり。しかれば則ち深信因果《じんしんいんが》の言《ことば》は、遍普《あまね》く一代を該《か》ね羅《つら》ねたり。もろもろの往生を求めむ人、たとひ余行なしといへども、深信因果をもつて、往生の業《ごう》とすべし。

読誦大乗《どくじゅだいじょう》とは、分ちて二とす。一は読誦*、二は大乗。読誦は、即ちこれ五種*法師《ほっし》の中に*転読《てんどく》・諷誦《ふじゅ》の二師を挙げて、受持《じゅじ》等の三師を顕《あら》はす。もし*十種法行《じっしゅほうぎょう》に約せば、即ちこれ*披読《ひどく》・諷誦の二種の法行《ほうぎょう》を挙げて*、書写供養《しょしゃくよう》等の八種の法行を顕はすなり。大乗*は小乗を簡《えら》ぶ言なり。別に一経を指すにあらず。通じて一切の諸大乗経を指す。謂はく、一切とは仏意《ぶっち》広く一代所説の諸大乗経を指す。しかも一代の所説において、已《い》*結集《けつじゅう》の経あり、未結集《みけつじゅう》の経あり。また已結集の経において、或いは*竜宮《りゅうぐう》に隠れて人間に流布《るふ》せざるの経あり、或いは天竺《てんじく》に留まつて、いまだ漢地《かんち》に来到《らいとう》せざるの経あり。しかも今、飜訳《ほんやく》将来《しょうらい》の経について、これを論ぜば、*貞元《ていげん》の入蔵《にゅうぞう》の録《ろく》の中に大般若経《だいはんにゃきょう》六百巻より始めて、法常住経に終るまで、顕密の大乗経、惣《すべ》て六百三十七部、二千八百八十三巻なり。皆すべからく読誦大乗の一句に摂すべし。願はくは西方《さいほう》の行者《ぎょうじゃ》、おのおのその意楽《いぎょう》に随つて、或いは法華《ほっけ》を読誦して、もつて往生の業とし、或いは華厳《けごん》を読誦して、もつて往生の業

正法念経　正法念処経七十巻、瞿曇般若流支訳。
四聖　声聞・縁覚・菩薩・仏、または阿弥陀・観音・勢至・大海衆。
四乗　声聞乗・縁覚乗・菩薩乗・一乗(仏乗)。
読誦　文について読むのを読、文をはなれ諳じてよむのを誦という。
五種法師　経典を受持し、読み、誦し、解説し、書写する五種の法師。
転読　大部の経典の場合、経文の初・中・終の要所である数行、または題目と品名とだけを読むこと。
十種法行　仏教実践の方法を、書写・供養・流伝・諦聴・自読・憶持・広説・諷誦・思惟・修行の十種にまとめたもの。
披読　経文をひらいて読むこと。
乗　廬山寺本によって補う。
結集　結経・集法蔵ともいう。書写の法の完備していなかった釈尊滅後の弟子たちは、初めは互いに聞いたことを憶持していたが、これを後世に伝えるため、各自聴聞したことを読み合わせて異同を正し、正邪を明らめるため、諸弟子相い会して仏の遺法を読み合わした。これを結集という。
竜宮　竜王の住むところ。或いはまた竜樹がいうが如く、竜族の宮殿を意味するのであろうか。
貞元の入蔵の録　↓補

とし、或いは*遮那《しやな》・*教王《きようおう》および諸尊《しよそん》の法《ほう》等を受持読誦して、もつて往生の業とし、或いは般若《はんにや》・方等《ほうどう》および涅槃経《ねはんぎよう》等を解説《げせつ》し書写して、もつて往生の業とせよ。これ則ち浄土宗の観無量寿経の意《こころ》なり。

問うて曰く、顕密《けんみつ》の旨《むね》異なり。何ぞ顕の中に密を摂《せつ》するや。答へて曰く、これは顕密の旨を摂せむと云ふにはあらず。貞元入蔵録の中に、同じくこれを編んで、大乗経の限りに入る。故に読誦大乗《どくじゆだいじよう》の一句に摂するなり。

問うて曰く、*爾《に》前《ぜん》の経の中に、何ぞ法華《ほつけ》を摂するや。答へて曰く、今言ふところの「摂す」は、*権《ごん》・実《じつ》・偏《へん》・円《えん》等の義を論ずるにはあらず。読誦大乗の言《ことば》、普《あまね》く前後の大乗の諸経に通ず。前とは観経已前《かんぎよういぜん》の諸大乗経これなり。後《ご》とは*王宮《おうぐう》已後の諸大乗経これなり。ただし大乗と云つて、権実を選ぶことなし。しかれば則ち正《まさ》しく華厳・方等・般若・法華・涅槃等の諸大乗経に当れり。勧進行者《かんじんぎようじや》は、謂はく定散の諸善および念仏三昧《ねんぶつざんまい》等を勧進するなり。

次に九品《くほん》とは、前の*三福《さんぷく》を開《かい》して九品の業とす。謂はく上品上生《じようぼんじようしよう》の中に、慈心《じしん》不殺と言ふは、即ち上《かみ》の世福《せふく》の中の第三の句に当れり。次に具諸戒行《かいぎよう》とは、即ち上《かみ》の戒福《かいふく》の中の第二の句の具足衆戒《しゆかい》に当れり。次に読誦大乗とは、即ち上の行福《ぎようふく》の中の第三の句の読誦大乗に当れり。次に修行*六念《ろくねん》とは、即ち上の第三の福の中の第三の句の意《こころ》なり。上品《じようぼん》中生《ちゆうしよう》の中に善解義趣《ぎしゆ》等と言ふは、即ちこれ上の第三の福の中の第二・第三の意なり。上品下生《じようぼんげしよう》の中に深信因果・発道心等と言ふは、即ちこれ上の第三の福の第一・第二の意

遮那　大毘盧遮那成仏神変加持経(大日経)。

教王　金剛頂一切如来真言摂大乗現証大教王経(金剛頂経)。

爾前の経　法華経の説かれる以前に説かれた経。

権・実・偏・円　天台学的立場からの一代仏教の価値観をいい、摩訶止観巻三には、「権はこれ権謀にして、暫く用ゐ還つて廃するもの、実はこれ実録にして究竟の旨帰」と述べ、偏については、「偏は偏僻に名づく」といっている。即ち権は方便、実は真実、偏はかたよったさま、円は完全なすがたをいう。

王宮已後の…　インドのマカダ国の王宮で説かれた観無量寿経。

三福…業とす　三福は序分に示され、九品は正宗分に説かれており、善導は開いて九品、合して三輩としたとし、両者は開合の異なりにしかすぎぬといっている。しかも善導は三福を正因とし、九品を正行としている。この区別につき、良忠は、行とともなわないときの行因を正因、正しく実動に移った行を正行と名づけたまでのことで、その内容を異にするものではないという(散善義記巻一)。

六念　念仏・念法・念僧・念戒・念施・念天。

なり。中品上生の中に受持五戒等と言ふは、即ち上の第二の福の中の第二の句の意なり。中品中生の中に、或いは一日一夜受持*八戒斎《はっかいさい》等と言ふは、また同じく上の第二の福の意なり。中品下生の中に、孝養父母《きょうようぶも》・行世仁慈《にんじ》等と言ふは、即ち上の初めの福の第一・第二の句の意なり。下品上生は、これ十悪の罪人なり。*臨終《りんじゅう》の一念に罪滅《つみめつ》して生ずることを得。下品中生は、これ破戒の罪人なり。臨終に仏の依正《えしょう》の功徳《くどく》を聞いて、罪滅して生ずることを得。下品下生《げぼんげしょう》は、これ五逆《ごぎゃく》の罪人なり。*臨終の十念に、罪滅して生ずることを得。この三品は尋常の時、ただ悪業《あくごう》を造つて往生を求めずといへども、臨終の時、始めて善知識《ぜんちしき》に遇うて即ち往生を得。もし上の三福に准ぜば、第三福《だいさんぷく》の大乗の意なり。定善・散善、大概《たいがい》かくの如し。文《もん》に即ち「上より来《このかた》、定散両門の益《やく》を説くといへども」と云ふ、これなり。

次に念仏は、専ら弥陀仏の名を称する、これなり。念仏の義、常の如し。しかも今、「正明付属、弥陀名号、流通於遐代《正《まさ》しく弥陀の名号《みょうごう》を付属して遐代《かだい》に流通《るずう》することを明かす》」と言ふは、およそこの経の中に既に広く定散の諸行を説くといへども、即ち定散をもつて阿難《あなん》に付属し、後世《ごせ》に流通せしめず。ただ念仏三昧の一行をもつて、即ち阿難に付属し、遐代に流通せしむ。

問うて曰く、何の故ぞ定散の諸行をもつて、付属流通せざるや。もしそれ業《ごう》の浅深《せんじん》によつて嫌うて付属せずは、三福業《さんぷくごう》の中に浅《せん》あり深《じん》あり。その*浅業《せんごう》は孝養父母・奉事師長なり。その深業《じんごう》は具足衆戒《しゅかい》、発菩提心、深信因果、読誦大乗なり。すべからく浅業を捨

八戒斎　在家の男女が一日一夜をかぎり受持する戒法で、五戒に不塗飾香鬘歌舞観聴戒(身に香を塗り、花かずらを飾り、歌舞をみ、歌曲を聞いたりしない)、不坐高広厳麗牀座戒(立派な牀に坐臥しない)、不過中食戒(間食しない)を加えたもの。

臨終の一念　臨終は命のまさに終わらんとする時をいい、臨終の一念は平素の心状と異なり、次生の苦楽迷悟の分岐点となるもので、これにつづく後念がないので、無後心・無間心・最後心ともいう。

臨終の十念　臨終にとなえる十声の念仏をいう。これは上尽一形の念仏に対する最少の念仏で、観経の下下品に説いている念仏である。

浅業　業の浅いものの意。業は身と口と意でなす善悪、または働きをいう。

て、深業を付属すべし。もし観の浅深によつて嫌うて付属せずは、十三観の中《うち》に浅あり深あり。その浅観《せんかん》といふは日想《にっそう》・水想《すいそう》これなり。その*深観《じんかん》とは地観《じかん》より始めて*雑想《ぞうそう》観《かん》に終るまで、惣《すべ》て十一観これなり。すべからく浅観を捨て、深観を付属すべし。中について第九観は、これ阿弥陀仏観なり。即ちこれ*観仏三昧《かんぶつざんまい》なり。すべからく十二観を捨てて、観仏三昧を付属すべし。中について*同疏の玄義分の中に云く、「この経は観仏三《かんぶつざん》昧《まい》を宗とし、または念仏三昧《ねんぶつざんまい》を宗とす」と。既に二行をもつて、一経《いっきょう》の宗とす。何ぞ観仏三昧を廃して念仏三昧を付属するや。答へて曰く、「仏の本願に望むに、意《こころ》、衆生《しゅじょう》をして、一向に専ら弥陀仏の名を称せしむるにあり」と云ふ。定散の諸行は本願にあらず。故にこれを付属せず。またその中において、観仏三昧は殊勝《しゅしょう》の行なりといへども、仏の本願にあらず。故に付属せず。念仏三昧は、これ仏の本願なるが故に、もつてこれを付属す。「望仏本願」と言ふは、*双巻経の四十八願の中の*第十八の願を指すなり。「一向専《いっこうせん》称《しょう》」と言ふは、同経の三輩の中の一向専念を指すなり。本願の義、つぶさに前に弁ずるが如し。

問うて曰く、もししからば何が故ぞ、直《じき》に本願の念仏の行《ぎょう》を説かず、煩《わずら》はしく本願にあらざる定散の諸善を説くや。答へて曰く、本願念仏の行は双巻経の中に、委《くわ》しく既にこれを説く。故に*重ねて説かざるのみ。また定散を説くことは、念仏の余善に超過《ちょうか》たることを顕《あら》はさむがためなり。もし定散なくは、何ぞ念仏の特《こと》に秀でたることを顕はさむや。例するに*法華の三説に秀でたるが如し。上、もし三説なくは、何ぞ法華の第一なる

深観　深い見方の意で、観仏が観察中でも深観であり中心であることは、観無量寿経を無量寿仏を観察する経といっていることによっても明らかである。しかし、それは本経発起の因縁によるものであって、釈尊の本心ではない。いわば善導は仏の慈悲に味到し、経の結論から経の深法が称名念仏であることを体験したものである。

雑想観　「観」は廬山寺本によって補う。

観仏三昧　仏を観想する三昧定の意で、略して観仏という。即ち釈尊・弥陀等の仏身の相好および功徳などを想念観察すること。観仏には仏の理性を観ずる理観と、仏の事相を観ずる事観があるが、浄土門では後者の意に解し、また信仰対象を阿弥陀仏とするが故に、阿弥陀仏に対する観仏三昧は宋代以後中国に流行し、日本にも影響をあたえた。

同疏　観経疏。

双巻経　無量寿経。

第十八の願　無量寿経に説く第十八念仏往生願。

重ねて説かざるのみ　本願念仏のことは無量寿経に譲り、観無量寿経には重ねて詳述はしないという意。

法華の三説　法華経第四法師品に「我が説くところの経典に無量千万億あり。已に説き、今説き、まさに説くべし。その中においてこの法華

ことを顕はさむ。故に今、定散は廃《はい》せむがために説き、念仏三昧は立《りゅう》せむがために説く。*
但し定散の諸善、皆もつて測《はか》り難し。およそ定善とは、それ依正《えしょう》の観、鏡《かがみ》を懸けて照臨《しょうりん》す。往生の願、掌《たなごころ》を指して速疾《そくしつ》なり。或いは一観の力、よく多劫《たごう》の*罪愆《ざいけん》を祛《さ》く。或いは*具憶《ぐおく》の功、終《つい》に三昧の勝利を得。しかれば則ち往生を求むる人、宜《よろ》しく定観《じょうかん》を脩行すべし。中について第九の真身観《しんじんかん》は、これ観仏三昧の法なり。行もし成就せば、即ち弥陀の身を見たてまつる。弥陀を見たてまつるが故に、諸仏を見たてまつることを得。諸仏を見たてまつるが故に、現前に*記《き》を授けらる。この観の利益《りやく》、最も甚深《じんじん》なり。しかるを今、観経の流通分《るずうぶん》に至り、釈迦如来、阿難に*告命《ごうみょう》して、往生の要法《ようぼう》を付属し流通せしむる因《ちなみ》に、観仏の法を嫌うて、なほ阿難に付属せず。念仏の法を選んで、即ちもつて阿難に付属す。観仏三昧の法、なほもつて付属せず。いかにいはんや、日想《にっそう》・水想《すいそう》等の観においてをや。しかれば則ち十三定観は、皆もつて付属せざるところの行なり。しかるに世の人、もし観仏等を楽《ねが》うて念仏を脩せざるは、これ遠く弥陀の本願に乖《そむ》くのみにもあらず、またこれ近くは釈尊の付属に違《たが》ふ。行者《ぎょうじゃ》宜しく*商量《しょうりょう》すべし。

次に散善の中に、大小持戒の行あり。世《よ》皆おもへらく、持戒の行者はこれ*真要《しんよう》に入るなり。破戒の者は往生すべからずと。また菩提心の行あり。人《ひと》皆おもへらく、菩提心はこれ浄土の綱要《こうよう》なり。もし菩提心なき者は、即ち往生すべからずと。また解第一義《げだいいちぎ》の行あり。これはこれ*理観《りかん》なり。人《ひと》またおもへらく、理はこれ仏の源《みなもと》なり。理を離れば仏土を求むべからず。もし理観なき者は、往生すべからずと。また読誦大乗《どくじゅだいじょう》の行あり。人皆

経は最も信じ難く解し難きとす」とある已説(法華経以前の経説)、今説(法華経と同一座に説く無量義経の説)、当説(法華経以後の涅槃経の説)をいう。

説く この下、廬山寺本には、大観二経の成立前後についての問答五七四字が付加されている。↓補。廬山寺本と称するのは、法然の草稿本で、第三章以後この章までは弟子真観房感西の筆に成るという(直牒巻七)。

罪愆 つみとが。

具憶の功 観想や憶念による功徳。

記を授く 授記。悉曇の和伽羅那で、記莂・授決とも訳されている。九部経・十二部経の一で、初めは仏説中の問答分別の部分に名づけたものであるが、後には転じて弟子等の死後の生所、将来成仏するときの名号などを記す意味を指すようになっている。現前の授記は、見たてまつった仏から、諸仏・菩薩の御前で、現前に成仏のあかしすなわち成仏に関する予言を与えられること。

告命 呼びかけて命ずること。

商量 よくよくはかり考えること。

真要 真実涅槃に入る肝要な法門。

理観 第一義の道理(真如の理)を観じ体解すること。本来的意味における理観ならば、むしろそれは定善であるが、経に第一義とあるのを釈したものであるから、観は観解の義であろう。

おもへらく、大乗経を読誦して、即ち往生すべし。もし読誦の行《ぎょう》なき者は、往生すべからずと。これについて二あり。一は持経《じきょう》、二は持呪《じじゅ》。持経は般若《はんにゃ》・法華《ほっけ》等のもろもろの大乗経を持するなり。持呪とは*随求《ずいぐ》・*尊勝《そんしょう》・*光明《こうみょう》・*阿弥陀等のもろもろの神呪《じんじゅ》を持するなり。およそ*散善の十一人、皆貴《とうと》ぶといへども、しかもその中において、この*四箇《しこ》の行は、当世の人、殊に欲するところの行なり。これらの行をもつて、殆《ほとほと》念仏を抑《おさ》ふ。つらつら経の意を尋ぬれば、この諸行をもつて付属し流通《るずう》せず。ただ念仏一行をもつて、即ち後世《ごせ》に付属し流通せしむ。まさに知るべし、釈尊の諸行を付属したまはざる所以は、即ちこれ弥陀の本願にあらざるの故なり。また念仏を付属する所以は、即ちこれ弥陀の本願の故なり。今また善導和尚《ぜんどうかしょう》、諸行を廃して念仏に帰せしむる所以は、即ち弥陀の本願たるの上《うえ》、またこれ釈尊の付属の行《ぎょう》なればなり。故に知んぬ、諸行は機にあらず、時を失す。念仏往生は機に当り、時を得たり。*感応《かんのう》あに*唐捐《とうえん》せむや。まさに知るべし。*随《ずい》他《た》の前には、暫《しばら》く定散の門を開くといへども、*随自《ずいじ》の後《のち》には、還《かえ》つて定散の門を閉づ。一たび開いて以後《のち》、永く閉ぢざるは、ただこれ念仏の一門なり。弥陀の本願、釈尊の付属、意《こころ》ここにあり、行者《ぎょうじゃ》まさに知るべし。またこの中に遐代《かだい》とは、双巻経の意《こころ》によらば、遠く末法《まっぽう》万年の後《のち》の、百歳の時を指すなり。これ則ち遐《とお》きを挙げて、邇《ちか》きを摂するなり。しかれば法滅《ほうめつ》の後、なほもつてしかなり。いかにいはんや末法をや。末法已《すで》にしかり。いかにいはんや正法《しょうぼう》・像法《ぞうほう》をや。故に知んぬ。念仏往生の道は正・像・末の三時、および法滅百歳の時に通ず。

随求　仏説随求即得大自在陀羅尼神呪経。一巻。

尊勝　仏頂尊勝陀羅尼経。一巻。

光明　不空羂索毘盧遮那仏大灌頂光真言(光明真言)。

阿弥陀　阿弥陀鼓音声王陀羅尼経。

散善…貴ぶといへども　十一人の人を上句につけて「散善の十一人」と読むか、下句につけて「人皆貴ぶ」と読むかについては異説があるが、行観は、前者は念仏におもむく貴さを示す傍正の義についていい、後者の場合、随他の分、行門についていうと釈している(選択集秘鈔巻四)。

四箇の行　持戒・発菩提心・解第一義・読誦大乗。

感応　つぶさには感応道交といい、衆生の所応と、仏心の能感とが契合して一つになるところをいう。ここでは仏が末法の機を救わんとする慈悲心と、救われんとして念仏する衆生との関係が水に月がうつるようであるのを感応といっている。

唐捐　唐はむなしく、捐はすてるの義。ここでは「あに…せむや」とあるので、念仏と現代と結びつかない、いわゆる感応の意をむなしく捨てることはないという意。

随他・随自　涅槃経巻三十五に、「我が所説の十二部経の如き、或いは随自意に説き、或いは随他意に説き、或いは随自他意に説く」にもとづく語で、自教をもって随自意、す

(十三)念仏をもつて多善根《たぜんごん》とし、雑善《ぞうぜん》をもつて少善根《しょうぜんごん》としたまふの文《もん》

阿弥陀経に云く、「*少善根福徳の因縁《いんねん》をもつて、かの国に生ずることを得べからず。*舎利《しゃり》弗《ほつ》、もし*善男子《ぜんなんし》・善女人《ぜんにょにん》あつて、阿弥陀仏を説くを聞いて、名号を執持《しゅうじ》して、もしは一日、もしは二日、もしは三日、もしは四日、もしは五日、もしは六日、もしは七日、*心を一《いっ》にして乱らずは、その人《ひと》、命終《みょうじゅう》の時に臨んで、阿弥陀仏もろもろの聖衆《しょうじゅ》とともに、現にその前に在《ま》しまさむ。この人《ひと》終る時に、心顛倒《こころてんどう》せずして、即ち阿弥陀仏の極楽国土に往生することを得」と。

善導この文を釈して云く、「極楽*無為涅槃《むいねはん》の界《かい》には、*縁《えん》に随ふ雑善《ぞうぜん》は、おそらくは生じがたし。故に如来《にょらい》、要法《ようぼう》を選んで、教へて弥陀を念ぜしむること*専《せん》にして、また専ならしむ。七日七夜、心無間《こころむけん》に、長時《じょうじ》に行を起すもますます皆然なり。終りに臨んで聖衆《しょうじゅ》、花を持つて現じたまふ。身心踊躍《しんじんゆやく》して金蓮《こんれん》に坐す。坐する時に、即ち*無生忍《むしょうにん》を得。一念に迎《い》へ将て仏前に至る。法侶《ほうりょ》衣をもつて競《きお》ひ来たつて着す。不退《ふたい》を証得《しょうとく》して、*三賢《さんげん》に入る」と。

私に云く、「少善根福徳の因縁をもつて、かの国に生ずることを得べからず」といふは、諸余《しょよ》の雑行《ぞうぎょう》は、かの国に生じ難し。故に「随縁雑善恐難生」と云ふ。少善根とは、多善根に対するの言《ことば》なり。しかれば則ち、雑善はこれ少善根なり、念仏はこれ多善根なり。故に竜舒《りゅうじょ》の*浄土文に云く、「*襄陽《じょうよう》の石に阿弥陀経を刻《え》れり。乃《すなわ》ち隋の陳仁稜《ちんじんりょう》が書けるところの字画《じかく》、*清婉《しょうおん》にして、人多く慕《ねが》ひ玩《もてあそ》ぶ。「一心不乱」より下《しも》に、「専ら名号を持《たも》つ、名

なわち仏の自発的意志の発動をしめすものとなし、他の教門はある一類の者の要求に応じて説かれた仏方便説、すなわち随他意とする。ここでは念仏を仏の随自意門、定散を随他意の法門の意として用いている。

随自…閉づ　廬山寺本によって補う。

善根　徳本・善本ともいい、あたかも草木が根によって繁茂するように、その善事が根となり、他の幾多の善い事象の生ずるのをいう。

舎利弗　釈尊の十大弟子の一人で、智慧第一といわれる。

善男子・善女人　仏の慈悲に耳を傾けるほどの心の生じたものが善人。

心を一にす　信仰の対象(阿弥陀仏)に向かって、自己の心を専注し、他のものより心をうばわれることなく、いささかも動揺しないこと。

無為涅槃　為は為作造作の意で、変化生滅すること。したがって無為は生滅変化しないことで、宇宙の本体とか真理に名づけられたもの。涅槃は吹き消すこと、静寂なことを意味し、総じて無為涅槃はさとりをいう。

縁に随ふ雑善　縁は衆生の要求する因縁であるから、その機縁にしたがって説示された雑善の意。

専にして…ならしむ　上の専は雑行に対する正行、下の専は助業に対する正定業をあらわしている。

無生忍・三賢　処不退、すなわち浄土に生じたことをいい、すすんで初

を称するをもつての故に諸罪消滅す。即ちこれ多善根福徳の因縁なり」と云ふ。*今世の伝へたる本に、この二十一字を脱せり」と。〈已上〉ただ多少の義あるのみにあらず、また大小の義あり。謂はく雑善はこれ小善根なり、念仏はこれ大善根なり。また勝劣《しようれつ》の義あり。謂はく雑善はこれ劣の善根なり、念仏はこれ勝の善根なり。その義まさに知るべし。

(十四)六方恒沙《ろつぼうごうじや》の諸仏、余行を*証誠《しようじよう》したまはず、ただ念仏を証誠したまふの文《もん》

善導の観念法門に云く、「また弥陀経に云ふが如く、*六方におのおの恒河沙《ごうがしや》等の諸仏まして、皆*舌を舒《の》べて遍《あまね》く*三千世界に覆《おお》ひて、誠実《じようじつ》の言《ことば》を説きたまふ。もしは仏の在世にもあれ、もしは仏の滅後にもあれ、一切の造罪《ぞうざい》の凡夫《ぼんぶ》、ただし心を廻して阿弥陀仏を念じ、浄土に生ぜむと願ひて、上《かみ》百年を尽し、下《しも》七日一日、十声《じつしよう》・三声・一声等に至つて、命《いのち》終らむと欲する時、仏《ほとけ》、聖衆《しようじゆ》とともに、自ら来たつて迎接《こうしよう》したまうて、即ち往生を得。上《かみ》の如き六方等の仏、舌を舒《の》べて、定んで凡夫《ぼんぶ》のために証をなしたまふ、罪滅《つみめつ》して生ずることを得と。もしこの証によつて生ずることを得ずは、六方諸仏の舒べたまへる舌、一たび口より出でて已後《いご》、終《つい》に口に還り入らずして、自然《じねん》に*壊爛《えらん》せむ」と。

同じく往生礼讃に、阿弥陀経を引いて云く、「東方に恒河沙《ごうがしや》の如き等の諸仏、南西北方および上下一々の方《ほう》に恒河沙の如き等の諸仏、おのおの本国にして、その舌相《ぜつそう》を出《い》だして、遍《あまね》く三千大千世界に覆《おお》ひて、誠実《じようじつ》の言《ことば》を説きたまふ。汝等衆生、皆まさにこの*一切諸仏の所護念経《しよごねんぎよう》を信ずべし。いかんが護念と名づく。もし衆生あつて、阿弥陀仏を称念すること、

住位不退に入るのを三賢に入るといったものであるから、大小乗で説くさとりの位ではなく、凡夫のために設けた一往の教門・法門をいう。
浄土文　南宋王日休の撰で、竜舒増広浄土文ともいい、十二巻あり、浄土教の要義を集めたもの。竜舒は地名で、王日休の居所。
襄陽の石に阿弥陀経を刻れり　↓補
清婉　美人の貌をいい、きよくてやさしい、または美麗の意。

今世の伝へたる本　鳩摩羅什訳の阿弥陀経を指す。
証誠　証は真実、誠は験すこと。即ち釈尊所説の念仏法門の真実であることを証明すること。
六方…諸仏　羅什訳の阿弥陀経には東南西北下上の諸仏国土の諸仏となっているが、玄奘訳の称讃浄土仏摂受経(異訳)には東南西北下上に、東南・西南・西北・東北を加え、十方の諸仏国土となっている。それは具略の相異で、要はあらゆる諸仏という意。
舌　経文には、「広長の舌相を出して、遍く三千世界を覆ふ」とあり、広長舌相は仏の三十二相の一。
三千世界　つぶさには三千大千世界といい、日月・須弥山・四天下・四王天・三十三天・夜摩天・兜率天・楽変化天・他化自在天・梵世天を含む世界を一世界とし、これを千個合

もしは一日および七日、下十声《しもじつしよう》ないし*一声、一念等に至るまで、必ず往生を得。この事を証誠《しようじよう》するが故に、護念経と名づく」と。

また云く、「六方《ろつぽう》の如来《によらい》、舌を舒《の》べて、専ら名号を称して、西方に至ることを証したまふ。彼《かしこ》に到つて花開いて妙法《みようほう》を聞けば、*十地《じゆうじ》の願行《がんぎよう》、自然《じねん》に彰《あら》はる」と。

同じく観経疏《かんぎようしよ》に、阿弥陀経を引いて云く、「また十方《じつぽう》の仏等《ほとけとう》、衆生の釈迦《しやか》一仏《いちぶつ》の所説を信ぜざらむことを恐畏《くい》して、即ち共に同心同時に、おのおの舌相《ぜつそう》を出だして、遍《あまね》く三千世界に覆ひて、誠実《じようじつ》の言《ことば》を説きたまふ。汝等衆生、皆まさにこの釈迦の所説《しよせつ》・所讃《しよさん》・所証《しよしよう》を信ずべし。一切凡夫、罪福《ざいふく》の多少と時節《じせつ》の久近《くごん》を問はず、ただしよく上《かみ》百年を尽し、下《しも》一日七日に至つて、一心に専ら弥陀《みだ》の名号を念ずれば、定んで往生を得ること必ず疑ひなきなり」と。

同じく法事讃《ほうじさん》に云く、「心々《しんじん》念仏して、疑ひを生ずることなかれ。六方の如来、虚しからずと証し、三業専心《さんごうせんしん》に、雑乱《ぞうらん》せざれば、*百宝《ひやつぽう》の蓮華、時に応じて見《み》ゆ」と。

法照禅師《ほつしようぜんじ》の*浄土五会《じようどごえ》法事讃《ほうじさん》に云く、「万行《まんぎよう》の中に、急用*たり。*迅速《じんそく》なること、浄土門に過ぎたるはなし。ただ*本師《ほんし》*金口《こんく》の説のみにあらず。十方の諸仏、共に*伝証《でんしよう》したまふ」と。

私に問うて曰く、何が故ぞ、六方の諸仏の証誠《しようじよう》、ただ念仏の一行《いちぎよう》に局《かぎ》るや。答へて曰く、もし善導の意《こころ》によらば、念仏はこれ弥陀《みだ》の本願なり、故にこれを証誠す。余行はしからず、故にこれなきなり。

問うて曰く、もし本願によつて念仏を証誠せば、双巻・観経等に念仏を説くの時、何

して小千世界、小千世界を千個合して中千世界、中千世界を千個合して大千世界という。小千・中千・大千の三の千世界を三千大千世界という。

壊爛　こわれただれること。

一切…所護念経　阿弥陀経を指す。

一声、一念　念声そなわるのを一声、念のみで声のないのを一念という。

十地の願行　無明を断じて、真如を体現する聖者としての十地菩薩の願と行。

百宝の蓮華　観経十四観の上下品に、「三小劫を経て百法明門を得、歓喜地に住す」とか、十六観の下上品に、「百法明門を具し、初地に入ることを得」とあるにより、百の法門を蓮華にたとえたもので、一般地上の菩薩の味わう真理の世界をいう。

浄土五会法事讃　つぶさには浄土五会念仏略法事儀讃といい、二巻あり、五会念仏の行儀作法を述べたもの。

用　廬山寺本「要」。

迅速　経に、「弾指の間の如くにして浄土に往生す」といっているように、生死解脱の法門中、最もすみやかに解脱せしむるのが念仏であることは、あたかも指を弾く間のような速さであることを示したもの。

本師　釈尊。

金口　金色の口より発せられた言説の意で、釈尊直説の教法の誤りないことを強調したもの。

伝証　伝えて誤りないことの証明。

ぞ証誠せざるや。答へて曰く、解《げ》するに二義あり。一に解して云く、双巻・観経等の中に本願念仏を説くといへども、兼ねて余行を明かす。故に証誠せず。この経の中に、一向に純《もっぱ》ら念仏を説く。故にこれを証誠す。二に解して云く、かの双巻等の中に証誠の言《ことば》なしといへども、この経已《すで》に証誠あり。これに例して此彼を思ふに、彼等の経の中において説くところの念仏、またまさに証誠の義あるべし。文《もん》はこの経にありといへども、義はかの経に通ず。故に天台の*十疑論に云く、「また阿弥陀経・*大無量寿経《だいむりょうじゅきょう》・*鼓音声陀羅《くおんじょうだら》尼経《にきょう》等に云く、釈迦仏、経を説きたまふ時に、十方世界におのおの恒河沙《ごうがしゃ》の諸仏ましまして、その舌相《ぜっそう》を舒《の》べて、遍《あまね》く三千大千世界に覆《おお》うて、一切衆生の阿弥陀仏を念じて仏の本願大悲願力《だいひがんりき》に乗《の》るが故に、決定《けつじょう》して極楽世界に生ずることを得、と証誠《しょうじょう》したまふ」と。

(十五)六方《ろっぽう》の諸仏、*念仏の行者《ぎょうじゃ》を*護念《ごねん》したまふの文《もん》

観念法門《かんねんほうもん》に云く、「また弥陀経に説くが如き、もし男子《なんし》女人《にょにん》あつて、七日七夜および一生を尽して、一心に専ら阿弥陀仏を念じて、往生を願ずれば、この人は常に六方恒河沙《ろっぽうごうがしゃ》等の仏、共に来たつて護念《ごねん》したまふことを得。故に護念経と名づく。*護念の意《こころ》は、またもろもろの悪鬼神《あっきじん》をして便りを得しめず。また*横病横死《おうびょうおうし》、横《おう》に厄難《やくなん》あることなく、一切の災障《さいしょう》、自然《じねん》に消散《しょうさん》しぬ。*不至心《ふししん》をば除く」と。

往生礼讃《おうじょうらいさん》に云く、「もし仏を称して往生する者は、常に六方恒沙等の諸仏のために、護念せらる。故に護念経と名づく。今既にこの増上《ぞうじょう》の誓願《せいがん》あり、憑《たの》むべし。もろもろの仏子《ぶっし》等、

十疑論　一巻。智顗の著と伝えられている。智顗の真撰なりや否やについては異説もあるが、法然は真撰と見、これを引いて支証とした。

大無量寿経　無量寿経巻下に、「無量寿仏、威神極まりなし。十方世界の無量無辺不可思議の諸仏如来称嘆せざるといふことなし」とある。

鼓音声陀羅尼経　阿弥陀鼓音声陀羅尼経に、「その時十方恒沙の諸仏、皆ともにかの安楽世界の所有の仏法の不可思議を讃ず」とあり、前経とともに経文中には「称嘆」「讃」とあるが、証誠の語はない。これにつき良忠は、むしろ讃嘆は広く、証誠は狭い意味をもつから、当然讃嘆の中に証誠の義があるとみている(決疑鈔巻五)。

念　廬山寺本によって補う。

護念　護は護持、念は明記して忘れないという義で、諸仏菩薩等が、善を修する衆生を摂受し擁護して捨てないこと。

護念の意　廬山寺本は、「護念経の意」とする。

横病横死　横は理に順じない不慮のできごとをいう。

不至心　廬山寺本には、心の下に、「此是又現生護念増上縁」の十字がある。

何ぞ意《こころ》を励まさざらむや」と。

私に問うて曰く、ただ六方《ろっぽう》の如来《にょらい》のみあつて、行者を護念したまふはいかんぞ。答へて曰く、六方の如来のみに限らず、弥陀《みだ》・観音《かんのん》等、また来たつて護念したまふ。故に往生礼讃に云く、「十往生経に云く、もし衆生あつて、阿弥陀仏を念じて往生を願ずれば、かの仏は即ち*二十五の菩薩を遣はして、行者《ぎょうじゃ》を擁護《ようご》したまふ。もしは行《ぎょう》、もしは坐《ざ》、もしは住《じゅう》、もしは臥《が》、もしは昼、もしは夜、一切の時、一切の処に、*悪鬼《あっき》・悪神《あくじん》をして、その便りを得しめざるなり」と。また観経に云ふが如く、もし阿弥陀仏を称礼念《しょうらいねん》して、かの国に往生せむと願ずれば、かの仏、即ち無数《むしゅ》の化仏《けぶつ》、無数の化観音・勢至菩薩を遣はして、行者を護念したまふ。また前の二十五の菩薩等と百重千重に行者を囲遶《いにょう》して、行住坐臥《ぎょうじゅうざが》を問はず、一切の時処《じしょ》に、もしは昼、もしは夜、常に行者を離れたまはず。今既にこの勝益《しょうやく》あり、憑《たの》むべし。願はくはもろもろの行者、おのおのすべからく至心《ししん》に往くことを求むべし。

また観念法門に云く、「また観経の*下《しも》の文の如く、もし人あつて、心を至して常に阿弥陀仏および二菩薩、観音・勢至を念ずれば、常に行人と*勝友《しょうゆう》・知識《ちしき》となつて随逐影護《ずいちくようご》したまふ」と。また云く、「また般舟三昧経《はんじゅざんまいきょう》の行品《ぎょうぼん》の中に説いて云ふが如し。仏の言《のたま》はく、もし人専らこの念弥陀仏三昧《ねんみだぶつざんまい》を行ずれば、常に一切の諸天および*四天大王《してんだいおう》・*竜神《りゅうじん》八部の随逐影護《ずいちくようご》し、愛楽《あいぎょう》し相ひ見ることを得て、永くもろもろの悪鬼神《あっきじん》、*災障《さいしょう》・厄難《やくなん》、横《おう》に悩乱《のうらん》を加ふることなし。つぶさには護持品《ごじほん》の中に説くが如し」と。また云く、「三昧の道

二十五の菩薩　十往生阿弥陀仏国経にあるのが初めで、二十五菩薩を浄土宗義史上に登場させたのは道綽であり、次いで善導も引用しているが、両師は現生護念増上縁の証としている。かかる来護思想から来迎思想に転じ、来迎の仏・菩薩として広く信仰界に影響をおよぼすようになったのは、平安末期以来のことらしい。

悪鬼　義山開板本によって補う。
↓補

下の文　観経流通分を指す。

勝友　すぐれた善友。

四天大王　護世四王・護世王ともいい、須弥山の四面の中腹にあって、仏法の守護を念願とする大王で、持国天王・増上天王・広目天王・多聞天王(毘沙門)をいう。金光明最勝王経巻六、四天王護国品には、広く四天王が正法の流布する国土を守護する由が述べられている。

竜神八部　仏法を守護する天・竜・夜叉・阿修羅・迦楼羅・乾闥婆・緊那羅・摩睺羅伽の八神をいい、無量寿経に、「諸天と摩梵と竜神との八部大衆の中において、この弘誓を発す」とあるように、広く経典に守護神として取り扱われている。

災障　災禍と障礙。わざわいとさまたげ。

場に入るを除いては、日別《にちべつ》に弥陀仏を念ずること一万、命を畢《おわ》るまで相続すれば、即ち弥陀の加念《かねん》を蒙つて、罪障《ざいしょう》を除くことを得。また仏、聖衆《しょうじゅ》とともに常に来たつて護念したまふことを蒙る。既に護念を蒙りぬれば、即ち年を延べ寿を転ずることを得」と。

（十六）釈迦如来《しゃかにょらい》、弥陀の名号をもつて慇懃《おんごん》に舎利弗《しゃりほつ》等に付属したまふの文《もん》

阿弥陀経《あみだきょう》に云く、「仏、この経を説き已《おわ》りたまふに、舎利弗およびもろもろの*比丘《びく》、一切世間の人天《にんでん》・阿修羅《あしゅら》等、仏の所説を聞いて歓喜《かんぎ》し信受《しんじゅ》して、礼《らい》をなして去りぬ」と。

善導の法事讃に、この文《もん》を釈して云く、「*世尊《せそん》法を説きたまふこと、時まさに了《おわ》りなむとして、慇懃《おんごん》に弥陀の名を付属したまふ。*五濁増《ごじょくぞう》の時は、疑謗《ぎほう》多く、道俗相ひ嫌うて、聞くことを用ゐず。修行することあるを見ては、瞋毒《しんどく》を起して、*方便破壊《ほうべんはえ》して、競《きお》つて怨《あた》を生ず。かくの如き*生盲《しょうもう》*闡提《せんだい》の輩《ともがら》は、*頓教《とんぎょう》を毀滅《きめつ》して、永く沈淪《ちんりん》す。*大地《だいじ》微塵劫《みじんこう》を超過《ちょうか》すとも、いまだ*三途《さんず》の身を離るることを得べからず。大衆同心に皆、所有の破法罪《はほうざい》の因縁《いんねん》を懺《さん》悔《げ》せよ」と。

私に云く、およそ三経の意《こころ》を案ずるに、諸行《しょぎょう》の中に念仏を選択《せんちゃく》してもつて*旨帰《しき》とす。先づ双巻経の中に三の選択あり。一には選択本願《せんちゃくほんがん》、二は選択讃歎《せんちゃくさんだん》、三は選択留教《せんちゃくるきょう》。一に選択本願といふは、念仏はこれ法蔵比丘《ほうぞうびく》、二百一十億の中において、選択するところの往生の行なり。細《くわ》しき旨、上《かみ》に見えたり。故に選択本願と云ふなり。二に選択讃歎は、上の三輩の中に、菩提心等の余行を挙ぐといへども、釈迦即ち余行を讃歎したまはず、

比丘　苾蒭にあたり、男子にして出家し入道して具足戒を受けたもの。

世尊…了りなむとして　文の前後からいえば、阿弥陀経の説教のまさに終わらんとする時ということになる。しかるに、証空は、「一代の教説、弥陀経をもつて終りとす」（密要決巻五）と述べ、釈尊行化の結語を見、存覚もまた、「弥陀経の説時をはると云ふ計りにはあらず。広く一代諸教の終りに、此の経を説き給へりと顕はす意なり」（註解鈔巻五）と解している。

五濁　人寿二万歳以後に四濁のおこる時を劫濁、身見・辺見等の見惑盛んなる時を見濁、貪瞋痴等の一切修惑の煩悩の盛んなる時を煩悩濁、人間の果報漸く衰え、心鈍く体弱く苦多く福少ない時を衆生濁、寿命漸く縮少し、ないし十歳に至る時を命濁という。

方便破壊　種々な方法をめぐらしてうちこわすこと。

生盲　あきめくら。念仏を誇るものは愚痴なるが故に生盲にたとえた。

闡提　生死を楽欲し、出離を欣求しない有情。すなわち永劫の彼方へすすみ行くことを知らないものをいい、大般涅槃経巻二十六には、「一闡を信と名づけ、提を不具と名づく。信を具せざるが故に一闡提と名づく」と述べている。

ただ念仏において、しかも讃歎したまひて、無上《むじょう》の功徳《くどく》と云《のたま》ふ。故に選択讃歎と云ふなり。三に選択留教とは、また上に余行諸善を挙ぐといへども、釈迦選択して、ただ念仏の一法《いっぽう》を留めたまふ。故に選択留教と云ふなり。

次に観経の中に、また三の選択あり。一には選択摂取《せんちゃくせっしゅ》、二には選択化讃《せんちゃくけさん》、三に選択付属《せんちゃくふぞく》なり。一に選択摂取といふは、観経の中に定散《じょうさん》の諸行を説くといへども、弥陀の光明ただ念仏の衆生を照らして、摂取して捨てたまはず。故に選択摂取と云ふなり。二に選択化讃は、下品上生《げぼんじょうしょう》の人、聞経《もんぎょう》と称仏の二行ありといへども、弥陀の化仏、念仏を選択して、「汝称仏名故、諸罪消滅、我来迎汝《汝、仏のみ名を称するが故に、諸罪消滅《しょざいしょうめつ》す。我来りて汝を迎ふ》」と云《のたま》ふ。故に選択化讃と云ふなり。三に選択付属とは、また定散の諸行を明かすといへども、ただ独り念仏の一行を付属す。故に選択付属と云ふなり。

次に阿弥陀経の中に、一の選択あり。いはゆる選択証誠《せんちゃくしょうじょう》なり。已《すで》に諸経の中において、多く往生の諸行を説くといへども、六方《ろっぽう》の諸仏、かの諸行において証誠せず。この経の中に至つて念仏往生を説きたまふときに、六方恒沙《ごうじゃ》の諸仏、おのおの舌を舒《の》べて大千に覆《おお》ひ、誠実《じょうじつ》の語を*説いて、これを証誠したまふ。故に選択証誠と云ふなり。しかのみならず*般舟三昧経《はんじゅざんまいきょう》の中に、また一の選択あり。いはゆる選択我名《せんちゃくがみょう》なり。弥陀自《みずか》ら説いて、「我が国に来生《らいしょう》せむと欲《おも》はば、常に我が名を念じて、休息《くそく》せしむることなかれ」と言《のたま》はく。故に選択我名と云ふなり。本願・摂取・我名・化讃、この四はこれ弥陀の選択なり。讃歎・留教・付属、この三はこれ釈迦の選択なり。証誠は六方恒沙の諸仏の選択な

頓教　大乗のごとき高尚なる法を頓教、小乗のごとく浅近なる法門から漸次に大乗に及ぶものを漸教という。

大地微塵劫　大地を微塵にするような長い時間。

三途　三悪趣の異名。三種の悪業にひかれて通入する三種の苦処、すなわち地獄趣・餓鬼趣・畜生趣をいう。

旨帰　根幹。帰結。

説　底本「証」。廬山寺本によって改む。

般舟三昧経　後漢支婁迦讖が、光和二年訳出したもので、三巻ある。大方等大集賢護経の旧訳で、賢護菩薩の請により、仏立三昧(般舟三昧)の法を説いている。仏立三昧を行ずると諸仏が現前するので、新訳では「思惟諸仏現前三昧」といい、またこの三昧は七日或いは九十日を期して間断なく修行するため常行道とも訳している。智顗では常行三昧と称しているが、この時の行は行旋(歩きめぐる)の意。

り。しかれば則ち釈迦・弥陀および十方おのおの恒沙等の諸仏、同心に念仏一行を選択したまふ。余行はしからず。故に知んぬ。*三経ともに、念仏を選んで、もつて宗致《しゅうち》とするのみ。計《はかりみ》れば、*それ速やかに生死《しょうじ》を離れむと欲はば、二種の勝法《しょうぼう》の中に、しばらく聖《しょう》道門《どうもん》を閣《さしお》いて、浄土門に選入すべし。浄土門に入らむと欲はば、正雑《しょうぞう》二行《にぎょう》の中に、しばらくもろもろの雑行を抛《なげす》てて、選じてまさに正行に帰すべし。正行を脩せむと欲はば、正助《しょうじょに》二業《ごう》の中に、なほし助業を傍らにして、選じてまさに*正定《しょうじょう》を専らにすべし。正定の業とは即ちこれ仏名《ぶつみょう》を称するなり。み名を称すれば、必ず生ずることを得。仏の本願によるが故なり。

問うて曰く、*華《け》厳《ごん》・天台《てんだい》・真言《しんごん》・禅門《ぜんもん》・三論《さんろん》・法相《ほっそう》の諸師、おのおの浄土法門の章疏《しょうしょ》を造る。何ぞ彼等の師によらずして、ただ善導一師を用ゐるや。答へて曰く、彼等の諸師、おのおの皆、浄土の章疏を造るといへども、しかも浄土をもつて宗とせず、ただ聖道をもつてその宗とす。故に彼等の諸師によらざるなり。善導和尚《ぜんどうかしょう》は偏《ひとえ》に浄土をもつて宗とし、しかも聖道をもつて宗とせず。故に*偏《ひとえ》に善導一師によるなり。

問うて曰く、浄土の祖師その数《かず》また多し。謂はく弘《ぐ》法寺《ほうじ》の迦《か》才《ざい》、慈《じ》愍三蔵《みんさんぞう》等これなり。何ぞ彼等の諸師によらずして、ただ善導一師を用ゐるや。答へて曰く、これらの諸師、浄土を宗とすといへども、いまだ*三昧《さんまい》を発《おこ》さず。善導和尚はこれ*三昧発得《さんまいほっとく》の人なり。*道《どう》においで既にその証あり。故にしばらくこれを用ゐる。

問うて曰く、もし三昧発得によらば*懐《え》感禅師《かんぜんじ》はまたこれ三昧発得の人なり。何ぞこれ

三経　無量寿経・観無量寿経・阿弥陀経。

それ速やかに…故なり　原文にして八一字を十六句に分け、この文こそ選択集一部を要約したものとし、良忠は、「この十六句は集の大意なり」(決疑鈔巻五)と見、また略選択と呼んでいる人もいる。

正定　廬山寺本によって補う。

華厳…章疏を造る　順に、華厳では、元暁の「遊心安楽道」、天台では、智顗の「観経疏」、真言では、不空の「阿弥陀儀軌」、禅門では、智覚の「万善同帰集」、三論では、嘉祥の「大経疏」「観経疏」、法相では、慈恩の「西方要決」等をさす。

偏に善導一師による　善導ただ一人にのみよって他師によることはないとの意で、聖光・良忠は浄土宗を善導宗とさえいっている。したがって伝灯的には善導と法然とは一体とすべきであるが、歴史的に検討すれば、全同といえないところも見られる。

三昧　心を所観の目的に専らそそぎ不動にし、一境に住して、他のことに無念無想であること。

三昧発得　心を一境一対象に安住せしめ、散乱をしずめることによって、ついに聖境を感見する状態をいう。ここでは阿弥陀仏に対し観仏三昧を成就することをいう。

道において　道は道徳の意。徳の充

を用ゐざるや。答へて曰く、善導はこれ師なり。懐感はこれ弟子なり。故に師によつて弟子によらざるなり。いはんや師資《しし》の釈《しやく》、その相違甚だ多し。故にこれを用ゐず。

問うて曰く、もし師によつて弟子によらずは、道綽禅師《どうしやくぜんじ》はこれ善導和尚の師なり。そもそもまた浄土の祖師なり。何ぞこれを用ゐざるや。答へて曰く、道綽禅師はこれ師なりといへども、いまだ三昧を発《おこ》さず。故に自ら往生の得否《とくひ》を知らずして、善導に問うて曰く、「道綽、念仏して往生を得むや否や」と。*導《どう》、一茎《いつきよう》の蓮華《れんげ》を*弁ぜしめて、これを仏前に置いて、「行道《ぎようどう》七日せむに花萎《はなしぼ》み悴《かじ》けずは、即ち往生を得」と。これによつて七日、花《はな》*果然《かぜん》として花《はな》*萎黄《いおう》せず。綽《しやく》、その*深詣《じんけい》を歎ず。請によつて定《じよう》に入つて観ず。まさに生ずることを得べきや否やと。導《どう》、即ち定に入つて、*須臾《しゆゆ》に報《こた》へて曰く、「師まさに三の罪を懺《さん》ずべし。まさに往生すべし。一には師《し》、曽《むかし》仏の尊像を安じて、簷牖《のきまど》の下に在《お》いて、自らは*深房《じんぼう》に処せり。二には出家の人を駆使《くし》し*策役《しやくやく》す。三には屋宇《おくう》を営造《えいぞう》して虫の命を損《そん》傷《しよう》す。師、宜しく十方の仏の前において第一の罪を懺じ、四方の僧の前において第二の罪を懺じ、一切衆生の前において第三の罪を懺ずべし」と。綽公《しやくこう》、静かに*往《むかし》の咎《とが》を思うて、皆虚《みなむな》しからずと曰ふ。ここにおいて心を洗ひ、*悔謝《げしや》し訖《おわ》つて、導《どう》に見《まみ》ゆ。即ち曰く、「師の罪《つみ》滅したり。後《のち》にまさに白光《びやつこう》あつて照燭《しようそく》すべし。これ師の往生の相なり」と。〈已上、新修往生伝〉ここに知んぬ。善導和尚は、行三昧《さんまい》を発し力《つと》め、師の位に堪《た》へたり。解行《げぎよう》、凡《ぼん》にあらざること、まさにこれ暁《あき》らけし。いはんやまた時の人の諺《ことわざ》に曰く、仏法東行《とうぎよう》してより已来《このかた》、いまだ禅師のごとくの盛徳《せいとく》あらず。絶倫《ぜちりん》の誉《ほまれ》、得て称すべからざるものか。

実している事実。

懐感　中国唐代の人。善導の弟子で長安千福寺の住僧。はじめ唯識を学び、のち善導に帰依したが、先習教学を異にするため、二乗のものは往生できるか否かというごとき、その所説は同一でない。著書に群疑論七巻がある。

導　善導。

弁ぜしめて　弁は調弁の意で、ととのえること、即ち求める意。

果然として　はたせるかな。

萎黄　黄色味を帯びて枯れる。

深詣　造詣が深いこと。

須臾　悉曇の牟呼栗多の訳で、勝天王般若波羅蜜経巻七に、「日夜三十牟尤多相続して断ぜず」とある如く、一昼夜の三十分の一をいう。短い時間の意。

深房　奥深い座敷の部屋。

策役　労役に服せしめること。

往の咎　過去におかした罪や咎。

悔謝　侮いあやまること。

条録　小枝が先ざきまで分かれるように、経文の科条を分けて記録すること。

科文　経文の科条を分けること。

証定の疏　観経疏は、阿弥陀仏が指授し、まさしく阿弥陀仏の意とする

しかのみならず、観経の文疏《もんしょ》を*条録《じょうろく》するの刻《きざみ》に、頗る霊瑞《れいずい》を感ず、しばしば聖化《しょうけ》に預かる。既に聖《しょう》の冥加《みょうが》を蒙つて、しかも経の*科文《かもん》を造る。世を挙《こぞ》つて*証定《しょうじょう》の疏《しょ》と称す。人これを貴《たっと》ぶこと、仏経の法の如くす。即ちかの疏《しょ》の第四巻の奥に云く、「敬《うやま》つて一切有《いっさいう》縁《えん》の知識等に白《もう》す。余は既にこれ生死《しょうじ》の凡夫なり、智慧浅短《ちえせんたん》なり。しかも仏教幽微《ゆうび》なり。敢へて輙《たやす》く異解《いげ》を生ぜず。遂に即ち心を標《ひょう》し、願を結んで、霊験《れいけん》を請ひ求めて、まさに*造心すべし。尽虚空遍法界《じんこくうへんほっかい》の一切の三宝、釈迦牟尼仏《しゃかむにぶつ》・阿弥陀仏・観音・勢至、かの土の諸菩薩大海衆および一切の荘厳相《しょうごんそう》等に*南無《なむ》し帰命《きみょう》したてまつる。某《それがし》、今この観経に要義を出だして、古今《ここん》を*楷定《かいじょう》せむと欲す。もし三世の諸仏・釈迦仏・阿弥陀仏等の大悲の願意に称《かな》はば、願はくは夢の中において、上《かみ》の所願の如きの一切の境界《きょうかい》の諸相を見ることを得むと。仏像の前において、願《がん》を結び已《おわ》つて、日別《にちべつ》に阿弥陀経三遍を誦《じゅ》し、阿弥陀仏三万遍を念じ、心を至して願を発《おこ》す。即ち当夜において西方《さいほう》の空中を見るに、上《かみ》の如きの諸相の境界、ことごとく皆顕現《けんげん》す。雑色《ぞうしき》の宝山《ほうざん》百重千重して、種々《しゅじゅ》の光明、下《しも》、地《ち》を照らす。地、金色《こんじき》の如し。中に諸仏菩薩あつて、或いは坐し、或いは立《りゅう》し、或いは語《ご》し、或いは黙《もく》し、或いは身手《しんしゅ》を動かし、或いは住して動ぜざる者あり。既にこの相を見て、合掌立観《がっしょうりゅうかん》す。やや久しくあつて乃《すなわ》ち覚めぬ。覚め已《おわ》つて*欣喜《ごんぎ》に勝《た》へず。即ち義門を条録す。これより已後《いご》、毎夜夢中に、常に一の僧あつて、来たつて*玄義・科文《かもん》を指し授く。既に了《おわ》つて、さらにまた見えず。後の時に、*本を脱し竟已《おわ》りぬ。またさらに心を至し、要《かなら》ず七日を期《ご》して、日別《にちべつ》に阿弥陀経十遍を誦《じゅ》し、阿弥陀仏三万遍を念じ、*初夜《しょや》・後《ご》

ところと同一であると証明したものであるから証定疏といい、また楷定の疏ともいう。楷は楷模で、規矩手本となること。あらゆる古今の諸師の観経観を正して、手本を定める意。古は浄影等を指し、今は迦才などをいう。玄義分・序分義・定善義・散善義から成るので四帖の疏ともいう。

造心　求むるの至心であること。

南無　仏・菩薩に帰順し敬礼の意をあらわすことで、帰命というに同じ。

楷定　誤解をただすこと。

欣喜　こおどりして喜ぶこと。

玄義・科文　「玄義の科文」と読むか、「玄義・科文」と読むか両説があり、前者によれば観経疏玄義分七門の科文ということになり、後者に従えば玄義分と科文(序分義・定善義・散善義)を含めたことになる。

本を脱し竟已りぬ　脱稿した。

初夜・後夜　一日を六時(日没・初夜・中夜・後夜・晨朝・日中)に分けた一で、初夜は午後六時から十時、後夜は午前二時から六時までの時をいう。

三具の磑輪　磑は石臼のことで、訓馬の法として道に磑輪を立てて馬をつなぐことをいう。茶臼ともいい、ここでは三箇のそろった石臼のこと。

道の辺り　六道輪廻の巷を指す。

一人　弥陀仏を指すか、釈尊とするかの両説があるも、良忠は弥陀仏説

夜《や》に、かの仏の国土の荘厳《しょうごん》等の相を観想《かんそう》して、誠心《じょうしん》に帰命《きみょう》して、一《もっぱ》ら上《かみ》の法の如くす。当夜《とうや》に即ち*三具《さんぐ》の磑輪《がいりん》の、*道の辺《ほと》りに独り転ずるを見る。忽ちに*一人《いちにん》あつて、白き駱駝《らくだ》に乗じ、前に来たつて見て師に勧む、「まさにゆめゆめ決定《けつじょう》して往生《おうじょう》すべし。退転をなすことなかれ。この界は穢《え》悪《あく》にして苦多し。労《いたわ》しく*貪楽《とんぎょう》せざれ」と。答へて言く、「大きに賢者の*好心《こうしん》の視《じ》誨《げ》を蒙りぬ。某《それがし》、畢命《ひつみょう》を期《ご》として、敢へて懈《け》慢《まん》の心を生ぜず」と云々。第二の夜に見らく、阿弥陀仏の身は真金色《しんこんじき》にして、七宝樹《しっぽうじゅ》の下《もと》の金蓮華《こんれんげ》の上にましまして坐したまへり。*十僧囲遶《じっそういにょう》して、またおのおの一の宝樹の下に坐せり。仏樹《ぶつじゅ》の上に、乃ち天衣《てんえ》ありて挂《かか》り遶《めぐ》れり。面《おもて》を正《ただ》しくし西に向つて、合掌して坐して観ず。第三の夜に見らく、*両《ふたつ》の幢杆《はたほこ》、大きに高く顕《あら》はれて、幡《はた》五色を懸《か》けたり。道路縦横に、人観《ひとみ》ること礙《さわ》りなし。既にこの相を得《え》已《おわ》りて、即便《すなわ》ち休止して七日に至らず。上より来《このかた》、所有の霊相は、本心《ほんしん》、物《もの》のためにして己《こ》身《しん》のためにせず。既にこの相を蒙れり。敢へて*隠蔵《おんぞう》せず。謹《つつし》んでもつて義を申《の》べ呈《あらわ》して後《のち》に、末代に聞えられむ。願はくは*含霊《がんれい》をして、これを聞かしめて信を生ぜしむ。有識《うしき》の覩《み》む者、西に帰せよ。この功徳《くどく》をもつて衆生に廻施《えせ》して、ことごとく菩提心を発《おこ》して、慈心をもつて相ひ向ひ、*仏眼《ぶつげん》をもつて相ひ看《み》む。菩提の眷《けん》属《ぞく》として、真の善知識《ぜんちしき》とならむ。同じく*浄国に帰して共に仏道を成《じょう》ぜむ。この義已《すで》に、証を請《こ》ひて定め竟《おわ》んぬ。一句一字も加減すべからず。写さむと欲《おも》はば、一《もっぱ》ら経法《きょうぼう》の如くすべし。まさに知るべし」と。〈已上〉

静かに以《おもん》みれば、善導の観経の疏は、これ*西方《さいほう》の指南《しなん》、行者《ぎょうじゃ》の目足《もくそく》なり。しかれば則

を支持している(散善義記巻三)。

貪楽　むさぼり願楽する。

好心の視誨　懇切な教訓。

十僧　良忠は、十地の菩薩をあらわすといい(散善義記巻三)、深励は十は満数で、無数の義であるとしている(選択集講義巻五)。

両の幢杆…懸けたり　二つのはたざおに、五色のはたのかかっていることであるが、それが何を意味するかについて、良忠は、五色の幡は五念門、或いは五種正行、両の幢杆は定散二善をあらわすものとみている(散善義記巻三)。

隠蔵　かくしもつこと。

含霊　心ある人。

仏眼　涅槃経巻六に、「大乗を学ぶ者、肉眼ありといへども、乃ち仏眼と名づく」という平等一視の慈悲の眼をいう。

浄国　阿弥陀仏の浄土。

西方　西方にまします阿弥陀仏の極楽浄土を指す。

応現　仮りの姿となり現われること。

伝説　伝えられる教え。

善導…化身なり　善導が阿弥陀仏の化身であるとの説は慈雲の浄土略伝(仏祖統記巻二十六所収)に見える。

十劫正覚　十劫成道ともいい、今より十劫以前の正覚。阿弥陀仏がもと法蔵菩薩とよばれていたとき、大悲心をおこし一切衆生を哀れみ救わん

ち西方の行人、必ずすべからく珍敬《ちんぎよう》すべし。なかんづくに、毎夜に夢の中に僧あつて、玄義を指授す。僧とはおそらくはこれ弥陀《みだ》の*応現《おうげん》なり。しかれば謂《い》ふべし、この疏《しよ》はこれ弥陀の*伝説《でんせつ》なりと。いかにいはんや、大唐《だいとう》に相ひ伝へて云く、「*善導はこれ弥陀の化身《けしん》なり」と。しかれば謂《い》ふべし、またこの文は、これ弥陀の直説《じきせつ》なりと。既に写さむと欲はば、一《もつぱ》ら経法《きようぼう》の如くせよと云ふ、この言《ことば》、誠《まこと》なるか。仰いで本地《ほんじ》を討《たず》ぬれば、四十八願の法王なり。*十劫正覚《じつこうしようがく》の唱《とな》へ、念仏に憑《たの》みあり。俯《ふ》して垂迹《すいじやく》を訪《とぶら》へば、専修念仏の導師なり。三昧正受《さんまいしようじゆ》の語《ことば》、往生に疑ひなし。本迹《ほんじやく》異なりといへども、化道《けどう》これ一《いつ》なり。

ここにおいて*貧道《ひんどう》、昔この典《てん》を披閲《ひえつ》して、ほぼ素意《そい》を識《し》る。たちどころに余行を舎《と》めて、ここに念仏に帰す。それより已来《このかた》、今日に至るまで、自行化他《じぎようけた》ただ念仏を縡《こと》とす。しかる間、希《まれ》に*津《しん》を問ふ者には、示すに*西方の通津《つうしん》をもつてし、たまたま行を尋ぬる者には、誨《おし》ふるに念仏の*別行をもつてす。これを*信ずる者は多く、信ぜざる者は尠《すく》なし。まさに知るべし。*浄土の教《きよう》、時機《じき》を叩いて、行運《ぎよううん》に当れり。念仏の行《ぎよう》、水月《すいげつ》を感じて、昇降《しようこう》を得たり。しかるに今、図《はか》らざるに*仰せを蒙る。辞謝《じしや》するに地《ところ》なし。よつて今愁《なまじ》ひに念仏の要文《ようもん》を集めて、あまつさへ念仏の要義を述ぶ。ただし命旨《みようし》を顧みて、不敏《ふびん》を顧みず。これ即ち無慙無愧《むざんむき》の甚だしきなり。庶幾《こいねが》はくは一たび高覧を経て後《のち》に、壁の底に埋めて窓の前に遺《のこ》すことなかれ。おそらくは破法の人をして、悪道に堕せしめざらむがためなり。

として四十八願の大願をおこし、その願成就して仏となったのは十劫の昔であったのでいう。

貧道　道は声聞・縁覚・菩薩の三乗無漏の聖道をいい、それについては貧しい劣っているという意で、自身を謙遜した語。ここでは法然を指す。

津を問ふ　生死の大海を流れる渡り場・港を津といい、その港より生死の大海をのりこえて行くため通津という。

西方の通津　西方浄土を願う教え。

別行　念仏は諸行とは異なる特別の行業であるから別行といい、ここでは本願の行をいう。

信ずる者は多く　専修念仏が弘まり信者がふえてきたことをいい、興福寺奏状に、「北陸東海の諸国に至つては専修の僧尼盛んにして」とある。

浄土の教…昇降を得たり　念仏の教え末代の機にかない、その行益を蒙る時運に当たっている。念仏の行はあたかも月が水面にうつったとき、月が降らずして降れるが如く月を感じ、水が昇らずして昇るが如く水に応ずる。水を凡心にたとえ、月を仏心にたとえたもので、念仏によって凡心と仏心と感応道交することをいう。

仰せ　ここでは、誰人の仰せかについては、名を挙げ明示していないが、正安四年顕智書写本(高田専修寺蔵)のみ、「兼実博陸ノ高命ヲカブレリ」とし、九条兼実であるとしている。

一枚起請文

一*枚起《き》請《しょう》文《もん》

源空述

*もろこし我がてうに、もろ〱の*智者達《ちしゃたち》のさたし申さるゝ、観念《かんねん》の念ニモ非ズ。又*学文《がくもん》をして念の心を悟《さと》リテ申《もうす》念仏ニモ非ズ。たゞ往生極楽のためニハ、南無阿弥陀仏と申《もうし》て、疑《うたがい》なく往生スルゾト思《おもい》とりテ、申外《もうすほか》ニハ別ノ子《し》さい候ハず。但《ただし》*三心*四修と申事《もうすこと》ノ候ハ、皆決定《けつじょう》して南無阿弥陀仏にて往生スルゾト思フ内《うち》ニ籠《こも》リ候也。此外《このほか》ニを《(お)》くふかき事を存ぜバ、*二尊《にそん》ノあハれみニハヅレ、*本願ニもれ候べし。念仏ヲ信ゼン人ハ、たとひ*一代ノ法ヲ能々《よくよく》学スト モ、*一文不知《いちもんふち》ノ愚《ぐ》とんの身ニナシテ、*尼入道《あまにゅうどう》ノ無《む》ちノともがらニ同《おなじ》シテ、ちしやノふるまい《(ひ)》ヲせずして、只一《ただいっ》かうに念仏すべし。

*為レ証以二両手印一

浄土宗ノ安心起行《あんじんきぎょう》、此一紙ニ至極《しごく》せり。源空《げんくう》が所存《しょぞん》、此外ニ全ク別義を存ぜズ。滅後《めつご》ノ*邪義《じゃぎ》ヲふせがんが為メニ、所存《しょぞん》を記し畢《おわんぬ》。

*建暦《けんりゃく》二年正月二十三日　源空（花押）

一枚起請文　↓補
もろこし　昔、わが国で中国を指して呼んだ名で、更級日記には「もろこしが原」の名が見えている。
智者　専修念仏を理論的に理解している僧で、中国・日本を通じての僧、浄影・嘉祥・源信等を指す。
学文　理論的裏付けによりうちたてられた学問。
三心　至誠心・深心・廻向発願心。
四修　善導が往生礼讃に修行の軌則として説く恭敬修・無余修・無間修・長時修をいう。
二尊　釈尊と阿弥陀仏。
本願　阿弥陀仏が一切衆生を救済しようとしておこした願で、無量寿経所説の第十八念仏往生願を指す。
一代ノ法　釈尊が生涯をかけて説かれた教え。
一文不知　学問のひとかけらも知らない。
尼入道　女人の剃髪して仏門に入ったものを尼、在家のまま剃髪した男子を入道という。したがって尼と入道と見るか、また尼入道と一語に見るかについて異説あるも、ここでは総じて愚昧の道心者を指している。
為証以両手印　↓補
邪義　専修念仏をよこしまに説く教え。このころすでに法然に異義をたてる人のあったことを示唆している。
建暦…二十三日　法然の没した二日前にあたる。

消息文

【*熊谷直実入道蓮生《くまがいなおざねにゆうどうれんせい》へつかわす御返事】

御文《おんふみ》よろこびてうけたまはり候ぬ。まことに、そのゝちおぼつかなく候つるに、うれしくおほせ(ら)れて候。*たんねんぶつのもん、かきてまい《(ゐ)》らせ候、*御らん候べし。念仏《ねんぶつ》の行《ぎよう》はかの仏の本願《ほんがん》の行にて候。持戒《じかい》・*誦経《じゆきよう》・誦呪《じゆじゆ》・*理観《りかん》等の行は、かの仏の本願にあらぬを《(お)》こなひにて候へば、極《ごく》らくをねがはむ人は、まづかならず本願の念仏の行をつとめてのうへに、もしおこなひをも*〔念仏に〕し、くはへ候はむとおもひ候はゞ、さもつかまつり候。又たゞ本願の念仏ばかりにても候べし。念仏をつかまつり候はで、たゞ*ことおこなひばかりをして、極楽をねがひ候人は、極楽へもえむまれ候はぬことにて候よし、善導和尚《ぜんどうかしよう》のおほせられて候へば、たん念仏が決定往生《けつじようおうじよう》の業《ごう》にては候也。善導和尚は阿弥陀《あみだ》*化身《けしん》にておはしまし候へば、それこそは一定《いちじよう》にて候へと申《もうし》候に候。又女犯《によぼん》と候は*不婬戒《ふいんかい》のことにこそ候なれ。又*御きうたちどものかんだうと候は、*不瞋戒《ふしんかい》のことにこそ候なれ。されば持戒の行は、仏の本願にあらぬ行なれば、たへたらんにしたがひて、たもたせたまふべく候。*けうやうの行も仏の本願にあらず。たへんにしたがひて、つとめさせおはしますべく候。又*あかゞねの阿字のことも、おなじことに候。又*さくぢやうのことも仏の本願にあらぬつとめにて候。とてもかくても候なん。又*かうせうのまんだらは、たいせちにおはしまし候。忝《かたじけなく》もつぎのことに候。たゞ念仏を三万、もしは五万、もしは六万、一心にまうさせお

熊谷直実入道蓮生　はじめ源頼朝に仕え、朴訥直剛の武士として殊勲をなしたが、建久三(一一九二)年讒言せられて自ら髪を断ち上洛し、法然に師事した。以来法然に供奉して浄業をはげみ、承元二(一二〇八)年九月入滅した。

たんねんぶつ　但念仏、ただ念仏をとなえることのみで往生すること。

御らん　近藤喜博氏は「たん」と読む(「法然上人の書状と熊谷蓮生坊」月刊文化財二五号)。

誦経・誦呪　経典をよむのを誦経、真言等の呪文をとなえるのを誦呪という。誦は文を見ず諳んじ読むこと。

理観　万有の根源的な絶対の真理と一体にならんと観想すること。

念仏に　和語灯録本により補う。

ことおこなひ　念仏以外の諸行。

化身　仏が衆生を教化利益せんとして、種々の身形に変化し、応現した仏身。ここでは善導となる。

不婬戒　不邪婬戒ともいい、人の妻妾に通じることを禁ずる戒。

御きうたち　御君達。御子息たち。

不瞋戒　いかることを禁ずる戒。

けうやう　親に対する孝養。

あかゞねの阿字のこと　銅製の阿字を用いて阿字観を修行すること。

さくぢやう　錫杖。

かうせうのまんだら　↓補

はしまし候はむぞ、決定往生のおこなひにては候、こと*善根《ぜんごん》は念仏のいとまあらばのことに候。六万へんをだに一心に申《もうさ》せたまはゞ、そのほかにはなにごとお(を)かは、せさせおはしますべき。*まめやかに一心に三万・五万、念仏を*つとめさせたまはゞ、*せう〳〵戒行《かいぎょう》やぶれさせおはしまし候とも、往生はそれにはより候まじきことに候。たゞしこのなかに、けうやうの行は仏の本願にては候《そうらわ》ねども、*八十九にておはしまし候なり。あひかまへて、ことしなんどをばまちまい(ゐ)らせさせ、おはしませかしとおぼへ(え)候。*あなかしく、こと〳〵はいりても、おはしまし候はむにくるしく候はず。たゞひとりたのみまい(ゐ)らせて、おはしまし候なるに、かならず〳〵まちまい(ゐ)らせさせ、おはしますべく候。かしく。

五月二日　*源空　*拝

武蔵国熊谷入道殿御返事

【*正行房《しょうぎょうぼう》へつかわす御返事】

御《おん》ふみくはしくうけたまはり候ぬ。*みちのあひだことなく、*くだりつかせおはしまして候。かへす〳〵よろこび申《もうし》候。これにはだれもそのゝち*べちのことも候はず、又おはしまさぬに候。おぼつかなくおぼしめすべからず候。さて御*こそでたしかにたまはり候ぬ。かへす〳〵よろこび申候。たゞいままではべちのこと候、(○後欠ク)

御ふみくはしくうけたまはり候ぬ。たよりの候はむには、いかでか御ふみ候はぬことは

善根　善果をもたらすべき根本。
まめやかに　忠実に。
つとめ　底本「めとめ」。
せう〳〵　少しばかり。
八十九　直実の老母が当時八十九歳になっていたことを示す。
あなかしく…いりても　辻善之助氏は、「あなかしこ〳〵、こと〳〵は、いかでも」(日本仏教史中世篇之一)と解読し、和語灯録は「こと〳〵」以下の文を欠いている。
源空　法然の諱。法然は房号。
拝　近藤喜博氏は「奉」と読む。
正行房　大和国に在住した法然の門弟とする以外、伝記は未詳。
みちのあひだことなく　道中つつがなく。
くだりつかせ　都から大和への下向なのでいう。
べち　別。
こそで　小袖、絹布の綿入れ。小袖の寄進に対する返礼をしたためた消息で、親鸞や日蓮の場合、信者よりの寄進を語るものが多いが、法然に関するかぎり、これ以外には見当らない。法然の生活を知るその面での唯一の史料といえる。

候べき。さてそのゝちたゞいまゝでは、べちのことなく候。おぼつかなくおぼし(めす)べからず候。又*くまがへの入道のこと、くはしく申《もうし》つかはして候。まことにありがたく、あさましくおぼへ《(え)》候。八月にはびんの候はむずれば、それ(○後欠ク)

*つかはして候ものども、たしかにたまはり候ぬ。御こゝろざし申《もうし》やるかたなく候。おぼつかなくおもひまい《(ゐ)》らせ候あひだ、御ふみくはしくうけたまはり候ぬ。かへすぐよろこび申候。さてこのほどは、べちに*せうらうのけはさふらはぬに候。おぼつかなくおぼしめし候べからず候。さればなつすぎさふらひて、のぼらせたまふべく候。又これよりのちに、又もし*おこり候(○後欠ク)

【*黒田の聖人《しょうにん》へつかわす御消息】

末代《まつだい》ノ衆生《しゅじょう》ヲ往生極楽《おうじょうごくらく》ノ機《き》ニアテ、ミルニ、行《ぎょう》スクナシトテウタガフベカラズ、一念・十念タリヌベシ。罪人《ざいにん》ナリトテウタガフベカラズ、*罪根《ざいこん》フカキオ《(を)》モキラワ《(は)》ズトイヘリ。時《とき》クダレリトテウタガフベカラズ、*法滅已後《ほうめついご》ノ衆生ナホ往生スベシ、イハムヤ近来《きんらい》オ《(を)》ヤ。ワガ身ワルシトテウタガフベカラズ、自身ハコレ煩悩《ぼんのう》ヲ具足《ぐそく》セル*凡夫《ぼんぶ》ナリトイヘリ。十方《じっぽう》ニ浄土オホケレドモ、西方《さいほう》ヲネガフ、*十悪・五逆《ごぎゃく》ノ衆生ムマルヽガユヘ《(ゑ)》ナリ。諸仏ノ中ニ弥《み》陀《だ》ニ帰《き》シタテマツルハ、*三念・五念ニイタルマデ、ミヅカラキタリテムカヘタマフガユヘ《(ゑ)》ニ、*諸行《しょぎょう》ノ中ニ念仏ヲモチヰルハ、カノ仏ノ本願ナルガユヘ《(ゑ)》ニ。イマ弥陀ノ本願ニ乗ジテ

くまがへの入道　熊谷直実入道蓮生。
つかはして候もの　送って下されたもの。
せうらうのけ　所労の気。所労は病気・わずらいの意であるが、前後の文よりすれば病名とも考えられる。
おこり　病いがおこったならばという意よりすれば、法然の持病は四十八巻伝巻十七に、「上人瘧病をわづらひ給う」とある。瘧病(おこり・わらわやみ)、即ちマラリヤ状の病いであったろう。
黒田の聖人　誰であるか明らかでないが、黒田は伊賀国名張郡黒田を指すものらしく、ここにいた俊乗房重源をあてる人がある。
罪根　罪をまねく根本である身・口・意の行為をいう。
法滅　仏法の滅尽することをいい、三宝滅・経道滅尽ともいう。仏法の滅尽する相は、諸仏の通軌として正像末の三時に分け、次第に滅すと説いている。
凡夫　仏または聖者に対する語で、凡庸劣夫の意。大小乗ともに見道以前、すなわち正理を証見しない前の人を凡夫という。
十悪・五逆　十悪は、身口意の三業につくる身三(殺生・偸盗・邪婬)、口四(妄語・悪口・両舌・綺語)、意三(貪欲・瞋恚・邪見)の十種の罪悪。五逆は、恩田にさからい徳田を棄壊する五種の暴悪なる罪業で、父を殺

往生シナムニハ、願《がん》トシテ成《じょう》ゼズトイフ事アルベカラズ。本願ニ乗ズル事ハ、タヾ信心《しんじん》ノフカキニヨルベシ。ウケガタキ人身《にんしん》ヲウケテ、アヒガタキ本願ニマウアヒ、オコシガタキ道心《どうしん》ヲオコシテ、ハナレガタキ*輪廻《りんね》ノ里《さと》ヲハナレ、ムマレガタキ浄土ニ往生セムコトハ、ヨロコビノ中ノヨロコビナリ。罪《つみ》ハ十悪・五逆ノモノムマルト信ジテ、少罪《しょうざい》オ《(を)》モオ《(を)》カサジトオモフベシ。*罪人《ざいにん》ナホムマル、イハムヤ善人《ぜんにん》オ《(を)》ヤ。行ハ一念・十念ムナシカラズト信ジテ、无間《むけん》ニ修スベシ、一念ナホムマル、イカニイハムヤ多念《たねん》オ《(を)》ヤ。阿弥陀仏ハ不取正覚《ふしゅしょうがく》ノ御コトバ成就《じょうじゅ》シテ、現ニカノクニニマシマセバ、サダメテ命終《みょうじゅう》ニハ*来迎《らいごう》シタマハムズラム。釈尊《しゃくそん》ハヨキカナヤ、ワガオ《(を)》シエ《(へ)》ニシタガヒテ、生死《しょうじ》ヲハナレムト知見《ちけん》シタマハム。*六方《ろっぽう》ノ諸仏ハヨロコバシキカナ、ワレラガ証誠《しょうじょう》ヲ信ジテ、不退《ふたい》ノ浄土ニ生ゼムト、ヨロコビタマフラム。天ヲアフギ地ニフシテヨロコブベシ。コノタビ弥陀ノ本願ニマウアエ《(へ)》ル事ヲ、行《ぎょう》住座臥《じゅうざが》ニモ報《ほう》ズベシ。カノ仏ノ恩徳《おんどく》ヲタノミテモナホタノムベキハ、*乃至十念《ないしじゅうねん》ノ御言《おことば》、信ジテモナホ信ズベキハ、必得往生《ひっとくおうじょう》ノ文《もん》ナリ。

*黒谷聖人源空《くろだにしょうにんげんくう》

【*津戸《つのと》の三郎へつかわす御返事】

御フミクハシクウケタマハリ候ヌ。タヅネオホセタビテ候事ドモ、オホヤウシルシ申《もうし》候。クマガヤノ入道《にゅうどう》、ツノトノ三郎ハ、無智《むち》ノモノナレバコソ、念仏オ《(を)》バスヽメタレ、有智《うち》ノ人ニハ、カナラズシモ念仏ニカギルベカラズト申《もうす》ヨシ、キコエテ候覧《らん》、キワ《(は)》メタルヒガ事ニ候。ソノユヘ《(ゑ)》ハ、念仏ノ行《ぎょう》ハモトヨリ有智無智ニカギラズ、弥陀《みだ》ノムカシチカヒタマヒ

し(殺父)、母を殺し(殺母)、小乗の聖者阿羅漢を殺し(殺阿羅漢)、仏身から血を流さしめ(出仏身血)、和合僧を破る(破和合僧)、五種の逆罪。

三念・五念　三声五声というほどの意。

諸行　底本「諸仏」。

輪廻ノ里　生死をかさねて迷う世界。

罪人…善人オヤ　親鸞は歎異抄にまったく逆な語法で、「善人なほもて往生を遂ぐ、いはんや悪人をや」と述べている。

来迎　仏・菩薩がこの世に来現して、行者を迎えて、極楽に引接することをいい、来迎は多く命終に臨んでのおりであるから臨終現前ともいう。

六方ノ諸仏　東南西北下上の六方の仏国土にましまして、念仏の法の誤りなきことを証明する仏で、阿弥陀経の六方段に諸仏(三十八仏)の名をあげている。

乃至十念　極楽往生の行業である念仏にはとなえる数に制限のないのをいい、浄土宗では、「上一形をとり、下一念をとる」というように、畢命を期となして修する念仏をいう。

黒谷聖人　比叡山西塔の黒谷別所に住している聖人という意。法然は叡空より相承をうけ黒谷本坊を所有し、管理していたので、自他ともに黒谷聖人と呼んでいたのではあるまいか。

津戸の三郎　諱は為守、法然に帰依して尊願と号した念仏者。

シ本願モ、アマネク一切衆生《いっさいしゅじょう》ノタメ也。無智ノタメニハ念仏ヲ願ジ、有智ノタメニハ余《よ》ノフカキ行ヲ願ジタマヘル事ナシ。十方衆生《じっぽうしゅじょう》ノタメニ、ヒロク有智・无智、有罪《うざい》・无罪《むざい》、善人《ぜんにん》・悪人《あくにん》、持戒《じかい》・破戒《はかい》、タフトキモイヤシキモ、男モ女モ、モシハ仏在世《ぶつざいせ》、モシハ仏滅後《ぶつめつご》ノ近来《きんらい》ノ衆生、モシハ釈迦《しゃか》ノ*末法《まっぽう》万年ノノチ、*三宝《さんぼう》ミナウセテノ時ノ衆生マデ、ミナコモリタル也。マタ善導和尚《ぜんどうかしょう》ノ、弥陀ノ化身《けしん》トシテ専修念仏《せんじゅねんぶつ》ヲスヽメタマヘルモ、ヒロク一切衆生ノタメニスヽメテ、无智ノモノニカギル事ハ候ハズ、ヒロキ弥陀ノ願《がん》ヲタノミ、アマネキ善導ノスヽメヲヒロメムモノ、イカデカ無智ノ人ニカギリテ、有智ノ人ヲヘダテムヤ。モシシカラバ弥陀ノ本願ニモソムキ、善導ノ御コヽロニモカナフベカラズ。サレバコノ辺《あたり》ニマウデキテ、往生《おうじょう》ノミチヲトヒタヅネ候人《ひと》ニハ、有智・無智ヲ論ゼズ、ミナ念仏ノ行バカリヲ申《もうし》候也。シカルニソラゴトヲカマヘテ、サヤウニ念仏ヲ申《もうし》トヾメムトスルモノハ、コノサキノヨニ*念仏三昧《ねんぶつざんまい》、浄土ノ法門ヲキカズ、後世《ごせ》ニマタ*三悪道《さんなくどう》ニカヘルベキモノ、シカルベクシテ、サヤウノ事オ(を)バタクミ申候事ニテ候ナリ。ソノヨシ聖教《しょうぎょう》ニミナミエテ候也。

*見有修行起瞋毒《けんうしゅぎょうきしんどく》　方便破壊競生怨《ほうべんはえきょうしょうおん》　如此《によし》*生盲《しょうもう》*闡提輩《せんだいはい》

毀滅頓教永沈淪《*とんぎょうようちんりん》　超過大地微塵劫《みじんごう》　未可得離三途身《さんずしん》

《修行あるを見て瞋毒を起し、方便破壊し競つて怨《あた》を生ぜむ。かくのごとき生盲闡提の輩《ともがら》、頓教を毀滅して永く沈淪せむ。大地微塵劫を超過すとも、いまだ三途の身を離るることを得べからず》

ト申《もうし》タル也。コノ文《もん》ノコヽロハ、浄土ヲネガヒ念仏ヲ行《ぎょう》ズルモノヲミテハ、瞋《いかり》ヲオコシ毒《どく》

末法万年　末法時とは教えのみあって行証の欠けた時期をいい、正法・像法をすぎてのち末法の世は一万年にわたり存在するという。

三宝　仏教を信ずるものにとり尊敬すべき仏と法と僧の三をいい、しかもこの三はともに尊重し供養すべきものであるが故に、仏宝(仏)、法宝(教法)、僧宝(仏道を修習する賢聖)という。

念仏三昧　元来は観仏三昧と同様に仏徳を観念し、或いは仏の色身相好とか法身を念ずる意があったが、善導が出世して称名念仏を提唱してより以後、称名念仏三昧の意に解するのを常とする。即ち心を専らにして阿弥陀仏の名号を称するのをいう。

三悪道　悪業にひかれて通入する地獄道・餓鬼道・畜生道の三種の苦をうける処。

見有修行…三途身　法事讃巻下に見える文であるが、内容的には念仏を停止し弾圧する徒輩は必ず三塗の身に沈淪する罪人となることを予言する、善導の未来記というべきもの。

生盲　念仏を謗る者を愚痴者なるが故に、あきめくらに譬えた。

闡提　生死を楽欲し、出離を欣求しないもので、断善闡提・大悲闡提・無性闡提に分ける。

頓教　漸教に対する教えで、頓速に証悟する法門を頓教といい、漸次修行の功により証悟するものを漸教と

いう。
フウミテ　ふくんで。
ヤウ〳〵　さまざま。
マナコシヒテ　目がみえなくなって。
常住　過去・現在・未来にわたって常に存在し、生滅変化しないこと。
頓教ノ法　ここでは浄土教を指す。
大地微塵劫　劫はつぶさには劫波といい、分別の義、長時と訳し、極大なる時限の意。大地を微塵にするような長い時間。
慈悲　凡夫・二乗等が一切衆生を縁として楽をあたえ苦を抜かんとする衆生縁を小慈悲、菩薩が一切衆生は無我無法にして五陰生滅の法のみであるとしておこす法縁を中慈悲、仏が一切衆生は本来無所有なる同体真如であるという念に住し、有所得の念を排して度するのを大慈悲という。ここでは仏が不信の衆生をも利益せんというのであるから大慈悲を指す。
誹謗　そしること。非難すること。
一家ノ…候マジ　以下条々の不審を問われたのに対する返答は、すべて六か条あるが、四十八巻伝巻二十八所収本はこの条を欠いている。
善願　この上なき願望を求めようとして祈願すること。
専修ノ行ニ制シタル事　専修念仏に祈禱は雑行なりとして廃捨している。

心《しん》ヲ*フウミテ、ハカリ事ヲメグラシ、*ヤウ〳〵ノ方便《ほうべん》ヲナシテ、念仏ノ行ヲ破《やぶり》テ、アラソヒテ怨《あた》ヲナシ、コレヲトヾメムトスルナリ。カクノゴトキノ人ハ、ムマレテヨリコノカタ、仏法《ぶつぽう》ノ*マナコシヒテ、仏ノ種《たね》ヲウシナヘル闡提《せんだい》ノ輩《ともがら》ナリ。コノ弥陀ノ名号《みようごう》ヲトナエ(へ)テ、ナガキ生死ヲタチマチニキリテ、*常住ノ極楽ニ往生《おうじよう》ストイフ、*頓教《とんぎよう》ノ法ヲソシリホロボシテ、コノ罪ニヨリテ、ナガク三悪《さんなく》ニシヅムトイエ(へ)ルナリ。カクノゴトキノ人ハ、*大地微塵劫《みじんごう》ヲスグト(モ)、ムナシク三悪道ノミヲハナルヽ事ヲウベカラズトイエ(へ)ルナリ。サレバサヤウニ妄語《もうご》ヲタクミテ申候覧《もうしそうろうらん》人ハ、カヘリテアハレムベキモノナリ。サホドノモノヽ申サムニヨリテ、念仏ニウタガヒヲナシ、不審ヲオコサムモノハ、イフニタラザルホドノ事ニテコソ候ハメ。オホカタ弥陀ニ縁《えん》アサク、往生ニ時イタラヌモノハ、キケドモ信ゼズ、行ズルヲミテハ、腹ヲタテイカリヲ含《ふくん》デ、サマタゲムトスルコトニテ候也。ソノコヽロヲエテ、イカニ人申候トモ、御コヽロバカリハユルガセタマフベカラズ。アナガチニ信ゼザラムハ、仏ナホチカラオヨビタマフマジ。イカニイハムヤ、凡夫《ぼんぶ》チカラオヨブマジキ事也。カヽル不信ノ衆生ノタメニ、*慈悲ヲオコシテ利益《りやく》セムトオモフニツケテモ、トク極楽ヘマイ(ゐ)リテ、サトリヒラキテ、生死《しようじ》ニカヘリテ、*誹謗《ひほう》・不信《ふしん》ノモノヲワタシテ、一切衆生アマネク利益セムトオモフベキ事ニテ候也。コノヨシヲ御コヽロエテ、オハシマスベシ。

一　*一家ノ人々ノ*善願《ぜんがん》ニ結縁助成《けちえんじよじよう》セムコト、コノ条左右《そう》ニオヨビ候ハズ、尤《もつとも》シカルベク候。念仏ノ行ヲサマタグル事ヲコソ、*専修《せんじゆ》ノ行ニ制シタル事ニテ候へ。人々ノアルイハ堂オ(を)モツクリ、仏オ(を)モツクリ、経オ(を)モカキ、僧オ(を)モ供養《くよう》セムニハ、チカラヲクワ(は)ヘ縁ヲムスバムガ、念仏ヲサマタゲ、専修ヲサフルホドノ事ハ候マジ。

一　*コノ世ノイノリニ、仏ニモ神ニモ申サム事ハ、ソモクルシミ候マジ。後世《ごせ》ノ往生、念仏ノホカニアラズ、行ヲスルコソ念仏ヲサマタグレバ、アシキ事ニテ候へ。コノ世ノタメニスル事ハ、往生ノタメニテハ候ハネバ、仏神《ほとけかみ》ノイノリ、サラニクルシカルマジク候也。

一　*念仏ヲ申サセタマハムニハ、コヽロヲツネニカケテ、口ニワスレズトナフルガ、メデタキコトニテハ候ナリ。念仏ノ行ハ、モトヨリ*行住座臥《ぎょうじゅうざが》・*時処諸縁《じしょしょえん》ヲキラワ《(は)》ザル行ニテ候ヘバ、タトヒミモキタナク、口モキタナクトモ、コヽロヲキヨクシテ、ワスレズ申サセタマハム事、返々《かえすがえす》*神妙《しんみょう》ニ候。ヒマナクサヤウニ申サセタマハムコソ、返々アリガタクメデタク候へ。イカナラムトコロ、イカナラム時ナリトモ、ワスレズ申サセタマハヾ、往生ノ業《ごう》ニハカナラズナリ候ハムズル也。ソノヨシヲ御コヽロエテ、オナジコヽロナラム人ニハ、オ《(を)》シエ《(へ)》サセタマフベシ。イカナル時ニモ申サザラムヲコソ、*ネウジテマフ《(う)》サバヤトオモヒ候べキニ、申サレムヲネウジテ申サセタマハヌ事ハ、イカデカ候べキ。ユメ〳〵候マジ、タヾイカナルオ《(を)》リモキラハズ申サセタマフベシ。アナカシコ〳〵。

一　*御仏オホセニシタガヒテ、*開眼《かいげん》シテクダシマイ《(ゐ)》ラセ候。阿弥陀ノ*三尊《さんぞん》ツクリマイ《(ゐ)》ラセサセタマヒテ候ナル、返々神妙ニ候。イカサマニモ、仏像ヲツクリマヒ《(ゐ)》ラセタルハメデタキ功徳《くどく》ニテ候也。

一　イマ一《ひとつ》イフベキ事ノアルトオホセラレテ候ハ、ナニ事ニカ候覧《らん》、ナム条《(ん)じょう》ハヾカリカ候べキ、オホセ候べシ。

コノ世ノ…クルシカルマジク候也　念仏者の神仏に対する祈誓につき返答された一条で、和語灯録および四十八巻伝所収本は、この条を欠く。
念仏ヲ…アナカシコ〳〵　身もきたなく、口もよろしからざる人の念仏する態度に対するもので、和語灯録・九巻伝・四十八巻伝に少異ありとはいえ、この条を所収している。
行住座臥　道行くときも、一所に住しているときも、坐っているときも、臥しているときもという意で、常にというほどの意味あい。
時処諸縁　時と処と場合。
神妙　甚だ巧妙にして人力以上であるさま。
ネウジテ　念じて。
御仏…功徳ニテ候也　文体よりみると前三条をもって終り、以下は附加文らしい。この条は、次の条とともに和語灯録・九巻伝・四十八巻伝等の所収本にすべて欠く。
開眼　眼目を開くの意で、新たに彫刻したり、図画した仏像を供養して、御霊を迎えること。和語灯録巻五には、「開眼と申すは、本体の仏師がまなこをいれ、ひらきまいらせ候を申候也。これをば事の開眼と申候也。つぎに僧の仏の真言をもて、まなこをひらき、大日の真言をもて、ほとけの一切の功徳を成就し候をば、理の開眼と申候也」と説明している。
三尊　阿弥陀・観音・勢至。

念仏ノ…アナカシコ〳〵　念仏を信ぜぬ人に対する態度と念仏勧誡について述べたこの条は、前記諸本ともに所収。

コトサトリノ人　見解を異にする人。

異学・異解　浄土教を信ずるものにとり、学問を異にし見解を異にする人で、具体的には聖道門の人を指している。聖道を群賊と見なした法然は、のち明慧より許すことのできぬ釈尊の怨敵であると指摘された(摧邪輪巻上)。

同行　志を同じくし、行法を同じくするもの。同朋・同法というに同じ。

一仏浄土　阿弥陀仏のまします西方極楽浄土。

極楽　この娑婆世界を去ること西方十万億土の彼方に存する阿弥陀仏酬因感果の浄土で、極楽浄土・安楽浄土・西方浄土・安養浄土等ともいう。

地獄　三悪道・五趣・六道・十界の一で、自らがつくった罪業によって衆生の趣入すべきところとされ、これに等活・黒縄・衆合・叫喚・大叫喚・焦熱・大焦熱・無間の八種地獄があり、それぞれにまた十六の小地獄があるという。

恒沙　恒河沙の略で、恒河はインドのガンジス河のこと。その河の沙(砂)ほど多くあるという意。

金剛　堅固にして破れることのない仏果。また無明を照破する智慧を金剛石に比していう。

一　念*仏ノ行アナガチニ信ゼザル人ニ論ジアヒ、マタアラヌ行、*コトサトリノ人ニムカヒテ、イタクシヰ《(ひ)》テオホセラル、事候マジ、*異《い》学《がく》・異《い》解《げ》ノ人ヲエテハ、コレヲ恭敬《くぎよう》シテカナシメ、アナヅル事ナカレト申《もうし》タルコトニテ候也。サレバ同心ニ極楽ヲネガヒ、念仏ヲ申サム人ニ、タトヒ塵刹《じんせつ》ノホカノ人ナリトモ、*同行《どうぎよう》ノオモヒヲナシテ、*一仏浄土《いちぶつじようど》ニムマレムトオモフベキニテ候ナリ。阿弥陀仏ニ縁ナクテ、浄土ニチギリナク候ハム人ノ、信モオコラズ、ネガハシクモナク候ハムニハ、チカラオヨバズ、タヾコヽロニマカセテ、イカナル行オ《(を)》モシテ、後生《ごしよう》タスカリテ、三悪道《さんなくどう》ヲハナルヽ事ヲ、人ノコヽロニシタガヒテ、スヽメ候ベキナリ。マタサワ《(は)》候ヘドモ、チリバカリモカナヒ候ヌベカラム人ニハ、弥陀仏ヲスヽメ、*極楽ヲネガフベキニテ候ゾ、イカニ申《もうし》候トモ、コノヨノ人ノ極楽ニムマレヌ事ハ候マジキ事ニテ候也。コノアヒダノ事オ《(を)》バ、人ノコヽロニシタガヒテ、ハカラフベク候ナリ。イカサマニモ、人トアラソフコトハ、ユメ〳〵候マジ。モシハソシリ、モシハ信ゼザラムモノヲバ、ヒサシク地*獄ニアリテ、マタ地獄ヘカヘルベキモノナリト、ヨク〳〵コヽロエテ、コワ《(は)》ガラデ、コシラフベキニテ候カ。マタヨモトハオモヒマイ《(ゐ)》ラセ候ヘドモ、イカナル人申候トモ、念仏ノ御コヽロナムド、タヂロキオボシメス事アルマジク候。タトヒ千《せん》ノ仏《ほとけ》世ニイデヽ、マノアタリオ《(を)》シエ《(へ)》サセタマフトモ、コレハ釈迦《しやか》・弥陀《みだ》ヨリハジメテ、*恒沙《ごうじや》ノ仏ノ証誠《しようじよう》セサセタマフ事ナレバトオボシメシテ、コヽロザシヲ*金剛《こんごう》ヨリモカタクシテ、コノタビカナラズ阿弥陀仏ノ御マヘニマイ《(ゐ)》リナムト、オボシメスベク候也。カクノゴトキノ事、カタハシ申サムニ、御コヽロエテ、ワガタメ人ノタメニ、オコナハセタマフベシ。アナカシコ〳〵。

九月十八日　　　源空

ツノトノ三郎殿御返事

【*大胡《おおご》の太郎実秀の妻室のもとへつかわす御返事】

御フミコマカニウケタマハリ候ヌ。*ハルカナルホドニ、念仏《ねんぶつ》ノ事《こと》キコシメサムガタメニ、ワザトツカヒヲアゲサセタマヒテ候、御念仏ノ御コヽロザシノホド、返々《かえすがえす》モアハレニ候。サテハタヅネオホセラレテ候念仏ノ事ハ、往生極楽《おうじょうごくらく》ノタメニハ、イヅレノ行《ぎょう》トイフトモ、念仏ニスギタル事ハ候ハヌ也。ソノユヘ(ゑ)ハ、念仏ハコレ*弥陀《みだ》ノ本願《ほんがん》ノ行ナルガユヘ(ゑ)ナリ。本願トイフハ、アミダ仏ノイマダホトケニナラセタマハザリシムカシ、*法蔵菩薩《ほうぞうぼさつ》ト申《もうし》シイニシヘ、仏《ほとけ》ノ国土《こくど》ヲキヨメ、衆生《しゅじょう》ヲ成就《じょうじゅ》セムガタメニ、*世自在王如来《せじざいおうにょらい》ト申《もうす》仏ノ御《み》マヘニシテ、四十八ノ大願《だいがん》ヲオコシタマヒシソノ中ニ、一切衆生ノ往生ノタメニ、一《ひとつ》ノ願ヲオコシタマヘリ。コレヲ念仏往生ノ本願ト申也。スナワ(は)チ*无量寿経《むりょうじゅきょう》ノ上巻ニイハク、「*設我得仏《せちがとくぶつ》、十方衆生《じっぽうしゅじょう》、至心信楽《ししんしんぎょう》、欲生我国《よくしょうがこく》、乃至十念、若不生者、不取正覚《ふしゅしょうがく》《たとひ我《われ》仏を得たらむに、十方の衆生、至心に信楽して、我が国に生ぜむと欲し、ないし十念せむに、もし生ぜずは正覚をとらじ》」ト云云。善導和尚《ぜんどうかしょう》、コノ願ヲ釈シテ云《いわく》、「*若我成仏、十方衆生、称我名号、下至十声、若不生者、不取正覚、彼仏今現在成仏、当知本誓重願不虚、衆生称念必得往生《もし我《われ》仏を成《じょう》ぜむに、十方の衆生、我が名号を称せむこと、下《しも》十声に至り、もし生ぜずは正覚を取らじ。かの仏、

大胡の太郎実秀　小四郎隆義の子で、上野国の御家人。在京時、法然の教化を蒙り、その門に入る。この消息、底本には宛名を欠き、四十八巻伝巻二十五は実秀自身に宛てたものとする。しかし、高田専修寺(建長七年五月書写)本は、「大子(おおご)女房御返事」とし、和語灯録巻四また、妻室に宛てたものとしている。

ハルカナルホドニ　都をはるか離れている、即ち上野に在国している。

弥陀ノ本願ノ行　阿弥陀仏の本願に誓われた往生行。即ち定散諸善万行に対して、阿弥陀仏が選択された本願念仏である称名正定業をいう。

法蔵菩薩　阿弥陀仏がまだ修行時代菩薩であったときの名。

世自在王如来　過去の錠光仏以来処世仏まで出世した五十三仏に次いで世に出興し、阿弥陀仏の修行時代、法蔵菩薩の師として、二百一十億の諸仏刹土の相を説き、またこれを示現してことごとく観見せしめ、法蔵菩薩をして心中の行願を選択摂取し、四十八願をおこさしめた仏。

无量寿経　浄土三部経の一で、曹魏康僧鎧の訳で、阿弥陀経を小経というに対し、大経・大無量寿経とも呼ばれている。

設我得仏…不取正覚　第十八念仏往生願の文。

若我成仏…必得往生　往生礼讃の文。

今現《いまげん》にましまして成仏したまへり。まさに知るべし、本誓の重願虚《むな》しからざることを。衆生称念すれば、必ず往生を得む》」と。〈已上〉念仏トイフハ、仏ノ*法身《ほっしん》ヲ憶念《おくねん》スルニモアラズ、仏ノ*相好《そうごう》ヲ観念《かんねん》スルニモアラズ。

タヾコヽロヲヒトツニシテ、モハラ阿弥陀仏ノ名号《みょうごう》ヲ称念スル、コレヲ念仏トハ申也。カルガユヘ《(ゑ)》ニ、称我名号トイフナリ。念仏ノホカノ一切ノ行ハ、コレ弥陀ノ本願ニアラザルガユヘ《(ゑ)》ニ、タトヒ*メデタキ行ナリトイフトモ、念仏ニハオヨバズ、オホカタソノクニヽムマレムトオモハムモノハ、ソノ仏ノチカヒニシタガフベキナリ。サレバ弥陀ノ浄土《じょうど》ニムマレムトオモハムモノハ、弥陀ノ誓願《せいがん》ニシタガフベキナリ。本願ノ念仏ト、本願ニアラザル*余行《よぎょう》ト、サラニ*タクラブベカラズ。カルガユヘ《(ゑ)》ニ、往生極楽ノタメニハ念仏ノ行ニスギタルハ候ハズト申《もうす》ナリ。往生ニアラザルミチニハ、余行マタ*ツカサドルカタアリ。シカルニ衆生ノ*生死《しょうじ》ヲハナルヽミチ、仏ノオ《(を)》シエ《(へ)》ヤウ〳〵ニオホク候ヘドモ、コノゴロ人ノ生死ヲハナレ、*三界《さんがい》ヲイヅルミチハ、タヾ極楽ニ往生シ候バカリナリ。コノムネ*聖教《しょうぎょう》ノオホキナルコトワリナリ。

ツギニ極楽ニ往生スルニ、ソノ行《ぎょう》ヤウ〳〵ニオホク候ヘドモ、ワレラガ往生セムコト、念仏ニアラズハカナヒガタク候ナリ。ソノユヘ《(ゑ)》ハ仏ノ本願ナルガユヘ《(ゑ)》ニ、願力《がんりき》ニスガリテ往生スルコトハヤスシ。サレバセムズルトコロハ、極楽ニアラズハ生死ヲハナルベカラズ、念仏ニアラズハ極楽ヘムマルベカラザルモノナリ。フカクコノムネヲ信ゼサセタマヒテ、ヒトスヂニ極楽ヲネガヒ、ヒトスヂニ念仏ヲシテ、コノタビカナラズ生死ヲハナレムトオ

法身　仏の三身の一で、真如法性そのものを指す。
相好　仏の色身に具備している端厳微妙の形相。仏の身について、微妙の相状了別すべきを相、更に細相の受楽すべきを好といい、丈六の化身仏には相に三十二、好に八十、報身仏には八万四千ないし無量の相と好とを具備しているという。
メデタキ　勝れた。
余行　念仏以外の余他の一切の諸善をいう。諸行と同意。
タクラブ　比較する。タは接頭語。
ツカサドル　第一義になる。
生死　涅槃に対する語で、死生相続するという意。惑業の因縁によって生死相続、流転して止むことなく、諸趣に死生輪廻することをいう。これに分段と変易の二種があり、六道の凡夫が受ける生死を分段生死、阿羅漢等の聖者が受ける生死を変易生死とする。
三界　三有ともいい、一切衆生所居の三種の迷いの世界。即ち欲界・色界・無色界の総称。欲界は婬欲・貪欲をもつものの住する世界、色界は両欲をはなれた物質のきれいな世界、無色界は物欲をはなれ、ただ心のすぐれた禅定に住するものの止住する世界。
聖教　仏祖の教えを記載した経典とか遺文をいい、聖経ということもある。

ボスベキナリ。マタ*一一《いちいち》ノ願《がん》ノオ《(を)》ハリニ、「モシシカラズハ*正覚《しようがく》ヲトラジ」トチカヒタマヘリ。シカルニ、阿弥陀仏ホトケニナリタマヒテヨリコノカタ、スデニ*十劫《じつこう》ヲヘタマヘリ。マサニシルベシ、誓願《せいがん》ムナシカラズ。シカレバ衆生《しゆじよう》ノ称念スルモノ、一人《いちにん》モムナシカラズ往生スル事ヲウ。モシシカラズハ、タレカ仏ニナリタマヘルコトヲ信ズベキ。三宝滅尽《さんぼうめつじん》ノ時ナリトイヱ《(へ)》ドモ、一念スレバナホ往生ス。五逆深重《ごぎやくじんじゆう》ノ人ナリトイヱ《(へ)》ドモ、十念スレバ往生ス。イカニイハムヤ三宝ノ世ニムマレテ、五逆ヲツクラザルワレラ、弥陀ノ名号《みようごう》ヲトナヱ《(へ)》ムニ、往生ウタガフベカラズ。イマコノ願ニアヱ《(へ)》ルコトハ、マコトニコレオボロケノ縁《えん》ニアラズ、ヨク〳〵ヨロコビオボシメスベシ。タトヒマタアフトイヱ《(へ)》ドモ、モシ信ゼザレバアハザルガゴトシ。イマフカクコノ願ヲ信ゼサセタマヘリ、往生ウタガヒオボシメスベカラズ。カナラズ〳〵フタゴヽロナク、ヨク〳〵御念仏候テ、コノタビ生死《しようじ》ヲハナレ、極楽ニムマレサセタマフベシ。

マタ観无量寿経《かんむりようじゆきよう》ニ云ク、「*一一光明偏照十方世界、*念仏衆生摂取《せつしゆ》不捨《一々の光明偏《あまね》く十方の世界を照らして、念仏の衆生を摂取して捨てたまはず》」と。〈已上〉コレハ光明タヾ念仏ノ衆生ヲテラシテ、ヨノ一切《いつさい》ノ行オ《(を)》バテラサズトイフナリ。タヾシヨノ行ヲシテモ極楽ヲネガハヾ、仏ノヒカリテラシテ、摂取シタマフベシ。イカヾタヾ念仏ノモノバカリヲエラビテ、テラシタマヘルヤ。善導和尚《ぜんどうかしよう》、釈シテノタマハク、「*弥陀身色如金山《しんじきによこんせん》、相好《そうごう》光明照十方、*唯有念仏蒙光摂《こうしよう》、当知本願最為強《弥陀の身色は金山の如し、相好の光明十方を照らす。ただ念仏のものあつて光摂を蒙《こうむ》る、まさに知るべし、本願最も強《こわ》しとす》」と。〈已上〉念仏ハコレ弥陀ノ本

一一ノ願ノオハリ　無量寿経の四十八願の結句。

正覚　仏十号の一で、つぶさには無上正等覚といい、仏の真正なる覚悟をいう。

十劫　阿弥陀仏が成仏してより以来現在に至るまでの無量の時間を指し、無量寿経巻上には、「成仏より已来、およそ十劫を歴たり」といい、阿弥陀経には、「阿弥陀仏成仏より已来、今において十劫なり」と記している。十劫といっても平等覚経に十八劫、大阿弥陀経に十小劫、称讃浄土経に十大劫という如く異説もある。

一一光明…摂取不捨　観経の十三定善中の第九真身観に明かす文。

念仏　この念仏は経文の次第についていえば、観念を意味するようにうけとられるが(浄影「観経義疏」、天台「観経疏」等)、善導はこれをもって称名念仏と信得した。

弥陀身色…最為強　往生礼讃の文。

十方　東・南・西・北・東南・西南・東北・西北・下・上、即ち四方四維上下をいう。ここに十方というのは、無量寿経巻上に、「たとひ我、仏を得たらむに十方の衆生至心に信楽して」と述べている十方衆生の意で、生きとし生けるものの総称。

光摂　他力信心の念仏者を摂めとって捨てることのない阿弥陀仏の光明の利益。

願ノ行ナルガユ(エ)ニ、*成仏《じょうぶつ》ノ光明ツヨク本地《ほんじ》ノ誓願《せいがん》ヲテラシタマフナリ。余行《よぎょう》コレ本願ニアラザルガユ《(ゑ)》ヘニ、弥陀ノ光明キライ《(ひ)》テテラシタマハザルナリ。イマ極楽ヲモトメム人ハ、本願ノ念仏ヲ行《ぎょう》ジテ、摂取ノヒカリニテラサレムトオボシメスベシ。コレニツケテモ、念仏大切《たいせつ》ニ候、ヨク〳〵申サセタマフベシ。

マタ釈迦如来《しゃかにょらい》、コノ経ノ中ニ、*定散《じょうさん》ノモロ〳〵ノ行ヲトキオ《(を)》ハリテノチニ、マサシク阿《あ》難《なん》ニ付属《ふぞく》シタマフトキニハ、カミニトクトコロノ散善《さんぜん》ノ*三福業《さんぷくごう》、定善《じょうぜん》ノ*十三観《じゅうさんがん》オ《(を)》バ付属セズシテ、タヾ念仏ノ一行《いちぎょう》ヲ付属シタマヘリ。*経ニ云ク、「仏告阿難《ぶつごうあなん》、汝好持是語《にょこうじぜご》、持是語者、即是持无量寿仏名《仏《ほとけ》阿難に告げたまはく、汝《なんじ》よくこの語を持《たも》て、この語を持てとは、即ちこの无量寿仏の名《みな》を持てとなり》」と。〈已上〉善導和尚コノ文ヲ釈シテノタマハク、「*従仏告阿難汝好持是語已下、正明付属弥陀名号流通於《るずうお》*遐代《かだい》、上来雖説定散両門之益《じょうらいすいせつじょうさんりょうもんしやく》、望仏本願、意在衆生一向専称弥陀仏名《仏告阿難汝好持是語より已下、正《まさ》しく弥陀の名号を付属して、遐代に流通することを明《あ》かす、上来定散両門の益を説《と》くといへども、仏の本願を望むに、意《こころ》衆生をして一向《いっこう》に専ら弥陀仏の名を称するにあり》」と。〈已上〉コノ定散《じょうさん》ノモロ〳〵ノ行《ぎょう》ハ、弥陀ノ本願(ニ)アラズ、カルガユ《(ゑ)》ヘニ釈迦如来、往生ノ行ヲ付属シタマフニ、余ノ定善・散善オ《(を)》バ付嘱《ふぞく》セズシテ、念仏ハコレ弥陀ノ本願ナルガユ《(ゑ)》ヘニ、マサシクエラビテ、本願ノ行ヲ付属シタマヘルナリ。イマ釈迦《しゃか》ノオ《(を)》シエ《(へ)》ニシタガヒテ、往生《おうじょう》ヲモトムルモノ、付属ノ念仏ヲ修《しゅ》シテ、釈迦ノ御コヽロニカナフベシ。コレニツケテモ、マタヨク〳〵御念仏《おねんぶつ》候テ、仏ノ付属ニカナハセタマフベシ。

成仏 因位の菩薩行を修了して果位の仏となること。小乗では三十四心に断結するのを成仏といい、天台宗では初住成仏、真言宗では即身成仏を説き、浄土真宗では往生即成仏となし、浄土宗では往生後自然無功用に成仏するとしている。

定散 定心・散心の意。精神を全く統一して余念をまじえず、ただ一事のみを思惟する心相を定心といい、観経疏散善義には、「定とは即ち慮りを息(ゃ)めて、以て心を凝らすなり」と説いている。これと反対に心が常に散り乱れている心相を散心という。

三福業 浄土往生の行因である三種の福業の意で、三種の福業とは世福・戒福・行福をいう。父母に孝養を尽し、師長につかえ、十善業を持する世俗の善根が世福、三帰五戒ないし多くの戒を持する持戒の善根が戒福、菩提心をおこして仏道を行ずる出世間の善根が行福。

十三観 無量寿仏(阿弥陀仏)を観ずる順序を、観経には、日想観・水想観・地想観・宝樹観・宝池観・宝楼閣観・華座観・像想観・阿弥陀仏観・観音観・勢至観・普往生観・雑想観と示している。

経 観経。

従仏告阿難…弥陀仏名 観経疏散善義に出る文。

遐代 遠い未来、遠く隔たった時代。

マタ六方恒沙《ろっぽうごうじゃ》ノ諸仏、*御《み》シタヲノベテ、三千世界ニオホイ《(ひ)》テ、モハラタヾ弥陀ノ名号ヲトナヘテ往生ストイフハ、コレ真実也《しんじつなり》ト*証誠《しょうじょう》シタマフナリ。コレマタ念仏ハ弥陀ノ本願ナルガユヘ《(ゑ)》ニ、六方恒沙ノ諸仏、コレヲ証誠シタマフ。余《よ》ノ行ハ本願ニアラザルガユヘ《(ゑ)》ニ、六方恒沙ノ諸仏証誠シタマハズ。コレニツケテモ、ヨク〳〵御念仏候べシ。弥陀ノ本願、釈迦ノ付属、六方ノ諸仏ノ証誠*護念《ごねん》ヲフカクカウブラセタマフべシ。弥陀ノ本願、釈尊ノ付属、六方ノ諸仏ノ護念、一一ニムナシカラズ。コノユヘ《(ゑ)》ニ念仏ノ行ハ、諸行《しょぎょう》ニスグレタルナリ。

マタ善導和尚《ぜんどうかしょう》ハ、*弥陀ノ化身《けしん》ナリ。*浄土《じょうど》ノ祖師《そし》オホシトイヘドモ、タヾヒトヘニ善導ニヨル。往生ノ行オホシトイエ《(へ)》ドモ、オホキニワカチテ二トシタマヘリ。一ニハ専修《せんじゅ》、イハユル念仏ナリ。二ニハ雑修《ざっしゅ》ナリ、イハユル一切ノモロ〳〵ノ行ナリ。上《かみ》ニイフトコロノ定散等コレナリ。*往生礼讃《おうじょうらいさん》ニ云ク、「若能如上念念相続畢命為期者《ねんねんそうぞくひつみょういごしゃ》、十即十生、百即百生《もしよく上《かみ》の如く念々相続して畢命を期とする者は、十は即ち十ながら生じ、百は即ち百ながら生ず》」ト云ヘリ。専修《せんじゅ》ト雑行《ぞうぎょう》トノ得失《とくしつ》ナリ。得トイフハ、往生スル事ヲウルトイフ。イハク、念仏スルモノハスナワ《(は)》チ十ハ十人ナガラ往生シ、百ハスナワ《(は)》チ百人ナガラ往生ストイフ、コレナリ。失トイフハ、イハク、往生ノ益《やく》ヲウシナエ《(へ)》ルナリ。雑修《ざっしゅ》ノモノハ百人ガ中ニ、マレニ一二人往生スル事ヲエテ、ソノホカハ生ゼズ、千人ガ中ニマレニ三五人ムマレテ、ソノ余《よ》ハムマレズ。専修ノモノハミナムマル、コトヲウルハ、ナニノユヘ《(ゑ)》ゾト、阿弥陀仏ノ本願ニ相応《そうおう》セルガユヘ《(ゑ)》ナリ。釈迦如来ノオ《(を)》シエ《(へ)》ニ随順《ずいじゅん》セルガユヘ《(ゑ)》ナリ。雑業《ぞうごう》ノモノハムマ

御シタヲノベテ　大智度論巻八に、「この時仏は広長舌を出し、面上を覆うて髪際に至り、婆羅門に語りて言く、汝経書を見るに、もしかくの如き舌あるの人にして、しかも妄語を作すや否やと。婆羅門言く、もし人舌よく鼻を覆はば言に虚妄なし」とあって、舌をのべることは、不妄語の徳を示すものとされている。

証誠　証は験(ため)すこと、誠は真実の意で、釈尊所説の念仏法門の真実であることを証明することをいう。

護念　諸仏菩薩等が、善を修する衆生を摂受擁護して捨てないこと。

弥陀ノ化身　善導が阿弥陀仏の化身であることは、慈雲の浄土略伝(仏祖統記巻二十六所収)に、「阿弥陀仏の化身、長安に至り、滻水の声を聞いて曰く、念仏を教ふること三年を満つるに、長安城皆念仏に帰すべし。また法照法師あり、即ち善導和上なり」と述べ、竜舒浄土文にも、この文を引文しているので、かなり古くから中国にあった思想であろう。

浄土ノ祖師　元暁(主著遊心安楽道)・智顗(観経疏)・不空(阿弥陀儀軌)・智覚(万善同帰集)・嘉祥(大経疏)・慈恩(西方要決)・迦才(浄土論)など浄土教を奉ずる祖師を指す。

往生礼讃　一巻、唐善導が六時(日没・初夜・中夜・後夜・晨朝・日中)に、浄土に生ぜんとして礼拝讃嘆する法を説いたもの。

ル、コトノスクナキハ、ナム(ん)ノユヘ(ゑ)ゾト、弥陀ノ本願ニタガヘルガユヘ(ゑ)ナリ。念仏シテ浄土ヲモトムルモノハ、*二尊《にそん》ノ御《み》コヽロニフカクカナヘリ。雑修ヲシテ浄土ヲモトムルモノハ、二仏《にぶつ》ノ御コヽロニソムケリ。善導和尚、*二行《にぎょう》ノ得失ヲ判《はん》ゼルコトコレノミニアラズ、観経《かんぎょう》ノ疏《しょ》ト申スフミノ中ニ、*オホク得失ヲアゲタリ。シゲキガユヘ(ゑ)ニイダサズ、コレヲモテシルベシ。

オホヨソコノ念仏ハ、ソシレルモノハ地獄《じごく》ニオチテ、*五《ご》劫苦《こうく》ヲウクルコトキワ(は)マリナシ。信ズルモノハ浄土ニムマレテ、*永劫《ようごう》タノシミヲウクルコトキワ(は)マリナシ。ナホ〳〵イヨ〳〵信心ヲフカクシテ、フタゴヽロナク念仏セサセタマフベシ。クハシキ事、御フミニツクシガタク候。コノ御ツカヒ申《もうし》候ベシ。

【大胡《おおご》の太郎実秀へつかわす御返事】

サキノ*便《びん》ニサシアフ事候テ、御フミヲダニミトキ候ザリシカバ、御返事コマカニ申サズ、サダメテオボツカナクオボシメシ候覧《らん》ト、オソレオモフ(う)タマヘ候。サテハタヅネオホセラレテ候コトヾモハ、御フミナドニテ、タヤスク申《もうし》ヒラクベキコトニテモ候ハズ、アハレマコトニ京《きょう》ニヒサシク御《ご》トウリウ候シ時、*ヨシ水ノ坊《ぼう》ニテ、コマカニ御サタアリセバヨク候ナマシ、オホカタハ念仏シテ往生《おうじょう》スト申《もうす》コトバカリオ(を)バ、ワヅカニウケタマハリテ、ワガコヽロヒトツニフカク信ジタルバカリニテコソ候ヘドモ、人マデツバヒラカニ申《もうし》キカセナドスルホドノ身ニテハ候ハネバ、マシテイリタチタルコトヾモ、不審《ふしん》ナド、御フミニ申《もうし》ヒ

二尊　釈尊と阿弥陀仏。

二行ノ得失　正行と雑行についての論題。即ち専ら阿弥陀仏に親近である行業の専修正行と、自余の一切の諸善を修する雑修雑行とは、ともに往生の行業となるが、それを実修するに当たっては得失があることを指し、法然は親疎対・近遠対・有間無間対・不廻向廻向対・純雑対をもって正行の得、雑行の失を明らかにしている(選択集)。↓九六頁

オホク得失ヲアゲタリ　観経疏散善義に、「もし前の正助二行(正行)を修せば、心常に親近して憶念断えざるを名づけて無間とす。もし後の雑行を行ぜば、即ち心常に間断す。廻向して生ずることを得べしといへども、すべて疎雑の行と名づく」と述べているのを指す。

五劫苦　永遠の苦しみ。

永劫　はなはだ長い時間。永遠。

便　たより。音信。

ヨシ水ノ坊　没後遺誡に、「吉水中坊」「吉水東新坊」とあり、また拾遺古徳伝巻三に、「承安五年甲午四十二にして黒谷を出て、吉水に住したまふ」とあるように、法然は吉水に住していた。東山から涌出した清澄な水をたたえたところを吉水と呼んだらしく、拾遺古徳伝はその位置を「感神院東頭、北斗堂北面」としている。今の円山公園内安養寺の近くであるらしい。

ラクベシトモオボエ候ハネドモ、ワヅカニウケタマハリオヨビテ候ハムホドノ事ヲ、ハヾカリマイ(ゐ)ラセテ、スベテトモカクモ御返事ヲ申サザラムコトノクチオ(を)シク候ヘバ、コヽロノオヨビ候ハムホドノコトハ、カタノゴトク申サムトオモヒ候也。

マヅ、「三心具《さんじんぐ》足《そく》シテ往生ス」ト申事《もうすこと》ハ、マコトニソノ*名目《みようもく》バカリヲウチキクオ(を)リハ、イカナルコヽロヲ申ヤラムト、コトゴトシクオボエ候ヌベケレドモ、善導《ぜんどう》ノ御コヽロニテハ、コヽロエヤスキコトニテ候ナリ。モシナラヒサタセザラム無智《むち》ノ人、*サトリナカラム女人《によにん》ナドハ、エ具《ぐ》セヌホドノコヽロバエ(へ)ニテハ候ハヌナリ。マメヤカニ往生セムトオモヒテ念仏申サム人ハ、自然《じねん》ニ具足シヌベキコヽロニテ候モノヲ。ソノユヘ(ゑ)ハ、三心ト申《もうす》ハ、観无《かんむ》量寿経《りようじゆきよう》ニトカレテ候ヤウハ、「モシ衆生《しゆじよう》アテ、カノクニヽムマレムトネガハムモノハ、三《さん》種《しゆ》ノ心《しん》ヲオコシテ、スナハチ往生スベシ。ナニオ(を)カ三トスル。一ニハ*至誠心《しじようしん》、二ニハ*深心《じんしん》、三ニハ*廻《え》向発願心《こうほつがんしん》ナリ。三心ヲ具セルモノ、カナラズカノクニニムマル」トトカレタリ。

シカルニ善導和尚《ぜんどうかしよう》ノ御コヽロニヨラバ、ハジメノ至誠心《しじようしん》トイフハ、真実心《しんじつしん》ナリ。真実トイフハ、ウチニハムナシクシテ、外《ほか》ニハカザルコヽロナキヲ申《もうす》也。スナワ(は)チ、観无量寿経ヲ釈シテノタマハク、「*外《ほか》ニ賢善精進《けんぜんしようじん》ノ相《そう》ヲ現《げん》ジテ、内《うち》ニハ虚仮《こけ》ヲイダク事ナカレ」ト。コノ釈ノコヽロハ、内ニハオロカニシテ、外ニハカシコキ人トオモハレムトフルマヒ、内ニハ悪ヲツクリテ、外ニハ善人《ぜんにん》ノヨシヲシメシ、内ニハ*懈怠《けたい》ニシテ、外ニハ精進《しようじん》ノ相ヲ現ズルヲ、実ナラヌコヽロトハ申也。内ニモ外ニモタヾアルマヽニテカザルコヽロナキヲ、至誠心トハナヅケタルニコソ候メレ。

名目　となえ。事物の称呼。

サトリナカラム　悟り行ずることのできない。

至誠心・深心・廻向発願心　まことのいつわりのない心を至誠心、深く信ずる心を深心、すべての功徳を手段として、ふりむけて、浄土に生まれようと願う心を廻向発願心という。

外ニ賢善精進…イダク事ナカレ　かしこく善くつとめはげむすがたを賢善精進の相といい、虚仮はうそいつわりのこと。善導は至誠心の本質的意味を示す内外の関係について、外には賢善精進らしいすがたをし、内心にはそれと反対ないつわりの心をもっているのが、不至誠心であるとしている。そして以下の文につき対立内容をみると、賢善精進の語のなかに次のような対立がある。

	賢愚対	善悪対	勤懈対
外	賢	善	精進
内	愚	悪	懈怠

懈怠　おこたること。

ニニハ深心《じんしん》トハ、スナワ(は)チフカク信ズルコヽロナリ。ナニ事ヲフカク信ズルゾトイフニ、モロ〱ノ*煩悩《ぼんのう》ヲ具足《ぐそく》シテ、オホクノツミヲツクリテ、余《よ》ノ善根《ぜんごん》ナカラム凡夫《ぼんぶ》、阿弥陀仏ノ*大悲《だいひ》ノ願ヲアフギテ、ソノホトケノ名号《みょうごう》ヲトナエ(へ)テ、モシハ百年ニテモ、モシハ四五十年ニテモ、モシハ十廿年乃至《ないし》一二年、スベテオモヒハジメタラムヨリ、*臨終《りんじゅう》ノ時ニイタルマデ退《たい》セザラム、モシハ七日・一日・十声・一声ニテモ、オホクモスクナクモ、称名念仏《しょうみょうねんぶつ》ノ人ハ、決定《けつじょう》シテ往生スト信ジテ、*乃至一念モウタガフ事ナキヲ、深心ト也。シカルニモロ〱ノ往生ヲネガフ人モ、本願《ほんがん》ノ名号オ(を)バタモチナガラ、ナホ内ニ妄念《もうねん》ノオコルニモオソレ、外ニ余善《よぜん》ノスクナキニヨリテ、ヒトヘニワガミヲカロメテ往生ヲ不定《ふじょう》ニオモフハ、スデニ仏ノ本願ヲウタガフナリ。サレバ善導ハ、ハルカニ未来《みらい》ノ行者《ぎょうじゃ》ノコノウタガヒヲノコサム事ヲカヾミテ、ウタガヒヲノゾキテ決定心《けつじょうしん》ヲスヽメムガタメニ、煩悩ヲ具シテ、ツミヲツクリテ、善根《ぜんごん》スクナクサトリナカラム凡夫、一声マデノ念仏、決定シテ往生スベキコトワリヲ、コマカニ釈シテノタマヘルナリ。*「タトヒオホクノ仏ソラノ中ニミチ〱テ、ヒカリヲハナチ御シタヲノベテ、「ツミヲツクレル凡夫、念仏シテ往生ストイフ事ハヒガコトナリ。信ズベカラズ」トノタマフトモ、ソレニヨリテ、一念モオドロキウタガフコヽロアルベカラズ。ソノユヘ(ゑ)ハ、阿弥陀仏《あみだぶつ》イマダ仏《ほとけ》ニナリタマハザリシムカシ、「モシワレ仏ニナリタラムニ、ワガ名号ヲトナフル事、十声・一声マデセムモノ、ワガクニニムマレズハ、ワレ仏ニナラジ」トチカヒタマヒタリシソノ願ムナシカラズシテ、スデニ仏ニナリタマヘリ。シルベシ、ソノ名号ヲトナエ(へ)ム人ハ、カナラズ往生スベシトイフコトヲ。マタ釈《しゃ》

煩悩　煩擾悩乱ということで、有情の身心をかきみだし、三界の牢獄につないで涅槃をささえふせぐ法。これに貪・瞋・痴・慢・疑・見の六種があり、ともに諸惑の根本となるものであるから根本煩悩といわれる。

大悲ノ願　第十八願を指す。

臨終　終りにのぞむ意で、つぶさには臨命終時という。

乃至一念　極少の念仏をいう。無量寿経巻下に、「諸有の衆生、その名号を聞いて信心歓喜し、乃至一念、至心に廻向してかの国に生ぜむと願ずれば、即ち往生を得」とあるのがそれで、浄土宗では上は一生涯から下は一念(一声)の称名念仏を指すのを宗義とする。しかるに浄土真宗では乃至一念を、往生の信行を獲得する時刻の一念、即ち信心の一念と解している。

タトヒ…辟支仏等オヤ　往生礼讃の意をとって釈した文。

迦仏《かぶつ》コノ＊娑婆世界《しゃばせかい》ニイデ、、一切衆生《いっさいしゅじょう》ノタメニ、カノ阿弥陀仏ノ本願ヲトキ、念仏往生ヲス、メタマヘリ。マタ六方《ろっぽう》ノ諸仏ハ、ソノ説ヲ証誠《しょうじょう》シタマヘリ。コノホカニイヅレノ仏ノ、マタコレラノ諸仏ニタガヒテ、凡夫往生セズトハノタマフベキゾトイフコトワリヲモテ、仏現《げん》ジテノタマフトモ、ソレニオドロキテ、信心《しんじん》ヲヤブリウタガヒヲイダス事アルベカラズ、イ(ハ)ムヤ仏タチノ、タマハムオ《(を)》ヤ。イハムオ《(を)》ヤ＊辟支仏等《びゃくしぶっとう》オ《(を)》ヤ」ト、コマ〳〵ト釈シタマヒテ候也。イカニイハムヤ、コノゴロノ凡夫ノイヒサマタゲムオ《(を)》ヤ。イカニメデタキ人ト申トモ、善導和尚《ぜんどうかしょう》ニマサリテ、往生ノミチヲシリタラム事モカタク候。

善導マタタヾノ凡夫ニアラズ、スナワ《(は)》チ阿弥陀仏ノ化身《けしん》ナリ。カノ仏ワガ本願ヲヒロメテ、ヒロク衆生ニ往生セサセムレウニ、カリニ人トムマレテ、善導トハ申《もうす》ナリ。ソノオ《(を)》シエ《(へ)》、申セバ＊仏説《ぶっせつ》ニテコソ候へ。イカニイハムヤ、＊垂跡《すいじゃく》ノカタニテモ現身《げんしん》ニ＊三昧《さんまい》ヲエテ、マノアタリ浄土《じょうど》ノ荘厳《しょうごん》オ《(を)》モミ、仏ニムカヒタテマツリテ、タヾチニ仏ノオ《(を)》シヘヲウケタマハリテノタマヘルコトバドモナリ。＊本地《ほんじ》ヲオモフニモ垂跡ヲタヅヌルニモ、カタ〳〵アフギテ信ズベキオ《(を)》シエ《(へ)》ナリ。シカレバタレ〳〵モ、煩悩《ぼんのう》ノウスクコキオ《(を)》モカヘリミズ、罪障《ざいしょう》ノカロキオモキオ《(を)》モサタセズ、タヾクチニテ南无阿弥陀仏《なむあみだぶつ》トトナエ《(へ)》バ、コエニツキテ、決定《けつじょう》往生《おうじょう》ノオモヒヲナスベシ。決定心《けつじょうしん》ヲスナワ《(は)》チ深心《じんしん》トナヅク。ソノ信心《しんじん》ヲ具シヌレバ、決定シテ往生スルナリ。詮《せん》ズルトコロハ、タヾトニモカクニモ、念仏シテ往生ストイフ事ヲウタガハヌヲ、深心《じんしん》トハナヅケテ候ナリ。

三ニハ廻向発願心《えこうほつがんしん》ト申《もうす》ハ、コレ別ノコ、ロニテハ候ハズ、ワガ所修《しょしゅ》ノ行《ぎょう》ヲ、＊一向《いっこう》ニ廻向《えこう》

娑婆世界　煩悩に繋縛されている迷いの世界。

辟支仏　悉曇で、縁覚・独覚とも訳され、仏の教えによらないで、自ら道をさとり、寂静な孤独を好むが故に、説法教化しないとされている一種の聖者をいう。

仏説　仏の説かれた教え。ここでは善導が阿弥陀仏の化身であり、同格であるから、説く教えは当然仏説であるとの意。

垂跡　垂迹に同じ。仏・菩薩が衆生を救うために本身をかえて、かりのすがたであらわれること。垂迹は、もととなり土台となるものがあって、それがある機縁に応じて適当な相をあらわすのに名づけたもので、日本にも奈良朝ごろには、本地垂迹という思想があった。

三昧　悉曇の三摩地・三摩提にあたり、定・正定などと訳している。心を所観の目的に専らそそぎ、不動にして、心一境に住して、他のことに無念無想であること。

本地　本来のすがた。法然は善導を阿弥陀仏の化身と信じていた。本地を阿弥陀、仮のすがたをあらわしてこの世に出たのが善導、すなわち善導を垂迹とみていたといえよう。

一向　心を一方に向けて、外のことをかえりみないこと。選択集には、「一向は、二向三向等に対する言なり。…既に一向といふ、余を兼ねざ

シテ往生ヲネガフコヽロナリ。「*カクノゴトク三心ヲ具足シテカナラズ往生ス、コノコヽロヒトヘニカケヌレバ往生セズ」ト善導ハ釈シタマヘルナリ。タトヒマコトノコヽロアリテ、ウヘヲカザラズトモ、仏ノ本願ヲウタガハヾ、深心カケタルコヽロナリ。タトヒウタガフコヽロナクトモ、ウヘヲカザリテ、ウチニマコトニオモフコヽロナクハ、至誠心カケタルコヽロナルベシ。タトヒマタコノフタツノコヽロヲ具シテ、カザリゴヽロモナク、ウタガフコヽロモナクトモ、極楽《ごくらく》ニ往生セムトネガフコヽロナクハ、*廻向発願心スクナカルベシ。マタ三心トワカツオ《(を)》リハ、カクノゴトク別別ニナルヤウナレドモ、詮《せん》ズルトコロハ、真実ノコヽロヲオコシテ、フカク本願ヲ信ジテ、往生ヲネガハムコヽロヲ、*三心具足《さんじんぐそく》ノコヽロトハ申ベキ也。マコトニコレホドノコヽロヲダニモ具セズシテハ、イカヾ往生ホドノ大事《だいじ》オ《(を)》バトゲ候ベキ。コノコヽロヲ申セバ、マタヤスキコトニテ候ゾカシ。コレヲカヤウニコヽロエシラネバトテ、三心《さんじん》具セヌニテハ候ハヌナリ。ソノナヲダニモシラヌモノモ、コノコヽロオ《(を)》バソナエ《(へ)》ツベク、マタヨク〳〵シリタラム人ノ中《うち》ニモ、ソノマヽニ具セヌモ候ヌベキコヽロニテ候ナリ。サレバコソ*イフカヒナキ人ノナカヨリモ、タヾヒトヘニ念仏申《もうす》バカリニテハ往生シタリトイフコトハ、ムカシヨリ申《もうし》ツタエ《(へ)》タルコトニテ候へ。ソレハミナシラネドモ、三心ヲ具シタル人ニテアリケリト、コヽロウル事ニテ候ナリ。

マタ*トシゴロ念仏申《もうし》タル人ノ、臨終《りんじゅう》ワロキコトノ候ハ、サキニ申《もうし》ツルヤウニ、ウヘバカリヲカザリテ、タウ《(ふ)》トキ念仏者ナド人ニイハレムトノミオモヒテ、シタニハフカク本願オ《(を)》モ信ゼズ、*マメヤカニ往生オ《(を)》モネガワ《(は)》ヌ人ニテコソハ候ラメトコソハ、コヽロエラレ候へ。

ること明らけし」(一一一頁)と述べている。

カクノゴトク…往生セズ　往生礼讃に出る文。

廻向発願心　廻向について、澄観は、「廻とは転なり、向とは趣なり。自らの万行を転じて、三処に趣向するが故に廻向といふ」と釈し(華厳経疏巻二十六)、浄影は、ある善根をはさんで趣向するのが廻向であり、何ものをもはさむことなく、ただ願望するのが発願の意であるとしている(観経義疏末)。法然は、「この土の事をもいのり、あらぬかたへ廻向したらん功徳をも、みなとり返して、いまは一すぢに極楽に廻向して往生せんとねがふべき也」(浄土宗略抄)と述べていることにより、浄土宗では凡夫としてなしえた善根をふり向けて浄土へ生まれようと願うのを廻向発願心と解している。

三心具足　至誠心・深心・廻向発願心の三心は、浄土往生の正因であるから、浄土の行者は必ず具足すべき要心である。これにつき観経には、「三種の心を発して、すなはち往生す。三心を具するものは必ずかの国に往生す」と述べている。

イフカヒナキ人　言ってもききめのない人、愚かな人。

トシゴロ　年来。久しい以前から。

マメヤカ　心がこもっていること。誠心誠意。本当に。

サレバコノ三心ヲ具セヌユヘ《(ゑ)》ニ、臨終モワルク、往生モエセヌトハ申候也。カク申候ヘバ、サテハ往生ハ大事ニコソアム《(ん)》ナレト、オボシメス事ユメ〱候マジ。一定往生《いちじようおうじよう》スベキゾトオモヒトラヌコヽロヲ、ヤガテ深心*カケテ往生セヌコヽロトハ申候ヘバ、イヨ〱一定トコソオボシメスベキ事ニテ候ヘ。マメヤカニ往生ノコヽロザシアリテ、弥陀《みだ》ノ本願《ほんがん》ウタガハズシテ、念仏申サム人ハ、臨終ワルキコトハオホカタ候マジキナリ。ソノユヘ《(ゑ)》ハ、仏ノ*来迎《らいごう》シタマフ事ハ、モトヨリ行者《ぎようじや》ノ*臨終正念《しようねん》ノタメニテ候ナリ。ソレヲコヽロエヌ人ハ、ミナワガ臨終正念ニテ、念仏申《もうし》タラムオ《(を)》リニ、仏ハムカヘタマフベキトノミコヽロエテ候ハ、仏ノ願オ《(を)》モ信ゼズ、経《きよう》ノ文《もん》オ《(を)》モコヽロエヌニテ候ナリ。*称讃浄土経《しようさんじようどきよう》ニハ、「慈悲《じひ》ヲモテ、クワエ《(へ)》タスケテ、コヽロヲシテミダラシメタマハズ」トトカレテ候也。*タヾノ時ニヨク〱申《もうし》オキタル念仏ニヨリテ、臨終ニカナラズ仏来迎《ほとけらいごう》シタマフ。仏ノキタリ現《げん》ジタマヘルヲミタテマツリテ、*正念《しようねん》ニハ住《じゆう》スト申《もうし》ツタエ《(へ)》テ候ナリ。シカルニサキノ念仏オ《(を)》バ、ムナシクオモヒナシテ、ヨシナキ臨終正念オ《(を)》ノミイノル人ナドノ候ハ、ユヽシキ*ヒガヰムニイリタルコトニテ候ナリ。サレバ仏ノ願ヲ信ゼム人ハ、カネテ臨終ウタガフコヽロアルベカラズトコソハオボエ候ヘ。タヾ*タウジヨリ申サム念仏オ《(を)》ゾ、イヨ〱モコヽロヲイタシテ申《もうし》候ベキ。イツカハ仏ノ願ニモ、臨終ノ時念仏申《ねんぶつもうし》タラム人オ《(を)》ノミムカヘムトハタテタマヒテ候。臨終ノ念仏ニテ往生ヲスト申《もうす》コトハ、往生オ《(を)》モネガハズ、念仏オ《(を)》モ申サズシテ、ヒトヘニツミヲノミツクリタル悪人ノ、スデニシナムトスル時ニ、ハジメテ*善知識《ぜんちしき》ノスヽメニアヒテ、念仏シテ往生ストコソ、観経《かんぎよう》ニモトカレテ候ヘ。モトヨリノ行者《ぎようじや》、臨終ノサ

カケテ　欠けて。

来迎　仏・菩薩がこの世に来現し、行者を迎えて、極楽に引接すること。

臨終正念　命終の時にのぞんで、心が顚倒したり、錯乱したり、失念したりしないこと。阿弥陀経に「その人命終の時に臨んで、阿弥陀仏、もろもろの聖衆とともに、現にその前にまします。この人終る時、心顚倒せず、即ち阿弥陀仏の極楽国土に往生することを得」といっているのは、その意を示すものであり、法然は、逆修説法に、「臨終正念の故に来迎あるにあらず、来迎によるが故に臨終正念なり」と述べて、来迎の上の正念であると明示している。

称讃浄土経　つぶさには称讃浄土仏摂受経といい、阿弥陀経の異訳。玄奘訳、一巻。開元録巻八に、「見内典録、第三出、与羅什訳阿弥陀経等同本、永徽元(六五〇)年正月一日、於大慈恩寺翻経院訳沙門大乗光筆受」とあるように羅什訳とほぼ同じ。

タヾノ時　平生。平常。

正念　心に何らの疑慮することのない状態。

ヒガヰム　僻因。間違った、道理に反した考え方。

タウジ　当時。常日ごろ。

善知識　正しい法を説いて、人を仏道に入らせ、解脱を得させる人。

タハアナガチニスベキヤウモ候ハヌナリ。仏ノ来迎一定《らいごういちじょう》ナラバ、臨終正念ハマタ一定トオボシメスベキナリ。コノ御コヽロヲエテ、ヨク〳〵御コヽロヲトヾメテ、コヽロエサセタマフベキコトニテ候ナリ。

マタ、ツミヲツクリタル人ダニモ念仏シテ往生ス、マシテ*法華経《ほけきょう》ナドヨミテ、マタ念仏申サムハ、ナドカハアシカルベキト、人々ノ申《もうし》候ラムコトハ、*京《きょう》ヘムニモサヤウニ申候人々オホク候ヘバ、マコトニサゾ候ラム。コレハ余《よ》ノ宗《しゅう》ノコヽロニテコソハ候ハメ。ヨシアシヲサダメ申候ベキコトニ候ハズ、*ヒガコトヽ申候ハヾ、オソレアルカタモオホク候。タヾシ浄土宗ノコヽロ、*善導ノ御釈《おんしゃく》ニハ、往生ノ行《ぎょう》ヲオホキニワカチテ二トス。一ニハ正行《しょうぎょう》、二ニハ雑行《ぞうぎょう》也。ハジメノ正行トイフハ、ソレニマタアマタノ行アリ。ハジメニ読誦《どくじゅ》ノ正行、コレハ*大无量寿経《だいむりょうじゅきょう》・観无量寿経《かんむりょうじゅきょう》・阿弥陀経《あみだきょう》等ノ三部経ヲヨムナリ。ツギニ観察正行《かんざつしょうぎょう》、コレハ極楽《ごくらく》ノ*依正二報《えしょうにほう》ノアリサマヲ観《かん》ズルナリ。ツギニ礼拝正行《らいはいしょうぎょう》、コレモ阿弥陀仏ヲ礼拝スルナリ。ツギニ称名正行《しょうみょうしょうぎょう》、コレハ南无阿弥陀仏トトナフルナリ。ツギニ讃嘆供養正行《さんだんくようしょうぎょう》、コレハ阿弥陀仏ヲ讃嘆供養シタテマツルナリ。コレヲサシテ五種《ごしゅ》ノ正行トナヅク。讃嘆ト供養トヲ二《ふたつ》ニワカツニハ、六種ノ正行トモ申《もうす》ナリ。マタ、*「コノ正行ニツキテ、*フサネテ二種トス。一ニハ一心《いっしん》ニモハラ弥陀ノ名号《みょうごう》ヲトナエ(へ)テ、*タチ井・オキフシ、ヨル・ヒル、ワスルヽコトナク、念念《ねんねん》ニステザルヲ正定《しょうじょう》ノ業《ごう》トナヅク。カノ仏《ほとけ》ノ願《がん》ニヨルガユヘ(ゑ)ニ」ト申テ、念仏ヲモテ、マサシキサダメタル往生ノ業ニタテヽ、*「モシ礼誦等《らいじゅとう》ニヨルオ(を)バ、ナヅケテ助《じょ》業《ごう》トス」ト申テ、念仏ノホカノ礼拝《らいはい》ヤ読誦《どくじゅ》ヤ、観察《かんざつ》ヤ讃嘆供養《さんだんくよう》ナドオ(を)バ、カノ念仏者《ねんぶつしゃ》ヲタ

法華経　妙法蓮華経。八巻。二十八品より成りたっている。品は文章の区切り目を意味し、篇とか章にあたる。

京ヘム　都のあたり。

ヒガコト　僻事。間違ったこと。

善導ノ御釈　観経疏散善義を指す。

大无量寿経　阿弥陀経を小経というに対し、無量寿経を大経とか、大無量寿経と呼んでいる。

依正二報　略して依正ともいい、依報と正報の二種の果報をいう。正報は正果とも名付け、果報の主体である、五蘊和合の身体をいい、依報(依果)は正報のよりどころとなる果報である国土・器具などをいう。観経疏玄義分は極楽の依正二報を、通依報・別依報・通正報・別正報に分けている。仏と聖衆とともに受用するものを通依報、弥陀のみに属する華座を別依報、弥陀を別正報、観音・勢至以下の聖衆を通正報という。

コノ正行…ヨルガユヘニ　観経疏散善義の意をとって述べた文。

フサネテ　総ねる。まとめる、すべくくる。

タチ井・オキフシ　立居起臥で、常にという意。

モシ…助業トス　観経疏散善義の文。

スクル業ト申候ナリ。サテコノ正定《しようじよう》ノ業《ごう》ト助業《じよごう》トヲノゾキテ、ソノホカノ諸行オ《(を)》バ、*布《ふ》施《せ》・持戒《じかい》・*忍辱《にんにく》・精進等《しようじんとう》ノ*六度万行《ろくどまんぎよう》モ、法華経《ほけきよう》オ《(を)》モヨミ、*真言《しんごん》オ《(を)》モオコナヒ、カクノゴトクノ諸行オ《(を)》バ、ミナコト〴〵ク雑行《ぞうぎよう》トナヅク。サキノ正行ヲ修《しゆ》スルオ《(を)》バ、専修《せんじゆ》ノ行者《ぎようじや》トイフ、ノチノ雑行ヲ修スルヲ雑修《ざつしゆ》ノ行者ト申也。コノ二行ノ得失《とくしつ》ヲ判《はん》ズルニ、「*サキノ正行ヲ修スルニハ、コヽロツネニカノクニニ*親近《しんごん》シテ憶念《おくねん》ヒマナシ。ノチノ雑行ヲ行ズルニハ、コヽロツネニ*間断《けんだん》ス、廻向《えこう》シテムマル、コトヲウベシトイヱ《(へ)》ドモ、疎雑《そぞう》ノ行トナヅク」トイヒテ、極楽ニハウトキ行トタテタリ。マタ、「*専修ノモノハ十人ハ十人ナガラムマレ、百人ハ百人ナガラムマル。ナニヲモテノユヘ《(ゑ)》ニ、外《げ》ノ雑縁《ぞうえん》ナシ。正念《しようねん》ヲウルガユヘ《(ゑ)》ニ、弥陀ノ本願ト相応《そうおう》スルガユヘ《(ゑ)》ニ、釈迦《しやか》ノオ《(を)》シエ《(へ)》ニシタガフガユヘ《(ゑ)》ニ、恒沙《ごうじや》ノ諸仏ノミコトニシタガフガユヘ《(ゑ)》ニ。雑修《ざつしゆ》ノモノハ百人ニ一二人、千人ニ四五人ムマル。ナニヲモテノユヘ《(ゑ)》ニ、*雑縁乱動《ぞうえんらんどう》ス。正念《しようねん》ヲウシナフガユヘ《(ゑ)》ニ、弥陀ノ本願ニ相応セザルガユヘ《(ゑ)》ニ、釈迦ノオ《(を)》シヘニシタガハザルガユヘ《(ゑ)》ニ、諸仏ノ*ミコトニシタガハザルガユヘ《(ゑ)》ニ、繫念相続《けねんそうぞく》セザルガユヘ《(ゑ)》ニ、憶想間断《おくそうけんだん》スルガユヘ《(ゑ)》ニ、*名利《みようり》ト相応スルガユヘ《(ゑ)》ニ、自障障他《じしようしようた》スルガユヘ《(ゑ)》ニ、コノミテ雑縁(ニ)チカヅキテ往生ノ正行《しようぎよう》(ヲ)サフルガユヘ《(ゑ)》ニ」ト釈セラレテ候メレバ、善導和《ぜんどうか》尚《しよう》ヲフカク信ジテ、浄土宗ニイラム人ハ、一向《いつこう》ニ正行ヲ修スベシト申《もうす》事ニテコソ候ヘ。ソノウヘニ善導ノオ《(を)》シエ《(へ)》ヲソムキテ、ヨノ行ヲ修セムトオモハム人ハ、オノ〳〵ナラヒタルヤウドモコソ候ラメ。ソレヲヨシアシトハイカヾ申《もうし》候ベキ。善導ノ御コヽロニテ、スヽメタマヘル行ドモヲオキナガラ、スヽメタマハザル行ヲ、スコシニテモクハフベキヤウナシ

布施　六念・四摂法・六波羅蜜の一で、貪りなき心をもって、仏および僧、さらには貧窮の人に衣食等をほどこすこと。布施に財を捨てて貧を救う財施、法を説いて人を度す法施とがある。

忍辱　六波羅蜜の一で、心よく安住して他より侮辱悩害をうけても堪え忍ぶこと。

六度万行　布施・持戒・忍辱・精進・禅定・智慧の六度は、一切善行の根本となるもので、開けば万行となり、合すれば六度となるという意。浄土教では念仏以外のすべての善行を六度万行と呼んでいる例が多い。

真言　真実にしてうそいつわりのない言詞の意で、神呪・密呪・密言ともいい、「阿弥陀如来根本陀羅尼」のごとく、陀羅尼と呼ばれているものも、その一つである。

サキノ正行…行トナヅク　この文は観経疏散善義にある文の意をとり述べたもの。

親近　親しく近づく。

間断　へだてて間がある。とぎれる。

専修ノモノ…サフルガユヘニ　往生礼讃にある文。

雑縁　仏道修行を障礙するところの内外の縁で、貪・瞋等の心や学問を異にし見解を異にする人をいう。

ミコト　御言。お言葉。意志。

名利　名誉と利益。

ト申《もうす》コトニテ候ナリ。スヽメタマヒツル正行バカリヲダニモ、ナホモノウキミニ、イマダスヽメタマハヌ雑行《ぞうぎょう》ヲクハヘム事ハ、マコトシカラヌカタモ候ゾカシ。

マタ、ツミヲツクリタル人ダニモ往生スレバ、マシテ善《ぜん》ナレバ、ナニカクルシカラムト申候ラムコソ、ムゲニ*ケキタナクオボエ候ヘ。往生オ(を)モタスケ候ハヾコソハ、*イミジクモ候ハメ。サマタゲニナリナラヌバカリヲ、*イミジキ事ニテ*クハエ(へ)オコナハムコト、ナニカセムニテ候ベキ。悪ヲバ、サレバ仏ノ御コヽロニ、コノツミツクレトヤハスヽメサセタマフ。カマエ(へ)テトヾメヨトコソハイマシメタマヘドモ、凡夫《ぼんぶ》ノナラヒ、当時《とうじ》ノマドヒニヒカレテ悪ヲツクル、チカラオヨバヌ事ニテコソ候ヘ。マコトニ悪ヲツクル人ノヤウニ、シカルベクテ経ヲヨミタク、余ノ行オ(を)モクハヘタカラムハ、チカラオヨバズ候。タヾシ法華経《ほけきょう》ナドヨマムコトヲ、一言《いちごん》モ悪ヲツクラムコトニイヒクラベテ、ソレモクルシカラネバ、マシテコレモナド申《もうし》候ハムコソ、*不便《ふびん》ノコトニテ候ヘ。フカキミノリモアシクコヽロウル人ニアヒヌレバ、カヘリテモノナラズキコエ候コソ、アサマシク候ヘ。コレヲカヤウニ申候オ(を)バ、余行《よぎょう》ノ人々ハラタツコトニテ候ニ、御コヽロヒトツニコヽロエテ、ヒロクチラサセタマフマジク候。アラヌサトリノ人々ノトモカクモ申候ハム事オ(を)バ、キヽイレサセタマハデ、*タヾヒトスヂニ善導ノ御スヽメニシタガヒテ、イマスコシモ*一定往生《いちじょうおうじょう》スル念仏ノカズヲ申アハムト、オボシメスベク候。タトヒ往生ノサワ(は)リトコソナラズトモ、不定往生《ふじょうおうじょう》トハキコエテ候メレバ、一定往生ノ行《ぎょう》ヲ修《しゅ》スベシ。イトマヲイレテ、不定往生ノ業《ごう》ヲクワ(は)エ(へ)ム事ハ損ニテ候ハズヤ、ヨク〱コヽロウベキコトニテ候ナリ。タヾシ、カク申候ヘバ、

ケキタナク　ケは接頭語。きたない。見苦しい。

イミジクモ　ほめるのにいう語で、立派という意。

イミジキ　程度が普通でないのにいう語で、なみなみでない、非常だという意。

クハエオコナハム　善を加えおこなうこと。

不便　つごうが悪い。困る。

タヾ…シタガヒテ　ただ偏えに善導の教えによることで、法然は偏依善導といっている。即ち選択集に、「善導和尚は偏に浄土をもつて宗とし、しかも聖道をもつて宗とせず。故に偏に善導一師によるなり」(一五八頁)とあるのがそれであるが、偏依善導が総依善導の意であるか否かについては異説がある。

一定往生　衆生の信心を極楽にかけ、阿弥陀仏に帰命し、念仏一行に専修すれば、必ず往生することができるということ。換言すれば、ただ助けたまえと称名相続することにより、仏の本願に乗じ、必ず往生できるのを一定往生といい、余行を修することにより往生ができるかどうか、はっきり定まらない、不安な状態にある往生を不定往生という。

難行《なんぎょう》(ヲ)クワ《(は)》エ《(へ)》ム人、ナガク往生スマジト申《もうす》ニテハ候ハズ、イカサマニモ余《よ》ノ行人《ぎょうにん》ナリトモ、スベテ人ヲクダシ人ヲソシル事ハ、ユヽシキトガオモキコトニテ候ナリ。ヨク〳〵御ツヽシミ候テ、雑行《ぞうぎょう》ノ人ナレバトテ、*アナヅル御コヽロ候マジ。ヨカレアシカレ、人ノウエ《(へ)》ノ善悪《ぜんなく》ヲオモヒイレヌガヨキコトニテ候也。マタモトヨリコヽロザシコノ門ニアリテ、スヽムベカラム人オ《(を)》バ、コシラヘスヽメタマフベク候。*サトリタガヒ、アラヌサマナラム人ナドニ論ジアフ事ハ、ユメ〳〵アルマジキ事ニテ候ナリ。ヨク〳〵ナラヒシリタマヒタル*ヒジリダニモ、サヤウノ事オ《(を)》バツヽシミテオハシマシアヒテ候ゾ。マシテ*トノバラナドノ御身《おんみ》ニテハ、一定《いちじょう》ヒガ事ニテ候ハムズルニ候。タヾ御身ヒトツニ、マヅヨク〳〵往生ヲモネガヒ、念仏オ《(を)》モハゲマセタマヒテ、クラキタカク往生シテ、イソギカヘリキタリテ、人オ《(を)》モミチビカムト、オボシメスベク候。カヤウニコマカニカキツヾケテ申《もうし》候ヘドモ、返《かえす》々《がえす》ハヾカリオモヒテ候ナリ。アナカシコ〳〵。
*御ヒロフアルマジク候。御《(ご)》ラムジコヽロエサセタマヒテノチニハ、トク〳〵*ヒキヤラセタマフベク候。アナカシコ〳〵。

三月十四日　　　　源　空

【鎌倉の*二品《にほん》比丘尼に進ずる御返事】

御フミクハシクウケタマハリ候ヌ。念仏ノ功徳《くどく》ハ仏モトキツクシガタシトノタマヘリ。マタ智慧《ちえ》第一ノ*舎利弗《しゃりほつ》、多聞《たもん》第一ノ*阿難《あなん》モ、念仏ノ功徳ハシリガタシトノタマヒシ広大《こうだい》ノ

アナヅル　あなどる。
サトリタガヒ　見解を異にする。
ヒジリ　智徳の秀ですぐれたものの美称。日本釈名巻中には「聖、ひは美称なり。ひいでたるなり。しりは知るなり。聖人は上知の人なれば、万世にひいでて道をしれるなり」と述べているが、後世になると隠遁した僧を指すようになった。徒然草に「人におくれて、四十九日の仏事に、あるひじりを請じ侍りしに、説法いみじくして、みな人涙をながしけり」(百二十五段)という聖は、そうした聖であったろう。
トノバラ　殿原。地頭層で幕府と主従関係をむすんでいる武士を殿原といい、ここでは大胡太郎実秀を指している。
御ヒロフ　御披露。広く人に発表すること。
ヒキヤラセ　引破る。引裂く。
二品比丘尼　源頼朝夫人政子。政子は建保六(一二一八)年十月従二位に叙せられたので、二品比丘尼とか二位尼禅尼と呼ばれるが、頼朝がなくなったのを機縁に出家したという。
舎利弗　婆羅門摩陀羅の子。舎利を母として出生。仏十大弟子の一人で、智慧第一と称せられ、釈尊の教団で重要な地位をしめていたが、釈尊に先立ち入滅した。
阿難　仏十大弟子の一人で、多聞第一といわれ、釈尊の従兄弟であった。

コノ朝　日本。
教文　教えを書かれた文で、経典というに同じ。
晨旦　中国。
大願　四十八願。
モシハ　底本「モトハ」。
現当ノ祈禱　現当は現世と来世。祈禱は祈り。即ちこの世とのちの世。念仏をとなえることによって、現世と来世にわたって利益を蒙ることができるという意で、この下にも「マタ娑婆世界ノ人ハ、ヨノ浄土ヲネガハムコトハ、弓ナクシテ空ノ鳥ヲトリ、足ナクシテタカキコズエノ華ヲトラムガゴトシ。カナラズ専修ノ念仏ハ現当ノイノリトナリ候也」と述べている。↓一九三頁
カヾミテ　かがみとして、手本としての意。
方便　種々さまざまな方法。
末法ニアタリタルイマ　末法は正法・像法・末法の三時の一で、仏の教えはあるが行ずるものもなく、勿論、証(さと)るもののもない時代で、扶桑略記等により永承七(一〇五二)年を末法第一年としている。法然の専修念仏に帰した承安五年はそれより百二十三年後のことであったから、今は末法に当たっているといったのである。

善根《ぜんごん》ニテ候ヘバ、マシテ源空《げんくう》ナドハ申《もうし》ツクスベクモ候ハズ。源空*コノ朝《ちょう》ニワタリテ候仏教ヲ、随分《ずいぶん》ニヒラキミ候ヘドモ、浄土ノ*教文《きょうもん》、*晨旦《しんたん》ヨリトリワタシテ候聖教《しょうぎょう》ノコヽロヲダニモ、一年二年ナドニテハ、申《もうし》ツクスベクモオボエ候ハズ。サリナガラ、オホセタマハリタルコトナレバ、申《もうし》ノベ候ベシ。マヅ念仏ヲ信ゼザル人々ノ申《もうし》候ナル事、クマガヘノ入道、ツノトノ三郎ハ無智《むち》ノモノナレバコソ、余行《よぎょう》ヲセサセズ、念仏バカリオ(を)バ、法然房ハスヽメタレト申候ナル事、キワ(は)メタルヒガコトニテ候也。ソノユヘ(ゑ)ハ、念仏ノ行《ぎょう》ハモトヨリ有智《うち》・無智ヲエラバズ、弥陀《みだ》ノムカシノチカヒタマヒシ*大願《だいがん》ハ、アマネク一切衆生《いっさいしゅじょう》ノタメ也。無智ノタメニハ念仏ヲ願《がん》トシ、有智ノタメニハ余行ヲ願トシタマフ事ナシ。十方世界ノ衆生ノタメナリ。有智・無智、善人・悪人、持戒《じかい》・破戒《はかい》、貴賤《きせん》・男女《なんにょ》モヘダテズ、*モシハ仏ノ在世ノ衆生、モシハ仏ノ滅後《めつご》ノ衆生、モシハ釈迦末法《しゃかまっぽう》万年ノノチニ三宝《さんぼう》ミナウセテノヽチノ衆生マデ、タヾ念仏バカリコソ、*現当《げんとう》ノ祈禱《きとう》トハナリ候ヘ。善導和尚《ぜんどうかしょう》ハ、弥陀ノ化身《けしん》ニテ、コトニ一切《いっさい》ノ聖教ヲ*カヾミテ、専修《せんじゅ》ノ念仏ヲスヽメタマヘルモ、ヒロク一切衆生ノタメ也。*方便時節《ほうべんじせつ》*末法ニアタリタルイマノ教《きょう》コレナリ。サレバ無智ノ人ノ身《み》ニカギラズ、ヒロク弥陀ノ本願ヲタノミテ、アマネク善導ノ御コヽロニシタガヒテ、念仏ノ一門ヲスヽメ候ハムニ、イカニ无智ノ人ノミニカギリテ、有智ノ人オ(を)バヘダテテ往生セサセジトハシ候ハムヤ。シカラズハ、大願ニモソムキ、善導ノ御コヽロニモカナフベカラズ。シカレバスナワ(は)チ、コノ辺ニマウデキテ、往生ノ道ヲトヒタヅネ候ニモ、有智・無智ヲ論ゼズ、ヒトヘニ専修念仏ヲスヽメ候也。カマエ(へ)テサヤウニ専修ノ念仏ヲ申《もうし》トヾメムトツカマ

ツル人ハ、サキノ世ニ念仏三昧《ねんぶつざんまい》ノ得道《とくどう》ノ法門ヲキカズシテ、後世《ごせ》ニマタサダメテ*三悪《さんなく》ニオツベキモノヽ、シカルベクシテサヤウニ申《もうし》候也。ソノユヘ(ゑ)ハ聖教《しょうぎょう》ニヒロクミエテ候。シカレバスナワ(は)チ、「*修行《しゅぎょう》スルコトアルヲミテハ*毒心《どくしん》ヲオコシ、方便《ほうべん》シテキオフ(ほう)テ怨《あた》ヲナス、カクノゴトクノ生盲闡提《しょうもうせんだい》ノトモガラ、頓教《とんぎょう》ヲ毀滅《きめつ》シテナガク沈淪《ちんりん》ス、大地微塵劫《たいちみじんごう》ヲ超過《ちょうか》ストモ、イマダ*三途《さんず》ノ身ヲハナル、コトヲエズ」トトキタマヘリ。

見有修行起瞋毒　方便破壊競生怨　如此生盲闡提輩　毀滅頓教永沈淪

超過大地微塵劫　未可得離三途身　大衆同心皆懺悔　所有破法罪因縁

《修行あるを見て瞋毒を起し、方便破壊し競つて怨《あた》を生ぜむ。かくのごとき生盲闡提の輩《ともがら》、頓教を毀滅して永く沈淪せむ。大地微塵劫を超過すとも、いまだ三途の身を離るることを得べからず。大衆同心に皆所有の破法、罪の因縁を懺悔すべし》

コノ文《もん》ノ心ハ、浄土ヲネガヒ、念仏ヲ行《ぎょう》ズル人ヲミテハ毒心ヲオコシ、ヒガコトヲタクミメグラシテ、ヤウ〳〵ノ方便ヲナシテ専修ノ念仏ノ行ヲヤブリ、アタオ(を)ナシテ申《もうし》トヾムルニ候也。カクノゴトクノ人ハ、ムマレテヨリ*仏性《ぶっしょう》ノマナコシヒテ、*善ノタネヲウシナヘル闡提人《せんだいにん》ノトモガラナリ。コノ*弥陀ノ名号《みょうごう》ヲトナエ(へ)テ、ナガキ生死《しょうじ》ヲハナレテ、常住《じょうじゅう》ノ極楽ニ往生スベケレドモ、コノ教法《きょうぼう》ヲソシリホロボシテ、コノ罪ニヨリテナガク三悪道《さんなくどう》ニシヅムトキ、カクノゴトキノ人ハ、大地微塵劫《たいちみじんごう》ヲスグレドモ、ナガク三途《さんず》ノ身ヲハナレムコトアルベカラズトイフ也。シカレバスナワ(は)チ、サヤウニヒガコト申《もうし》候ラム人オ(を)バ、カヘリテアハレミタマフベキモノ也。サホドノ罪人ノ申《もうす》ニヨリテ専修念仏ニ懈怠《けたい》ヲナシ、念仏往

三悪　三悪道。

修行…ハナル、コトヲエズ　法事讃巻下に見える文で、これにつづく以下の文を見ると、迫害の可能性がうかがわれる。即ち五濁増の末法時には念仏は興行するが、興行すると念仏に毒心をおこして迫害を加える者があらわれる。かくて念仏を弾圧する生盲闡提の輩は必ず罪人となり、三途の地獄に沈淪し、大地微塵劫を超過してもなお助からないという。法事讃のこの文を引く消息法語は、法難期に接近したころの成立と見てよかろう。

毒心　法事讃の原文は瞋毒。

三途　三悪趣の異名。

仏性　如来性、或いは覚性ともいい、仏陀の本性をいう。大方等如来蔵経に、「善男子、仏は衆生の如来蔵を見已りて、開敷せしめむと欲して、為に経法を説き、煩悩を除滅して仏性を顕性せしむ」といっている仏性がそれで、「仏性ノマナコ」とは仏性を見る眼をいう。

善ノタネ　諸善を出生する種、根本となるものの意で、善根に同じ。

弥陀ノ名号　名号は名字とか名とかいうことであるから、弥陀の名号とは南無阿弥陀仏の六字名号を指す。浄土真宗では多く九字名号(南無不可思議光如来)、十字名号(帰命尽十方無礙光如来)というを常とする。

生ニウタガヒヲナシ、不審《ふしん》ヲオコサム人ハ、イフカヒナキコトニテコソ候ハメ。凡《およそ》、縁アサク往生ノ時イタラヌモノハ、キケドモ信ゼズ、念仏ノモノヲミレバ、ハラダチ、声ヲ聞《きき》テイカリヲナシ、悪事ナレドモ、*経論《きようろん》ニモミエヌコトヲ申《もうす》也。御コヽロエサセタマヒテ、イカニ申《もうす》トモ御*コヽロガハリハ候ベカラズ。アナガチニ信ゼザラム人オ《(を)》バ、御スヽメ候ベカラズ。カヽル不信《ふしん》ノ衆生ヲオモヘバ、過去《かこ》ノ父母《ぶも》・兄弟・親類也トオモヒ候ニモ、慈悲ヲオコシテ、念仏カヽデ申《もうし》テ極楽ノ*上品上生《じようぼんじようしよう》ニマイ《(ゐ)》リテサトリヲヒラキ、生死《しようじ》ニカヘリテ誹謗不信《ひほうふしん》ノ人オ《(を)》モムカヘムト、善根《ぜんごん》ヲ修シテハオボシメスベキ事ニテ候也。コノヨシヲ御コヽロエアルベキナリ。

一　*異解《いげ》ノ人々ノ余《よ》ノ功徳《くどく》ヲ修スルニハ、財宝《ざいほう》アヒ助成《じよじよう》シテオボシメスベキヤウハ、我ハコノ一向《いつこう》専修ニテ決定《けつじよう》シテ往生スベキ身ナリ、他人ノトオ《(ほ)》キ道ヲワガチカキ道ニ*結縁《けちえん》セサセムトオボシメスベキ也。ソノ上ニ専修ヲサマタゲ候ハネバ、結番《けちばん》セムニモトガナシ。

一　人々ノ堂ヲツクリ、仏ヲツクリ、経ヲカキ、僧ヲ供養《くよう》セム事ハ、コヽロミダレズシテ、慈悲ヲオコシテ、カクノゴトキノ*雑善根《ぞうぜんごん》オ《(を)》バ修セサセタマヘト、御スヽメ候ベシ。

一　コノヨノイノリニ、念仏ノコヽロヲシラズシテ、仏神《ほとけかみ》ニモ申シ、経オ《(を)》モカキ、堂オ《(を)》モツクラムト、コレモサキノゴトク、セメテハマタ*後世《ごせ》ノタメニツカマツラバコソ候ハメ。ソノ用事《ようじ》ナシトオホセ候ベカラズ。専修ヲサエ《(へ)》ヌ行ニテモアラザリケリトモ、オボシメシ候ベシ。

一　念仏申事《もうすこと》、ヤウ〳〵ノ義《ぎ》ハ候ヘドモ、*六字《ろくじ》ヲトナフル(ニ)、一切ヲオ《(を)》サメテ候也。心

経論　仏所説の教法を経、経および律の要義を分類して編纂したり、解説をほどこしたものを論という。

コヽロガハリ　迫害をうけることにより心をかえ、念仏から離れること。

上品上生　極楽浄土に往生する機根を、その行業の優劣によって、九品即ち九類に分ち、初めの三類を上品、次の三類を中品、次の三類を下品に分ける。上品をまた上・中・下の三に分け、上品上生・上品中生・上品下生とする。このうち上品上生は、三心をおこし、慈心不殺・読誦大乗・修行六念等の行業を修する功徳により、臨終に阿弥陀仏、観音、勢至、無数の化仏等に迎えられて極楽に往生し、直ちに無生法忍を得、諸仏の世界に至り供養し授記せられて、本国にかえり無量の百千陀羅尼門を得るという。

異解　見解を異にする。

結縁　仏道の縁を結ぶという意で、直ちに修行をおこして得脱することができなくとも、他日これを果たすべき因縁をむすぶこと。

雑善根　念仏の多善根に対して、念仏以外の諸行をいう。選択集に、「雑善はこれ少善根なり、念仏はこれ多善根なり」(一五一頁)という少善根にあたる。

後世　来世。死後に往って生まれる世。

六字　南無阿弥陀仏という名号。

ニハ願《がん》ヲタノミ、口ニハ名号《みようごう》ヲトナエ《(へ)》テ、*カズヲトルバカリナリ。常ニ心ニカクルガ、キワ《(は)》メタル決定《けつじよう》ノ業ニテ候也。念仏ノ行ハ、モトヨリ行住座臥《ぎようじゆうざが》、時《じ》処諸縁《しよしよえん》ヲエラバズ、身口《しんく》ノ不浄《ふじよう》オ《(を)》モキラハヌ行ニテ候ヘバ、*楽行往生《らくぎようおうじよう》トハ申《もうし》ツタエ《(へ)》テ候也。タヾシコヽロヲキヨクシテ申《もうす》オ《(を)》バ、第一ノ行ト申《もうし》候也。浄土ヲコヽロニカクレバ、*心浄《しんじよう》ノ行法《ぎようぼう》ニテ候也。サヤウニ御スヽメ候ベシ。ツネニ申《もうし》タマヒ候ハムオ《(を)》バ、トカク申《もうす》ベキヤウモ候ハズ。我身ナガラモシカルベクテ、コノタビ往生スベシトオボシメシテ、ユメ〳〵コノコヽロツヨクナラセタマフベシ。

一 念仏ノ行ヲ信ゼヌ人ニアヒテ論ジ、アラヌ行ノ*異計《いげ》ノ人々ニムカヒテ*執論《しゆうろん》候ベカラズ。アナガチニ異解《いげ》・異学《いがく》ノ人ヲミテハ、アナヅリソシルコト候マジ、イヨ〳〵重罪ノ人ニナシ候ハムコト、不便《ふびん》ニ候。*同心《どうしん》ニ極楽ヲネガヒ、念仏ヲ申《もうす》人オ《(を)》バ、卑賤《ひせん》ノ人ナリトモ、父母《ぶも》ノ慈悲《じひ》ニオトラズオボシメシ候ベシ。*今生《こんじよう》ノ財宝《ざいほう》ノトモシカラムニモ、力《ちから》ヲクワ《(は)》ヘタマフベシ。サリナガラモ、スコシモ念仏ニコヽロヲカケ候ハムオ《(を)》バ、スヽメタマフベシ。コレ弥陀如来ノ御*ミヤヅカヘトオボシメスベク候也。如来滅後《によらいめつご》ヨリコノカタ、小智小行《しようちしようぎよう》ニマカリナリテ候也。ワレモ〳〵ト智慧アリガホニ申人ハ、サトリ候ベシ。セメテハ*録《ろく》ノ経教《きようぎよう(を)》オモキヽミズ、イカニイハムヤ録ノホカノミザル人ノ智慧アリガホニ申《もうす》ハ、井《い》ノソコノ蛙《かえる》ニニタリ。随分《ずいぶん》ニ晨旦《しんたん》・*日本ノ聖教《しようぎよう》ヲトリアツメテ、コノアヒダ勘《かんがえ》テ候也。念仏信ゼヌ人ハ、前世《ぜんせ》ニ重罪ヲツクリテ、地獄ニヒサシクアリテ、マタ地獄ニハヤクカヘルベキ人ナリ。タトヒ千仏世《せんぶつよ》ニイデヽ、念仏ヨリホカニマタ往生ノ業《ごう》アリトオ《(を)》シエ《(へ)》タマフトモ、

カズヲトル 数多くの念仏を申す。法然は、「信ォバ一念ニ生ルトトリ、行ォバ一形ヲハゲムベシ」(十二問答)、「行ハ一念・十念ムナシカラズト信ジテ、无間ニ修スベシ。一念ナホムマル、イカニイハムヤ多念ォヤ」(一六九頁)といって、念仏を多く申すことをすすめている。
楽行往生 聖道門諸宗では難行苦行をつむことにより成仏することが可能であるのに対し、念仏をとなえることのみで、たやすく往生することができるので、念仏を易行とか楽行という。
心浄ノ行法 心をきよくして仏法を行ずること。
異計 異解と同じで、見解を異にすること。
執論 自己の考えにのみとらわれて他の法や教をそしり論ずること。
同心 心を同じくする。
今生 この世。
ミヤヅカヘ 給仕。
録 大蔵経の目録。大蔵経の書目を録出したもので、訳経の増加にともない目録作成の必要性が生じ、秦時代に釈道安が録一巻を作ってより以来、幾たびとなく増補された。法然は選択集によれば、唐の貞元十五(七九九)年円照の編集した「貞元釈経目録」を依用していたらしい。
日本ノ聖教 日本で出世した僧の手により撰述された章疏。

信ズベカラズ。コレハ釈迦《しやか》・弥陀《みだ》ヨリハジメテ、恒沙《ごうじや》ノ仏ノ証誠《しようじよう》セシメタマヘルコトナレバトオボシメシテ、御コヽロザシ*金剛《こんごう》ヨリモカタクシテ、一向専修《いっこうせんじゅ》ノ*御《ご》変改《へんかい》アルベカラズ。モシ論ジ申サム人オ《(を)》バ、コレヘツカハシテ、タテ申サムヤウヲキケト候ベシ。ヤウ〳〵ノ証文《しようもん》カキシルシテマイ《(ゐ)》ラスベク候ヘドモ、タヾコヽロコレニスギ候ベカラズ。マタ娑婆世界《しやばせかい》ノ人ハ、*ヨノ浄土ヲネガハムコトハ、弓ナクシテ空ノ鳥ヲトリ、足ナクシテタカキコズエノ華《はな》ヲトラムガゴトシ。カナラズ専修ノ念仏ハ現当《げんとう》ノイノリトナリ候也。コレ略シテカクノゴトシ。コレモ経ノ説ニテ候。御中《みうち》ノ人々ニハ九品《くほん》ノ業ヲ、人ノネガヒニシタガヒテ、ハジメオ《(を)》ハリタエヌベキホドニ、御スヽメ候ベキナリ。アナカシコ〳〵。

【*九条殿の北政所《きたのまんどころ》へ進ずる御返事】

カシコマリテ申上《もうしあげ》候。サテハ御念仏申サセオハシマシ候ナルコソ、ヨニウレシク候へ。マコトニ往生ノ行《ぎよう》ハ、念仏ガメデタキコトニテ候也。ソノユヘ《(ゑ)》ハ、念仏ハ弥陀《みだ》ノ本願《ほんがん》ノ行ナレバナリ。余《よ》ノ行ハ、ソレ真言《しんごん》・*止《し》観《かん》ノタカキ行法ナリトイヱ《(へ)》ドモ、弥陀ノ本願ニアラズ。マタ念仏ハ釈迦《しやか》ノ付属《ふぞく》ノ行ナリ、余行《よぎよう》ハマコトニ定散両門《じようさんりようもん》ノメデタキ行ナリトイヱ《(へ)》ドモ、釈尊《しやくそん》コレヲ付嘱シタマハズ。マタ念仏ハ六方《ろっぽう》ノ諸仏ノ証誠《しようじよう》ノ行也、余ノ行ハ、タトヒ*顕密事理《けんみつじり》ノヤムゴトナキ行也ト申セドモ、諸仏コレヲ証誠シタマハズ。コノユヘ《(ゑ)》ニヤウ〳〵ノ行オホク候ヘドモ、往生ノミチニハ、ヒトエ《(へ)》ニ念仏スグレタルコトニテ候也。シカルニ往生ノミチニウトキ人ノ申《もうす》ヤウハ、余ノ真言・止観ノ行ニタエ《(へ)》ザル人ノ、ヤスキママ

金剛　金のなかで最も剛(かた)いものという意で、堅固・堅牢のたとえ。

御変改　心をかえること。

ヨノ浄土　西方極楽浄土以外の十方にある浄土。

九条殿の北政所　九条殿は摂政関白にものぼった九条兼実であり、北政所は摂政関白の正妻に宣下する名称で、摂政良経や宜秋門院(後鳥羽天皇の皇后)の生母である従三位季行の女を指すものと思われる。北政所は正治二(一二〇〇)年十月一・二の両日、法然から授戒を受けた。

止観　諸想を止息するのを止、対照を観想するのを観という。成実論巻十五止観品に、「止は定に名づけ、観は慧に名づく。一切善法の修より生ずるものは、この二、皆摂す。及び散心に在る聞思等の慧も亦この中に摂す。この二事をもつて、よく道法を弁ず」と記し、換言すれば定慧の二法として、戒とともに比丘の修学すべき要行とされている。

顕密事理　顕教・密教・事観・理観の四を合したもので、言語・文章をもって顕示された教えを顕教、それ以外に秘密に説かれた教えを密教、仏や浄土の具体的な勝れた姿や形を心に浮かべて観察するのを事観、万有の根源的な絶対の真理と一体になろうと観想するのを理観という。

ノツトメニテコソ念仏ハアレト申ハ、キワ《(は)》メタルヒガコトニ候。ソノユヘ《(ゑ)》ハ、弥陀ノ本願ニアラザル余行ヲキラヒステヽ、マタ釈尊ノ付属ニアラザル行オ《(を)》バエラビトドメ、マタ諸仏ノ証誠ニ(ア)ラザル行オ《(を)》バヤメオ《(を)》サメテ、イマハタヾ弥陀ノ本願ニマカセ、釈尊ノ付嘱ニヨリ、諸仏ノ証誠ニシタガヒテ、オロカナルワタクシノハカラヒヲヤメテ、コレラノユヘ《(ゑ)》、*ツヨキ念仏ノ行ヲツトメテ、往生オ《(を)》バイノルベシト申《もうす》ニテ候也。コレハ*恵心僧都《えしんそうず》ノ往《おう》生要集《じょうようしゅう》ニ、「*往生ノ業、念仏ヲ本トス」ト申《もうし》タル、コノコヽロ也。イマハタヾ余行ヲトヾメテ、一向《いっこう》ニ念仏ニナラセタマフベシ。念仏ニトリテモ、一向専修《いっこうせんじゅ》ノ念仏也。ソノムネ*三《さん》味発得《まいほっとく》ノ善導《ぜんどう》ノ観経《かんぎょう》ノ疏《しょ》ニミエタリ。マタ*双巻経《そうかんぎょう》ニ、「一向専念无量寿仏《むりょうじゅぶつ》」トイヘリ。一向ノ言《ことば》ハ、二向三向ニ対シテ、ヒトヘニ余ノ行ヲエラビテ、キラヒノゾクコヽロナリ。御イノリノレウニモ、念仏ガメデタク候。往生要集ニモ、余行ノ中ニ念仏スグレタルヨシミエタリ。マタ伝教大師《でんぎょうだいし》ノ*七難消滅《しちなんしょうめつ》ノ法ニモ、念仏ヲツトムベシトミエテ候。オホヨソ十方《じっぽう》ノ諸仏、三界《さんがい》ノ天衆《てんしゅ》、妄語《もうご》シタマハヌ行ニテ候ヘバ、現世《げんぜ》・後生《ごしょう》ノ御ツトメ、ナニ事カコレニスギ候ベキヤ。イマタヾ一向専修ノ但念仏者《たんねんぶつしゃ》ニナラセオハシマスベク候。

【*正如房《しょうにょぼう》へつかわす御文《おふみ》】

シヤウ如バウノ御事《おんこと》コソ、返々《かえすがえす》アサマシク候ヘ。ソノヽチハコヽロナラズウトキヤウニナリマイ《(ゐ)》ラセ候テ、念仏ノ御信《ごしん》モイカヾト、ユカシクハオモヒマイ《(ゐ)》ラセ候ツレドモ、サシタル事候ハズ、マタ申《もうす》ベキタヨリモ候ハヌヤウニテ、オモヒナガラ、ナニトナクテ、ムナシ

ツヨキ念仏ノ行　念仏に易と勝の義があり、勝に強の義が含まれていることから、「ツヨキ念仏」という表現を用いたものであろう。

恵心僧都　日本浄土教の先覚者で、諱は源信。比叡山横川の恵心院にいたため恵心僧都と呼ばれた学僧で、往生要集・阿弥陀経略記・二十五三昧起請等多くの著述をのこし、浄土依憑経論章疏目録には浄土教関係の著作三十一部、蓮門経籍録には三十六部を挙げている。

往生ノ業、念仏ヲ本トス　往生要集巻中大文第五の惣結要行に出る文。

三昧発得　心を一境・一対象に安住せしめ、散乱をしずめることにより、遂に聖境を感見する状態をいう。

双巻経　無量寿経は二巻より成るところから、双巻経と呼ばれる。

七難消滅ノ法　親鸞も現世利益和讃に、「山家の伝教大師は、国土人民あはれみて、七難消滅の頌文には南無阿弥陀仏と唱ふべし」といっているが、それは「七難消滅護国頌」を指しているらしい。

正如房　後白河天皇の第三皇女で、承如法という法号をもつ式子内親王(賀茂斎院記)が正如房にあたり、和歌を能くした人で、建久八年ごろ出家し、正治三(一二〇一)年正月二十五日世を去った。

クマカリスギ候ツルニ、タヾ*レイナラヌ御事、大事《だいじ》ニナドバカリウケタマハリ候ハム。イ《(ゐ)》マ一ドハミマイ《(ゐ)》ラセタク、*オ《(を)》ハリマデノ御念仏ノ事モ、オボツカナクコソオモヒマイ《(ゐ)》ラセ候ベキニ、マシテ御コヽロニカケテ、ツネニ御タヅネ候ラムコソ、マコトニアハレニモコヽ(ロ)グルシクモ、オモヒマイ《(ゐ)》ラセ候へ。*サウナクウケタマハリ候マヽニ、マイ《(ゐ)》リ候テミマイ《(ゐ)》ラセタク候ヘドモ、オモヒキリテシバシイデアリキ候ハデ、念仏申《もうし》候バヤトオモヒハジメタル事ノ候ヲ、ヤウニコソヨル事ニテ候へ。コレオ《(を)》バ退《たい》シテモマイ《(ゐ)》ルベキニテ候ニ、マタオモヒ候ヘバ、*セムジテハ、コノヨノ*見参ハトテモカクテモ候ナム。*カバネオ《(を)》ショスルマドヒニモナリ候ヌベシ。タレトテモトマリハツベキミチモ候ハズ、ワレモ人モタヾオクレサキダツカハリメバカリニテコソ候へ。ソノタエマヲオモヒ候モ、マタイツマデカトサダメナキウエ《(へ)》ニ、タトヒ*ヒサシト申《もうす》トモ、ユメマボロシ、イクホドカハ候ベキナレバ、タヾカマヘテオナジ仏ノクニヽマイ《(ゐ)》リアヒテ、*ハチスノウエ《(へ)》ニテ、コノヨノ*イブセサオ《(を)》モハルケ、トモニ過去ノ因縁《いんねん》オ《(を)》モカタリ、タガヒニ未来ノ*化道《けどう》オ《(を)》モタスケムコトコソ、返々《かえすがえす》モ*詮《せん》ニテ候ベキト、ハジメヨリ(申《もうし》)オキ候シガ、返々モ本願ヲトリツメマイ《(ゐ)》ラセテ、一念モウタガフ御コヽロナク、一コヱモ南无阿弥陀仏ト申セバ、ワガミハタトヒイカニツミフカクトモ、仏ノ願力《がんりき》ニヨリテ、一定往生《いちじようおうじよう》スルゾトオボシメシテ、ヨク〳〵*ヒトスヂニ御念仏ノ候ベキナリ。

ワレラガ往生ハユメ〳〵ワガミノヨキアシキニハヨリ候マジ。ヒトヘニ仏ノ御チカラバカリニテ候ベキナリ。ワガチカラバカリニテハ、イカニメデタクタウ《(ふ)》トキ人ト申《もうす》トモ、末《まつ》

レイナラヌ　例ならぬ。尋常でない、普通の状態ではないということで、病気が万一をも考えなくてはならない憂慮すべき状態にあるという意。

オハリマデノ御念仏　命終の時にのぞんでの念仏。

サウナク　左右なく。簡単に。

セムジテハ　所詮。

見参　お目にかかること。

カバネ　屍。なきがら。

ヒサシト申トモ　久しくこの世にとどまるといっても。

ハチス　蓮。沼沢中に生ずる宿根草花で、夏季に美麗な花を開く。経典に清浄なものの喩えとして出てくる蓮華は、中国・日本のものとは異なり、楕円をなす睡蓮である。蓮華は泥中にあっても、泥土にそまることなく清浄微妙であることから、仏教では古くから仏・菩薩の座を指して蓮華座という。したがって、ハチスの上とは仏の座を意味している。

イブセサオモハルケ　心ふさぎ悲しかった思いをも晴らし。

化道　教えみちびきたすけること。

詮　なすべきこと。大事なこと。

ヒトスヂニ　一向。ひたすら心を一方に向けて脇目もふらず。無量寿経に「一向専念無量寿仏」といい、観経疏散善義に「一向専称弥陀仏名」といっているのは、その意を示したものである。

法《ぼう》ノコノゴロ、タヾチニ浄土ニムマル、ホドノ事ハアリガタクゾ候ベキ。マタ仏ノ御チカラニテ候ハムニ、イカニツミフカクオロカニツタナキミナリトモ、ソレニハヨリ候マジ。タヾ仏ノ願力ヲ信ジ信ゼヌニゾヨリ候ベキ。サレバ観无量寿経《かんむりようじゆきよう》ニトカレテ候。ムマレテヨリコノカタ、念仏一遍モ申サズ、ソレナラヌ善根《ぜんごん》モ*ツヤ〳〵トナクテ、アサユフモノヲコロシヌスミシ、カクノゴトキノモロ〳〵ノツミヲノミツクリテ、トシ月ヲユケドモ、一念モ*懺悔《さんげ》ノコヽロモナクテ、アカシクラシタルモノヽ、*オ《(を)》ハリノ時ニ*善知識《ぜんちしき》ノスヽムルニアヒテ、タヾヒトコヱ、南无阿弥陀仏《なむあみだぶつ》ト申《もうし》タルニヨリテ、五十億劫《ごう》ノアヒダ生死《しようじ》ニメグルベキツミヲ滅《めつ》シテ、*化仏《けぶつ》・菩薩《ぼさつ》*三尊《さんぞん》ノ来迎《らいごう》ニアヅカリテ、汝仏《なんじほとけ》ノミナヲトナフルガユヘ《(ゑ)》ニツミ滅セリ、ワレキタリテナムヂヲムカフト、ホメラレマイ《(ゐ)》ラセテ、スナワ《(は)》チカノクニヽ往生スト候。マタ五逆罪《ごぎやくざい》ト申《もうし》候テ、現身《げんしん》ニチヽヲコロシ、ハヽヲコロシ、悪心ヲモテ仏ヲコロシメ、諸僧《しよそう》ヲ破シ、カクノゴトクオモキツミヲツクリ、一念懺悔《いちねんさんげ》ノコヽロモナカラム、ソノツミニヨリテ、*无間地獄《むけんじごく》ニオチテ、オホクノ劫《ごう》ヲオクリテ、苦ヲウクベカラムモノヽ、オ《(を)》ワ《(は)》リノ時ニ、善知識ノスヽメニヨリテ、南无阿弥陀仏ト、十声《とこえ》トナフルニ、一コヱゴトニ、オノオノ八十億劫ノアヒダ生死ニメグルベキツミヲ滅シテ、往生ストトカレテ候メレ。サホドノ罪人ダニモ十声・一声ノ念仏ニテ往生ハシ候へバ、マコトニ仏ノ本願ノチカラナラデハ、イカデカサルコト候ベキトオボヘ《(え)》候テ、本願ムナシカラズトイフコトハ、コレニテモ信ジツベクコソ候へ。コレマサシキ*仏説《ぶつせつ》ニテ候。

仏ノノタマフミコトバハ一言《いちごん》モアヤマタズト申《もうし》候へバ、タヾアフギテ信ズベキニテ候。

ツヤ〳〵　少しも。

懺悔　略して懺ともいい、懺とは人に忍容を請う意で、過去の罪過をさとり悔い改め、仏ないし人に発露披陳すること。

オハリノ時　生命のまさに終らんとする時。臨終。

善知識　知識・善友・勝友ともいい、知識とは、その心を知り、その形を識ることで、仏の正道を教示し、勝益を得させる師友をいう。観経には念仏の功徳を説いて、観音・勢至はその勝友となると説き、観経疏にはこれを親友知識と釈している。

化仏　変化身・応化身ともいい、仏が衆生を教化利益するために、種々の身形に変化し応現した仏身をいう。

三尊　阿弥陀仏・観世音菩薩・勢至菩薩。

无間地獄　阿鼻地獄ともいい、八大地獄の一で、大焦熱地獄の下にあって、広さ八万由旬あるという。五逆罪(殺父・殺母・殺阿羅漢・破和合僧・出仏身血)を犯し、因果の道理を否定し、大乗を誹謗し、四重の禁戒を犯し、信仰上の施しものを浪費した者が、死後に間断なく苦しみを受ける地獄。

仏説　仏の説いた教え。

コレヲウタガハヾ、仏ノ御*ソラゴト、申《もうす》ニモナリヌベク、カヘリテハマタソノツミ候ヌベシトコソオボエ候へ。フカク信ゼサセタマフベク候。サテ往生ハセサセオハシマスマジキヤウニノミ、申《もうし》キカセマイ《(ゐ)》ラスル人々ノ候ラムコソ、返々《かえすがえす》アサマシクコヽログルシク候へ。オイカナル*智者《ちしゃ》メデタキ人トオホセラルトモ、ソレニナホ*トロカサレ、オハシマシ候ゾ。オノ〳〵ノミチニハメデタクタウ《(ふ)》トキ人ナリトモ、サトリアラズ、行《ぎょう》コトナルヒトノ申《もうし》候コトハ、往生浄土ノタメハ、中々《なかなか》ユヽシキ*退縁《たいえん》、*悪知識《あくちしき》トモ申《もうし》候ヌベキ事ドモニテ候。タヾ凡夫《ぼんぶ》ノハカラヒオ《(を)》バ、キヽイレサセオハシマサデ、ヒトスヂニ仏ノ御チカヒヲタノミマイ《(ゐ)》ラセサセタマフベク候。サトリコトナル人ノ往生イヒサマタゲムニヨリテ、一念モウタガフコヽロアルベカラズトイフ*コトワリハ、善導和尚《ぜんどうかしょう》ノ、ヨク〳〵コマカニオホセラレオキタルコトニテ候也。

「*タトヒオホクノ仏、ソラノ中ニミチ〳〵テ、ヒカリヲハナチ御《み》シタヲノベテ、「悪ヲツクリタル凡夫ナリトモ、一念シテカナラズ往生ストイフコトハヒガ事ゾ。信ズベカラズ」トノタマフトモ、ソレニヨリテ一念モウタガフコヽロアルベカラズ。ソノユヘ《(ゑ)》ハ、阿弥陀仏ノイマダ仏ニナリタマハザリシムカシ、ハジメテ*道心ヲオコシタマヒシ時、「ワレ仏ニナリタラムニ、ワガ名号《みようごう》ヲトナフルコト、十声・一声マデセムモノ、ワガクニヽムマレズハ、ワレ仏ニナラジ」トチカヒタマヒタリシ、ソノ願ムナシカラズ、スデニ仏ニナリタマヘリ。マタ釈迦仏、コノ娑婆世界《しゃばせかい》ニイデヽ、一切衆生《いっさいしゅじょう》ノタメニ、カノ本願ヲトキ、念仏往生ヲスヽメタマヘリ。マタ*六方恒沙《ろっぽうごうじゃ》ノ諸仏、コノ念仏シテ一定往生《いちじょうおうじょう》スト、釈迦仏ノトキタマヘルハ

ソラゴト　空言。真実でないことば。
智者　智慧ある者。
トロカサレ　迷わされる。
退縁　退転の因縁。仏道の修行をさまたげ、或いはその行位より退転せしめるもととなること。迦才の浄土論巻上には西方浄土に対比して、娑婆世界には、㈠短命多病、㈡女人あって生じて六塵に染む、㈢悪行の人、㈣不善および無記心、㈤常に仏に値わぬ、という五の退縁のあることを説いている。
悪知識　善知識に対する語で、悪道にみちびく邪悪の人(僧)をいう。
コトワリ　理。人の力では何ともしがたい条理。道理。
タトヒ…上辟支仏オヤ　往生礼讃の意をとり述べた文。
道心　仏となるべき道を信じて、法を求める心。
六方恒沙ノ諸仏　六方とは東・南・西・北・下・上、恒沙はインドを流れるガンジス河の砂をいい、これより六方にある恒河の砂ほどもいる多くの仏という意になる。沙数について大智度論巻七には、「一切算数の知る能はざるところ。ただ、仏および法身の菩薩のみ、よくその数を知る」と述べているが、阿弥陀経には東に五、南に五、西に七、北に五、下に六、上に十の計三十八仏を挙げている。

決定《けつじょう》ナリ。モロ〳〵ノ衆生一念モウタガフベカラズ、コト〴〵ク一仏モノコラズ、アラユル諸仏ミナコト〴〵ク証誠《しょうじょう》シタマヘリ。スデニ阿弥陀仏ハ願ニタテ、釈迦仏ソノ願ヲトキ、六方ノ諸仏ソノ説ヲ証誠シタマヘルウエ《(へ)》ニ、コノホカニハナニ仏ノ、マタコレラノ諸仏ニタガヒテ、凡夫往生セズトハノタマフベキゾトイフコトワリヲモテ、仏現《げん》ジテノタマフトモ、ソレニオドロキテ、信心《しんじん》ヲヤブリウタガフコヽロアルベカラズ。イハムヤ菩《ぼ》薩《さつ》達《たち》ノタマハムオ《(を)》ヤ。*上辟支仏《じょうびゃくしぶつ》オ《(を)》ヤ」ト、コマ〴〵ト善導釈シタマヒテ候也。マシテコノゴロノ凡夫ノイカニモ申《もうし》候ハムニヨリテ、ゲニイカヾアラムズラムナド、*不定《ふじょう》ニオボシメス御コヽロ、ユメ〳〵アルマジク候。

ヨニメデタキ人ト申《もうす》トモ、善導和尚ニマサリテ、往生ノミチヲシリタラムコトモカタク候。*善導マタ凡夫ニハアラズ、阿弥陀仏ノ化身《けしん》ナリ。阿弥陀仏ノ、ワガ本願ヒロク衆生ニ往生セサセム*レウニ、カリニ人ニムマレテ善導トハ申《もうし》候ナリ。ソノオ《(を)》シヘ申セバ仏説ニテコソ候ヘ。アナカシコ〳〵。ウタガヒオボシメスマジク候。マタハジメヨリ仏ノ本願ニ信ヲオコサセオハシマシテ候シ御コヽロノホド、ミマイ《(ゐ)》ラセ候シニ、ナニシニカハ往生ハウタガヒオボシメシ候べキ。経ニトカレテ候ゴトク、イマダ往生ノミチモシラヌ人ニトリテノコトニ候。モトヨリヨク〳〵キコシメシシタヽメテ、ソノウヘ御念仏《おねんぶつ》*功《こう》ツモリタルコトニテ候ハムニハ、カナラズマタ臨終《りんじゅう》ノ善知《ぜんち》識《しき》ニアハセオハシマサズトモ、往生ハ一定《いちじょう》セサセオハシマスベキコトニテコソ候ヘ。中々*アラヌスヂナル人ハ、アシク候ナム。タヾイカナラム人ニテモ、*アマ女房《にょうぼう》ナリトモ、ツネニ御マヘニ候ハム人ニ、念仏マウサセテ、キ

上辟支仏　悉曇で、縁覚とか独覚と訳され、仏の教えによることなく道を悟った聖者であるが、寂静な孤独を好むが故に、説法教化はしないという。

不定　浄土に生まれることができるか否かと不安で心が定まらないこと。

善導マタ…化身ナリ　阿弥陀経釈には、善導をさして三昧発得の聖であるとしているが、選択集には、「善導はこれ弥陀の化身なり」（一六二頁）としている。人間として、この世で達することのできる絶対の境地が三昧発得であるから、三昧発得という宗教経験を得たものは、人師として尊敬されるにあたいする人である。それが選択集になると、化身としての善導、即ち善導に仏格があたえられている。ここに阿弥陀経釈と選択集の成立年代の前後を見ることができる。いわば化身善導観をうちだしているものは、選択集の成立年代に近いものであったろう。

レウ　料。ため。

功ツモリタルコト　修行の功をつんだこと。

アラヌスヂナル人　異なった修行をする人。

アマ女房　㈠尼（出家した女性）と女房か、㈡あまが少女または女性を卑しめた呼称で、あま女房と熟字したものか、㈢有髪で仏道修行した女性の仏教信者を指すものかはっきりし

カセオハシマシテ、御コヽロヒトツヲツヨクオボシメシテ、タヾ中々一向《いっこう》ニ、*凡夫ノ善知識ヲオボシメシステヽ、仏ヲ善知識ニタノミマイ《(ゐ)》ラセサセタマフベク候。

　モトヨリ仏ノ来迎《らいごう》ハ、*臨終正念《しょうねん》ノタメニテ候也。ソレヲ人ノ、ミナワガ臨終正念ニシテ、念仏申《もうし》タルニ、仏ハムカヘタマフトノミコヽロエテ候ハ、仏ノ願ヲ信ゼズ、経ノ文《もん》ヲ信ゼヌニテ候也。称讃浄土経《しょうさんじょうどきょう》ノ文ヲ信ゼヌニテ候也。称讃浄土経ニハ、「慈悲《じひ》ヲモテクワ《(は)》ヘタスケテ、コヽロヲシテミダラシメタマハズ」ト、トカレテ候也。*タヾノトキニヨク〱申《もうし》オキタル念仏ニヨリテ、仏ハ来迎《らいごう》シタマフトキニ、正念ニハ住《じゅう》スト申《もうす》ベキニテ候也。タレモ仏ヲタノムコヽロハスクナクシテ、*ヨシナキ凡夫ノ善知識ヲタノミテ、サキノ念仏オ《(を)》バムナシクオモヒナシテ、臨終正念ヲノミイノルコトドモニテノミ候ガ、ユヽシキ*ヒガヰムノコトニテ候也。コレヲヨク〱御コヽロエテ、ツネ(ニ)御メヲフサギ、タナゴヽロヲアハセテ、御コヽロヲシヅメテ、オボシメスベク候。ネガワ《(は)》クハ阿弥陀仏ノ本願アヤマタズ、臨終ノ時カナラズワガマヘニ現ジテ、慈悲ヲクワエ《(はへ)》タスケテ、正念ニ住セシメタマヘト、御コヽロニモオボシメシテ、クチニモ念仏申サセタマフベク候。コレニスギタル事候マジ。コヽロヨワクオボシメスコトノ、ユメ〱候マジキナリ。カヤウニ念仏ヲ*カキコモリテ申《もうし》候ハムナドオモヒ候モ、ヒトヘニワガミ一《ひとり》ノタメトノミハ、モトヨリオモヒ候ハズ。オ《(を)》リシモ*コノ御コトヲカクウケタマハリ候ヌレバ、イマヨリハ一念モノコサズ、コト〲クソノ往生ノ御タスケニナサムト廻向《えこう》シマイ《(ゐ)》ラセ候ハムズレバ、カマヘテ〱オボシメスサマニトゲサセマイ《(ゐ)》ラセ候ハヾヤトコソハ、フカク念ジマイ《(ゐ)》ラセ候ヘ。モシコノコヽロザシマ

ないが、おそらく第三説であろう。

凡夫ノ善知識…臨終正念ノタメニテ候也　往生は根機の善悪によってきまるものではなく、仏の本願により定まるものである。したがって臨終の善知識は必ずしも必要としない。仏をこそ善知識と仰ぐべきである。仏の来迎によって念仏行者は必ず臨終正念に住することができ、行者の臨終正念によって、仏の来迎があるのではないとの意で、源信と異なる法然独自の臨終正念観をうちだしている。

正念　心に何らの疑慮のないこと。

タヾノトキ　平生。常ひごろ。

ヨシナキ　つまらぬ。

ヒガヰム　僻因。間違った、道理に反した考え方。

カキコモリ　カキは接頭語。引きこもり。家のなかに引きこもって。

コノ御コト　病気篤いこと。

コトナラバ、イカデカ御タスケニモナラデ候ベキ。タノミオボシメサルベキニテ候。
オホカタハ申《もうし》イデ候シ、*ヒトコトバニ御コヽロヲトヾメサセオハシマスコトモ、コノヨヒトツノコトニテハ候ハジト、サキノヨモユカシクアハレニコソオモヒシラルヽ、コトニテ候へバ、ウケタマハリ候ゴトク、コノタビマコトニサキダヽセオハシマスニテモ、マタオモハズニサキダチマイ《(ゐ)》ラセ候事ニナル、サダメナサニテ候トモ、ツイ《(ひ)》ニ*一仏浄土《いちぶつじようど》ニマイ《(ゐ)》リアヒマイ《(ゐ)》ラセ候ハムコトハ、ウタガヒナクオボエ候。ユメマボロシノコノヨニテ、イマ一《いち》ドナドオモヒ申《もうし》候事ハ、トテモカクテモ候ナム。コレオ《(を)》バヒトスヂニオボシメシステテ、イヨ〳〵モ、フカクネガフ御コヽロオ《(を)》モマシ、御念仏オ《(を)》モハゲマセオハシマシテ、カシコニテマタムトオボシメスベク候。返々《かえすがえす》モナホ〳〵往生ヲウタガフ御コヽロ候マジキナリ。五逆《ごぎやく》・十悪《じゆうあく》ノオモキツミツクリタル悪人、ナヲ《(ほ)》十《と》声《こえ》・一声《ひとこえ》ノ念仏ニヨリテ、往生ヲシ候ハムニ、マシテツミツクラセオハシマス御事ハ、ナニゴトニカハ候ベキ。タトヒ候ベキニテモ、イクホドノコトカハ候ベキ。*コノ経ニトカレテ候罪人ニハ、イヒクラブベクヤハ候。ソレニマヅコヽロヲオコシ、*出家《しゆつけ》ヲトゲサセオハシマシテ、メデタキミノリニモ縁ヲムスビ、トキニシタガヒ日ニソエ《(へ)》テ、善根《ぜんごん》ノミコソハツモラセオハシマスコトニテ候ハメ。ソノウヘフカク決定《けつじよう》往生ノ法文ヲ信ジテ、*一向専修《いつこうせんじゆ》ノ念仏ニイリテ、ヒトスヂニ弥陀ノ本願ヲタノミテ、*ヒサシクナラセオハシマシテ候。ナニ事ニカハ、ヒトコトモ往生ヲウタガヒオボシメシ候ベキ。「*専修ノ人、百人ハ百人ナガラ、十人ハ十人ナガラ、往生ス」ト、善導ノタマヒテ候へバ、ヒトリソノカズニモレサセオハシマスベキカハトコソハオボエ候へ。

ヒトコトバ　一言。
一仏浄土　阿弥陀一仏のいる西方極楽浄土。
コノ経　無量寿経。
出家　家を出るの意で、在家に対する語。即ち家を出て、世間的な執着や束縛をはなれ、専心に道を修することをいう。出家は古くよりインドでおこなわれ、ベーダ時代にすでに世を捨て家を捨てて解脱を求めている。次いでバラモン教徒もまたその風をうけ、多く山林閑寂の処に入って修道に専心した。仏教においては釈尊の出家学道をもって濫觴とし、その後、教団はかかる出家の人をもって組織するに至った。
一向専修　一向に専ら念仏を修するという意。一向は二向・三向に対する語で、念仏のほかには何事をも修さないということ。選択集に、一向とは「余を兼ねざること明らけし」(一一二頁)というのはその意で、無量寿経にいう「一向専念無量寿仏」と同義。
ヒサシクナラセ　正如房が法然の教えを聞いてから、すでに久しい年月を経ているという意。もし正如房が建久八年ごろ出家したとすれば、正治三(一二〇一)年までまだ四年しかたっていないので、出家以前すでに法然から聞法していたのであろうか。
専修ノ人…往生ス　往生礼讃によって記された文。

善導オ《(を)》モ*カコチ、仏ノ本願オ《(を)》モセメマイ《(ゐ)》ラセサセタマフベク候。コヽロヨハ《(わ)》クハ、ユメ〳〵オボシメスマジク候。アナカシコ〳〵。
*コトワリヲヤ申《もうし》ヒラキ候ト、オモヒ候ホドニ、*ヨクオホクナリ候ヌル。サヤウノオ《(を)》リフシ、*コチナクヤトオボエ候ヘドモ、モシサスガノビタル御コトニテモマタ候ラム、*エシリ候ハネバ、コノタビ申《もうし》候ハデハ、イツオ《(を)》カハマチ候ベキ。モシノドカニキカセオハシマシテ、一念モ御コヽロヲスヽムル*タヨリニヤナリ候ト、オモヒ候バカリニトヾメエ候ハデ、コレホドモコマカニナリ候ヌ。機嫌《きげん》ヲシリ候ハヌハ、ハカラヒガタクテ*ワビシクコソ候へ。コレハ*コトナガク候ベキナリ。モシムゲニヨハ《(わ)》クナラセオハシマシタル御事ニテ候ハヾ、要ヲトリテツタエ《(へ)》マイ《(ゐ)》ラセサセオハシマスベク候。ウケタマハリ候ママニ、ナニトナクアハレニオボエ候テ、*オシカヘシマタ申《もうし》候也。

【*平基親へつかわす御返事】

オホセノムネ、ツヽシムデ《(ん)》ウケタマハリ候ヌ。御信心《ごしんじん》トラシメタマフヤウ、*オ《(を)》リガミツブサニミ候ニ、一分モ愚意《ぐい》ニ存ジ候トコロニタガハズ候。フカク*随喜《ずいき》シタテマツリ候トコロナリ。シカルニ*近来《きんらい》一念ノホカノ*数返《すへん》無益《むやく》ナリト申義《もうすぎ》イデキタリ候ヨシ、ホボツタヘウケタマハリ候。勿論*不足言《ふそくげん》ノ事カ、文義《もんぎ》ヲハナレテ申《もうす》人、スデニ証ヲエ候カ、イカム《(ん)》。モトモ不審《ふしん》ニ候。マタフカク本願ヲ信ズルモノ、破戒《はかい》モカヘリミルベカラザルヨシノ事、コレマタトハセタマフニモオヨブベカラザル事カ。*附仏法《ふぶっぽう》ノ外道《げどう》、ホカニモトムベカラズ候。

カコチ　頼みを託すことをいう。
コトワリヲヤ申ヒラキ　上にのべた道理を申しあげたい。
ヨクオホク　あまり長く。
コチナクヤ　命終も近いというのに、長文の消息は不調法のように思うけれどもという意で、面白くない無作法をいう。
エシリ候ハネバ　とても知ることができないであろうから。
タヨリ　方便。手づる。
ワビシク　侘しく。失志の意で、はからいがたく、志を失う気味をいう。
コトナガク　余りに長すぎるということで、正如房にあたえるこの手紙を指す。
オシカヘシ　重ねて。

平基親　尊卑分脈第十一によれば、親範の子で、母は若狭守高階泰重の女、左大弁兵部卿従三位の位にあったといい、公卿補任第一には保元三年蔵人に補され、建永元(一二〇六)年従三位になった由を記している。
オリガミ　折紙。手紙のこと。
随喜　喜んで帰依すること。心からありがたく思いしたがうこと。
近来　近ごろ。
数返　数多く念仏申すこと。
不足言　いうまでもない。
附仏法ノ外道　仏法につきまとっているよこしまな教え。

オホヨソハ、チカゴロ念仏ノ*天魔《てんま》キオ《(ほ)》イ《(ひ)》キタリテ、カクノゴトキノ*狂言《おうごん》イデキタリ候カ、ナホ〳〵サラニアタハズ候〳〵。恐々謹言《きょうきょうきんげん》。

八月十七日

【熊谷入道へつかわす御返事】

御フミクハシクウケタマハリ候ヌ。カヤウニ*マメヤカニ、大事《だいじ》ニオボシメシ候、返々《かえすがえす》ア(リ)ガタク候。マコトニコノタビ、カマヘテ往生シナムト、*オボシメシキルベク候。ウケガタキ人身《にんしん》スデニウケタリ、アヒガタキ念仏往生ノ法門ニアヒタリ、*娑婆《しゃば》ヲイトフコヽロアリ、極楽《ごくらく》ヲネガフコヽロオコリタリ。弥陀ノ本願フカシ、往生ハタヾ御コヽロニアルタビナリ、ユメ〳〵御念仏オコタラズ、決定往生《けつじょうおうじょう》ノヨシヲ存ゼサセタマフベク候。ナニ事モトヾメ候ヌ。

九月十六日　　　　源　空

【越中国*光明房《こうみょうぼう》へつかわす御返事】

*一念往生ノ義、京中《きょうちゅう》ニモ粗流布《ほぼるふ》スルトコロナリ。オホヨソ言語道断《ごんごどうだん》ノコトナリ。マコトニ*ホトオ《(ほ)》ド御問《ごもん》ニオヨブベカラザルナリ。詮《せん》ズルトコロ、双巻経《そうかんぎょう》ノ下ニ「*乃至《ないし》一念《いちねん》、信心《しんじん》歓喜《かんぎ》」トイヒ、マタ善導和尚《ぜんどうかしょう》ハ、「*上尽一形下至十声一声等《じょうじんいちぎょうげしじっしょういっしょう》、定得往生、乃至一念無有疑心《上《かみ》一形を尽し、下《しも》十声・一声等に至るまで、定めて往生を得、乃至一念疑心あることなし》」ト

天魔　人を悪道にさそう天上の妖鬼の意であるが、ここでは念仏をさまたげるものをいう。

狂言　正しい道にあわないことば。

マメヤカ　心がこもっていること。まじめ。誠心誠意。

オボシメシキル　思いきるの敬語。思い定める。決心する。

娑婆　つぶさには娑婆世界といい、釈尊化境のこの世界を指し、煩悩にさいなまれている迷いの世界をいう。

光明房　俗姓ならびに生国等不詳。法然に師事して浄土の法門を学び、のち越後におもむき法化を布き、承元のころ越後で成覚房幸西の弟子が一念往生の義をとなえたとき、光明房はこれを排斥するため努力し、功があったという。

一念往生ノ義　阿弥陀仏の上に本迹の二門を分ち、本門の弥陀とは十劫以前に正覚を成就した弥陀であり、迹門の弥陀とは我等の具する仏性である。我等の往生、成仏はすでに十劫以前に成就されたいわれを領解する信の一念でことたりるから、多念の念仏修行を必要としないという教えで、この教えは法然門下の幸西や行空が説いた。

ホトオド…ザルナリ　ほとんど問うまでもない。お尋ねにもおよばない。

乃至一念、信心歓喜　無量寿経巻下には「信心歓喜乃至一念」とある。

上尽一形…無有疑心　往生礼讃に見

イエ《(ヘ)》ル、コレラノ文《もん》ヲアシクゾ、ミタルトモガラ、*大邪見《だいじやけん》ニ住シテ申《もうし》候トコロナリ。乃至トイヒ、下至《げし》トイエ《(ヘ)》ル、ミナ*上尽一形ヲカネタルコトバナリ。シカルヲ、チカゴロ愚痴《ぐち》・無智《むち》ノトモガラオホク、ヒトヘニ十念・一念ナリト*執《しゆう》シテ、上尽一形ヲ廃スル条《じよう》、*无慚《むざん》・无愧《むぎ》ノコトナリ。マコトニ十念・一念マデモ、仏ノ大悲本願ナホカナラズ引接《いんじよう》シタマフ无上ノ功徳《くどく》ナリト信ジテ、*一期不退《いちごふたい》ニ行《ぎよう》ズベキ也。文証《もんしよう》オホシトイエ《(ヘ)》ドモ、コレヲイダスニオヨバズ、イフニタラザル事ナリ。コヽニカノ邪見《じやけん》ノ人、コノ難ヲ*カフリテ、コタエ《(ヘ)》テイハク、ワガイフトコロモ、信ヲ一念ニトリテ念ズベキナリ。シカリトテ、マタ念ズベカラズトハイハズトイフ。コレマタコトバヽ*尋常《じんじよう》ナルニニタリトイエ《(ヘ)》ドモ、コヽロハ邪見ヲハナレズ。シカルユヘ《(ゑ)》ハ、*決定《けつじよう》ノ信心ヲモテ、一念シテノチハ、マタ念ゼズトイフトモ、*十《じゆう》悪《あく》・*五逆《ごぎやく》ナホサワ《(は)》リヲナサズ、イハムヤ余《よ》ノ少罪《しようざい》オ《(を)》ヤト、信ズベキナリトイフ。コノオモヒニ住セムモノハ、タトヒオホク念ズトイハム、阿弥陀仏ノ御コヽロニカナハムヤ。イヅレノ経論《きようろん》・人師《にんし》ノ説ゾヤ。コレヒトヘニ、懈怠《けたい》・無道心・不当・不善ノタグヒノ、ホシイマヽニ悪ヲツクラムトオモヒテ、マタ念ゼズハ、ソノ悪カノ*勝因《しよういん》ヲサエ《(ヘ)》テ、ムシロ三途《さんず》ニオチザラムヤ。カノ一生造悪《いつしようぞうあく》ノモノヽ、臨終《りんじゆう》ニ十念シテ往生スル、コレ懺悔《さんげ》念仏ノチカラナリ。コノ悪ノ義ニハ混《こん》ズベカラズ。カレハ懺悔ノ人ナリ、コレハ邪見ノ人ナリ。ナホ不可《ふか》説《せつ》々々ノ事也。モシ精進《しようじん》ノモノアリトイフトモ、コノ義ヲキカバ、スナワ《(は)》チ懈怠《けたい》ニナリナム。マレニ戒ヲタモツ人アリトイフトモ、コノ説ヲ信ゼバ、スナワ《(は)》チ無慚《むざん》ナリ。オホヨソカクノゴトキノ人ハ、附仏法《ふぶつぽう》ノ外道《げどう》ナリ、*師子《しし》ノミノ中《うち》ノ虫ナリ。マタウタガフラク

える文。

大邪見 因果の道理を否定するあやまった考え。

上尽一形 一形とは一期・一生涯と同一義で、人としての形骸を存続する期間をいう。即ち、上は寿命のつきるまで一生涯の間念仏するという意。

執シテ 事たりると考えて。

无慚・无愧 ともに、はじを知らないこと。

一期不退 一生涯のあいだ退き捨てることがないこと。

カフリテ こうむって。

尋常 普通。

決定ノ信心 動かされたり、こわされたりすることのない信心。仏からあたえられた信心。

十悪 十善に対するもので、身についている殺生・偸盗・邪婬、口についている妄語・悪口・両舌・綺語、意についている貪欲・瞋恚・邪見の十種の罪悪をいう。

五逆 殺父・殺母・殺阿羅漢・出仏身血・破和合僧の五種の逆罪。

勝因 すぐれた結果をうむ原因の意で、ここでは浄土往生の道となる念仏を指している。

師子ノミノ中ノ虫 梵網経や蓮華面経などにでている語で、仏教徒でありながら、仏法に害をなすことの喩え、恩を仇でかえすものの意。師子は、獅子に同じ。

ハ、*天魔《てんま》波旬《はじゆん》ノタメニ、精進《しやうじん》ノ気《け》ヲウバワ《（は）》ルヽトモガラノ、モロ〳〵ノ往生ノ人ヲサマタゲムトスルナリ。アヤシムベシ、フカクオソルベキモノ也。*毎事《まいじ》筆端《ひつたん》ニツクシガタシ。謹《きん》言《げん》。

【津戸三郎へつかわす御返事】

御文くはしくうけ給はり候ぬ、念仏の事*召問《めしと》はれ候はんには、*なじかはくはしき事をば申させ給ふべき。*げにもいまだくはしくもならはせ給はぬ事にて候へば、*専修《せんじゆ》・雑修《ざつしゆ》の間の事はくはしき沙汰《さた》候はずとも、いかやうなる事ぞと召問《めし》はれ候はゞ、「法門のくはしき事はしり候はず、*御京上の時うけ給はりわたり候て、*聖《ひじ》りのもとへまかり候て、「後世《ごせ》の事をばいかゞし候べき、*在家《ざいけ》のものなんどの*後生《ごしやう》たすかるべき事は、なに事か候らん」と問《とい》候しかば、聖《ひじり》の申《もうし》候し様は、「おほかた生死《しやうじ》をはなるゝみち、様々におほく候へども、その中にこのごろの人の生死をいづる道は、極楽に往生するよりほかには、こと道はかなひがたき事也。これほとけの衆生《しゆじやう》をすゝめて、生死をいださせ給ふべき一つの道也。しかるに極楽に往生する行《ぎやう》、又様々におほく候へども、その中に念仏して往生するよりほかには、こと行《ぎやう》はかなひがたき事にてある也。そのゆへ《（ゑ）》は、念仏はこれ弥陀の一切衆生《いつさいしゆじやう》のために身《み》づからちかひ給ひたりし本願の行なれば、往生の業《ごう》にとりては、念仏に*しく事はなし。さればば往生せんとおもはゞ、*念仏をこそはせめ」と申《もうし》候き。いかにいはんや、又*最下《さいげ》のものゝ、法門をもしらず、智慧もなからん物は、念仏のほかには何事をしてか往生すべきといふ事

天魔波旬　欲界第六天の主で、常に悪意をもち、悪事をして、僧や人を害するという。
毎事　くわしく。
召問はれ候はんには　念仏をひろめたことについて喚問を受けるような疑いが生じた時には。念仏の禁止が何らかのかたちにおいて、生起していたことを示している。
なじかは　どうして。
げに　現実に。本当に。
専修・雑修　読誦・観察・礼拝・称名・讃嘆供養の五種の正行を、弥陀一仏にのみ親しき行として修するのを専修、極楽往生のために念仏以外の余行をもまじえ修するのを雑修という。
御京上　都にのぼることで、日講私記巻六は、「建久六年二月将軍家(頼朝)上洛に供奉せしとき」のこととしている。
聖り　法然を指す。
在家　家にあって自ら生活をいとなんでいるもの。
後生　後の世の生の意で、後世・来世とも。四十八巻伝巻四十五には、「後生をば、弥陀の本願をたのみ申さば往生うたがひなし」とある。
しく事　超えたこと。よりすぐれたこと。
念仏をこそはせめ　念仏にはげめよ。
最下のもの　最下の機根のものという意で、いまだ念仏の法を全く知ら

なし。われお(を)さなくより法門をならひたるものにてあるだにも、念仏よりほかに何事をして往生すべしともおぼへ(え)ず、たゞ念仏ばかりをして、弥陀の本願をたのみて、往生せんとはおもひてある也。まして最下の物なんどは、何事かあらんと申されしかば、ふかくそのよしをたのみて、念仏をばつかまつり候也」と申させ給ふべし。又この念仏を申す事は、たゞわが心より弥陀の本願の行なりとさとりて申《もうす》事にもあらず。唐の世に善導和尚《ぜんどうかしよう》と申《もうし》候し人、往生の行業《ぎようごう》において、専修《せんじゆ》・雑修《ざつしゆ》と申す二つの行をわかちてすゝめ給へる事也。

専修といふは念仏也、雑修といふは念仏のほかの行也。専修のものは百人は百人ながら往生し、雑修の物は千人が中にわづかに一二人ある也。唐土《とうど》に又*信仲《しんちゆう》と申物《もうすもの》こそ、このむねをしるして、専修正業文《せんじゆしようごうもん》といふ文をつくりて、唐土の諸人をすゝめたれ。その文は、*じやうせう房なんどのもとには候らん。それをもちてまいら(ゐ)せ給ふべし。又専修につきて五種の専修正行《せんじゆしようぎよう》といふ事あり。この五種の正行につきて、又正助二行をわかてり。正業《しようごう》といふは、五種の中に第四の念仏也。助業《じよごう》といふは、その中の四つの行也。いま決定《けつじよう》して浄土に往生せんとおもはゞ、専雑二修《せんぞうにしゆ》の中には、専修の教《おしえ》によりて一向《いつこう》に念仏をすべし。正助二業の中には、正業のすゝめによりて、ふた心なく、たゞ第四の称名念仏《しようみようねんぶつ》をすべしと申し候《そうらい》しかば、くはしきむね、ふかき心をばしり候はず。さては念仏はめでたき事にこそあるなれと信じ候て、申《もうし》候ばかりに候。

件《くだん》の人の善導和尚と申《もうす》人は、うぢある人にも候はず、*阿弥陀ほとけの化身《けしん》にておはしまし候なれば、お(を)しへすゝめさせ給はん事、よも*ひが事にては候はじと、ふかく信じて念仏

ないもの。

信仲　伝は未詳。「専修正業文」という著書をものしたというが、この書の所在も明らかでない。法然の指示するところによれば、念仏の専修について書かれたものらしい。

じやうせう房　四十八巻伝巻二十八に、「津戸の三郎、上人の門弟浄勝房・唯願房等の僧衆、少々申くだして、念仏の先達として、不断念仏をはじめおこなひける」とあり、法然の弟子らしく、また「専修正業文」という当時としては珍しい本を所持していたことからすれば、日宋貿易者と何らかのかかわりをもつ、学問もある僧であったろう。

阿弥陀ほとけの化身　阿弥陀仏が仮のすがたをあらわして、善導となったということで、本地阿弥陀仏・垂迹善導という本地垂迹説をふまえてとなえだされたものである。

ひが事　道理にはずれたこと、正しくないこと。

はつかまつり候也。そのつくらせ給《たまい》て候なる文《ふみ》どもおほく候なれども、文字もしり候はぬものにて候へば、たゞ心ばかりをきゝ候て、後生《ごしよう》やたすかり候、往生やし候とて申《もうし》候程に、ちかきものども見うらやみ候て、少々申すものども候也と、これほどに申させ給ふべし。中《なか》〳〵くはしく申させ給はゞ、あやまちもありなんどして、あしき事もこそ候へとおぼへ《(え)》候はいかゞ候べき。様々に難答をしるしてと候へども、時にのぞみては、いかなることばどもか候はんずらん、書《かき》てまい《(ゐ)》らせて候はんも、あしく候ぬべく候。たゞよく〳〵御はからひ候て、*早晩《そうばん》よきやうにこそははからはせ給ひ候はめ。又念仏申すべからずとおほせられ候とも、往生に心ざしあらん人は、それにより候まじ。念仏よく〳〵申せとおほせられ候とも、*道心《どうしん》なからん物は、それにより候まじ。とにかくにつけても、このたび往生しなんと、人をばしらず御身《おんみ》にかぎりては、おぼしめすべし。わざとはる〴〵と人*あげさせ給ひて候こそ、返〳〵《かえすがえす》*下人《げにん》も不便《ふびん》に候へ。なを《(ほ)》〳〵召《め》し問《と》はれ候はん時には、これより*百千申《もうし》て候はん事は、時にもかなひ候まじければ、*无益《むやく》の事にて候。はからひてよきやうに、早晩にしたがひて申させ給はんに、よもひが事は候はじ。*真字《まな》・仮字《かな》にひろくかきてまい《(ゐ)》らせ候はんは、もてのほかにひろく文をつくり候はんずる事にて候へば、にはかにすべき事にても候はず、それは又中〳〵あしき事にても候ぬべし。たゞ*いと子細《しさい》はしり候はず、これほどにきゝて申《もうし》候也と申させ給ひ候はんに、心候はん人はさりとも心え候ひなん。又道心なからん人は、いかに*道理《どうり》百千万わかつとも、*よも心え候はじ。*殿《との》は道理ふかくして、ひが事おはしまさぬ事にて候と申しあひて候へば、これらほどにきこしめさんに、念仏ひ

早晩　そのうちには。いつかは。日講私記巻六には、「いつもとよめり。言心は兎角さはらぬ様に、どこへも能合様にはからひ玉へと也。又早晩は遅速といふがごとし」と記している。

道心　道を求めようとする心。仏道を信ずる心。

あげさせ　上洛させ。

下人　名主から土地・住居・食料等をあたえられ、農業生産面では自己の僅少の田地等のほかに、名主の手作地に労働力を提供していた。ここでは仕えている人という程度の意か。

百千申て　罪をのがれようとして、今まで申してきたことよりもより多くのことを申すことをいう。

无益　益もない。つまらない。

真字・仮字　真字とは真名ともいい漢字、仮字とは仮名をいう。日講私記巻六には、「唯是は具に仮名文字の事を云也。和字と漢字とを云には非ず」と述べているが、「漢字仮名をとりまぜて」という意ではなかろうか。

いと　たいして。それほど。

道理　人の守るべき正しい道。

よも　まさか。よもや。

殿　将軍。九巻伝巻四下に、「征夷将軍鎌倉の右大臣実朝の御時、元久二年秋の比」とある文により、日講私記巻六には、「殿はとは実朝公の事也」と記している。

が事にてありけり。いまはな申しそとおほせらるゝ事はよも候はじ。さらざらん人は、いかに申すとも思《おも》とも、無益《むやく》の事にてこそ候はんずれ、何事も御文《おんふみ》にはつくしがたく候。あなかしこ〳〵。

*十月十八日

おぼつかなくおもひまい《(ゐ)》らせつる程に、この御文返〳〵《おんふみかえすがえす》よろこびてうけ給《たま》はり候ぬ。さても専修《せんじゅ》念仏の人は、よにありがたき事にて候に、*その一国に三十余人まで候らんこそ、*まめやかにあはれに候へ。*京辺なんどのつねにききならひ、かたはらをも見ならひ候ひぬべきところにて候だにも、おもひきりて専修念仏をする人は、ありがたき事にてこそ候に、*道綽禅師《どうしゃくぜんじ》の、平州と申《もうし》候ところにこそ、一向念仏の地にては候に、専修念仏三十余人は、よにありがたくおぼへ《(え)》候。ひとへに御ちから、*又くまがやの入道《にゅうどう》なんどのはからひにてこそ候なれ。それも時のいたりて、往生すべき人のおほく候べきゆへ《(ゑ)》にこそ候なれ。縁《えん》なき事は、わざと人のすゝめ候にだにも、かなはぬ事にて候に、子細もしらせ給はぬ人なんどの、おほせられんによるべき事にても候はぬに、もとより*機縁純熟《きえんじゅんじゅく》して、時いたりたる事にて候へばこそ、さ程に専修の人なんどは候らめと、おしはかりあはれにおぼへ《(え)》候。たゞし*无智《むち》の人にこそ、機縁にしたがひて念仏をばすゝむる事にてはあれと申候なる事は、もろ〳〵の僻事《ひがこと》にて候。阿弥陀ほとけの御ちかひには、有智《うち》・无智をもえらばず、持戒《じかい》・破戒をもきらはず、*仏前・仏後の衆生《しゅじょう》をもえらばず、在家《ざいけ》・出家《しゅっけ》の人をもきらはず、念仏

十月十八日　日講私記巻六は九巻伝巻四下にもとづき「十月十八日とは元久二年乙丑也」としているが、消息の語調のうちには法然が喚問の騒ぎに直接まきこまれているふしは見当らないので、朝廷より禁圧をうけた元久二(一二〇五)年ではあるまい。喚問しようとしているのは幕府側であるから、むしろ将軍頼家が個人的に黒衣を嫌い、念仏僧の黒衣着用を禁止した正治二(一二〇〇)年のことであろう。

その一国　津戸三郎の在地していた武蔵国を指す。

まめやかにあはれ　まことにありがたい。

京　みやこ。

道綽禅師　中国浄土五祖の第二祖。並州汶水の人、隋の大業五年、四十歳のとき石壁玄忠寺に遊び、曇鸞の碑文に接するにおよんで、その芳躅を慕い、同寺に留まって浄業をはげんだ。以来、称名日に七万遍、貞観十九年四月玄忠寺で寂した。

くまがやの入道　熊谷次郎直実入道蓮生のこと。通常は「くまがへ」と呼ばれていたらしい。

機縁　衆生の機根が仏や菩薩の教化を受けるにたる状態にいたる因縁。

无智の人　知識のないもの。念仏について何も知らない人。

仏前・仏後の衆生　仏の在世時と、仏の滅後に出世した衆生。

往生の誓願《せいがん》は平等《びょうどう》の慈悲《じひ》に住《じゅう》しておこし給ひたる事にて候へば、人をきらふ事はまたく候はぬ也。されば観无量寿経《かんむりょうじゅきょう》には、「*仏心《ぶっしん》と者《は》大慈悲《だいじひ》是《これ》なり」とときて候也。善導和尚《ぜんどうかしょう》この文をうけては、「*この平等の慈悲をもて、あまねく一切《いっさい》を摂す」と釈し給へる也。一切のことばひろくして、もるゝ人候べからず。釈迦のすゝめ給《たまう》も、悪人・善人・愚人もひとしく念仏すれば往生すとすゝめ給へる也。されば念仏往生の願《がん》は、これ弥陀如来の*本地《ほんじ》の誓願《せいがん》なり。余《よ》の種々の行《ぎょう》は、本地のちかひにあらず。釈迦如来の種々の機縁にしたがひて、様々の行をとかせ給ひたる事にて候へば、釈迦も世にいで給ふ心は、弥陀の本願をとかんとおぼしめす御心《みこころ》にて候へども、衆生の機縁人にしたがひてとき給ふ日は、余の種々の行をもとき給ふは、これ随機《ずいき》の法なり、仏の自《みずか》らの御心のそこには候はず。されば念仏は、弥陀にも利生《りしょう》の本願、釈迦にも*出世《しゅつせ》の本懐《ほんかい》也。余の種々の行には似ず候也。これは无智のものなればといふべからず。

*又要文《ようもん》の事、書《かき》てまいら(ゐ)せ候べし。又くまがやの入道の文は、これへとりよせ候て、なを(ほ)すべき事の候へば、そのゝちかきてまいら(ゐ)せ候べし。なに事も、御文に申《もうし》つくすべくも候はず、のちの便宜《べんぎ》に又〳〵申候べし。

*九月廿八日

まづきこしめすまゝに、いそぎおほせられて候御心ざし申《もうし》つくしがたく候。この*例ならぬ事は、ことがらはむづかしき様に候へども、*当時大事にて、今日あす*左右《そう》すべき事にて

仏心　仏の心の意。大慈悲とか大慈大悲と同義で、平等の大慈悲をもって、一切衆生を救済しようとする仏の慈悲心をいう。

この平等…を摂す　観経疏定善義の文。

本地　垂迹に対する語で、仏・菩薩がわが国の衆生を済度するために、かりに神明のすがたとなって現われ出る垂迹身に対して、その究極の真実である仏・菩薩を本地身とか、本地という。

出世の本懐　釈尊がこの娑婆世界に出世された本意。浄土門では念仏往生の法門をもって、釈尊出世の本懐としている。

要文　念仏往生について必要なことを書いた文。法然はしばしば門弟の要請に応じて要文を記したらしい。

九月廿八日　日講私記巻六には、「九月廿八日とは年代未詳。案ずるに津戸上洛は建久六(一一九五)年也。其後下向已後の事なれば、建久八九年及び正治元年の比なるべし。其の由は正治二年将軍頼家の時、もはや念仏停止の事あり」と記している。

例ならぬ事　普通の状態ではないという意で、病気を指す。

当時大事にて　一時は大事をとらなければならない状態であったが。

左右すべき事　とやかくいうべきこと。

としごろ　久しい以前から。
風　風邪。
別時念仏　特別に時期をかぎって修する念仏で、その儀則・行相は如法であるが故に如法念仏ともいう。法然は七箇条の起請文に、「とき〴〵別時の念仏を修して、心をも身をもはげましとゝのへすゝむべき也。…人の心ざまは、いたく目もなれ耳もなれぬれば、いそ〳〵とすゝむ心もなく、あけくれば、心いそがしき様にてのみ疎略になりゆく也。その心をためなおさん料に、時々別時の念仏はすべき也」と述べて、別時念仏の肝要であることを説いている。
やいとう　「やきと」の音便で、灸《きゅう》のこと。
湯にてゆで　その方法は明らかでないが、㈠湯で胸に湿布するか、㈡薬湯にはいって身体を蒸したりすることのいずれかであろう。
たべ　のむ。
ちりばかり　少しばかり。
のぼる　京にのぼるの意で、上洛して法然の住房をおとずれ、病気見舞することを指している。
よにあはれ　感謝の至り。
四月廿六日　法然が風邪をひき、病状が悪化し、医師から大事をとるようにと忠告をうけたと述べている消息からうかがうと、病あつく没後遺誡をしたためた時期と時を同じくした、建久九年の成立と推定される。

は、さりながらも候はぬに、*としごろの*風のつもり、この正月に*別時念仏《べつじねんぶつ》を五十日申《もうし》て候しに、いよ〳〵風をひき候て、二月の十日ごろより、すこし口のかは《(わ)》く様におぼへ《(え)》候しが、二月の廿日は五十日になり候しかば、それまでとおもひ候て、なを《(ほ)》しゐ《(ひ)》て候し程に、その事がまさり候て、水なんどのむ事になり、又身のいたく候事なんどの候しが、今日《きょう》までやみもやり候はず、ながびきて候へども、又たゞいまいかなるべしともおぼへ《(え)》ぬ程の事にて候也。医師《くすし》の大事と申候へば、*やいとうふたゝびし、*湯にてゆで候。又様々の唐《から》のくすりども*たべなんどして候気《け》にや、このほどは*ちりばかりよき様なる事の候也。左右《そう》なく*のぼるべきなんど仰《おおせ》られて候こそ、*よにあはれに候へ。さ程とを《(ほ)》く候程には、たとひいかなる事にても、のぼりなんどする御事はいかでか候べき。いづくにても念仏して、たがひに往生し候ひなんこそ、めでたくながきはかり事にては候はめ。何事も御文《おんふみ》にはつくしがたく候。又〳〵申候べし。

*四月廿六日

【御　消　息】

御文こまかにうけ給はり候ぬ。かやうに申《もうし》候事の、一分の御さとりをもそへ、往生の御心ざしもつよくなり候ひぬべからんには、おそれをも、はゞかりをも、かへり見るべきにて候はず、いくたびも申《もうし》たくこそ候へ。ま事《こと》にわが身のいやしく、わが心のつたなきをばかへり見候はず、たれ〳〵もみな人の、弥陀《みだ》のちかひをたのみて、決定往生《けつじょうおうじょう》のみちに、おもむけかしとこそおもひ候へども、人の心さま〴〵にして、たゞ一《ひと》すぢにゆめまぼろしの*うき世ばかりのたのしみさかへ《(え)》をもとめて、すべてのちの世をもしらぬ人も候。又後世《ごせ》をおそるべきことは《(わ)》りをおもひしりて、つとめおこなふ人につきても、かれこれに心をうごかして、一《ひと》すぢに*一行《いちぎやう》をたのまぬ人も候。又いづれの行《ぎやう》にても、もとよりしはじめ、おもひそめつる事をば、いかなることは《(わ)》りをきけども、もとの執心《しゆうしん》をあらためぬ人も候。又けふはいみじく信をおこして、一すぢにおもむきぬと見ゆる程に、うちすつる人も候。かくのみ候て、ま事《こと》しく浄土の一門にいりて、念仏の一行をもはらにする人の、ありがたく候事は、わが身ひとつのなげきとこそは、人しれずおもひ候へども、法によりて人《にん》によらぬことは《(わ)》りをうしなはぬ程の人も、ありがたき世にて候。おのづからすゝめ心《こころ》み候にも、われからのあなづらはしさに、申《もうし》いづることは《(わ)》りすてらるゝにこそなんど、おもひしらるゝ事にてのみ候が、心うくかなしく候て、これゆへ《(ゑ)》はいまひときは、とく〳〵浄土にむまれて、さとりをひらきてのち、いそぎ*この世界に返《かえ》りきたりて、*神通方便《じんずうほうべん》をもて、*結縁《けちえん》の人をも无縁《むえん》のものをも、ほむるをもそしるをも、みなこと〴〵く浄土へむかへとらんとちかひをおこしてのみこそ、当時の心をもなぐさむる事にて候に、このおほせこそ、わが心ざしもしるしある心ちして、あまりにうれしく候へ。その義にて候はゞ、おなじくは、まめやかに*げに〳〵しく御沙汰《ごさた》候ひて、ゆくすゑもあやう《(ふ)》からず、*往生もたのもしき程に、おぼしめしさだめさせおはしますべく候。詮《せん》じては人のはからひ申すべき事にても候はず、よく〳〵案じて御らん候へ。この事にすぎたる御大事、何事かは候べき。この世の*名聞利《みようもんり》

うき世　浮草のように定めなき世の意。巨力長者所問大乗経巻上に、「浮世堅ならず、夢に見るところのごとし」といい、四十八巻伝巻十五に、「浮生(うき)を軽くし、思を浄刹にかけ給ふ事、ひとへに上人諷諫のゆゑなり」と見える。

一行　念仏の一行。

この世界　この土、即ち娑婆世界。

神通　妙用無礙の意で、神通力または神力ともいい、仏・菩薩の定慧力により、凡慮をもってしては知り測ることのできない、不思議にして無礙である自在の妙用をいう。

結縁　仏道の縁を結ぶ意で、直ちに修行して得脱することができなくとも、他日これをはたすべき因縁を結ぶことをいう。結縁には、仏から衆生への結縁と、衆生が仏に結縁する場合とがある。

げに〳〵しく　まことしやかに。

往生　往いて浄土に生まれるという意で、浄土教徒の究竟の目的。法然は往生要集大綱に、「往生といふは、草庵目を瞑(ふさ)ぐ間、すなはちこれ蓮華に趺を結ぶの程なり。弥陀仏の後に従って菩薩衆の中に在り、一念の頃に、西方極楽世界に生ずることを得、故に往生と言ふなり」と述べている。

名聞利養　おのれが名声の広く世に聞こえんことを願い、また財宝等をむさぼることをいう。

養《よう》は、中〳〵《なか》に申《もうし》ならぶるも、いま〳〵しく候。やがて昨日《きのう》・今日《きょう》まなこにさへぎり、み丶にみちたるはかなさにて候めれば、事あたらしく申《もうし》たつるにおよばず、たゞ返〳〵《かえすがえす》も御心をしづめて、おぼしめしはからふべく候。さきには*聖道《しょうどう》・浄土《じょうど》の二門を心えわきて、浄土の一門にいらせおはしますべきよしを申候き。いまは浄土門につきておこなふべき様を申候べし。

浄土に往生せんとおもはん人は、*安心《あんじん》・起行《きぎょう》と申《もうし》て、心《しん》と行《ぎょう》との相応《そうおう》すべき也。その心といふは、観无量寿経《かんむりょうじゅきょう》に釈していはく、「もし衆生《しゅじょう》ありて、かのくに丶むまれんとねがはんものは、三種の心をおこして、すなはち往生すべし。なにをか三つとする。一には至誠心《しじょうしん》、二には深心《じんしん》、三には廻向発願心《えこうほつがんしん》也。三心を具《ぐ》せるもの、かならずかのくに丶むまる」といへり。

善導和尚《ぜんどうかしょう》、この三心を釈していはく、「*一に至誠心《しじょうしん》といは、至といは真也、誠といは実也、一切衆生《いっさいしゅじょう》の身口《しんく》意業《いごう》に修せんところの*解行《げぎょう》、かならず真実心の中になすべき事をあらはさんとおもふ。*ほかには賢善精進《けんぜんしょうじん》の相を現《げん》じて、うちには虚仮《こけ》をなす事なかれ。内外《ないげ》明闇《みょうあん》をえらばず、かならず真実をもちゐよ、かるがゆへ《(ゑ)》に至誠心となづく」といへり。この釈の心は、至誠心といふは真実の心也。その真実といふは、身にふるまひ、口にいひ、心におもはん事、みなま事《こと》の心を具すべき也。すなはちうちはむなしくして、ほかをかざる心のなきをいふ。この心はうき世をそむきて、*ま事《こと》のみちにおもむくとおぼしき人〳〵の中に、よく〳〵用意すべき心*ばへにて候也。われも人も、いふばかりなきゆめの世を執《しゅう》する心の

聖道・浄土の二門　聖道門と浄土門。これは一代仏教をこの二門に分類したもので、道綽の安楽集に出ている。この土において、自力の行を修し、聖果を証せんとする教法を聖道門、阿弥陀仏の本願力により、浄土に往生せんとする法門を浄土門という。

安心・起行　安心とは心づかいのありさまのことで、阿弥陀仏に乗託した心的状態をいい、起行とは心をおこして行を立つること、即ち浄土教の実践修行をいう。

一に至誠心…となづく　観経疏散善義に見える文。

解行　経教によって身口意三業の行をさとるのを解、しかるのちに三業の善根を修するのを行という(決疑鈔巻三)。

ほかには賢善精進…事なかれ　この一文は誡門といい、真実の反対である虚仮心であってはならない、と誡めた一文で、法然はこの文を、「コノ釈ノコ丶ロハ、内ニハオロカニシテ、外ニハカシコキ人トオモハレムトフルマヒ、内ニハ悪ヲツクリテ、外ニハ善人ノヨシヲシメシ、内ニハ懈怠ニシテ、外ニハ精進ノ相ヲ現ズルヲ、実ナラヌコ丶ロトハ申也」(一八〇頁)と解している。

ま事のみち　真実の道。往生浄土を願うこと。

心ばへ　心のありさま。心だて。

ふかゝりしなごりにて、*ほど〳〵につけて、名聞利養《みょうもんりよう》をわづかにふりすてたるばかりを、ありがたくいみじき事にして、やがてそれを返りて、又名聞にしなして、この世ざまにも*心のたけのうるせきにとりなして、*さとりあさき世間の人の、心の中をばしらず、貴《とうと》がり*いみじがるを、これこそは本意《ほい》なれ、*しえたる心ちして、みやこのほとりをかきはなれて、かすかなるすみかをたづぬるまでも、心のしづまらんためをばつぎにして、*本尊《ほんぞん》・*道場《どうじょう》の荘厳《しょうごん》や、まがきのうちには、木立《こだち》なんどの、心ぼそくもあはれならんことがらを、人に見へ(え)きかれん事をのみ執《しゅう》する程に、*つゆの事も、人のそしりにならん事あらじと、いとなむ心よりほかに、おもひさす事もなきやうなる心ちのみして、仏のちかひをたのみ、往生をねがはんなんどいふ事をばおもひいれず、沙汰《さた》もせぬ事の、やがて至誠心《しじょうしん》かけて往生もえせぬ心ばへにて候也。又かく申《もうし》候へば、*一《いち》づにこの世の人目《ひとめ》をばいかにもありなんとて、人のそしりをかへり見ぬがよきぞと申《もうす》べきにては候はず。たゞし時にのぞみたる*譏嫌《きげん》のために、世間の人目をかへりみる事は候とも、それをのみおもひいれて、往生のさわ(は)りになるかたをば、かへりみぬ様にひきなされ候はん事の、返〳〵もおろかにくちお(を)しく候へば、御身《おんみ》にあたりても、御心えさせまい(ゐ)らせ候はんために申《もうし》候也。この心につきて四句《しく》の不同あるべし。

一には外相《げそう》は貴《とうと》げにて、内心は貴からぬ人あり。二には外相も内心も、ともに貴からぬ人あり。三には外相は貴げもなくて、内心貴き人あり。四には外相も内心もともに貴き人あり。四人が中には、さきの二人はいまきらふところの至誠心かけたる人也、これを虚仮《こけ》

ほど〳〵　身分身分。分際分際。

心のたけのうるせきにとりなして　心の程のすぐれているようにとりさたして。日講私記巻七には、「とりなしてとは、とりなをしてなり。言心は其心の拙きをとりなをしてなり」とある。

さとり…しらず　日講私記巻七に、「此れまでは、右の出家隠遁者の方の心のつたなく浅きを云なり。此方のさとりあさき心の中をば、他人は不知と也。上のとりなしてと云ふを、爰にて心得べし」と述べている。

いみじがる　なみなみでなく思う。

しえたる　隠遁をし得たるという意で、願いかなって隠遁することができたという心地をいう。

本尊　根本主尊として、礼拝供養する対象となる尊像。法然の場合は阿弥陀仏。

道場　本尊を安置し、仏道修行をするところ。初期法然教団では堂塔伽藍をそなえた寺院を建てることを否定し、法問の場としてことたりればよいという程度の道場を建立したことは、弘願本法然聖人絵巻四に、「京田舎の処の道場に、不断念仏をはじめ修することかぎりなかりける」とあるなど、法然伝に散見している。

つゆ　僅か。

一づ　ひたむき。

譏嫌　そしり、きらわれること。

の人となづくべし。のちの二人は至誠心具したる人也、これを真実《しんじつ》の行者《ぎようじや》となづくべし。されば詮《せん》ずるところは、たゞ内心にま事《こと》の心をおこして、外相はよくもあれ、あしくもあれ、とてもかくてもあるべきにやとおぼへ《(え)》候也。おほかたこの世をいとはん事も、極楽をねがはん事も、人目ばかりをおもはで、まことの心をおこすべきにて候也。これを至誠心と申候也。

二に深心《じんしん》といふは、善導《ぜんどう》釈し給ひていはく、「*これに二種あり。一には決定《けつじよう》して、わが身は、これ煩悩《ぼんのう》を具せる*罪悪生死《ざいあくしようじ》の凡夫《ぼんぶ》也、善根《ぜんごん》うすくすくなくして、*曠劫《こうごう》よりこのかた、つねに*三界《さんがい》に流転《るてん》して出離《しゆつり》の縁なしと信ずべし。二にはかの阿弥陀仏四十八願をもて衆生《しゆじよう》を摂取《せつしゆ》し給ふ。すなはち名号《みようごう》を称する事、下十声《しもじつしよう》・一声《いつしよう》にいたるまで、かの願力《がんりき》に乗じて、さだめて往生する事をうと信じて、乃至《ないし》一念《いちねん》もうたがふ心なきゆへ《(ゑ)》に、深心となづく。又深信《じんしん》といふは、決定して心をたてゝ、仏教にしたがひて修行して、ながくうたがひをのぞき、一切の*別解《べつげ》・別行《べつぎよう》・異学《いがく》・異見《いけん》・異執《いしゆう》のために*退動傾動《たいどうきようどう》せられざる也」といへり。この釈の心は、はじめにはわが身の程を信じ、のちにはほとけの願《がん》を信ずる也。たゞしのちの信を決定せんがために、はじめの信心をばあぐる也。そのゆへ《(ゑ)》は、もしはじめの信心をあげずして、のちの信心を出《いだ》したらましかば、もろ〳〵の往生をねがはん人、たとひ本願の名号をばとなふとも、身《み》づから心に*貪欲《とんよく》・*瞋恚《しんに》等の煩悩《ぼんのう》をもおこし、身に*十悪・破戒等の罪悪をもつくりたる事あらば、みだりに自《みず》ら身を*ひがめて、返《かえつ》て本願をうたがひ候ひなまし。いまこの本願に十声・一声までに往生すといふは、*おぼろけの人にはあらじ。妄念《もうねん》

これに二種あり…ざる也　観経疏散善義に見える文。
罪悪生死の凡夫　罪悪のために生死にまよえる凡庸の士夫の意。不善の行業を罪悪といい、これに十悪・五逆・誹謗正法等の重罪と、他のもろもろの罪がある。
曠劫　おおむかし。劫は長時。
三界　欲界・色界・無色界。
別解・別行　浄土門と見解を別にし、行法を別にすること。
退動傾動　自己の信念を退失し、ゆり動かすという意で、信念をぐらつかせること。
貪欲　七十五法の一で、貪愛ともいわれ、染汚の愛で、財物等を欲求する精神作用をいう。大毘婆沙論巻二十九に、「愛に二種あり、一に染汚は謂は貪なり。二に不染汚は謂は信なり」といい、倶舎論巻十六には、「他の財物における悪欲を貪と名づく」と説明している。
瞋恚　七十五法の一。瞋怒とも名づけ、有情に対して、憎恚する精神作用をいう。大毘婆沙論巻四十八に、「有情を憎恚するは、これ瞋恚の相なり」といい、倶舎論巻十六には、「有情の類において、憎恚するを瞋と名づく」と説明している。
十悪　十善に対する語で、十悪業・十不善業ともいう。
ひがめて　卑下して。
おぼろけ　並みたいてい。

もおこらず、罪もつくらず、めでたき人にてぞあるらん。わがごときのともがらの、一念・十念にてはよもあらじとぞおぼへ《(え)》まし。

しかるを善導和尚《ぜんどうかしよう》、未来の衆生の、このうたがひをのこさん事をかゞみて、この二種の*信心《しんじん》をあげて、われらがごとき、いまだ煩悩をも断ぜず、罪をもつくれる凡夫《ぼんぶ》なりとも、ふかく弥陀の本願を信じて念仏すれば、一声にいたるまで決定して往生するむねを釈し給へり。この釈の、ことに*心にそみていみじくおぼへ《(え)》候也。ま事《こと》にかくだにも釈し給はざらましかば、われらが往生は*不定《ふじよう》にぞおぼへ《(え)》ましと、あやう《(ふ)》くおぼへ《(え)》候て、さればこの義を心えわかぬ人やらん、わが心のわろければ往生はかなはじなんどこそは、申《もうし》あひて候めれ。そのうたがひの、やがて往生せぬ心にて候けるものを、たゞ心のよきわろきをも返《かえ》り見ず、罪のかろきおもきをも沙汰《さた》せず、心に往生せんとおもひて、口に南無阿弥陀仏ととなへば、声につきて決定往生《けつじようおうじよう》のおもひをなすべし。その決定の心によりて、すなはち往生の業《ごう》はさだまる也。かく心うればうたがひもなし。不定《ふじよう》とおもへばやがて不定也、*一定《いちじよう》とおもへば一定する事にて候也。されば詮《せん》じては、ふかく信ずる心と申《もうし》候は、南無阿弥陀仏と申せば、その仏のちかひにて、いかなる*とがをもきらはず、一定むかへ給ふぞと、ふかくたのみて、うたがふ心のすこしもなきを申候けるに候。

又別解《べつげ》・別行《べつぎよう》にやぶられざれと申候は、*さとりことに、行ことならん人の、いはん事について、念仏をもすて、往生をもうたがふ事なかれと申候也。さとりことなる人と申《もうす》は、天台・法相《ほつそう》等の*八宗の*学生《がくしよう》、これ也。行ことなる人と申すは、*真言《しんごん》・止観《しかん》等の一切の行者《ぎようじや》、

信心　信と相応する心の意。即ち信によって清浄となった心をいい、雑阿含経巻二十六には、「何等をか信力とす、如来の所において正信心を起し、深く堅固に入るなり」といい、選択集には、「生死の家には疑ひをもつて所止とし、涅槃の城には信をもつて能入とす。故に今、二種の信心を建立して九品の往生を決定するものなり」(一三三頁)と述べている。

心にそみて　深く心に感じて。

不定　決定の対語で、往生が決定しないことをいう。

一定　往生が定まることで、決定というに同じ。

とが　とがむべき行為。あやまち。

さとりことに　解(さとり)を異にする意で、仏道修行の実践の上でさとり方を異にしていること。

八宗　南都六宗(三論・成実・律・倶舎・法相・華厳)と平安二宗(天台・真言)を合して八宗とする。

学生　学問に従事する生徒の意。四十八巻伝巻五に、「後学畏べしと云て、学生はかならずしも、先達なればといふことはなきなり」といい、歎異鈔に、「南都北嶺にもゆゝしき学生たち、おほく座せられ」というのは、その例。

真言・止観　真言宗と天台宗。止観とは適当に散心を止めて、中道の理を観ずることで、天台宗を指す。

これ也。これらはみな聖道門《しようどうもん》の解行《げぎよう》也、浄土門の解行にことなるがゆへ《(ゑ)》に、別解・別行となづくる也。*あらぬさとりの人に、いひやぶらるまじき*事《こと(わ)》はりをば、善導こまかに釈し給ひて候へども、その文ひろくして、*つぶさにひくにおよばず。心をとりて申さば、たとひ仏きたりてひかりをはなち、したをいだして煩悩罪悪《ぼんのうざいあく》の凡夫の、念仏して一定往生すといふ事は、*ひが事ぞ信ずべからずとの給《たまう》とも、それによりて一念もうたがふ心あるべからず。そのゆへ《(ゑ)》は、一切の仏はみなおなじ心に衆生をばみちびき給ふ也。すなはち、まづ*阿弥陀《あみだ》如来《によらい》*願《がん》をおこしていはく、「*もしわれ仏になりたらんに、十方の衆生わがくにゝむまれんとねがひて、*名号《みようごう》をとなふる事、下《しも》十声・一声にいたらんに、わが願力《がんりき》に乗じて、もしむまれずんば*正覚《しようがく》をとらじ」とちかひ給《たまい》て、その願成就《じようじゆ》してすでに仏になり給へり。しかるを釈迦《しやか》ほとけこの世界にいでゝ、衆生のために、かの仏の本願をとき給へり。又*六方におの〱*恒河沙数《ごうがしやしゆ》の諸仏まし〱て、口々に舌をのべて、三千世界におほふ《(う)》て、无虚妄《むこもう》の相を現じて、釈迦仏の弥陀の本願をほめて、一切衆生をすゝめて、かの仏の名号《みようごう》をとなふれば、さだめて往生すとき給へるは、決定《けつじよう》してうたがひなき事也。一切衆生みなこの事を信ずべしと*証誠《しようじよう》し給へり。かくのごとき一切の諸仏、一仏ものこらず同心《どうしん》に、一切凡夫、念仏して決定して往生すべきむねを、あるいは願をたて、あるいはその願をとき、あるいはその説を証して、すゝめ給へるうゑ《(へ)》には、いかなる仏の又きたりて、往生すべからずとはの給《たまう》べきぞといふことはり《(わ)》の候ぞかし。このゆへ《(ゑ)》に仏きたりての給《たまう》とも、おどろくべからずとは申《もうし》候也。仏なを《(ほ)》しかり、いはんや*声聞《しようもん》・*縁覚《えんがく》をや、いかにいはんや凡夫をやと心

あらぬさとり　あってはならないさとりの意で、別解・異解と同義。
事はり　理。道理。
つぶさに　もれなく。詳しく。
ひが事　僻事。まちがったこと。
阿弥陀如来　阿弥陀仏と同じ。如来とは如実に来至せし者、如実より到来せし者、如く来たりし者の意で、十号の一、即ち仏の尊称。
願　阿弥陀仏の四十八願をいう。
もし…正覚をとらじ　往生礼讃に引く第十八願の意。
名号　本来、仏や菩薩の称号を指すものであるが、浄土門では阿弥陀仏の名号を意味し、法然は南無阿弥陀仏の六字名号を指すものとする。
正覚　真正なる仏の覚悟をいう。
六方　東・南・西・北・下・上。
恒河沙数　恒河の沙の数の意。恒河はインドのガンジス河のこと。したがってガンジス河の沙の数ほどの多くのものをいい、算計をもって知ることのできないのにたとえる。
証誠　阿弥陀一仏所説のなかの方便真実の疑惑を決するために、諸仏の証を引くこと。
声聞　声を聞く者の意で、二乗(声聞・縁覚)または三乗(声聞・縁覚・菩薩)の一。仏の声教を聞いて、証悟する出家の弟子をいう。
縁覚　悉曇、辟支仏の訳。現身に教えを受けずして無師独悟し、よく自ら調するも、他を調しない聖者。

えつれば、一《ひ》とたびも、この念仏往生の法門をきゝひらきて、信をおこしてんのちは、いかなる人、とかく申《もうす》とも、ながくうたがふ心あるべからずとこそおぼへ《(え)》候へ。これを深心と申《もうし》候也。

三に廻向発願心《えこうはつがんしん》といふは、善導釈していはく、「*過去《かこ》及《および》今生《こんじょう》の身口《しんく》意業《いごう》に修するところの*世・出世の善根《ぜんごん》、および他の一切の*凡聖《ぼんしょう》の身口意業に修せんところの世・出世の善根を随喜《ずいき》して、この自他所修の善根をもて、こと〴〵くみな真実深信《じんしん》の心の中に廻向《えこう》して、かのくにゝむまれんとねがふ也。又廻向発願心といふは、かならず決定真実《けつじょうしんじつ》の心の中に廻向してむまるゝ事をうるおもひをなせ、この心ふかく信じて、*なを《(ほ)》し*金剛《こんごう》のごとくして、一切の異見《いけん》・異学《いがく》・別解《べつげ》・別行《べつぎょう》の人のために*動乱破壊《どうらんはえ》せられざれ」といへり。この釈の心は、まづわが身につきて、さきの世およびこの世に、身にも口にも心にもつくりたらん功徳《くどく》、みなこと〴〵く極楽に廻向《えこう》して往生をねがふ也。つぎにはわが身の功徳のみならず、ことの人のなしたらん功徳をも、仏・菩薩のつくらせ給ひたらん功徳をも随喜すれば、みなわが功徳となるをもて、こと〴〵く極楽に廻向して往生をねがふ也。すべてわが身の事にても、*余《よ》人の事にても、この世の果報《かほう》をもいのり、おなじくのちの世の事なれども、極楽ならぬの浄土にむまれんとも、もしは*都率《とそつ》にむまれんとも、もしは人中天上《にんちゅうてんじょう》にむまれんとも、たとひかくのごとく、かれにてもこれにても、こと事に廻向《えこう》する事なくして、一向に極楽に往生せんと廻向すべき也。もしこの事はりを《(わ)》も、おもひさだめざらんさきに、この世の事をもいのり、*あらぬかたへも廻向したらん功徳をも、みなとり返《かえ》して、往生の業になさん

過去…せられざれ　観経疏散善義に出る文。

世・出世　世間と出世間。この世を世間といい、有漏の繋縛を出離した無漏解脱の法を出世間という。大方等大集経巻十七に、「善男子、五受陰を名づけて世間とす。菩薩は善く五陰を分別して、これ無常乃至如涅槃の性なりと観じ、已にこの道の中に世間及び世間法あることなしと知り、この道はこれ無漏、これ出世間にして繋着する所なしと知る。これを出世間と名づく」とある。

凡聖　凡夫と聖者の併称。小乗では初果、大乗では初地以上の者を聖者といい、それ以下の者を凡夫という。

なをし　その上さらに。

金剛　金中最剛の義で、これに武器と宝石の二種があるが、ここでは宝石を指す。即ち金剛石のごとく、大志堅固で、破壊することのできないさまをいう。

動乱破壊　信仰を動揺させたり、乱したり破壊したりする。

余の浄土　阿弥陀仏の西方極楽浄土以外の浄土。

都率　六欲天の一で、当来仏である弥勒菩薩の浄土。この浄土は夜摩天の上、欲界六天の第四位に位し、須弥山の頂上より十二万由旬、夜摩天より十六万由旬、閻浮提より三十二万由旬をへだてる上層にある。

あらぬかた　思いがけない方向。

と廻向すべき也。一切の善根《ぜんごん》をみな極楽に廻向すべしと申せばとて、念仏に帰して一向に念仏申さん人の、ことさらに余の功徳をつくりあつめて廻向せよとには候はず。たゞすぎぬるかたにつくりおきたらん功徳をも、もし又この丶ちなりとも、おのづから*便宜《べんぎ》にしたがひて、念仏のほかの善を修する事のあらんをも、しかしながら往生の業に廻向すべしと申す事にて候也。「この心金剛のごとくにして、別解・別行にやぶられざれ」と申候は、さきにも申候つる様に、ことさとりの人にお《(を)》しへられて、かれこれに廻向する事なかれと申候心也。金剛はやぶれぬものにて候なれば、たとへにとりて、この心のやぶられぬ事も、金剛のごとくなれと申候にやとおぼへ《(え)》候。これを廻向発願心とは申候也。

　*三心《さんじん》のありさま、おろ〱申《もうし》ひらき候ぬ。「*この三心を具して、かならず往生す。*一の心もかけぬれば、むまる丶事をえず」と善導は釈し給ひたれば、往生をねがはん人は最もこの三心を具すべき也。しかるにかやうに申したるには、別々にて*事《こと》〱しきやうなれども、心えとくには、さすがにやすく具しぬべき心にて候也。詮《せん》じてはたゞま事《こと》の心ありて、ふかく仏のちかひをたのみて、往生をねがはんずるにて候ぞかし。さればあさくふかくのかはりめこそ候へども、さほどの心はなにかおこさゞらんとこそはおぼへ《(え)》候へ。かやうの事は、*うとくおもふお《(を)》りには、大事におぼへ《(え)》候。とりよりて沙汰《さた》すれば、さすがにやすき事にて候也。よく〱心えとかせおはしますべく候。*たゞしこの三心は、その名をだにもしらぬ人も、そらに具して往生し、又こまかにならひ沙汰《さた》する人も、返《かえ》りて闕《かく》る事も候也。これにつきても四句の不同候べし。さは候へども、又これを心えて、わが心には三心具し

便宜　よき方法。

三心　総安心に対して、別安心とも呼んでいる。三心の呼称は観経の文によるものであるが、無量寿経によれば、次第のごとく至心・信楽・欲生に配当している。三心の解釈については古くは善導の観経疏に示し、法然は選択集に詳しく説き明かしている。三心はもとより別立すべきものではなく、三者渾一体となって念仏行者の信仰内容をなすべきものであるから、阿弥陀経に一心不乱と述べているように、要約すれば、心に表裏なく、仏願力を信じてただ助け給えとねがう一心にほかならない。

この三心…事をえず　往生礼讃の文。

一の心　至誠心・深心・廻向発願心のうちのいずれか一つ。

事〱しき　おおげさな。

うとく…　日講私記巻七には、「此の三心の沙汰に立入らぬあひだは、事〱しく六け敷やうなれども、能々沙汰すれば、還つてやすきなり」と著者義山は註を加えている。

たゞし…名をだにもしらぬ人　日講私記巻七には、「まゝたきや久三郎がごときは、名をだにもしらぬ也。さればとてそれを才智有る者にこしらへなをして、さて念仏申して往生すると云ふには非るなり」と記している。

たりとおぼへ(え)ば、心づよくもおぼへ(え)、又具せずとおぼへ(え)ば、心をもはげまして、かまえ(へ)て具せんとおもひしり候はんは、よくこそは候ひぬべければ、心のおよぶ程は申《もうし》候に候。このうゑ(へ)*さのみはつくしがたく候へば、とゞめ候ぬ。又この中におぼつかなくおぼしめす事候はんをば、おのづから*見参《けんざん》にいり候はん時、申ひらくべく候。これぞ往生すべき*心ばへの沙汰にて候。これを安心《あんじん》とはなづけて候也。

【*ある人のもとへつかわす御消息】

念仏往生は、いかにもしてさはりを出《いだ》し、難ぜんとすれども、往生すまじき道理《どうり》はおほかた候はぬ也。善根《ぜんごん》すくなしといはんとすれば、一念・十念もるゝ事なし、罪障おもしといはんとすれば、十悪・五逆も往生をとぐ。人をきらはんといはんとすれば、*常没流転《じょうもつるてん》の凡夫《ぼんぶ》を、まさしきうつは物とせり。*時くだれりといはんとすれば、*末法《まつぼう》万年のするゑ*法滅《ほうめつ》已後さかりなるべし。この法はいかにきらはんとすれども、もるゝ事なし。たゞちからおよばざる事は、悪人をも、時をもえらばず、*摂取《せっしゅ》し給ふ仏なりと、ふかくたのみてわが身をかへりみず、ひとすぢに仏の*大願業力《だいがんごうりき》によりて、善悪《ぜんなく》の凡夫往生をうと信ぜずして本願をうたがふばかりこそ、往生にはおほきなるさはりにて候へ。

一　いかさまにも候へ、*末代《まつだい》の衆生は*今生《こんじょう》のいのりにもなり、まして後生《ごしょう》の往生は念仏のほかにはかなふまじく候。源空《げんくう》がわたくしに申す事にてはあらず、聖教《しょうぎょう》のおもてにかゞみをかけたる事にて候へば、御らんあるべく候也。

さのみ　そんなに一概に。
見参　対面の謙称。お目にかかる。
心ばへ　心ばせ。心づもり。
ある人…御消息　この消息について義山は、「或人は誰人とも不知也。追つて考へを待つのみ。さて此の御消息は浄土門の大綱を書き玉へり。御法語の中には、最も殊に勝れたる御文章なり。仰ぎて甘心すべきなり。文中は別義なき心を得て弁ずべきなり」(日講私記巻七)と評価している。
常没流転の凡夫　聖者以外の一切の凡夫の総称。生死苦悩の大海中に常に没したり流転したりしている衆生のこと。観経疏に善導が、「自身は現にこれ罪悪生死の凡夫、曠劫已来常に没し常に流転して出離の縁あることなし」といっているのは、まさしくこの凡夫を指している。
時くだれり　時代がさがる。
末法　正像末三時のうちの末法で、教のみあって行証の欠けた時期。
法滅　仏法の滅しつきること。
摂取　事物を選択しておさめとる意で、ここでは阿弥陀仏の慈悲の光明が苦の衆生をおさめ救済すること。
大願業力　弥陀が因位のときおこした本願の力用が果位に顕われたもので、願力・本願力ともいう。
末代・今生　末代は仏在世から考えて末の時代、今生は今の代。したがって末代も今生も、現在の世を指す。
法性寺…御返事　拾遺和語灯録巻中

【*法性寺左京大夫《ほっしょうじさきょうだいぶ》の伯母の女房《にょうぼう》へつかわす御返事】

念仏の行者《ぎょうじゃ》のぞんじ候べきやうは、後世《こせ》お《(を)》おそれ、往生お《(を)》ねがひて念仏すれば、お《(を)》はるときかならず*らいがうせさせ給《たもう》よしをぞんじて、念仏申《もうす》よりほかのこと候はず。三心《さんじん》と申《もうし》候も、*ふさねて申《もうす》ときは、たゞ一《ひとつ》の願心《がんじん》にて候なり。そのねがふこゝろの、いつはらずかざらぬかたお《(を)》ば至誠心《しじょうしん》と申候。このこゝろまことにて念仏すれば、*臨終《りんじゅう》にらいがうすといふことを、一念もうたがはぬかたを深心《じんしん》とは申候。このうへわが身も、*かの土《くに》へむまれむとおもひ、*行業《ぎょうごう》お《(を)》も往生のためとむくるを廻向心《えこうしん》とは申候なり。このゆへ《(ゑ)》にねがふこゝろいつはらずして、げに往生せんとおもひ候へば、おのづから三心はぐそくすることにて候なり。そも〳〵*中品下生《ちゅうぼんげしょう》にらいがうの候はぬことはあるまじければ、とかれぬにては候はず、九品《くほん》往生におの〳〵みなあるべきことのりやくせられてなきことも候なり。ぜんだうの御こゝろは、三心も品々にわたりてあるべしと見えて候。品々ごとにおほくのこと候へども、三心とらいがうとは、かならずあるべきにて候なり。往生お《(を)》ねがはん行者は、かならず三心をおこすべきにて候へば、上品上生《じょうぼんじょうしょう》にこれをときて、よの品々《しなじな》お《(を)》もこれに*なずらへてしるべしと見えて候。又われら戒品《かいほん》のふねいかだもやぶれたれば、生死《しょうじ》の大海お《(を)》わたるべき縁も候はず、智恵のひかりもくもりて、生死のやみをてらしがたければ、聖《しょう》道《どう》の得道《とくどう》にも、もれたるわれらがために、ほどこし給《たまう》他力と申《もうし》候は、*第十九のらいがうの願にて候へば、文《もん》に見へ《(え)》ず候とも、かならずらいがうはあるべきにて候なり。ゆめ〳〵御

には「示或女房法語」とあるが、四十八巻伝巻二十四には、「法性寺左京大夫信実朝臣の伯母なりける女房の尋けるにつきて、上人の御返事云」としている。鎌倉期のものに、「或人」という場合は、多く女性を指している。この女房につき日講私記巻六は、「信実の伯母二人あり。一人は通能の室、一人は大弐実清の室」と記している。

らいがう　来迎。仏・菩薩がこの世に来現して、行者を迎え、極楽に引接すること。

ふさねて　総括して。

臨終…　日講私記巻六に、「念仏すれば必ず来迎あり。来迎だにあらば往生は決定なり。喩へば世間にても兼日の約束にて往くべき事のあるに、尚ほ其の節さきより迎なんと越したらんには、さぞやうれしかるらん。世間の祭り神事などのとき、かれこれと親子の間などに、迎をこしたらんは心よくたしかならん、思合すべきこと也」とある。

かの土　西方極楽浄土。

行業　往生のための行、即ち五種正行をいう。

中品下生　世福上善を修せる凡夫が臨終のときに、善知識より仏徳を聞いて浄土に往生してのち、一小劫を経て阿羅漢になるをいう。

なずらへて　準じて。

第十九　四十八願中の来迎引接願。

うたがひ候べからず。あなかしこ〳〵。

源空

【*往生浄土用心《ようじん》】

一　毎日*御《ご》所作《しょさ》六万遍めでたく候。うたがい《(ひ)》の心だにも候はねば、十念・一念も往生はし候へども、おほく申《もうし》候へば、*上品《じょうぼん》にむまれ候。*釈にも、「上品花台見慈《じょうぼんけだいけんじ》主《しゅ》、到者皆因念仏《とうしゃかいいんねんぶつ》多《た》《上品花台慈主を見る、到者みな念仏によること多し》」と候へば。

一　*宿善《しゅくぜん》によりて往生すべしと人の申《もうし》候らん、ひが事にては候はず。*かりそめのこの世の*果報《かほう》だにも、さきの世の罪、功徳《くどく》によりて、よくもあしくもむまるゝ事にて候へば、まして往生程の大事、かならず宿善によるべしと*聖教《しょうぎょう》にも候やらん。たゞし念仏往生は宿善のなきにもより候はぬやらん。「*父母《ぶも》をころし、仏身よりちをあやしたるほどの罪人も、臨終に十念申《もうし》て往生す」と、観経《かんぎょう》にも見えて候。しかるに宿善あつき善人は、お《(を)》しへ候はねども、悪におそれ仏道に心すゝむ事にて候へば、五逆《ごぎゃく》なんどは、いかにもいかにもつくるまじき事にて候也。それに五逆の罪人、念仏十念にて往生をとげ候時に、宿善のなきにもより候まじく候。されば*経に、「若人造多罪《にゃくにんぞうたざい》、得聞《とくもん》*六字名《ろくじみょう》、*火《か》車自《しゃじ》然去《ねんこ》、*花台即来迎《けだいそくらいごう》、極《ごく》重悪人无他《じゅうあくにんむた》方便《ほうべん》、唯称念仏得生極楽《ゆいしょうねんぶつとくしょうごくらく》、若有重業障无生浄土因《にゃくうじゅうごうしょうむしょうじょうどいん》、乗弥陀《じょうみだ》願力《がんりき》、必生*安楽国《もし人多くの罪を造り、六字の名を聞くことを得ば、火車自然に去り、花台即ち来迎す。極重《ごくじゅう》の悪人、他の方便なし。ただ念仏を称して、極楽に生ずることを得。もし重業の障《さわ》りあらば、浄土に生ま

往生浄土用心　四十八巻伝巻二十三には、「或人、往生の用心につきて、条々の不審を尋申たりけるに、上人の御返事に云」とある。
御所作　しごと。ここでは、念仏。
上品　大乗の教法にあった凡夫で、法事讃に、「三万・六万・十万は、皆これ上品上生の人」と見える。
釈　五会法事讃。
宿善　宿世の善根。
かりそめ　確かな基礎をもたない状態をいい、一時的とか仮りの意。
果報　むくい。
聖教　聖者所説の教法の意。即ち仏または余の賢聖等の撰述にかかる典籍をいう。ここでは無量寿経を指す。
父母…罪人　五逆罪をおかした罪人の意。父を殺し、母を殺し、小乗の聖者阿羅漢を殺害し、仏身から血を出し、和合僧を破る者をいう。
経　観無量寿経。
六字名　南無阿弥陀仏の六字の名号。
火車　地獄より迎えにくる火のほのおでつつまれた車。
花台　極楽より迎えにくる蓮台。
安楽国　極楽浄土。この浄土が西方にあることは諸経論に等しく説くところであるが、その理由について、方位上未来世界を西にとるとか、太陽神話に附会して日没する所を彼の仏の住所としたとかの説がある。

るるの因なし。弥陀の願力に乗ぜば、必ず安楽国に生ぜん』」。この文《もん》の心、もし五逆をつくれりとも、弥陀の六字の名をきかば、火の車自然にさりて、蓮台きたりてむかふべし。又きはめておもき罪人の、他の方便《ほうべん》なからんも、弥陀をとなへたてまつらば極楽にむまるべし。又もしおもきさはりありて、浄土にむまるべき因なくとも、弥陀の願力にのりなば、安楽国にむまるべしと候へば、たのもしく候。又善導《ぜんどう》の*釈には、「曠劫《こうごう》よりこのかた*六道《ろくどう》に輪《りん》廻《ね》して、出離《しゅつり》の縁なからん常没《じょうもつ》の衆生をむかへんがために、阿弥陀ほとけは仏になり給へり」と候。その常没の衆生と申《もうし》候は、恒河《ごうが》のそこにしづみたるいき物の、身おほきにながくして、その河に*はゞかりて、えはたらかず、つねにしづみたるに、悪世の凡夫《ぼんぶ》をばたとへられて候。

又凡夫と申《もうす》二の文字をば「狂酔《きょうすい》のごとし」と、*弘法大師釈し給へり。げにも凡夫の心は、物ぐるひ、さけにゑい《(ひ)》たるがごとくして、善悪につけて、おもひさだめたる事なし。一時に*煩悩百《ぼんのうもも》たびまじはりて、善悪みだれやすければ、いづれの行なりとも、わがちからにては行《ぎょう》じがたし。しかるに生死《しょうじ》をはなれ、仏道にいるには、*菩提心《ぼだいしん》をおこし、煩悩をつくして、*三祇百劫《さんぎひやつこう》、難行苦行してこそ、仏にはなるべきにて候に、*五濁《ごじょく》の凡夫、わがちからにては願行《がんぎょう》そなはる事かなひがたくて、六道《ろくどう》・*四生《ししょう》にめぐり候也。弥陀如来この事をかなしみおぼして、*法蔵菩薩《ほうぞうぼさつ》と申しゝいにしへ、我等が行じがたき僧祇《そうぎ》の苦行を、兆載永劫《ちょうさいようごう》があひだ、功をつみ徳をかさねて、阿弥陀ほとけになり給へり。一仏にそなへ給へる*四智・*三身・*十力・*无畏等の一切の内証《ないしょう》の功徳、相好《そうごう》・光明・説法・利生《りしょう》等の外《げ》用《ゆう》の功徳、さま〳〵

釈　観経疏散善義。
六道　地獄・餓鬼・畜生・修羅・人間・天上。このうち前三を三悪道、後三を三善道という。
はゞかりて、えはたらかず　つかえて動くことができない。
弘法大師釈し給へり　秘蔵宝鑰および心経秘鍵等に出ている。
煩悩百たびまじはりて　般舟讃に、「万劫の修因は実に続き難し。一時に煩悩百たび千たび間(じま)はる」と見えている。
菩提心　仏果菩提を証得せんと要期する心の意で、大乗の菩薩は仏道にはいるに当たり、この心を発すべきものなるが故に発菩提心とも名づける。
三祇百劫　三大阿僧祇百大劫の略で、凡智のおよばない長い期間をいう。
五濁　劫濁・見濁・煩悩濁・衆生濁・命濁。↓三五頁注
四生　胎生・卵生・湿生・化生。
法蔵菩薩　阿弥陀仏が因位にあって修行していた当時の名。
四智　大円鏡智・平等性智・妙観察智・成所作智。
三身　法身・般若・解脱の三種の功徳身。
十力　↓一〇五頁注
无畏　正等覚・漏永尽・説法障・説出道の四無畏をいう。

なるを、三字の名字《みようじ》のなかにお《(を)》さめいれて、「この名号《みようごう》を十声・一声までもとなへん物を、かならずむかへん、もしむかへずは、われ仏にならじとちかひ給へるに、かの仏いま現に世にまし〳〵て、仏になり給へり。名号をとなへん衆生、往生うたがふべからず」と、善導もおほせられて候也。この様をふかく信じて、念仏おこたらず申《もうし》て、往生うたがはぬ人を、他力《たりき》信じたるとは申《もうし》候也。

*世間の事にも他力は候ぞかし、*あしなえ、*こしゐたる物の、とを《(ほ)》きみちをあゆまんとおもはんに、かなはねば船車にのりてやすくゆく事、これわがちからにあらず、乗物のちからなれば、他力也。あさましき悪世の凡夫の*諂曲《てんごく》の心にて、かまへつくりたるのり物にだに、かゝる他力あり。まして五劫《こう》のあひだおぼしめしさだめたる本願他力のふね・いかだに乗《のり》なば、生死《しようじ》の海をわたらん事、うたがひおぼしめすべからず。しかのみならず、やまひをいやす草木、*くろがねをとる磁石《じしやく》、不思議の用力《ゆうりき》也。又*麝香《じやこう》はかうばしき用あり、さいの角《つの》はみづをよせぬちからあり。これみな心なき草木、ちかひをおこさぬけだ物《もの》なれども、もとより不思議の用力はかくのみこそ候へ。まして仏法不思議の用力ましまさゞらんや。

されば念仏は、一声に八十億劫のつみを滅《めつ》する用あり、弥陀は悪業深重《あくごうじんじゆう》の物を来迎《らいごう》し給ふちからましますと、おぼしめしとりて、宿善《しゆくぜん》のありなしも沙汰《さた》せず、つみのふかきあさきも返《かえ》りみず、たゞ名号となふるものゝ、往生するぞと信じおぼしめすべく候。すべて破戒も持戒も、*貧窮《びんぐう》も*福人も、上下の人をきらはず、たゞわが名号をだに念ぜば、いし、かわ《(は)》らを変じて、金《こがね》となさんがごとし、来迎《らいごう》せんと御約束候也。*法照禅師《ほつしようぜんじ》の五会《ごえ》法事讃《ほうじさん》にも、

世間の事にも他力は候ぞかし　世間の他力とは、十住毘婆沙論巻三に、「世間の道に難あり易あり。陸路の歩行は則ち苦しく、水路の乗船は則ち楽し」というを指す。

あしなえ　足がきかなくなる。

こしゐたる　いざりになった。

諂曲の心　まがった心。

くろがね　鉄。呂氏春秋に、「磁石の鉄を召す。これを引くことあればなり」とある。

麝香　悉曇の迦薩吐羅の訳。チベット名麝よりとる香料の名。慧林音義巻十九に、「麝は香獣なり、麞に似て深山険径の中に処す。雄は口に牙あり、臍中に香あり。雌は牙なく、亦香なし」とある。

貧窮　貧しき人。

福人　富のたくわえのある人。

法照禅師　中国唐代の人。はじめ廬山慧遠の芳躅をしたい、衡山に入って念仏三昧を修し、次いで衡山の承遠に師事して浄土教を受く。大暦元年四月、弥陀台において毎夏九十日般舟三昧勤修の願をおこし、同年夏、道場で親しく阿弥陀仏を拝し、五会念仏誦経の法を受く。翌年、衡州雲峯寺に住し、湖東寺に五会念仏の道場を開き、同五年四月、五台山に到り念仏の要法を受け、ここに大聖竹林寺を創建した。著書に五会念仏誦経観行儀(広法事讃)三巻、五会法事讃一巻等がある。

彼仏因中立弘誓《ひぶついんちゅうりゅうぐぜい》　聞名念我惣来迎《もんみょうねんがそうらいごう》　不《ふ》簡貧窮将富貴《けんびんぐうしょうふき》　不簡下智与高才

不簡多聞持浄戒　不簡破戒罪根深　但使《たんし》廻《え》心《しん》多念仏　能令瓦礫変成金《のうりょうがれきへんじょうごん》

《かの仏の因中に弘誓を立て、名を聞き我を念ぜば、惣《すべ》て来迎せむ。貧窮と富貴《ふき》とを簡《えら》ばず。下智《げち》と高才とを簡ばず。多聞と浄戒を持するとを簡ばず。破戒と罪根深きとを簡ばず。ただ、廻心して多く念仏せしむれば、よく瓦礫をして変じて金と成らしむ》

たゞ御*ずゞをくらせおはしまして、御舌《みした》をだにもはたらかされず候はんは、*けたいにて候べし。たゞし善導の*三縁の中の、親縁《しんねん》を釈し給ふに、「*衆生ほとけを礼《らい》すれば、仏これを見給ふ。衆生仏をとなふれば仏これをきゝ給ふ。衆生仏を念ずれば、仏も衆生を念じ給ふ。かるがゆへ(ゑ)に阿弥陀仏の三業《さんごう》と行者《ぎょうじゃ》の三業と、かれこれひとつになりて、仏も衆生もおや子のごとくなるゆへ(ゑ)に、親縁となづく」と候めれば、御手にずゞをもたせ給《たまい》て候はゞ、仏これを御らん候べし。御心に念仏申すぞかしとおぼしめし候はゞ、仏も衆生を念じ給ふべし。されば仏に見《まみ》えまい(ゐ)らせ、念ぜられまい(ゐ)らする御身《おんみ》にてわたらせ給はんずる也。さは候へども、つねに御《み》したのはたらくべきにて候也。三業相応《さんごうそうおう》のためにて候べし。三業とは身《しん》と口《く》と意《い》とを申候也。しかも仏の本願の称名《しょうみょう》なるがゆへ(ゑ)に、声を*本体《ほんたい》とはおぼしめすべきにて候。さてわがみゝにきこゆる程申候は、高声の念仏のうちにて候なり。*高声は大仏《だいぶつ》をお(を)がみ、念ずるは仏のかずへもなど*申げ《もうす》に候。いづれも往生の業にて候べく候。

一　御无言《ごむごん》めでたく候。たゞし、*无言ならで申す念仏は功徳《くどく》すくなしとおぼしめされんは、あしく候。念仏をば金《こがね》にたとへたる事にて候。金は火にやくにもいろまさり、みづにいる

ずゞ　数珠(ずじゅ)。数をしるす珠の意で、念珠ともいう。古語では「オモヒノタマ」と訓じ、糸をもって一定数の珠を貫連したもので、浄土宗で用いる二連数珠は、法然の教化をうけた陰陽師阿波介の考案したものという(四十八巻伝巻十九)。

けたい　懈怠。おこたること。

三縁　親縁・近縁・増上縁。仏の本願は人々の生きんとする願望である宗教的本能を完成しようとする願いのあらわれであり、この願望のあらわれた本願の成就したものが無量寿・無量光の阿弥陀仏であるが故に、阿弥陀仏と本願念仏を実践する衆生とのあいだには不可分の関係がある。この関係を三縁という。

衆生…親縁となづく　観経疏定善義。

本体　主体。ものの正体。

高声…申げに候　高声の念仏は大仏をおがみ、心に念ずるも念仏の数に入るということで、慈恩の阿弥陀経通賛巻中にある三種の念仏(心念・軽声念・高声念)の意を挙げたもののようであるが、心中に繋念する心念の念仏をも往生業としたのは解しかねる。そのためか、高声以下の文は四十八巻伝巻二十三所収本にははぶかれて載せられていない。教化の純正を顧慮した上のことか。

申げ　申すらしい。

无言　声に出さない。

ゝにも損ぜず候。かやうに念仏は*妄念《もうねん》のおこる時申《もうし》候へどもけがれず、物を申しまするにもまぎれ候はず、そのよしを御心えながら、御念仏の程はこと事まぜずして、いますこし念仏のかずをそえ(へ)んとおぼしめさんは、さにて候。もしおぼしめしわすれて、ふと物なんどおほせ候て、あなあさまし、いまはこの念仏むなしくなりぬと、おぼしめす御事は、ゆめ〱候まじく候。いかやうにて申《もうし》候とも、往生の業《ごう》にて候べく候。

一　*百万遍《ひやくまんべん》の事、仏の願にては候はねども、*小阿弥陀経《しようあみだきよう》に、「若《もしは》一日、若二日、乃至《ないし》七日念仏申《もうす》人、極楽に生ずる」とは、かゝれて候へば、七日念仏申《もうす》べきにて候。その七日の程のかずは、百万遍にあたり候よし、*人師《にんじ》釈して候時に、百万遍は七日申《もうす》べきにて候へども、*たへ候はざらん人は、八日・九日なんどにも申され候へかし。さればとて、百万遍申さゞらん人のむまるまじきにては候はず、一念・十念にてもむまれ候也。一念・十念にてもむまれ候ほどの念仏とおもひ候うれしさに、百万遍の功徳《くどく》をかさぬるにて候也。

一　*七分全得《しちぶんぜんとく》の事、仰《おおせ》のまゝに申げに候。さてこそ*逆修《げきしゆ》はする事にて候へ。さ候へば、のちの世をとぶらひぬべき人候はん人も、それをたのまずして、われとはげみて念仏申して、いそぎ極楽へまい(ゐ)りて、*五通《ごつう》・*三明《さんみよう》をさとりて、六道・四生の衆生を利益《りやく》し、父母《ぶも》師長《しちよう》の生所《せいしよ》をたづねて、心のまゝにむかへとらんとおもふべきにて候也。又当時日《ひ》ごとの御念仏をも、かつ〴〵廻向《えこう》しまい(ゐ)らせられ候べし。なき人のために念仏を廻向し候へば、阿弥陀ほとけひかりをはなちて、地獄《じごく》・餓鬼《がき》・畜生《ちくしよう》をてらし給ひ候へば、この三悪道《さんなくどう》にしづみて苦をうくる物、そのくるしみやすまりて、いのちお(を)はりてのち、*解脱《げだつ》すべきにて候。大経

妄念　迷妄の執念。六塵の境界に貪着する凡夫の心で、一切法の真実相を知らない無明に名づけたもの。

百万遍　百万遍の念仏。阿弥陀仏の名号を一百万遍となえること。迦才の浄土論に、道綽は木槵子経および阿弥陀経により、七日念仏し百万遍を得れば、決定して阿弥陀仏国に往生することができると説いている。木槵子経の場合は念仏ではなく、仏法僧の三宝の名をとなえるという。

小阿弥陀経　無量寿経を、他の二部の経典にくらべ大部のものなるが故に、大経というのに対し、阿弥陀経のことを小経・小阿弥陀経・小無量寿経ともいう。

人師釈して　迦才の浄土論を指す。

たへ候はざらん　たえることのできない。忍びにくい。

七分全得　地蔵菩薩本願経に、「おおく衆罪をつくらむに、命をはりてのち、眷属小大のために福利をつくるとも、一切の聖事は七分のうちにして、しかも即ち一を得るのみ」とあって、生前の逆修には七倍の功徳があるとの意。

逆修　生前、死後の往生菩提に資するために、善根功徳を修すること。

五通　五種の神通の意。五種とは神境智証通・天眼智証通・天耳智証通・他心智証通・宿住随念智証通。

三明　三証法ともいい、三種の明の意。三種の明とは宿命智証明・生死

にいはく、「若在《にゃくざい》*三塗勤苦之処《さんずごんぐししょ》、見此光明《けんしこうみょう》、皆得休《かいとくく》息《そく》无復苦悩、寿終之後《じゅじゅうしご》皆蒙解脱《かいもうげだつ》《もし、三塗勤苦の処あつて、この光明を見たてまつれば、みな休息を得て、また苦悩なし。寿終の後、みな解脱を蒙《こうむ》らむ》」と。

一　本願のうたがはしき事もなし、極楽のねがはしからぬにてはなけれども、往生一定《いちじょう》とおもひやられて、とくまい《(ゐ)》りたき心のあさゆふは、しみ〴〵ともおぼえずとおほせ候事、ま事《こと》によからぬ御事にて候。浄土の法門をきけどもきかざるがごとくなるは、このたび三《さん》悪道《なくどう》よりいでゝ、つみいまだつきざるもの也。又*経にもとかれて候。又この世をいとふ御心うすくわたらせ給ふにて候。そのゆへ《(ゑ)》は、*西国へくだらんともおもはぬ人に、船をとらせて候らんに、ふねのみづにうかぶ事なしとはうたがひ候はねども、当時さしているまじければ、いたくうれしくも候まじきぞかし。さて*かたきの城なんどにこめられて候はんが、からくしてにげてまかり候はんみちに、おほきなる河海なんどの候て、わたるべきやうもなからんおり《(を)》、おやのもとよりふねをまうけてむかへにたびたらんは、さしあたりていかばかりか、うれしく候べき。これがやうに貪《とん》・瞋《じん》、煩悩《ぼんのう》のかたきにしばられて、三界《さんがい》の*樊《はん》籠《ろう》にこめられたるわれらを、*弥陀悲母《みだひも》の御心ざしふかくして、*名号《みょうごう》の利剣《りけん》をもちて、生死《しょうじ》のきづなをきり、*本願の要船《ようせん》を苦海《くがい》のなみにうかべて、かのきしにつけ給ふべしとおもひ候はんうれしさは、歓喜《かんぎ》のなみだたもとをしぼり、*渇仰《かつごう》のおもひきもにそむべきにて候。

*せめては身の毛いよだつほどにおもふべきにて候を、*のさにおぼしめし候はんは、*ほいなく候へども、それもことは《(わ)》りにて候。つみつくる事こそお《(を)》しへ候はねども、心にもそみ

智証明・漏尽智証明をいう。
解脱　煩悩の繫縛を離脱すること。
三塗勤苦　地獄・餓鬼・畜生のほねおりくるしむこと。
経　平等覚経。
西国　都より西にある国。
かたきの城…うれしく候べき　観仏三昧経の六喩のなかに、「力士のかずかず王法を犯して、囹圄に幽閉せられ、逃げて海辺に到り、髻(もとどり)の明珠を解き、持つて船師を雇い、かの岸に到つて、安穏にして懼れなきがごとし」と記しているのは、その意であろう。
樊籠　自由を束縛するもの。底本「焚籠」。
弥陀悲母　阿弥陀仏の広大な慈悲を母親のそれにたとえたもので、転じて阿弥陀仏を指す。
名号の利剣　弥陀の名号は、衆生の繫縛を断除する最上の利剣であるという意。般舟讃に、「門々不同にして八万四千なるは、無明と果と業因とを滅せむがためなり。利剣は即ちこれ弥陀の号なり、一声称念すれば罪皆除く」とある。利剣は、底本「利釼」。
本願の要船　本願という最も主要な、欠くことのできない船。
渇仰　はなはだしく信仰すること。
せめて　しいて。
のさに　のんきに。おちついて。
ほいなく　物たりなく。

ておぼえ候へ。そのゆへ《(ゑ)》は、无始《むし》よりこのかた*六趣《ろくしゅ》にめぐりし時も、かたちはかはれども心はかはらずして、いろ〳〵さま〴〵につくりならひて候へば、いまもうゐ《(ひ)》〳〵しからず、やすくはつくられ候へ。念仏申《もうし》て往生せばやとおもふ事は、このたびはじめてわづかにきゝえたる事にて候へば、*きとは信ぜられ候はぬ也。そのうゑ《(へ)》人の心は*頓機《とんき》・漸機《ぜんき》とて二しなに候也。頓機はきゝてやがてさとる心にて候。漸機はやう〳〵さとる心にて候也。*物まうでなんどをし候に、あしはやき人は、一時にまい《(ゐ)》りつくところへ、あしおそき物は、*日ぐらしにもかなはぬ様には候へども、まい《(ゐ)》り心だにも候へば、つゐ《(ひ)》にはとげ候やうに、ねがふ御心だにわたらせ給ひ候はゞ、とし月をかさねても御信心もふかくならせおはしますべきにて候。

一　日ごろ念仏申せども、臨終に*善知識《ぜんちしき》にあはずは往生しがたし、又やまひ大事にて心みだれば、往生しがたしと申候らんは、さもいはれて候へども、善導《ぜんどう》の御心にては、極楽へまい《(ゐ)》らんと心ざして、おほくもすくなくも念仏申さん人の、いのちつきん時は、阿弥陀ほとけ*聖衆《しょうじゅ》とゝもにきたりてむかへ給ふべしと候へば、日ごろだにも御念仏候はゞ、御臨終に善知識候はずとも、ほとけはむかへさせ給ふべきにて候。又善知識のちからにて往生すと申《もうし》候事は、観経《かんぎょう》の*下三品《げさんぼん》の事にて候。*下品下生《げぼんげしょう》の人なんどこそ、日ごろ念仏も申候はず、往生の心も候はぬ逆罪《ぎゃくざい》の人の、臨終にはじめて善知識にあひて、十念具足《ぐそく》して往生するにてこそ候へ。日ごろより他力《たりき》の願力《がんりき》をたのみ、思惟《しゆい》の名号《みょうごう》をとなへて、極楽へまい《(ゐ)》らんとおもひ候はん人は、善知識のちから候はずとも、仏は来迎《らいごう》し給ふべきにて候。又かろきや

六趣　衆生が業によって趣き住するところで、六道に同じ。

きとは　急には。

頓機・漸機　聞法の結果、頓速にさとることのできる機根者を頓機、漸次ようやくにしてさとる機根者を漸機という。

物まうで　神社仏閣に参詣すること。

日ぐらし　一日がかり。

善知識　仏の正道を教示し、勝益を得させる師のことで、平安朝以前は臨終にあたり善知識を必要としたが、法然は善知識がいなくとも、念仏者には仏は来迎するとした。

聖衆とゝもに　阿弥陀仏に眷属しているもろもろの仏や菩薩を聖衆という。栄華物語巻十八玉台に「これは聖衆来迎かとみゆ。弥陀如来雲にのりて光を放ちて、行者のもとにおはします。観音・勢至蓮台を捧げてともに来り給。諸の菩薩聖衆おんじやうぎがくをして、よろこびむかへとり給」とあるは、その意。

下三品　極楽浄土に往生する機根を、その行業の優劣によって九品に分つうち、下の三類を下品という。

下品下生　下下品ともいい、五逆重罪の凡夫で、臨終のとき、善知識に遇い、苦しみながら十声称仏し、八十億劫生死の罪を除き、金蓮華の来迎をうけ、極楽浄土の蓮華の中に、十二大劫を経て、蓮華開いて聞法発心する機根をいう。

まひをせんといのり候はん事も、心かしこくは候へども、やまひもせでしに候人も、うるはしくお(を)はる時には、*断末摩《だんまつま》のくるしみとて、*八万の塵労門《じんろうもん》より、无量のやまひ身をせめ候事、百千のほこ・つるぎにて、身をきりさくがごとし。さればまなこなきがごとくして、見んとおもふ物をも見ず、舌のね*すくみて、いはんとおもふ事もいはれず候也。これは人間の*八苦《はっく》のうちの死苦《しく》にて候へば、本願信じて往生ねがひ候はん行者《ぎょうじゃ》も、この苦はのがれずして、*悶絶《もんぜつ》し候とも、いきのたえん時は、阿弥陀ほとけのちからにて、正念《しょうねん》になりて往生をし候べし。臨終は*かみすぢきるがほどの事にて候へば、よそにて凡夫《ぼんぶ》さだめがたく候。たゞ仏と行者との心にてしるべく候也。そのうゑ(へ)*三種の愛心おこり候ひぬれば、魔縁《まえん》たよりをえて、正念《しょうねん》をうしなひ候也。この愛心をば善知識のちからばかりにてはのぞきがたく候。阿弥陀ほとけの御ちからにてのぞかせ給ひ候べく候。「*諸邪業繫无能礙者《しょじゃごうけいむのうげしゃ》《もろもろの邪業繫よく礙《さ》ふる者なし》」、たのもしくおぼしめすべく候。

又*後世者《ごせしゃ》とおぼしき人の申げに候は、まづ正念に住して念仏申さん時に、仏来迎《ほとけらいごう》し給ふべしと申げに候へども、小阿弥陀経には、「与諸聖衆現在其《よしょしょうじゅげんざいご》前《ぜん》、是人終時心不《ぜにんしゅうじしんぷ》*顛倒《てんとう》、即得往生阿弥陀仏極楽国土《もろもろの聖衆とともに、現にその前に在《まします》。この人終る時に心顛倒せず。即ち阿弥陀仏の極楽国土に往生することを得》」と候へば、人のいのちお(を)はらんとする時、阿弥陀ほとけ聖衆《しょうじゅ》とゝもに、目のまへにきたり給ひたらんを、まづ見まい(ゐ)らせてのちに、心は顛倒せずして、極楽にむまるべしとこそ心えて候へ。さればかろきやまひをせばや、善知識にあはばやといのらせ給はんいとまにて、いま一返《いっぺん》も、やまひなき時念仏を申して、臨

断末摩　末摩を断ずるの意。末摩は悉曇で、死節と訳す。即ち人の身中に末摩あって、もしこれを断ずれば死にいたるという。このことより意識の明了位より悶絶位にうつる間の苦しみを断末摩の苦しみという。断末魔。

八万の塵労門　八万とは概数であって、つぶさには八万四千、多いという意。塵労とは煩悩の人をけがすこと塵のごとく、労(なや)ますこと病のごときにたとえたもの。即ち多くの煩悩のやまいの生ずる源をいう。

すくみて　縮まって。こわばって。

八苦　生・老・病・死を四苦といい、これに愛別離苦・怨憎会苦・求不得苦・五陰盛苦を加えて八苦とする。

悶絶　もだえて正気をうしなう。

かみすぢきるがほど　仏のために礼をし、まだ頭をあげないうちに往生するという、ほんの僅かの間をいう。

三種の愛心　臨終のとき妻子や珍宝などに愛着をおこす境界愛と、わが身虚無に帰し、自分がなくなってしまったならば成すことができぬと、この身を惜しむ自体愛と、善悪の業にひかれて当来に生まれんとするところの相をみて喜び愛着の生じ、そこに往生したいと思う当生愛をいう。

諸邪業…者　観経疏定善義の文。

後世者　極楽浄土に往生したいと願求するもの。

顚倒　さかさまになる。

終には阿弥陀ほとけの来迎にあづかりて、三種の愛をのぞき、正念になされまい《(ゐ)》らせて、極楽にむまれんとおぼしめすべく候。さればとていたづらに候ぬべからん善知識にもむかはでお《(を)》はらんとおぼしめすべきにては候はず。*先徳《せんとく》たちのお《(を)》しへにも、臨終の時に、阿弥陀仏を西のかべに安置しまい《(ゐ)》らせて、病者そのまへに西むきにふして、善知識に念仏をすゝめられよとこそ候へ。それこそあらまほしき事にて候へ。たゞし人の死の縁は、かねておもふにもかなひ候はず、にはかに*おほぢ・みちにてお《(を)》はる事も候。又*大小便利のところにてしぬる人も候。*前業《ぜんごう》のがれがたくて、たちかたなにていのちをうしなひ、火にやけ、水におぼれて、いのちをほろぼすたぐひおほく候へば、さやうにてしに候とも、日ごろの念仏申《もうし》て極楽へまい《(ゐ)》る心だにも候人ならば、いきのたえん時に、阿弥陀・観音《かんのん》・勢至《せいし》、きたりむかへ給《たまう》べしと信じおぼしめすべきにて候也。*往生要集にも、「*時所諸縁を論ぜず、臨終に往生をもとめねがふに、その便宜《べんぎ》をえたる事、念仏にはしかず」と候へば、たのもしく候。

このよしをよみ申させ給ふべく候。*八つの事しるしてまい《(ゐ)》らせ候。これはのちに御たづね候し御返事にて候。

一　所作《しょさ》おほくあてがひてかゝんよりは、すくなく申さん一念もむまるなればとおほせの候事、ま事《こと》にさも候ぬべし。たゞし、*礼讃《らいさん》の中には、「十声一声定得往生《じっしょういっしょうじょうとくおうじょう》、*乃至一念无有疑心《十声・一声定めて往生を得、ないし一念疑心あることなし》」と釈せられて候へども、*疏《しょ》の文《もん》には、「念々不捨者、是名正定之業《ぜみょうしょうじょうしごう》《念々にして捨てざる者、これを正定の業と名づく》」

先徳たちのおしへ　善導の臨終正念訣・観念法門、源信の往生要集巻中大文第六に、臨終の行儀を示している。

おほぢ・みち　広い道や狭い道。

大小便利のところ　大小便をなすところ。

前業　前世につくった罪業。

往生要集　源信が阿弥陀仏の極楽浄土に往生する要文や要法をあつめ、往生の業には念仏を本とする教旨を鼓吹したもので、永観二(九八四)年十一月、横川の首楞厳院において筆をおこし、翌年四月脱稿したもの。厭離穢土・欣求浄土・極楽証拠・正修念仏・助念方法・別時念仏・念仏利益・念仏証拠・往生諸行・問答料簡の十門に分ち、菩提心をおこし、戒を持して悪をとどめ、三心具足して、常に弥陀を念ずることを説いている。

時所諸縁　巻下大文第八に見える。

八つの事　八か条あると述べているが、実際には七か条しかない。そのうちの一か条は失われたものか、文面の上からは明らかでない。

礼讃　往生礼讃。

乃至一念　ないし一念でもとなえたならば往生疑いなしということで、無量寿経巻下に、「諸有の衆生、その名号を聞きて信心歓喜し、乃至一念、至心に廻向して、彼の国に生ぜんと願ずれば往生を得」とあるを指している。

と候へば、十声・一声にむまると信じて、念々《ねんねん》にわするゝ事なく、となふべきにて候。又、「*弥陀名号相続念《弥陀の名号を相続して念ず》」とも釈せられて候。されば*あひついで念ずべきにて候。一食のあひだに、三度ばかりおもひいでんはよき相続にて候。つねにだにおぼしめしいでさせ給ひ候はゞ、十万・六万申させ給ひ候はずとも、相続にて候ぬべけれども、人の心は当時見る事きく事にうつる物にて候へば、なにとなく御まぎれの中にはおぼしめしいでん事かたく候ぬべく候。御所作《おんしょさ》おほくあてゝ、つねにずゞをもたせ給ひ候はば、おぼしめしいで候ぬとおぼえ候。たとひ事のさはりありて、*かゝせおはしまして候とも、あさましやかきつる事よとおぼしめし候はゞ、御心にかけられ候はんずるぞかし。とてもかくても御わすれ候はずは、相続にて候べし。又かけて候はん御所作を、つぎの日申《もうし》いれられ候はん事、さも候なん。それもあす申《もうし》いれ候はんずればとて、御ゆだん候はんはあしく候。せめての事にてこそ候へ。御心えあるべく候。

(一)　魚鳥に七箇日の*いみの候なる事、さもや候らん。え見およばず候。*地体はいきとしいける物は、過去のちゝはゝにて候なれば、くふべき事にては候はず。又臨終には、さけ・*いを・とり・*き・にら・*ひるなんどはいまれたる事にて候へば、やまひなんどかぎりになりては、くふべき物にては候はねども、当時*きとしぬばかりは候はぬやまひの、月日つもり苦痛もしのびがたく候はんには、ゆるされ候なんとおぼえ候。御身《おんみ》*おだしくて念仏申さんとおぼしめして、御療治《りょうじ》候べし。いのちお《(を)》しむは、往生のさはりにて候。やまひばかりをば、療治はゆるされ候なんとおぼえ候。

疏　観経疏散善義。

弥陀名号相続念　法事讃の巻下に出る文。

あひついで　相続して。

かゝせ　欠かせ。

いみ　円光大師画図翼賛巻二十三に、「魚鳥葷酒何レモ、或ハ七日、或ハ五十日、未ダ必ズシモ一準ナラズ。サレバ七日ノ期間定シ難ケレバエ見及バズトハ、仰アリケルニヤ。若シ大抵ヲイハヾ臭気去ル処ヲ期トシケルトカヤ」とある。

地体　主体となるもの。

いを　魚。

き　ねぎの古名。

ひる　にんにくの古名。「き・にら・ひる」はともに五辛の一。仏教では比丘などの食してはならないものとして五種の辛菜を挙げている。五辛とは、梵網経巻下に、「五辛を食することを得ざれ。大蒜と茖葱と慈葱と蘭葱と興渠と、この五種は一切の食中に食することを得ざれ」とある。

きとしぬ…やまひ　急に死ぬほどとは思われない病の意。こうした病者の場合、在家には五辛を食すことは許されるが、出家の場合は許されていない。

おだしくて　「おだし」は、おだやかである、落ち着いている、の意。底本「ただしくて」ともよめる。

七箇条制誡

（七箇条制誡）

普《あまね》く予が門人と号する念仏の＊上人《しようにん》等に告ぐ。

一　いまだ一句の文《もん》をも窺《うかが》はずして、＊真言《しんごん》・止観《しかん》を破り奉り、余の仏・菩薩《ぼさつ》を謗《ほう》ずるを停《ちよう》止《じ》すべき事

右、立破《りゆうは》の道に至つては、学生《がくしよう》の経《ふ》るところなり。愚人の境界《きようがい》にあらず。しかのみならず、＊正法《しようぼう》を誹謗《ひほう》するは、既に弥陀の願《がん》に除く。その報《むくい》、まさに＊那落《ならく》に堕《だ》すべし。あに＊痴《ち》闇《あん》の至りにあらずや。

一　無智の身をもつて、有智《うち》の人に対し、＊別行《べつぎよう》の輩《ともがら》に遇《あ》ひ、好んで＊諍論《そうろん》を致すを停止すべき事

右、＊論義は、これ智者の有《ゆう》なり、さらに愚人の分にあらず。また諍論の処《ところ》には、もろもろの煩悩《ぼんのう》起る。智者はこれを遠離《おんり》すること＊百由旬《ゆじゆん》なり。いはんや一向《いつこう》念仏の行人《ぎようにん》においてをや。

一　＊別解《べつげ》・別行《べつぎよう》の人に対して、＊愚痴《ぐち》偏執《へんしゆう》の心をもつて、まさに本業《ほんごう》を棄て置くべしと称し、あながちにこれを＊嫌嘊《けんがい》するを停止《ちようじ》すべき事

右、修道の習《なら》ひ、ただおのおの＊自行《じぎよう》を勧めて、あへて余行《よぎよう》を遮《しや》せず。＊西方要決《さいほうようけつ》に云く、

上人　釈氏要覧に、「古師曰く、内に智徳あり、外に勝行あり、人の上にあるを上人と名づく」と述べているように、徳行の秀でた聖者に対する敬称であるが、鎌倉期には隠遁のひじりを指して上人と呼んでいる。
真言・止観　真言宗や天台宗の教え。散心を止めて、中道の理を観ずるのを止観という。
正法…除く　無量寿経巻上第十八願の下に「もし生ぜずは正覚を取らじ。ただ五逆と、正法を誹謗するものを除く」とあるを指す。
那落　地獄の異名。奈落。
痴闇　おろか。
別行の輩　念仏以外の別の道を修する者。
諍論　人とあらそい論ずること。
論義　義理を論じきわめる。
百由旬　インドでは二十四指を一肘、四肘を一弓、五百弓を一拘盧舎、八拘盧舎を一由旬といい、一由旬は約十キロメートルにあたる。
別解・別行　見解を別にし、行法を異にする意で、異解・異行に同じ。
愚痴偏執　物ごとをわきまえず、かたよった見方をすること。
嫌嘊　嫌いあざ笑う。
自行　念仏を指し、念仏以外の行を余行という。
西方要決　一巻。西方往生につき十四条をあげ、経論にある疑難を会通し、往生を勧める書で、窺基の著。

「別解・別行の者には、惣じて敬心を起すべし。もし軽慢《きようまん》を生ぜば罪を得ること無窮《むきゆう》なり」と云々。何ぞこの制に背《そむ》かむや。しかのみならず、善導和尚《ぜんどうかしよう》大いにこれを呵《しか》りたまふ。いまだ祖師の誡《いまし》めを知らず、愚闇《ぐあん》のいよいよ甚だしきなり。

一　念仏門において、*戒行《かいぎよう》なしと号して、専《もは》ら*婬《いん》・酒《しゆ》・食肉を勧め、たまたま*律儀《りつぎ》を守る者を雑行人《ぞうぎようにん》と名づけて、弥陀の本願を憑《たの》む者、造悪を恐るることなかれと説くを停止すべき事

右、戒はこれ仏法の*大地なり。*衆行《しゆぎよう》まちまちなりといへども同じくこれを専らにす。これをもつて善導和尚は、*目を挙げて女人《によにん》を見ず。この行状《ぎようじよう》の趣き、本律の制にも過ぎたり。浄業《じようごう》の類《たぐい》、これに順ぜずは惣じて如来の遺教《ゆいきよう》を失し、別しては祖師の旧跡に背《そむ》けり。かたがた拠《よ》るところなきものか。

一　いまだ是非を弁《わきま》へざる痴人《ちにん》、聖教《しようぎよう》を離れ、師説にあらずして、ほしいままに私義を述べ、みだりに諍論《そうろん》を企《くわだ》て、智者に咲《わら》はれ、愚人を迷乱《めいらん》するを停止すべき事

右、無智の*大天《だいてん》、*この朝《ちよう》に再誕《さいたん》して、猥《みだ》りに邪義《じやぎ》を述ぶ。既に*九十五種の異道《いどう》に同ず。もつともこれを悲しむべし。

一　痴鈍《ちどん》の身をもつて、殊《こと》に*唱導《しようどう》を好み、正法《しようぼう》を知らずして、種々の邪法《じやほう》を説いて、無智の道俗を教化《きようけ》するを停止すべき事

右、解《げ》なくして師となることは、これ*梵網《ぼんもう》の制戒なり。*黒闇《こくあん》の類、己《おのれ》が才を顕《あら》はさむと欲し、浄土の教へをもつて*芸能として、名利《みようり》を貪《むさぼ》り*檀越《だんのつ》を望み、ほしいままに自由の妄《もう》

戒行　仏所制の禁戒として行ずべきものの意で、五戒・十戒ないし二百五十戒をいう。
婬・酒・食肉　邪婬は十重禁戒の第三に婬戒として挙げ、飲酒は四十八軽戒に飲酒戒としていましめ、食肉は食肉戒として禁じている。
律儀　戒律。
大地　はぐくみ育てるところの意で、基盤をいう。
衆行　多くの行。
目…見ず　新修往生伝および竜舒浄土文に「戒品を護持して、繊毫も犯さず、かつて目を挙げて女人を視ず」と記している。
大天　仏滅後百年ごろいた異端者。
この朝　日本。
九十五種の異道　インドに行なわれた仏教以外の思想で、善導が、「経の中の称仏は九十五種の外道に簡異せむがためなり」(観経疏序分義)という九十五種の外道と同意。
唱導　正法を説いて人を化導すること。ここでは当時亡国の音、哀音といわれた礼讃の如きを指している。
梵網　梵網経。後秦の鳩摩羅什訳、二巻。菩薩の階位と戒律を明かす。
黒闇の類　正しい行ないをせぬ者。
芸能として　和讃とか礼讃にふしをつけてとなえるのを指すか。
檀越　僧に衣食などを施す供養主で、施主・檀那ともいう。

説《せつ》をなして、世間の人を*誑惑《きょうわく》す。誑法《きょうほう》の過殊《とが》に重し。これむしろ国賊にあらずや。

一　自《みずか》ら仏教にあらざる邪法を説いて正法《しょうぼう》とし、偽《いつわ》つて師範《しはん》の説なりと号するを停止すべき事

右、おのおの一人の説なりといへども、積るところ予《よ》が一身の衆悪たり。弥陀の教文《きょうもん》を汚《けが》し、師匠の悪名を揚ぐ。不善の甚だしきこと、これに過ぎたるはなきなり。以前の七箇条の*甄録《けんろく》かくのごとし。一分も教文を学せむ弟子等は、すこぶる旨趣《ししゅ》を知れ。年来の間、念仏を修すといへども、聖教《しょうぎょう》に随順《ずいじゅん》して、敢へて人心に逆《さか》らはず、世の聴《ちょう》を驚かすことなし。これによつて今に*三十箇年、無為《むい》にして日月を渉《わた》る。しかるに近来に至つて、この十か年より以後、*無智不善の輩《ともがら》時々到来す。ただ弥陀の浄業《じょうごう》を失《しつ》するのみにあらず、また釈迦の遺法《ゆいほう》を汚穢《おえ》す。何ぞ*炯誡《けいかい》を加へざらむや。この七か条の内、不当の間、巨細《こさい》の事等、多くつぶさに注述しがたし。惣じてかくの如き等の無方《むほう》は、慎《つつし》んで犯《おか》すべからず。この上なほ制法に背《そむ》く輩は、これ予《よ》が門人にあらず、魔の*眷属《けんぞく》なり。さらに*草庵に来たるべからず。自今以後《じこんいご》おのおの聞き及ぶに随つて、かならずこれを触《ふ》れらるべし。余人を相ひ伴《ともな》ふことなかれ。もししからずは、これ同意の人なり。かの過《とが》なすがごとき者は、*同法を嗔《いか》り、師匠を恨むことあたはざれ。*自業自得《じごうじとく》の理《ことわり》、ただ己《おのれ》が心にあるのみ。この故に今日《こんにち》、*四方の行人《ぎょうにん》を催《もよお》して、一室に集めて*告命《ごうみょう》す。僅《わず》かに風聞《ふうぶん》ありといへども、慥《たし》かに誰人《たれびと》の失《しつ》と知らざれば、沙汰《さた》するによつて、*愁歎《しゅうたん》して*年序を送る。黙止《もだ》すべきにあらざれば、先づ力の及ぶところにしたがつて、*禁遏《きんあつ》の計《はかりごと》を廻《めぐ》らすなり。よつてその趣きを録し

誑惑　たぶらかしまどわす。
甄録　分ち、次第をたてて記録する。
三十箇年　元久元(一二〇四)年から三十年前は安元元(一一七五)年にあたり、この年法然は回心して専修念仏に帰入した。
無智不善の輩　念仏について十分理解を得ず、またよこしまに解して邪義を説くものをいい、一念義などを指している。
炯誡　明らかなるいましめ。
眷属　一味のもの。志を同じくするもの。
草庵　法然の住房を指す。
同法　同じ教えを聞き行法を修する人の意で、同行・同朋ともいい、専修念仏を行ずる道俗僧尼の総称。
自業自得　自からなした悪により、自からその報を得ること。
四方の行人　住房を中心に各地に居住している専修念仏者。
告命　告げて命じる。
愁歎　うれいなげく。
年序　年数。
禁遏　おさえつけてとどめる。

て、門葉*等に示す状、件《くだん》の如し。

元久元年十一月七日

沙門《しゃもん》*源　空（花押）

門葉　門下、門弟。

沙門…　勤めて煩悩をやめるというのが原意で、修行者・出家者のこと。この下に信空以下百九十の署名があるも、原文に記しているので、煩をさけ、ここではあえて省略に従う。↓二八五頁・補

原文

往生要集釈
無量寿経釈
選択本願念仏集
七箇条制誡

（往生要集釈）

往生要集、将釈此集、准釈経論可有三門、一者大意、二者尺名、三者入文解尺、初大意者、夫法性平等雖離浄穢、亦復不離染浄縁起因縁仮有、是故仏勧厭穢欣浄、但雖厭空厭、雖欣空欣、若无其行終無所獲、是故修念仏行求願往生、是其大意矣

二釈題目者、言往生者、草菴瞑目之間、便是蓮台結跏之程、即従弥陀仏後、在菩薩衆中、一念之頃同生西方極楽世界、故言往生也、次要者、此集中雖有念仏諸行二門、而以諸行不為其要、即以念仏為往生要、故序云依念仏一門聊集経論要文、又第八念仏証拠門云不如直弁往生之要多云念仏、又云明知契経多以念仏為往生要、依此等意、要之言唯局念仏不通諸行、次集者、広依経論撰集念仏往生之文、故言集也、此集有上中下、故言巻上耳

三入文解尺者、此有二意、一者分別三段、二者明章門開合、一分別三段者、言三段者、一序分二正宗分三流通分、一言序分者、根自夫往生極楽至于備於癡忘矣者、是序分也、二言正宗者、自大文第一終于下巻末宝性論偈、是正宗〔分〕也、三言流通者、下巻内題奥七言四句偈、是流通分也、二明章門開合者、先開次合、先言開者、如序中云惣有十門、分為三巻、一厭離穢土乃至十問答料簡、是則開義、次言合者、合前十門束為五門、謂一厭離穢土門、二欣求浄土門、此門之中即摂第三極楽証拠門、三正修念仏門、此門之中即摂助念別時利益証拠四門、四往生諸行門、五問答料簡也

問曰、十門次第造主定可有其意、今何故未学稟膚輙論開合之義、有何故耶、答曰、第三極楽証拠門之意、即尺第二欣求浄土門之疑、謂対十方及覩率、唯偏尺成西方一義、故合為一門、問曰、何故第四第五第六第七第八合之為一門耶、答曰、依正助長時〔別時〕修因得果等義、一往開之雖為五門、対諸行門五門共是念仏之故、亦合為一門、故序中云、依念仏一門聊集経論要文、又第八念仏証拠中云、問曰一切善業各有利益各得往生、何故唯勧念仏一門耶、第九門初謂、求極楽者不必修専念仏、須明諸行各任楽〔欲〕、次序中言一門者、惣指一部十門之中所言念仏、云念仏一門、是則対諸行論之、第八証拠門中所言一門者、指上正修念仏已下四門、亦対諸行云一門也、第九門初言念仏者、雖无一門之言、意指正修已下五門云念仏也、是対諸行亦云念仏

付往生要集有広略要三、広者此一部三〔巻〕有序正流通、厭離等十門束以名広、十門者一厭離穢土、二欣求浄土、三極楽証拠、四正修念仏、五助念方法、六別時念仏、七念仏利益、八念仏証拠、九往生諸業、十問答料簡、初付厭離有七、一地獄、二餓鬼、三畜生、四阿修羅、五人、六天、七惣結、付地獄有八、一等活、二黒縄、三衆合、四叫喚、五大叫喚、六焦熱、七大焦熱、八无間、次

付欣求有十、一聖衆来迎楽、二蓮花初開楽、三身相神通楽、四五妙境界楽、五快楽无退楽、六引接結縁楽、七聖衆倶会楽、八見仏聞法楽、九随心供仏楽、十増進仏道楽、次付極楽証拠有二、対十方対兜率、次付正修有五、一礼拝門、二讃嘆門、三作願門、四観察門、五廻向門、此中付作願門有二、一縁事四弘〔誓〕願、二縁理四弘〔誓〕願、次付観察門有三、一別相観、二惣相観、三雑略観、此中付雑略観有極略観、次付助念方法有七、一方処供具、二修行相皃、三対治懈怠、四止悪修善、五懺悔衆罪、六対治魔事、七惣結行要°、此中付修行相皃有四修有三心、四修者、一長時修、二慇重修、三无間修、四无余修也、三心者、一至誠心、二深心、三廻向発願心也、次付止悪修善有五因縁、一持戒不犯、二不起邪見、三不生憍慢、四不恚不嫉、五勇猛精進也、次付別時念仏有二、一尋常別行、二臨終行儀、次付念仏利益有七、一滅罪生善、二冥得護持、三現身見仏、四当来勝利、五弥陀別益、六引例勧信、七悪趣利益也、次念仏証拠有三重問答、次往生諸行門也、次付問答料簡有十、一極楽依正、二往生階位、三往生多少、四尋常念相、五臨終念相、六麁心妙果、七諸行勝劣、八信毀因縁、九助道資縁、十助道人法、以此名広也

又略者、助念方法中惣結要行七法是也、文云、問上諸門中所陳既多、未知何業為往生要、答大菩提心護三業深心°至誠、常念仏随願決定生極楽、〔已上文〕私云、問意者、上諸門者、指上厭離等五門也、所陳既多者、厭離有七、欣求有十、証拠有二、正修有五、助念有七、如是諸門中所陳既以多、未知何業為往生要也、答意者、且准問撰七法、以名往生要也、上五門中、厭離欣求証拠三門非要、故捨不執、大菩提心者、上正修念仏門中有五念門、其中取作願門也、護三業者、上止悪修善中取止悪辺也、〔問〕止悪中有十重四十八軽、共取之歟、答不尓、正取十重也、故下文云、三業重悪能障正道、故須護之是也、深信者°上修行相皃中有四修三心、々々中取深心、至誠者取至誠心也、常者四修中取無間修也、念仏者上五念門中取観察門也、問観察門中有称念有観念、正取何乎、答取称念也、故下文云、称念仏是行善、随願者上三心中取廻向発願心也、故云大菩提心護三業深信至誠常念仏随願決定生極楽、此尚准問雖簡要否、是且助念門心也、非此集正意、問以何得知、非正意、答上止悪修善中云、問念仏自滅罪、何必堅持戒、答若一心念誠如所責、然尽日念仏閑検其実、浄心是一両、其余皆濁乱、乃至是故、要当精進持戒、猶如護明珠、故知、如説念仏必不可具持戒等矣、以此云略也

第七惣結要行者、問上諸門中所陳既多、未知何業為往生要、答大菩提心護三業深心°至誠常念仏、随願決定生極楽、況復具余諸妙行、問何故此等為往生要、答菩提心義如前具尺、三業重悪能障正道故、須護之、往生之業念仏為本、其念仏心必須如理、故具深信至誠常念三事、常念有三益、如迦才云、一者諸悪覚観畢竟不生、

亦得消於業障、二者善根増長、亦得種見仏因縁、三者熏習熟利、臨命終時正念現前、〈已上〉業由願転、故云随願往生、惣而言之護三業是止善、称念仏是行善、菩提心及願扶助此二善、故此等法為往生要、其旨出経論、不能具之

私云、此第七惣結要行者、是則此集肝心、決定往生要法也、学者更思択之明可識其要否也、文有二問答、且初問中諸門者、上有五門、一厭離穢土、二欣求浄土、三極楽証拠、四正修念仏、五助念方法、故指此等云上諸門也、次所陳既多者、厭離門有七章、欣求門有十章、証拠門有二章、正修門有五章、助念門有六章、此等諸章所明既多、故云所陳既多也、次未知何業為往生要者、於上諸門各所述行、既有条数、於要否法学者叵識、為決要法故来此問也

次答中有二、一祖述答意、二釈答文、初答意者、問意既於上諸門諸行、問其要否、故答中又於上諸門中、簡其不要示其要行、是則答中大意也、次正釈答文者、又分為二、一惣約五門簡之、二別約二門簡之、初惣約五門簡者、上厭離等三門是非往生要、故簡而不取、第四第五二門正是往生要行、故答中云大菩提心護三業等、大菩提心及念仏者是則第四門也、護三業深信至誠等〔者〕是第五門也、是則惣約諸門挙其要、而簡其不要也、次別約二門簡者、此又有二、一約第四門簡之、二約第五門簡之、初約第四門者、付之亦有五門、一礼拝門、二讃嘆門、三作願門、四観察門、五廻向門也、此五門中以作願観察二門為往生要、余三門是非要、故今云菩提心及念仏、又更不云礼讃等、又付菩提心有事有理、文中雖未簡之、若例念仏、且以事為往生要、又云念仏者是観察門之異名也、然於念仏行又有観想称名、於二行中称名為要、故次答中称念仏是行善云々、以之思之往生〔要〕集以称名念仏為往生至要、二約第五門者、付之又有六法、一方処供具、二修行相皃、三対治懈怠、四止悪修善、五懺悔衆罪、六対治魔事、此六法中以第二第四二門為往生要、第一第三第五第六四門是非往生要故捨而不取也、付第二門又有四修有三心、四修者一長時二慇重三無間四無余修、於四修中唯取無間修為其要、余三非要、故文引要決云、三者无間修、謂常念仏作往生想、於三心全取不棄、皆是往生要、故云、文云深信至誠及随願、是則此意也、次付第四門亦有六、一持戒不犯、二不起邪見、三不生憍慢、四不恚不嫉、五勇猛精進、六読誦大乗、於六法中唯取第一為往生要、故文云護三業要、々々々々者是即持戒不犯也、余五非要、故棄而不取、所謂戒者是菩薩戒、非声聞戒、其旨見文、但於菩薩戒亦有十重有四十八軽、今意捨軽取重、故文云三業重悪、倩案此問答、依此要集意欲遂往生者、先発縁事大菩提心、次持十重木叉、以深信至誠常称弥陀名号、随願決定得往生、是則此集正意也

次又有問答、以菩提心等七法為往生要、問答其由也、其文易見、恐繁不記、又於上厭離等五門簡択要否、既以如此、下別時等五門亦非至要以之可知、又於念仏有二、一但念仏、前正修門意也、二

助念仏、今助念門意也、此要集意以助念仏為決定業歟、但善導和尚御意不然歟云々

三要者、約念仏一行勧進文是也、第四正修念仏五門之中観察門云、初心観行不堪深奥、乃至是故可修色相観、此分為三、一別相観、二惣相観、三雑略観、随意楽応用之、初別相観者云々、〔二惣相観者云々〕三雑略観者云々、若有不堪観念相好、或依帰命想、或依引接想〔或依往生想〕応称念、〈已上意楽不同故明種々観〉行住坐臥語黙作々、常以此念在於胸中、如飢念食、如渇追水、或胝○頭挙手、或挙声称名、外儀雖異心念常存、念々相続寤寐莫忘云々

又念仏証拠門云、〔問〕一切善業各有利益、各得往生、何故唯勧念仏一門、答今勧念仏非是遮余種々妙行、只是男女貴賤不簡行住坐臥、不論時処諸縁、修之不難、乃至臨終願求往生、得其便宜不如念仏、故木槵経云、難陀国波瑠璃王遣使白仏言、唯願世尊、特垂慈愍賜我要法、使我日夜易得修行、未来世中遠離衆苦、仏告言大王、若欲滅煩悩障報障者、当貫木槵子一百八以常自随、若行若坐若臥、恒当至心无分散意、称仏陀達磨僧伽名、乃過一木槵子、如是若十若廿若百若千乃至百千万、若能満廿万遍身心不乱、无諸諂曲者、捨命得生第三炎摩天、衣食自然常受安楽、若復能満一百万遍者、当得除断百八結業、背生死流趣涅槃道獲无上果、〈略抄感禅師意亦同之〉況復諸聖教中多以念仏為往生業、其文甚多、略出十文、一占察経下巻云、若人欲生他方現在浄国者、応当随彼世界仏名字、専意誦念、一心不乱如上観察者、決定得生彼仏浄国、善根増長速成不退、〈如上観察者、観於地蔵菩薩法身及諸仏法身、与己自身平等无二不生不滅常楽我浄功徳円満、又観己身無常如幻可厭等也〉二雙観○経三輩之業、雖有浅深然通皆云一向専念无量寿仏、三四十八願中、於念仏門別発一願云乃至〔十念〕若不生者不取正覚、四観経極楽悪人云々、五同経云若欲至心云々、六同経云光明遍照云々、七阿弥陀経云不可以少善根云々、八般舟経云阿弥陀仏言欲来生我国者云々、九鼓音〔声〕経云若有衆生云々、十往生論以観念彼仏依正功徳為往生業、〈已上〉此中観経下々品阿弥陀経鼓音声〔経〕、但以念名号為往生業、何況観念相好功徳耶、問余行寧無勧進文耶、答其余行法、因明彼法種々功能、自説往生之事、不如直弁往生之要多云念仏、何況仏自言当念我乎、亦不云仏光明接○取余行人、此等文分明、何重生疑耶、問諸経所説随機万品、何以管見執一文耶、答馬鳴菩薩大乗起信論云、復次衆生初覚○此法、其心怯弱懼畏〔信心〕難成就、〔意〕欲退者、当知、如来有勝方便摂護信心、随以専心念仏因縁、随願得往生他方仏土、如修多羅説若人専念西方阿弥陀仏、所作善業廻向願求生彼世界、即得往生、〈已上〉明知契経多以念仏為往生要、若不爾者四依菩薩即非尽理云々

私云、此中有三番問答、初問意可見、唯勧語正指上観察門中行住坐臥等文也、其故尋一部始末、慇懃勧進只有観察之門、余処全所不見也、答中有二義、一者難行易行、謂諸行難修念仏易修、二

者少分多分、謂諸行勧進文甚少、念仏諸経多勧進三、次問答中、問意可知、答中有三義、一者因明直弁、謂諸行専為往生不説之、念仏専為往生撰説之、二自説不自説、謂諸行阿弥陀如来不説自当修之、念仏説自当念我、三接取不接取、謂修諸行〔仏〕光不接取之、行念仏仏光接取之云々、次問答中問意可得、答中有一義、如来随機四依理尽、謂諸行尺迦如来随衆生機説之、念仏四依菩薩尽理勧之云云、是則此集本意也、委可思之

往生階位云、問若凡下輩得往生、云何近代於彼国土求者千万得无一二、答綽和尚云、信心不深若存若亡故、信心不一、不決定故、信心不相続、余念間故、此三不相応者不能往生、若具三心不往生者无有是処、導和尚云、若能如上念々相続畢命為期者、十即十生百即百生、若欲捨専修雑業者、百時希得一二、千時希得三五、〈言如上者指礼拝等五念門、至成等三心、長時等四修也〉私云、恵心尽理定往生得否、以善導道綽可為指南也、又処々多引用於彼師尺、可見云云、然則用恵心之輩、必可帰善導道綽也、依之先披綽禅師安楽集、覧之分聖道浄土二門仏教尺也、次善導観経疏見

承久二年六月十二日於越後国府為往生極楽拭汗書了

校合了

無量寿経釈〈正依善導、傍依諸師、并述愚懐〉

天台黒谷沙門源空記

将釈此経略有五意、一者大意、二立教開宗、三浄教不同、四釈名、五入文解釈

一大意者、釈迦捨無勝浄土出此穢土事、本説浄土之教勧進衆生為令生浄土、弥陀如来捨穢土出彼浄土事、本導穢土衆生為令生浄土、是則諸仏出浄土出穢土御本意也、善導釈云、釈迦此方発遣云云、是則此経大意也

二立教開宗者亦分為二、一諸宗立教不同、二正立二教、一諸宗立教不同者法相三時云云、三論二蔵云云、天台或五味或四教云云、華厳五教或十宗云云、真言或二教或十住心云云、二正立二教者、綽禅師意、略立二教以判仏教、一聖道教、二浄土教、一聖道教者、若小乗若大乗若顕教若密教中云云、二浄土教者、小乗中全不説浄土法門、大乗中多説往生浄土法、名之謂浄土教、今此経正是摂浄土教云云、次以横截五悪趣文分別二門也、抑三乗四乗聖道、正像既過至末法、但有教無行証、故末法近来無断惑証理、無断惑証理故、以之無出生死之輩、往生浄土之法門雖未断煩悩之迷、依弥陀願力生極楽者、永離三界出六道生死、故往生浄土之法是未断惑出三

界法云云、故末代出離生死往生浄土、〔出離生死〕更以不可階事故、有心之人、若欲出生死者、必可帰浄土門、故道綽禅師釈此経横截五悪趣文云、若依此方修治断除、先断見惑離三途因滅三途果、後断修惑離人天果、此皆漸次断除不名横截、若得往生弥陀浄国、娑婆五道一時頓捨故名横截、截五悪趣截其果也、天台真言皆雖名頓教、断惑故猶是漸教也、未断惑出過三界之長迷故、以此教為頓中頓也

三浄教不同者、於往生教有根本、亦有枝末、例如真言云云、以此経名根本、以余経名枝末云云、亦以此経名正往生教、以余経名傍往生教云云、亦以此経名有所往生教、以他経名無所往生教云云、亦此経名往生具足教、他経名〔往生〕不具足教

四釈名者云云、五入文解釈者、此経一部二巻分為三段、始自我聞如是至于願楽欲聞此序分也、次自乃往過去久遠無量至于下巻略説之耳是正宗也、次自其有得聞彼仏名号至于靡不歓喜是流通也、始付序有通有別、通者云云、別者云云

次付正宗略有四段、一四十八願興意、二依願修行、三所得依正、四往生行業、一四十八願興意、雙巻経云、乃往過去久遠無量不可思議劫有仏出世、名錠光如来云云、次仏名光遠、乃至第五十三仏名処世如来云云、其次在仏名世自在王如来云云、時有国王、離垢浄王歟無諍念王歟、所詮一体同名也、聞仏所説発無上道心、即棄金輪之位行作沙門、辞万乗之機求無上道、高才勇哲与世超異、号曰法蔵、詣世自在王如来所、乃至於是世自在王仏、即為広説二百一十億諸仏刹土人天之善悪国土之麁妙、応其心願悉現与之、時彼比丘聞仏所説厳浄国土、皆悉覩見超発無上殊勝之願、其心寂静志無所着、一切世間無能及者、具足五劫思惟摂取荘厳仏国清浄之行、阿難白仏、彼仏国土寿量幾何、仏言、其仏寿命四十二劫、時法蔵比丘摂取二百一十億諸仏妙土清浄之行、〈已上〉又大阿弥陀経云、其仏即選択二百一十億仏国土中諸天人民之善悪国土之好醜、為選択心中所欲願、楼夷亘羅仏〈此云世自在王仏〉説経畢、曇摩迦〈此云法蔵〉便一其心即得天眼徹視、悉自見二百一十億諸仏国土中諸天人民之善悪国土之好醜、即選択心中所願、便結得是二十四願経、〈平等覚経亦復同之〉此中選択者即是取捨義也、謂於二百一十億諸仏浄土中、捨人天之悪取人天之善、捨国土之醜取国土之好也、大阿弥陀経選択義如是、雙巻経意亦有選択義、謂云摂取二百一十億諸仏妙土清浄之行是也、選択与摂取、其言雖異其意是同、然者捨不清浄行取清浄之行也、上天人之善悪国土之麁妙、其義亦然、准之応知

夫約四十八願一往各論選択摂取之義者、第一無三悪趣願者、於所覩見之二百一十億土中、或有有三悪趣之国土、或有無三悪趣之国土、選捨其有三悪趣麁悪国土、選取其無三悪趣善妙国土、故云選択也、第二不更悪趣願者、於彼諸仏土中、或有縦雖国中無三悪道、其国人天寿終之後、従其国土去復更三悪趣之土、或有不更悪道之土、即選捨其更悪道麁悪国土、選取其不更悪道善妙国土、故云選択也、第三悉皆金色願者、於彼諸〔仏〕土中、或有一土之中有

黄白二類人天之国土、或有純黄金色之国土、即選捨黄白二類麁悪国土、即選取黄金一色善妙国土、故云選択也、第四無有好醜願者、於彼諸仏土中、或有人天形色好醜不同之国土、或有形色一類無有好醜之国土、即選捨好醜不同麁悪国土、選取無有好醜善妙国土、故云選択也、乃至第十八念仏往生願者、於彼諸仏土中、或有以布施為往生行之土、或有以持戒為往生行之土、或有以忍辱為往生行之土、或有以精進為往生行之土、或有以禅定為往生行之土、或有以般若〈信第一義等是也〉為往生行之土、或有以菩提心為往生行之土、或有以六念為往生行之土、或有以持経為往生行之土、或有以持呪為往生行之土、或有以起立塔像飯食沙門及以孝養父母奉事師長等種種之行各為往生行之国土等、或有専称其国仏名為往生行之土、如此以一行配一仏土者、是且一往之義也、再往論之、其義不定、或有一仏土中以多行為往生行之土、或有多仏土中以一行通為往生行之土、如是往生行種種不同、不可具述也、即今選捨前布施持戒乃至孝養父母等諸行、選取専称仏号、故云選択也、且約五願略論選択、其義如是、自余諸願准之応知

　問曰、普約諸願選捨麁悪選取善妙、其理可然、何故第十八願選捨一切諸行、唯偏選取念仏一行為往生本願乎、答曰、聖意難測、不能輙解、雖然今試以二義解之、一者勝劣義、二者難易義、初勝劣者、念仏是勝、余行是劣、所以者何、名号者是万徳之所帰也、然則弥陀一仏所有四智三身十力四無畏等一切内証功徳、相好光明説法利生等一切外用功徳、皆悉摂在阿弥陀仏名号之中、故名号功徳最為勝也、余行不然、各守一隅、是以為劣也、譬如世間屋舎、其屋舎名字之中摂棟梁椽柱等一切家具、棟梁等一一名字中、不能摂一切、以之応知、然則仏名号功徳勝余一切功徳、故捨劣取勝、以為本願歟、次難易義者、念仏易修諸行難修、故諸仏心者慈悲為体、以此平等慈悲普摂一切也、仏慈悲不漏一人、普可利一切、先約宗言之者、昔法蔵比丘由真言宗心、以三密章句為往生別願、無畏不空恵果法全往生、自余諸宗之人不可生、次由仏心宗意以見性成仏為別願、恵可僧璨弘忍恵能往生、自余諸宗之人不可生、次由法華宗意以一乗実相為別願、章安天台妙楽道邃可生、諸宗之人不可生、次由華厳法界意以海印頓現為別願、賢首清涼生、諸宗之人不可生、次由無相宗意以八不中道為別願、嘉祥興皇生、諸宗之人不可生、次由有相宗意以唯識唯心為別願、玄奘慈恩生、諸宗之人不可生、次由四分宗以二百五十戒為別願、南山東西之律師生、諸宗之人不可生、次由梵網意以五十八戒為別願、恵威明曠生、諸宗之人不可生、然念仏往生願真言止観行人同修之、華厳達磨人又以修之無妨、無相有相之行人、四分五分之律師、念仏無妨往生有憑、然則真言等八宗共不漏往生慈悲願網也、加之若以布施為別願、戒日孤可往生、一切貧窮之人不可生、若以起塔為別願、育王一可往生、一切困乏之倫不可往生、若以稽古鑚仰為別願、訪生光基之倫可生、若以多聞広学為別願、生肇融叡之類可生、若以棄家捨欲為

別願、出家二衆生、在家両輩不可生、若以貴家尊宿為別願、一人三公生、九民百黎不可生、然今念仏往生願不選有智無智、不嫌持戒破戒、不云少聞少見、不云在家在俗、一切有心之者易唱易生、如一月浮万水無嫌水浅深、如大陽照世界不選地高低、法照釈云不簡貧云云、設雖少聞少見唱名号即生、設雖多聞多見称仏名即生、設雖月卿雲客念仏者即生、設雖田夫野人称念即生云云、万機摂一願千品納十念、以此平等慈悲普摂一切也〈可釈此意也云云〉

問曰、一切菩薩雖立其願、或有已成就、或有未成就、未審、法蔵菩薩四十八願已為成就、将為未成就也、答曰、法蔵誓願一一成就、僉式信受、敢莫孤疑、何者極楽世界中既無三悪趣、当知、是即成就第一無三悪趣之願也、何以得知、即無三悪趣願成就文云亦無地獄餓鬼畜生諸難之趣是也、又彼国人天既以無有一人不具三十二相、当知、是即成就第廿一具三十二相願也、以何得知、即具三十二相願成就文云生彼国者皆悉具足三十二相是也、如是初自無三悪趣願終至〔得〕三法忍願、一一誓願皆以成就、第十八念仏往生願豈孤以不成就乎、然則念仏之人皆以往生、以何得知、即念仏往生願成就文云諸有衆生聞其名号信心歓喜乃至一念至心廻向願生彼国即得往生住不退転是也、凡四十八願荘厳浄土華池宝閣無非願力、何於其中独可疑惑念仏往生願乎、加之一一願終皆云若不尓者不取正覚、而阿弥陀仏成仏已来於今十劫、成仏之果以成就、当知、一一願不可虚設、故上所引往生礼讃云、彼仏今現在世成仏、当知本誓重願不虚、衆生称念必得往生〈已上〉釈家得願旨、須可仰信耳

問曰、経云十念釈云十声、念声之義一異如何、答曰、念声是一、何以得知、観経下品下生云、令声不絶具足十念称南無阿弥陀仏、称仏名故於念念中除八十億劫生死之罪〈已上〉今依此文、声即是念念則是声其意暁矣、加之大集月蔵経云、大念見大仏小念見小仏、感師釈云大念者大声念仏、小念者小声念仏、亦依此意念声是一、当知、念即是唱訓也

問曰、経云乃至釈云下至、乃下之義其意如何、答〔曰〕、乃至与下至其意是一、経云乃至者従多向少之言也、多者上尽一形也、少者下至十声一声等也、釈云下至者下者対上之辞也、所言下者下至十声一声等也、所対上者上尽一形也、上下相対之文其例非一、且如宿命通願云、設我得仏、国中天人不識宿命、下至不知百千億那由他諸劫事者不取正覚、如是五神通及以光明寿命等願中一一皆置下至之言、是則従多至少、以下対上之義也、方准例上八種之願、今此願中乃至者即是下至也、是故今善導所引解釈下至之言、其意冥経旨、但解此願善導与諸師其意不同、諸師之釈別云十念往生願者、若不満十即不得生、善導之意惣云念仏往生願不限員数、称念皆生、諸師別云十念往生願者其意即不周也、所以然者上捨一形下捨一念之故也、善導惣言念仏往生願者其意広周也、所以然者上取一形下取一念之故也

抑此四十八願皆有抜苦与楽之義、尓故者大悲者抜苦、大慈者与

楽也、第一無三悪趣大悲抜苦也、第二不更悪趣亦是大悲抜苦也、第三悉皆金色者是与楽也、第四無有好醜又是与楽也、乃至十八念仏往生願有二意、出離生死是抜苦也、往生極楽是与楽也、生死衆苦一時能離、浄土諸楽一念能受、若弥陀無念仏願、衆生不乗此願力者、五苦逼迫衆生云何可離苦界、過去生生世世不値弥陀誓願者、于今在三界皆苦火宅、未至四徳常楽之宝城、過去皆以如此、未来亦空可送、今生有何福値此大願、設雖遇若不信者如不値、既深信之、今正是値、但設心雖信之、若不行之又如不信、既行之、正是信、願力不空、行業有誠、往生無疑、既離生死可離衆苦、即是大悲抜苦也、次往生極楽之後、身心受諸楽眼拝見如来瞻仰聖衆、每見増眼根楽、耳聞深妙法、每聞増耳根楽、鼻聞功徳法香、每聞増鼻根楽、舌嘗法喜禅悦味、每嘗増舌根楽、身蒙弥陀光明、每触増身根楽、意縁楽之境、每縁増意根楽、極楽世界一一境界皆離苦得楽之計也、風吹宝樹是楽也、枝条華菓韻常楽、波洗金岸是楽也、微瀾廻流四徳、洲靏囀是楽也、根力覚道法門故、塞鴻鳴是楽也、念仏法僧妙法故、歩宝地是楽也、天衣受趺入宝宮是楽也、天楽奏耳、是則弥陀如来慈悲御心、発念仏之誓願、我等衆生抜苦与楽心也

　次別約女人発願云、設我得仏、其有女人、聞我名字歓喜信楽発菩提心厭於女身、寿終之後復為女像者不取正覚矣、付此有疑、上念仏往生願不嫌男女、来迎引接亘男女、繋念定生願又然也、今別有此願其心云何、倩案此事、女人障重明不約女人者、即生疑心、其由者女人過多障深一切処被嫌、道宣引経云、十方世界有女人処即有地獄云云、加之内有五障、外有三従、五障者一者不得云云、二者帝尺、三者魔王、四者転輪王、五者仏身云云、一者不得作梵天王者、色界初禅之王、梵衆梵輔之王也、彼尚生滅之境、輪転之質、無量梵王更居、全以女身無登高台閣者、無刷三朱之襟者、此尚難、何況往生哉、可疑之故別発女人往生願、二者帝釈者、欲界第二天、須弥八万之頂三十三天王、殊勝殿主也、彼又五衰之形、摩滅之境、若于帝釈賛移云、未以女身登帝釈宝座者、三者摩王者、欲界第六天他化自在王也、尚業報之質、遷変之処、百千魔王移居云、未有女身魔王云事、四者転輪聖王者、東西南北四洲之王、金銀銅鉄四輪之王也、其中未一人有女輪王、五者仏身者、成仏男子尚難、何況女人之哉、大梵高台閣被嫌、無望梵衆梵輔之雲、帝釈柔軟床被下、無翫三十三天之華、六天魔王之位、四種輪王之跡、望永絶影不指、天上天下尚賤生死有漏果報、無常生滅拙身不成、何況仏位哉、申有憚思有恐

　三惑頓尽、二死永除、長夜爰明覚月正円也、四智円明之春苑、三十二相之華鮮発、三身即一之秋虚八十種好之月清澄、位妙覚高貴之位、四海灌頂之法王也、形仏果円満之形、三点法性円融之聖容也、実男子如善財大士一百一十城求、如雪山童子四句半偈身投、仏可成申候、緩行疎求全不可叶候、サレハ五千上慢是男子、去成仏座而起、五闡提羅沙門結無間之業而落、凡仏道被嫌仏家被棄者

不可勝計、何況女人身諸経論中被嫌、在在所所被擯出、非三途八難無可趣方、非六趣四生無可受形、然則富楼那尊者成仏国云無有諸女人亦無諸悪道等、等三悪道永削女人跡、天親菩薩往生論中云女人及根欠二乗種不生、同根欠敗種遠絶往生之望云云、諸仏浄土不可思寄

此日本国サシモ貴無止霊地、霊験砌皆悉被嫌云云、先比叡山是伝教大師建立、桓武天皇之御願也、大師自結界堺谷局峯不入女人形、一乗峯高立五障之雲無聳、一味之谷深三従之水無流、薬師医王霊像聞耳不視限、大師結界霊地遠見近不臨、高野山者弘法大師結界峯、真言上乗繁昌之地、三密之月輪雖普照、不照女人非器之闇、五瓶之智水雖等流不灑女身垢穢之質、於此等所尚有其障、何況於出過三界道之浄土之哉、加之又聖武天王御願十六丈金銅舎那前、遙雖拝見之尚不入扉内、天智天王之建立五丈石像弥勒前、高仰雖礼拝之尚壇上有障、乃至金峯雲上、醍醐霞中、女人不影、悲哉雖備両足有不登法峯、有不沓仏庭、恥哉雖両眼明有不見霊地、有不拝霊像、此穢土瓦礫荊棘之山、泥木素像仏有障、何況衆宝合成之浄土、万徳究竟之仏乎、因茲往生可有其疑故、鑒此理別有此願云云

善導釈此願云、乃由弥陀大願力故、女人称仏名号正命終時、即転女身得成男子、弥陀接手菩薩扶身、坐宝華上随仏往生、入仏大会証悟無生、又一切女人若不因弥陀名願力者、千劫万劫恒河沙等劫、終不可得転女身、或有道俗云、女人不得生浄土者、此是妄説不可信也云云、是則抜女人苦与女人楽慈悲御意誓願利生也

又其後不可思議兆載永劫積植菩薩無量行願、難行苦行積劫累徳、或人云、其因行者多摂六度、云其果徳者多摂三身、法華云為求声聞者説応四諦法云云、六度者一檀二戒三忍四進五禅六恵也、付初檀有無量、謂国城妻子奴婢僕従聚落田地舎宅園林象馬車乗珍宝輦輿等、諸身外一切財物能施与之、乃至眼耳鼻舌身頭目髄脳一切身上諸根能捨与之、然則弥陀如来行菩薩道之時、修檀送劫海、経云所施目如一恒河沙如乞眼婆羅門、有飲血衆生乞身分生血、所施生血如四大海水、有噉完衆生乞身分脂肉、所施完如千須弥山、加之所捨舌如大鉄囲山、所捨耳如純陀羅山、所捨鼻如毘布羅山、所捨歯如嗜闍崛山、所捨身皮如三千大千世界所有地云云、加之或時成肉山被食噉衆生、或時成大魚与身分衆生、菩薩慈悲以之可知云云、衆生貪欲以之可知云云、飲血噉肉之衆生無情、破菩薩利生之膚、求食着味之凡夫無慚、食薩埵慈悲之肉、如是非一劫二劫、兆載永劫之間、流四大海水之血竭千須弥山之肉、難捨能捨難忍能忍、満檀度満足尸羅波羅密云云、忍辱精進禅定智恵六度円満万行具足云云

次果位三身、〈如常〉法身者、〈如常〉報身者報前因所感得身也、布髪掩泥之功、感紺瑠璃頂、流血割肉之勤、得紫磨金膚、代禽之慈不空、早得鵝王之相、代獣之悲有誠遙感鹿王之膊、破脳治他病故今成医王大医王、施肉与商人故今成船師大船師、施燈燭故成光明

無量仏、断殺生故成寿命無量聖、以宝与人成衆宝国土之主、以床施人得大宝華王之座、布施為庫蔵収百福荘厳之財、持戒為良田下三菩提之種子、着忍辱鎧固戦魔王之十軍、乗精進駿馬早超嶮難之六度、以静慮利釼裁結使首、以禅定深水洗諸欲垢、以智恵船筏渡生死大海、挑般若明燈照無明長夜、凡答万行因感万徳果、依因感果如華結果、酬業招報似響随声、是則酬法蔵比丘実修万行、弥陀如来得実証万徳報身如来也、次応身者始終応同身也云云、次仏色身相好功徳者、云其身量者六十万億云云、言其身色者百千万億云云、此身量之所得依正者、此則非別者、酬六度万行之修因、四十八願一一無相違如本願、顕名所得依正者、聴聞人人不申前知食之、若釈之一一依正依四十八願釈、別在之、可読之

　四往生行業者〈来意云云〉此有二、一分二行二依文別釈、一分二行者亦分為三、一正分二行、二依善導論得失、三以感師等義助善導之義、一分二行者亦分為二、一正分二行、依善導等往生之行大分為二、一念仏行、二余諸行云云、余諸師未必如此分別云云、依之往生正行凡夫輙以難可了云云、二略釈相者此亦為二、一釈念仏二釈諸行、一念仏者或観仏相好、或観光明、或依帰命想、或依引接想一心称念弥陀仏名、名之為念仏、観相好者云云、光明者云云、帰命想者云云、引接想者云云、設亦無観念但信称名亦得往生云云、二釈余諸行者、求極楽者必不念仏、各随楽欲修種種行、其行相広在経論不能具引之、諸経所説雖其業多、結其要不出三意、故往生要集云、諸経行業惣而言之〔不〕出梵網戒品、別而論之不出六度、細明其相有其十三、一財法等施、二三帰五戒八戒十戒等多少戒行、三忍辱、四精進、五禅定、六般若、〈信第一義等是也〉七発菩提心、八修行六念、〈仏法僧戒施天謂之六念〉九読誦大乗、十守護仏法、十一孝順父母奉事師長、十二不生憍慢、十三不染利養也、一布施者云云、九読誦大乗者云云、此中有持経持咒云云

　次依善導有二、一先釈二行、二正論得失、一二行者一正行二雑行也、言正行者専依往生経行者是名正行、何者是也、一心専読誦此観経弥陀経無量寿経等、一心専注思想観察憶念彼国二報荘厳、若礼即一心専礼彼仏、若口称即一心専称彼仏、若讃歎供養即一心専讃歎供養、是名為正、又就此正中復有二種、一者一心専念弥陀名号、行住坐臥不問時節久近、念念不捨者是名正定之業、順彼仏願故、若依礼誦等即名為助業、除此正助二行已外自余諸善悉名雑行、若修前正助二行、心常親近憶念不断、名為無間也、若行後雑行即心常間断、雖可廻向得生衆名疎雑之行云云

　私云、就此文有二意、一明往生行相、二判二行得失、初明往生行相者、依善導和尚意往生行雖多大分為二、一正行二雑行、初正行者就此有開合二義、初開為五種、後合為二種、初開為五種者、一読誦正行、二観察正行、三礼拝正行、四称名正行、五讃歎供養正行也、第一読誦正行者専読誦観経等也、即文云一心専読誦此観経阿弥陀経無量寿経等是也、所言等者指上三経、今非等取余経諸典、

例如彼法華記第五中妙楽大師釈十力等功徳文、云所言等者非唯供仏兼浄土行、如此等例甚多也、恐繁不出、学者更検、加之五種正行皆限弥陀一仏功徳、所以観察礼拝称名讃歎四箇正行既唯在彼弥陀依正、豈読誦行独兼他経、第二観察正行者専観察彼国依正二報也、即文云一心専注思想観察憶念彼国二報荘厳是也、第三礼拝正行者専礼拝弥陀等、即文云若礼即一心専礼彼仏是也、第四称名正行者専称弥陀名号也、即文云若口称即一心専称彼仏是也、第五讃歎供養正行者専讃嘆供養弥陀也、即文云若讃嘆供養即一心専讃歎供養是名為正是也、若開讃嘆与供養而為二者、可名六種正行也、今依合義故云五種、次合為二種者一者正業二者助業、初正業者以上五種之中第四称名為正定之業、即文云一心専念弥陀名号行住坐臥不問時節久近念念不捨者是名正定之業順彼仏願故是也、次助業者除第四口称之外以読誦等四種而為助業、即文云若依礼誦等即名為助業是也

問曰、何故五種之中独以称名念仏為正定業乎、答曰順彼仏願故、意云称名念仏是彼仏本願行也、故修之者乗彼仏願必得往生、由願不虚故、以念仏為正定之業、本願義至下応弁、但正定者法蔵菩薩於二百一十億諸仏誓願海中、撰定念仏往生之願、故云定也、選択之義亦如前、依此等意故以念仏名為正定之業者也、読誦等行即非本願選択之行故名為助、念仏亦是正中之正、礼誦等是正中之助、正助雖異同在弥陀故、雖為正然非無勝劣之義

次雑行者即文云除此正助二行已外自余諸善悉名雑行是也、意云雑行無量、不遑具述、今且翻対五種正行以明五種雑行也、一読誦雑行、二観察雑行、三礼拝雑行、四称名雑行、五讃嘆供養雑行也、第一読誦雑行者、除上観経等往生浄土経已外、於大小乗顕密諸経受持読誦、悉名読誦雑行、第二観察雑行者、除上極楽依正已外、大小顕密事理観行、皆悉名観察雑行、第三礼拝雑行者、除上礼拝弥陀已外、於一切諸余仏菩薩等及諸世天等礼拝恭敬、悉名礼拝雑行、第四称名雑行者、除上称弥陀名号已外、称自余一切諸仏菩薩等及諸世天等名号、悉名称名雑行、第五讃嘆供養雑行者、除上弥陀仏、已外於一切諸余仏菩薩等及諸世天等讃嘆供養、悉名讃嘆供養雑行、此外亦有布施持戒等無量之行、皆可摂尽雑行之言

次判二行得失者、若修前正助二行、心常親近憶念不断名為無間也、若行後雑行即心常間断、雖可廻向得生衆名疎雑之行、即其文也、案此文意就正雑二行有五番相対、一親疎対、二近遠対、三無間有間対、四不廻向廻向対、五純雑対也、第一親疎対者、先親者修正助二行者、於阿弥陀仏甚以結親昵。故疏上文云、衆生起行口常称仏仏即聞之、身常礼敬仏仏即見之、心常念仏仏即知之、衆生憶念仏者仏亦憶念衆生、彼此三業不相捨離故名親縁也、次疎者雑行也、飜親謂是者、衆生不称仏即不聞之、身不礼仏即不見之、心不念仏仏即不知之、衆生不憶念仏者仏不憶念衆生、彼此三業常相捨離故名疎行也、第二近遠対者、先近者修正助二行者、於阿弥

陀仏甚以為隣近也、故疏上文云、衆生願見仏仏即応念現在目前、故名近縁也、次遠者是雑行也、翻近謂是者、衆生不願見仏、仏即不応念、不現目前故名遠也、但親近義是雖似一、善導之意分而為二、其旨見疏文、故今所引釈也、第三無間有間対者、先無間者修正助二行者、於阿弥陀仏憶念不間断故、云名為無間是也、次有間者是雑行也、翻無間謂是者、修雑行者於阿弥陀仏憶念常間断、即文云若行後雑行即心常間断是也、第四不廻向廻向対者、修正助二行者、縦令別雖不用廻向自然而成往生之業、故疏上文云、今此観経中十声称仏即有十願十行具足、云何具足、言南無者即帰命、亦是発願廻向之義、言阿弥陀仏者即是其行、以斯義故必得往生、〈已上〉次廻向者是雑行也、翻不廻向謂是者、即修雑行者必用廻向之時成往生之因、若不用廻向之時不成往生之因故、云雖可廻向得生是也、第五純雑対者、先純者修正助二行者純是極楽之行也、次雑者是雑行也、翻純謂是者、修雑行者是純非極楽之行、通於人天及以三乗亦通於十方浄土、故云雑也、然者西方行者須捨雑行修正行也

問曰、此純雑義於経論中有其証拠乎、答曰、於大小乗経律論之中立純雑二門其例非一、大乗即於八蔵之中而立雑蔵、八蔵者安然和尚教時義中引菩薩処胎経云、一胎化蔵二中陰蔵三摩訶衍方等蔵四戒律蔵五十住蔵六雑蔵七金剛蔵八仏蔵、当知七蔵是純、一蔵是雑、小乗即於四含之中而立雑含、四含者一増一阿含二長阿含三中阿含四雑阿含、当知三含是純、一含是雑、律則於二十揵度之中而立雑揵度、二十揵度者一受戒揵度二説戒揵度三安居揵度四自恣揵度五皮革揵度六衣揵度七薬揵度八迦絺那衣揵度九拘睒弥揵度十瞻婆揵度十一呵責揵度十二人揵度十三覆蔵揵度十四遮揵度十五破僧揵度十六滅諍揵度十七尼揵度十八説法揵度十九房舎揵度二十雑揵度、当知前十九是純、後一雑揵度也、論則於八揵度之中而立雑揵度、八揵度者一業二使三智四定五根六大七見八雑、当知前七是純、後一是雑揵度也、又小乗経量部於五蔵之中而立雑蔵、五蔵者一修多羅蔵二毘尼蔵三阿毘曇蔵四雑蔵五呪蔵、当知四純一雑、又賢聖集中唐宋両伝於十科之中而立雑科、十科法者一訳経二義解三習禅四明律五護法六感通七読誦八遺身九興福十雑科、当知前九是純、後一是雑科也、乃至大乗義章立五聚法門、其中有雑聚、五聚者一教聚二義聚三染聚〔四浄聚〕五雑聚、当知前四聚是純、後一是雑也、亦非顕教、密教之中有純雑法、謂山家仏法血脈譜云、一胎蔵界曼陀羅血脈譜一首、二金剛界曼陀羅血脈譜一首、三雑曼陀羅血脈譜一首、前二首是純、後一〔首〕是雑、如斯純雑之義雖多、今且略挙少分而已、当知純雑之義随法而不定、然則今善導和尚意、且於浄土行而論純雑也、又此純雑義唯不局内典、外典之中其例甚多、恐繁不出矣、取要言之、正即雖有読誦観察礼拝讃嘆等五種不同、取於称名名為正行、雑即雖有疎遠有間廻向雑等五義不同、取純雑義名為雑行

但於往生行、如此分二行非唯独限善導一師、〔若〕依道綽禅師意

者往生行雖多束而為二、一謂念仏往生、二謂万行往生、念仏是正、万行是雑、若依懐感禅師意者往生行雖多束而為二、一謂念仏往生、二謂諸行往生、〈恵心同之〉念仏如前、諸行是雑、如是三師言異意一、各立二行摂往生行甚得其旨、最可帰依、余師不然、行者思択

又善導和尚往生礼讃中細判二行得失、謹案彼文云、若能如上念念相続畢命為期者、十即十生百即百生、何以故、無外雑縁得正念故、与仏本願相応故、不違教故、随順仏語故、若捨専修雑業者百時希得一二、千時希得五三、何以故、由雑縁乱動失正念故、与仏本願不相応故、与教相違故、不順仏語故、係念不相続故、憶想間断故、廻願不慇重真実故、貪嗔諸見煩悩来間断故、無有慚愧悔過心故、又不相続念報彼仏恩故、心生軽慢雖作業行常与名利相応故、人我自覆不親近同行善知識故、楽近雑縁自障障他往生正行故、何以故、余比日自見聞諸方道俗、解行不同専雑有異、但使専意作者十即十生、修雑不至心者千中無一、此二行得失如前已弁、仰願一切往生人等善自思量、已能今身願生彼国者、行住坐臥必須励心剋已昼夜莫廃畢命為期、上在一形似如小苦、前念命終後念即生彼国長時永劫常受無為諸楽、乃至成仏亦不逕生死、豈非快哉、応知〈已上〉

私云、凡此文者是行者至要也、専雑之訓、得失之誡、甚以苦也、求極楽之人盍貯寸符哉、若夫抛雑修専者百即百生、如棄迂向直、豈以不届也、捨専修雑者千中無一、如捨夷趣嶮、遂以弗達矣、往生要集下云、問若凡下輩亦得往生、云何近代於彼国土求者千万得無一二、答綽和尚云、信心不深、若存若亡故、信心不一、不決定故、信心不相続、余念間故、此三不相応故不能往生、若具三心者不往生者、無有是処、導和尚云、若具能如上念念相続畢命為斯者、十即十生百即百生、若欲捨専修〔雑〕業者、百時希得一二千時希得三五已上、此問答意明、以善導和尚二修欲決往生極楽之行者也、意云、若依専修而行用者、千万悉生、若抛雑業而欣求者一二亘生、既恵心意、於西方行以導和尚而為指南、其余末学寧不依馮、既知、恵心尚以叙用、何況於其余世人乎、就中我輩隮賢愚者万万里焉、人情念念下劣之故、去時代者二百廻矣、仏法日日澆薄之故、云何近代浅識之徒、処愚諂賢居末非本、然則決定欲得生彼極楽国土、由此答意捨雑修専、是先徳意、不可懈慢、努力努力、又綽禅師三信三不亦是専雑二修之義、答中二文為成一意、師資儡同無差而已

次依感師智栄等補助善導之義者是有七、一智栄、二信仲、三感師、四天竺覚親、五日本源信、六禅林、七越州、一感師者、群疑論云、問曰〔菩薩処胎経第二巻説、西方去此閻浮提十二億那由佗有懈慢国、其土快楽作倡伎楽、衣被服飾香花荘厳、七宝転開床、挙目東視宝床随転、北視西視南視亦如是転〕、前後発意衆生、欲生阿弥陀仏国者深染着懈慢国土、進不能生阿弥陀仏国土、千万衆時有一人生阿弥陀国、以此経准難可得生、何〔因今勧生彼仏国也〕、答曰由此経有斯言教故、善導禅師勧諸衆生、専修西方浄土業者、

四修廱墜三業無雑、廃余一切諸願〔諸〕行、唯願唯行西方一行、雑修之者万不一生、専修之人千無一失、即此経下文言、何以故皆由懈慢執心不牢固、是知、雑修之者為執心不牢之人、故生懈慢也、正与処胎経文相当、若不雑修専行此業、此即執心牢固定生極楽国云云、二智栄者、〈其文在別紙可見之〉三信仲、〈其文在別可見之〉四天竺覚親、〈其文在別可見之、或取意暗可釈之〉五日本源信有二意、一三重問答、二専修等、〈立十門専明念仏往生捨諸行云云〉其中至第八門相対念仏諸行有三番問答、後日可釈之、是則捨諸行取念仏取捨意也、次至第十門亦有十門料簡、謂極楽依正乃至第十助道人法也、其中第二往生階位中有二問答、以善導専雑二修義問答決択、其問答別書之、可見、故知、恵心意、始於二行論取捨、次用善導得失義云云、六禅林者即当寺権律師永観也、即依善導道綽意作往生十因、永廃諸行於念仏一門開十因、豈非但念仏行哉、七越洲者亦同当寺三論碩徳越洲珍海也、是亦同作決定往生集一巻立十門明往生法、其中亦依善導前文、傍雖述諸行正用念仏往生、爰知、於往生之行業論専雑二修、捨雑行専修正行事、天竺震旦日域其伝来尚矣云云

二来意、上依文別釈者、依経文別釈者、依経文釈念仏行也、其文有七、一者前四十八願中乃至十念若不生者文、二願成就諸有衆生聞名号等文、三明三輩往生中上輩生一向専念文、四同中輩生中一向専念文、五同下輩〔生〕中一向専念文、六流通初其有得聞彼仏名号等文、七同流通中当来之等文、此七文皆専一向明念仏往生云云

一設我得仏十方衆生乃至十念若不生者、是四十八願中第十八念仏往生願也云云、四十八願等雖微妙珠勝、於中亦有要有不要、第一無三悪趣乃至第四十八得三法忍、何願最要云云、愚僧未知云云、祖師善導出其要云、弘誓多門四十八、偏標念仏最為親、人能念仏仏還念、専心想仏仏知人云云、次於念仏門独発此願、於諸行門別無此願由云云、願力往生義可釈之

二願成就〔文〕、諸有衆生聞其名号、信心歓喜乃至一念等者此有三、一来意、二一念十念等義諸師不同、三唯除五逆義云云、一来意者云云、二一念十念義与諸師不同者云云、三唯除五逆義者云云、以此二文案之念仏往生義事已切畢、有何疑哉云云

三三輩中、上輩一向専念無量寿〔仏〕者、上以二文雖明念仏往生義未分其品秩、故今開一念仏為三品以分其品秩、此有二意、一付念仏往生有三品、捨中下為令欣上品分品秩、二為使行者知自念仏位分斉、一捨中下欣上品者云云、二知次位者云云

問、見今三輩之文念仏之外説諸行業、何唯謂念仏哉、所以上品中念仏外挙出家受戒発心修諸功徳、中品中念仏外説菩提心及斉戒等善、下品中念仏外説発菩提心、何故唯云念仏往生乎、答、此問最可然、仏意難側、凡下輙難解、然今依善導等意、今案此文略有二意、一但念仏往生、二助念仏往生、一但念仏者凡論三品之義事

者、本付一法論之、如九品煩悩等、今往生之行亦可然、何必付行多少論三品、故今付本願念仏行説三品往生之旨也、以何知之、三品文共於念仏置一向之言、謂上品説一向専念無量寿仏、乃至下品説一向専念無量寿仏、凡准余所云一向者不兼余行意也、故今付念仏、立三品分別品秩也云云、此亦非私義、故善導釈云、此経下巻初云、仏説一切衆生根性不同有上中下、随其根性仏皆勧専念無量寿仏名、其人命欲終時仏与聖衆自来迎、依釈意三輩共云念仏往生也

問曰、此釈未遮前難、何棄余行唯云念仏乎、答曰、此有三意、一為廃諸行帰於念仏而説諸行也、二為助成念仏而説諸行也、三約念仏諸行二門、各為立三品而説諸行也、一為廃諸行帰於念仏而説諸行者、准云善導観経疏中、上来雖説定散両門之益、望仏本願意在衆生一向専称弥陀仏名之釈意、且解之者、上輩之中雖説菩提心等余行、望上本願意唯在衆生専称弥陀名、而本願中更無余行、三輩共依上本願故、云一向専念無量寿仏也、一向者対二向等之言也、例彼五天竺有三寺、一者一向大乗寺、此寺之中無学小乗、二者一向小乗寺、此寺中無学大乗、三者大小兼行寺、此寺之中大小兼学、故云兼行寺、当知、大小両寺有一向言、兼行之寺無一向言、今此経中一向亦然、若念仏外亦加余行即非一向、若准寺者可云兼行、既云一向不兼余明矣、既先雖説余行後云一向専念、明知、廃諸行唯用念仏故云一向、若不尓者一向之言最以叵消歟、二為助成念仏説此諸行者此亦有二意、一以同類善根助成念仏、二以異類善根助成念仏、初同類助成者前善導専修正行中助念是也、前委申了云云、二異類善者是往生要集意也、彼集中立十門釈念仏往生、且其中第四正修念仏、第五助念方法云云、正修念仏者此有五念門、其中第四観察門正是念仏門也云云、助念方法有七、其七者云云、且第七惣結要行、問云上諸門中等云云、此義即似今経意、此即以異類善根助成念仏也、彼集意以助念仏為決定往生業云云、随能助者可謂諸行往生、今且随所助、以此亦為念仏門、三約念仏諸行各立三品者、今文中菩提心及造像等之諸善根准余経、各是一往生業也、然則此文約菩提心諸善根、各立三品明往生也、謂且付菩提心有上品有中品有下品、以上品発心為上品業、乃至以下品発心為下品業云云、菩提心已然、造像等亦如是、故知、此文付諸行分三品云事、是亦非私義、往生要集中引此等文亦為諸行往生証故、亦作此解、加之善導観経疏釈復有三種衆生文粗見此義云云、約念仏立三品者、往生要集中引此三品文為念仏往生証拠、其意同之、是則但念仏往生義也

問付念仏一法何分三品、〔答〕此且有三義、一約返数多少、二約時節長短、三約観念浅深、一約返数分者、善導釈云毎日三万返上品業云云、以之案之二万中一万下也、是則約返数多少分三品義也、九品准之、二約時節者、源信僧都弥陀経記中以彼経七日念仏為上品、彼因准之、或以十日念仏可為上々品、是即一往約時節久近分

三品也、九品准之、三約観念浅深者云云、以之案之今文付念仏立三品也

依之案之今三輩文有但念仏義、有助念仏義、亦有諸行往生義、仏以一音演説法、衆生随類各得解云云、仏意多含也、今且作三解、次付此三義論傍正、以但念仏為正、余二為傍、以何故、准仏本願故、依前後多文故云云、次付中輩造像以道鏡幷志法縁可釈、二願生往生業云云、中輩亦有諸行及助念幷但念云云

四中輩一向専念無量寿仏文、中輩亦有諸行往生助念往生但念仏往生義之由云云

五下輩亦有三、如前下輩一向専念文、例上輩可知、別不釈之云云、修往生業有三意、一但念仏、二助念、三但諸行也、徳聴門人人各任御心可令修行給、但導師愚意者依善導云云、已上正宗了

六流通初、其有得聞彼名号歓喜踊躍乃至一念、当知〔為得大利〕、此人則是具足無上功徳者、此文有四意、一来意、二廃助念及諸行明但念仏、三挙一念況十念等、四生信心不為誹謗、一来意者上正宗正為時会衆生説念仏往生法也、今流通者非但当時獲大利益、後五百歳亦説念仏往生法也、遠沾妙道等云云、二此廃上助念及諸行明但念仏故者、上本願願成就文雖明但念仏、上来迎願等中及次三輩文明助念往生諸行往生、依之諸往生行者、於但念助念諸行懐疑網未決、故至流通初廃助念諸行二門明但念仏往生、謂其有得聞彼仏名号云云、善導釈云、其有得聞彼弥陀仏名号、歓喜至一念皆当得生彼云云、此義亦非私意、即善導御意也、此経三輩中説助念及諸行、後流通中廃之唯明念仏、其次第似観経、観経中先広逗機縁、説十三定善三福九品之業明諸行往生、其次仏以此法付属給文云、仏告阿難汝好持是語等云云、善導釈云、従仏告阿難汝好持是語已下正明付属弥陀名号流通於遐代、上来雖説定散両門之益、望仏本願意在衆生一向専称弥陀仏名〈已上〉此已如此、今経亦如此、上逗機縁且雖説助念仏往生及諸行往生之旨、准仏本願故、至于流通初廃諸行帰但念仏也、助行猶廃之、況但諸行哉云云、三上説念仏往生説意三品、挙一念況十念等文者、只非明下品一念往生、挙一念況十念等、兼明上中二品往生、所以一念猶往生、況十念哉、十念尚往生、況多念哉、一日猶往生、況一月哉、一月猶往生、況三月一夏九旬哉、一夏尚往生、況一年哉、一年尚往生、況一生哉云云、四云生信心不為誹謗者、但念仏往生文義如此、誰人聴之不踊躍歓喜、然有人聴之為誹謗、当知、此人五劫中可堕大地獄、故称揚諸仏功徳経云、其有不信讃嘆称揚阿弥陀仏名号功徳、而謗毀者五劫之中当堕地獄具受衆苦云云、云当堕地獄、未謂何地獄具受衆苦云未説何苦、若等活地獄砕刺磨舂苦歟、若衆合地獄両山合来苦歟云云、御聴聞人人有智無智若男若女貴賤上下、願各各生信心不為誹謗云云、然則於無量劫之中適始得聞之、聞者即可踊躍歓喜、何為軽易之思、何亦為誹謗哉云云、設満大千火之義可釈之

七当来之世経道滅尽、我以慈悲哀愍独留此経止住百歳者、釈此

文有多意、一者来意、二者正廃諸行明但念仏、三者約聖道浄土二教滅尽久近勧往生、四約十方浄土往生極楽二教滅尽前後勧往生、五約上生往生二教滅尽久近亦勧往生、六約釈迦慈悲弥陀本願勧往生、一来意者上正宗五文并流通初文、但念仏往生義、文理共顕了、然今此文意諸行往生義、念仏往生経論、重巻並軸共流布正法末法之間、誠念仏諸行両行是非傍正暗以難定、或見諸行往生之経執諸行往生之旨、或見念仏往生之経執念仏往生之旨、何是何非、非仏者難知、然今復挙百年之時但念仏往生意、勧今時但念仏往生也、此亦非私義、浄影雙巻経疏釈云、以後勧今、故上次此文来也

二委重廃諸行明念仏者、付諸行略有十三、如前申、一布施乃至十三不染利益也、取要言之、付十三中有持戒往生、有持経往生、云持戒者依四分五分十誦僧祇梵網地持瓔珞等大小戒経、持三帰五戒乃至声聞具足戒菩薩十重四十八軽戒乃至三聚浄戒也、然彼百歳時経道滅尽、是等戒経悉滅尽、彼時已無戒経、無戒経故無受戒者、無受戒者故無持戒者、無持戒者故無破戒者、無破戒者故有唯無戒衆生、雖然唯至誠念弥陀名遂得往生也、此経雖有持戒之言未説持戒之行相、説持戒行相者広在大小戒律、彼戒律先滅持戒之行何因修之、故善導釈云万年三宝滅等云云、以之案之、設今時我等専雖不持戒行、若一心念仏何不遂往生、況今日随分持一戒二戒哉、故知、別雖不持戒品若能念仏、遂往生極楽云事、此中聴聞集来人人、或持戒品或不持戒、持戒破戒無戒一心念仏可期往生、此経雖有菩提心之言未説菩提心之行相、而説菩提心之行相者広在菩提心経等、彼経先滅菩提心之行何因修之往生給、復次有読誦往生、読誦者持経持咒往生也、付持経有華厳有法華、及有諸大乗経、然今彼百歳時衆生此等諸経滅尽故、雖不持此経此経留故、依経念仏即得往生、故善導釈云万年三宝滅等云云、以之案之、今時設雖不持華厳法華等、但能念仏何不遂往生、今聴聞集来人人御中、或有持華厳普賢十願人、或有不持人、或有持法華人、或有不持人、諸大乗経亦如此、不簡持経不持経、不論転読不転読、往生志御坐唯能可念弥陀名号、次付持咒、咒者此諸陀羅尼也、付陀羅尼有随求有尊勝有宝篋印有光明真言、及有諸神咒、持者皆得往生、然彼百歳時云経道滅尽、此等陀羅尼悉滅尽、依之彼時衆生無有一人持咒者、若然者、設雖不持咒皆念弥陀名号悉得往生、設今時我等雖不持神咒若能念仏何不往生、以之知之、今時聴聞諸衆、或有持尊勝人或有不持人、或有持宝篋印光明真言人或有不持人、不論持咒不持咒、若有往生志唯可念仏名、故善導往生礼讃釈云、万年三宝滅此経住百年、尓時聞一念皆当得生彼、釈此文略有四意、一者聖道浄土二教住滅前後、二者十方西方二教住滅前後、三者都率西方二教住滅前後、四者念仏諸行住滅前後也

一聖道浄土二教住滅前後者、謂聖道門諸経先滅、故云経道滅尽、浄土門此経特留、故云止住百歳也、当知、聖道機縁浅薄、浄土機縁深厚也

二十方西方二教住滅前後者、謂十方浄土往生諸教先滅、故云経道滅尽、西方浄土往生此経特留、故云止住百歳也、当知、十方浄土機縁浅薄、西方浄土機縁深厚也

三都率西方二教住滅前後者、謂上生心地等上生都率諸教先滅、故云経道滅尽、往生西方此経特留、故云止住百歳也、当知、都率雖近縁浅、極楽雖遠縁深也

四念仏諸行二行住滅前後者、諸行往生諸教先滅、故云経道滅尽、念仏往生此経特留、故云止住百歳也、当知、諸行往生機縁最浅、念仏往生機縁甚厚也、加之諸行往生縁少、念仏往生縁多、又諸行往生近局末法万年之時、念仏往生遠霑法滅百歳之代也

問曰、既云我以慈悲哀愍特留此経止住百歳、若尓者釈尊以慈悲而留経教、何経何教而不留也、而何不留余経唯留此経乎、答曰、縦雖留何経別指一経者亦不避此難、但特留此経有其深意歟、若依善導和尚意者此経之中已説弥陀如来念仏往生本願、釈迦慈悲為留念仏殊留此経、余経之中未説弥陀如来念仏往生本願、故釈尊慈悲以而不留之也、凡四十八願皆雖本願殊以念仏為往生規、故善導釈云、弘誓多門四十八、偏標念仏最為親、人能念仏仏還念、専心想仏仏知人、〈已上〉故知、四十八願之中既以念仏往生之願而為本願之中主也、是以釈迦慈悲特以此経止住百歳也、例如彼観無量寿経中、不付属定散之行、唯孤付属念仏之行、是即順彼仏願之故付属念仏一行也

問曰、百歳之間可留念仏、其理可然、此念仏行唯為被彼時機、将為通於正像末之機也、答曰、広可通於正像末、復次有諸宗諸家甚深理観之行、云法相宗五重唯識三性三無性観、三論宗八不中道勝義皆空観、華厳宗十玄六相法界円融観、天台宗一念三千一心三諦観、達磨宗即心是仏一念不生観、真言宗阿字本不生三密同体観、此等諸理観法皆依経論建立之、然彼時已所依経悉滅尽、能依章疏皆成塵埃、八宗九宗章疏悉滅尽、依何彼時衆生修理観、雖然独留此経故、依此経雖不修理観、称弥陀名一心不乱皆得往生、以之思之、今時我等設雖為法相三論学徒、不修五重唯識勝義皆空観、設雖為華厳天台門人、不修法界円融一念三千観、設雖為禅門三密行者、不観即心是仏阿字本空、何一心称名不往生哉、以之案之、今聴聞諸衆御中、或有修五重唯識勝義皆空観人、或有不修人、或有修華厳天台観門人、有不修人、或有修禅門三密即心是仏阿字本空人、有不修人、於諸宗理観於修習翬者、往生極楽不及沙汰、設雖不修理観憑本願一心称念者、何不遂往生、次唯唱名号事盛故、善導釈云、万年三宝滅云云、〈始皇焼五経毛詩、不失誦、在人口之故、称弥陀名号可例之〉故知、往生極楽道専無過念弥陀名号云云、次何故独念仏行昌耶、今此経中委尋之者、於傍正論之者以念仏為正以諸行為傍、故知、往生之行者以念仏為正以諸行為傍、然則今行人捨傍為行正云云〈次玄通縁、其文有別〉

抑上捜善導道綽御意、下依往生要集等意、殊抽愚意、於両巻経

文取要抽詮粗解釈了、若有万一階仏意事、願為自他倶帰浄土、於菩提各令得不退、若於文理有謬者、願仰大衆御証誡、宜馮三宝照見仰乞云云

無量寿経釈

撰○択本願念仏集

南無阿弥陀仏〈往生之業念仏為先〉

道綽禅師立聖道浄土二門、而捨聖道正帰浄土之文

安楽集上云、問曰、一切衆生皆有仏性、遠劫以来応値多仏、何因至今仍自輪廻生死不出火宅、答曰依大乗聖教良由不得二種勝法以排生死、是以不出火宅、何者為二、一謂聖道、二謂往生浄土、其聖道一種今時難証、一由去大聖遙遠、二由理深解微、是故大集月蔵経云、我末法時中億々衆生、起行修道未有一人得者、当今末法〔現〕是五濁悪世、唯有浄土一門可通入路、是故大経云、若有衆生縦令一生造悪臨命終時十念相続称我名字若不生者不取正覚、又復一切衆生都不自量、若拠大乗真如実相第一義空曾未惜心。若論小乗脩入見諦修道乃至那含羅漢断五下除五上、无問道俗未有其分、縦有人天果報皆為五戒十善能招此報、然持得者甚希、若論起悪造罪何異暴風駛雨、是以諸仏大慈勧帰浄土、縦使一形造悪但能繋意専精常能念仏、一切諸障自然消除定得往生、何不思量都無去心也

私云、竊計夫立教多少随宗不同、且如有相宗立三時教而判一代聖教、所謂有空中是也、如無相宗立二蔵教以判一代聖教、所

謂菩薩蔵声聞蔵是也、如華厳宗立五教而摂一切仏教、所謂小乗教始教終教頓教円教是也、如法華宗立四教五味以摂一切仏教、四教者所謂蔵通別円是也、五味者所謂乳酪生熟醍醐是也、如真言宗立二教而摂一切、所謂顕教密教是也

今此浄土宗者若依道綽禅師意立二門而摂一切、所謂聖道門浄土門是也、問曰夫立宗名本在華厳天台等八宗九宗、未聞於浄土之家立其宗名、然今号浄土宗有何証拠也、答曰浄土宗名其証非一、元暁遊心安楽道云浄土宗意本為凡夫兼為聖人、又慈恩西方要決云依此一宗、又迦才浄土論云此之一宗竊為要路、其証如此、不足疑端

但諸宗立教正非今意、且就浄土宗略明二門者、一者聖道門、二者浄土門、初聖道門者就之有二、一者大乗、二者小乗、就大乗中雖有顕密権実等不同、今此集意唯存顕大及以権大、故当歴劫迂廻之行、准之思之応存密大及以実大、然則今真言仏心天台華厳三論法相地論摂論此等八家之意正在此也、応知、次小乗者物是小乗経律論之中所明声聞縁覚断惑証理入聖得果之道也、准上思之亦可摂倶舎成実諸部律宗而已、凡此聖道門大意者不論大乗及以小乗、於此娑婆世界之中脩四乗道得四乗果也、四乗者三乗之外加仏乗

次往生浄土門者就此有二、一者正明往生浄土之教、二者傍明往生浄土之教

初正明往生浄土之教者、謂三経一論是也、三経者一無量寿経、二観無量寿経、三阿弥陀経也、一論者天親往生論是也、或指此三経号浄土三部経也、問曰三部経名亦有其例乎、答曰三部経名其例非一、一者法華三部、謂無量義経法華経普賢観経是也、二者大日三部、謂大日経金剛頂経蘇悉地経是也、三者鎮護国家三部、謂法華経仁王経金光明経是也、四者弥勒三部、謂上生経下生経成仏経是也、今者唯是弥陀三部、故名浄土三部経也、弥陀三部者是浄土正依経也

次傍明往生浄土之教者、華厳法華随求尊勝等明諸往生浄土之諸経是也、又起信論宝性論十住毗婆娑論摂大乗論等明諸往生浄土之諸論是也

凡此集中立聖道浄土二門意者、為令捨聖道入浄土門也、就此有二由、一由去大聖遙遠、二由理深解微、此宗之中立二門者独非道綽、曇鸞天台迦才慈恩等諸師皆有此意

且曇鸞法師往生論注云、謹案竜樹菩薩十住毗婆娑云、菩薩求阿毗跋致有二種道、一者難行道、二者易行道、難行道者謂五濁之世於無仏時求阿毗跋致為難、此難乃有多途、粗言五三以示義意、一者外道相善乱菩薩法、二者声聞自利障大慈悲、三者无顧悪人破他勝徳、四者顛倒善果能壊梵行、五者唯是自力无他力持、如斯等事触目皆是、譬如陸路歩行則苦、易行道者謂但以信仏因縁、願生浄土乗仏願力便得往生彼清浄土、仏力住持即入大乗正

定之聚、正定即是阿毗跋致、譬如水路乗船則楽、〈已上〉此中難行道者即是聖道門也、易行道者即是浄土門也、難行易行聖道浄土其言雖異其意是同、天台迦才同之、応知

又西方要決云仰惟釈迦啓運弘益有縁、教闡随方並霑法潤、親逢聖化道悟三乗、福薄因疎勧帰浄土、作斯業者専念弥陀、一切善根廻生彼国、弥陀本願誓度娑婆、上尽現生一形下至臨終十念、倶能決定皆得往生〈已上〉

又同後序云夫以生居像季去聖斯遙、道預三乗无方契悟、人天両位躁動不安、智博情弘能堪久処也、若識痴行浅恐溺幽途、必須遠跡娑婆栖心浄域、〈已上〉此中三乗者即是聖道門意也、浄土者即是浄土門意也、三乗浄土聖道浄土其名雖異其意亦同、浄土宗学者先須知此旨

設雖先学聖道門人、若浄土門有其志者須棄聖道帰於浄土、例如彼曇鸞法師捨四論講説一向帰浄土、道綽禅師閣涅槃広業偏弘西方行、上古賢哲猶以如此、末代愚魯寧不遵之哉

問曰聖道家諸宗各有師資相承、謂如天台宗者慧文南岳天台章安智威慧威玄朗湛然次第相承、如真言宗者大日如来金剛薩埵竜樹竜智金智不空次第相承、自余諸宗又各有相承血脈、而今所言浄土宗有師資相承血脈譜乎、答曰如聖道家血脈浄土宗亦有血脈、但於浄土一宗諸家亦不同、所謂廬山慧遠法師慈愍三蔵道綽善導等是也、今且依道綽善導之一家論師資相承血脈者、此亦有両説、一者菩提流支三蔵慧寵法師道場法師曇鸞法師大海禅師法上法師、〈已上出安楽集〉二者菩提流支三蔵曇鸞法師道綽禅師善導禅師懐感法師少康法師〈已上出唐宋両伝〉

善導和尚立正雑二行、捨雑行帰正行之文

観経疏第四云、就行立信者然行有二種、一者正行、二者雑行、言正行者専依往生経行々者、是名正行、何者是也、一心専読誦此観経弥陀経无量寿経等、一心専注思想観察憶念彼国二報荘厳、若礼即一心専礼彼仏、若口称即一心専称彼仏、若讃歎供養即一心専讃歎供養、是名為正、又就此正中復有二種、一者一心専念弥陀名号、行住坐臥不問時節久近、念念不捨者是名正定之業、順彼仏願故、若依礼誦等即名為助業、除此正助二行已外自余諸善悉名雑行、若脩前正助二行、心常親近憶念不断名為无間也、若行後雑行、即心常間断、雖可廻向得生衆名疎雑之行也

私云、就此文有二意、一明往生行相、二判二行得失、初明往生行相者、依善導和尚意往生行雖多大分為二、一正行、二雑行、初正行者付之有開合二義、初開為五種、後合為二種

初開為五種者、一読誦正行、二観察正行、三礼拝正行、四称名正行、五讃歎供養正行也、第一読誦正行者専読誦観経等也、即文云一心専読誦此観経弥陀経無量寿経等是也、第二観察正行者専観察彼国依正二報也、即文云一心専注思想観察憶念彼国二

報荘厳是也、第三礼拝正行者専礼弥陀也、即文云若礼即一心専礼彼仏是也、第四称名正行者専称弥陀名号也、即文云若口称即一心専称彼仏是也、第五讃歎供養正行者専讃歎供養弥陀也、即文云若讃歎供養即一心専讃歎供養是名為正是也、若開讃歎与供養而為二者、可名六種正行也、今依合義故云五種

次合為二種者、一者正業、二者助業、初正業者以上五種之中第四称名為正定之業、即文云一心専念弥陀名号行住坐臥不問時節久近念々不捨者是名正定之業順彼仏願故是也、次助業者除第四口称之外以読誦等四種而為助業、即文云若依礼誦等即名為助業是也

問曰、何故五種之中独以称名念仏為正定業乎、答曰、順彼仏願故、意云称名念仏是彼仏本願行也、故修之者乗彼仏願必得往生也、其仏本願義至下可知、次雑行者即文云除此正助二行已外自余諸善悉名雑行是也、意云雑行無量、不遑具述、但〔今〕且飜対五種正行、以明五種雑行也、一読誦雑行、二観察雑行、三礼拝雑行、四称名雑行、五讃歎供養雑行也、第一読誦雑行者、除上観経等往生浄土経已外、於大小乗顕密諸経受持読誦、悉名読誦雑行、第二観察雑行者、除上極楽依正已外、大小顕密事理観行、皆悉名観察雑行、第三礼拝雑行者、除上礼拝弥陀已外、於一切諸余仏菩薩等及諸世天等礼拝恭敬、悉名礼拝雑行、第四称名雑行者、除上称弥陀名号已外、称自余一切仏菩薩等及諸世天

等名号、悉名称名雑行、第五讃歎供養雑行者、除上弥陀仏已外、於一切諸余仏菩薩等及諸世天等讃歎供養、悉名讃歎供養雑行、此外亦有布施持戒等無量之行、皆可摂尽雑行之言

次判二行得失者、若脩前正助二行、心常親近憶念不断、名為無間也、若行後雑行即心常間断、雖可迴向得生衆名疎雑之行、即其文也、案此文意就正雑二行有五番相対、一親疎対、二近遠対、三有間無間対、四迴向不迴向対、五純雑対也

第一親疎対者、先親者脩正助二行者於阿弥陀仏甚以為親昵°、故疏上文云、衆生起行心°口常称仏々即聞之、身常礼敬仏々即見之、心°心常念仏仏即知之、衆生憶念仏者仏憶念衆生、彼此三業不相捨離、故名親縁也、次疎者雑行也、衆生不称仏々即不聞之、身不礼仏々即不見之、心不念仏々即不知之、衆生不憶念仏者仏不憶念衆生、彼此三業常捨離、故名疎行也

第二近遠対者、先近者脩正助二行者於阿弥陀仏甚以為隣近、故疏上文云、衆生願見仏々即応念現在目前、故名近縁也、次遠者雑行也、衆生不願見仏々即不応念、不現目前、故名遠也、但親近義是雖似一、善導之意分而為二、其旨見疏文、故今所引釈也

第三無間有間対者、先無間者、修正助二行者於弥陀仏憶念不間断、故云名為無間是也、次有間者、修雑行者於弥陀仏憶念常間断、故云心常間断是也

第四不迴向迴向対者、修正助二行者縦令別不用迴向自然成往生業、故疏上文云、今此観経中十声称仏即有十願十行具足、云何具足、言南無者即是帰命、亦是発願迴向之義、言阿弥陀仏者即是其行、以斯義故必得往生〈已上〉次迴向者、修雑行者必用迴向之時成往生之因、若不用迴向之時不成得往生之因、故曰雖可迴向得生是也

第五純雑対者、先純者修正助二行者、純是極楽之行也、次雑者是純非極楽之行、通於人天及三乗、亦通於十方浄土、故云雑也、然者西方行者、須捨雑行修正行也

問曰、此純雑義於経論中有其証拠乎、答曰、於大小乗経律論之中立純雑二門其例非一、大乗即於八蔵之中而立雑蔵、当知、七蔵是純一蔵是雑、小乗即於四含之中而立雑含、当知、三含是純一含是雑、律則立二十犍度以明戒行、其中前十九是純後一雑犍度也、論則立八犍度明諸法性相、前七犍度是純後一是雑犍度也、賢聖集中唐宋両伝立十科法明高僧行徳、其中前九是純後一是雑科也、乃至大乗義章有五聚法門、前四聚是純後一是雑聚也、亦非顕教、密教之中有純雑法、謂山家仏法血脈譜云、一胎蔵界曼陀羅血脈譜一首、二金剛界曼陀羅血脈譜一首、三雑曼陀羅血脈譜一首、前二首是純後一首是雑、純雑之義雖多今略挙小分而已、当知、純雑之義随法不定、因玆今善導和尚意且於浄土行論純雑也、此純雑義不局内典、外典之中其例甚多、恐繁不出矣

但於往生行而分二行、不限善導一師、若依道綽禅師意者往生行雖多束而為二、一謂念仏往生、二謂万行往生、若依懐感禅師意往生行雖多束而為二、一謂念仏往生、二謂諸行往生〈恵心同之〉、如是三師各立二行摂往生行甚得其旨、自余諸行不然、行者応思之

往生礼讃云、若能如上念々相続畢命為期者、十即十生百即百生、何以故、無外雑縁得正念故、与仏本願相応故、不違教故、随順仏語故、若欲捨専修雑業者百時希得一二、千時希得五三、何以故、由雑縁乱動失正念故、与仏本願不相応故、与教相違故、不順仏語故、係念不相続故、憶想間断故、迴願不慇重真実故、貪瞋諸見煩悩来間断故、無有慚愧悔過故、又不相続念報彼仏恩故、心生軽慢雖作業行常与名利相応故、人我自覆不親近同行善知識故、楽近雑縁自障々他往生正行故、何以故、余比日自見聞諸方道俗解行不同専雑有異、但使専意作者十即十生、修雑不至心者千中無一、此二行得失如前已弁、仰願一切往生人等善自思量已能、今身願生彼国者、行住坐臥必須励心剋己昼夜莫廃、畢命為期、正在一形似如少苦、前念命終後念即生彼国、長時永劫常受無為諸楽、乃至成仏不逕生死、豈非快哉、応知

私云、見此文弥須捨雑修専、豈捨百即百生専修正行、堅執千中無一雑修雑行乎、行者能思量之

弥陀如来不以余行為往生本願、唯以念仏為往生本願之文

無量寿経上云、設我得仏、十方衆生至心信楽欲生我国、乃至十念、若不生者不取正覚

観念法門引上文云、若我成仏十方衆生願生我国、称我名号下至十声、乗我願力若不生者不取正覚、往生礼讃同引上文云、若我成仏十方衆生称我名号下至十声、若不生者不取正覚、彼仏今現在世成仏、当知、本誓重願不虚、衆生称念必得往生

私云、一切諸仏各有惣別二種之願、惣者四弘誓願是也、別者如釈迦五百大願薬師十二上願等是也、今此四十八願者是弥陀別願也

問曰、弥陀如来於何時何仏所発此願乎、答曰、寿経云、仏告阿難、乃往過去久遠無量不可思議無央数劫定光如来興出於世、教化度脱無量衆生、皆令得道乃取滅度、次有如来名曰光遠、〈乃至〉次名処世、如此諸仏〈五十三仏也〉皆悉已過、爾時次有仏名世自在王如来、時有国王、聞仏説法心懐悦予、尋発無上正真道意、棄国捐王行作沙門号曰法蔵、高才勇哲与世超異、詣世自在王如来所、〈乃至〉於是世自在王仏即為広、説二百一十億諸仏刹土人天之善悪国土之麁妙応其心願悉現与之、時彼比丘聞仏所説厳浄国土皆悉覩見超発無上殊勝之願、其心寂静志无所着、一切世間無能及者、具足五劫思惟摂取荘厳仏国清浄之行、阿難白仏彼仏国土寿量幾何、仏言其仏寿命四十二劫、時法蔵比丘摂取二百一十億諸仏妙土清浄之行、〈已上〉大阿弥陀経云、其仏即選択二百一十億仏国土中諸天人民之善悪国土之好醜、為選択心中所欲願、楼夷亘羅仏〈此云世自在王仏〉説経畢、曇摩迦〈此云法蔵〉便一其心、即得天眼、徹視悉自見二百一十億諸仏国土中諸天人民之善悪国土之好醜、即選択心中所願、便結得是二十四願経〈平等覚経亦復同之〉

此中選択者即是取捨義也、謂於二百一十億諸仏浄土中捨人天之悪取人天之善、捨国土之醜取国土之好也、大阿弥陀経選択義如是、雙巻経意亦有選択義、謂云摂取二百一十億諸仏妙土清浄之行是也、選択与摂取其言雖異其意是同、然者捨不清浄行取清浄之行也、上天人之善悪国土之麁妙、其義亦然、准之応知

夫約四十八願一往各論選択摂取之義者、第一無三悪趣願者、於所覩見之二百一十億土中、或有々三悪趣之国土、或有無三悪趣之国土、即選捨其有三悪趣麁悪国土、選取其無三悪趣善妙国土、故云選択也、第二不更悪趣願者、於彼諸仏土中、或有縦雖国中無三悪道其国人天寿終之後従其国去復更三悪趣之土、或有不更悪道之土、即選捨其更悪道麁悪国土、選取其不更悪道善妙国土、故云選択也、第三悉皆金色願者、於彼諸仏土中、或有一土之中有黄白二類人天之国土、或有純黄金色之国土、即選捨黄白二類麁悪国土、選取黄金一色善妙国土、故云選択也、第四無有好醜願者、於彼諸仏土中、或有人天形色好醜不同之国土、或

有形色一類無有好醜之国土、即選捨好醜不同麁悪国土、選取無有好醜善妙国土、故云選択也

乃至第十八念仏往生願者、於彼諸仏土中、或有以布施為往生行之土、或有以持戒為往生行之土、或有以忍辱為往生行之土、或有以精進為往生行之土、或有以禅定為往生行之土、或有以般若〈信第一義等是也〉為往生行之土、或有以菩提心為往生行之土、或有以六念為往生行之土、或有以持経為往生行之土、或有以持呪為往生行之土、或有以起立塔像飯食沙門及以孝養父母奉事師長等種々之行各為往生行之国土等、或有専称其国仏名為往生行之土、如此以一行配一仏土者、是且一往之義也、再往論之其義不定、或有一仏土中以多行為往生行之土、或有多仏土中以一行通為往生行之土、如是往生行種々不同、不可具述也、即今選捨前布施持戒乃至孝養父母等諸行、選取専称仏号、故云選択也、且約五願略論選択其義如是、自余諸願准之応知

問曰、普約諸願、選捨麁悪選取善妙其理可然、何故第十八願選捨一切諸行、唯偏選取念仏一行為往生本願乎、答曰、聖意難測、不能輙解、雖然今試以二義解之、一者勝劣義、二者難易義、初勝劣者念仏是勝余行是劣、所以者何、名号是万徳之所帰也、然則弥陀一仏所有四智三身十力四無畏等一切内証功徳、相好光明説法利生等一切外用功徳、皆悉摂在阿弥陀仏名号之中、故名号功徳最為勝也、余行不然、各守一隅、是以為劣也、譬如世間屋舎、其屋舎名字之中摂棟梁椽柱等一切家具、棟梁等一々名字中不能摂一切、以之応知、然則仏名号功徳勝余一切功徳、故捨劣取勝以為本願歟

次難易義者、念仏易修諸行難修、是故往生礼讃云、問曰何故不令作観、直遣専称名字者有何意也、答曰乃由衆生障重境細心麁、識颺神飛観難成就也、是以大聖悲憐直勧専称名字、正由称名易故相続即生〈已上〉

又往生要集、問曰一切善業各有利益各得往生、何故唯勧念仏一門、答曰今勧念仏非是遮余種々妙行、只是男女貴賤不簡行住坐臥不論時処諸縁、修之不難、乃至臨終願求往生得其便宜不如念仏、〈已上〉故知、念仏易故通於一切、諸行難故不通諸機、然則為令一切衆生平等往生、捨難取易為本願歟、若夫以造像起塔而為本願者、貧窮困乏類定絶往生望、然富貴者少貧賤者甚多、若以智慧高才而為本願者、愚鈍下智者定絶往生望、然智慧者少愚痴者甚多、若以多聞多見而為本願者、少聞少見輩定絶往生望、然多聞者少々聞者甚多、若以持戒持律而為本願者、破戒無戒人定絶往生望、然持戒者少破戒者甚多、自余諸行准之応知

当知、以上諸行等而為本願者、得往生者少不往生者多、然則弥陀如来法蔵比丘之昔被催平等慈悲、普為摂於一切不以造像起塔等諸行為往生本願、唯以称名念仏一行為其本願也

故法照禅師五会法事讃云、彼仏因中立弘誓、聞名念我惣迎来、

不簡貧窮将富貴、不簡下智与高才、不簡多聞持浄戒、不簡破戒罪根深、但使廻心多念仏、能令瓦礫変成金〈已上〉

問曰、一切菩薩雖立其願、或有已成就、亦有未成就、未審法蔵菩薩四十八願已為成就、将為未成就也、答曰法蔵誓願一々成就、何者極楽界中既無三悪趣、当知、是即成就無三悪趣之願也、何以得知、即願成就文云亦無地獄餓鬼畜生諸難之趣是也、又彼国人天寿終之後無更三悪趣、当知、是即成就不更悪趣之願也、以何得知、即願成就文、云又彼菩薩乃至成仏不更悪趣、是也

又極楽人天既以無有一人不具三十二相、当知、是即成就具三十二相願也、以何得知、即願成就文、云生彼国者皆悉具足三十二相是也、如是初自無三悪趣願終至得三法忍願、一々誓願皆以成就、第十八念仏往生願豈孤以不成就乎、然則念仏之人皆以往生、以何得知、即念仏往生願成就文、云諸有衆生聞其名号信心歓喜、乃至一念至心廻向願生彼国、即得往生住不退転、是也

凡四十八願荘厳浄土、花池宝閣無非願力、何於其中独可疑惑念仏往生願乎、加之一々願終云若不爾者不取正覚、而阿弥陀仏成仏已来於今十劫、成仏之誓既以成就、当知、一々之願不可虚設、故善導云、彼仏今現在世成仏、当知、本誓重願不虚、衆生称念必得往生〈已上〉

問曰、経云十念、釈云十声、念声之義如何、答曰、念声是一、何以得知、観経下品下生云、令声不絶具足十念称南無阿弥陀仏、称仏名故於念々中除八十億劫生死之罪、今依此文声是念々則是声、其意明矣、加之大集月蔵経云大念見大仏小念見小仏、感師釈云、大念者大声念仏小念者小声念仏、故知、念即是唱也、問曰、経云乃至釈云下至、其意如何、答曰、乃至与下至其意是一、経云乃至者従多向少之言也、多者上尽一形也、少者下至十声一声等也、釈云下至者下者対上之言也、下者下至十声一声等也、上者上尽一形也、上下相対之文其例雖多、宿命通願云、設我得仏国中天人不識宿命、下至不知百千億那由他諸劫事者不取正覚、如是五神通及以光明寿命等願中一々置下至之言、是則従多至少以下対上之義也、例上八種之願今此願乃至者即是下至也、是故今善導所引釈下至之言其意不相違

但善導与諸師其意不同、諸師之釈別云十念往生願、善導独惣云念仏往生願、諸師別云十念往生願者其意即不周也、所以然者上捨一形下捨一念之故也、善導惣言念仏往生願者其意即周也、所以然者上取一形下取一念之故也

三輩念仏往生之文

仏告阿難、十方世界諸天人民、其有至心願生彼国、凡有三輩、其上輩者捨家棄欲而作沙門、発菩提心、一向専念無量寿仏、修諸功徳、願生彼国、此等衆生臨寿終時無量寿仏与諸大衆現其人前、即随彼仏往生其国、便於七宝花中自然化生住不退転、智慧勇猛神

通自在、是故阿難其有衆生欲於今世見無量寿仏、応発無上菩提之心、修行功徳願生彼国

仏語阿難、其中輩者、十方世界諸天人民、其有至心願生彼国、雖不能行作沙門、大修功徳、当発無上菩提之心、一向専念無量寿仏、多少修善、奉持斎戒、起立塔像、飯食沙門、懸繒燃燈散華焼香、以此迴向願生彼国、其人臨終無量寿仏化現其身、光明相好具如真仏、与諸大衆現其人前、即随化仏往生其国住不退転、功徳智慧次如上輩者也

仏告阿難、其下輩者、十方世界諸天人民、其有至心欲生彼国、仮使不能作諸功徳、当発無上菩提之心、一向専意乃至十念々无量寿仏願生其国、若聞深法歓喜信楽不生疑惑、乃至一念々於彼仏、以至誠心願生其国、此人臨終夢見彼仏亦得往生、功徳智慧次如中輩者也

私問曰、上輩文中念仏之外亦有捨家棄欲等余行、中輩文中亦有起立塔像等余行、下輩文中亦有菩提心等余行、何故唯云念仏往生乎、答曰善導和尚観念法門云、又此経下巻初云、仏説一切衆生根性不同有上中下、随其根性仏皆勧専念無量寿仏名、其人命欲終時仏与聖衆自来迎接尽得往生、依此釈意、三輩共云念仏往生也

問曰、此釈未遮前難、何棄余行唯云念仏乎、答曰、此有三意、一為廃諸行帰於念仏而説諸行也、二為助成念仏而説諸行也、三約念仏諸行二門各為立三品而説諸行也

一為廃諸行帰於念仏而諸説行者、准云善導観経疏中、上来雖説定散両門之益、望仏本願意在衆生一向専称弥陀仏名之釈意且解之者、上輩之中雖説菩提心等余行、望上本願意唯在衆生専称弥陀仏名、而本願中更無余行、三輩共依上本願故、云一向専念無量寿仏也、一向者対二向三向等之言也、例如彼五竺有三寺、一者一向大乗寺、此寺之中無学小乗、二者一向小乗寺、此寺之中無学大乗、三者大小兼行寺、此寺之中大小兼学、故云兼行寺、当知、大小両寺有一向言、兼行之寺無一向言、今此経中一向亦然、若念仏外亦加余行即非一向、若准寺者可云兼行、既云一向、不兼余明矣、既先雖説余行、後云一向専念、明知、廃諸行唯用念仏故云一向、若不尓者一向之言最以叵消歟

二為助成念仏説此諸行者此亦有二意、一以同類善根助成念仏、二以異類善根助成念仏、初同類助成者、善導和尚観経疏中挙五種助行助成念仏一行是也、具如上正雑二行之中説、次異類助成者、先就上輩而論正助者、一向専念無量寿仏者是正行也、亦是所助也、捨家棄欲而作沙門発菩提心等者是助行也、亦是能助也、謂往生之業念仏為本、故為一向修念仏捨家棄欲而作沙門、又発菩提心等也、就中出家発心等者、且指初出及以初発、念仏是長時不退之行、寧容妨㝵念仏也、中輩之中亦有起立塔像懸繒燃燈散花焼香等諸行、是則念仏助成也、其旨見往生要集、謂助念方

法中方処供具等是也、下輩之中亦有発心、亦有念仏、助正之義准前可知

三約念仏諸行各為立三品而説諸行者、先約念仏立三品者、謂此三輩中通皆云一向専念無量寿仏、是則約念仏門立其三品也、故往生要集念仏証拠門云、雙巻経三輩之業雖有浅深、然通皆云一向専念無量寿仏、〈感師同之〉次約諸行門立三品者、謂此三輩中通皆有菩提心等諸行、是則約諸行立其三品也、故往生要集諸行往生門云、雙巻経三輩亦不出此〈已上〉

凡如此三義雖有不同、共是所以為一向念仏也、初義即是為廃立而説、謂諸行為廃而説、念仏為立而説、次義即是為助正而説、謂為助念仏之正業而説諸行之助業、後義即是為傍正而説、謂雖説念仏諸行二門、以念仏而為正以諸行而為傍、故云三輩通皆念仏也、但此等三義殿最難知、請諸学者取捨在心、今若依善導以初為正耳

問曰、三輩之業皆云念仏、其義可然、但観経九品与寿経三輩本是開合異也、若爾者何寿経三輩之中皆云念仏、至観経九品上中二品不説念仏、至下品始説念仏也、答曰、此有二義、一如問端云、雙巻三輩観経九品開合異者、以此応知、九品之中皆可有念仏、云何得知、三輩之中皆有念仏、九品之中盍無念仏乎、故往生要集云、問念仏之行於九品中是何品摂、答若如説行理当上々、如是随其勝劣応分九品、然経所説九品行業是示一端、理実無量、〈已上〉故知、念仏亦可通九品、二観経之意、初広説定散之行普逗衆機、後廃定散二善帰念仏一行、所謂汝好持是語等之文是也、其義如下具述、故知、九品之行唯在念仏矣

念仏利益之文

無量寿経下云、仏語弥勒、其有得聞彼仏名号、歓喜踊躍乃至一念、当知此人為得大利、則是具足無上功徳

善導礼讃云、其有得聞彼弥陀仏名号、歓喜至一念皆当得生彼

私問曰、准上三輩文、念仏之外挙菩提心等功徳、何不歎彼等功徳唯独讃念仏功徳乎、答曰聖意難測、定有深意、且依善導一意而謂之者、原夫仏意正直雖欲説唯念仏之行、随機一往説菩提心等諸行、分別三輩浅深不同、然今於諸行者既捨而不歎、置而不可論者也、唯就念仏一行既選而讃歎、思而容分別者也

若約念仏分別三輩此有二意、一随観念浅深而分別之、二以念仏多少而分別之、浅深者如上所引、若如説行理当上々是也、次多少者下輩文中既有十念乃至一念数、上中両輩准此随増、観念法門云、日別念仏一万遍、亦須依時礼讃浄土荘厳、太須精進、或得三万六万十万者皆是上品上生人、当知、三万已上是上品上生業、三万已去上品已下業、既随念数多少分別品位是明矣

今此言一念者、是指上念仏願成就之中所言一念、与下輩之中所明一念也、願成就文中雖云一念未説功徳大利、又下輩文中雖

云一念亦不説功徳大利、至此一念説為大利歎為無上、当知、是指上一念也、此大利者是対小利之言也、然則以菩提心等諸行而為小利、以乃至一念而為大利也、又無上功徳者是対有上之言也、以余行而為有上以念仏而為無上也、既以一念為一無上、当知、以十念為十無上、又以百念為百無上、又以千念為千無上、如是展転従少至多、念仏恒沙無上功徳復応恒沙、如是応知、然者諸願求往生之人、何廃無上大利念仏強修有上小利余行乎

末法万年後、余行悉滅特留念仏之文

無量寿経下巻云、当来之世経道滅尽、我以慈悲哀愍特留此経、止住百歳、其有衆生値此経者、随意所願皆可得度

私問曰、経唯云特留此経止住百歳、余未云特留念仏止住百歳、然今何云特留念仏哉、答曰、此経所詮全在念仏、其旨見前、不能再出、善導懐感恵心等意亦復如是、然則此経止住者即念仏止住也、所以然者此経雖有菩提心之言未説菩提心之行相、又雖有持戒之言未説持戒之行相、而説菩提心行相者広在菩提心経等、彼経先滅菩提心之行何因修之、又説持戒行相者、広在大小戒律、彼戒律先滅持戒之行何因修之、自余諸行准之応知

故善導和尚往生礼讃釈此文云、万年三宝滅此経住百年、爾時聞一念、皆当得生彼、又釈此文略有四意、一者聖道浄土二教住滅前後、二者十方西方二教住滅前後、三者兜率西方二教住滅前後、四者念仏諸行二行住滅前後也

一聖道浄土二教住滅前後者、謂聖道門諸経先滅、故云経道滅尽、浄土門此経特留、故云止住百歳也、当知、聖道機縁浅薄浄土機縁深厚也

二十方西方二教住滅前後者、謂十方浄土往生諸教先滅、故云経道滅尽、西方浄土往生此経特留、故云止住百歳也、当知、十方浄土機縁浅薄西方浄土機縁深厚也

三兜率西方二教住滅前後者、謂上生心地等上生兜率諸教先滅、故云経道滅尽、往生西方此経特留、故云止住百歳也、当知、兜率雖近縁浅、極楽雖遠縁深也

四念仏諸行二行住滅前後者、諸行往生諸教先滅、故云経道滅尽、念仏往生此経特留、故云止住百歳也、当知、諸行往生機縁最浅、念仏往生機縁甚深也、加之諸行往生縁少、念仏往生縁多、又諸行往生近局末法万年之時、念仏往生遠霑法滅百歳之代也

問曰、既云我以慈悲哀愍特留此経止住百歳、若尓者釈尊以慈悲而留経教、何経何教而不留也、而何不留余経唯留此経乎、答曰、縦雖留何経、別指一経者亦不避此難、但特留此経有其深意歟、若依善導和尚意者、此経之中已説弥陀如来念仏往生本願、釈迦慈悲為留念仏殊留此経、余経之中未説弥陀如来念仏往生本願、故釈尊慈悲以而不留之也、凡四十八願皆雖本願殊以念仏為往生規、故善導釈云、弘誓多門四十八、偏標念仏最為親、人能

念仏々還念、専心想仏々知人、〈已上〉故知四十八願之中既以念仏往生之願而為本願中之王也、是以釈迦慈悲特以此経止住百歳也、例如彼観無量寿経中不付属定散之行唯孤付属念仏之行、是即順彼仏願之故付属念仏一行也、問曰、百歳之間可留念仏其理可然、此念仏行唯為被彼時機、将為通於正像末之機也、答曰、広可通於正像末法、挙後勧今、其義応知

弥陀光明不照余行者、唯摂取念仏行者之文

観無量寿経云、無量寿仏有八万四千相、一々相有八万四千随形好、一々好有八万四千光明、一々光明遍照十方世界念仏衆生摂取不捨

同経疏云、従無量寿仏下至摂取不捨已来、正明観身別相光益有縁、即有其五、一明相多少、二明好多少、三明光多少、四明光照遠近、五明光所及処偏蒙摂益、問曰、備修衆行但能迴向皆得往生、何以仏光普照唯摂念仏者、有何意也、答曰、此有三義、一明親縁、衆生起行口常称仏々即聞之、身常礼敬仏々即見之、心常念仏々即知之、衆生憶念仏者仏亦憶念衆生、彼此三業不相捨離、故名親縁也、二明近縁、衆生願見仏、々即応念現在目前、故名近縁也、三明増上縁、衆生称念即除多劫罪、命欲終時仏与聖衆自来迎接、諸邪業繋无能礙者、故名増上縁也、上縁也、自余衆行雖名是善若比念仏者全非比校也、是故諸経中処々広讃念仏功能、如无量寿経四十八願中唯明専念弥陀名号得生、又如弥陀経中一日七日専念弥陀名号得生、又十方恒沙諸仏証誠不虚也、又此経定散文中唯標専念名号得生、此例非一也、広顕念仏三昧竟

観念法門云、又如前身相等光一々遍照十方世界、但有専念阿弥陀仏衆生、彼仏心光常照是人摂護不捨、惣不論照摂余雑業行者

私問曰、仏光明唯照念仏者不照余行者有何意乎、答曰、解有二義、一者親縁等三義如文、二者本願義、謂余行非本願故、不照摂之、念仏是本願故、照摂之、故善導和尚六時礼讃云、弥陀身色如金山、相好光明照十方、唯有念仏蒙光摂、当知本願最為強、〈已上〉又所引文中、言自余衆善雖名是善、若比念仏者全非比校也者、意云是約浄土門諸行而所比論也、念仏是既二百一十億中所選取妙行也、諸行是既二百一十億中所選捨麁行也、故云全非比校也、又念仏是本願行、諸行是非本願、故云全非比校也

念仏行者必可具足三心之文

観無量寿経云、若有衆生願生彼国者、発三種心即便往生、何等為三、一者至誠心、二者深心、三者迴向発願心、具三心者必生彼国

同経疏云、経云一者至誠心、至者真、誠者実、欲明一切衆生身口意業所修解行必須真実心中作、不得外現賢善精進之相内懐虚仮、貪瞋邪偽姧詐百端悪性難侵、事同蛇蝎、雖起三業、名為雑毒之善、

亦名虚仮之行、不名真実業也、若作如此安心起行者、縦使苦励身心日夜十二時急走急作、如炙頭燃者、衆名雑毒之善、欲迴此雑毒之行求生彼仏浄土者、此必不可也、何以故、正由彼阿弥陀仏因中行菩薩行時、乃至一念一刹那三業所修、皆是真実心中作、凡所施為趣求亦皆真実、又真実有二種、一者自利真実、二者利他真実、言自利真実者復有二種、一者真実心中制捨自他諸悪及穢国等、行住坐臥想同一切菩薩制捨諸悪、我亦如是也、二者真実心中懃修自他凡聖等善、真実心中、口業讃歎彼阿弥陀仏及依正二報、又真実心中、口業毀厭三界六道等自他依正二報苦悪之事、亦讃歎一切衆生三業所為善、非善業者敬而遠之、亦不随喜也、又真実心中、身業合掌礼敬四事等供養彼阿弥陀仏及依正二報、又真実心中、身業軽慢厭捨此生死三界等自他依正二報、又真実心中、意業思想観察憶念彼阿弥陀仏及依正二報、如現目前、又真実心中、意業軽賤厭捨此生死三界等自他依正二報、不善三業必須真実心中捨、又若起善三業者必須真実心中作、不簡内外明闇、皆須真実、故名至誠心

　二者深心、言深心者即是深信之心也、亦有二種、一者決定深信自身現是罪悪生死凡夫、曠劫已来常没常流転、无有出離之縁、二者決定深信彼阿弥陀仏四十八願摂受衆生无疑无慮、乗彼願力定得往生、又決定深信釈迦仏説此観経三福九品定散二善、証讃彼仏依正二報使人欣慕、又決定深信弥陀経中十方恒沙諸仏、証勧一切凡夫決定得生、又深信者仰願一切行者等、一心唯信仏語不顧身命決定依行、仏遣捨者即捨、仏遣行者即行、仏遣去処即去、是名随順仏教随順仏意、是名随順仏願、是名真仏弟子

　又一切行者但能依此経深信行者、必不悞衆生也、何以故、仏是満足大悲人故、実語故、除仏已還智行未満、在其学地由有正習二障未除、果願未円、此等凡聖縦使測量諸仏教意未能決了、雖有平章要須請仏証為定也、若称仏意即印可言如是々々、若不可仏意者、即言汝等所説是義不如是、不印者即同无記无利无益之語、仏印可者即随順仏之正教、若仏所有言説、即是正教正義正行正解正業正智、若多若少、衆不問菩薩人天等定其是非也、若仏所説即是了教、菩薩等説尽名不了教也、応知、是故今時仰勧一切有縁往生人等、唯可深信仏語専注奉行、不可信用菩薩等不相応教以為疑礙、抱惑自迷廃失往生之大益也

　又深心深信者、決定建立自心順教修行、永除疑錯不為一切別解別行異学異見異執之所退失傾動也、問曰、凡夫智浅惑障処深、若逢解行不同人多引経論来相好難、証云一切罪障凡夫不得往生者、云何対治彼難、成就信心、決定直進不生怯退也、答曰、若有人多引経論証云不生者、行者即報云、仁者雖将経論来証遵不生、如我意者決定不受汝破、何以故、然我亦不是不信彼諸経論、尽皆仰信、然仏説彼経時処別時別対機別利益別、又説彼経時即非説観経弥陀経等時、然仏説教備機、時亦不同、彼即通説人天菩薩之解行、今説観経定散二善、唯為韋提及仏滅後五濁五苦等一切凡夫証言得生、

為此因縁我今一心依此仏教決定奉行、縦使汝等百千万億噵不生者、唯増長成就我往生信心也

又行者更向説言、仁者善聴、我今為汝更説決定信相、縦使地前菩薩羅漢辟支仏等、若一若多、乃至遍満十方、皆引経論証言不生者、我亦未起一念疑心、唯増長成就我清浄信心、何以故、由仏語決定成就了義、不為一切所破壊故

又行者善聴、縦使初地已上十地已来、若一若多、乃至遍満十方異口同音、皆云釈迦仏指讃弥陀毀呰三界六道、勧励衆生専心念仏、及修余善畢此一身後、必定生彼国者此必虚妄、不可依信也、我雖聞此等所説亦不生一念疑心、唯増長成就我決定上々信心、何以故、乃由仏語真実決了義故、仏是実知実解実見実証非是疑惑心中語故、又不為一切菩薩異見異解之所破壊、若実是菩薩者衆不違仏教也

又置此事、行者当知、縦使化仏報仏、若一若多、乃至遍満十方各各輝光吐舌遍覆十方、一々説言、釈迦所説相讃勧発一切凡夫専心念仏、及修余善、迴願得生彼浄土者、此是虚妄、定无此事也、我雖聞此等諸仏所説、畢竟不起一念疑退之心畏不得生彼仏国也、何以故、一仏一切仏、所有知見解行証悟果位大悲等同无少差別、是故一仏所制即一切仏同制、如似前仏制断殺生十悪等罪、畢竟不犯不行者即名十善十行随順六度之義、若有後仏出世、豈可改前十善令行十悪也、以此道理推験明知、諸仏言行不相違失、縦令釈迦指勧一切凡夫尽此一身専念専修、捨命已後定生彼国者、即十方諸仏悉皆同讃同勧同証、何以故、同体大悲故、一仏所化即是一切仏化、一切仏化即是一仏所化、即弥陀経中説、釈迦讃歎極楽種々荘厳、又勧一切凡夫、一日七日一心専念弥陀名号定得往生、次下文云、十方各有恒河沙等諸仏、同讃釈迦於。能於五濁悪時悪世界悪衆生悪煩悩悪邪无信盛時、指讃弥陀名号勧励衆生称念必得往生、即其証也、又十方仏等恐畏衆生不信釈迦一仏所説、即共同心同時各出舌相遍覆三千世界説誠実言、汝等衆生皆応信是釈迦所説所讃所証、一切凡夫不問罪福多少時節久近、但能上尽百年下至一日七日、一心専念弥陀名号、定得往生必无疑也、是故一仏所説、即一切仏同証誠其事也、此名就人立信也

次就行立信者、然行有二種、一者正行、二者雑行云々〈如前二行之中所引、恐繁不載、見人得意〉

三者迴向発願心、言迴向発願心者、過去及以今生身口意業所修世出世善根、及随喜他一切凡聖身口意業所修世出世善根、以此自他所修善根悉皆真実深信心中迴向発願生彼国、故名迴向発願心也、又迴向発願〔願〕生者、必須決定真実心中迴向願作得生想、此心深信由若金剛不為一切異見異学別解別行人等之所動乱破壊、唯是決定一心捉正直進、不得聞彼人語即有進退心生怯弱、迴顧落道即失往生之大益也

問曰、若有解行不同邪雑人等来相惑乱、説種々疑難噵不得往生、或云、汝等衆生曠劫已来、及以今生身口意業於一切凡聖身上、具

造十悪五逆四重謗法闡提破戒破見等罪、未能除尽、然此等之罪繋属三界悪道、云何一生修福念仏、即入彼无漏无生之国永得証悟不退位也、答曰、諸仏教行数越塵沙、稟識機縁随情非一、譬如世間人眼可見可信者、如明能破闇空能含有地能載養水能生潤火能成壊、如此等事悉名待対之法、即目可見、千差万別

何況仏法不思議之力、豈无種々益也、随出一門者即出一煩悩門也、随入一門者即入一解脱智慧門也、為此随縁起行各求解脱、汝何以乃将非有縁之要行障惑於我、然我之所愛即是我有縁之行、即非汝所求、汝之所愛即是汝有縁之行、亦非我所求、是故随所楽而修其行者、必疾得解脱也、行者当知、若欲学解、従凡至聖乃至仏果、一切无礙皆得学也、若欲学行者、必藉有縁之法、少用功労多得益也

又白一切往生人等、今更為行者説一譬喩、守護信心以防外邪異見之難、何者是也、譬如有人欲向西行百千之里、忽然中路有二河、一是火河在南、二是水河在北、二河各闊百歩、各深无底、南北无辺、正水火中間有一白道、可闊四五寸許、此道従東岸至西岸亦長百歩、其水波浪交過湿道、其火燄亦来焼道、水火相交常无休息、此人既至空曠迥処更无人物、多有群賊悪獣、見此人単独競来欲殺、此人怖死直走向西、〔忽然見此大河、即自念言此河南北不見辺畔、〕中間見一白道、極是狭少、二岸相去雖近何由可行、今日定死不疑、正欲到迴群賊悪獣漸々来逼、正欲南北避走悪獣毒虫競来向我、正欲向西尋道而去、復恐堕此水火二河当時惶怖、不復可言、即自思念我今迴亦死、住亦死、去亦死、一種不勉死者、我寧尋此道向前而去、既有此道必応可度、作此念時東岸忽聞人勧声、仁者但決定尋此道行、必无死難、若住即死、又西岸上有人喚言、汝一心正念直来、我能護汝、衆不畏堕於水火之難、此人既聞此遣彼喚、即自正当身心、決定尋道直進不生疑怯退心、或行一分二分東岸群賊等喚言、仁者迴来、此道嶮悪不得過、必死不疑、我等衆无悪心相向、此人雖聞喚声亦不迴顧、一心直進念道而行、須臾即到西岸、永離諸難善友相見慶楽无已、此是喩也

次合喩者、言東岸者、即喩此娑婆之火宅也、言西岸者、即喩極楽宝国也、言群賊悪獣詐親者、即喩衆生六根六識六塵五陰四大也、言无人空迥沢者、即喩常随悪友不値真善知識也、言水火二河者、即喩衆生貪愛如水瞋憎如火也、言中間白道四五寸者、即喩衆生貪瞋煩悩中能生清浄願往生心也、乃由貪瞋強故即喩如水火、善心微故喩如白道、又水波常湿道者、即喩愛心常起能染汚善心也、又火焰常焼道者、即喩瞋嫌之心能焼功徳之法財也、言人行道上直向西者、即喩迴諸行業直向西方也、言東岸聞人声勧遣尋道直西進者、即喩釈迦已滅後人不見由有教法可尋、即喩之如声也、言或行一分二分群賊等喚迴者、即喩別解別行悪見人等妄説見解迭相惑乱、及自造罪退失也、言西岸上有人喚者、即喩弥陀願意也、言須臾到西岸善友相見喜者、即喩衆生久沈生死、曠劫淪迴迷倒自纏无由解脱、

仰蒙釈迦発遣指向西方、又藉弥陀悲心招喚、今信順二尊之意不顧水火二河、念々无遺、乗彼願力之道捨命已後、得生彼国、与仏相見慶喜何極也、又一切行者行住坐臥三業所修、无問昼夜時節常作此解常作此想、故名迴向発願心、又言迴向者、生彼国已還起大悲迴入生死教化衆生、亦〔名〕迴向也、三心既具无行不成、願行既成若不生者无有是処也、又此三心亦通摂定善之義、応知

　往生礼讃云、問曰、今欲勧人往生者、未知、若為安心起行作業定得往生彼国土也、答曰、必欲往生浄国土者、如観経説者、具三心者必得往生、何等為三、一者至誠心、所謂身業礼拝彼仏、口業讃歎称揚彼仏、意業専念観察彼仏、凡起三業必須真実、故名至誠心、二者深心、即是真実信心、信知身是具足煩悩凡夫、善根薄少流転三界不出火宅、今信知弥陀本弘誓願及称名号下至十声一声等定得往生、乃至一念無有疑心、故名深心、三者迴向発願心、所作一切善根悉皆迴願往生、故名迴向発願心、具此三心必得生也、若少一心即不得生、如観経具説、応知

　私云、所引三心者是行者至要也、所以者何、経則云具三心者必生彼国、明知、具三必応得生、釈則云若少一心即不得生、明知、一少是更不可、因玆欲生極楽之人、全可具足三心也

　其中至誠心者是真実心也、其相如彼文、但外現賢善精進相内懐虚仮者、外者対内之辞也、謂外相与内心不調之意、即是外智内愚也、賢者対愚之言也、謂外是賢内即愚也、善者対悪之辞也、謂外是善内即悪、精進者対懈怠之言也、謂外示精進相内即懐懈怠心也、若夫飜外蓄内者秖応備出要、内懐虚仮等内者対外之辞也、謂内心与外相不調之意、即是内虚外実也、虚者対実之言也、謂内虚外実者也、仮者対真之辞也、謂内仮外真也、若夫飜内播外者亦可足出要

　次深心者謂深信之心、当知、生死之家以疑為所止、涅槃之城以信為能入、故今建立二種信心決定九品往生者也、又此中言一切別解別行異学異見等者、是指聖道門解行学見也、其余即是浄土門意、在文可見、明知、善導之意亦不出此二門也

　迴向発願心之義不可俟別釈、行者応知之、此三心者惣而言之通諸行法、別而言之在往生行、今挙通摂別、意即周矣、行者能用心敢勿令忽諸

念仏行者可行用四修法之文

善導往生礼讃云、又勧行四修法、何者為四、一者恭敬修、所謂恭敬礼拝彼仏及一切聖衆等、故名恭敬修、畢命為期誓不中止、即是長時修、二者無余修、所謂専称彼仏名専念専想、専礼讃彼仏及一切聖衆等不雑余業、故名無余修、畢命為期誓不中止、即是長時修、三者無間修、所謂相続恭敬礼拝称名讃歎憶念観察迴向発願、心々相続不以余業来間、故名無間脩、又不以貪瞋煩悩来間、随犯随懺、不隔念隔時隔日、常使清浄、亦名無間脩、畢命為期誓不中

止、即是長時修

西方要決云、但修四脩以為正業、一者長時脩、従初発心乃至菩提、恒作浄因終無退転、二者恭敬脩、此復有五、一敬有縁聖人、謂行住坐臥不背西方、涕唾便痢不向西方也、二者敬有縁像教、謂造西方弥陀像変、不能広作但作一仏二菩薩亦得、教者弥陀経等五色袋盛自読教他、此之経像安置室中、六時礼懺花香供養特生尊重、三者敬有縁善知識、謂宣浄土教者、若千由旬十由旬已来並須敬重親近供養、別学之者惣起敬心、与己不同但知深敬也、若生軽慢得罪无窮、故須惣敬、即除行障、四者敬同縁伴、謂同修業者、自雖障重独業不成要藉良朋方能作行、扶危救厄、助力相資同伴善縁深相保重、五者敬三宝、同体別相並合深敬、不能具録、為浅行者不果依脩、住持三宝者与今浅識作大因縁、今粗料簡、言仏宝者、謂雕檀繡綺素質金容鏤玉図繒磨石削土、此之霊像特可尊承、蹔爾観形罪消増福、若生少慢長悪善亡、但想尊容当見真仏、言法宝者三乗教旨法界所流、名句所詮能生解縁、故須珍仰、以発慧基、抄写尊経恒安浄室、箱篋盛貯並合厳敬、読誦之時身手清潔、言僧宝者聖僧菩薩破戒之流、等心起敬、勿生慢想、三者無間脩、謂常念仏作往生心、於一切時心恒想巧、譬若有人被他抄掠、身為下賤備受艱辛、忽思父母欲走帰国行装未弁、由在他郷日夜思惟苦不堪忍、无時暫捨不念耶嬢、為計既成便帰得達親近父母、縦任歓娯、行者亦爾、往因煩悩壊乱善心、福智珍財並皆散失、久流生死制不自由、恒与魔王而作僕使駈馳六道苦切身心、今遇善縁忽聞弥陀慈父不違弘願済抜群生、日夜驚忙発心願往、所以精懃不倦当念仏恩、報尽為期心恒計念、四者无余脩、謂専求極楽礼念弥陀、但諸余業行不令雑起、所作之業日別須脩念仏誦経、不留余課耳

私云、四脩之文可見、恐繁而不解、但前文中既云四脩唯有三修、若脱其文、若有其意也、更非脱文有其深意也、何以得知、四修者一長時修、二慇重修、三無余修、四無間修也、而以初長時只是通用後三修也、謂慇重若退慇重之行即不可成、無余若退無余之行即不可成、無間若退無間之修即不可成、為使成就此三修行、皆以長時属於三修所令通修也、故三修之下皆結、云畢命為期誓不中止即是長時修是也、例如彼精進通於余五度而已

弥陀化仏来迎不讃歎聞経之善、唯讃歎念仏之行之文

観無量寿経云、或有衆生作衆悪業、雖不誹謗方等経典、如此愚人多造衆悪無有慚愧、命欲終時遇善知識為讃大乗十二部経首題名字、以聞如是諸経名故除却千劫極重悪業、智者復教合掌叉手称南無阿弥陀仏、称仏名故除五十億劫生死之罪、爾時彼仏即遣化仏化観世音化大勢至、々行者前讃言、善男子、汝称仏名故諸罪消滅、我来迎汝

同経疏云、所聞化讃但述称仏之功我来迎汝、不論聞経之事、然望仏願意者唯励正念称名、往生義疾不同雑散之業、如此経及諸部

中処々広歎勧令称名、将為要益也、応知

私云、聞経之善是非本願、雑業故化仏不讃、念仏之行是本願正業故化仏讃歎、加之聞経与念仏滅罪多少不同也、観経疏云、問曰、何故聞経十二部但除罪千劫、称仏一声即除罪五百万劫者何意也、答曰、造罪之人障重加以死苦来逼、善人雖説多経湌受之心浮散、由心散故除罪稍軽、又仏名是一、即能摂散以住心、復教令正念称名、由心重故、即能除罪多劫也

約対雑善讃歎念仏之文

観無量寿経云、若念仏者当知、此人即是人中分陀利華、観世音菩薩大勢至菩薩為其勝友、当坐道場生諸仏家

同経疏云、従若念仏者下至生諸仏家已来、正顕念仏三昧功能超絶実非雑善得為比類、即有其五、一明専念弥陀仏名、二明讃能念之人、三明若能相続念仏者、此人甚為希有、更無物可以方之、故引分陀利為喩、言分陀利者、名人中好花、亦名希有花、亦名人中上々花、亦名人中妙好花、此花相伝名蔡花是、念仏者即是人中好人、々中妙好人、々中上々人、々中希有人、々中最勝人也、四明専念弥陀名者、即観音勢至常随影護亦如親友知識也、五明今生既蒙此益、捨命即入諸仏之家、即浄土是也、到彼長時聞法歴事供養、因円果満、道場之座豈賒

私問曰、経云若念仏者当知此人等、唯約念仏者而讃歎之、釈家有何意云実非雑善得為比類、相対雑善独歎念仏乎、答曰、文中雖隠義意是明、所以知者此経既説定散諸善幷念仏行、而於其中孤標念仏喩芬陀利、非待雑善、云何能顕念仏功超余善諸行、然則念仏者即是人中好人者、是待悪而所美也、言人中妙好人者、是待麁悪而所称也、言人中上々人者是待下々而所讃也、言人中希有人者、是待常有而所歎也、言人中最勝人者、是待最劣而所褒也

問曰、既以念仏名上上者、何故不説上々品中至下々品而説念仏乎、答曰、豈前不云、念仏之行広亘九品、即前所引往生要集云随其勝劣応分九品是也、加之下品下生是五逆重罪之人也、而能除滅逆罪所不堪余行、唯有念仏之力能堪滅於重罪、故為極悪最下之人所説極善最上之法、例如彼無明淵源之病非中道府蔵之薬、即不能治、今此五逆重病淵源、亦此念仏霊薬府蔵、非此薬者何治此病、故弘法大師二教論引六波羅密経云、第三法宝者、所謂過去無量諸仏所説正法、及我今所説、所謂八万四千諸妙法薀。、乃至調伏純熟有縁衆生、而令阿難陀等諸大弟子一聞於耳皆悉憶持、摂為五分、一素咀纜、二毗奈耶、三阿毗達磨、四般若波羅密多、五陀羅尼門、此五種蔵教化有情随所応度而為説之、若彼有情楽処山林常居閑寂脩静慮者、而為彼説素咀纜蔵、若彼有情楽習威儀護持正法、一味和合令得久住、而為彼説毗奈耶蔵、若彼有情楽説正法分別性相、循環研覈究竟甚深、而為彼説阿毗達

磨蔵、若彼有情楽習大乗真実智慧、離於我法執著分別、而為彼説般若波羅察○多蔵、若彼有情不能受持契経調伏対法般若、或復有情造諸悪業、四重八重五無間罪謗方等経一闡提等種々重罪、使得銷滅、速解脱頓悟涅槃、而為彼説諸陀羅尼蔵、此五蔵譬如乳酪生蘇〔熟蘇〕及妙醍醐、契経如乳、調伏如酪、対法教者如彼生蘇、大乗般若猶如熟蘇、総持門者譬如醍醐、々々之味乳酪蘇中微妙第一、能除諸病令諸有情身心安楽、総持門者契経等中最為第一、能除重罪令諸衆生解脱生死速証涅槃安楽法身、〈已上〉此中五無間罪者是五逆罪也、即非醍醐之妙薬者、五無間病甚為難療、念仏亦然、往生教中念仏三昧是如総持、亦如醍醐、若非念仏三昧醍醐之薬者、五逆深重病甚為難治、応知

問曰、若爾者下品上生是十悪軽罪之人也、何故説念仏乎、答曰、念仏三昧重罪尚滅、何況軽罪哉、余行不然、或有滅軽而不滅重、或有消一而不消二、念仏不然、軽重兼滅一切遍治、譬如阿伽陀薬遍治一切病、故以念仏為王三昧、凡九品配当是一往義、五逆廻心通於上々、読誦妙行亦通下々、十悪軽罪破戒次罪各通上下、解第一義発菩提心亦通上下、一法各有九品、若約品即九々八十一品也、加之、迦才云衆生起行既有千殊、往生見土亦有万別、見一往文莫起封執

其中念仏是即勝行、故引芬陀利以為其喩、譬意応知、加之、念仏行者観音勢至如影与形暫不捨離、余行不爾、又念仏者捨命已後決定往生極楽世界、余行不定、凡流五種嘉誉蒙二尊影護、此是現益也、亦往生浄土乃至成仏、此是当益也、又道綽禅師於念仏一行立始終両益、安楽集云、念仏衆生摂取不捨、寿尽必生、此名始益、言終益者、依観音授記経、阿弥陀仏住世長久兆載永劫、亦有滅度、般涅槃時唯有観音勢至住持安楽、接引十方、其仏滅度亦与住世時節等同、然彼国衆生一切無有覩見仏者、唯有一向専念阿弥陀仏往生者、常見弥陀現在不滅、此即是其終益也、〈已上〉当知、念仏有如此等現当二世始終両益、応知

釈尊不付属定散諸行、唯以念仏付属阿難之文

観無量寿経云、仏告阿難、汝好持是語、持是語者即是持無量寿仏名、同経疏云、従仏告阿難汝好持是語以下正明付属弥陀名号流通於遐代、上来雖説定散両門之益、望仏本願意在衆生一向専称弥陀仏名

私云、案疏文有二行、一定散、二念仏、初言定散者又分為二、一定善、二散善、初付定善有其十三、一者日想観、二者水想観、三者地想観、四者宝樹観、五者宝池観、六者宝楼閣観、七者花座観、八者像想観、九者阿弥陀仏観、十者観音観、十一者勢至観、十二者普往生観、十三者雑想観、具如経説、縦雖無余行、或一或多、随其所堪脩十三観可得往生、其旨見経、敢莫疑慮

次付散善有二、一者三福、二者九品、初三福者、経曰、一者孝

養父母奉事師長慈心不殺脩十善業、二者受持三帰具足衆戒不犯威儀、三者発菩提心深信因果読誦大乗勧進行者、〈已上経文〉孝養父母者付之有二、一世間孝養、二出世孝養也、世間孝養者如孝経等説、出世孝養者如律中生縁奉事法、奉事師長者付之又有二、一世間師長、二出世師長也、世間師者教仁義礼智信等師也、出世師者教聖道浄土二門等師也、縦雖無余行以孝養奉事為往生業也、慈心不殺脩十善業者就此有二義、一者初慈心不殺者、是四無量心中初慈無量也、即挙初一摂後三也、縦雖無余行以四無量心為往生業也、次脩十善業者、一不殺生、二不偸盗、三不邪婬、四不妄語、五不綺語、六不悪口、七不両舌、八不貪、九不瞋、十不邪見也、二者合慈心不殺修十善業二句而為一句、謂初慈心不殺者、是非四無量之中慈無量、是指十善之初不殺、故知、正是十善之一句也、縦雖無余行以十善業為往生業也、受持三帰者帰依仏法僧也、就此有二、一者大乗三帰、二者小乗三帰也、具足衆戒者此有二、一者大乗戒、二者小乗戒也、不犯威儀者此亦有二、一者大乗、謂有八万、二者小乗、謂有三千、発菩提心者諸師意不同也、天台即有四教菩提心、謂蔵通別円是也、具如止観説、真言即有三種菩提心、謂行願勝義三摩地是也、具如菩提心論説、華厳亦有菩提心、如彼菩提心義及遊心安楽道等説、三論法相各有菩提心、具如彼宗章疏等説、又有善導所釈菩提心、具如疏述、発菩提心其言雖一各随其宗其義不同、然則菩提心之一句広亘諸経遍該顕密、意気愽遠詮測沖邈。願諸行者莫執一遮万、諸求往生之人各須発自宗之菩提心、縦雖無余行以菩提心為往生業也、深信因果者付之有二、一者世間因果、二者出世因果、世間因果者即六道因果也、如正法念経説、出世因果者即四聖因果也、如諸大小乗経説、若以此因果二法遍摂諸経者、諸家不同、且依天台謂華厳者説仏菩薩二種因果、阿含者説声聞縁覚二乗因果、方等諸経者説四乗因果也、般若諸経者説通別円因果、法華者説仏因仏果、涅槃者又説四乗因果也、然則深信因果之言遍普該羅於一代矣、諸求往生之人縦雖無余行、以深信因果可為往生業

　読誦大乗者分而為二、一者読誦、二者大乗、読誦者即是五種法師之中挙転読諷誦二師、顕受持等三師、若約十種法行者、即是奉披読諷誦二種法行、顕書写供養等八種法行也、大〔乗〕者簡小乗之言也、別非指一経、通指一切諸大乗経、謂一切者仏意広指一代所説諸大乗経、而於一代所説有已結集経、有未結集経、又於已結集経或有隠竜宮不流布人間之経、或有留天竺未来到漢地之経、而今就飜訳将来之経而論之者、貞元入蔵録中始自大般若経六百巻終于法常住経、顕密大乗経惣六百三十七部二千八百八十三巻也、皆須摂読誦大乗之一句、願西方行者各随其意楽、或読誦法華以為往生業、或読誦華厳以為往生業、或受持読誦遮那教王及以諸尊法等以為往生業、或解説書写般若方等及以涅槃

経等以為往生業、是則浄土宗観無量寿経意也、問曰、顕密旨異、何顕中摂密乎、答曰、此非云摂顕密之旨、貞元入蔵録中同編之而入大乗経限、故摂読誦大乗一句也、問曰、尓前経中何摂法華乎、答曰、今所言摂者、非論権実偏円等義、読誦大乗之言普通前後大乗諸経、前者観経已前諸大乗経是也、後者王宮已後諸大乗経是也、唯云大乗無選権実、然則正当華厳方等般若法華涅槃等諸大乗経也、勧進行者謂勧進定散諸善及念仏三昧等也

次九品者、開前三福為九品業、謂上品上生中言慈心不殺者、即当上世福中第三之句、次具諸戒行者、即当上戒福中第二之句具足衆戒、次読誦大乗者、即当上行福中第三句読誦大乗、次修行六念者、即上第三福中第三句之意也、上品中生中言善解義趣等者、即是上第三福中第二第三意也、上品下生中言深信因果発道心等者、即是上第三福第一第二意也、中品上生中言受持五戒等者、即上第二福中第二句意也、中品中生中言或一日一夜受持八戒斎等者、又同上第二福之意也、中品下生中言孝養父母行世仁慈等者、即上初福第一第二句意也、下品上生者是十悪罪人也、臨終一念罪滅得生、下品中生者是破戒罪人也、臨終聞仏依正功徳罪滅得生、下品下生者是五逆罪人也、臨終十念罪滅得生、此之三品尋常之時唯造悪業雖不求往生、臨終之時始遇善知識即得往生、若准上三福者第三福大乗意也、定善散善大概如此、文即云上来雖説定散両門之益是也

次念仏者専称弥陀仏名是也、念仏義如常、而今言正明付属弥陀名号流通於遐代者、凡此経中既広雖説定散諸行、即以定散不令付属阿難流通後世、唯以念仏三昧一行、即使付属阿難流通遐代也

問曰、何故以定散諸行而不付属流通乎、若夫依業浅深嫌不付属三福業中有浅有深、其浅業者孝養父母奉事師長也、其深業者具足衆戒発菩提心深信因果読誦大乗也、須捨浅業付属深業、若依観浅深嫌不付属、十三観中有浅有深、其浅観者日想水想是也、其深観者始自地観終于雑想(観)惣十一観是也、須捨浅観付属深観、就中第九観是阿弥陀仏観也、即是観仏三昧也、須捨十二観付属観仏三昧也、就中同疏玄義分中云、此経観仏三昧為宗、亦念仏三昧為宗、既以二行為一経宗、何廃観仏三昧而付属念仏三昧之哉、答曰、云望仏本願意在衆生一向専称弥陀仏名、定散諸行非本願、故不付属之、亦於其中観仏三昧雖殊勝行、非仏本願、故不付属、念仏三昧是仏本願故、以付属之、言望仏本願者指雙巻経四十八願中第十八願也、言一向専称者指同経三輩之中一向専念也、本願之義具如前弁

問曰、若尓者何故直不説本願念仏行、煩説非本願定散諸善乎、答曰、本願念仏行雙巻経中委既説之、故重不説耳、又説定散為顕念仏超過余善、若無定散何顕念仏特秀、例如法華秀三説、上若無三説何顕法華第一、故今定散為廃而説念仏三昧為立而説

但定散諸善皆用難測、凡定善者夫依正之観懸鏡而照臨、往生之願指掌而速疾、或一観之力能祛多劫之罪愆、或具憶之功終得三昧之勝利、然則求往生之人宜脩行定観、就中第九真身観是観仏三昧之法也、行若成就者、即見弥陀身、見弥陀故得見諸仏、見諸仏故現前授記、此観利益最甚深也、然今至観経流通分、釈迦如来告命阿難、因使付属流通往生要法、嫌観仏法尚不付属阿難、選念仏法即以付属阿難、観仏三昧之法尚以不付属、何況於日想水想等観乎、然則十三定観皆以所不付属之行也、然世人若楽観仏等不脩念仏、是遠非乖弥陀本願、亦是近違釈尊付属、行者宜商量

次散善中有大小持戒行、世皆以為持戒行者是入真要也、破戒之者不可往生、又有菩提心行、人皆以為菩提心是浄土綱要、若無菩提心者即不可往生、又有解第一義行、此是理観也、人亦以為理是仏源、離理不可求仏土、若無理観者不可往生、又有読誦大乗行、人皆以為読誦大乗経即可往生、若無読誦行者不可往生、就此有二、一者持経、二者持咒、持経者持般若法華等諸大乗経也、持咒者持随求尊勝光明阿弥陀等諸神咒也、凡散善十一人皆雖貴、而於其中此四箇行当世之人殊所欲之行也、以此等行殆抑念仏、倩尋経意者不以此諸行付属流通、唯以念仏一行即使付属流通後世、応知、釈尊所以不付属諸行者、即是非弥陀本願之故也、亦所以付属念仏者、即是弥陀本願之故也、今又善導和尚所以廃諸行帰念仏者、即為弥陀本願之上亦是釈尊付属之行也、故知、諸行非機失時、念仏往生当機得時、感応豈唐捐哉、当知、随他之前暫雖開定散門、〔随自之後還閉定散門〕一開以後永不閉者唯是念仏一門、弥陀本願釈尊付属意在此矣、行者応知、亦此中遐代者依雙巻経意、遠指末法万年之後百歳之時也、是則挙遐摂迩也、然者法滅之後猶以然也、何況末法哉、末法已然、何況正法像法哉、故知、念仏往生道通正像末之三時及法滅百歳之時焉

以念仏為多善根、以雑善為少善根之文

阿弥陀経云、不可以少善根福徳因縁得生彼国、舎利弗若有善男子善女人聞説阿弥陀仏執持名号、若一日若二日若三日若四日若五日若六日若七日一心不乱、其人臨命終時阿弥陀仏与諸聖衆現在其前、是人終時心不顚倒、即得往生阿弥陀仏極楽国土

善導釈此文云、極楽無為涅槃界、随縁雑善恐難生、故使如来選要法教念弥陀専復専、七日七夜心無間長時起行倍皆然、臨終聖衆持花現、身心踊躍坐金蓮、坐時即得無生忍、一念迎将至仏前、法侶将衣競来著、証得不退入三賢

私云、不可以少善根福徳因縁得生彼国者、諸余雑行者難生彼国、故云随縁雑善恐難生、少善根者対多善根之言也、然則雑善是少善根也、念仏是多善根也、故竜舒浄土文云、襄陽石刻阿弥

陀経、乃隋陳仁稜所書字画清婉、人多慕玩、自一心不乱而下云専持名号以称名故諸罪消滅、即是多善根福徳因縁、今世伝本脱此二十一字〈已上〉非啻有多少義、亦有大小義、謂雑善是小善根也、念仏是大善根也、亦有勝劣義、謂雑善是劣善根也、念仏是勝善根也、其義応知

六方恒沙諸仏不証誠余行、唯証誠念仏之文

善導観念法門云、又如弥陀経云、六方各有恒河沙等諸仏皆舒舌遍覆三千世界説誠実言、若仏在世若仏滅後、一切造罪凡夫、但迴心念阿弥陀仏願生浄土、上尽百年下至七日一日十声三声一声等命欲終時、仏与聖衆自来迎接即得往生、如上六方等仏舒舌定為凡夫作証罪滅得生、若不依此証得生者、六方諸仏舒舌一出口已後終不還入口自然壊爛

同往生礼讃引阿弥陀経云、東方如恒河沙等諸仏、南西北方及上下一々方如恒河沙等諸仏、各於本国出其舌相遍覆三千大千世界説誠実言、汝等衆生皆応信是一切諸仏所護念経、云何名護念、若有衆生称念阿弥陀仏若一日及七日、下至十声乃至一声一念等必得往生、証誠此事故名護念経

又云、六方如来舒舌、証専称名号至西方、到彼花開聞妙法十地願行自然彰

同観経疏引阿弥陀経云、又十方仏等恐畏衆生不信釈迦一仏所説、即共同心同時各出舌相遍覆三千世界説誠実言、汝等衆生皆応信是釈迦所説所讃所証、一切凡夫不問罪福多少時節久近、但能上尽百年下至一日七日、一心専念弥陀名号、定得往生必无疑也

同法事讃云、心々念仏莫生疑、六方如来証不虚、三業専心不雑乱、百宝蓮華応時見

法照禅師浄土五会法事讃云、万行之中為急用、迅速無過浄土門、不但本師金口説、十方諸仏共伝証

私問曰、何故六方諸仏証誠唯局念仏一行乎、答曰、若依善導意念仏是弥陀本願也、故証誠之、余行不尓、故無之也

問曰、若依本願証誠念仏者、雙巻観経等説念仏之時、何不証誠乎、答曰、解有二義、一解云、雙巻観経等中雖説本願念仏、兼明余行、故不証誠、此経中一向純説念仏、故証誠之、二解云、彼雙巻等中雖無証誠之言、此経已有証誠、例此思此彼於彼等経中所説念仏亦応有証誠之義、文雖在此経、義通於彼経、故天台十疑論云、又阿弥陀経大無量寿経鼓音声陀羅尼経等云、釈迦仏説経時、有十方世界各恒河沙諸仏、舒其舌相遍覆三千大千世界、証誠一切衆生念阿弥陀仏、乗仏本願大悲願力故、決定得生極楽世界

六方諸仏護念〔念〕仏行者之文

観念法門云、又如弥陀経説、若有男子女人七日七夜及尽一生一

心専念阿弥陀仏願往生者、此人常得六方恒河沙等仏共来護念、故名護念経、護念意者亦不令諸悪鬼神得便、亦无横病横死横有厄難、一切災障自然消散、除不至心

往生礼讃云、若称仏往生者常為六方恒沙等諸仏之所護念、故名護念経、今既有斯増上誓願可憑、諸仏子等何不励意者也

私問曰、唯有六方如来護念行者如何、答曰、不限六方如来、弥陀観音等亦来護念、故往生礼讃云、十往生経云、若有衆生念阿弥陀仏願往生者、彼仏即遣二十五菩薩擁護行者、若行若坐若住若臥、若昼若夜一切時一切処、不令〔悪鬼〕悪神得其便也、又如観経云、若称礼念阿弥陀仏願往生彼国者、彼仏即遣無数化仏無数化観音勢至菩薩護念行者、復与前二十五菩薩等百重千重囲遶行者、不問行住坐臥一切時処、若昼若夜常不離行者、今既有斯勝益可憑、願諸行者各須至心求往

又観念法門云、又如観経下文、若有人至心常念阿弥陀仏及二菩薩観音勢至、常与行人作勝友知識随逐影護、又云、又如般舟三昧経行品中説云、仏言若人専行此念弥陀仏三昧者、常得一切諸天及四天大王竜神八部随逐影護愛楽相見、永無諸悪鬼神災障厄難横加悩乱、具如護持品中説、又云、除入三昧道場、日別念弥陀仏一万畢命相続者、即蒙弥陀加念得除罪障、又蒙仏与聖衆常来護念、既蒙護念即得延年転寿

釈迦如来以弥陀名号慇懃付属舎利弗等之文

阿弥陀経云、仏説此経已、舎利弗及諸比丘一切世間天人阿修羅等、聞仏所説歓喜信受作礼而去

善導法事讃釈此文云、世尊説法時将了慇懃付属弥陀名、五濁増時多疑謗道俗相嫌不用聞、見有修行起瞋毒方便破壊競生怨、如此生盲闡提輩毀滅頓教永沈淪、超過大地微塵劫未可得離三途身、大衆同心皆懺悔所有破法罪因縁

私云、凡案三経意諸行之中選択念仏以為旨帰、先雙巻経中有三選択、一選択本願、二選択讃歎、三選択留教、一選択本願者、念仏是法蔵比丘於二百一十億之中所選択往生之行也、細旨見上、故云選択本願也、二選択讃歎者、上三輩中雖挙菩提心等余行釈迦即不讃歎余行、唯於念仏而讃歎云無上功徳、故云選択讃歎也、三選択留教者、又上雖挙余行諸善釈迦選択唯留念仏一法、故云選択留教也

次観経中又有三選択、一選択摂取、二選択化讃、三選択付属、一選択摂取者、観経之中雖説定散諸行弥陀光明唯照念仏衆生摂取不捨、故云選択摂取也、二選択化讃者、下品上生人雖有聞経称仏二行、弥陀化仏選択念仏云汝称仏名故諸罪消滅我来迎汝、故云選択化讃也、三選択付属者、又雖明定散諸行唯独付属念仏一行、故云選択付属也

次阿弥陀経中有一選択、所謂選択証誠也、已於諸経中多雖説

往生之諸行、六方諸仏於彼諸行而不証誠、至此経中説念仏往生、六方恒沙諸仏各舒舌覆大千証誠実語而証誠之、故云選択証誠也、加之般舟三昧経中又有一選択、所謂選択我名也、弥陀自説言欲来生我国者常念我名莫令休息、故云選択我名也、本願摂取我名化讃此之四者、是弥陀選択也、讃歎留教付属此之三者、是釈迦選択也、証誠者六方恒沙諸仏之選択也、然則釈迦弥陀及十方各恒沙等諸仏同心選択念仏一行、余行不尓、故知、三経共選念仏以為宗致耳、計也、夫速欲離生死二種勝法中且閣聖道門選入浄土門、欲入浄土門正雑二行中且抛諸雑行選応帰正行、欲脩於正行正助二業中猶傍於助業選応専〔正定〕、正定之業者即是称仏名、称名必得生、依仏本願故

問曰、華厳天台真言禅門三論法相諸師各造浄土法門章疏、何不依彼等師唯用善導一師乎、答曰、彼等諸師各皆雖造浄土章疏、而不以浄土為宗、唯以聖道而為其宗、故不依彼等諸師也、善導和尚偏以浄土而為宗、而不以聖道為宗、故偏依善導一師也

問曰、浄土祖師其数又多、謂弘法寺迦才慈愍三蔵等是也、何不依彼等諸師唯用善導一師哉、答曰、此等諸師雖宗浄土未発三昧、善導和尚是三昧発得之人也、於道既有其証、故且用之

問曰、若依三昧発得者、懐感禅師亦是三昧発得之人也、何不用之、答曰、善導是師也、懐感是弟子也、故依師不依弟子也、況師資之釈其相違甚多、故不用之

問曰、若依師不依弟子者、道綽禅師者是善導和尚之師也、抑又浄土祖師也、何不用之、答曰、道綽禅師者是雖師未発三昧、故自不知往生得否、問善導曰、道綽念仏得往生否、導令弁一茎蓮華置之仏前、行道七日花不萎悴即得往生、依之七日花果然花不萎黄、綽歎其深詣、因請入定観、当得生否、導即入定須臾報曰、師当懺三罪、方可往生、一者師嘗安仏尊像在簷牖下、自処深房、二者駈使策役出家人、三者営造屋宇損傷虫命、師宜於十方仏前懺第一罪、於四方僧前懺第二罪、於一切衆生前懺第三罪、綽公静思往咎皆曰不虚、於是洗心悔謝訖而見導、即曰師罪滅矣、後当有白光照燭、是師往生之相也、〈已上新修往生伝〉爰知、善導和尚者行発三昧力堪師位、解行非凡将是暁矣、況又時人諺曰、仏法東行已来未有禅師盛徳矣、絶倫之誉不可得而称者歟

加之条録観経文疏之刻、頗感霊瑞屢預聖化、既蒙聖冥加然造経科文、挙世而称証定疏、人貴之如仏経法、即彼疏第四巻奥云、敬白一切有縁知識等、余既是生死凡夫智慧浅短、然仏教幽微、不敢輙生異解、遂即標心結願請求霊験方可造心、南無帰命尽虚空遍法界一切三宝釈迦牟尼仏阿弥陀仏観音勢至彼土諸菩薩大海衆及一切荘厳相等、某今欲出此観経要義楷定古今、若称三世諸仏釈迦仏阿弥陀仏等大悲願意者、願於夢中得見如上所願一切境界諸相、於仏像前結願已日別誦阿弥陀経三遍、念阿弥陀仏三万遍至心発願、即於当夜見西方空中如上諸相境界悉皆顕現、雑色

宝山百重千重種々光明下照於地、々如金色、中有諸仏菩薩、或坐或立或語或黙或動身手或住不動者、既見此相合掌立観、量久乃覚、々已不勝欣喜、於即条録義門、自此已後毎夜夢中常有一僧而来指授玄義科文、既了更不復見、後時脱本竟已、復更至心要期七日、々別誦阿弥陀経十遍、念阿弥陀仏三万遍、初夜後夜観想彼仏国土荘厳等相、誠心帰命一如上法、当夜即見三具磑輪道辺独転、忽有一人乗白駱駝、来前見勧師、当努力決定往生、莫作退転、此界穢悪多苦、不労貪楽、答言、大蒙賢者好心視誨、某畢命為期不敢生於懈慢之心云々、第二夜見阿弥陀仏身真金色在七宝樹下金蓮華上坐、十僧囲遶亦各坐一宝樹下、仏樹上乃有天衣挂遶、正面向西合掌坐観、第三夜見両幢杆大高顕幡懸五色、道路縦横人観无礙、既得此相已即便休止不至七日、上来所有霊相者、本心為物不為己身、既蒙此相、不敢隠蔵、謹以申呈義後被聞於末代、願使含霊聞之生信、有識覩者西帰、以此功徳迴施衆生、悉発菩提心慈心相向仏眼相看、菩提眷属作真善知識、同帰浄国共成仏道、此義已請証定竟、一句一字不可加減、欲写者一如経法、応知〈已上〉

静以、善導観経疏者、是西方指南、行者目足也、然則西方行人必須珍敬矣、就中毎夜夢中有僧指授玄義、僧者恐是弥陀応現、尓者可謂、此疏是弥陀伝説、何況大唐相伝云、善導是弥陀化身也、尓者可謂、又此文是弥陀直説、既云欲写者一如経法、此言誠乎、仰討本地者四十八願之法王也、十劫正覚之唱有憑于念仏、俯訪垂迹者専修念仏之導師也、三昧正受之語無疑于往生、本迹雖異化道是一也

於是貧道昔披閲玆典粗識素意、立舎余行云帰念仏、自其已来至于今日、自行化他唯縡念仏、然間希問津者、示以西方通津、適尋行者誨以念仏別行、信之者多不信者尠、当知、浄土之教叩時機而当行運也、念仏之行感水月而得昇降也、而今不図蒙仰、辞謝無地、仍今憖集念仏要文剰述念仏要義、唯顧命旨不顧不敏、是即無慚無愧之甚也、庶幾一経高覧之後、埋于壁底莫遺窓前、恐為不令破法之人堕於悪道也

選択本願念仏集

元久元年十一月廿八日書写了　願以此功徳往生一仏土而已

七箇条制誡

普告号予門人念仏上人等

一可停止未窺一句文、奉破真言止観、謗余仏菩薩事

右至立破道者、学生之所経也、非愚人之境界、加之誹謗正法、既除弥陀願、其報当堕那落、豈非癡闇之至哉

一可停止以無智身、対有智人、遇別行輩、好致諍論事

右論義者、是智者之有也、更非愚人之分、又諍論之処、諸煩悩起、智者遠離之百由旬也、況於一向念仏行人乎

一可停止対別解別行人、以愚癡偏執心、称当棄置本業、強嫌嗤之事

右修道之習、只各勤自行、敢不遮余行、西方要決云、別解別行者、惣起敬心、若生軽慢得罪無窮云云、何背此制哉、加之善導和尚大呵之、未知祖師之誡、愚闇之弥甚也

一可停止於念仏門、号無戒行、専勧婬酒食肉、適守律儀者名雑行人、憑弥陀本願者、説勿恐造悪事

右戒是仏法大地也、衆行雖区同専之、是以善導和尚、挙目不見女人、此行状之趣、過本律制、浄業之類、不順之者惣失如来之遺教、別背祖師之旧跡、旁無拠者歟

一可停止未弁是非癡人、離聖教、非師説、恣述私義、妄企諍論、被咲智者、迷乱愚人事

右無智大天、此朝再誕、猥述邪義、既同九十六°種異道、尤可悲之

一可停止以癡鈍身、殊好唱導、不知正法、説種々邪法、教化無智道俗事

右無解作師、是梵網之制戒也、黒闇之類、欲顕己才、以浄土教為芸能、貪名利望檀越、恣成自由之妄説、誑惑世間人、誑法之過殊重、是寧非国賊乎

一可停止自説非仏教邪法為正法、偽号師範説事

右各雖一人説、所積為予一身衆悪、汚弥陀教文、揚師匠之悪名、不善之甚、無過之者也

以前七箇条甄録如斯、一分学教文弟子等者、頗知旨趣、年来之間、雖修念仏、随順聖教、敢不逆人心、無驚世聴、因茲于今三十箇年、無為渉日月、而至近来、此十ヶ年以後、無智不善輩時々到来、非啻失弥陀浄業、又汚穢尺迦遺法、何不加炯誡乎、此七ヶ条之内、不当之間、巨細事等、多具難注述、惣如此等之無方、慎不可犯、此上猶背制法輩者、是非予門人、魔眷属也、更不可来草菴、自今以後各随聞及、必可被触之、余人勿相伴、若不然者、是同意人也、彼過如作者、不能嗔同法恨師匠、自業自得之理、只在己心而已、是故今日、催四方行人、集一室告命、僅雖有風聞、慥不知

誰人失、拋于沙汰、愁歎送年序、非可黙止、先随力及所、廻禁遏之計也、仍録其趣、示門葉等之状、如件

元久元年十一月七日　　沙門源空
（花押）

信空　感聖　尊西　証空　源智
行西　聖蓮　見仏　導亘　導西十人
寂西　宗慶　西縁　親蓮　幸西
住蓮　西意　仏心　源蓮　源雲廿
欣蓮　生阿弥陀仏　欣西　西縁　安照
如進　導空　昌西　導也　遵西卅
義蓮　安蓮　導源　証阿弥陀仏　念西
行西　行西　尊浄　帰西　行空四十
導感　西観　覚成　禅忍　学西
玄曜　澄西　大阿　西住　実光五十
覚妙　西入　円智　導衆　尊仏
蓮恵　源海　蓮恵　安西　教芳六十
念西　安西　詣西　神円　弁西
空仁　示蓮　念生　尊忍　参西七十
仰善　忍西　好阿弥陀仏　鏡西　昌西
惟西　好西　禅寂　戒心　了西

同八日追加人々　僧尊蓮八十

僧仙雲　僧顕願　僧仏真　僧西尊　僧良信
僧綽空　僧善蓮　蓮生　度阿弥陀仏　阿日九十
静西　成願　自阿弥陀仏　覚信　念空
正蓮　向西　親西　実蓮　観然百人
蓮智　実念　長西　信西　寂明
行西　恵忍　円空　観阿弥陀仏　蓮慶百十人
浄阿弥陀仏　観尊　具慶　蓮慶　蓮仏
進西　正念　持乗　覚弁　蓮定百二十人
導西　深心　往西　観尊　一円
実蓮　白毫　正観　有西　上信百卅人
定阿弥陀仏　念仏　観阿弥陀仏　蓮仁　蓮西
徳阿弥陀仏　自阿弥陀仏　持阿弥陀仏　西仏
空阿弥陀仏百四十人

九日

覚勝　西仏　慶俊　信西　進西
源也　雲西　実念　心光　西源百五十人
応念　惟阿　源西　行願　信恵
忍西　寂因　安西　仏心　心蓮百六十人
観源　往西　蓮寂　智円　参西
永尊　空寂　願蓮　証西　西念百七十人
戒蓮　専念　法阿弥陀仏　西阿　西法
西念　西忍　幸西　成蓮　実念百八十人

西教（花押）　僧慶宴　沙門感善　有実　浄心

立西　唯阿弥陀仏　行西　向西

一遍

一遍上人語録

一遍上人語録《いっぺんしょうにんごろく》　巻上

*別願和讃《べつがんわさん》

身を観《かん》ずれば水の泡《あわ》　消《きえ》ぬる後は人*もなし
命《いのち》をおもへば月の影　出入息《いでいるいき》にぞとゞまらぬ
*人天善所《にんでんぜんしょ》の*質《かたち》をば　お《(を)》しめどもみなたもたれず
地獄《じごく》*鬼畜《きちく》のくるしみは　いとへども又受《またうけ》やすし
眼《まなこ》のまへのかたちは　盲《めしい》て見ゆる色もなし
耳のほとりの言《こと》の葉《は》は　聾《みみしい》てきく声ぞなき
香《か》をかぎ*味《あじわい》なむること　只《ただ》しばらくのほどぞかし
息《いき》のあやつり絶《たえ》ぬれば　この身に残る功能《くのう》なし
過去遠々《かこおんおん》のむかしより　今日今時《こんにちこんじ》にいたるまで
おもひと思ふ事はみな　叶《かな》はねばこそかなしけれ
*聖道《しょうどう》・浄土《じょうど》の法門を　*悟《さとり》とさとる人はみな
*生死《しょうじ》の妄念《もうねん》つきずして　輪回《りんね》の業《ごう》とぞなりにける
*善悪不二《ぜんなくふに》の道理には　そむきはてたる心にて

別願　総願に対するもので、阿弥陀仏の四十八願の如く、その仏独自の誓願をいうが、ここでは第十八念仏往生願を指している。

人もなし　聖絵巻九は「人ぞなき」につくる。

人天善所　六道(地獄・餓鬼・畜生・阿修羅・人間・天上)のうちの人間界と天上界。前三道を三悪道、後の三道を三善道という。善所は善道に同じ。

質　聖絵は「かたちは」、絵詞伝は「形」につくる。

鬼畜　餓鬼・畜生の略。この二道に地獄を加えたものが三悪道。

味　聖絵は、「味を」につくる。

聖道・浄土　一代仏教を二門に分類したもので、道綽の安楽集に出ている。この土において自力の行を修し、聖果を証せんとする教法を聖道、阿弥陀仏の本願力によって浄土に往生する教えを浄土門という。

悟　知識的理解にもとづき、惑がとけること。

生死…　惑業の因縁により生死相続、流転してやむことなく、諸趣に死生輪廻すること。輪廻とは衆生が三界六道の迷いの世界に生まれかわり死にかわりするさまをいう。

善悪不二　注維摩経に、「善不善を二となす。若し善ならざれば不善ならず。無相際に入つて通達する者は、是れを入不二門となす」とある。

煩悩　有情の身心を擾乱し、三界の牢獄につないで、涅槃を障礙するもので、欲情のわずらいをいう。
菩提　煩悩と所知の二障を断じて得た三乗無学所得の覚智、すなわち仏道のさとりをいう。
聞て　聖絵は「いひて」につくる。
涅槃　安楽・寂滅または不生不滅と訳し、煩悩・迷妄を脱して真理を証得すること。
いへ　聖絵は「きけ」につくる。
自性清浄法身　略して法身・自性身ともいい、三身の一で、宇宙の真理、真如の理法を人格化したもの。
如々常住の仏　如々は真理の意。真理が常に留まる永遠不変の仏で、法身を指す。
万行…報身　因位における願行にむくいて成就した万徳円満な仏身。
理智冥合の仏　真如の理法と、これをさとる知恵とが合一した仏の意で、報身すなわち阿弥陀仏を指す。
境智　所観の境界を境、能観の知恵を智という。
心念口称　心に仏を念ずるのを心念、口に仏名をとなえるのを口称という。
断悪…応身　十地以前の菩薩・二乗の人や凡夫が見ることのできる仏身。
名号酬因の報身　↓補
十方衆生　十方世界の衆生の意。十方とは東西南北の四方、東南・西南・東北・西北の四維、それに上下を加えたもの。

邪正一如《じやしやういちによ》とおもひなす　冥《やみ》の知見《ちけん》ぞはづかしき
*煩悩《ぼんのう》すなはち*菩提《ぼだい》ぞと　*聞《きき》て罪をばつくれども
生死すなはち*涅槃《ねはん》とは　*いへども命《いのち》お《(を)》しむかな
*自性清浄法身《じしやうしやうじやうほつしん》は　*如々常住《によによじやうじゆう》の仏なり
迷《まよい》も悟《さとり》もなきゆへ《(ゑ)》に　しるもしらぬも益《えき》ぞなき
*万行円備《まんぎやうえんび》の報身《ほうじん》は　*理智冥合《りちみやうごう》の仏なり
*境智《きやうち》ふたつもなき故に　*心念口称《しんねんくしやう》に益ぞなき
*断悪修善《だんなくしゆぜん》の応身《おうじん》は　随縁治病《ずいえんちびやう》の仏なり
十悪五逆《じゆうあくごぎやく》の罪人に　無縁出離《むえんしゆつり》の益ぞなき
*名号酬因《みやうごうしゆういん》の報身《ほうじん》は　凡夫出離《ぼんぶしゆつり》の仏なり
*十方衆生《しゆじやう》の願なれば　独《ひとり》もるゝ過《とが》ぞなき
別願超世《べつがんちやうせ》の名号は　他力不思議の力にて
口にまかせてとなふれば　声に生死《しやうじ》の罪きえぬ
始の一念よりほかに　最後の十念なけれども
念をかさねて始とし　念のつくるを終とす
おもひ尽《つき》なん其後《そののち》に　はじめお《(を)》はりはなけれども
仏も衆生もひとつにて　南無阿弥陀仏とぞ申べき
はやく万事《ばんじ》をなげ捨《すて》て　一心に弥陀を憑《たのみ》つゝ

極楽世界　この娑婆世界を去ること西方十万億土の彼方に存する、阿弥陀仏があらゆる修行の結果得た浄土の名。
弥陀…大勢至　合して阿弥陀三尊といい、観音は右、勢至は左に脇侍している。観音は弥陀の悲的活動、勢至は智的活動を象徴している。
無数恒沙　インドのガンジス河(恒河)の沙ほどもあるという意で、数えきれぬほど多くという意。
来迎引接　念仏行者の臨終にあたり、極楽浄土より仏・菩薩が、その人の前に来現して、浄土に迎え導くこと。
給ふ　聖絵・絵詞伝は、以上の七十句をもって終わる。
金蓮台　金色の蓮華の台で、金蓮華台ともいう。
安養浄土　極楽浄土の別名で、安楽界ともいう。
五体　頭と両臂と両膝。この五体を地につけて仏を礼拝するのを五体投地の礼とか上品の礼拝という。
大宝宮殿　大宝珠より成っている宮殿で、浄土にある宝楼珠閣を指す。
穢国　穢悪国土の略で、穢土と同義。
誓願　誓をたてて事を願うことで、諸仏菩薩には総願と別願があり、総願は四弘誓願ともいう。
有頂　有頂天の略。九天中の最も高いところで、無色界の最高所にある。
無間　無間地獄。八熱地獄の一。
三塗　三途。火塗(地獄)・刀塗(餓

南無阿弥陀仏と息たゆる　是《これ》ぞおもひの限《かぎり》なる
此時《このとき》*極楽世界《ごくらくせかい》より　*弥陀《みだ》・観音《かんのん》・大勢至《だいせいし》
*無数恒沙《むしゆごうじや》の大聖衆《だいしようじゆ》　行者《ぎようじや》の前に顕現《けんげん》し
一時に御手を授《さずけ》つゝ　*来迎引接《らいごういんじよう》たれ*給ふ
即《すなわち》　*金蓮台《こんれんだい》にのり　仏の後にしたがひて
須臾《しゆゆ》の間を経る程に　*安養浄土《あんにようじようど》に往生す
行者蓮台よりおりて　*五体《ごたい》を地になげ頂礼《ちようらい》し
すなはち菩薩に従ひて　漸《ようや》く仏所に到らしむ
*大宝宮殿《たいほうぐうでん》に詣《もう》でゝは　仏の説法《せつぽう》聴聞し
玉樹楼《ぎよくじゆろう》にのぼりては　遙《はるか》に他方界《たほうかい》をみる
安養界に到りては　*穢国《えこく》に還《かえり》て済度《さいど》せん
慈悲《じひ》　*誓願《せいがん》かぎりなく　長時《じようじ》に慈恩《じおん》を報ずべし

百利口語《ひやくりくご》

六道輪回《ろくどうりんね》の間には　ともなふ人もなかりけり
独《ひとり》むまれて独死《ひとりし》す　生死《しようじ》の道こそかなしけれ
或は*有頂《うちよう》の雲の上　或は*無間《むけん》の獄《ごく》の下
善悪《ぜんなく》ふたつの業《ごう》により　いたらぬ栖《すみか》はなかりけり

然《しかる》に人天善所《にんでんぜんしょ》には　生《しょう》をうること有《あり》がたし
常に*三途《さんず》の悪道を　栖《すみか》としてのみ出《いで》やらず
*黒縄《こくじょう》・衆合《しゅごう》に骨をやき　*刀山《とうざん》・剣樹《けんじゅ》に肝《きも》をさく
餓鬼《がき》となりては食《しょく》にうへ(ゑ)　畜生愚痴《ちくしょうぐち》の報もうし
かゝる苦悩を受《うけ》し身の　しばらく三途《さんず》をまぬかれて
たま〳〵人身《にんしん》得たる時　などか生死《しょうじ》をいとはざる
人の形に成《なり》たれど　世間の希望《けもう》たえずして
身心苦悩《しんしんくのう》することは　地獄《じごく》を出《いで》たるかひぞなき
物をほしがる心根は　餓鬼《がき》の*果報《かほう》にたがはざる
迭《たがい》に害心《がいしん》おこすこと　たゞ畜生《ちくしょう》にことならず
此等の妄念《もうねん》おこしつゝ　明《あけ》ぬ暮《くれ》ぬといそぐ身の
*五欲《ごよく》の絆《きずな》につながれて　*火宅《かたく》を出《いで》ずは憂《う》かるべし
千秋万歳《せんしゅうばんさい(お)》をくれども　たゞ電《いなずま》のあひだなり
つながぬ月日《つきひ》過行《すぎゆけ》ば　死の期《ご》きたるは程もなし
生老病死のくるしみは　人をきらはぬ事なれば
貴賤高下《きせんこうげ》の隔《へだて》なく　貧富《ひんぷ》共《とも》にのがれなし
*露の命《いのち》のあるほどぞ　*瑤《たま》の台《うてな》もみがくべき
一度無常《ひとたびむじょう》の風ふけば　花のすがたも散《ちり》はてぬ

鬼)・血塗(畜生)の称で、三苦趣・三悪道というに同じ。

黒縄・衆合・刀山・剣樹　ともに地獄の名。地獄の名称は経典により呼称を異にするが、前二者は倶舎論巻八、後二者は増一阿含経巻三十六などに見えている。

果報　業のむくいによって得た結果。

五欲　色・声・香・味・触の五種の欲望。また財欲・色欲・飲食欲・名欲・睡眠欲を指す場合もあるが、総じて人間の世俗的な欲望をいう。

火宅　法華経巻二に、「三界安きことなし。なほ火宅の如し」とあるのに依ったもので、三界とは有情の住む世界すなわち欲界・色界・無色界をいう。これらの世界は貪・瞋・痴の煩悩の火焔につつまれている世界であるから、それを燃える家にたとえたものである。したがって火宅とは迷いの世界を指す。心地観経に、「老病死の火は、時として滅することなし。この因縁をもつて、もろもろの世尊は三界を説いて火宅となす」といっているのは、その意を示したものであろう。

露の命　朝露のように朝日をうければ消えうせてしまうような、はかないいのち。涅槃経に、「この寿命を観るに、また朝露の如し」とある。

瑤の台　瑤は美しい玉の意で、たまのうてな。すなわち高貴な者の居住している地をいう。

冥途　死後における幽冥の世界。地蔵菩薩発心因縁十王経に、「この娑婆国の一切の衆生は、根、鈍にして障り重く、父母に孝せず、因果を信ぜず、心をもつて師とし、五逆・四重・十悪を造作して皆悉く閻魔地獄に堕在す。冥途の中間すべて覚知せず」とあり、主として地獄などの三途幽冥のところを冥途と名づけている。鎌倉時代以降、地蔵十王信仰の流行にともない、冥途には三途の川、賽の河原などがあると考えられてきた。時衆教団の中には、地蔵信仰の影響がかなり見られる。

親類眷属　親類は父母兄弟妻子などの六親をいい、眷属とは親しくつきしたがう者の意で、一族のものというほどの意味をもつ。

業　身と口と意によっておきる善悪、または無記の働きの意で、衆生が善悪のむくいをひきおこす働き。

妄境　虚偽の心より生じた不真実の世界、妄念にとらわれた世界をいう。

曠劫　方一里の盤石があり、三年に一度、天衣でその上をひとすりしていって、その石が消滅する時節が劫。したがって、曠劫とはそれほどの遠く久しい年月をいう。

無為の境　さとりの世界。

常の栖　生死のあるこの世を仮りのすみかとするのに対し、浄土を永遠のすみかとするという意。

つくらふ　修理する。

父母と妻子を始《はじめ》とし
百千万億《ひやくせんまんのく》皆ながら
惜《おし》み育《はぐく》みかなしみし
たましゐ(ひ)独《ひとり》さらん時
*親類眷属《しんるいけんぞく》あつまりて
*業《ごう》にひかれて迷《まよい》ゆく
かゝることは(わ)り聞《きき》しより
*妄境《もうきょう》既にふりすてゝ
*曠劫多生《こうごうたしょう》の間には
万《よろず》の衆生《しゅじょう》を伴《とも》なひて
*無為《むい》の境《さかい》にいらんため
口にとなふる念仏を
これこそ*常の栖《すみか》とて
さすがに家の多ければ
此身をやどす其程《そのほど》は
終《つい》にうち捨《すて》ゆかんには
本《もと》より火宅《かたく》と知《しり》ぬれば
荒《すさみ》たる処みゆれども

財宝所住《ざいほうしょじゅう》にいたるまで
我身のためとおもひつゝ
此身をだにも打《うち》すてゝ
たれか*冥途《めいど》へを(お)くるべき
屍《かばね》を抱《いだき》てさけべども
生死《しょうじ》の夢はよもさめじ
身命財《しんみょうざい》もお(を)しからず
独《ひとり》ある身となり果《はて》ぬ
父母にあらざる者もなし
はやく浄土《じょうど》にいたるべし
すつるぞ実《まこと》の報恩《ほうおん》よ
普《あまね》く衆生に施《ほどこ》して
いづくに宿《やど》を定めねど
雨にうたるゝ事もなし
あるじも我も同じこと
主《あるじ》がほしてなにかせん
焼《やけ》うすれども騒《さわ》がれず
*つくらふ心さらになし

*畳一畳《たたみいちじょう》しきぬれば
念仏まふ（う）す起《おき》ふしは
*道場《どうじょう》すべて無用なり
*南無阿弥陀仏の名号《みょうごう》は
利欲《りよく》の心すゝまねば
*五種の不浄《ふじょう》を離《はなれ》ねば
*法主軌則《ほっすきそく》をこのまねば
誰を*檀那《だんな》と頼《たの》まねば
暫く此身《このみ》のある程ぞ
それも前世《ぜんせ》の果報《かほう》ぞと
詞《ことば》をつくし乞《こい》あるき
僅《わずか》に命《いのち》をつぐほどは
それもあたらずなり果《はて》ば
死して浄土に生れなば
世間の出世もこのまねば
人の著《き》するにまかせつゝ
*小袖《こそで》・*帷子《かたびら》・*紙のきぬ
寒さふせがん為なれば

狭《せばし》とおもふ事もなし
*妄念おこらぬ住居《すまい》かな
行住坐臥《ぎょうじゅうざが》にたもちたる
過《すぎ》たる此身《このみ》の本尊《ほんぞん》なり
*勧進聖《かんじんひじり》もしたからず
説法《せっぽう》せじとちかひてき
弟子《でし》の法師《ほうし》もほしからず
人にへつらふ事もなし
さすがに衣食《えじき》は離《はなれ》ねど
いとなむ事も更になし
へつらひもとめ願《ねが》はねど
さすがに人こそ供養《くよう》すれ
飢死《うえじに》こそはせんずらめ
殊勝《しゅしょう》の事こそ有《ある》べけれ
衣《ころも》も常に定めなし
わづらひなきを本《もと》とする
ふりたる筵《むしろ》・簑《みの》のきれ
有《ある》に任《まかせ》て身にまとふ

畳一畳しきぬれば　畳一枚でも敷く場所がありさえすればという意で、念仏者は広い場所を必要としない、念仏申しさえすればよいということ。
妄念　よこしまな考え。
道場　本来、道場とは仏成道の金剛座すなわち菩提道場を意味したが、のちには寺院の別称となった。僧尼令に、僧尼は寺院に住すべきであって、別に道場を立て、衆を集めて教化し、妄りに罪福を説いてはならないと述べている。したがって、道場にいたのは私度僧であったらしい。ところが法然のころになると、念仏僧は多く道場に居住して、念仏し聞法し教化するようになった。
南無…本尊なり　本尊は供養し礼拝する対象であるが、一遍は、名号こそ本尊であると考えている。本尊名号の源流はここにあるか。
勧進聖　堂塔伽藍を建立するため、人に勧めて寄捨を乞う僧。
五種の不浄　種子・住処・自体・外相・究竟の五つの不浄。ここでは利養のために人に法を説くをいう。
法主　教団の統率者、一遍の自称。
檀那　教団をささえる在家信者。
小袖　絹の綿入れで、冬衣。
帷子　麻のひとえもので、夏衣。
紙のきぬ　かみこで、紙製の衣。

命をさゝふる食物は　あたりつきたる其《その》まゝに
死するを歎《なげ》く身ならねば　病《やまい》のためともきらはれず
よは《(わ)》るを痛む身ならねば　力のためとも願《ねが》はれず
*色の為ともおもはねば　味《あじわい》たしむ事もなし
善悪ともに皆ながら　輪回《りんね》生死《しょうじ》の業《ごう》なれば
すべて*三界《さんがい》・六道《ろくどう》に　羨《うらや》ましき事さらになし
阿弥陀仏に*帰命《きみょう》して　南無阿弥陀仏と唱《とな》ふれば
摂取《せっしゅ》の光《ひかり》に照《てら》されて　真《まこと》の*奉事《ぶじ》となるときは
観音《かんのん》・勢至《せいし》の*勝友《しょうゆう》あり　*同朋《どうほう》もとめて何かせん
諸仏護念《ごねん》したまへば　一切*横難《おうなん》おそれなし
かゝることは《(わ)》りしる事も　偏《ひとえ》に仏の恩徳《おんどく》と
思へば歓喜《かんぎ》せられつゝ　いよ〳〵念仏まうさるゝ
一切衆生のためならで　世をめぐりての詮《せん》もなし
*一年《ひととせ》*熊野にまうでつゝ　*証誠殿《しょうじょうでん》にまうぜしに
あらたに夢想の告有《つげあり》て　それに任《まかせ》て過《すぐ》る身の
後生の為に*依怙《えこ》もなし　平等利益《びょうどうりやく》の為ぞかし
但し不浄《ふじょう》をまろくして　終《つい》には土とすつる身を
信ぜん人も益《やく》あらじ　謗《ぼう》せん人も罪あらじ

色　顔色。
三界　三有ともいい、一切衆生所在の三種の世界、即ち欲界・色界・無色界。欲界とは婬食の二欲ある有性の住処、色界とは婬食の二欲をはなれた有情の住処、無色界とは物質的なもの一としてなく、ただ心識をもって深妙なる禅定に住するものの世界をいう。
帰命　身を投げだして仏に帰依すること。元来、悉曇の南無の訳で、聖聰は南無に「たすけたまへ」と和訓している(決答疑問銘心鈔)。
奉事　阿弥陀仏に奉仕すること。
勝友　すぐれた友。
同朋　念仏の行をともに修する人で、「一人して申されずは、同朋とともに申すべし」(和語灯録巻五)とある用例のほか、念仏者は同法・同行とも呼ばれていた。
横難　不慮の災難。横とは理に順じない不慮のできごとをいう。
一年　ある年。熊野に詣でた年時を、聖絵は文永十一(一二七四)年夏、絵詞伝は建治二(一二七六)年夏のこととする。
熊野　熊野権現。
証誠殿　熊野本宮の祭神は伊弉冉尊。本地垂迹説により本地を阿弥陀仏とする。したがって、本宮は念仏を証誠するから証誠殿とも呼ばれた。
依怙　たよる。よりたのむ。

見聞覚知　見は眼識、聞は耳識、覚は鼻舌身の三識、知は意識の作用で、阿弥陀仏を見、念仏の声を聞き、念仏を領解すること。
信謗　信ずる者も謗る者も。
無始本有　もともとから永遠にわたり存在しているもの。
弥陀の本誓　四十八願。
弁才　言説のたくみな働き。
布施　六波羅蜜の一で、無貪の心をもって、仏や僧、更には貧窮の人に衣食などを施与することをいい、財施と法施とがある。
持戒・破戒　持戒は戒法を護持すること、即ち仏所制の戒を受持して犯さないことをいい、破戒は仏の制した戒を犯すこと。持(たも)つべき戒品については在家・出家および声聞・菩薩によって相異があり、比丘の持つ戒は具足戒で、二百五十戒ある。
定散　定善と散善。
雑善　念仏の多善根に対し、随他意説法の雑修雑行の少善根の因縁をいい、選択集には、「雑善はこれ少善根なり、念仏はこれ多善根なり」と記している。↓一五一頁
諸仏…およばざる　無量寿経巻上に、「無量寿仏の威神光明は最尊第一なり。諸仏の光明よく及ばざる所なり」とある。
難思光仏・無礙光仏　十二光仏の一。無量寿仏には十二の別名がある。
彼此　彼は弥陀、此は衆生。

口にとなふる名号《みょうごう》は　不可思議功徳《ふかしぎくどく》なる故に
*見聞覚知《けんもんかくち》の人もみな　生死の夢をさますべし
*信謗《しんぼう》共に利益《りやく》せむ　他力不思議の名号は
*無始本有《むしほんぬ》の行体《ぎょうたい》ぞ　始《はじめ》て修するとおもふなよ
本来仏性一如《ほんらいぶっしょういちにょ》にて　迷悟《めいご》の差別《しゃべつ》なきものを
そゞろに妄念おこしつゝ　迷《まよい》とおもふぞ不思議なる
然《しかる》に*弥陀の本誓《ほんぜい》は　まよひの衆生に施《ほどこ》して
鈍根無智《どんこんむち》の為なれば　智慧《ちえ》*弁才《べんざい》もねがはれず
*布施《ふせ》*持戒《じかい》をも願《ねが》はれず　比丘《びく》の*破戒もなげかれず
*定散《じょうさん》共に摂《せっ》すれば　行住坐臥《ぎょうじゅうざが》に障《さわり》なし
善悪《ぜんなく》ともに隔《へだて》ねば　悪業人《あくごうにん》もすてられず
*雑善《ぞうぜん》すべて生《しょう》ぜねば　善根《ぜんごん》ほしともはげまれず
身の振舞《ふるまい》にいろはねば　人目《ひとめ》をかざる事もなし
心はからひたのまねば　さとるこゝろも絶果《たえはて》ぬ
*諸仏の光明《こうみょう》およばざる　無量寿仏《むりょうじゅぶつ》の名号は
迷悟《めいご》の法にあらざれば　*難思光仏《なんしこうぶつ》とほめ給ふ
此法信楽《しんぎょう》する時に　仏も衆生も隔《へだて》なく
*彼此《ひし》の三業捨離《さんごうしゃり》せねば　*無礙光仏《むげこうぶつ》と申《もうす》なり

すべて思量*をとゞめつゝ　仰《あおい》で仏に身をまかせ
出入息《いでいる》をかぎりにて　南無阿弥陀仏と申べし

*誓《せい》願《がん》偈《げ》文《もん》

我が弟子等《でしとう》、願はくは今身《こんしん》より、未来際《みらいさい》を尽すまで、身命《しんみょう》を惜《お》しまず、本願に帰入し、畢命《ひつみょう》を期《ご》として、一向に称名《しょうみょう》し、善悪《ぜんなく》を説かず、善悪を行《ぎょう》ぜず。かくの如きの行人は、本願によるが故に、阿弥陀仏、観音・勢至、*五五《ごご》の菩薩、無数《むしゅ》の聖衆《しょうじゅ》、*六方《ろっぽう》の恒沙《ごうじゃ》、証誠《しょうじょう》の諸仏、*昼夜六時に相続して間《へだて》なく、影の形に随《したが》ふが如く、暫くも離るる時なく、慈悲護念《じひごねん》したまへ。心をして乱れざらしめ、*横病《おうびょう》を受けず、*横死《おうし》に遇はず、身《み》に苦痛なく、心錯乱《こころしゃくらん》せず、身心安楽《しんじんあんらく》にして、*禅定《ぜんじょう》に入るが如く、命《いのち》断えなば須臾《しゅゆ》に、聖衆来迎《しょうじゅらいごう》したまへ。仏の願力に乗じて、極楽《ごくらく》に往生《おうじょう》せむ。

我弟子等	願従今身	尽未来際	不惜身命	帰入本願	畢命為期	一向称名
不説善悪	不行善悪	如此行人	依本願故	阿弥陀仏	観音勢至	五五菩薩
無数聖衆	六方恒沙	証誠諸仏	昼夜六時	相続無間	如影随形	無暫離時
慈悲護念	令心不乱	不受横病	不遇横死	身無苦痛	心不錯乱	身心安楽
如入禅定	命断須臾	聖衆来迎	乗仏願力	往生極楽		

思量　思いはかること。

誓願偈文　弘安九(一二八六)年大和の当麻寺で書いたもので、聖絵巻八・絵詞伝巻三に出ている。

五五の菩薩　二十五菩薩のこと。十往生阿弥陀仏国経に、「我、今日より二十五菩薩をして、この人を護持せしめ、常にこの人を無病無悩ならしむべし。もしは人、もしは非人、その便を得ず、行住坐臥昼夜を問ふことなく、常に安穏なることを得ん」とあり、二十五菩薩とは、観世音・大勢至・薬王・薬上・普賢・法自在王・師子吼・陀羅尼・虚空蔵・徳蔵・宝蔵・金蔵・金剛蔵・山海慧・光明王・華厳王・衆宝王・月光王・日照王・三昧王・定自在王・大自在王・白象王・大威徳王・無辺身の各菩薩をいう。これらの菩薩は、平生念仏行者を擁護するが、経典所説の聖衆来迎説と合し、平安朝以来、盛んに二十五菩薩来迎がとなえ出された。

六方　東・南・西・北・下・上。

昼夜六時　昼夜を晨朝・日中・日没・初夜・中夜・後夜の六時に分けたもので、前三を昼三時、後三を夜三時といい、総じて昼夜二六時中の意をもつ。

横病・横死　思いがけず不意におきた病、不慮の死。

禅定　心を一境にとどめて正審思慮するのを禅、心を一境に住して動かぬようにするのを定という。

時衆制誡　他阿真教の著述にかかる奉納縁起記に見える。時衆とは一遍の教団に入った僧尼(道時衆)、または教化に浴した有縁の人々(俗時衆)をいう。時衆の語は金光明経にもあるが、一遍の教団に用いられている時衆は、六時念仏衆の略か。

本地　衆生救済のため、仏・菩薩が神のすがたをとり、日本に現われたのを垂迹というに対し、仏・菩薩としてのもとのすがたを本地という。

感応　衆生が仏の心に触れてひびきこたえること。

雑行　称名を正行というに対し、称名以外の一切の行を雑行という。

慈悲心　衆生に楽を与えるのを慈、衆生の苦を除くのを悲という。

瞋恚　怒りで、柔和に対する語。

不浄…観じて　人間の死屍を観じて迷いをはなれる観で、これに九想(脹想・青瘀想・壊想・血塗想・膿爛想・噉想・散想・骨想・焼想)がある。

貪欲　欲深くむさぼること。

化他・自利　衆生を教化し救済する教えを化他、自らの利益のために修行する教えを自利という。

三悪道　地獄・餓鬼・畜生。

安養楽　安養楽土の略で、極楽浄土。

九域　十方のうちから西方を除いた他のすべての方域。

時*《じ》衆《しゅう》制《せい》誡《かい》

専ら神明《しんめい》の威を仰ぎて、*本地《ほんじ》の徳を軽《かろ》んずることなかれ。

専ら仏法僧を念じて、*感応《かんのう》の力を忘るることなかれ。

専ら称名行を修して、余の*雑行《ぞうぎょう》を勤《つと》むることなかれ。

専ら所愛《しょあい》の法を信じて、他人の法を破ることなかれ。

専ら平等心を起して、差別《しゃべつ》の思ひを作《な》すことなかれ。

専ら慈悲心*を発《おこ》して、他人の愁《うれ》ひを忘るることなかれ。

専ら柔和《にゅうわ》の面《おもて》を備へて、*瞋恚《しんに》の相を現はすことなかれ。

専ら卑下《ひげ》の観《かん》に住して、憍慢心《きょうまんしん》を発《おこ》すことなかれ。

専ら不浄*の源《みなもと》を観じて、愛執《あいしゅう》の心を起すことなかれ。

専ら無常の理を観じて、*貪欲《とんよく》の心を発《おこ》すことなかれ。

専ら自身の過《とが》を制して、他人の非を謗《そし》ることなかれ。

専ら*化他《けた》の門に遊んで、*自利《じり》の行を怠ることなかれ。

専ら*三悪道《さんなくどう》を恐れて、恣《ほしいまま》に罪業を犯すことなかれ。

専ら*安養楽《あんにょうらく》を願つて、三途《さんず》の苦しみを忘るることなかれ。

専ら往生想《おうじょうそう》に住して、称名《しょうみょう》の行《ぎょう》を怠ることなかれ。

専ら西方《さいほう》を持念《じねん》して、心を*九域《きゅういき》に分つことなかれ。

専ら菩提《ぼだい》の行を修して、遊戯《ゆげ》の友に交《まじ》はることなかれ。

専仰神明威　莫軽本地徳
専念仏法僧　莫忘感応力
専修称名行　莫勤余雑行
専信所愛法　莫破他人法
専起平等心　莫作差別思
専発慈悲心　莫忘他人愁
専備柔和面　莫現瞋恚相
専住卑下観　莫発憍慢心
専観不浄源　莫起愛執心
専観無常理　莫発貪欲心
専制自身過　莫謗他人非
専遊化他門　莫怠自利行
専恐三悪道　莫恣犯罪業
専願安養楽　莫忘三途苦
専住往生想　莫怠称名行
専持念西方　莫分心九域
専修菩提行　莫交遊戯友

専ら*知識《ちしき》の教へを守り、恣《ほしいまま》に我意《がい》に任《まか》することなかれ。　専守知識教　莫恣任我意

我が遺弟等《ゆいていとう》、末代に至るまで、すべからくこの旨を守るべし。　努力《つと》めて*三業《さんごう》の行体を

怠ることなかれ。

我遺弟等、至于末代、須守此旨、努力勿怠、三業行体

南無阿弥陀仏　一遍

道具《どうぐ》*秘釈《ひしゃく》

南無阿弥陀仏。一遍の弟子、まさに十二道具を用ゐるの意《こころ》を信ずべし。

南無阿弥陀仏、一遍弟子、当信用十二道具意

一　*引入《ひきいれ》

南無阿弥陀仏。無量の生命《しょうみょう》、名号《みょうごう》*法器たるを信ずる心、これ即ち*無量光仏《むりょうこうぶつ》の徳なり。

南無阿弥陀仏、信無量生命名号法器心、是即無量光仏徳也

一　*箸筒《はしづつ》

南無阿弥陀仏。無辺の*功徳《くどく》、衆生の心に入るを信ずる心、これ即ち*無辺光仏の徳なり。

南無阿弥陀仏、信無辺功徳入衆生心心、是即無辺光仏徳也

一　*阿弥衣《あみぎぬ》

南無阿弥陀仏。善悪《ぜんなく》同じく摂《せっ》する、弥陀の本願を信ずる心、これ即ち*無碍光仏《むげこうぶつ》の徳なり。

知識　善知識の略。仏道に縁を結ばせる者のことであり、時衆では一遍および一遍のあとをつぎ教団を統率する者の呼称。

三業　身業・口業・意業。

秘釈　秘かに解釈したものという意。

引入　飯を盛る椀鉢。

法器　法要・法式に用いる器具。

無量光仏　十二光仏の一。阿弥陀仏の光明は無量で、四方四維上下の十方をあまねく照らし、あたかも虚空であるのをいう。

箸筒　箸を入れる細長い筒。

功徳　仁王般若経疏巻上に、「功徳とは功を施すを功と名づけ、己れに帰するを徳と曰ふ。また云く、功を忘れて徳を遺す。故に功徳と曰ふなり」とあり、人のためにする善行とか慈恵をいう。

無辺光仏　十二光仏の一。阿弥陀仏の光明は、有縁の衆生、すなわち念仏の衆生をもとめ照らして、利益しないことのないことをいう。

阿弥衣　網衣・編衣ともいわれ、麻製の衣で、麻の繊維を横に並べてあんだもの。広袖、襟が裾まで及び、その襟には黒麻布を用い、細かい雑巾刺しをほどこしている。

無碍光仏　十二光仏の一。阿弥陀仏の光明は最大の力用を有し、人法すべて何物をもってしても障礙することのないことをいう。

袈裟　僧の身にまとう法衣で、イン

　南無阿弥陀仏、信善悪同摂弥陀本願心、是即無礙光仏徳也

一　*袈裟《けさ》

南無阿弥陀仏。苦悩を除くの法は、名号に対《なら》ぶるものなきを信ずる心、これ即ち無対光仏*の徳なり。

　南無阿弥陀仏、信除苦悩法無対名号心、是即無対光仏徳也

一　*帷《かたびら》

南無阿弥陀仏。*火《か》変じて風《ふう》と成り、化仏来迎《けぶつらいごう》したまふを信ずる心、これ即ち*炎王光仏《えんのうこうぶつ》の徳なり。

　南無阿弥陀仏、信火変成風化仏来迎心、是即炎王光仏徳也

一　*手巾《しゅきん》

南無阿弥陀仏。一たび弥陀を念ずれば、即ち多罪を滅するを信ずる心、これ即ち*清浄光《しょうじょうこう》仏《ぶつ》の徳なり。

　南無阿弥陀仏、信一念弥陀即滅多罪心、是即清浄光仏徳也

一　帯

南無阿弥陀仏。廻光囲繞《えこういにょう》して、行者《ぎょうじゃ》の身《み》を照らすを信ずる心、これ即ち*歓喜光仏《かんぎこうぶつ》の徳なり。

　南無阿弥陀仏、信廻光囲繞照行者身心、是即歓喜光仏徳也

一　*紙衣《かみこ》

南無阿弥陀仏。行住坐臥《ぎょうじゅうざが》、念念に臨終《りんじゅう》を信ずる心、これ即ち*智慧光仏《ちえこうぶつ》の徳なり。

ドでは熱帯のため直接身に著けたが、中国や日本では褊衫（へんざん）、もしくは衣の上につける。時衆では鼠色の色衣を当初用いていたらしい。

無対光仏　十二光仏の一。阿弥陀仏の光明は最尊にして、対比するもののない故に名付けられた尊称。

帷　帷子。麻または葛で織った夏衣。

火変じて…来迎したまふ　観経に、「地獄の猛火化して清涼の風となりてもろもろの天華を吹く。華上に皆化仏菩薩ありてこの人を迎接す」とある。

炎王光仏　十二光仏の一。阿弥陀仏の光明は自由自在にして十方を照耀するが故に名づけた尊称。

手巾　手や顔を拭う布。

清浄光仏　十二光仏の一。阿弥陀仏の光明は清浄無垢にして、念仏の衆生の貪濁の心垢を滅する故に名づける。

歓喜光仏　十二光仏の一。阿弥陀仏の慈悲の光明は、至るところに法喜を得させ、念仏の衆生を照らすとき、行者の瞋恚興盛の光を除き、ために歓喜の心をおこさせる故に名づける。

紙衣　かみぎぬ・かみごろもともいい、厚い白衣に柿渋を数回塗り、日で干したのち、一晩、露にさらしもみ柔らげて作った衣。

智慧光仏　十二光仏の一。阿弥陀仏の智慧の光明は、無明の闇を照らし、智慧を生ぜしめる故に名づける。

南無阿弥陀仏、信行住坐臥念念臨終心、是即智慧光仏徳也

一　*念珠《ねんじゅ》

南無阿弥陀仏。*畢命《ひつみょう》を期《ご》とし、念念に称名を信ずる心、これ即ち*不断光仏の徳なり。

南無阿弥陀仏、信畢命為期念念称名心、是即不断光仏徳也

一　衣*

南無阿弥陀仏。この人、人中の*芬陀利華《ふんだりけ》なるを信ずる心、これ即ち*難思光仏《なんしこうぶつ》の徳なり。

南無阿弥陀仏、信此人人中芬陀利華心、是即難思光仏徳也

一　*足駄《あしだ》

南無阿弥陀仏。最下《さいげ》の凡夫《ぼんぶ》、最上の願に乗ずるを信ずる心、これ即ち*無称光仏の徳なり。

南無阿弥陀仏、信最下凡夫乗最上願心、是即無称光仏徳也

一　*頭巾《ずきん》

南無阿弥陀仏。諸仏の*密意にして、諸教の最頂なるを信ずる心、これ即ち*超日月光仏《ちょうにちがっこうぶつ》の徳なり。

南無阿弥陀仏、信諸仏密意諸教最頂心、是即超日月光仏徳也

本願の名号《みょうごう》の中に、衆生の*信徳あり。衆生の*信心《しんじん》の上に、*十二光《じゅうにこう》の徳を顕《あら》はす。他力不思議にして、凡夫は思量《しりょう》し難し。仰いで弥陀の名を唱へて、十二光の益《やく》を蒙るべし。

本願名号中　有衆生信徳　衆生信心上　顕十二光徳
他力不思議　凡夫難思量　仰唱弥陀名　蒙十二光益

念珠　数珠。糸をもって一定の数の珠を貫通し、称名の数を数えるもの。
畢命　生命のおわること。
不断光仏　十二光仏の一。阿弥陀仏の光明は、一切時にあまねく照益して、断絶することなきが故に名づけられた尊称。
衣　僧尼の被著する衣服。
芬陀利華　悉曇で、白蓮華と訳し、白色の睡蓮の一種。
難思光仏　十二光仏の一。阿弥陀仏の光明は、果地の功徳なるが故に、声聞・縁覚は勿論のこと、不退の菩薩ですら、その光明の功徳を思量することができない故に名づけた尊称。
足駄　歯・鼻緒のあるはきもの。木履の異称。
無称光仏　十二光仏の一。阿弥陀仏の光明は最尊第一にして、声聞・縁覚・菩薩などの巧みな言説をもってしても、なおよくその偉大さをいいあらわすことはできない故に名付けられた尊称。
頭巾　頭にかぶって寒気を防ぐもの。
密意　かくされた考え。
超日月光仏　十二光仏の一。阿弥陀仏の光明は、昼夜を分かたず照耀し、日月の光に超絶すること無数億倍なるが故に名付けられた尊称。
信徳　信ずべき功徳。
信心　仏の本願を信ずる心。
十二光の徳　阿弥陀仏にそなわっている十二種の光明の徳相。

南無阿弥陀仏〈一切衆生、極楽に往生せむことを〉

南無阿弥陀仏〈一切衆生、往生極楽〉

弘安十年三月朔日　　一遍

消息法語

＊西園寺殿《さいおんじどの》の御妹の＊准后《じゆごう》の御法名《ごほうみょう》を、＊一阿弥陀仏とさづけ奉られけるに、其御尋に付て御返事

此事は申入《もうしいれ》候しにたがはず。此体《からだ》に＊生死無常《しょうじむじょう》の理《ことわり》をおもひしりて、南無阿弥陀仏と一度正直に帰命《きみょう》せし一念の後は、我も我にあらず。故に心も阿弥陀仏の御心、身の振舞《ふるまい》も阿弥陀仏の御振舞、ことばもあみだ仏の御言《おんことば》なれば、生《いき》たる命《いのち》も阿弥陀仏の御命なり。然《しかれ》ば昔の十悪・五逆ながら請取《うけとり》て、今の＊一念・十念に滅したまふ有難き慈悲の本願に帰しぬれば、いよ〳〵三界《さんがい》・六道《ろくどう》の果報《かほう》も由なくおぼえて、善悪ふたつながらものうくして、唯仏智よりはからひてあてられたる南無阿弥陀仏ばかり所詮《しょせん》たるべしとおもひさだめて、名号を唱へ、息たえ命終《いのちおわ》る。これを＊臨終正念往生極楽《りんじゅうしょうねんおうじょうごくらく》といふなり。南無阿弥陀仏。

＊土御門入道前内大臣殿より、出離生死《しゅつりしょうじ》の趣《おもむき》、御尋に付て御返事

他力称名は不思議の一行《いちぎょう》なり。弥陀＊超世《ちょうせ》の本願は凡夫《ぼんぶ》出離《しゅつり》の直道《じきどう》なり。諸仏深智《じんち》のおよぶところにあらず。況《いわん》や＊三乗浅智の心をもてうかゞはんや。唯《ただ》、諸教の得道《とくどう》を耳にとゞめ

西園寺殿の御妹　亀山上皇の后。常盤井相国実氏の孫で、西園寺公相の娘、中宮従三位嬉子。弘安六(一二八三)年尼となり、文保二(一三一八)年四月十五日寂した。

准后　内親王・諸王・女御および諸臣の外祖父母などを特に優遇するため三后(太皇太后・皇太后・皇后)に准ずる待遇をあたえられたものの称号。

一阿弥陀仏　時衆では入衆にあたり、僧には阿弥陀仏号、尼には弌房号または仏房号があたえられるのが普通。

生死無常の理　生死常なき運命。

一念・十念　古来の諸師が多く念を心業と考え、思念と解していたのを、善導は声と書き改め、称名の意とみてより以来、法然や一遍もこの説を踏襲している。

臨終正念　命終のときに臨んで、正念をたもち、心が顛倒することもなければ、錯乱することも、また失念もしない状態をいう。

土御門入道前内大臣　土御門は中院号。源通親の末子で、名は通成。文永六(一二六九)年、内大臣・正二位となり、弘安九(一二八六)年十二月薨じた。時に六十五歳。

超世の本願　阿弥陀仏の本願で、第十八念仏往生願を指す。

三乗浅智　三乗とは、声聞乗・縁覚乗・菩薩乗を指し、浅智は仏智に対する語で、浅はかな智をいう。

ず、本願の名号を口にとなへて、称名の外に我心《わがこころ》をもちひざるを、「*無疑無慮、乗彼願力、定得往生《疑ひなく慮《うらおも》ひなく、かの願力に乗じて、定《さだ》んで往生を得》」といふ。南無阿弥陀仏ととなへて、わが心のなくなるを、臨終正念《りんじゆうしようねん》といふ。此時、仏の来迎《らいごう》に預《あずかり》て極楽に往生するを、念仏往生といふなり。南無阿弥陀仏。

*頭弁殿《とうのべんどの》より、念仏の安心尋《あんじんたずね》たまひけるに、書《かき》て示したまふ御返事

念仏往生とは、我等衆生、無始《むし》以来、十悪・五逆・*四重・*謗法《ほうぼう》・*闡提《せんだい》・破戒・破見等の無量無数《むりようむしゆ》の大罪を成就せり。これによつて、未来無窮《むぐう》の生死に輪廻《りんね》して、六道・*四生・*二十五有《う》の間、諸《もろもろ》の大苦悩を受《うく》べきものなり。しかりといへども、法蔵比丘《ほうぞうびく》、五劫思惟《ごこうしい》の智恵、名号不思議の法をさとり得て、凡夫往生の本願とせり。此願すでに十劫已前《じつこういぜん》に成就せし時、十方衆生の往生の業は南無阿弥陀仏と決定《けつじよう》す。此覚体《このかくたい》、阿弥陀仏といふ名にあらはれぬるうへは、*厭離穢土欣求浄土《おんりえどごんぐじようど》のこゝろざしあらん人は、わが*機の信不信、浄不浄、有《う》罪無罪《ざいむざい》を論ぜず、たゞかゝる不思議の名号をきゝ得たるをよろこびとして、南無阿弥陀仏*をとなへて息たえ命《いのち(を)》おはらん時、必《かならず》*聖聚《しようじゆ》の来迎《らいごう》に預《あずかり》て、*無生法忍《むしようほうにん》にかなふべきなり。是を念仏往生といふなり。南無阿弥陀仏。

九月朔日　一遍

弁殿

無疑…得往生　観経疏散善義に、「決定して深く信ず。かの阿弥陀仏、四十八願をもて衆生を摂受したまふに、疑なく慮(うらおもい)なく、かの願力に乗じて、定んで往生を得と」とある。

頭弁殿…御返事　絵詞伝巻三に、「又頭弁なる人、念仏の安心尋申されけるに」として、この文を所収。頭弁殿については未詳。

四重　四重禁戒の略で殺・盗・婬・妄の四戒をいう。

謗法　仏法の正法をそしる罪。

闡提　生死を楽欲し、出離を欣求しない、さとりの素質を欠くもの。

四生　胎生・卵生・湿生・化生。

二十五有　欲界を十四種、色界を七種、無色界を四種に類別したもので、大般涅槃経巻十四に、「菩薩摩訶薩は無畏地に住し、二十五三昧を得て二十五有を壊す」とある。

厭離穢土欣求浄土　差別動乱の多い現実の世界(穢土)をいとい、平等一如、寂静の彼岸(浄土)を願い求めること。

機　ここでは衆生。

をとなへて　底本「ことなへて」。

聖衆の来迎　念仏の行者の臨終に際し、仏が聖衆とともに来たって行者を迎接すること。

無生法忍　諸生は無生であるという理を観じて、ことを認知すること。無生は真如の理法をいい、ここでは極楽に往生するを決定して疑いない

＊結縁《けちえん》したまふ＊殿上人《てんじょうびと》に書《かき》てしめしたまふ御法語

現世《げんぜ》の結縁は後生《ごしょう》の為にて候へば、浄土の再会疑有《うたがいある》べからず候。名号の外に機法なく、名号の外に往生なし。＊一切万法《ばんぽう》はみな名号体内の徳なり。然ればすなはち、南無阿弥陀仏と息たゆる処に、得無生忍《とくむしょうにん》なりと領解《りょうげ》する一念を、臨終正念とは申《もうす》なり。是則《これすなわち》＊十劫正覚《じっこうしょうがく》の一念なり。南無阿弥陀仏。

三月九日　　一遍

＊興願僧都、念仏の安心《あんじん》を尋申《たずねもう》されけるに、書《かき》てしめしたまふ御返事

夫《それ》、念仏の行者用心《ぎょうじゃようじん》のこと、しめすべきよし承《うけたまわり》候。南無阿弥陀仏とまうす外、さらに用心もなく、此外に又示《しめす》べき安心もなし。諸《もろもろ》の智者達の様々に立を《(お)》かるゝ法要どもの侍《はべ》るも、皆諸惑《みなしょわく》に対したる仮初《かりそめ》の要文《ようもん》なり。されば、念仏の行者《ぎょうじゃ》は、かやうの事をも打捨《うちすて》て念仏すべし。むかし、＊空也上人《くうやしょうにん》へ、ある人、念仏はいかゞ申《もうす》べきやと問《とい》ければ、「捨《すて》てこそ」とばかりにて、なにとも仰《おおせ》られずと、＊西行法師《さいぎょうほっし》の撰集抄《せんじゅうしょう》に載《のせ》られたり。是誠《これまこと》に金言《きんげん》なり。念仏の行者は智恵をも愚痴《ぐち》をも捨《すて》、善悪《ぜんなく》の境界《きょうがい》をもすて、貴賤高下の道理をもすて、地獄をおそるゝ心をもすて、極楽を願ふ心をもすて、又諸宗の悟《さとり》をもすて、一切の事をすてゝ申《もうす》念仏こそ、弥陀超世の本願に尤《もっとも》かなひ候へ。かやうに＊打あげ打あげとなふれば、仏もなく我もなく、まして此内に兎《と》角《かく》の道理もなし。善悪の境界、皆浄土なり。外に求《もとむ》べからず、厭《いとう》べからず。＊よろづ生《いき》としいけるもの、山河草木、ふく風たつ浪の音までも、念仏

ことをいう。

結縁…御法語　この文は聖絵・絵詞伝ともに見えない。

殿上人　殿上に登ることを許された人で四位・五位以上の人、または六位の蔵人をいうが、それが誰人を指しているかは未詳。

一切万法　万法は諸法の意で、大集念仏三昧経には、「まさに知るべし。かくの如き念仏三昧は則ち一切諸法を総摂すとなす」とある。

十劫正覚　十劫成道ともいい、十劫の昔、正覚即ち阿弥陀仏が四十八願を成就して仏となったこと。

興願僧都…御返事　この文も聖絵・絵詞伝ともに見えない。興願僧都の人となりについても未詳。

空也　平安中期の人。名は光勝。あまねく天下を周遊して念仏をすすめ、天慶元(九三八)年京都に入り人々を教化した。時人呼んで市聖と尊称したという。

西行　天台宗の歌僧で、旅に行脚の日を楽しんで、自然詠を残した。歌集に山家集があるが、説話集としてまた撰集抄がある。撰集抄に、「捨てゝこそ」の説話があったと、蓮胤の発心集に見えている。

打あげ打あげ　高く高くということで、高声に念仏すること。

よろづ…もの　この世に生をうけているすべてのもの。

ならずといふことなし。人ばかり超世の願に預《あずかる》にあらず。またかくのごとく*愚老が申事《もうすこと》も意得《こころえ》にくく候はゞ、意得にくきにまかせて愚老が申事をも打捨《うちすて》、何ともかともあてがひはからずして、本願に任《まかせ》て念仏したまふべし。念仏は安心して申も、安心せずして申も、他力超世の本願にたがふ事なし。弥陀の本願に欠《かけ》たる事もなく、あまれることもなし。*此外にさのみ何事をか用心して申べき。たゞ愚《おろか》なる者の心に立《たち》かへりて念仏したまふべし。

南無阿弥陀仏　　　　一　遍

興　願　僧　都

*山門横川《よかわ》の*真縁上人へつかはさるゝ御返事

此世の対面は*多生の芳契《ほうけい》、相互《あいたがい》に*一仏に帰する事、これよろこびなり。生死《しょうじ》は我執《がしゅう》の迷情、菩提は離念の一心なり。生死本無《もとむ》なれば、*学すともかなふべからず。菩提本無なれば、*行《ぎょう》ずとも得べからず。しかりといへども、まなびざる者はいよ〳〵まよひ、行ぜざる者は*いよ〳〵めぐる。此故に身をすてゝ行じ、心をつくして修すべし。このことは《(わ)》りは、聖道浄土ことば異なりといへども、詮ずるところこれ一《いっ》なり。故《かるがゆえ》に*法華経《ほっけきょう》には、「我不愛身命、但惜無上道《たんしゃくむじょうどう》《我《われ》身命を愛せず、ただ無上道を惜しむ》」とすゝめ、*観経《かんぎょう》には、「捨身他世、必生彼国《身を他の世に捨てて、必ずかの国に生ず》」ととけり。しかれば、聖道は自力の行、自己の身命を捨て道をあきらむる事自然《じねん》なり。浄土は他力の行なれば、身命を仏に帰して命つきてのち*仏性《ぶっしょう》を証す。然れば*吾等ごときの凡夫は、*一向称名のほかに、出離《しゅつり》の道をもとむ

愚老　自己の謙称で、一遍を指す。
此外　念仏以外の諸行。
山門…御返事　この文は聖絵・絵詞伝ともに見えない。山門は寺門(三井園城寺)に対する語で、比叡山延暦寺を指し、ここに横川がある。横川は三塔(東塔・西塔・横川)の一。
真縁上人　聖絵巻七に、「江州はおほく山門の領たるによりて、ひさしく帰依の事しかるべからざるよし、あひふれらるゝときこえしかども、横川の真縁上人来臨ありて、たがひに芳契ありき」とある。横川の住僧。
多生の芳契　生まれかわり死にかわりして多くの生をうけてきた、過去世からの芳しい契り。
一仏　阿弥陀仏。
学す　知識として理解する。
行ず　修行する。
いよ〳〵めぐる　死んで生まれる過程をひきもきらず永久にくりかえす。輪廻する。
法華経　法華経勧持品に見える文。
観経　宝地観の下に、「身を他世に捨てて、必ず浄国に生ず」とある。浄国とは弥陀の浄土。
仏性　仏陀の本性。即ち真如の妙理。
吾等ごときの凡夫　観経疏散善義に、「自身は現にこれ罪悪生死の凡夫」とある凡夫を指す。
一向称名　ひたすら阿弥陀仏のみ名を称すること。一向専修ともいい、鎌倉期浄土教の特色。

べからず。阿弥陀経の中には、「*念仏申《もうす》ものは、*六方恒沙《ろっぽうごうじゃ》の諸仏の護*念に預《あずかり》て、順次《じゅんし》に決定《けつじょう》往生《おうじょう》する事疑《うたがい》なし」ととかれたり。唯《ただ》南無阿弥陀仏の六字の外に、わが身心なく、一切衆生にあまねくして、名号これ一遍なり。兼て又、*紫雲天華《しうんてんげ》の事、称名不思議の*瑞相《ずいそう》なれば、凡夫の測量《はかりはかる》におよばざる者か。*凡情を尽して、此華もよくわくべく候。阿弥陀経百巻、仰《おおせ》のごとく結縁仕《つかまつり》畢《おわん》ぬ。穴賢《あなかしこ》。南無阿弥陀仏。

四月廿二日　　　　　一　遍

真　縁　上　人

*或人、念仏の法門を尋申《たずねもうし》けるに、書《かき》てしめしたまふ御法語

*念仏往生とは、念仏即往生なり。南無とは*能帰《のうき》の心《しん》、阿弥陀仏とは*所帰の行《ぎょう》、心行相応する一念を往生といふ。南無阿弥陀仏と唱へて後、我心の善悪是非を論ぜず、*後念《ごねん》の心をもちひざるを、信心決定《しんじんけつじょう》の行者とは申《もうす》なり。只今の称名のほかに臨終有《りんじゅうある》べからず。唯南無阿弥陀仏なむあみだ仏ととなへて、命終《みょうじゅう》するを期《ご》とすべし。南無阿弥陀仏。

*或人、法門を尋申《たずねもうし》けるに、書《かき》てしめしたまふ御法語

春すぎ秋来れども、すゝみ難きは*出離の要道。花をゝしみ月をながめても、をこ《(お)》りやすきは輪廻《りんね》の妄念《もうねん》なり。*罪障の山には、いつとなく煩悩の雲あつくして、仏日のひかり眼《まなこ》にさへぎらず。生死の海には、常時に無常の風烈《はげ》しくして、真如《しんにょ》の月やどる事なし。生《しょう》を受《うく》

念仏…疑なし　この一文は、「もし善男子・善女人あつて、この諸仏所説の名、及び経の名を聞かん者は、このもろもろの善男子・善女人、皆一切諸仏のために護念せられて、皆阿耨多羅三藐三菩提を退転せざることを得」の意をとったもの。
六方恒沙の諸仏　東・南・西・北・下・上の六方にまします無数の仏。
護念　守護して障碍のないように念ずること。
紫雲天華　紫の雲がたなびき、空から華が降ることで、極楽浄土を描写したことば。
瑞相　めでたいしるし。
凡情　凡人の心情。
或人…御法語　絵詞伝巻二の弘安五(一二八二)年五月の条の下に見える。
念仏往生　諸行往生に対する語で、念仏の一行を修して、極楽浄土に往生すること。
能帰の心　行者の側の弥陀に対するはたらきとしての安心。
所帰の行　帰せられるものとしての起行、即ち帰依の対象である仏。
後念の心　当体の一念のほかに所期なき心で、この心が、一遍のいう無後心にあたる。
或人…御法語　絵詞伝巻三に見える。
出離の要道　世俗の係累をはなれ、雑念を断つために肝要な道。
罪障の山　罪障の多いことを山に喩えたもの。

るにしたがひて、苦しみにくるしみをかさね、死に帰するにしたがひて、闇《くら》きよりくらき道におもむく。*六道の街《ちまた》には、まよはぬ処もなく、四生《ししょう》の扉《とびら》には、やどらぬ栖《すみか》もなし。生死転変をば、夢とやいはん現《うつつ》とやいはん。これを有《あり》といはんとすれば、雲とのぼり烟《けむり》と消《きえ》て、むなしき空に影をとゞむる人なし。無《なし》といはんとすれば、又*恩愛別離《おんないべつり》のなげき心の内にとゞまりて、腸《はらわた》をたち魂をまどはさずといふことなし。彼*芝蘭《しらん》の契《ちぎり》の袂に、屍《しかばね》をば愁歎の炎《ほのお》にこがせども、*紅蓮《ぐれん》・大紅蓮の氷は解《とけ》ること有《ある》べからず。*鴛鴦《えんおう》の衾《ふすま》の下に、眼をば慈悲の涙にうるほせども、*焦熱・大焦熱の炎はしめることなかるべし。徒《いたずら》に歎き、徒にかなしみて、人も迷ひ我もまよはんよりは、はやく三界苦輪の里を出、程なく*九品蓮台《くほんれんだい》の都《みやこ》にまふ《(う)》づべし。爰《ここ》に苦悩の娑婆はたやすくはなれがたく、*無為の境界は等閑にしていたる事を得ず。適《たまたま》本願の強縁《ごうえん》にあへる時、いそぎはげまずしては、いづれの生《しょう》をか期《ご》すべき。他力の称名は不可思議の一行なり。*超世の本願は凡夫出離の要道なり。身をわすれて*信楽《しんぎょう》し、声にまかせて*唱念《しょうねん》すべし。南無阿弥陀仏。

*上人いさゝか*御悩《ごのう》おはしましけるとき、書て門人にしめしたまふ御法語

夫《それ》、生死本源の形は男女《なんにょ》和合の一念、流浪《るろう》三界《さんがい》の相は*愛染《あいぜん》*妄境《もうきょう》の迷情なり。男女形やぶれ、妄境を《(お)》のづから滅しなば、生死本無《しょうじもとむ》にして、迷情こゝに尽《つき》ぬべし。華を愛し月を詠ずる、やゝもすれば輪廻《りんね》の業《ごう》。仏をおもひ経をおもふ、ともすれば地獄の焔。たゞ一心の本源は自然《じねん》に*無念なり。無念の作用《さゆう》は真に法界を縁ず。*一心三千に遍ずれども、本《もと》より已来《このかた》

六道の街　衆生の流転する生死の世界に至る道。
恩愛別離　愛別離苦と同意で、八苦の一。愛する者と別れる苦しみ。
芝蘭の契　孔子家語に、「善人になれて離れず、芝蘭の室に入るがごとし」とあり、心同じくことばのあうこと蘭の香りの如く、その愛すべきをいう。すなわちことばを交え、契りを結んだ愛すべき善き友。
紅蓮　八寒地獄の第七鉢特摩の訳。寒さのために皮肉分裂して、あたかも紅蓮の如くなるにより名付けられたもの。第八が大紅蓮。
鴛鴦の衾　夫婦の深い契り。
焦熱・大焦熱　八熱地獄の第六・七。
九品蓮台　九品浄土・九品浄刹ともいい、弥陀の浄土に往生するに、衆生の行業の優劣により九品に分かつ。
無為の境界　さとりの境界。
超世の本願　弥陀の四十八願。
信楽　信じねがうこと。
唱念　声に出して念仏する。称念。
上人…御法語　聖絵巻七・絵詞伝巻三の弘安七(一二八四)年五月の条下に見える。
御悩　御不例。貴人の病気。
愛染　愛執染着の略で、男女の愛欲のとらわれ。
妄境　妄心より生ずる不真実の世界。
無念　正しい念慮。
一心三千　一念の心に三千の諸法を具すること。→補

不動なり。然《しかり》といへども、自然の道理をうしなひて、*意楽《いぎょう》の懇志《こころざし》を抽《ぬきん》で、虚無《こむ》の生死にまよひて*幻化《げんげ》の菩提《ぼだい》をもとむ。かくのごときの凡卑の族《やから》は、厭離《おんり》穢土《えど》欣求《ごんぐ》浄土《じょうど》のこゝろざしを深くして息たえ命終らんを喜び、聖衆《しょうじゅ》の来迎《らいごう》を期《ご》して弥陀の名号をとなへ、臨終《りんじゅう》命断《みょうだん》のきざみ、*無生法忍にかなふべきなり。南無阿弥陀仏。

弘安七年五月廿九日　　　　一　遍

*最後の御遺誡《ごゆいかい》〈門人*聖戒師の筆授なり〉

*五蘊《ごうん》の中に衆生をやまする病《やまい》なし。*四大の中に衆生をなやます煩悩なし。但《ただし》、本性《ほんしょう》の一念にそむきて*五欲を家とし、*三毒を食として、三悪道《さんなくどう》の苦患《くげん》をうくる事、*自業自得果《じごうじとくか》の道理なり。しかあれば、みづから一念発心《いちねんほっしん》せんよりほかには、*三世諸仏の慈悲もすくふことあたはざるものなり。南無阿弥陀仏。

*偈頌《げしょう》和歌《わか》

*六十万人頌

六字名号は一遍の法なり。十界の依正は一遍の体なり。万行離念して一遍を証す、人中上々の妙好華《みょうこうげ》なり。

六字名号一遍法　　十界依正一遍体　　万行離念一遍証　　人中上々妙好華

意楽　願い行なおうとする意志。
幻化　まぼろしの如く実体のないさま。
無生法忍　真如の理法を認知すること。
最後の御遺誡　聖絵巻十一・絵詞伝巻四の正応二(一二八九)年八月の条下に見える。
聖戒　一遍の実弟。
五蘊　色(存在)・受(感受)・想(概念)・行(構想力)・識(識別)の五つの作用をいい、人間は五蘊の仮りの和合により成り立っているという。
四大　一切万有の物質を構成している地・水・火・風の四要素を指し、我々の肉体はこの四大種より成り立っているという。
五欲　欲望の対象となる色・声・香・味・触をいう。
三毒　三根ともいい、貪毒・瞋毒・痴毒の三をいう。
自業自得果　自らのつくった善悪の業によって受ける楽苦の結果。
三世　過去・現在・未来。
偈頌　仏の功徳をたたえほめる歌。
六十万人頌　聖絵巻四には「聖頌」、絵詞伝巻一には「ひじり頌」といい、一遍が熊野に詣でたおり権現から親授されたものというが、その年時については一致せず、聖絵は文永十一(一二七四)年、絵詞伝は建治二(一二七六)年のこととしている。

*十一不二頌

十劫に正覚す衆生界、一念に往生す弥陀の国、*十と一とは不二にして無生《むしょう》を証し、*国と界とは平等にして*大会《だいえ》に坐す。

十劫正覚衆生界　一念往生弥陀国　十一不二証無生　国界平等坐大会

*一称万行頌

*弘願の*一称は*万行の致、*果号の三字は*衆徳の原《もと》、心地を蹈《ふ》まずして*霊台に登り、*工夫《くふう》を仮らずして*覚蔵を開く。

弘願一称万行致　果号三字衆徳原　不蹈心地登霊台　不仮工夫開覚蔵

*礼書写山《しよしやざん》頌

*書写は即ちこれ解脱《げだつ》の山、*八葉妙法心蓮の故に、*性空は即ちこれ涅槃《ねはん》の聖《ひじり》、六字宝号無生《むしょう》の故に。

書写即是解脱山　八葉妙法心蓮故　性空即是涅槃聖　六字宝号無生故

*答公朝《きんとも》書頌

一声名号の中《うち》に、*三尊化《さんぞんけ》用《ゆう》を垂れ、十方衆生の前に、*九品《くほん》の来迎《らいごう》を顕はす。

一声名号中　三尊垂化用　十方衆生前　九品顕来迎

十一不二頌　聖絵巻一・絵詞伝巻一の文永八(一二七一)年夏の下に見える。
十と一　十は十劫に正覚を成じた仏、一は一念をとなえて往生する衆生、即ち仏と衆生を指す。
国と界　国とは弥陀の国、界とは衆生界、即この世をいう。
大会　法会の会座。
一称万行頌　絵詞伝巻四の正応元(一二八八)年の条下に見える。
弘願　弥陀の四十八願。
一称　弥陀の名号を一たびとなえる。
万行の致　あらゆる善行の究極。
果号の三字　阿弥陀の三字。
衆徳　もろもろの功徳。
霊台　蓮華台。浄土を指す。
工夫　禅定。心を一心に定めること。
覚蔵　諸仏の秘蔵としている教えの意で、最勝の教法をいう。
礼書写山頌　聖絵巻九の弘安十(一二八七)年の条下に見える。
書写　書写山。兵庫県姫路市の西北に存在する法華修行の道場で、ここに天台道場の一である円教寺がある。
性空　書写山円教寺の開山。
八葉妙法　八巻の妙法蓮華経。
答公朝書頌　聖絵巻六・絵詞伝巻二に見える。公朝は園城寺の一流、智道兼備の人で、和歌を善くし、その歌は夫木集等に見える。
三尊　阿弥陀・観音・勢至。
九品の来迎　九品の浄土に住する阿弥陀仏が来たり迎えること。

*六字無生頌

六字の中《うち》、本《もと》生死なし、一声の間、即ち*無生を証《さと》る。

六字之中　本無生死　一声之間　即証無生

*本無一物頌

*如来は万徳にまします、衆生は妄念なり、本《もと》より一物《いちもつ》もなし、今何事をか得む。

如来万徳　衆生妄念　本無一物　今得何事

*予州御化益《けやく》の頃、*三輩九品《さんばいくほん》の念仏の道場に、*管絃などして人々の遊びたはぶれ侍るを、見たまひて

*つの国やなにはも法のことの葉はあしかりけりとおもひしるべし

*信州御化益のころ、よみ給ひける

*跡もなき雲にあらそふこゝろこそなか〱月のさはりとはなれ

*下野国《しもつけのくに》*小野寺といふ所にて、俄《にわか》に雨おびたゞしく降《ふり》ければ、*尼法師《あまほうし》みな袈裟《けさ》などぬぐを、見給ひて

六字無生頌　聖絵巻三・絵詞伝巻一の文永十一年六月の条下に見える。

無生　涅槃。さとり。

本無一物頌　この頌は聖絵・絵詞伝ともに見えない。何により収録したか明らかでない。

如来…まします　弥陀は善因によって得たすべての功徳を兼ねそなえている。

予州…見たまひて　聖絵巻三に、「熊野をいで給て、京をめぐり西海道をへて建治元(一二七五)年秋のころ、本国にかえりいり給」として下の歌を収める。予州は伊予国で、一遍の生国。

三輩　極楽往生をねがう衆生の行業の浅深によって上輩・中輩・下輩の三類に分かつ。

管絃　歌舞音曲。これを念仏の道場で修するのは、仏への供養としてつとめたであろうことを意味する。

つの国…　摂津国。難波は今の大阪市近傍の地。「あし」は悪と蘆の意をもつ。

信州…給ひける　絵詞伝巻四の正応二年四国遊行の条下に、「或時よみ給ける」として、この歌を収む。

跡もなき雲　晴れると跡かたものこらない雲。妄念を雲、心を月に喩えている。

下野…見給ひて　聖絵巻五の弘安二年の条下に見える。

小野寺　栃木県下都賀郡岩舟町。

ふればぬれぬるればかはく袖のうへを雨とていとふ人ぞはかなき

*或《ある》とき、*時衆《じしゆう》の尼、*瞋恚《しんに》をおこしたりけるに

雲となる*けぶりなたてそ*あまのはらつきはおのれとかすむものかは

*奥州御化益の時、*白川の関にかゝりて、*関の明神の宝殿の柱に書付給ひける

ゆく人を弥陀のちかひにもらさじと名をこそ*とむれしら川のせき

同国*江刺郡《えさしこおり》に到りて、*祖父通信の墳墓に*追薦《ついせん》し給ふ時に

はかなしやしばしかばねの朽《くち》ぬほど野はらの土はよそに見えけり

世の中をすつる我身も夢なればたれをかすてぬ人と見るべき

身をすつるすつる心をすてつればおもひなき世にすみ染の袖

*武州石浜にて、時衆四五人やみふしけるを、見たまひて

のこりゐてむかしを今とかたるべきこゝろのはてをしる人ぞなき

*相州片瀬浜地蔵堂にて御化益のころ、紫雲たち、華降《はなふり》けるを、人々疑《うたがい》をなして

問奉《といたてまつ》りければ

尼法師　女の出家者。尼僧。

或とき…けるに　聖絵巻五の弘安二(一二七九)年の条下に見える。

時衆　一遍の流れを引く念仏衆をいい、信念の厚薄を重点として遊行時衆、道時衆、俗時衆に分けている。

瞋恚　貪・瞋・痴三毒の一で、いかりのこと。

けぶり　漁師が浜で塩を焼く煙で、尼のいかり(瞋恚)のけぶりにかけたもの。

あま　海士(あま)と尼にかける。

奥州…給ひける　聖絵巻五・絵詞伝巻二の弘安三年の条下に見える。

白川の関　福島県白河市旗宿にあった関所で、奥羽三関門の一。

関の明神　旗宿の南、関山にあって関所の守護神。

とむれ　弥陀の誓いにもらさじと名を留める意で、関所にもかかる。

江刺郡　奥州は陸奥・陸中・陸前に分かれ、江刺郡は陸中国にある。

祖父通信　河野四郎通信で、通信の子通広は一遍の父にあたる。

追薦　死者の冥福を祈るため善事を追修すること。

武州…見たまひて　聖絵巻五に見える。武州に遊行したのは弘安四年。石浜は東京都台東区浅草寺の北方待乳山付近から橋場に至る隅田川西岸一帯の地の称で、往昔の船着場。奥州へ至る街道すじに当たっていた。

さけばさきちるはを《お》のれと散《ちる》はなのことはり《わ》にこそ身は成《なり》にけれ

花はいろ月はひかりとながむればこゝろはものを思はざりけり

*鎌倉託麻《たくま》の公朝僧正の書状に、「くもりなき空にふけゆく月もみよこゝろは西にかたぶける身を」と読《よみ》て、を《お》くり給ひければ、御かへし

曇《くもり》なき空はもとよりへだてねばこゝろぞ西にふくる月かげ

*駿州井田といふ処にて御化益のころ、*鰺坂入道《あじさかにゅうどう》の入水往生《じゅすいおうじょう》を感傷し給ひて

こゝろをば西にかけひのながれゆく水の上なるあはれ世の中

*或時、野原を過《すぎ》たまひけるに、人の骸骨《がいこつ》おほく見えければ

*おしめども《(を)》つゐ《ひ》に野原に捨《すて》てけりはかなかりける人のはてかな

皮にこそおとこ《(を)》をんなのいろ*もあれ骨にはかはるひとかたもなし

*江州守山のほとり*閻魔堂《えんまどう》といふ所におはしけるとき、延暦寺*東塔桜本の*兵部竪者《ひょうぶじゅ》重豪《しゃしげとし》といふ人、上人の体《てい》を見むとて、まいり《ゐ》たりけるが、をどりて念仏申さるゝ事けしからずと、申されければ

はねばはね踊《おど》らばをどれ春駒《はるこま》ののりの道をばしる人ぞしる

相州…ければ　聖絵巻六に見える。

鎌倉…御かへし　聖絵巻六・絵詞伝巻二に見える。託麻は鎌倉市浄明寺の宅間が谷にあたる。

駿州…し給ひて　聖絵巻六・絵詞伝巻二の弘安五年の条下に見える。井田がどこに当たるか詳らかでないが、富士川にほど近い所にあったのではあるまいか。

鰺坂入道　鰺坂は武蔵国北葛飾郡鰺坂であるから、ここに在地の武士であったろう。

或時…見えければ　絵詞伝巻三の弘安五、六年の条に見える。

おしめども　身を愛し惜しむことはあっても。

いろ　形。

江州…申されければ　聖絵巻四の弘安二年の条下に見える。江州守山は滋賀県野洲郡野洲川の左岸にあった中山道ぞいの古駅で、保元物語に森山、吾妻鏡に杜山とあるのが、それにあたる。

閻魔堂　滋賀県栗太郡栗東町勝部にあり、勝部の閻魔堂と呼ばれ、本尊閻魔大王は小野篁の造像と伝えている。他に十王が安置されている。

東塔　比叡山三塔(東塔・西塔・横川)の一で、三塔は三院とも呼ばれ、それぞれに住房を有していた。桜本は桜本房の略称か。

兵部竪者重豪　伝不詳。

重豪のかへしに、「*こゝろ駒のりしづめたるものならばさのみはかくや踊《おどり》はぬべき」と読《よみ》て奉られければ、御かへし

ともはねよかくてもをどれ心ごま弥陀の御法《みのり》と聞《きく》ぞうれしき

*或僧の、「心こそ詮なれ、*外相《げそう》はいかでも有《あり》なん」といひければ

*こゝろよりこゝろをえんと意得《こころえ》て心にまよふこゝろ成《なり》けり

又、或時詠じ給ひける

*すてやらでこゝろと世をば歎《なげ》きけり野にも山にもすまれける身を

*捨《すて》てこそ見るべかりけれ世の中をすつるも捨《すて》ぬならひ有《あり》とは

*おもひしれうき世の中にすみぞめの色々しきにまよふこゝろを

*こゝろをばいかなるものとしらねども*名をとなふればほとけにぞなる

*法《のり》の道かちよりゆくはくるしきに*ちかひの舟にのれやもろ人《びと》

*お《(を)》しむなよまよふこゝろの大江山いく野の露と消《きえ》やすき身を

*こゝろからながるゝ水をせきとめてを《(お)》のれと淵に身をしづめけり

*みな人のことありがほに思ひなすこゝろはおくもなかりけるもの

*心をばこゝろの怨《あた》とこゝろえてこゝろのなきをこゝろとはせよ

*とにかくに心はまよふものなれば南無阿弥陀仏ぞ西へゆくみち

こゝろ駒　梵網経序に、「心馬、悪道を走り、放逸にして制禁すること難し」とあるによったもの。

或僧…いひければ　聖絵巻四の弘安二(一二七九)年の条、絵詞伝巻三の弘安七年の条下に見える。

外相　外にあらわれたすがた。

こゝろ　心が物に感じて動くはたらきをいう。

すてやらで…身を・捨てこそ…有とは　この二首は絵詞伝巻一の建治二(一二七六)年の条下に見える。

おもひしれ…こゝろを　絵詞伝巻二の弘安二年の条下に見える。

こゝろをば…にぞなる　出所不詳。

名をとなふれば…　ひたすらみ名をとなえさえすれば仏になれるという意。浄土宗では、往生してよりのち、自然無功用に成仏するというが、浄土真宗および時宗では往生即成仏と見ている。

法の道…もろ人　聖絵巻四の弘安二年の条下に見える。

ちかひ　弥陀の誓願。

おしむなよ…やすき身を　絵詞伝巻二の弘安四年の条下に見える。

こゝろから…しづめけり　絵詞伝巻四の正応二(一二八九)年の条下に見える。

みな人の…なかりけるもの　聖絵巻四の弘安二年の条下に見える。

心をば…こゝろとはせよ・とにかくに…西へゆくみち　この二首は絵詞伝巻三の弘安七年の条下に見える。

*或人、法門を尋《たず》ね奉りければ

念仏にもを《(お)》のがこゝろをひかすれば身をせめたま*の露としらずや

*山門横川《よかわ》の真縁上人よりの文に、「すみすまぬこゝろの水の色〳〵にうつりうつらぬ雲のみゆらん。よしさらばあだなる花はちりぬとも御法《みのり》の種《たね》のすへ《(ゑ)》や待《まつ》べき」とよみてを《(お)》くりたまひければ、御かへし

すみすまぬこゝろは水の泡《あわ》なれば消《きえ》たる色やむらさきの雲

弥陀の名にかすまぬ空の花ちりてこゝろまどはぬ身とぞなりぬる

*京都御化益の頃、西園寺殿《さいおんじどの》の御妹の准后《じゆごう》へ進ぜらるゝ御返事のおくに

仏こそ命《いのち》と身とのあるじなれわが我ならぬこゝろ振舞《ふるまい》

*因幡堂《いなばどう》にうつらせたまふころ、*土御門《つちみかど》の入道前内大臣、念仏結縁の為におはしませし後に、「一こゑとほのかにきけど郭公《ほととぎす》なを《(ほ)》さめやらぬうたゝねの夢」とよみてを《(お)》くらせ給ひければ、御かへし

ほとゝぎすなのるもきくもうたゝねの夢うつゝよりほかのひと声

或人…奉りければ　聖絵巻六の弘安五年の条下に見える。

せめたま　逼珠。ぎっしりつまった念珠のたま。

山門…御かへし　出所不詳。山門は比叡山。横川は三塔の一。

京都御化益…おくに　出典不詳。一遍が西園寺殿の准后に一阿弥陀仏と法名をつけたとき進じた消息があれば、同時代のものであろうか。京都化益は絵詞伝等によれば、弘安七年のことであったらしい。

因幡堂…御かへし　聖絵巻七、絵詞伝巻三に見える。聖絵は「同(弘安)七年閏四月十六日関寺より四条京極の釈迦堂にいり給。貴賤上下群をなして人はかへり見る事あたはず、車はめぐらすことをえざりき。一七日ののち因幡堂にうつり給」として釈迦堂と因幡堂の化益を日時を別とする二回とするが、絵詞伝は釈迦堂として因幡堂のことは記していない。因幡堂は現在の京都市下京区松原烏丸東入の因幡薬師に当たるという。

土御門の入道前内大臣　土御門内大臣と称しているものに、源通親とその子定通とがいるが、両人ともに京都化益の弘安七年は在世していない。他に土御門家の人に求めるならば、通親の孫通成は文永六年四月内大臣に任ぜられ、翌七年十二月出家しているので、この人に当たるか。ただし三条坊門入道と呼称されている。

*蓮光院の方丈より、「うつゝとて待《まつ》べきこともなかりけりきのふの夢にみしは見しかは」とよみて奉られければ、御かへし

うつゝとて待《まち》えて見れば夢となるきのふにけふなおもひあはせそ

*興願僧都に示し給ふ御返事のおくに

*須弥《しゆみ》の峰たかしひきしの雲きえて月のひかりや空のつちくれ

*市屋道場御《いちやどうじようご》化益《けやく》の頃、詠じ給ひける

を《(お)》のづから相《あい》あふ時もわかれても*ひとりはいつもひとりなりけり

ひさかたの空にはそらの色もなし月こそつきのひかりなりけれ

かくしつゝ野原の草の風の間にいくたび露を結び来《き》ぬらん

*或時、世人の本心の闇《くら》き事を歎き給ひて

ひとりたゞほとけの御名やたどるらんを《(お)》の〳〵かへる法《のり》の場人《ばのひと》

*市屋道場より*桂《かつら》にうつらせ給ひけるに、京より人のもの申《もうし》たりける、御返し

おもひとけば過《すぎ》にしかたも行末《ゆくすえ》も一《ひと》むすびなるゆめの世の中

夢の世とおもひなしなば仮のよにとまる心のとまるべきやは

蓮光院の方丈…御かへし　聖絵巻七の弘安七年の条に、「さて蓮光院よりかへり給たりける後朝に、彼寺の方丈より申をくられける」として以下の歌を収めている。蓮光院は京都市中京区姉西町にある。方丈は方一丈の室の意で、寺院中における住持の居室、または接見の客殿をいう。

興願僧都…おくに　聖絵巻六の弘安五年の条に、「或人法門たづね申ける返事」として、以下の歌を収めている。興願の伝は未詳。

須弥の峰　須弥山。

市屋道場…給ひける　聖絵巻七の弘安七年の条下に見える。市屋道場は、もと京都左京の東市(現在の下京区堀川通六条西本願寺の敷地)にあったもので、承平七(九三七)年空也の創建した道場(堂)であったものを、のち五条橋の西に移した。

ひとり…なりけり　一遍はまた、「生ぜしもひとりなり。死するも独なり。されば人と共に住するも独なり」といっている。↓語録巻下六八

或時…給ひて　出所不詳。

市屋道場…御返し　聖絵巻七の弘安七年五月二十二日の条に見えるが、二句のうち、後者の歌は見えない。絵詞伝巻三では、桂に移ったのは六月二十二日のこととしている。

桂　京都市右京区桂で、桂川の西岸にあたる。

*因州御化益のころ、或老翁、*ものぐさといふものを*四十八つくりて、「*はきもの
ゝ跡をしるべと*つたねつゝいつかまい(ゐ)らん弥陀の浄土へ」といふ歌をそへて奉
りければ、上人、「つたねつゝはめづらしき言葉、ものぐさは亦有《またあり》がたき志《こころざし》な
り。返事せん」と宣《のたま》ひて

はきものゝ物ぐさげにはみゆれどもいそ〳〵とこそみちびきはせめ

*又、ある人、笠を着《き》たまへるを制しとがめければ

開《ひらく》べき*こゝろの花の身のためにつぼみ笠きることをこそいへ

*或人、*柿の袴を袈裟の為にとて奉りければ

*袈裟の地にを(お)くれば頓《やが》て柿ばかま*しぶの弟子ともたのみける哉

*伯州御化益の頃、*おほさかといふ処にて、雪の中にうづもれ給ひて

つまばつめとまらぬ年も降雪《ふるゆき》に消《きえ》のこるべきわが身ならねば

*摂州より泉州へうつり給ひけるとて

*津の国のなにはの浦をいでしよりよしあしもなき里にこそすめ

因州…つくりて　聖絵巻八の弘安八年秋から翌年春にかけて、因州(因幡国)化益がなされたので、そのころ作歌したものであろう。
ものぐさ　いかなるものか不詳。拾遺和歌集に、「種無くてなき、ものぐさは生ひにけり」とある。
四十八　阿弥陀仏の四十八願になぞらえたもの。
はきもの　一遍のはきもの。
つたねつゝ　尋ねつつ。「伝(つて)としてたずねる」の意で、「尋ね」の片言が「つたね」とも、また「つたね」は「たづね」の誤りかともいう。
又、ある人…とがめければ　聖絵巻八に見える。笠を著けていたのを制止されたのは、因州遊行のおりのことであったらしい。
こゝろの花　さとりをいう。
或人…奉りければ　聖絵巻八に出る。
柿の袴　柿色をした布地でつくったはかま。
袈裟の地　在家の俗語。ここでは一遍自らを謙遜しての称。
しぶの弟子　四部(比丘・比丘尼・優婆塞・優婆夷)の弟子。
伯州…給ひて　聖絵巻八の弘安八年の条下に見える。
おほさか　逢坂。鳥取県西伯郡の東北にあたり、古くは大坂につくる。
摂州…給ひけるとて　聖絵巻八の弘安九年の条下に見える。
津の国　摂津国。大阪府の北部地域。

うちなびく一《ひと》もとすゝきほの〴〵と見たがへてこそよしあしといへ

*摂州尼崎《あまがさき》御化益のころ、*土御門《つちみかど》入道前内大臣、「ながき夜の眠《ねむり》もすでに覚《さめ》にけり六字の御名《みな》の今の一こゑ」とよみてを《（お）》くらせ給ひければ、御返し

*ながき夜も夢も跡なし六の字を名のるばかりぞいまの一声

*或《ある》ときよみたまひける

われとおもふ人の心にひかれつゝを《（お）》のれとおふる草木だになし

*おもふことなくて過《すぎ》にしむかしさへしのべばいまの歎《なげき》とぞなる

*いにしへはこゝろのまゝにしたがひぬ今はこゝろよ我にしたがへ

*或とき仏の開眼供養《かいげんくよう》し給ふとて

いまははや見えず見もせず色はいろいろなるいろぞ色はいろなる

*兵庫御化益の頃、*光明福寺の方丈より、「いつまでか出入《いでいる》いきをたよりにて弥陀の御法の風をつたへん」とよみて奉られければ、御返し

いつまでも出入《いでいる》人の息あらば弥陀の御法の風はたえせじ

摂州…御返し　聖絵巻九の弘安九年の条下に見える。

土御門入道前内大臣　聖絵には、「天王寺をたちて、はりまのかたへおはしけるに尼崎にて、土御門内府〈于時大納言〉をくり給」と述べて、大納言であったとする。聖絵巻七（三一五頁注）に出るのと同一人であるとすれば、弘安七（一二八四）年すでに前内大臣であった人が、同九年大納言たるはずはない。したがって通親と定通を別人とすれば、弘安九年正二位大納言だった源通基に当たるか。しかし通基が内大臣となったのは、その三年後の正応二年七月であり、土御門と呼称された証拠もない。

ながき夜　迷いが長くさめない夜。

或ときよみたまひける　聖絵巻九・絵詞伝巻四の、摂津から播磨への遊行の途次、よまれたもので、弘安九年の条下に見える。

おもふこと…歎とぞなる　絵詞伝には、この句を載せない。したがって第一句と第三句の二首を載せるのみ。

いにしへは…したがへ　聖絵巻九はこの句の代りに、「我見ばやみばや見えばや色はいろいろめく色はいろぞいろめく」を挙げて三首とする。

或とき…給ふとて　聖絵巻九に見えるが、詞書はない。

兵庫…御返し　聖絵巻九に見える。

光明福寺　摂津国兵庫島にあった寺。

宝満寺…呈したまひける　聖絵およ

*宝満寺にて、*由良《ゆら》の法燈国師《ほっとうこくし》に参禅し給ひけるに、国師、*念起即覚の話を挙《こ》せられければ、上人かく読《よみ》て呈したまひける

となふれば仏もわれもなかりけり南無阿弥陀仏の声ばかりして

国師、此歌を聞《きき》て、「*未徹在《みてつざい》」とのたまひければ、上人またかくよみて呈し給ひけるに、国師、*手巾《しゅきん》・薬籠《やくろう》を附属して、*印可《いんか》の信《しん》を表《あらわ》したまふとなん

となふれば仏もわれもなかりけり南無阿弥陀仏なむあみだ仏

*播州御化益のころ、*弘峰《ひろみね》の八幡宮にて、言語《ごんご》道断心行処滅《どうだんしんぎょうしょめつ》のこゝろを

いはじたゞこと葉の道をすぐ〳〵とひとのこゝろの行《ゆく》こともなし

*書写山にまうで給ひて

書《かき》うつす山は高根《たかね》の雲きえてふでもおよばぬ月ぞ澄《すみ》ける

*書写山を出《いで》たまひけるに、春の雪おもしろく降侍《ふりはべ》りければ

よにふればやがて消《きえ》ゆく淡雪《あわゆき》の身にしられたる春の空かな

*備中《びっちゅう》御化益の頃、軽部《かるべ》の宿にて、花下《はなのもと》の教願臨終《りんじゅう》ちかくなりて、「とにかくにまよふこゝろのしるべせよいかにとなへて棄《すて》ぬちかひぞ」とよみて奉りければ、

び絵詞伝の両書に所載せず。宝満寺は神戸市長田区東尻池町に現存。

由良の法燈国師　由良は和歌山県日高郡由良町。法燈国師、諱は覚心。信濃国神林の人。建長元(一二四九)年春入宋、居ること五年、同六年帰朝し、正嘉二(一二五八)年由良に西方寺を建立、永仁六(一二九八)年九月、九十二歳をもって示寂した。

念起即覚の話　無門関に、「念起即覚、弄二精魂一漢、禅家一切善悪都莫二思量一、念覚即覚、覚レ之即失」とある禅箴を指す。

未徹在　未だ徹底した悟りに入ってはいない。

手巾薬籠　手巾は手や顔を拭う布、薬籠は薬のはいっている籠。

印可の信　印信認可のしるし。禅宗では、師家が学人の心地を洞観して、機法の円熟したものに証明認可するを例とし、善導も、「もし仏意に称へば、即ち印可して如是如是と言ふ」と述べている(観経疏散善義)。

播州…こゝろを　聖絵巻四に見える。

弘峰の八幡宮　姫路市広峰山に鎮座する広峰神社を指す。

書写山に…給ひて　聖絵巻九の弘安十年の条下に見える。

書写山を…侍りければ　右に同じ。

備中…御返し　聖絵巻十の弘安十年の条下に見える。軽部の宿は備中国窪屋郡軽部郷(岡山県都窪郡清音村軽部)にあたる。

上人御返しとにかくにまよふ心をしるべにて南無阿弥陀仏と申《もうす》ばかりぞ

*阿州御化益のころ、*大鳥の里河辺《かわべ》といふ処にて寝食恒《しんしよくつね》ならずおはしましけるに

おもふこと皆つきはてぬ*うしとみし世をばさながら秋のはつ風

*阿州より淡州の*福良《ふくら》の泊《とまり》にうつらせたまひて

消《きえ》やすきいのちは水のあはぢしまやまのはながら月ぞさびしき
主《あるじ》なき弥陀の御名《みな》にぞ生れけると*なへすてたる跡の一声

*二宮の社《やしろ》の正面に打給ふ御札《おふだ》に

名にかなふこゝろは西に*うつせみのもぬけはてたる声ぞ涼《すず》しき

*御悩ながらも、こゝかしこ歩行してすゝめ給ひけるに、道のほとり塚の傍《かたわら》に、

御身を休めさせ給ふとて

旅ごろも木の根かやの根いづくにか身の捨《すて》られぬ処あるべき

*兵庫観音堂にて、御往生ちかづかせ給ふ時に、詠じたまひける

阿弥陀仏はまよひ悟《さとり》の道たえてたゞ名にかなふ*いき仏《ぼとけ》なり

阿州…おはしましけるに　聖絵巻十一・絵詞伝巻四は、ともに、正応二(一二八九)年「六月一日より心神例に違し、寝食つねならずおはしましける」時のものとしている。

大鳥の里河辺　今のどこにあたるか不詳。

うし　憂し。はかない。

阿州…うつらせたまひて　聖絵巻十一・絵詞伝巻四の正応二年七月の条に見える。

福良の泊　淡路国の福良。兵庫県三原郡南淡町福良で、鳴門海峡の南口東岸にあり、古来南海道の官道にあたっていた。

となへすてたる跡の一声　身心を放下して南無阿弥陀仏と唱えた念仏の一声。

二宮の社…御札に　聖絵巻十一は正応二年七月の条下に、「当国に二宮とて往古の神明まします…さて聖やしろの正面に札をうち給へり」として以下の歌を所収するが、絵詞伝巻四は淡路の福良で詠んだものとしている。二宮は淡路国の二の宮のことで、兵庫県三原郡掃守の幡多山に鎮座する大和国魂神社を指す。

うつせみ　蟬のぬけがら。

御悩…給ふとて　聖絵巻十一・絵詞伝巻四の正応二年七月の条に見える。

兵庫…詠じたまひける　聖絵巻十一の正応二年八月の条下に見える。兵庫は平清盛が築いた輪田泊のあたり

南無阿弥陀ほとけの御名《みな》のいづる息いらば*蓮《はちす》の身とぞなるべき

一遍上人語録巻上終

にあった地名。今の真光寺所在の地。

いき仏　この世で、今現に説法されている仏。当時、長野善光寺の一光三尊の阿弥陀如来は、生身の如来として世の尊崇をうけていた。

蓮の身　念仏して往生する人は、極楽浄土の蓮のうてなに生まれるということから、浄土に生まれたすがたを蓮の身となったという。

一遍上人語録　巻下

門*人伝説

一　上人、或時しめして曰《のたまわ》く、*聖道《しょうどう》・浄土の二門を能《よく》〱分別《ふんべつ》すべきものなり。聖道門は、「*煩悩即菩提《ぼんのうそくぼだい》、生死即涅槃《しょうじそくねはん》」と談ず。我も此法門を人にをしへつべけれども、当世の機根《きこん》にをいて《(お)》はかなふべからず。いかにも煩悩の本執《ほんしゅう》に立《たち》かへりて、人を損ずべき故なり。浄土門は*身心《しんじん》を放下《ほうげ》して、三界《さんがい》・六道《ろくどう》の中に希望《けもう》する所ひとつもなくして、往生を願ずるなり。此界の中に、*一物《いちもつ》も要事あるべからず。此身をこゝに置《おき》ながら、生死《しょうじ》をはなるゝ事にはあらず。

二　又云《いわく》、*三心《さんじん》といふは名号《みょうごう》なり。この故に、「*至心信楽《ししんしんぎょう》、欲生我国《よくしょうがこく》《至心《ししん》に信楽《しんぎょう》して、我が国に生ぜむと欲す》」を、*称我名号《しょうがみょうごう》と釈せり。故に称名する外《ほか》に、全く三心はなきものなり。

三　又云、*至誠心《しじょうしん》は、自力我執《じりきがしゅう》の心を捨て、弥陀《みだ》に帰するを真実心の体とす。其故は、*貪《とん》・瞋《じん》・邪《じゃ》・偽《ぎ》・奸《かん》・詐《さ》、百端《ひゃくたん》と釈するは、衆生の*意地《いじ》をきらひすつるなり。三毒は三業《さんごう》の中には、意地具足《いじぐそく》の煩悩なり。深心《じんしん》とは、「*自身現是罪悪生死凡夫《自身は現にこれ罪悪生死《ざいあくしょうじ》の凡夫》」と釈して、煩悩具足の身を捨て、本願の名号に帰するを深心の体とす。然れば至誠心・深心の二心は、衆生の身心のふたつをすてゝ、他力の名号に帰する姿なり。回向心《えこうしん》と

門人伝説　一遍智真の門弟が、師より直接、耳にし聞いたことば。

聖道・浄土　自力による修行をつんだ結果、現世で悟りを得て聖者となる教えを聖道門、念仏により、来世は極楽浄土に往生することを期する教えを浄土門という。

煩悩即菩提、生死即涅槃　法華玄義巻九上に、「生死即涅槃と観ずるが故に解脱を証得し、煩悩即菩提の故に般若を証得す」とある。

身心を放下して　この汚れた身も心もともに投げだして。

一物も要事あるべからず　何一つとして、物に執着し求めることがあってはならないという意。

三心といふは名号なり　「南無阿弥陀仏と唱ふるなれば、三心と念仏とは相即して離れざるものなり」(一枚起請骨目抄)といい、この説は西山相伝の義。

至心信楽、欲生我国　弥陀四十八願中の第十八念仏往生願に見える文。

称我名号　往生礼讃後序に、「もし我、成仏せむに、十方の衆生、我が名号を称して、下十声に至るまで、もし生ぜずは正覚を取らじ」とある。

至誠心　三心(至誠心・深心・廻向発願心)の一で、真実心ともいう。

貪・瞋…百端　観経疏散善義の文。

意地　認識作用の根源。

自身…凡夫　観経疏散善義の文。

は、自力我執の時の諸善と、名号所具の諸善と一味和合《いちみわごう》するとき、*能帰所帰《のうきしょき》一体と成《なり》て、南無阿弥陀仏とあらはるゝなり。此《この》うへは、上の三心は*即施即廃《そくせそくはい》して、独一の南無阿弥陀仏なり。然れば、三心とは身心を捨《すて》て、念仏申《もうす》より外に別の子細《しさい》なし。其身心を棄《すて》たる姿は、南無阿弥陀仏是《これ》なり。

四　又常に*長門顕性房《ながとのけんしょうぼう》を称美して云、*三心《さんじん》所廃の法門はよく立《たて》られたり。されば往生を遂《とげ》られたり。

五　又云、至誠心《しじょうしん》を真実といふこと。*菅三品《かんさんぼん》の云、「物を読《よむ》に、事の様によりて、訓に読《よむ》事《こと》あり、訓に読《よま》ざる事あり」と。「*至といふは真なり、誠《じょう》といふは実なり」と釈したまひたる故に、至誠をば訓にかへりては読《よむ》べからず。唯《ただ》名号の真実なり。是則《これすなわち》弥陀を真実といふ意《こころ》なり。わが分の心よりおこす真実心に非ず。*凡情《ぼんじょう》をもて測量する法は真実なし。所以《ゆえ》いかんとなれば、*能縁の心は虚妄《こもう》なるゆへ《(ゑ)》に不真実なり。たゞ所縁の名号ばかりを真実とす。故に名号を「*不可思議功徳《ふかしぎくどく》」ともとき、又は「*真実」とも説《とく》なり。*理趣経《りしゅきょう》の首題《しゅだい》を、大楽〈大日〉金剛《こんごう》〈阿閦《あしゆく》〉不空〈宝生《ほうしょう》〉真実〈弥陀〉三昧耶《さんまや》〈不空成就〉経といふ。本《もと》より真実といふは弥陀の名なり。されば至誠心を真実心といふは、他力の真実に帰する心なり。

六　又云、深心の釈に、「*自身現是罪悪生死凡夫《ざいあくしょうじぼんぶ》、曠劫已来《こうごういらい》、常没常流転《るてん》、無有《むう》出離之縁《しゅつりしえん》《自身は現にこれ罪悪生死の凡夫、曠劫より已来《このかた》、常に没《もつ》し常に流転して、出離の縁あることなし》」といふこと。世の人おもへらく、「此身の為に種々《しゅじゅ》の財宝をもとめはしり、妻子等を帯したるを、これ凡夫のくせなり、かゝる事をえすてねばこそ、罪悪生死の凡夫の物の用にも

能帰所帰　能帰は凡夫、所帰は弥陀。

即施即廃　念仏に帰さない自力我執の衆生に対しては、本願名号の深旨を施し、絶対他力の名号に帰したときは廃する。

長門顕性房　長門の人で、はじめ西山証空の弟子となったが、のち覚入の弟子となった。顕性が三心所廃の義を立てたことは、浄土源流章(凝然)に見えている。

三心所廃の法門　本願を信ずる心の三心が、そのまま口にでると念仏となり、三心はしばらく隠れるという教え。これを西山義東山流の廃三心義ともいう。

菅三品　菅原三位文時。道真の孫、従三位、文章博士となる。

至といふは…実なり　観経疏散善義。

凡情　凡夫のはからい。

能縁の心　法の主観である凡夫の心。

不可思議功徳　称讃浄土経に「無量寿仏の不可思議功徳の名号」とある。

真実　無量寿経巻上に、「世に出興して、光(ひろ)く道教を闡(ひら)き、群萌を拯(すくわ)むと欲して、恵むに真実の利をもつてす」とある。

理趣経の首題　空海撰述の理趣経開題。これに弟子帰命文・生死之河文・将釈此経三門分別文の三本あるうち、一遍が引用したのは第三本の分別文にあたる。

自身…出離之縁　観経疏散善義の文。

たゝぬ身ぞ」と釈せられたりと云云。此義しからず。悪《わろ》きものゝ出離の用にも立《たた》ねばこそ、此身をばすつべけれ。されば、下の釈には、「*仏の捨《すて》しめ給ふをばすて、去《さら》しめ給ふをばされ」と曰《い》へり。わろしとは知《しり》ながら、いよ〳〵著して、こゝろやすくはぐゝみたてんとて、財宝妻子をもとめて、*酒肉五《しゅにくご》辛《しん》をもてやしなふ事は、*ゑ《え》せものと知りたる甲斐《かい》なし。わろきものをばすみやかにすつるにはしかず。

七　又云、「*自身現是罪悪生死凡夫、乃至無有出離之縁《自身は現にこれ罪悪生死の凡夫、ないし出離の縁あることなし》」と信じて、*他力に帰する時、種々の生死はとゞまるなり。*いづれの教にも、この位に入《いり》て生死を解脱《げだつ》するなり。今の名号は*能所《のうしょ》一体の法なり。

八　又云、浄土を立《たつ》るは、*欣慕《ごんぼ》の意《こころ》を生じ、願往生の心をすゝめんが為なり。欣慕の意をすゝむる事は、所詮、称名のためなり。しかれば、深心の釈には、「*使《し》人欣慕《にんごんぼ》《人をして欣慕せしむ》」といふなり。浄土のめでたき有様をきくに付て、願往生の心は発《おこ》るべきなり。此心がおこりぬれば、かならず名号は称せらるゝなり。されば、願往生のこゝろは、名号に帰するまでの、初発《しょほっ》のこゝろなり。我心は*六識分別《ろくしきふんべつ》の妄心なる故に、彼土の修因に非ず。名号の位《くらい》則《すなわち》往生《おうじょう》なり。故に他力往生といふ。*打《うち》まかせて人ごとにわがよくねがひ、こゝろざしが切《せつ》なれば、往生すべしとおもへり。

九　又云、深心の釈に「*仏の捨《すて》しめ給ふものをば、即《すなわち》捨《すて》よ」といへる。「仏」といふは弥陀なり。「捨よ」といふは自力我執なり。「*仏の行《ぎょう》ぜしめ給ふものをば、即《すなわち》行《ぎょう》ぜよ」といへる。「行」とは名号なり。「*仏の去《さら》しめ給ふ処をば、即《すなわち》され」といへる。「処」とは穢土《えど》

仏の…給ふをばされ　観経疏散善義。

酒肉五辛　酒と肉と五辛(にら・にんにく・らっきょう・ねぎ・はじかみ)。五辛は五種の辛味と臭味のある蔬菜で、酒肉とともに古来仏教では口にすることを禁じている。

ゑせもの　まやかしもの。

自身…出離之縁　観経疏散善義の文。

他力に帰する時　自力を放下して、他力浄土の教えに身をまかせたとき。

いづれの教　顕教・密教を指す。

能所一体　能と所と一体であること。能とははたらきかけることで、南無(どうぞ)と帰命する衆生をいい、所とははたらきかけられるもので阿弥陀仏を指している。即ち南無と阿弥陀仏が、南無阿弥陀仏において一体となること。

欣慕の意　弥陀の浄土を欣び慕う心。欣求浄土の心。

使人欣慕　観経疏散善義に、「決定して深く信ず。釈迦仏、この観経の三福・九品・定散二善を説いて、かの仏の依正二報を証讃して、人をして欣慕せしめたまはむことを」とある。

六識分別　眼・耳・鼻・舌・身・意の六種の認識のはたらきで知りわけること。

打まかせ　一任する。まかせる。

仏…即捨よ・仏…即行ぜよ・仏…即され　観経疏散善義の文。

弥陀仏の願　阿弥陀仏の第十八願。

なり。「随順仏願《仏願に随順す》」といへる。「仏願」とは*弥陀仏の願なり。

一〇　又云、「*念々不捨者《念々に捨てざる者》」といふは、南無阿弥陀仏の*機法《きほう》一体の*功能《くのう》なり。或人の義には機に付《つく》といひ、或は法に付《つく》ともいふ。いづれも偏見なり。機も法も名号の功能と知《しり》ぬれば、機に付《つく》れどもたがはず、法に付れどもたがはず。其《その》ゆへ《(ゑ)》は、機法不《きほうふ》二《に》の名号なれば、南無阿弥陀仏の外《ほか》に能帰《のうき》もなく、又所帰もなき故なり。

一一　又云、*上《かみ》六品の諸善は*他力所成《たりきしよじよう》の善体をとき、*下《しも》三品は煩悩賊害のすがたを説《とく》なり。その実は、*行福《ぎようふく》の者をば上三品《じようさんぼん》ととき、*戒福の者をば中三品《ちゆうさんぼん》ととき、*世福の者をば下三品《げさんぼん》と説《とく》べし。そのゆへ《(ゑ)》は、「*一明三福以為正因、二明九品以為正行《一には三福を明かして、もつて正因《しよういん》とし、二には九品を明かしてもつて正行《しようぎよう》とす》」と釈して、九品ともに正行の善あるべきなり。*回向心《えこうしん》の諸善は、名号所具の諸善と、衆生自力の時の諸善と、*一味《いちみ》になる時をいふなり。

一二　又云、「*随縁雑善《ずいえんぞうぜん》、恐難生《くなんしよう》《随縁の雑善をもつては、恐らくは生じ難し》」といへる。*随縁といふは、心の外に境《きよう》をを《(お)》いて修行するなり。よその境にたづさはりて心をやしなふ故に境滅《きようめつ》すれば成就せず、是即《これすなわち》自力我執の善なり。これを随縁雑善といふ。

一三　又云、我といふは煩悩なり。所行の法と我執の機と各別する故に、いかにも我執あらば修行成《じよう》ずべからず。*一代の教法《きようぼう》、是《これ》なり。「*随縁治病、各依*方《縁に随つて病《やまい》を治《ち》すること、各《おのおの》方《ほう》による》」といふも、是《これ》自力の善なり。

一四　又云、今、他力不思議の名号は、*自受用《じじゆゆう》の智なり。故に仏の自説ともいひ、亦随自《またずいじ》

念々不捨者　観経疏散善義に、「一心に専ら弥陀の名号を念じ、行住坐臥に時節の久近を問はず、念々に捨てざる者、これを正定の業と名づく」とある。

機法一体　衆生の機と阿弥陀仏の法とが一体となり、離れないこと。

功能　はたらき。

上六品　上品の三品(上上品・上中品・上下品)と中品の三品(中上品・中中品・中下品)。

他力所成の善体　他力の念仏によって往生の正因となる善根。

下三品　下品の三品(下上品・下中品・下下品)。

行福　行善ともいい、菩提心をおこして仏道を行ずること。

戒福　戒律を守ること。

世福　世間の道徳を修めること。

一明三福…為正行　観経疏散善義。

回向心　自己のなすところの功徳や善根を廻転して、菩提等に趣向したり、衆生に施与しようとする心。

一味になる　絶対他力になりきる。

随縁…難生　法事讃巻下に見える。

随縁　堂塔を建立したり、仏像を造立したりする善根を指す。虚偽の善。

一代の教法　釈尊が成道時より涅槃時までに説いた一切の教え。

随縁…各依方　般舟讃に見える。

方　適合した薬方(教え)。

自受用　自受用智といい、弥陀が自ら功徳利益をうけて活用する智慧。

意《い》ともいふなり。自受用といふは、水が水をのみ、火が火を焼《やく》がごとく、松は松、竹は竹、其体《そのてい(お)》をのれなりに*生死なきをいふなり。然《しかる》に、衆生、我執の一念にまよひしより已来《このかた》、既に*常没《じょうもつ》の凡夫《ぼんぶ》たり。爰《ここ》に弥陀の本願他力の名号に帰しぬれば、生死なき本分にかへるなり。これを「*努《ぬ》力翻迷《りきほんめい》、還本家《げんほんげ》《努《つと》力めて迷《まよい》を翻《ひるがえ》して、本家に還る》」といふなり。名号に帰するより外は、我とわが本分本家に帰ること有《ある》べからず。

一五　又云、能帰といふは南無なり、十方衆生なり。是《これ》すなはち*命濁中夭《みようじよくちゆうよう》の命《いのち》なり。然《しかる》に常住不滅の*無量寿に帰しぬれば、我執の迷情をけづりて、能帰所帰一体にして、生死本《もと》無《む》なるすがたを、六字の南無阿弥陀仏と成就せり。かくのごとく領解《りょうげ》するを三心《さんじん》の智慧といふなり。その智慧といふは、所詮、自力我執の情量を*捨《すて》うしなふ意《こころ》なり。

一六　又云、我体を捨て南無阿弥陀仏と独一《どくいつ》なるを*一心不乱といふなり。されば念々の称名は念仏が念仏を申《もうす》なり。しかるをも、我よく意得《こころえ》、我よく念仏申て往生せんとおもふは、自力我執がうしなへざるなり。おそらくは、かくのごとき人は往生すべからず。*念不念・作意《さい》不作意、惣《そう》じてわが分に*いろはず、唯一念、仏に成《なる》を*一向専念《いっこうせんねん》といふなり。

一七　又云、本より已来《このかた》、自己の本分は流転《るてん》するにあらず、唯妄執《ただもうしゅう》が流転するなり。本分といふは諸仏己証《こしょう》の名号なり。妄執は所因もなく実体もなし。*本不生《ほんぶしょう》なり。

一八　又云、世の人おもへらく、「*自力・他力を分別して、わが体を有《もた》せて、われ他力にすがりて往生すべし」と云云。此義しからず。自力他力は初門の事なり。自他の位を打捨《うちす》て、唯一念、仏になるを他力とはいふなり。*熊野《くまの》権現《ごんげん》の、「信不信をいはず、有罪無罪《うざいむざい》を論ぜず、

生死なき　生死を超越した。
常没の凡夫　迷いに迷いを重ね、生死の迷海に没しつづけている凡夫。
努力…還本家　往生礼讃の日中礼讃の文。
命濁中夭　命濁は五濁(劫濁・見濁・煩悩濁・衆生濁・命濁)の一で、寿命の短いこと。中夭は夭折で、中途にして死する意。
無量寿　阿弥陀仏は光明無量と寿命無量の両者をそなえているので、無量寿仏と呼ばれる。
捨うしなふ　取りさる。
一心不乱　阿弥陀経に、「名号を執持すること、もしは一日…もしは七日、一心不乱なれば、その人命終の時に臨んで」とあり、心を一にして乱れることのないことをいう。
念不念・作意不作意　念は憶念、作意は物に対しておこる心の働きで、事を行なおうとする心がおこる時とおこらない時を問うことなくの意。
いろはず　関係しない。
一向専念　無量寿経巻下に見える文。
本不生　万有一切はもともと存在しているものであって、今はじめて生じたものではない。
自力・他力　自らおさめる功徳力が自力、他による力用が他力。ここでは弥陀の願力を他力という。
熊野権現　和歌山県所在の熊野坐神社をいい、本地は阿弥陀といわれた。

南無阿弥陀仏が往生するぞ」と*示現《じげん》し給ひし時より、*法師《ほっし》は領解《りょうげ》して、自力の我執を打捨《うちすて》たりと。これは常の仰《おおせ》なり。

一九　又云、自力の善は*七慢・九慢をはなれざるなり。故に、「*憍慢弊懈怠《きょうまんへいけたい》、難以信此法《なんにしんしほう》《憍慢と弊と懈怠とは、もつてこの法を信じ難し》」といひ、「*三業《さんごう》起行多憍慢《三業の起行は憍慢多し》」とも釈するなり。無我無人の南無阿弥陀仏に帰しぬれば、挙《あぐ》べき人もなく、くだるべき我もなし。此道理を、大経には、「*住空無相無願三昧《さんまい》《空・無相・無願の三昧に住す》」といひ、或は、「通達《つうだつ》諸法性一切空無我、専求浄仏土、必定如是*刹《諸法の性は一切空無我なりと通達して、専ら浄仏土を求め、必ずかくの如きの刹《せつ》を定めむ》」とも説《とき》給へり。

二〇　又云、極楽はこれ空無我の浄土なるが故に、善導和尚は、「*畢竟逍遙離有無《ひっきょうしょうようりうむ》《畢竟の逍遙は有無を離る》」と曰《い》へり。往生人を説《とく》には、「*皆受自然虚無之身《かいじゅじねんこむしん》、無極之体《むごくしたい》《みな自然の虚無の身、無極の体を受く》」といへり。されば名号は*青黄赤白《しょうおうしゃくびゃく》の色《いろ》にもあらず、長短方円の形にもあらず。有《う》にもあらず無《む》にもあらず。*五味をもはなれたる故に、口にとなふれどもいかなる*法味ともおぼえず。すべていかなるものとも思ひ量《はかる》べき法にあらず。これを「*無疑無慮《疑なく慮なし》」といひ、十方の諸仏はこれを*不可思議とは讃《たたえ》給へり。唯《ただ》声にまかせてとなふれば、無窮《むぐう》の生死をはなるゝ言語道断《ごんごどうだん》の法なり。

二一　又云、自力の時、我執憍慢《がしゅうきょうまん》の心はおこるなり。其ゆへ(ゑ)は、わがよく意得《こころえ》、わがよく行《ぎょう》じて生死を離るべしとおもふ故に、智恵もすゝみ行もすゝめば、我ほどの*智者、われ程の*行者《ぎょうじゃ》はあるまじとおもひて、身をあげ人をくだすなり。他力称名に帰しぬれば、憍慢な

示現　神仏が姿を現わして教示すること で、一遍が熊野に詣でたのは聖絵によれば文永十一(一二七四)年夏のこととし、絵詞伝は建治二(一二七六)年夏とする。

法師　一遍の自称。

七慢・九慢　慢は自分の心をおごり他をさげすむこと。慢・過慢・慢過慢・我慢・増上慢・卑劣慢・邪慢が七慢、我勝慢・我等慢・我劣慢・有勝我慢・有等我慢・有劣我慢・無勝我慢・無等我慢・無劣我慢が九慢。

憍慢…此法　往生礼讃の初夜礼讃に見える。

三業…多憍慢　般舟讃に見える。

住空…三昧　無量寿経巻上には、「心は空三昧に住して、一切因縁生滅の繋縛を離れ、無相三昧に住して、すべて形有る物に捉われず、無願三昧に住して、すべて世俗の願なし」とある。↓語録巻下㐂

刹　刹土の略で、極楽浄土を指す。

畢竟…有無　観経疏定善義の文。

皆受…無極之体　無量寿経巻下の文。

青黄…あらず　大日経に、「秘密主如来応正等覚、非青非黄、非赤非白…非長非短、非円非方」とある。

五味　酸・苦・甘・辛・鹹。

法味　仏法の滋味。

無疑無慮　観経疏散善義に見える。

不可思議　称讃浄土経に見える。

智者・行者　智慧あるものを智者、仏道を修行する者を行者という。

し、卑下《ひげ》なし。其故は、身心《しんじん》を放下《ほうげ》して無我無人の法に帰しぬれば、自他彼此の人我なし。*田夫野人《でんぶやじん》・尼*入道・愚痴《ぐち》・無智までも平等に往生する法なれば、他力の行といふなり。*般《はん》舟讃《じゅさん》に、「*三業起行多憍慢《三業の起行は憍慢多し》」といふは、自力の行なり。「*単発無上菩提心、廻心念念生安楽《単《ひとえ》に無上菩提の心を発《おこ》し、心を廻《めぐ》らして念々に安楽に生ぜよ》」といふは、*三心をすゝむるなり。自力の行は憍慢おほければ、三心をおこせとすゝむるなり。

二二　又云、*中路の白道《びゃくどう》は南無阿弥陀仏なり。水火の二河は我等が心なり。二河にをかされぬは名号なり。

二三　又云、阿弥陀経の、「一心不乱《心を一にして乱れず》」といふは、名号《みょうごう》の一心なり。もし名号の外に*こゝろを求めなば、二心不乱といふべし。一心とはいふべからず。されば*称讃浄土経には、「慈悲*加祐《かゆう》、令心《りょうしん》不乱《慈悲《じひ》をもつて加へ祐《たす》けて、心をして乱れざらしむ》」とけり。機がおこす*妄分の一心にはあらず。

二四　又云、*安心《あんじん》といふは南無なり。起行《きぎょう》といふは阿弥陀の三字なり。作業《さごう》といふは仏なり。機法一体の南無阿弥陀仏に成《なり》ぬれば、三心・*四修・*五念は、皆もて名号なり。

二五　又云、決定往生《けつじょうおうじょう》の信たらずとて、人ごとに歎くは、いはれなき事なり。凡夫のこゝろには*決定なし。決定は名号なり。しかれば決定往生の信たらずとも、口にまかせて称せば往生すべし。是《この》故に往生は*心によらず、名号によりて往生するなり。決定の信をたてゝ往生すべしといはゞ、猶心品《なおしんぽん》にかへるなり。わがこゝろを打《うち》すてゝ、一向に名号によりて往生すと意得《こころう》れば、を《(お)》のづから又決定の心はおこるなり。

田夫野人　田野にあって生活を営んでいる人。農夫。田舎者。
尼入道　仏道に入った女性。
般舟讃　善導が観経等により、浄土の讃文をつくり、般舟三昧行道往生の法を明かしたもの。
三業…憍慢・単発…生安楽　共に上品下生の讃文。三業は身口意の行為。
三心　至誠心・深心・廻向発願心。
中路の白道　水火の二河を瞋恚(水)と貪欲(火)とに喩え、この二河の中間にある白道を願往生の心にたとえたもので、観経疏散善義に見える。
こゝろ　自力の一心。
称讃浄土経　唐玄奘の訳にかかる称讃浄土仏摂受経一巻を指し、阿弥陀経の異訳で、内容また一様であるが、阿弥陀経が六方仏を称讃するのに対し、玄奘訳は十方仏を称讃している。
加祐　利益を加え救済すること。
妄分　凡夫が自力心よりおこす妄情。
安心　信心が一所に安住して不動である義で、時衆ではすべての我がはからいを捨てて念仏に帰入することをいう。
四修　恭敬修・無余修・無間修・長時修をいい、仏道修行の分類法の一。
五念　五念門(礼拝・讃嘆・作願・観察・廻向)の略で、世親の往生論の所説。
決定　衆生が弥陀の浄土に往生することを決め定める。
心　自力我執の心。

二六　又云、決定といふは名号なり。わが身わがこゝろは*不定《ふじよう》なり。身は無常遷流《せんる》の形なれば、念々に生滅《しようめつ》す。心は*妄心《もうしん》なれば*虚妄《こもう》なり。たのむべからず。

二七　又云、〈*飾万津《しかまつ》*別時の結願の仰《おおせ》なり〉名号は、信ずるも信ぜざるも、となふれば他力不思議の力にて往生す。自力我執の心をもて、兎角《とかく》*もてあつかふべからず。極楽は無我の土《ど》なるが故に、我執をもては往生せず、名号をもて往生すべきなり。

二八　又云、*万法《まんぼう》は無より生じ、煩悩は我《が》より生ず。

二九　又云、名号に心をいるゝとも、こゝろに名号をいるべからず。

三〇　又云、生死《しようじ》といふは妄念《もうねん》なり。妄執煩悩《もうしゆうぼんのう》は実体なし。然《しか》るを、此《この》妄執煩悩の心を本として、善悪《ぜんなく》を分別《ふんべつ》する念想をもて、生死を離れんとする事いはれなし。*念は即《すなわち》*出離のさはりなり。故に「*念即生死《念は即ち生死なり》」と釈せり。生死を離るゝといふは、念をはなるゝなり。こゝろはもとの心ながら、生死を離るゝといふ事、またくなきものなり。

三一　又云、漢土《かんど》に*径山《きんざん》といふ*山寺あり、禅の寺なり。麓の*窣都婆《そとば》の銘に、「念起是病、不続是薬云云《念の起《おこ》るはこれ病《やまい》、続けざるはこれ薬なりと云々》」。*由良の心地房は此頌文《このしようもん》をもて法を得たりと云々。

三二　又云、*名号を念仏といふ事、*意地《いじ》の念を呼《よん》で、念仏といふにはあらず。たゞ名号の名なり。物の名に松ぞ竹ぞといふがごとし。を《(お)》のれなりの名なり。

三三　又云、「*念声是一《念声これ一なり》」といふ事。念は声の義なり。意念《いねん》と口称《くしよう》とを混じて一といふにはあらず。本《もと》より念と声と一体なり。念声一体といふは、すなはち名号な

不定　一定不変のものではない。

妄心　真理を知ることのできないみだりな心。

虚妄　空虚で、妄りがましいこと。

飾万津　播磨国の飾磨の津で、現在の兵庫県飾磨郡飾磨港にあたる。

別時　常時・長時に対する語で、特別に一定の時間または期間をかぎり、念仏を策励すること。

もてあつかふ　取りはからう。

万法　この宇宙に存在するすべての法であり、ここでは諸善を指す。

念　現象差別の念。

出離　生死の迷界を出で離れること。

念即生死　大乗起信論に見える。

径山　中国華東区浙江省杭州府臨安県にある山。

山寺…寺なり　径山寺は禅を宗とする寺で、興聖万寿寺と称し、中国五山の一。唐天宝初(七四二―)年の建立。

窣都婆　廟とか仏塔をいう。

由良の心地房　紀伊国由良(和歌山県日高郡由良町)の興国寺の開山。心地房は房号で、諱は覚心。

名号　南無阿弥陀仏のみ名をとなえること。

意地の念　仏のすがたを心の中に思いうかべ念ずること。

念声是一　選択集に、「経には十念と云ふ、釈には十声と云ふ。念声の義いかん。答へて曰く、念声はこれ一なり」とある。↓一〇八頁

り。

三四　又云、*念仏三昧といふ事。三昧といふは見仏の義なり。常の義には、*定機《じようき》は現身見仏、*散機《さんき》は臨終見仏する故に、三昧と名づくと云々。此義しからず。此見仏はみな*観仏三《かんぶつざん》昧《まい》の分なり。今の念仏三昧といふは、無始《むし》本有《ほんぬ》常住不滅の仏体なれば、名号即《すなわち》これ真実の見仏、真実の三昧なり。故に念仏を*王三昧《おうざんまい》といふなり。

三五　又云、称名の外に見仏を求《もとむ》べからず。名号すなはち真実の見仏なり。肉眼《にくげん》をもて見るところの仏は、真仏にあらず。もし我等当時の眼《まなこ》に仏を見《み》ば、魔なりとしるべし。但し夢にみるには実なる事も有《ある》べし。夢は*六識を亡《ぼう》じて、無分別《むふんべつ》の位にみる故なり。是《この》ゆへ(ゑ)に釈には「*夢定《むじよう》」といへり。

三六　又云、魔に付《つき》て*順魔・逆魔のふたつあり。行者の心に順じて魔となるあり、行者の違乱となりて魔となるあり。ふたつの中には順魔がなを(ほ)大事の魔なり。妻子等是なり。

三七　又云、*摂取不捨《せっしゅふしゃ》の四字を*三縁と釈するなり。摂に親縁《しんえん》の義あり、取に近縁《ごんえん》の義あり、不捨に増上縁《ぞうじようえん》の義あるなり。

三八　又云、如来《によらい》の禁戒をやぶれる*尼法師の行水《ぎようずい》をし、身をくるしむるは、またくこれ懺《さん》悔《げ》にあらず、たゞ自業自得《じごうじとく》の因果のことはり(わ)をしるばかりなり。真実の懺悔は、名号他力の懺悔なり。故に、「*念念称名常懺悔《念々の称名は常の懺悔なり》」と釈せり。自力我執の心をもて懺悔を立《たつ》べからず。

三九　又云、他力称名の行者は、此身はしばらく穢土《えど》に有《あり》といへども、心はすでに往生を

念仏三昧　観仏三昧に対する語であるが、元来は仏徳を観念し、或いは仏の色身相好を念ずる意に用いられてきた。善導に至り、称名念仏を修することを、念仏三昧の正意であると解するようになった。
定機　一途に心を凝らして仏身仏土を観じ、極楽往生を願い求める人。
散機　心が散り一定しないままに、悪を廃し善を修め往生を願求する人。
観仏三昧　現前に仏の相好を観想するため、心を専注し無念になること。
王三昧　大集経菩薩念仏三昧分巻九に、「この三昧の王なりと聞くことを得」とある。
六識　六境を知覚する眼・耳・鼻・舌・身・意の六種の心識。
夢定　夢の中の禅定。釈は観経疏定善義を指し、定善義には、「もしは夢定の中に仏を見るものは」とある。
順魔・逆魔　妻子財宝を順魔、病患災難などを逆魔という。
摂取不捨　観経に、「光明は遍く十方の世界を照して、念仏の衆生を捨てたまはず」とある。
三縁　親縁・近縁・増上縁。仏と衆生との関係が親密であるのを親縁、衆生が見仏を欲すれば、その願いに応じて顕現するのを近縁、念仏の衆生には臨終に聖衆が来迎するのを増上縁という。
尼法師　尼や法師の意にもとれるが、仏道を志した尼を指している。

遂《とげ》て浄土にあり。此旨を面〳〵にふかく信ぜらるべしと云々。

四〇　又云、慈悲に三種あり。いはく、小悲・中悲・大悲なり。大悲といふは*法身《ほっしん》の慈悲なり。今の*別願成就の弥陀は、法身の大悲を提《ひっさ》げて衆生を度し給ふ。故に真実にして、むなしからざるなり。これを経には、「*仏心者大慈悲是、以無縁慈摂諸衆生《仏心とは大慈悲これなり。無縁の慈《いつくしみ》をもつて、もろもろの衆生を摂す》」ととけり。

四一　又云、往生といふ事、往は理なり、生は智なり。*理智契当するを往生といふなり。

四二　又云、唯信《ゆいしん》罪福のものは、*仏の五智を疑ひて、*みづからが情をもて往生を願ずる故に、往生はしながら*花《け》合《ごう》の障《さわり》あり。六識の凡情をもて、たとひ功徳《くどく》を修し、観念を凝《こら》すとも、能縁《のうえん》の心虚妄《こもう》なれば、所縁の浄土も亦《また》もて実体なし。極楽は無我真実の土なれば、自力我執の善をもては、またく生ずべからず。唯《ただ》*弘願《ぐがん》の一行をもて往生を得べし。しかれば凡夫の意楽《いぎょう》をもては生ずべからず。*畢命為期《ひつみょういご》の称名の外に、種々の意楽をもとむるは、真実の仏法をしらざる故に往生すべからず。

四三　又云、無心寂静《じゃくじょう》なるを仏といふ。*意楽をおこすは、仏といふべからず。意楽は妄執なりと云々。此風情《このふぜい》は常の仰《おおせ》なり。

四四　又云、念仏の機に*三品《さんぼん》あり。上根《じょうこん》は、妻子を帯し家に在《あり》ながら、著《じゃく》せずして往生す。中根は、妻子をすつるといへども、住処と衣食《えじき》とを帯して、著せずして往生す。下根は、*万事を捨離《しゃり》して、往生す。我等は下根《げこん》のものなれば、一切を捨《すて》ずは、定《さだめ》て臨終に諸事に著して往生をし損ずべきなりと思ふ故に、かくのごとく行ずるなり。よく〳〵心に思量すべ

念念…懺悔　般舟讃に見える。
法身　真理の教え。
別願成就の弥陀　四十八願の誓願をおこし、兆載永劫の修行の結果仏となった弥陀をいい、その弥陀を報身仏という。報身は、法身とともに三身(報・法・応)の一。
仏身者…諸衆生　観経に見える文。
理智契当　理は観られる道理、智は観るところの智慧で、理と智がぴったりと完全に合一すること。
仏の五智　弥陀の智慧を五種に分類したもので、仏智・不思議智・不可称智・大乗広智・無等無倫最上勝智をいい、無量寿経巻下に見える。
みづからが情をもて　自分の迷いの心情をもって。
花合の障　蓮華のつぼみの中に身を入れながら、いまだ出ることのできない障礙。
弘願の一行　弥陀の本願の一行である南無阿弥陀仏の名号。
畢命為期　命のおわるのを最後として。一生涯をとおして。
意楽をおこす　心の満足を俗事に求めて悦楽することを目的として意をおこすことをいう。
三品　念仏者の三種の素質で、上中下の三輩をいい、また上根・中根・下根、上機・中機・下機ともいう。
万事　法事讃巻下に、「万事の家生、皆捨離して、専心に発願して西方に向へ」とある。

し」。こゝに、ある人問《と》て曰《いわく》、「大経の三輩は上輩を捨家《しゃけ》棄欲《きよく》ととけり。今の御義には相違せり、如何《いかん》」。答《こたえ》てのたまはく、「一切の仏法は*心品を沙汰す。外相《げそう》をいはず。心品の捨家棄欲して無著《むじゃく》なる事を上輩と説《とけ》り」。

四五　又云、*法照禅師《ほっしょうぜんじ》の云、「*念即無念、声即無声《念、即ち無念。声、即ち無声》」と。されば名号は即《すなわち》名号なし。*竜樹菩薩は、「*為衆説法無名字《衆の為に法を説いて名字なし》」といへり。「無名字」とは是《これ》名号なり。又名号は寿の号なり。故に阿弥陀の三字を無量寿といふなり。此寿は無量常住の寿にして不生不滅なり。すなはち一切衆生の寿命なり。故に弥陀を*法界身《ほっかいしん》といふなり。

四六　又云、無量寿とは、一切衆生の寿、不生不滅にして、常住なるを無量寿といふなり。これ則《すなわち》所讃の法なり。*西方に無量寿仏ありといふは、*能讃の仏なり。諸仏同道の仏なるが故なり。

四七　又云、皆人の、南無阿弥陀仏をこゝろえて、往生すべきやうにおもへり。甚《はなはだ》謂《いわ》れなき事なり。六識凡情をもて思量すべき法にはあらず。但し領解《りょうげ》すといふは、領解すべき法にはあらずと意得《こころう》るなり。故に善導は、「*三賢十聖弗測所闚《三賢十聖も、測《はか》りて闚《うかが》ふ所にあらず》」と釈し給へり。

四八　又云、十方・三世の諸仏は、*不可思議功徳と讃歎《さんだん》し、又、*大経には、「諸仏光明所不能及《諸仏の光明も及ぶ能はざる所なり》」と説《とき》たまへり。*光明は智相なり。しかれば諸仏の深智《じんち》も及《およば》ざる所なり。いかにいはんや、凡夫の*妄智《もうち》妄識《もうしき》をもて思量すべけんや。唯仰《ただあおい》で信

心品　心の品種。心のはたらき。

法照禅師　中国唐代の人。はじめ廬山慧遠の芳躅を慕い、廬山に入って念仏三昧を修し、ついで衡山の承遠に浄土教をうけた念仏者。

念即…無声　法照の五会法事讃に見える。

竜樹菩薩　二世紀ころの南インドの人で、竜猛ともいわれ、八宗の祖と仰がれている。

為衆…無名字　竜樹の十二礼文に見える。同文は善導の往生礼讃の中夜礼讃にも見えている。

法界身　法界の衆生の寿命を、仏の寿命とする身という意で、全宇宙法界に遍満する真理体をいう。

西方に…あり　阿弥陀経に、「西方世界に無量寿仏まします」と説く。

能讃の仏　無量寿仏は阿弥陀仏の別称。

能讃の仏　十劫の昔、既に悟りを得て、無量寿仏となった本覚の仏。

三賢…所闚　観経疏玄義分に見える。三賢十聖は菩薩が仏になるまでの段階で、菩薩は十住・十行・十廻向の三賢と十地(十聖)の階位を経て妙覚(仏)に達する。

不可思議功徳　阿弥陀経に見える。

大経　無量寿経巻上。

光明は智相なり　往生論註巻下に、「かの如来の光明智相とは、仏の光明はこれ智慧の相なり」とある。

妄智妄識　虚妄であり不実である智識で、仏の智識に対し凡夫の智識を

じ称名するより外に、意楽《いぎよう》の智慧を求《もとむ》べからず。

四九　又云、南無とは十方衆生なり、阿弥陀とは法なり、仏とは能覚の人なり。*六字をしばらく*機と法と覚との三に開《かい》して、終《つい》には三重が一体となるなり。しかれば、名号の外に能帰の衆生もなく、所帰の法もなく、能覚の人もなきなり。是則《これすなわち》、自力他力を絶し、機法を絶する所を、南無阿弥陀仏といへり。火は薪《たきぎ》を焼《やく》に、たきゞ尽《つく》れば火滅するがごとく、*機情尽《つき》ぬれば、法も又息《そく》するなり。しかれば*金剛宝戒章と云文《いうもん》には、「南無阿弥陀仏の中には機もなく法もなし」といへり。いかにも機法をたてゝ迷悟をを《(お)》かば、*病薬対治《たいじ》の法にして、真実至極の法体にあらず。迷悟機法を絶し、自力他力のうせたるを、*不可思議の名号とはいふなり。

五〇　又云、南無は*始《し》覚《かく》の機、阿弥陀仏は*本覚《ほんがく》の法なり。しかれば始本不二《しほんふに》の南無阿弥陀仏なり。

五一　又云、一念も十念も本願にあらず。*善導の釈ばかりにては、猶意得《なおこころえ》られず。*文殊《もんじゅ》の法照に授《さずけ》給ひしは、「経に一念・十念の文有《あり》といへども、一念・十念の詞《ことば》もなく、たゞ念仏往生を仰《あおぐ》べし」と云々。念仏といふは南無阿弥陀仏なり。もとより名号即往生なり。名号の所には一念・十念といふ数《かず》はなきなり。

五二　又云、往生は*初《はじめ》の一念なり。初の一念といふも、なを《(ほ)》機に付《つい》ていふなり。南無阿弥陀仏はもとより往生なり。往生といふは*無生《むしょう》なり。此法に遇ふ所をしばらく一念といふなり。*三世《さんぜ》截断《せつだん》の名号に帰入しぬれば、無始無終の往生なり。臨終平生《りんじゆうへいぜい》と分別《ふんべつ》するも、*妄分《もうぶん》

いう。

六字　南無阿弥陀仏の六字。

機と法と覚　帰命する人を機、無量の生命(無量寿)と無量の光明(無量光)を有する真理を法、真理を悟り、迷いから目覚めたものを覚という。

機情　衆生の情執。

金剛宝戒章　「念仏の中に努々機法なし、何物をか機と云ひ、法と云ふ」とあり、宝戒章は法然の作と伝承されている。↓補

病薬対治の法　衆生の煩悩という病いをなおす薬。病いに応じて薬をあたえること。

不可思議の名号　称讃浄土経に、「無量寿仏の不可思議の功徳名号、極楽世界の浄仏土を聞くことを得」とある。

始覚の機　永遠に迷っていた衆生が、弥陀の法門に接したことにより、後天的に覚るところの衆生。

本覚の法　始覚に対する語で、先天的にさとっている法。

善導の釈　観経疏玄義分・往生礼讃後序等に見える。

文殊の…給ひしは　仏祖統記巻二十六に見える。文殊とは文殊菩薩。

初の一念　はじめて得た心。

無生　生じたり滅したりしない、即ち生滅をはなれること。

三世截断　過去・現在・未来の三世のへだてを断ちきる。

妄分　迷妄の分際。

の機に就て談ずる法門なり。南無阿弥陀仏には、臨終もなく、平生もなし。三世常恒《じょうごう》の法なり。出る息いる息をまたざる故に、*当体の一念を臨終とさだむるなり。しかれば念々臨終なり、念々往生なり。故に「*回心念々生安楽《心を回《めぐ》らして、念々に安楽に生ず》」と釈せり。おほよそ仏法は、当体の一念の外には談ぜざるなり。三世すなはち一念なり。

五三　又云、*有後心《うごしん》・無後心《むごしん》といふことあり。当体一念の外に、所期《しょご》なきを無後心といふ。所詮は*待心《まつこころ》の区《まちまち》なるを失ふべきなり。此風情《このふぜい》、日々夜々の仰《おおせ》なりき。

五四　又云、念仏三昧は無色無形《むしきむぎょう》*不可得の法なり。功能《くのう》なし。名号は能成《のうじょう》の法なり。万法は所成の法なり。故に、「*法はすなはち三賢・十地の万行の智慧を*薫成《くんじょう》す」と釈せり。弥陀の色相荘厳《しょうごん》のかざり、皆もて万善円満の形なり。極楽の*依正《えしょう》二報は万法の形なり。来迎の仏体も万善円満の仏なり。往生する機も亦万善なり。万善の外に十方衆生《じっぽうしゅじょう》なし。「*一坐無移亦不動《一《ひと》たび坐して移ることなく、また動かず》」とは、念仏三昧すなはち弥陀なり。*彼《ひ》此《し》往来なし。「無来無去不可思議不可得」の法なり。いかにも来迎の姿は万善の法なり。*諸行往生と云《いう》は実なり。諸行の外に機なし。往生は機こそすれ。諸行を本願といふこそ、無下《むげ》に法の子細をしらずしていふ事にてあれ。

五五　又云、行者の*待《まつ》によりて、仏は来迎し給ふとおもへり。たとひ待えたらんとも、三界の中の事なるべし。称名の位が即《すなわち》まことの来迎なり。称名即来迎と知《しり》ぬれば、決定《けつじょう》来迎あるべきなれば、却《また》て待るゝなり。を《(お)》よそ名号の外は、みな幻化《げんけ》の法なるべし。

五六　又云、一切《いっさい》の法も真実なるべし。其故は、名号所具の万法《まんぼう》と知《しり》ぬれば、皆真実の功

当体の一念　ありのままの、本性の一念。

回心…生安楽　般舟讃に見える。

有後心・無後心　雑念のある心が有後心、雑念なき一心、即ち当体帰命の一念のほかに何ら期待することのない心が無後心。

待心　期待するところの心。

不可得　とらえることができない。

法は…薫成す　観経疏散善義に出る。

薫成　香りを移すように、他のものにその性を移して完成すること。

依正二報　依報と正報。依報とは極楽浄土、正報は仏をいう。

一坐…不動　法事讃巻下に見える。

彼此　極楽世界の阿弥陀仏(彼)と、娑婆世界の衆生(此)。

諸行往生　念仏以外の行である、いわゆる諸善万行を修して浄土往生をすること。諸行によって往生できるか否かは、古来より異説があり、鎮西義では諸行は本願ではないが、すでに願文中に来迎引接の願があるように真実に廻願すれば往生できると説き、西山義では諸行は非本願であるから全く往生できないが、もし念仏に任持されれば、往生を得るとする。真宗では定散等の諸行も、これを廻向することにより、往生は可能であるが、これは所詮自力の善根なるが故に、方便化土に往生することを得るにすぎないと説いている。

待により　凡情をもつて待つことに

徳なり。これも、功徳の当体が真実なるにはあらず、名号が成ずれば真実になるなり。功徳といふは、出離《しゆつり》の要道にあらず、*福業《ふくごう》なり。故に観経には万法をつかねて、三福の業と説《とけ》り。正因正行といふ時は、名号と一味するなり。

五七 又云、大経に、「*住空無相無願三昧《さんまい》《空《くう》・無相・無願の三昧に住す》」と説《とけ》り。此即《これすなわち》名号なり。我等は*無相離念の観法もならず、自性無念《じしようむねん》のさとりもならず。*底下愚縛《ていげぐばく》の凡夫なれども、身心を放下《ほうげ》して、唯《ただ》本願をたのみて一向に称名すれば、是即自性無念の観法なり。無相離念の悟《さとり》なり。これを観経には、「*廓然大悟得無生忍《かくねんたいごとくむしようにん》《廓然として大悟して無生忍を得たり》」と説《とけ》り。をよそ《（お）》名号に帰しぬれば、功徳として不足なし。是を*無上功徳とゝき《（と）》、これを他力の行といふなり。

五八 又云、罪といひ功徳といふこと、凡夫浅智のものまたく分別すべからず。*空也の釈に云、「智者の*逆罪は変じて成仏の直道《じきどう》となり、愚者の勤行《ごんぎよう》はあやまれば*三途《さんず》の因業となる」と云々。しかれば、愚者は功徳とおもへども、智者の前には罪なり。愚者は罪とおもへども、智者の前には功徳なり。微々細々なり。我等愚痴《ぐち》の身、いかでか分別すべきや。なに況《いわん》や善悪の二道はともに出離の要道にあらず。たゞ罪をつくれば重苦をうけ、功徳を作《つく》れば善所に生ずる故に、止悪修善をしゆるばかりなり。しかれば善導は、「*罪福の多少をとはず」と釈し給へり。所詮、罪と功徳との沙汰をせず、*なまさかしき智慧を捨て、身命ををしまず《（を）》、偏《ひとえ》に称名するより外には、余の沙汰有《ある》べからず。

五九 又云、善悪の二道は機の品《しな》なり、*顛倒虚仮《てんどうこけ》の法なり。名号は善悪の二機を摂する真

より。

福業 世間的な幸福を招く善良な行為をいう。

住空…三昧 一切の諸法は空であって実体なく、実相もない。すなわち客観の諸法には体もなければ相もない。したがって対象となるべき主観の心もないという考えにたって精神を統一するという意。↓語録巻下一九

無相離念 はじめから相(形象)はなく、念(心・妄念)をはなれたものであるという意。妄念を遠ざけて境界の相のないこと。

底下愚縛 愚痴にしばられながら、どん底でうごめいている凡庸の者。

廓然 心ひろびろとしたさま。

無上功徳 無量寿経巻下に見える。

空也の釈 賞山は播州問答私考鈔巻四に、「空也の釈は発心求道集に出づるか」と述べている。空也は平安朝の天慶のころ、京都六波羅蜜寺を中心に、民間に念仏をすすめた僧。

逆罪 理にそむいた極悪の罪過で、五逆罪ともいう。

三途 火途・刀途・血途。

罪福の多少をとはず 法事讃巻下に、「罪と福と時との多少を問ふことなく、心々に念仏して疑を生ずることなかれ」とある。

なまさかしき 未熟で半端な。

顛倒虚仮の法 善道も顛倒の善果、悪道も虚仮の悪果であること。

実の法なり。

六〇　又云、有*心は生死《しょうじ》の道、無心は涅槃《*ねはん》の城なり。生死をはなるゝといふは、心をはなるゝをいふなり。しかれば浄土をば、「無心領納自然知《*むしんりょうのうじねんち》《無心に領納して、自然に知る》」ともいひ、「*未藉思量一念功《いまだ思量一念の功を藉《か》らず》」とも釈し、或は「無*有分別心《分別の心あることなし》」ともいふなり。分別の念想をこ（お）りしより生死は有《ある》なり。されば、「心*は第一の怨《あた》なり。人を縛して閻羅《*えんら》の所に至らしむ」と云云。

六一　又云、仏法を修行するに、近《こん》*対治・遠《おん》対治といふことあり。近対治といふは、臨《*りん》終正念《じゅうしょうねん》にして、妄念をひるがへし、一心不乱なるを云《いえ》り。遠対治といふは、道心者はかねて悪縁ひとつもなくすつるなり。臨終にはじめて捨《すつ》ることはかなはず。平生の作法が臨終に必《かならず》現起するなり。故に善導は、「忽爾《*こつにニ》無常《ノ》苦来逼《スレバ*》、精神錯乱《しゃくらんシテ》始驚忙《テきょうもうス》。万事《ばんじ》家生《*かしょう》皆捨離《シテ》、専心発願《ニほつがんシテ》向《ヘ》西方《ニ》」と釈せり。

六二　又云、苦をいとふといふは、苦楽共に厭捨《えんしゃ》するなり。苦楽の中には、苦はやすくすつれども、楽はえすてぬなり。楽をすつるを厭苦の体とす。その所以《ゆえん》は、楽の外に苦はなきなり。しかれば善導は、「雖《*モ》言《フト》是《レ》楽《ト》、然《モ》是《レ》大苦《ナリ》。必竟無《ジテ》有《シ》一念真実《ルコト》楽《ノ》也」と釈せり。或は、「総*勧《ジテ》、厭《ム》此人天楽《フコトヲ》」と釈せり。されば楽の外に苦はなき故に、楽をいとふを厭苦といふなり。

六三　又云、三界*は有為《*うい》無常の境*なるが故に、一切不定《*ふじょう》なり、幻化《*げんけ》なり。此界の中に常住ならんとおもひ、心やすからんと思はんは、たとへば漫々たる波のうへに、船をゆるがさ

有心　無心の対語で、妄執のある心。無心とは妄念をはなれた心。
涅槃の城　法華経安楽行品に見える語で、涅槃の不壊堅固なさまを城に喩えたもの。ここでは涅槃のさとりを得させる都城、すなわち極楽浄土を指す。
無心領納自然知　往生礼讃の日中礼讃に見える。
未藉思量一念功　法事讃巻下に見える。底本「未籍」につくる。
無有分別心　往生論に見え、善導は往生礼讃の後夜礼讃に、「仏の諸の功徳を讃ずるに、分別の心あることなし」とする。
心は…至らしむ　正法念経巻六に見え、往生要集巻上大文第一に引用している。
閻羅　閻魔羅社の略で、閻魔王のこと。地獄の主で、衆生の罪を監視し、罪のおそるべきことを知らしめる冥王。
対治　煩悩に対応して、断つこと。
臨終正念　命終の時にのぞんで、心が顛倒したり錯乱したり失念したりしないこと。
忽爾…西方　法事讃巻下に見える。
精神　精識魂神の意で、第六識(意根を所依として起り、法境を所縁として、正しくその総相を了別する識)を指す。
家生　家業。
雖言…実楽也　観経疏定善義に出る。

でを《(お)》かむとおもへるがごとし。

六四　又云、「*一念弥陀仏、即滅無量罪、現受無比楽、後生清浄土《ごしょうしょうじょうど》《一たび弥陀仏を念ずれば、即ち無量の罪を滅し、現《このよ》には無比の楽を受け、後《のちのよ》は清浄の土に生ず》」といふ事。無比の楽を世の人の世間の楽なりとおもへるはしからず。これ無貪《むとん》の楽なり。其故は、決定往生の機と成《なり》ぬれば、三界・六道の中にはうらやましき事もなく、貪《とん》すべき事もなし。*生々世々《しょうじょうせぜ》流転生《るてんしょう》死《じ》の間に、皆受《うけ》て、すぎ来《きた》れり。然《しか》れば一切*無著《むじゃく》なるを無比楽《むひらく》といふなり。世間の楽はみな苦なれば、いかでか仏祖の心愚《こころぐ》にして、無比の楽とは曰《い》ふべきや。

六五　又云、楽に体なし、苦のやむを楽といふ。苦に体なし、楽のやむを苦といふなり。

六六　又云、「「*心の外に法を見るを名づけて外道《げどう》とす」といふこと、心の外に*境を置《おき》て、*念をおこすを迷《まよい》といふなり。境を滅して独一なる本分の心は妄念なし。心境各別にして、ふたつとおもひしより、生死には流転するなり。これに種々のたとへあり」と日々夜々の仰《おおせ》なり。されば*悪縁悪境を捨果《すてはつ》べきなり。

六七　又云、心外《しんげ》に境を置て罪をやめ、善を修する面にては、たとひ*塵劫《じんごう》をふるとも、生死をば離るべからず。いづれの教に(て)も、*能所《のうじょ》の絶《ぜっ》する位に入《いり》て、生死を解脱《げだつ》するなり。今の名号は能所一体の法なり。

六八　又云、「生《いき》ながら死して、静《しずか》に来迎《らいごう》を待《まつ》べし」と云云。万事に*いろはず、一切を捨離して、孤独独一なるを、死するとはいふなり。*生《しょう》ぜしもひとりなり、死するも独《ひとり》なり。されば人と共に住するも独なり、そひはつべき人なき故なり。又*わがなくして念仏申《もうす》が死す

総勧…人天楽　法事讃巻下に見える。
三界　欲・色・無色の三界で、生滅流転を免れない迷いの世界。
有為　因縁によって生じたすべてのもの。
境　境界。ところ。
不定　不安定。
幻化　幻のようにはかないもの。
一念…清浄土　孝養集に見える文。
生々世々流転生死　迷いの世界に流転して、多くの世をおくること。
無著　何事に対しても執着しない。
心…たとへあり　金剛宝戒秘決章に、「心性を除くの外に仏果を尋ぬる。これ我性を除くの外に浄土を願う。これを悪人と名づけ、これを迷人と名づけ、これを謗三宝人と名づけ、これを外道衆類となす也」とある文によったものか。
境　境界の意で、認識の対象領域。
念　妄念を指す。
悪縁悪境　心外の虚妄の因縁と虚妄の境界。
塵劫　塵点劫の略。無知の数多きを塵といい、算数のおよばない長大な年月を劫という。
能所　能観の智と所観の境。
いろはず　かかわりあわない。
生ぜしも　生まれてきたのも。無量寿経巻下に、「独り生れ独り死し、独り去り独り来る」とある。
わがなくして　我執をとりさる。無我となるの意。

るにてあるなり。わが計《はから》ひをもて往生を疑*ふは、惣《そう》じてあたらぬ事なり。

六九　又云、念仏の下地《したじ》をつくる事なかれ。惣じて、行*ずる風情《ふぜい》も往生せず、声*の風情も往生せず、身の振舞も往生せず、心のもちやうも往生せず。たゞ南無阿弥陀仏が往生するなり。

七〇　又云、「*聞名欲往生《もんみよう》《名を聞いて往生せむと欲す》」といふこと、人のよ所《そ》に念仏するをきけば、わが心に南無阿弥陀仏とうかぶを聞名《もんみよう》といふなり。しかれば名号が名号を聞《きく》なり。名号の外に聞《きく》べきやうのあるにあらず。

七一　又云、我みづから念仏すれども、南無阿弥陀仏ならぬ事あり。*我体《わがたい》の念を本《もと》として念仏するは、これ妄念を念仏とおもへばなり。又口に名号をとなふれども、心に本念あれば、いかにも本念こそ臨終にはあらはるれ、念仏は失《う》するなり。然《しか》れば心に妄念をおこすべからず。さればとて一*向に余念なかれといふにはあらず。

七二　又云、「従*是西方過十万億仏土《これより西方に十万億《まんのく》の仏土を過ぐ》」といふ事、実《まこと》に十万億の里数を過《すぐ》るにはあらず、衆生の妄執のへだてをさすなり。善導の釈に、「*隔《ツルニ》竹膜《ヲ》即踰《ユ》之《ヲ》千里《ニ》」とおもへり」といへり。たゞ妄執に約して、「過十万億《かじゆうまんのく》」と云《いう》。実には里数を過《すぐ》る事なし。故に経には、「阿*弥陀仏去此不遠《阿弥陀仏ここを去ること遠からず》」と説《とけ》り。衆生の心をさらずといふ意なり。凡《およそ》大乗の仏法は心の外に別の法なし。たゞし聖道は*万法一心とならひ、浄土は*万法南無阿弥陀仏と成ずるなり。万法は無始本有の心徳なり。しかるに、我執の妄法におほはれて、其体《そのたい》あらはれがたし。今、彼の一切衆生の心徳を願

疑　底本は「擬」につくる。
行ずる風情　修行したか否か。
声の風情　音声のよしあし。
聞名欲往生　無量寿経巻下に見える。
我体の念　自力我執の念。
一向に…あらず　法然は、「ヒトスヂニ極楽ヲネガヒ、ヒトスヂニ念仏ヲシテ、コノタビカナラズ生死ヲハナレムトオボスベキナリ」(西方指南抄巻下。消息文一七五頁)といい、余念をまじえず一向に念仏すべきことをすすめているが、源信は、「妄念のうちより申しいだしたる念仏は、濁にしまぬ蓮のごとくにして、決定往生うたがひ有べからず」(横川法語)として妄念を肯定している。したがってここに述べているのは、源信の浄土教的立場を示している。
従是…仏土　阿弥陀経に、「これより西方、十万億仏土を過ぎて世界あり。名づけて極楽と曰ふ」とある。
隔…千里　観経疏序分義に見える。竹膜は竹の中にある膜の意で、極めて薄いものの喩え。
阿弥陀仏…不遠　観経に、「阿弥陀仏、ここを去ること遠からず、汝まさに念を繫いて諦かにかの国を観ずべし」とある。
万法一心　すべての法はただ一心のつくるところ。
万法南無阿弥陀仏　森羅の万法広く、南無阿弥陀仏におさまるの意。

力をもて、南無阿弥陀仏と成ずる時、衆生の心徳は開《ひら》くるなり。されば名号は即《すなわち》心の本分なり。是《これ》を、「去此不遠《ここを去ること遠からず》」ともいひ、「*莫謂西方遠、唯須十念心《謂《い》ふなかれ、西方遠しと。ただ須《もち》ゐよ、十念の心を》」ともいふなり。

七三　又云、まよひも一念なり、さとりも一念なり。*法性《ほっしょう》の都をまよひ出《いで》しも*一念の妄心なれば、まよひを翻《ひるがえ》すも又一念なり。然れば、一念に往生せずは、無量の念にも往生すべからず。故に、「*一声称念罪皆除《一声称念すれば、罪皆除く》」ともいひ、「*一念称得弥陀号、至彼還同法性身《一たび念じて弥陀の号を称へ得ば、彼《かしこ》に至りて還つて法性身に同ぜむ》」とも釈するなり。たゞ南無阿弥陀仏がすなはち生死を離《はなれ》たるものを、これをとなへながら往生せばや〳〵とおもひ居たるは、飯をくひ〳〵ひだるさやむる薬やあるとおもへるがごとしと。これ常の御詞なり。

七四　又云、を《(お)》よそ*一念無上の名号にあひぬる上は、明日《あす》までも生《いき》て要事なし。すなはちとく死なんこそ本意《ほい》なれ。然るに、*娑婆《しゃば》世界に生て居て、念仏をばおほく申さん、*死の事には死なじと思ふ故に、多念の念仏者も臨終をし損ずるなり。仏法には、身命を捨《すて》ずして*証利を得る事なし。仏法にはあたひなし。身命を捨《すつ》るが是《これ》あたひなり。是を*帰命《きみょう》と云《いう》なり。

七五　又云、衣食住の三は三悪道なり。衣裳を求《もとめ》かざるは畜生道《ちくしょうどう》の業《ごう》なり。食物をむさぼりもとむるは餓鬼道《がきどう》の業なり。*住所をかまふるは地獄道の業なり。しかれば、三悪道をはなれんと欲せば、衣食住をはなるべきなり。

莫謂…十念心　彦琮の願往生礼讃偈にある文で、往生礼讃に見える。

法性の都　平等の真如界の意で、浄土を指す。

一念の妄心　往生要集巻中大門第六に、「一念の妄心によりて、生死界に入る」とあり、妄心とは凡夫のけがれた心。

一声称念罪皆除　般舟讃に、「門門不同にして八万四なるは、無明と果と業因とを滅せむが為なり。利剣は即ちこれ弥陀の号なり、一声称念すれば罪皆除く」とある。

一念称得…法性身　法照の五会法事讃に出る。彼は極楽世界を指す。

法性身　法性性身の略で、弥陀の智慧無為法身を指す。

一念無上の名号　歓喜踊躍して一念するとき、必ず無上の功徳を具足して得られる名号。

娑婆世界　浄土の対語で、釈尊化境なるこの世界を指し、煩悩に繋縛されている迷いの世界をいう。

死の事…と思ふ　誰もまぬがれ得ぬ死であるが、念仏申す自分だけは死ぬまいと思うという意。

証利　証験利益の略で、悟りの利益。

帰命　おのが身命を役げだして、仏に帰趣すること。

住所…業なり　住所をかまえることにより地獄道に堕ちる。一遍の時衆は遊行を本体とするために、住所をもつことは制規に背く。

七六　又云、信といふは、まかすとよむなり。他の意《こころ》にまかする故に、人の言《ことば》と書《かけ》り。我等は即《すなわち》法にまかすべきなり。しかれば衣食住の三を、われと求《もとむ》る事なかれ。天運にまかすべきなり。空也上人の云、「＊任《セ》二三業《ヲ》於天運《ニ》一、譲《ルト》二＊四儀《ヲ》於＊菩提《ニ》一」云云。是則《これすなわち》他力に帰したる色なり。＊古湛禅師《こたんぜんじ》の云、「＊煩《わずらわシク》勿《レ》レ＊転《ズルコト》レ破《ヲ》。只任《セヨ》二＊天然《ニ》一」といへり。

七七　又云、本来無一物なれば、諸事にを《(お)》いて＊実有《じちう》我《が》物《もつ》のおもひをなすべからず。一切を捨離《しゃり》すべしと云云。これ常の仰なり。

七八　又云、臨終念仏の事。皆人の死苦病苦に責《せめ》られて、臨終に念仏せでやあらむずらむとおもへるは、是《これ》いはれなき事なり。＊念仏をわが申《もうし》がほに、かねて臨終を疑ふなり。既《すでに》念仏申《もうす》も仏の護念力なり。臨終正念なるも、仏の＊加祐力《かゆうりき》なり。往生にを《(お)》いては、一切の功能《くのう》、皆もて＊仏力・＊法力なり。たゞ今の念仏の外に、臨終の念仏なし。臨終即《そく》平生なり。前念は平生となり、後念《ごねん》は臨終と取《とる》なり。故に、「＊恒願一切臨終時《恒に願はくは、一切臨終の時》」と云《いう》なり。只今、念仏申されぬ者が、臨終にはえ申さぬなり。遠く臨終の沙汰をせずして、能々《よくよく》恒に念仏申《もうす》べきなり。

七九　又云、名号には領《りょう》せらる(る)とも、名号を領すべからず。を《(お)》よそ万法は一心なりといへども、みづからその＊体性《たいしょう》をあらはさず。我目をもて、わが目を見る事を得ず、又木に火の性有《あり》といへども、其火その木をやく事をえざるがごとし。鏡《かがみ》をよすれば、我目をもて我目を見る、これ鏡のちからなり。鏡といふは、衆生本有《ほんぬ》の＊大円鏡智《だいえんきょうち》の鏡、＊諸仏己証《こしょう》の名号なり。しかれば、名号の鏡をもて、本来の面目を見るべし。故に観経には、「如執明《にょしゅうみょう》

任三業…菩提　賞山の播州問答私考鈔には出所未考とあるが、量光の播州問答領解鈔巻十一には空也法語の文であるとしており、この文は空也上人伝にも見える。

四儀　四威儀の略で、行・住・坐・臥をいう。

菩提　悉曇で、道または覚と訳し、さとりの智慧のこと。

古湛禅師　未詳。

煩…天然　禅宗関係の語録にあるかと思われるが、出典は未詳。

転破　破衣を転じ改めること。

天然　身を仏法にまかせて自然のことわりにまかせること。

実有我物のおもひ　確実に自分の物として所有しているという考え。

念仏…申がほ　念仏を自分が申すのだという顔。念仏申すような振り。

加祐力　助け加えたもう力。

仏力　仏の衆生を守護する力。

法力　仏が威神力を衆生に加えたすけて利益をあたえる力。

恒願一切臨終時　往生礼讃の日没礼讃に、「恒に願はくは、一切臨終の時、勝縁勝境悉く現前せむと。願はくは弥陀大悲主・観音・勢至・十方尊を観たてまつらむ」とある。

体性　体は実体、性は体の不変であることをいう。

大円鏡智　五智の一で、真如法性。

諸仏己証　諸仏自らが、さとりを得て名号の真理を証明すること。

鏡自見面像《きょうじけんめんぞう》《明鏡を執《と》りて、自《みずか》ら面像を見るが如し》」と説《とけ》り。又別の火をもて木をやけば、則《すなわち》やけぬ。今の火と木中の火と別体の火にはあらず。然れば万法豊《ゆた》かならず、因縁《いんねん》和合して成ずるなり。其身に仏性《ぶっしょう》の火有《あり》といへども、われと*煩悩の薪《たきぎ》を焼滅《しょうめつ》する事なし。名号の智火のちからをもて焼滅すべきなり。*浄土門に、機を離れて機を摂するといふ名目あり。是をこゝろえ合《あわ》すべきなり。

八〇　又云、名号は諸仏已証《こしょう》の法なり。されば*釈には、「諸仏の覚他が弥陀となる」といへり。

八一　又云、法華《ほっけ》と名号と一体なり。法華は*色法《しきほう》、名号は*心法なり。色心不二なれば、法華すなはち名号なり。故に観経には、「若念仏者是人中芬陀利華《ふんだりけ》《もし念仏せむ者は、これ人中の芬陀利華なり》」ととく。芬陀利華とは蓮花《れんげ》なり。さて法華をば*薩達摩芬陀利経《さつだるまふんだりきょう》といへりと云云。

八二　又云、或人問《とう》ていはく、「*諸行は往生すべきや、いなや。亦、法華と名号といづれか勝《すぐ》れて候」と云々。上人答《こたえ》て云、「諸行も往生せばせよ、せずはせず。又名号は法華にを《(お)》とらばをと《(お)》れ、まさらばまされ。*なまさかしからで、*物いろひを停止《ちょうじ》して、一向に念仏申《もうす》ものを、善導は、「*人中の上々人」と誉《ほめ》たまへり。法華を出世の*本懐《ほんがい》といふも経文《きょうもん》なり。又釈迦の*五濁悪世《ごじょくあくせ》に出世成道するは、この難信の法を説《とか》むが為なりといふも経文なり。機に随《したがっ》て益《やく》あらば、いづれも皆勝法《みなしょうぼう》なり、本懐なり。益《やく》なければ、いづれも劣法なり、仏の本意にあらず。余経余宗があればこそ、此尋《このたずね》は出来《いできた》れ。三宝滅尽《さんぼうめつじん》のときは、いづれの教とか

煩悩の薪　仏性の火に対して、煩悩を薪に喩えたもの。

浄土門…名目あり　ここでいう浄土門とは一遍の師事した聖達の出自した教団である西山派をいい、真実心を「衆生の虚仮ならざる心」にして、「如来より賜つた心」と解するごときをいう。機は衆生、摂するとは救いとるということ。

釈　法然の大原談義聞書抄の第三問答の、「諸仏の無極の大悲は、衆生の迷倒を哀れみ、法蔵の発心を示現す」、および第九問答の、「かの仏、これ諸仏の慈悲の体」という文の意をとったものか。

色法　諺釈巻四に、法華経一部八巻の黄巻赤軸に因み、色ある法というと記している。

心法　自心の本分であるが故に無量寿経をいう。

薩達摩芬陀利経　梵語のサッダルマープンダリーカースートラの音写。↓補

諸行　念仏以外の一切の諸善万行。

なまさかし　こざかしい。

物いろひ　智者ぶって論議すること。

人中の上々人　観経疏散善義に見える。

出世の本懐　智顗の法華文句第四上に、法華は諸仏世尊の出世の本懐であると述べている。

五濁悪世　劫濁・見濁・煩悩濁・衆生濁・命濁のけがれある世界。

対論すべき。念仏の外には物もしらぬ法滅百歳の機になりて、一向に念仏申《もうす》べし。これ無道心の尋《たずね》なり」。

八三　又或人、浄土門の流々の異義を尋申《たずねもうし》て、「いづれにか付《つき》候べき」と云云。上人答《こたえて》云《いわく》、「異義のまち〳〵なる事は、我執の前の事なり。南無阿弥陀仏の名号には義なし。若《もし》義によりて往生する事ならば、尤《もっとも》此尋は有《ある》べし。往生はまたく義によらず、名号によるなり。*法師が勧《すすむ》る名号を信じたるは往生せじと心にはおもふとも、念仏だに申さば往生すべし。いかなる*ゑ《(え)》せ義を口にいふとも、心におもふとも、名号は義によらず、心によらざる法なれば、称すればかならず往生するぞと信じたるなり。たとへば火を物につけんに、心には*なやきそとおもひ、口になやきそといふとも、此詞《このことば》にもよらず、*念力《ねんりき》にもよらず、たゞ火のを《(お)》のれなりの徳として物をやくなり。水の物をぬらすもおなじ事なり。さのごとく名号も、を《(お)》のれなりと往生の功徳《くどく》をもちたれば、義にもよらず、心にもよらず、詞《ことば》にもよらず、となふれば往生するを、他力不思議の行《ぎょう》と信ずるなり」。

八四　又云、*熊野の本地《ほんじ》は弥陀なり。*和光同塵して念仏をすゝめ給はんが為に神と現じ給ふなり。故に証誠殿《しょうじょうでん》と名づけたり。是《これ》念仏を証誠したまふ故なり。阿弥陀経に、「*西方に無量寿仏まします」といふは、能証誠《のうしょうじょう》の弥陀なり。

八五　又云、我法門は熊野権現夢想《むそう》の口伝《くでん》なり。*年来浄土の法門を十二年まで学せしに、すべて意楽《いぎょう》をならひうしなはず。しかるを、熊野参籠の時、御示現にいはく、「心品の*さばくり有《ある》べからず。此心は、よき時もあしき時も、迷《まよい》なる故に、出離《しゆつり》の要とはならず。南無

法師　一遍自身を指す。
ゑせ義　見かけは似ているが、実質の異なっている釈義。邪義。
なやきそ　決して焼いてはならない。
念力　五力(信・勤・念・定・慧)の一で、憶念の力をいう。
熊野の本地　熊野は熊野坐神社(和歌山県東牟婁郡本宮村)、祭神は伊弉冉尊。新宮・那智とをあわせて熊野三山という。本地が阿弥陀仏であることは、私聚百因縁集巻八に、「熊野の証誠権現の本地は阿弥陀仏」といい、諸神本懐集巻上に、「証誠殿は阿弥陀如来の垂迹」と見えるなど、本地弥陀としての信仰があった。
和光同塵　老子経に、「その光を和して、その塵に同ず。これを玄門と謂ふ」といい、仏者が身を仏に仮りて仏・菩薩の威徳の光をやわらげて衆生に近づき、種々の身を示現して化益するをいう。
西方…まします　経には、「これより西方、十万億仏土を過ぎて世界あり、名づけて極楽と曰ふ。其の土に仏あり、阿弥陀仏と号す」とある。
年来浄土…学せしに　一遍が建長四(一二五二)年より弘長三(一二六三)年まで、太宰府の聖達に受学したことを指す。
さばくり　是非善悪を思量し批判すること。善悪の品定め。
法の功能　念仏の名義のもつ功徳。
玄義　観経疏玄義分。

阿弥陀仏が往生するなり」と云云。我此時《われこのとき》より自力の意楽をば捨果《すてはて》たり。是よりして善導の御釈を見るに、一文一句《いちもんいっく》も法の*功能《くのう》ならずと云事《いうこと》なし。*玄義のはじめ、「先勧大衆発願帰《せんかんだいしゅほつがんき》三宝《さんぼう》《先づ大衆に勧《すす》めて、願を発《おこ》して三宝に帰せしむ》」といへるは、南無阿弥陀仏なり。これよりをはりに至《いたる》まで、文々句々《もんもんくく》みな名号なり。

八六　又云、*一代聖教《しょうぎょう》の所詮はたゞ名号なり。其故は、*天台には、「*諸教所讃、多在弥陀《諸教に讃ずるところ、多く弥陀にあり》」と云、善導は、「*是故、諸経中広讃念仏功能《くのう》《この故に、諸経の中に広く念仏の功能を讃ず》」と釈し、観経には、「持是語者、即是持無量寿仏名《この語を持《たも》てとは、即ちこれ無量寿仏の名を持つなり》」と*阿難に附属し、阿弥陀経には、「難信之《なんしんし》法《ほう》《この法、信じ難し》」と*舎利弗《しゃりほつ》に附属し、大経には、「一念無上功徳」と弥勒《みろく》に附属せり。*三経《さんぎょう》ならびに一代の所詮、たゞ念仏にあり。聖教といふは、此念仏を教《おしえ》たるなり。かくのごとくしりなば、万事をすてゝ念仏申《もうす》べき所に、或は学問に*いとまをいれて念仏せず、或は聖教をば執して称名せざるは、いたづらに他の財をかぞふるがごとし。金千両まいらす（る）るといふ*券契《けんけい》をば持《もち》ながら、金をば取《とら》ざるがごとしと。常の仰《おおせ》なりき。

八七　又云、伊予国に*仏阿弥陀仏といふ尼ありき。習ひもせぬ法門を自然《じねん》にいひしなり。常の持言《じごん》にいはく、「*知《しり》てしらざれ、還《かえっ》て愚痴《ぐち》なれ」と。此意《このい》浄土の法門にかなへり。

八八　又云、「*彼仏今現在世成仏、当知、本誓重願不虚《かの仏、いま現に世にましまして成仏したまへり。まさに知るべし、本誓の重願虚《むな》しからず》」といへる。「重願」といふは、かさねたる願とよむなり。おもきとは読《よむ》べからず。「彼仏今現在世成仏当知本誓」といふは、四

一代聖教　釈尊が生涯をかけて説いた教え。
天台　唐の荊渓湛然、天台宗中国の第六祖。
諸教…弥陀　湛然の止観輔行伝弘決巻二の一に見える。
是故…功能　観経疏定善義の文。
阿難　釈尊十大弟子の一で、釈尊の従弟にあたる人。この文によれば付属したのは善導のように受けとられるが、実は仏が阿難・舎利弗・弥勒らに付属したものである。
舎利弗　釈尊十大弟子の一で、智慧第一といわれている。
三経　無量寿経・観無量寿経・阿弥陀経のいわゆる浄土三部経を指す。
いとまをいれて　ひまをつぶして。
券契　割符の証文。契約書。法然の著と伝承されている金剛宝戒秘決章に、「千金を譲るの券契、未得の時において、千金已得の思いを作るが如し。あに、空しき券契をその砂金の体に判ぜむや…その券契をもつて譲得する所、千金とするにはあらず。所謂千金とは券契に云ふが如く賜ふとする也。文をもつて法とし、券契をもつて黄金とす」とある。
仏阿弥陀仏　伝不詳。時衆では通常、尼には房号と弌号、僧には阿弥陀仏号を付与するのを例とする。
知て…愚痴なれ　往生論註巻下に出る。
彼仏…不虚　往生礼讃後序に見える。

十八願なり。「重願不虚」といふは、かさねたる念仏往生の願なり。「一*一願言《一々に願じて言《いわ》く》」と釈するも此意《このこころ》なり。

八九　又云、夢と現《うつつ》とを夢に見たり。〈弘安十一年正月廿一日夜の御夢なり〉種々に変化《へんげ》して*遊行《ゆぎょう》するぞと思ひたるは、夢にて有《あり》けり。覚《さめ》て見れば、少しもこの道*場をばはたらかず、不動なるは本分なりと思ひたれば、これも又夢也けり《またゆめなりけり》。此事、夢も現も共に夢なり。当世の人の悟《さとり》ありと、匉訇《ののしりわめく》はこの分なり。まさしく生死《しょうじ》の夢覚《さめ》ざれば、此悟は夢なるべし。実《まこと》に生死の夢をさまさんずる事は、たゞ南無阿弥陀仏なり。

九〇　又云、菩*提心論にいはく、「遇《テ》レ筏《ニ》達《スレバ》二於彼岸《ノ》一法已《すでニ》応《シ》レ捨《ツ》」と。極楽も、*指方立相《しほうりっそう》の分は、法*已応捨の分なるべし。

九一　又云、「*三業《さんごう》の起行《きぎょう》、皆《みな》念仏」といふ事、礼拝《らいはい》意*念等の体をさ(お)へて、すなはち念仏といふにはあらず。手に念珠《ねんじゅ》をとれば、口に称名せざれども、心にかならず南無阿弥陀仏とうかぶ。身に礼拝すれば、心に必《かならず》名号を思ひ出らる。経をよみ、仏を観想すれば、名号かならずあらはるゝなり。是《これ》を三業即《そく》念仏ともいふ。読誦《どくじゅ》等を五種の正行《しょうぎょう》といふも、よく是《これ》を分別《ふんべつ》すべし。

九二　又云、「*或《ハ》教《ユ》二福慧双《ならベテ》除《クト》レ障《さわりヲ》一」といふは真言《しんごん》なり。「*或《ハ》教《ユ》二禅念坐《シテ》思量《セヨト》一」といふは宗門なり。*静遍《じょうへん》の続選択《ぞくせんちゃく》にかくのごとくあてたり。「*無《シ》レ過《ルハ》三念仏《シテ》往《クニ》二西方《ニ》一」といふは、諸教に念仏はすぐれたりといふなり。他力不思議の故なり。

九三　又云、*当麻《たいま》の曼陀羅《まんだら》の示現《じげん》に云、「日来《ひごろ》の功は功にあらず、徳は徳にあらず」と云

一一願言　観経疏玄義分に見える。
遊行　修行者が諸国をめぐり歩き、法を弘めること。
道場　本尊をまつり、法問し、修行する所。四十八巻伝巻二十四には、「阿弥陀経は其沙汰なけれども、自然に流布して、処々の道場に、みな例時として、毎日かならず阿弥陀経をよみ」とあり、堂塔伽藍を完備した寺院ではない。
菩提心論　竜樹の著で、具名は「金剛頂瑜伽中発阿耨多羅三藐三菩提心論」。真言宗では竜樹造、唐不空訳、天台宗では不空の所集とする。
指方立相　方を指し相を立つるの意。西方の一方を指示して、専ら極楽浄土および阿弥陀仏を観念するをいう。
法已応捨　月を指し示す指の譬で、月の所在がわかれば指はいらない。この迷いの世界を離れて、極楽浄土に往生すれば、指方立相の方便は必要としない。浄土を説くのは、しばらく涅槃の彼岸に到達するまでのことであり、到達してしまえば方便の法はまさに捨つべきであるという意。
三業…皆念仏　西山証空の他筆鈔中の定善義鈔巻三に見える。
意念　心の中で仏を念ずる。
或教福…・或教禅…・無過…　ともに法事讃に見える文。
静遍　京都禅林寺に住した僧。
当麻の曼陀羅　奈良当麻寺所蔵の観経曼荼羅で、原本は中将姫法如が蓮

云。善悪《ぜんなく》の諸法これをもて意得《こころう》べきなり。当体の南無阿弥陀仏の外《ほか》に、前後の沙汰《さた》有《ある》べからず。

九四　又云、「*聖衆荘厳、即現在彼衆、及十方法界同生者是《聖衆荘厳《しようじゆしようごん》とは、即ち現に彼《かしこ》にします衆、及び十方法界《じつぽうほうかい》に同じく生ずる者これなり》」といふ事、名号酬因《みようごうしゆういん》の功徳《くどく》に約する時は、十界の差別《しやべつ》なく、娑婆《しやば》の衆生までも極楽の正報《しようぼう》につらなるなり。妄分に約する時は、*浄穢《じようえ》も各別なり、*生仏《しようぶつ》も差別《しやべつ》するなり。

九五　又云、少分の水を土器《かわらけ》に入《いれ》たらば、則《すなわち》かは《(わ)》くべし。*恒河《ごうが》に入《いり》くはへたらば、一味和合して、ひる事有《ある》べからず。左《さ》のごとく、*命濁中夭《みようじよくちゆうよう》の無常の命《いのち》を、不生不滅の無量寿に帰入《きにゆう》しぬれば、生死ある事なし。*人師《にんじ》の釈にいはく、「花を*五浄によすれば、風日《かぜひ》にもしぼまず。水を*霊河《りようが》に附すれば、*世旱《せかん》にも竭《かる》ることなし」と云云。

九六　又云、名号の外《ほか》には、惣《そう》じてもて我身に功能《くのう》なし。皆誑惑《きようわく》と信ずるなり。念仏の外の余言をば、皆たはごとゝおもふべし。是《これ》常の仰《おおせ》なり。

九七　又云、大地の念仏といふ事は、名号は法界酬因の功徳なれば、法を離れて行《ゆく》べき方《かた》なし。これを「*法界身《ほつかいしん》の弥陀」ともとき、是を、「*十方諸仏国、尽是法王家《十方諸仏の国は、尽《ことごと》くこれ法王の家》」とも釈するなり。

九八　又ある人問《とうて》云、「上人御臨終の後《のち》、御跡《おんあと》をばいかやうに御定め候や」。上人答《こたえて》云、「*法師のあとは、跡なきを跡とす。跡をとゞむるとはいかなる事ぞ。われしらず。世間の人のあとゝは、これ財宝所領なり。*著相《じやくそう》をもて跡とす。故にとがとなる。法師は財宝所領

糸で織ったものと伝えられる。

聖衆荘厳…同生者是　観経疏玄義分。

浄穢　浄土と穢土。浄土は極楽浄土、穢土は三界・六道をいう。

生仏　衆生と仏。

恒河　インドのガンジス河。大河とか大水にたとえたもの。

命濁中夭　命濁は五濁の一、中夭は中途でたおれること。即ち濁世における老少不定のはかない命をいう。

人師の釈　人師とは仏・菩薩の聖者ではないが、他を教導するにたる人。ここでは中国隋代の念仏者道綽をいい、釈はその著「安楽集」を指す。

五浄　インドの仏教神話で説く天上界である五浄居天をいい、この天には風災と日光はないという。

霊河　竜の住んでいる霊妙の河。

世旱　ひでり。

法界身の弥陀　観経に、「諸仏如来はこれ法界身なり」とあり、善導は、「法界と言ふは、これ所化の境、即ち衆生界なり。身と言ふは、これ能化の身、即ち諸仏の身なり」(観経疏定善義)と釈し、更に俊鳳は、「今、諸仏ト云ハ、弥陀ヲ指ス也。三身同証ノ義ヲ顕サント欲ス。故ニ説テ諸仏ト言ナリ」(諺釈巻四)と述べている。

十方諸仏…法王家　往生礼讃の晨朝礼讃にある文。法王とは弥陀を指し、家は、浄土を指す。

法師　一遍。

著相　執着の対象となる物質。

なし。著心をはなる。今、法師が跡とは、一切衆生の念仏する処これなり。南無阿弥陀仏」。

九九　又上人《しょうにん》、空也上人《くうやしょうにん》は吾先達《わがせんだつ》なりとて、彼御詞《かのおことば》を心にそめて口ずさび給ひき。空也の御詞に云《いわく》、「*心ニ無レバ二所縁一、随テ二日ノ暮ルニ一止リ、身ニ無レバ二所住一、随テ二夜ノ明ルニ一去ル、*忍辱ノ衣厚ケレバ、不レ痛二杖木瓦石ヲ一、*慈悲ノ室深ケレバ、不レ聞二罵詈誹謗ヲ一、*信ルレ口ニ三昧ナレバ、市中モ是レ道場、随フレ声ニ見仏ナレバ、*息精即念珠ナリ、夜々待チ二仏ノ来迎ヲ一、朝々喜ブ二最後ノ近ヅクヲ一、任セ二三業ヲ於天運ニ一、譲ル二*四儀ヲ於菩提ニ一《心に所縁なければ、日の暮《く》るに随つて止《とど》まり、身に所住なければ、夜の明くるに随つて去る。忍辱《にんにく》の衣厚《ころもあつ》ければ杖木瓦石《じょうもくがせき》を痛しとせず。慈悲の室深《しつふか》ければ、罵詈誹謗《ばりひほう》を聞かず。口に信《まか》する三昧なれば、市中もこれ道場。声に随ふ見仏なれば、息精《そくしょう》即ち念珠なり。夜々仏の来迎を待ち、朝々最後の近づくを喜ぶ。三業を天運に任せ、四儀を菩提に譲る》」。又云ク、「*求メレ名ヲ領スレバレ衆ヲ身心疲レ、積ミレ功ヲ修スレバレ善ヲ希望多シ、不レ如カ三孤独ニシテ無ニハ二境界一、不レ如カ三称名シテ抛ニハ二万事ヲ一、*間居ノ隠士ハ貧ヲ為レ楽、*禅観ノ幽室ハ静ナルヲ為レ友、*藤衣ノ紙衾ハ是レ浄服、易シテレ求メ更ニ無シト二盗賊ノ怖レ一《名を求め衆を領すれば身心《しんじん》疲れ、功を積み善を修すれば希望《けもう》多し。孤独にして境界なきにはしかず。称名して万事を抛《なげう》つにはしかず。間居の隠士は貧を楽とし、禅観の幽室は静なるを友とす。藤衣・紙の衾はこれ浄服、求め易くして、さらに盗賊の怖《おそ》れなしと》」。上人此等の法語によりて、身命を山野に捨て、居住を風雲にまかせ、機縁に随て徒衆を領し給ふといへども、心に諸縁を遠離《おんり》し、身に*一塵をもたくはへず、*絹帛《けんぱく》の類を膚《はだえ》にふれず、*金銀の具を手に取《とる》事《こと》なく、*酒肉五辛をたちて、*十重の戒珠をみがき給へりと云云。

一〇〇　又上人、筑前国にて、ある武士のやかたにいらせ給ひければ、酒宴の最中にて侍《はべ》りけるに、家主、装束《しょうぞく》ことにひきつくろひ、手あらひ口すゝぎておりむかひ、念仏受《うけ》て又

心無所縁…於菩提　空也上人絵詞伝に見える。

忍辱衣・慈悲室　忍辱の衣とは、はずかしめを忍ぶ心。慈悲の室とは、物をあわれみいつくしむ心。

信口三昧　口にまかせて称える念仏。

息精　出る息、入る息をいう。

四儀　四威儀の略で、行住坐臥の四、これにそれぞれ儀則あって、威徳を損わないのをいう。

求名…盗賊怖　聖絵巻七は、空也が心にそめて口ずさんだ法語であるとしているが、行者用心集は源信のものとし、俊鳳は「空也の語か」として疑問を投げかけている。

間居　閑居と同じ。

禅観　坐禅観法の略。

藤衣紙衾　藤衣はふしかずらで編んだ衣。紙衾は紙製の夜具。

一塵　金銭をいい、金銭を蓄えることは三十捨堕法中の畜銭宝戒により戒められている。

絹帛　絹や錦。絹錦などの類を身につけてならないことは捨堕法中の縣作臥具戒で戒められている。

金銀…取事なく　提宝戒。

酒肉五辛　飲酒・食肉五辛はそれぞれ四十八軽戒中の第二、第三、第四。

十重の戒珠　大乗戒における十種の罪重い戒で殺・盗・淫・妄・酤酒・説過・讃毀・慳・瞋・謗三宝をいう。

依法不依人　行四依・法四依・人四

いふ事もなかりければ、上人たち去《さり》給ふに、俗の云《いう》やうは、「此僧は日本一の誑惑《きようわく》の者哉《ものかな》。なんぞ貴き気色《けしき》ぞ」といひければ、客人の有けるが、「さてはなにとして、念仏をば受給ふぞ」と申せば、「念仏には誑惑なき故なり」とぞいひける。上人の云く、「おほくの人に逢《あい》たりしかども、是ぞまことに念仏信じたるものとおぼへ《(え)》て、余人は皆人を信じて法を信ずる事なきに、此俗は*依法不依人《えほうふえにん》のことはり《(わ)》をしりて、*涅槃《ねはん》の禁戒に相《あい》かなへり。珍《めずら》しき事なり」とて、返々《かえすがえす》ほめ給ひき。

一〇一　*又上人、鎌倉にいたり給ふ時、*故ありて武士かたく制止していれたてまつらず、殊さらに誹謗をなし侍《はべ》りければ、上人云、「法師にすべて要なし。たゞ人に念仏をすゝむるばかりなり。汝等いつまでかながらへて、かくのごとく仏法を毀謗《きほう》すべき。罪業にひかれて*冥途におもむかん時は、念仏にこそたすけられ奉べきに」と。武士、返答もせずして、上人を二杖まで打《うち》奉るに、上人はいためる御気色もなく、「念仏勧進を我いのちとす。然るを、かくのごとくいましめられば、いづれの所へか行《ゆく》べき。こゝにて臨終すべし」と曰へりと云云。

一〇二　*又或人、紫雲たち、華降《はなふり》けるを、疑《うたがい》をなしてとひ奉りければ、上人答云《こたえていわく》、「華の事は華にとへ、紫雲の事は紫雲にとへ、一遍はしらず」と。

一〇三　*又尾州の*甚目寺《じもくじ》にて、七箇日の行法《ぎようぼう》を修し給ひけるに、*供養の力つきて、寺僧等なげきあひければ、上人云、「志《こころざし》あらば幾日なりともとゞまるべし。衆生の信心より感ずれば、其志を受《うく》るばかりなり。されば「*仏法の味を愛楽《あいぎよう》して、*禅三昧を食とす」といへり。

依・説四依の四依のうち、法四依の一。人は情有の仮者であり、法は法性自爾の規範であって、道に入るには法により、人に関係しないということ。

涅槃の禁戒　涅槃とは釈尊の入滅を意味し、禁戒は止悪の戒律。釈尊が入滅にあたり、弟子たちにのこされた教誡をいう。

又上人…　この条は、聖絵巻五の弘安五(一二八二)年三月一日の条に見える。

故ありて…いれたてまつらず　この日、大守が山内に出向したので、武士が道路の往来を制止したことを指している。当時の大守とは、執権北条時宗。事実は、鎌倉での念仏禁断が原因だったらしい。

冥途　冥土ともいい、死後の世界。

又或人…　この条、聖絵巻六に見え、弘安五年三月末、相州片瀬の浜の地蔵堂での出来事とする。

又尾州…　この文は聖絵巻七・絵詞伝巻三に見える。

甚目寺　愛知県海部郡甚目寺町に所在。甚目は古訓ハタメ、後世寺号にもとづきジモクと称している。寺は今、真言宗に属す。

供養の力つきて　真言にかえ、念仏をもってした供養がつきてという意。

仏法…食とす　往生論註に見える文で、往生礼讃の後夜礼讃にも引文されている。

禅三昧　ひたすら坐禅にはげむこと。

もし身のために衣食《えじき》を事とせば、またく衆生利益の門にあらず。しばらく在家にたちむかふは、これ*随類応同の義なり。努々歎《ゆめゆめなげき》たまふ事なかれ。我と七日を満《まん》ずべし」と云云。

一〇四　*又上人は勢至菩薩《せいしぼさつ》の化身にておはしますよし、*唐橋法印《からはしほういん》、霊夢《れいむ》の記を持参《もちまい》られければ、上人云、「念仏こそ詮《せん》にてあれ。勢至ならずは信ずまじきか」といましめたまふ。

一〇五　*又御往生の年の五月の頃、上人云、「*機縁すでにうすくなり、人々教誡をもちひず。生涯いくばくならず、死期《しご》ちかきにあり」と云云。

一〇六　*又御往生の前月十日の朝、阿弥陀経を誦《じゆし》て、御所持の書籍等を手づから焼捨《やきすて》たまひて、「*一代の聖教皆尽《つき》て、南無阿弥陀仏になりはてぬ」と仰《おおせ》られける。

一〇七　*又御往生の前、*最後遺誡の法門をしるさせ給ひて、重《かさね》て示《しめし》て云《いわく》、「わが往生のゝち、*身を海底に投《なぐ》るもの有べし。安心定《あんじんさだま》りなば、なにとあらんとも相違あるべからずといへども、我執尽《つくさ》ずしては、然《しか》るべからざる事なり。受難《うけがた》き仏道の身をむなしく捨《すて》ん事、浅ましき事なり」と云云。

一〇八　*又御往生のまへ、人々最後の法門承《うけたまわ》らんと申《もうし》ければ、上人云、「三業の外の念仏に同ずといへども、たゞ詞《ことば》ばかりにて義理をも意得《こころえ》ず、一念発心もせぬ人どもの為」とて、「*他阿弥陀仏。南無阿弥陀仏はうれしきか」とのたまひければ、他阿弥陀仏落涙し給ふと云云。

一〇九　*又御往生のまへ、〈正応二年八月九日より十日にいたる〉紫雲のたち侍るよしを啓し奉りければ、上人云、「さては今明は臨終の期《ご》にあらざるべし。終焉《しゆうえん》の時はかやうの事はいさゝか

随類応同　仏・菩薩が、衆生の素質や種類に応じ、それぞれにかなった教化をすること。

又上人…　この文、聖絵巻七（弘安七年）および絵詞伝巻三に見える。

唐橋法印　絵詞伝には唐橋法印とするが、聖絵のうち、歓喜光寺本は後筆で唐橋法印印承とし、御影堂本は院恵と記している。

又御往生の年…　この文、聖絵巻十一および絵詞伝巻四の正応二（一二八九）年五月の条に見える。

機縁　時機因縁の略で、仏教の教えを受けるのに適当な素質と状況。

又御往生の前月…　この文、聖絵巻十一の正応二年八月十日の条に見える。

一代の聖教　釈尊や一遍が生涯かけて説いたすべての教え。

又御往生の前…　この文、聖絵巻十一の正応二年八月二日の条に見える。

最後遺誡　語録巻上の最後の御遺誡の条に見える「五蘊の中に衆生をやまする病なし…」（三〇九頁）の文を指す。

身を…有べし　入水往生。一遍入滅のとき、「時衆ならびに結縁衆の中にまへの海に身をなぐるもの七人」（聖絵巻十二）いたという。

又御往生のまへ、人々…　この文、絵詞伝巻四に見える。

他阿弥陀仏　一遍の高弟真教。↓補

又御往生のまへ、紫雲…　この文、

もあるまじき事なり」と。上人常の仰にも、「物もおほらぬ者は、天魔心にて変化《へんげ》に心をうつして、真《まこと》の仏法をば信ぜぬなり。何も詮なし。たゞ南無阿弥陀仏なり」としめし給ひぬ。

一一〇　*又上人云、「わが門*弟子におきては、葬礼の儀式をとゝのふべからず。*野に捨て獣にほどこすべし。但《ただし》*在家の者、結縁のこゝろざしをいたさんをば、いろふにおよばず」。

一一一　*又或人かねて上人の御臨終の事をうかがひたてまつりければ、上人云、「よき武士と*道者とは、死するさまを、あたりにしらせぬ事ぞ。わがをはらんをば、人のしるまじきぞ」と曰《い》ひしに、はたして御臨終、その御詞にたがふ事なかりき。

一遍上人語録巻下終

附　録

*上人わかゝりしとき、御夢に見たまひけるとなん

世をわたりそめて高根のそらの雲たゆるはもとのこゝろなりけり

*熊野権現より夢に授け給ひし神詠

*まじへ行道《ゆく》にないりそくるしきに本《もと》の誓《ちかい》のあとをたづねて

聖絵巻十二に見える。

又上人云…　この文、聖絵巻十二の正応二年八月の一遍荼毘の条に見える。

弟子に…べからず　結縁のために弟子は施主となって葬儀を営んではならないという意。出家者の手により葬儀を禁じたのは、元来屍は、「剡浮提の人は、もし眷属死せば喪を山中に送り、屍を焼きて棄去し、或いは水中に置き、或いは土裏に埋め、或いは空地に著く…北鬱単越の人は、もし眷属死するも送喪せず、焼かず棄てず。鳥ために屍を送り、この鳥は屍を啄み、もつて山外に至つて、便ち噉食す」(立世阿毘曇第六云何品)として、鳥獣に供養するに擬せんとしたものであろう。

野に捨て…べし　葬礼に、火葬・水葬・土葬・林葬の別ある中の林葬。

在家　出家に対する語。家にあって、自ら生計をいとなむ俗士をいう。

又或人…　この文、聖絵巻十二の正応二年八月二十三日臨終の条に見える。

道者　仏道を修行する者。

上人…となん　この歌、聖絵巻一に「彼の輪鼓の時、夢に見給へる歌」として出しており、弘長三(一二六三)年五月父如仏の死を聞き、故国に帰っていたころ作歌したものという。

熊野権現…神詠　この歌、鎌倉期の成立である聖絵や絵詞伝には見えず、

*大隅《おおすみ》正八幡宮より直授《じきじゅ》の神詠

*十《と》こと葉《は》に南無阿みだ仏ととなふればなもあみだ仏に生れこそすれ

*淡路《あわじ》国*しづきと云《いう》所に、*北野の天神《てんじん》を勧請《かんじょう》し奉る社有《やしろあり》けるに、上人をいれ奉らざりければ、忽《たちまち》*社壇より顕《あらわ》し給ひける神詠

世にいづることもまれなる月影にかゝりやすらんみねのうき雲

ただ一遍上人行状にのみ見えている。

まじへ行道　「雑へ行道」の意で、念仏以外の雑行のこと。

大隅正八幡宮…神詠　聖絵巻四および絵詞伝巻一に、建治二(一二七六)年正八幡宮に参詣したとき授かったものとして見える。正八幡宮は、大隅国の一の宮で、現在の鹿児島神宮にあたる。鹿児島県姶良郡隼人町宮内に所在。

十こと葉に　十言葉、すなわち南無阿弥陀仏を十声となえればという意に解しているが、本来は、「十こと葉」ではなく「とこしへに」であったのを、後世十念の意としたものではあるまいか。聖絵や絵詞伝の原文はともに「とことはに」になっている。

淡路国…神詠　聖絵巻十一の正応二年七月の条に見える。

しづき　現在の兵庫県津名郡津名町志筑にあたり、ここに延喜式内社の志筑神社が、志筑字田井にあって、天神と呼称されている。祭神は菅原道真。

北野の天神　京都市上京区馬喰町に所在している北野神社を指す。祭神として菅原道真を祀る。

社壇　社殿。神殿。

播州法語集

播州《(ばんしゆう)》法語集

一　一遍上人播磨《はりま》御渡《おんわた》りの時《とき》、御《ご》法門聞書《ほうもんきゝがき》
弘嶺八幡宮《ひろみねはちまんぐう》にて、*言語道断心行処滅《ごんごだうだんしんぎやうしよめつ》の心を
いはじたゞことばのみちをすぐ〳〵*とひとのこゝろのゆくこともなし

二　或時《あるとき》の仰《おほせ》に曰《いはく》、生死《しやうじ》といふは妄念《まうねん》なり、*妄執煩悩《まうしうぼんなう》は実体《じつたい》なし。然《しかる》を此《（この）》妄執*顚倒《てんだう》の心を本《もと》として、善悪《ぜんあく》を分別《ふんべつ》する念想《ねんさう》を以て、生死を離《はな》れんとする事い*はれなしと、*常《つね》におもふべし。*念は出離《しゆつり》の障《さは》りなり、故《かるがゆへ》に「念即生死《ねんそく》」と釈《しやく》せり。*生死をはなるゝといふは、念をはなるゝをいふなり。心は本《もと》の心ながら生死をはなるゝといふ事、全くいはれなきものなり。

三　或時の仰に云《いはく》、阿弥陀経《あみだきやう》の*一心不乱《いつしんふらん》といふは名号《みやうがう》なり。若《もし》名号の外に心をもとめば、二心*雑乱《ざうらん》といふべし。一心とはいふべからず。されば*称讃浄土経《しようさんじやうどきやう》には、「*慈悲加祐《じひかゆう》、令心《りやう》不乱《慈悲をもて加へ祐《たす》けて、心をして乱れざらしむ》」と説《とけ》り。機《き》が発《おこ》す一*心にはあらず。南無阿弥陀仏。

四　又云、決定《けつぢやう》といふは名号なり。わが身わが心は不*定なり。このゆへ《（ゑ）》に身は無常遷流《むじやうせんる》の形《かたち》なれば、念々生滅《しやうめつ》す。心は妄念なれば虚妄《こまう》なり。頼むべからず。南無阿弥陀仏。

一　語録巻上(三一九頁)に見える。弘嶺八幡宮は、現在姫路市広峰山に鎮座する広峰神社にあたる。
言語道断　言語の道を断つという意で、悟りの境地をいう。
すぐ〳〵　ずんずん。
二　→語録巻下三〇
妄執　迷妄の執着することで、煩悩の意。
顚倒の心　心がさかさまになること。
いはれなし　理由がない。
常におもふべし　この文、語録に見えない。
念　妄念。生死に執着する心。
生死…いふなり　諺釈巻四に、「一切衆生ヲバ名ヅケテ覚トナサズ。本ヨリコノカタ念々相続シテ、未ダ曾ツテ念ヲ離レザルヲモツテノ故ニ、無始ノ無明ト説ク」の意をとったものか、としている。
三　→語録巻下三三
一心不乱　心を一にして乱れることのないこと。阿弥陀経に見える。
雑乱　心にまじりけがあり、乱れること。語録は、「不乱」につくる。
称讃浄土経　唐玄奘訳。一巻あり、つぶさには称讃浄土仏摂受経といい、阿弥陀経の異訳。
慈悲　あわれみ、いつくしみの心。
一心　語録には、一心の上に「妄分の」をおく。
四　→語録巻下二六
不定　不確定。定かでない。

五　又云、三心《さんじん》といふは名号なり。このゆへ《ゑ》に、「*至心信楽《ししんしんげう》、欲生我国《よくしやうがこく》《至心に信楽して、我が国に生ぜむと欲す》」を*称我《しようが》名号と釈せり。故に称名するほかに、三心はなきものなり。たゞ名号の名《な》なり。物の名に松ぞ竹ぞといふがごとし。を《お》のれなりの名なり。

六　又云、名号を念仏といふ事、*意地《いち》の念をよびて、念仏といふにはあらず。

七　又云、「*念声是一《ねんしやうぜいち》」といふ事。念は声《こゑ》の義なり。意《い》念と口称《くしよう》とを混《こん》じて一といふにはあらず。声と念と一体《いったい》なり。一体といふは*南無阿弥陀仏なり、名号の外に念声全くなし。

八　又云、*三界《がい》は*有為《うゐ》無常の境《さかひ》なるゆへ《ゑ》に、一切《いっさい》不定なり、幻化《げんけ》なり。此界の中に常住《ぢう》ならむと思ひ、心安からむとおもふは、たとへば*漫々《まんまん》たる浪《なみ》の上《うへ》に、船《ふね》をゆるがさでを《お》かんとおもへるがごとし。*何としてか常住ならむ、何としてか心のごとくならん。

九　又云、安心《あんじん》といふは南無なり。起行《きぎやう》といふは阿弥陀の三字なり。作業《さごう》といふは仏なり。*しかれば三心・*四修《しゆ》・*五念は、皆以《みなもって》名号なり。

一〇　又云、*摂取不捨《せつしゆふしや》の四字を三縁《ゑん》と釈するなり。摂は親《しん》縁、取は近《ごん》縁、不捨は増《ぞう》上縁なり。

一一　又云、名号に心をいるゝとも、心に名号をいるべからず。飾摩津別時結願《しかまづべつじけちぐはん》の仰に曰、名号は、信《しん》ずるも信ぜざるも、唱《とな》ふれば他力《たりき》不思議《しぎ》の力《ちから》にて往生《わうじやう》す。自力《じりき》我執の心を以て、とかくもてあつかふべからず。極楽《ごくらく》は無我真実《しんじつ》の土《ど》なるゆへ《ゑ》に、我執の心を以て往生せず、名号を以て往生すべし。如来《にょらい》の禁戒《きんかい》を破《やぶ》る尼法師《あまはうし》も、行体《ぎやうたい》をして身《み》を苦《くる》しむる、全く是懺《これさん》悔《げ》にあらず、只自業自得《じごうじとく》の因果《いんぐは》の理《ことはり》ばかりなり。真実の懺悔は、名号他力の懺悔也。故に

五　→語録巻下二
至心…我国　弥陀の第十八願の願文。
称我名号　往生礼讃後序に見える。
六　→語録巻下三
意地の念　意業(心のはたらき)によって弥陀を念想すること。
七　→語録巻下三
念　唱の義。選択集に、「経には十念と云ふ、釈には十声と云ふ。念声の義いかん」の問に「念声はこれ一なり」と答えている。→一〇八頁
南無阿弥陀仏　語録は、「名号」につくり、「名号」以下の語はない。
八　→語録巻下二三
三界　欲界・色界・無色界。
有為　因縁により生じたすべてのもの。
漫々　水を深くたたえているさま。
何として…ならん　語録には、この語なし。
九　→語録巻下二四
しかれば　語録は、「機法一体の南無阿弥陀仏に成ぬれば」につくる。
四修　恭敬・無余・無間・長時。
五念　礼拝・讃嘆・作願・観察・廻向の五門を五念門という。
一〇　→語録巻下二七
摂取不捨　観経に見える。
一一　→語録巻下二七・二九・三八・三九

「*念々称名常懺悔《念々の称名は常の懺悔なり》」と釈せり。自力我執の心を以て懺悔を立べからず。他力称名の行者は、此*穢身《ゑしん》はしばらく穢土《ゑど》にありといへども、心はすでに往生をとげて浄土にあり。此旨《むね》を面《めん》々にふかく信ぜらるべし云《うん》々。

一二　又云、慈悲《じひ》に三種《じゅ》あり。小悲・中悲・大悲なり。大悲といふは*法身《ほっしん》の慈悲なり。いまの*別願成就《べつぐはんじゃうじゅ》の弥陀は、法身の大悲を*ひさげて衆生を度《ど》し給ふ。ゆへ《（ゑ）》に真実にして、むなしからざるなり。是を、「*仏心者《ぶっしんじゃ》大慈悲是《じひぜ》、以無縁慈摂諸衆生《いむえんじせつしょしゅじゃう》《仏心とは大慈悲これなり。無縁の慈をもつて、諸《もろもろ》の衆生を摂す》」と説《とく》なり。

一三　又云、*万法《まんぼう》は無《む》より生じ、煩悩《ぼんなう》は我《が》より生ず。

一四　又云、念仏*三昧《ざんまい》といふこと。三昧といふは見仏《けんぶつ》の義《ぎ》なり。常《つね》の義には*定機《ぢゃうき》は現身《げんしん》見仏、*散機《さんき》は臨終《りんじう》に見仏するゆへ《（ゑ）》に、三昧と名《なつ》くと云々。此義しからず。此見仏は*観仏《くはんぶつ》三昧の分《ぶん》なり。今《いま》念仏三昧といふは、無始本有常住不滅《むしほんうじゃうぢうふめつ》の仏なり。是即《（これすなわち）》真実の見仏、真実の三昧なり。故に念仏を*王三昧《わうざんまい》といふなり。

一五　又云、至誠心《しじゃうしん》は、自力我執の心を捨て、弥陀に帰《き》するを真実の体《たい》とす。其ゆへ《（ゑ）》は*貪《とん》・瞋《じん》・邪《じゃ》・偽《ぎ》・奸《かん》・詐《そ》、百端《ひゃくたん》と釈するは、衆生の*意地《いち》を嫌《きら》ひ捨る也。所以《このゆへ》に*三毒《さんどく》は三業《ごう》の中《なか》には、意地具足《ぐそく》の煩悩《ぼんなう》也。深心《じんしん》は*自身現是罪悪生死凡夫《じしんげんぜざいあくしゃうじぼんぶ》《自身は現にこれ罪悪生死の凡夫》と釈して、煩悩具足の身《み》とおもひしりて、*本願に帰するを体《たい》とす。本願といふは名号なり、しかれば至誠・深心の二心は、衆生の身心《しんじん》の二を捨《すて》て、他力の名号に帰する姿《すがた》なり。廻向《ゑかう》（心）といふは*自力我執の時の諸善《しょぜん》と、名号所具《しょぐ》の善と一味《いちみ》するとき、*能帰所帰《のうきしょき》一体となり

念々…懺悔　般舟讃に見える。
穢身　穢れた身の意で、凡夫を指す。
一二　→語録巻下四〇
法身　真理の教え。
別願　四十八の誓願。
ひさげて　ひっさげて。
仏心…衆生　観経に見える。
一三　→語録巻下六
万法　ここでは諸善と同意。
一四　→語録巻下二四
三昧　心を専注して無念になること。
定機　機は衆生。定善を修する者。
散機　散善を修する衆生。
観仏三昧　仏の相好を心にうかべて修する三昧。
王三昧　念仏三昧が諸三昧中の中心であること。
一五　→語録巻下三
貪・瞋…釈するは　観経疏散善義に、「貪瞋邪偽奸詐百端にして、悪性侵め難き事、蛇蝎に同じきは、三業を起すといへども、名づけて雑毒の善とす」というを指す。
意地　認識作用の根源。
三毒　貪・瞋・痴の三毒煩悩をいう。
自身…凡夫　観経疏散善義に見える。
本願　弥陀の四十八願。
自力我執　自力本意で、利己的執念の深いこと。
能帰所帰　能帰とは帰依する主体、即ち凡夫、所帰とは対象、即ち弥陀。

て、南無阿弥陀仏とあらはるゝなり。此うへは、上の三心は*即施即廃《そくせそくはい》して、独一《どくいち》の南無阿弥陀仏なり。しかれば、三心といふは身命《しんみやう》を捨て、念仏申より外には別の子細《しさい》なし。其身命を捨たる姿は、南無阿弥陀仏是なり。

一六　又云、*唯信罪福《ゆいしんざいふく》の者《もの》は、仏の*五智《ち》をうたがひて、自《みづから》が情《じやう》を以て往生を願《ぐはん》ずるゆへ(ゑ)に、往生しながら華合《けがう》の障《さはり》あり。*六識凡情《しきぼんじやう》を以て、たとひ功徳《くどく》を修《しゆ》し、観念《くはん》を凝《こら》すとも、*能縁《のうゑん》の心虚妄《しんこまう》なれば、所縁《しよゑん》の浄土亦以て実体《じつたい》なし。極楽《ごくらく》は無我真実の土なれば、自力我執の善全く生ぜず。凡夫の意楽《いげう》は迷心顛倒《めいしんてんだう》の至極《しごく》なり。惣《さう》じて意楽を以て往生すべからず、只*弘《ぐ》願《ぐはん》の一行《ぎやう》を以て往生す。然《しかれ》ば凡夫の意楽は流転《るてん》の業《ごう》なり、*畢命為期《ひつみやうゐご》の称名の外に、種々《しゆゞ》の意楽を求《もと》むるは、*真実の仏法をしらざるゆへ(ゑ)に往生すべからず。

一七　又云、往生といふ事、往《わう》といふは*理《り》なり、生《しやう》といふは*智《ち》なり。理智契当《かいたう》するを往生といふなり。

一八　又云、念仏の機《き》に*三品《ぼん》あり。上根《こん》は、妻子《さいし》を帯《たい》し家にありながら、著《ちやく》せずして往生す。中根は、妻子をすつといへども、住所《ぢうしよ》と衣食《ゑじき》とを帯し、著せずして往生す。下根は、万事《ばんじ》を捨離《しやり》して往生す。我等《われら》は下根の者なれば、一切《いつさい》をすてずば、さだめて臨終《りんじう》に諸事《しよじ》に著《ちやく》して、往生を損《そん》ずべきものなり。よく〳〵心に思量《しりやう》すべし。問《とふ》て云《いはく》、「大経の三*輩《ぱい》には上輩を捨家棄欲《しやけきよく》と説《とけ》り。今の御義には相違《さうい》せり、如何《いかん》」。答云《こたへていはく》、「一切の仏法は心品《しんぼん》を沙《さ》汰《た》す、外相《げさう》をいはず。*心品をすて捨家棄欲して、無著《むぢやく》なるを上輩と説《とく》なり」。

一九　又常の仰にいはく、*有心は生死の道《みち》、無心は涅槃《ねはん》の城と云々。生死を離《はな》るゝといふ

即施即廃　念仏に帰さない自力我執の衆生に対しては、名号の深旨を示し、帰依した者には廃捨する。

一六　→語録巻下四三

唯信罪福　罪は悪、福は善の意で、罪悪は悪道におち、善根福徳は善所に生まれることを信じること。

五智　弥陀の智慧を、仏智・不思議智・不可称智・大乗広智・無等無倫最上勝智に分類したもの。

六識　眼耳鼻舌身意の六識。

能縁　万物を観想する側、即ち衆生。

弘願　弥陀の本願。

畢命為期　命のおわるのを最後として。一生涯を約して。

真実の仏法　空無我の理法にかなう教え。

一七　→語録巻下四一

理・智　普遍平等の真理を理、智とは迷いの生死をはなれた名号の法をわきまえる智慧をいう。

一八　→語録巻下四四

三品　念仏者の素質を上根・中根・下根、または上中下の三輩に分かつ。

三輩　浄土に往生する者を念仏行の浅深により分類したもの。

心品　心のはたらき。

一九　→語録巻下六〇

有心　無心の対語で、妄念のこと。

は、心《こゝろ》を離るゝをいふなり。然《しかれ》ば、浄土をば、「*無心領納自然智《りやうなふじねんち》《無心に領納して、自然に智《し》る》」といひ、「*未藉思量一念功《みしやくしりやういちねんごう》《いまだ思量一念の功を藉《か》らず》」とも釈し、或は*無有分別心《分別《ふんべつ》の心あることなし》ともいふなり。分別の念想《さう》の*を《(お)》こりしより以来《このかた》生死なり。されば、「*心は第一の怨《あた》なり。此怨尤悪《あく》たり、此怨能人《よくひと》をしばりて*閻羅所《えんらしよ》にいたらしむ」と云々。

二〇　又云、決定往生《けつぢやうわうぜう》の信*たゝずとて、人毎《ひとごと》になげくは、いはれなき事なり。凡夫の心には決定なし、決定は名号なり。しかれば決定往生の信たゝず共《(とも)》、口に任《まか》せて称名《しよう》せば往生すべきなり。所以《このゆへ》に往生は心品《しんぼん》によらず、名号によりて往生するなり。決定の信心たつて後往生すべしといへば、なを《(ほ)》心品にかへるなり。我心を打捨《うちすて》て一向《いつかう》に名号によりて往生すと心得《こころう》れば、やがて決定の心はおこるなり。是を決定の信たつといふなり。

二一　又云、深心《じんしん》の釈に「*仏の捨《すて》しめ給ふをばすてよ」といふは、「仏」といふは弥陀なり。「捨よ」といふは自力我執なり。さらしむといふは穢土《ゑど》なり、行《ぎやう》ぜしむといふは名号なり。「*順彼仏願故《じゆんひぶつぐはんこ》《かの仏の願に順ずるが故に》」といふは、*弥陀の願なり。

二二　又云、*上《じやう》六品《ほん》の諸善は*他力所成《しよじやう》の善体を説《とき》、*下《げ》三品《さん》は*煩悩賊害《ぼんのうぞくがい》のすがたを説《とく》なり。*世福《せふく》の者《もの》は下品下生なり。其故《そのゆへ》は、「*一明《みやう》*三福以為《いゐ》正因《いん》、*二明九品以為正行《一には三福を明かして、もつて正因とし、二には九品を明かして、もつて正行とす》」と釈して、九品共に正行の善あるべきなり。廻向《かう》心の諸善は、名号所具の諸善と、衆生自力の諸善と、一味に成《なる》とき、随喜《ずいき》するなり。

二三　又云、無量寿《むりやうじゆ》とは、一切衆生の命根《みやうこん》、不生不滅《めつ》にして、常住なるを無量寿といふな

無心…智　往生礼讃に見える。
未藉…一念功　法事讃巻下に見える。
無有分別心　往生礼讃には、「仏の諸の功徳を讃ずるに、分別の心あることなし」とある。
をこりしより以来生死なり　語録は「をこりしより生死は有なり」とする。
心は…いたらしむ　正法念経巻六に見え、往生要集巻上大門第一に引用している。
閻羅　閻魔羅社の略で、閻魔王のこと。
二〇　→語録巻下二五
信たゝず　信心が欠けている。
二一　→語録巻下九
仏の…すてよ、順彼仏願故　ともに観経疏散善義に見える。
弥陀の願　阿弥陀仏の第十八願。
二二　→語録巻下二
上六品　九品中の上品と中品をいう。
他力所成の善体　他力の念仏により往生すべき衆生の修する善根。
下三品　下上品・下中品・下下品。
煩悩賊害　煩悩のためさいなまれること。
世福の者　世間の道徳を修めた者。
一明…為正行　観経疏散善義の文。
三福　世福・戒福・行福。
九品　観経には上中下三輩に、おのおの上中下の三品が開かれている。
二三　→語録巻下四六
西方…無量寿仏　阿弥陀経に、「西

り。是則《すなはち》所讃《さん》の法なり。「*西方《さいはう》有無量寿仏《西方に無量寿仏あり》」といふは、*能讃《のうさん》の仏なり。諸仏同道《しょぶつどうだう》の仏なり*。

二四　又云、至誠《しじやう》心を真実といふ事、*菅三品《かんさんぼん》の云《いはく》、「ものをよむに、事のやうによりて、訓《くん》によむ事あり、訓によまざる事もあり」。「至*といふは真なり、誠といふは実なり」と釈したるゆへ《(ゑ)》に、至誠心をば訓にかゝりてはよむべからず。只、真実と名《なづく》るなり。是則《(これすなわち)》弥陀を真実といふ意なり。我*妄分《まうぶん》の心よりおこす真実の心にはあらず。*凡情《ぼんじやう》を以て*識量《しきりやう》する法は、惣《さう》じて皆まことなし。所以《このゆへ》に*能縁《のうゑん》の心《しん》はさながら、虚妄《こまう》不真実のゆへ《(ゑ)》なり。かるがゆへに、名号ばかりを真実といふ。ゆへ《(ゑ)》に名号を「不*可思議功徳《かしぎくどく》」とも説《とき》、「真実*」とも説《とく》なり。*理趣経《りしゆきやう》の首題《しゆだい》に云、大楽《らく》〈大日〉金剛《こんがう》〈阿閦〉不空《ふくう》〈宝生*〉真実〈弥陀〉三摩耶経《さんまやきやう》〈不空成就〉と題せり。然《(しから)》ば至誠心を真実心といふは、本より真実といふは弥陀の名号なり。只弥陀他力成就の名号なり。

二五　又云、念仏三昧とは無色《しき》無形《ぎやう》不可得《かとく》の法なり。功能《くのう》なし。名号は能成《のうじやう》の法なり。万法《まんぼう》は所成の法なり。故に「法は即三賢《げん》*・十地《ち》の万行《ぎやう》の智恵を薫《くん》成す」と釈せり。弥陀の色相荘厳《さうしやうごん》のかざり、皆以て万善円満《ゑんまん》の形《かたち》也。極楽の依《ゑ》*正二報《ほう》は万法の形なり。来迎《らいがう》の仏体《ぶつたい》も万善円満の仏なり。往生する機も万善*なり。万善の外に十方衆生なし。「一*坐《ざ》無移亦不《むいやく》動《どう》《一《ひと》たび坐して移ることなく、また動かず》」とは、念仏三昧、即弥陀なり、彼此《ひし》往来《わうらい》なし。無来無去《むらいむこ》不可思議不可得《来るなく、去るなく、不可思議・不可得》の法なり。いかにも来迎のすがたは万善の方《はう》*なり。諸*行往生といふは実なり。諸行の外に機なし。故に往生は機こそ

方世界に無量寿仏まします」と説く。

能讃の仏　十劫の昔、悟りを得て無量寿仏となった本来的な仏。

なり　語録は、「なるが故なり」に作る。

二四　↓語録巻下五

菅三品　菅原三位文時。

至といふは…実なり　観経疏散善義。

妄分の心　貪瞋邪偽奸詐百端の心。

凡情　凡夫の情量の意で、凡夫のはからいをいう。

識量　おしはかる。

能縁の心　法の主観である凡夫の心。

不可思議功徳　称讃浄土経に「無量寿仏の不可思議功徳の名号」とある。

真実　無量寿経巻上に見える語。

理趣経の首題に…　空海撰の理趣経開題に、「大楽とは大日如来、金剛とは阿閦如来、不空とは宝生如来、真実とは無量寿如来、三摩耶とは不空成就如来、経とは仏法海の名なり」とある。

宝生　底本「宝性」。

二五　↓語録巻下五四

三賢・十地　三賢とは十住・十行・十廻向の三位の菩薩、十地は十聖ともいい、悟りの段階による賢聖の区別。

依正二報　依報は浄土、正報は仏。

万善　諸善。

一坐…不動　法事讃巻下に見える。

方　語録は、「法」につくる。

諸行　念仏以外のもろもろの行。

すれ。但し諸行を本願といふは、*惣じて子細をしらざるものゝいふことにてあるなり。*六字をしばらく*機《き》・法《ほう》・覚《かく》の三字に開《かい》して、終《つゐ》に三重《ちう》が一体となるなり。然《しかれ》ば、名号の外に能帰《のうき》の衆生もなく、所帰の法もなく、能覚の人もなきなり。是則《すなわち》、自力他力を絶《ぜつ》し、機法を絶する所を、南無阿弥陀仏といへり。火は薪《たきゞ》を焼《やき》、薪尽《つく》れば火も滅するなり、機情《きじやう》尽れば法は*息《そく》するなり。然《しかれ》ば*金剛宝戒章《こんがうほうかいしやう》といふ文《もん》には、「南無阿弥陀仏の中には機もなく法もなし」といへり。いかにも機法を立《たて》、迷悟《めいご》をを(お)かば*病薬対治《びやうやくたいぢ》の法にして、真実至極の法体《ほったい》にあらず。迷悟・機法を絶し、自力他力のうせたるを、不可思議の名号とはいふなり。

二七　又云、南無阿弥陀仏を*心得て、往生すべきやうに皆人おもへり。はなはだいはれなきものなり。六識の*凡情を以て思量すべき法にはあらず。但領解《たゞしりやうげ》すといふは、領解すべからざる法と心得るばかりなり。故に善導《ぜんだう》は、「*三賢《げん》十聖弗測所窺《しやうほつしきしよき》《三賢・十聖も、測りて窺ふ所にあらず》」と釈し給へり。

二八　又、*十方・三世の諸仏は、不可思議の功徳と*同心に讃嘆《さんだん》したまへり。大経には、「*諸《しよ》仏光明所不《ぶっくはうみやうしよふ》能及《のうぎう》《諸仏の光明も及ぶ能はざる所なり》」と説けり。光明は智相《ちさう》なり、然《しかれ》ば諸仏の深《じん》智の所《ところ》レ不《ざる》レ能《あたは》レ及《およぶこと》なり。況《いはんや》、凡夫の妄智《まうち》妄識《まうしき》を以て思量せんや。只、仰《あふぎ》て称名するより外に、意楽《いげう》の智恵を求むべからず。

二九　又云、往生は*初《しよ》一念なり、最《さい》初一念といふも、尚機《なをき》に付ていふなり。南無阿弥陀仏は本より往生なり。往生といふは*無生なり。此法にあへる所をしばらく一念とはいふなり。

惣じて　語録は、「無下に法の」につくる。
二六　↓語録巻下四九
六字　南無阿弥陀仏の六字の名号。
機・法・覚　機は衆生、法は真理、覚は真理を悟り迷いから覚めたもの。
息する　はたらきをやめて休息する。
金剛宝戒章　法然の著述と伝え、訓授・釈義・秘決の三章よりなり、撰名に、「天台黒谷沙門源空草」とある。↓三三三頁注
病薬対治　病に応じて薬をあたえること、即ち方便の法をいう。
二七　↓語録巻下四七
心得て　意義を知って。
凡情　凡夫の妄心。
三賢十聖　四十一位に分けると、十住・十行・十廻向・十地を経て妙覚(仏)に達するが、五十二位に分ける場合は、十住を十信・十住、十地を十地と等覚に分ける。
二八　↓語録巻下四八
十方・三世　十方とは東西南北四維上下、三世とは過去・現在・未来。
同心に　語録にはこの語なし。
諸仏…不能及　無量寿経巻上に見える。
二九　↓語録巻下五三
初一念　初めの一声の念仏によって信心が決定することをいう。
無生　生滅をはなれること。

*三世裁断《さいだん》の名号に帰入《きにう》しぬれば、無始《し》無終《じう》の往生なり。臨終平生《りんじうへいぜい》と分別《ふんべつ》するも、妄分《まうぶん》の機に付ていふ*なり。南無阿弥陀仏には、臨終なし、平生なし。三世常恒《じやうごう》の法なり。出息入息《しゆつそくにつそく》をまたざるゆへ(ゑ)に、*当体《たうたい》の一念を臨終と定《さだ》むる也。然ば念々臨終なり、念々往生なり。故に「*廻心念々生安楽《心を廻らして、念々に安楽に生ず》」と釈せり。凡《をよそ》仏法は、当体《たうたい》の一念の外には談《だん》ぜざるなり。故に三世即《すなはち》一念なり。

三〇 又云、*一念・十念も本願にあらず。*善導の釈ばかりを以ては猶(なお)心得られず。*文殊《もんじゆ》、法照《はつせう》に授《さずけ》ての給はく、「経に一念・十念の文ありといへども、念仏往生を可レ仰《べしあふぐ》」と云々。*名号の処は一念・十念といふかず念仏といふは南無阿弥陀仏なり。本より則《すなはち》往生なり。名号の処は一念・十念といふかずはなきものなり。

三一 又云、仏阿弥陀仏といふ尼《あま》、伊予《いよ》の国《くに》にあり。習《ならひ》もせぬ法門《ほうもん》を自然《じねん》にいひしなり。常の*ちかひにいはく、「*知てしらざれ、かへりて愚痴《ぐち》になれ」と云々。此心、浄土の法門にかなへり。

三二 又云、熊野《くまの》の本地《ち》は弥陀なり。*和光同塵《わくはうどうぢん》して念仏をすゝめ給はん為に神《かみ》と現《げん》じ給(たもう)なり。故に証誠殿《しようじやうでん》と名けたり。是念仏を証誠し給ふなり。阿弥陀経に、「西方有無量寿仏《さいはうう むりやうじゆぶつ》《西方に無量寿仏まします》」とは、能《のう》証誠の弥陀なり。

三三 又云、「彼仏今現在世成仏《ひぶつこんげんざいせじやうぶつ》、当知《たうち》、本誓重願不虚《ほんぜいぢうぐはんふこ》《かの仏、いま現に世にましまして成仏したまへり。まさに知るべし、本誓の重願虚《むな》しからず》」とは、「重願」といふは、かさねたる願とよむなり、おもしとはよむべからず。「彼仏今現在世成仏当知本誓」といふは、本《もと》の四

三世裁断 過去・現在・未来の流れをたちきること。
いふ 語録巻下は、「談ずる法門」につくる。
当体 ありのままの。本性の。
廻心…安楽 般舟讃に見える。
三〇 ↓語録巻下五一
一念…あらず 念仏は弥陀の誓った本願であるが、一念・十念は本願ではないという意。
善導の釈 観経疏玄義分に、「上一形を尽し下十念に至るまで仏願力をもつて、皆往かざるといふことなかれ」といい、往生礼讃後序に、「阿弥陀仏を称念すること、もしは七日より一日に及び、下十声乃至一声一念等に至るまで」といっているのを指す。
文殊…の給はく 仏祖統記巻二十六に、「もろもろの修行門は念仏にしくはなし。阿弥陀仏の願力は思ひ難し。汝まさに念を繫けて、決して往生を取るべし」とある。
名号…ものなり 一念・十念は機についていうことで、法についていうのではないという意。
三一 ↓語録巻下八七
ちかひ 語録は、「持言」につくる。
知て…になれ 往生論註巻下に見える。
三二 ↓語録巻下八四
和光同塵 一切衆生と結縁すること。
三三 ↓語録巻下八八

十八願なり。「重願不虚」と云は、*法蔵自誓《ほうざうじせい》のかさねたる願なり。

三四　又云、弘安《こうあん》十一年正月廿一日の夜《よ》、夢《ゆめ》を御覧《ごらん》じて上人語《かたり》て云《いはく》、夢とうつゝとを夢に見たり。そのゆへ《(ゑ)》は種々《しゆぐ》に変化《へんげ》して遊行《ゆぎやう》するとおもひたれば夢にてありけり。さめて見たれば、すこしも*此道場《だうぢやう》をばはたらかず、不動《ふどう》なるは*本分《ほんぶん》なりと夢に見たり。此事《(このこと)》夢も現《うつゝ》もともに夢なり。当世《たうせ》の人のさとりありと、のゝしるはこの分なり。まさしき*生死の夢さめざれば、かのさとりは夢なるべし。誠《まこと》に生死の夢をさまさんずる事は、たゞ南無阿弥陀仏なり。悟《さとり》あらんと思はん人はたゞ念仏すべし。

三五　又云、*中路《ちうろ》の白道《びやくだう》は南無阿弥陀仏なり。水火《すいくは》の二河《が》はわがこゝろなり。二河におか《(を)》されぬは名号なり。

三六　又云、*無《む》心寂静《しんじやくじやう》なるを仏と云。意楽《いげう》をおこすをば仏といはず、意楽は妄執《まうしう》なりと云々。此風情《ふぜい》、常の仰なり。

三七　又云、我法門《わがほうもん》は熊野《くまの》の御夢想《ごむさう》の口伝《くでん》なり。年来《ねんらい》浄土の法門を*十一年まで学《がく》せしに、惣《さう》じて意楽《いげう》を習《なら》ひ失《うし》なはず。然《しかる》を熊野参籠《さんろう》のとき、御示現《ごじげん》に云、「心品《しんぼん》のさばくりあるべからず。此心はよき時もあしき時も、まよひなるゆへ《(ゑ)》に、出離《しゆつり》の要《よう》とはならず。南無阿弥陀仏が往生する也」と云々。われ此時より自力の意楽をばすてたり。是よりして善導《ぜんだう》の釈を見るに、一文《もん》一句《く》も法《ほう》の功能《くのう》ならずといふ事なし。*玄義《げんぎ》のはじめに、「*先勧大衆発願帰三宝《せんくはんだいしゆほつぐはんきさんぼう》《先づ大衆に勧めて、願を発《おこ》して三宝に帰せしむ》」と云《いふ》は南無阿弥陀仏なり。是よりおはり《(を)》にいたるまで、文々句々《もんもんくく》皆名号なり。

法蔵自誓のかさねたる　語録は「かさねたる念仏往生の」に作る。

三四　→語録巻下八九

道場　本尊をまつり、修行する所で、僧尼令には否定しているが、初期浄土教の教法宣布の場所は、多くこのような型態をとっていた。

本分　自己の本分をいう。

生死の夢…夢なるべし　円覚経に、「初めて知る、衆生本来成仏なることを。生死涅槃はなほし昨夢の如し」とある。

三五　→語録巻下三

中路の白道　二河白道の喩で、火の河と水の河の間にかかっている一本の清浄な道。火の河は衆生の貪愛、水の河は瞋憎、白道は衆生の願往生の信心にたとえたもの。

三六　→語録巻下四三

無心…仏と云　起信論義記に、「仏は無を得、衆生は有念なり」とある。

三七　→語録巻下八五

十一年　語録は、「十二年」につくる。

玄義　観経疏玄義分。

先勧…帰三宝　時衆制誡の注によれば、発願帰三宝とは阿弥陀仏に帰命すること。三宝は阿弥陀仏の名義功徳、阿弥陀は無量寿の法。

三八　又云、*有後心《うごしん》・無後心《むごしん》といふ事あり。当体の一念の外に所期《しよご》なきを無後心といふ。所詮《しよせん》先《まつ》心のまち〳〵なるを失ふべきなりと云々。此風情《ふぜい》、日々夜々《にちくやく》の仰なり。

三九　又云、自力のとき我《が》執憍慢《しうきやうまん》の心はおこるなり。其故はわがごとく心得、わがごとく*行じて生死《しやうじ》を離るべしとおもふゆへ（ゑ）に、智恵もすゝみ行*もすゝめば、われ程の*智者《ちしや》、われ程の*行者《ぎやうじや》はあるまじと思ふ（う）て、身をあげ人をくだすなり。他力称名に帰しぬれば、憍慢*なく*卑下《ひげ》なし。其故は、身心を放下《はうげ》して無我無人《むがむにん》の法《ほう》に帰しぬれば、自他彼此《じたひし》の人我《にんが》なし。田夫野人《でんぶやじん》・尼入道《あまにうだう》・愚痴《ぐち》・無智《むち》までも平等《びやうどう》に往生する法なれば、他力の行といふなり。般《はん》舟讃《じゆさん》に云、「三業起行多憍慢《ごうきぎやうたきやうまん》《三業の起行は憍慢多し》」とは、自力の行なり。「但発無上菩《たんはつむじやうぼ》提《だい》心《しん》、廻《ゑ》心念々生安楽《しんねん〳〵しやうあんらく》《但《ただ》、無上菩提の心を発し、心を廻《めぐ》らして念々に安楽に生ぜよ》」と云は、*三業をすゝむるなり。自力の行は憍慢多《おほ》ければ、三心をおこせとすゝむるなり。

四〇　又云、漢土《かんど》に*径山寺《きんざんじ》と云山寺《やまでら》あり、禅《ぜん》の寺也。由良《ゆら》の心地房《しんじばう》は此頌《じゆ》の文《もん》を以て法を得たりと云々。梺《ふもと》の卒都婆《そとば》の銘《めい》にいはく、「*念《ねん》の起《おこ》るは是病《これやまひ》也、不《ざる》レ続《つが》は是薬《くすり》なり」と云々。

四一　又云、浄土を立るは*欣慕《ごんぼ》の心を生じ、願往生《ぐはんわうじやう》の心をすゝめんが為なり。欣慕の心を勧《すゝむ》る事は、所詮、称名の為なり。しかれば深《じん》心には、「*使人《しにん》欣慕《人をして欣慕せしむ》」と釈せり。浄土のめでたきありさまをきくにつけて、願往生の心はおこるべきなり。此心おこりぬれば、必《かならず》名号称せらるゝなり。されば、願往生のこゝろは、名号に帰するまでの初発《しよほつ》の心なり。此こゝろは六識分別の妄心なるゆへ（ゑ）に、彼土《かのど》の修因《しゆいん》にあらず。名号の位《くらゐ》ばかり往生するなり、故に他力*往生といふ。打《うち》まかせて人のおもへるは、わがよくねがひの

三八　↓語録巻下五三

有後心・無後心　有後心は有間心とも いい雑念ある心、無後心は無間心といい、まじりけのない純粋な一心。

三九　↓語録巻下三二

行　修行の略。

智者・行者　智者は知識学問ある者、行者は仏道を修行する者。

憍慢　自慢して、他者を軽蔑すること。

卑下　卑下慢の略で、謙遜して、かえってそれをたのみに慢ずる煩悩。

三業　語録は三心につくる。三業は身業・口業・意業をいうが、ここは、三心が正しい。

四〇　↓語録巻下三三

径山寺　中国華東区浙江省の径山にある興聖万寿寺を指し、この寺は唐の天宝初年、臨海の令呉貞が道欽のために建立したもの。

念の起…薬なり　銘文には、「蔡華然らず。花いかんと問ふ。則ち言ふ。念の起るはいづれの病、続けざるはいづれの薬。雁長空を過ぎ、影万水に浮ぶ」とある。

四一　↓語録巻下八

欣慕の心　浄土を欣求する心。

使人欣慕　観経疏散善義に、「定散二善を説いて、かの仏の依正二報を証讃して、人をして欣慕せしめたまはむことを」とある。

他力往生　弥陀の願力に乗じて浄土に往生すること。

志《こゝろざし》が切《せつ》なれば、往生すべしとおもへり。

四二　又云、*行者の待《まつ》によりて、仏は来迎し給ふとおもへり。たとひまちえたらんとも、三界《がい》の中《うち》の事なるべし。称名の位が実の来迎なり。称名即来迎としりぬれば、決定あるべき来迎なれば、かへってまたるゝなり。凡《(およそ)》名号の外は、皆幻化《げんけ》の法なるべし。*又、一切頼むべからず。一切真実といふは南無阿弥陀仏なり。たとひ往生を願ふ志切なりとも、名号を称せずんば往生すべからず。いはゆる*名号所具の万法《まんぼう》としりぬれば、皆真実の功徳なり。是も功徳の当体、その分々に真実なるにはあらず、となへらるゝ名号に成ぜらるれば、ともに真実となるなり。功徳といふとも出離の要道《ようだう》にはあらず、*福業《ふくごう》とはなるなり。かるがゆへ《(ゑ)》に、観経《くはんぎやう》には万法をつかねて、三福業と説けり。正因正行といふ時は、*名号正因に引助けられて、雑《ざう》行と嫌《きら》ふも正行となりて、名号と一味する也。*名号正因の道理によると云々。

四三　又云、大経に、「住空無相無願三昧《ちうくうむさうむぐはんざんまい》《空・無相・無願の三昧に住す》」と説けり。是則《(すなわち)》名号なり。我等は*無相離念《りねん》の観法《ぼう》をも不《ず》ㇾ成《なさ》、*自性《じしやう》無念の覚《さとり》も不ㇾ成。*底下愚縛《ていげぐばく》の凡夫《ぼんぶ》は、*身心を放下《はうげ》して、唯《たゞ》本願を頼て一向称名すれば、是則《(すなわち)》自性無念の観法なり。無相離念のさとりなり。是を観経には、「廓然大悟得無生忍《くはくねんだいごとくむしやうにん》《廓然として大悟して無生忍を得たり》」と説けり。名号に帰しぬれば、功徳として*成就《じやうじゆ》せずといふ事なし。是を*無上功徳といひ、是を*他力の称名、万行の情本《じやうほん》、諸仏己証《しよぶつこしよう》といへり。

四四　又云、称名の外に見仏《けんぶつ》を求むべからず。称名即真実の見仏なり。*肉眼《にくげん》を以て見る所

四二　→語録巻下五五・五六
行者の待によりて　行者が凡情をもって待つことにより。
又、一切頼む…往生すべからず　語録にはこの文なし。
名号所具の万法　念仏以外の諸善万行も名号のそなわった万善であるという意。
福業　幸福をもたらすおこない。
名号正因…正行となりて　語録にはこの文なし。
名号正因…と云々　語録になし。
四三　→語録巻下五七
無相離念　心(妄念)を遠離して相(形象)のないこと。はじめから形象あるものではなく、心を離れたものであるという意。
自性無念　自性清浄にして本来妄念のないこと。
底下愚縛　どん底にうごめいている愚かなもの。
身心を放下　身心ともに投げ出して名号にうちこむこと。
成就せずといふ事　語録には、「不足」につくる。
無上功徳　この上なき功徳の意で、往生決定という大利益。
他力の…といへり　語録は、「他力の行といふなり」につくる。
四四　→語録巻下三五
肉眼　心眼に対する語で、煩悩具足の凡夫の眼をいう。

の仏は、実《まこと》の仏にあらず。われら当体《たうたい》の眼《まなこ》に仏を見るは、魔《ま》としるべし。但し夢に見るにまことなる事あり、このゆへ《（ゑ）》に夢は六識が亡《まう》じて、*無分別《むふんべつ》の位にみる故なり。故に経*には「夢定《むじやう》」と説《とけ》り。

四五　又云、善悪《ぜんなく》の二道《だう》は*機《き》の品なり、*顚倒虚仮《てんだうこけ》の法なり。名号は善悪の二機を摂《せつ》する真実の法なり。*皆人善悪にとゞまりて、真実南無阿弥陀仏を決定往生と信ずる人まれなり。

四六　又云、一代聖教《しやうげう》の所詮は、唯《たゞ》名号なり。其ゆへ《（ゑ）》は*天台《てんだい》には、「諸教所讃《しよげうしよさん》、多在弥陀《たざいみだ》《諸教に讃ずるところ、多く弥陀にあり》」と云、善導《ぜんだう》は、「*是故諸経中処々広讃念仏功能《ぜこしよぎやうちうしよくくはうさんねんぶつくのう》《この故に、諸経の中に処々に広く念仏の功能を讃ず》」と釈し、観経《くはんぎやう》には、「持是語者即是持無量寿仏名《じぜごしやそくぜぢむりやうじゆぶつみやう》《この語を持てとは、即ちこれ無量寿仏の名を持つなり》」と*阿難《あなん》に付属《ふぞく》し、阿弥陀経には、「難信此法《なんしんしほう》《この法、信じ難し》」と舎利弗《しやりほつ》に付属し、大経には、「一念無上功徳」と弥勒《みろく》に付属せり。三経幷《（ならび）》に一代の所詮《しよせん》、唯《たゞ》在《あり》二念仏《ねんぶつに》一。聖教といふは、此念仏をしへたるなり。かくのごとくしりなば、万事《ばんじ》をすてゝ念仏すべき所に、あるひ《（い）》は学問《がくもん》にいとまをいれて念仏申さず、或は聖教を執《しつ》して称名せざるは、*いたづらに他の財《たから》をかぞふるがごとし。金千両まい《（ゐ）》らすといふ券契《けんかい》をもちて金を取ざるがごとし。常の仰せなり。

四七　又云、罪功徳《ざいくどく》といふ事、凡夫浅智のもの全く分別《ふんべつ》すべからず。*空也《くうや》の釈に云、「智者の逆罪《ぎやくざい》は変《へん》じて成仏《じやうぶつ》の直道《（じきどう）》となり、愚者の勤行は*一念もあやまれば三途の因となる」と云々。しかれば愚者は功徳とおもふとも、智者の前には罪なり。愚者は罪と思へども、智者の前には功徳なり。凡《（およそ）》微々細々なり。われら愚痴《ぐち》の身《み》、争《いかで》か分別《ふんべつ》すべきや。何況《いかにいはんや》、善悪

無分別の位　何のはからいもなく、無我無心である位。

経　語録には釈とある。夢定の語は観経疏定善義に見える語であるから釈が正しい。

四五　→語録巻下五九

機の品　衆生の質。

顚倒虚仮の法　善道も顚倒の善果、悪道も虚妄の悪果であること。

皆人善悪…まれなり　語録になし。

四六　→語録巻下八六

天台　唐の荊渓湛然を指し、以下の文は、その著「止観輔行伝弘決」巻二に見える。

是故…功能　観経疏定善義に見える。

阿難に付属　仏が阿難に付属する意。

いたづらに…ごとし　六十華厳に、「譬へば貧窮の人の日夜に他の宝を数へて、自ら半銭の分なきが如し」とある。

四七　→語録巻下五六

空也　市聖（いちのひじり）と呼ばれ、平安朝時代六波羅蜜寺を中心に念仏をすすめた聖で、釈については、播州問答私考鈔巻四は、「発心求道集に出づるか」としている。

一念も　語録にはなし。

の二道は共に出離《しゆつり》の要道《ようだう》にあらず。只罪《つみ》をつくれば重苦《ちうく》を受《(うけ)》、功徳をつくらば善所に生ずるゆへ《(ゑ)》に、止《し》悪修善《あくしゆぜん》を教《をしふ》るばかりなり。しかれば善導は、「*罪福《ざいふく》の多少《たせう》を不《ず》レ問《とは》」と釈せり。所詮《しよせん》、罪功徳《ざいくどく》の沙汰《さた》をせずして、なまさがしき智恵を打捨て、身命をおし《(を)》まず、偏《ひとへ》に称名するより外は、余《よ》の沙汰あるべからず。*身命をすつるといふは、南無阿弥陀仏が*自性自然《じしやうじねん》に身命を捨《(すて)》、三界をはなるすがたなり。

四八　又云、仏法を修行するに、近対治《ごんたいぢ》・遠対治《をんたいぢ》といふ事あり。近対治といふは、臨終正《りんじやう》念にして妄《まう》念を翻《ひるがへ》し、一心不乱《らん》なるをいへり。遠対治といふは、*道心者《だうしんじや》は兼《かね》て悪縁《あくゑん》を一もなくすつるなり。臨終に始てすつる事はかなはず。*平生の作法《さほう》が必《かならず》臨終に現起するなり。かるがゆへ《(ゑ)》に善導は、*忽爾無常苦来逼《こつにむじやうくらいひつ》、精神錯乱始《しやうしんしやくらんし》*驚忙《きやうまう》、*万事平生皆捨離《ばんじへいぜいかいしやり》、専心発願向《せんしんほつぐはんかう》*西方《さいはう》《忽爾に無常の苦来逼すれば、精神錯乱して始めて驚忙す。万事平生皆《みな》捨離して、専心に発願して西方に向へ》と釈せり。

厭苦《ゑんく》といふは、苦楽《くらく》共に厭捨《いとひすつる》なり。苦楽の中には、苦は捨《(すて)》やすけれども、楽をばえすてぬなり。楽を捨《(すつ)》るを厭苦の体とす。所以《このゆへ》に楽の外に苦は全くなきなり。然《(しかれ)》ば善導は、「*是楽といへども、然《(しかる)》に是大苦なり。一念も真実《しんじつ》の楽ある事なし」と釈せり。或ハ「*惣ジテ勧ム、厭ヘト二此ノ人天ノ楽ヲ一」釈せり。楽の外に苦はなし、故に楽をいとふを厭苦といふなり。

四九　又云、法華《ほつけ》と名号とは一体なり。法華は*色法《しきほう》、名号は*心法《しんぼう》なり。色心不二なれば、法華即《(すなはち)》名号なり。故に観経には、「*若念仏者是人中芬陀利華《にやくねんぶつしやぜにんちうふんだりけ》《もし念仏せむ者は、これ人中の芬陀利華なり》」と説《(とけ)》り。芬陀利華とは蓮華《れんげ》なり。されば*法華をば*薩達磨芬陀利経《さつだるま》と名付

罪福の…不問　法事讃巻下に見える。
身命…すがたなり　語録になし。
自性自然　その身そのままのすがた。
四八　→語録巻下六一・六二
道心者　信心堅固に往生浄土を欣求して念仏をとなえる修行者。
平生の作法　平生から心をかけて用心すること。
忽爾…西方　法事讃巻下の文。
驚忙　おどろきあわてる。
万事平生皆捨離　平生より悪に染まず善に親しみ、世務に執着する心をすべて捨ててという意。平生は語録では家生に作る。
西方　極楽浄土を指す。
是楽…事なし　観経疏定善義の文。
惣…人天楽　法事讃巻下に見える。
四九　→語録巻下八一
色法　諺釈巻四に法華経一部八巻は黄巻赤軸なるに因んでいうと釈している。
心法　諺釈巻四に、「無量寿経ハ自心ノ本分ナルガ故ニ」と釈している。
若念仏…芬陀利華　念仏者はあたかも泥中にある蓮華が地上に咲き出たようなものであるという意で、凡夫の中でも、念仏者は特にすぐれた人であるということ。
法華　妙法蓮華経。
薩達磨芬陀利経　サッダルマープンダリーカースートラの音写で、諺釈巻四に、「薩ヲ妙ト翻ズ、達磨ヲ法ト翻ズ、芬陀利ヲ蓮華ト翻ズルナ

たりといへり、*名号と芬陀利華とは一なり。

五〇　又云、名号は*諸仏已証《こしよう》の法なり。されば釈には、「*諸仏《しよぶつは》依《よつて》二他力《たりきに》一成《じやうず》二弥陀一」といへり。

五一　又云、「*随縁雑善《ずいゑんざうぜん》、恐難生《くなんじやう》《随縁の雑善をもつては、恐らくは生じ難し》」といふ事、随縁と云は心の外に境《きやう》を置《をき》て修行するなり。余所《よそ》の境に携《たづさはり》て心を養《やしな》ふ故に、境が滅《めつ》すれば成就《じやう》せず、是則《すなはち》自力我執《がしう》の善なり。是を随縁雑善といふ。我《が》と云は、いかにも煩悩《ぼんなう》なり。所行《しよぎやう》の法と我執の機と各別《かくべつ》するゆへ(ゑ)に、いかにも我執あらば成ずべからず。一代の教法《けうぼう》、是なり。「*随縁治病各依方《ずいゑんぢびやうかくゑはう》《縁に随つて病を治すること、各方《おのおのほう》による》」と云は是(これ)自力の善なり。今、他力不思議《たりきふしぎ》の名号は、*自受用《じじゆゆう》の智也。故に仏の自説《じせつ》といへり、随自意《ずいじい》といふ心なり。自受用と云は、水の水をのみ、火が火をやき、松はまつ、竹はたけ、其体《そのたい(お)》をのれなりにして生死なし。然(しかる)に衆生《しゆじやう》、我執《がしう》の一念にまよひしより以来《このかた》、常没《じやうもつ》の凡夫《ぼんぶ》たり。爰《こゝ》に弥陀の本願他力の名号に帰《き》しぬれば、生死なき本分に帰《かへ》るなり。是を「努力翻迷還本家《ぬりきほんめいげんほんげ》《努《つと》力めて迷を翻して、本家に還る》」といふなり。名号に帰せざるより外は、争《いかで》か我《われ》と本分本家《ほんぶんほんけ》に帰る*べき。然(しかる)に能帰《のうき》といふは南無なり、十方衆生《しゆじやう》なり。是則《これすなはち》*命濁中天《みやうぢよくちういやう》の命なり。然(しかる)を常住《じやうぢう》不滅の無量寿に帰《き》しぬれば、我執の迷情《めいじやう》を削《けづり》て、能帰所《のうきしよ》帰一体にして、生死本無《ほんむ》なるすがたを、六字の南無阿弥陀仏と成《な》せり。かくのごとく領解《りやうげ》するを三心《じん》の智恵《ちゑ》と云也。其智恵といふは、所詮、只自力我執の情量《じやうりやう》を心得失ふなり。我執をすて南無阿弥陀仏と独《どく》一なるを一心不乱《らん》といふなり。されば念々の称名は、念仏が念仏を申(もうす)なり。然をわがよく心得、

リ」とある。

名号…一なり　語録にはこの文なし。

五〇　↓語録巻下八〇

諸仏已証　諺釈巻四に、「已証トハ自己ノ証得ナリ。三世諸仏ハ弥陀三昧ヲ証得シテ等正覚ヲ成ジ給フガ故ニ、諸仏已証ノ名号ト云ナリ」と釈している。

諸仏依他力成弥陀　語録は、「諸仏の覚他が弥陀となる」につくる。

五一　↓語録巻下三〜二〇

随縁雑善　外界の事縁にしたがい修行する、虚偽にして不純の善。

随縁…依方　般舟讃の文。

自受用　自受用智といい、弥陀自らが受用する智慧。

べき　語録は、「こと有べからず」にする。

命濁中天の命　甚だ短いいのち。

わがよく念仏申て往生せんとおもふは、自力我執が失せざるなり、往生すべからず。*念《ねん》不《ふ》念《ねん》・作《さ》意《い》不《ふ》作《さ》意《い》、惣《さう》じてわが分に*いろはず、*作唯《ゆい》一念、仏なるを一向専念《かうせんねん》といふ。自己《じこ》の本分は流転《るてん》するにあらず、*妄執が流転するなり。本分といふは諸仏已証《こしよう》の名号なり。妄執は所因《いん》なし実体《じつたい》なし、*本無生《むしやう》なり。世の人おもへらく、「自力他力を分別《ふんべつ》して、我体をあらせて、われ他力にすがりて往生すべし」と云々。此義《ぎ》しからず。自力他力は初門《しよもん》の事なり、*自他の位《くらゐ》を打捨て、唯《ゆい》一念、仏になるを他力といふなり。*熊野《くまの》権現《ごんげん》、「信不信《しんふしん》をいはず、有《う》罪無罪《ざいむざい》を論《ろん》ぜず、南無阿弥陀仏が往生するぞ」と*示《じ》現《げん》し給ひし時、自力我執を打払《はら》ふて*法《ほう》師《し》は領解《りやうげ》したりと云々。常の仰なり。自力の善は*七慢《まん》九慢をはなれざる故に、「憍慢弊懈《きやうまんへいけ》怠《だい》、難以信此法《なんいしんしほう》《憍慢と弊と懈怠とは、もつてこの法を信じ難し》」ともいひ、「三業起行多憍慢《さんごうききやうたきやうまん》《三業の起行は憍慢多し》」とも釈するなり。無我無人の南無阿弥陀仏に帰《き》しぬれば、あぐべき人もなく、下すべきわれもなし。此道理《だうり》を、大経には、「住空無相無願三昧《ぢうくうむさうむ》《空・無相・無願の三昧に住す》」と云《いへ》り。或は、「通達諸法性 一切空無我、専求浄仏土、必成如是刹《つうだつしよほつしやういつさいくうむがせんぐじやうぶつどひつじやうによぜせつ》《諸法の性は一切空無我なりと通達して、専ら浄仏土を求め、必ずかくの如きの刹を成ぜむ》」と説《とけ》り。極《ごく》楽《らく》は*空無我の土なり。然《(しかれ)》ば善導は、「畢竟逍遙離有無《ひつきやうせうやうりうむ》《畢竟の逍遙は有無を離る》」といへり。往生人を説《(とく)》には、「自然虚無之身《じねんこむのみ》、*無極之体《むごくたい》」を受たりといへり。されば名号は青黄赤白《しやうわうしやくびやく》の色にもあらず、長短方円《ちやうたんはうゑん》の形《かたち》にもあらず。有《う》にもあらず無にもあらず。*然共《(しかれども)》有無を摂《せつ》してことごとくおさめ、*五味《み》をもはなれたるゆへ《(ゑ)》に、口に唱《とな》ふれどもいか成《(なる)》法味《ほうみ》とも覚《(え)》へず。惣《さう》じていか成《(なる)》物とも思ひはかるべき法にもあらず。是を無疑無慮《むぎむりよ》といひ、*三世の諸仏は不

念不念・作意不作意　事を行なおうとする心の起こる時と起こらない時という意で、念は憶念、作意は心の働き。

いろはず　関係しない。

作唯一念　ただ念仏一つになりきる。

妄執　迷いによる執着。

本無生　語録は、「本不生」につくる。

自他の位を打捨て　自と他の隔てをなくして。

熊野権現　和歌山県東牟婁郡本宮町所在の熊野坐神社を指し、本地垂迹思想にもとづく。祭神は伊弉冉尊、本地は阿弥陀仏。

示現　神仏が姿をあらわし教えを示すこと。

法師　一遍の自称。

七慢九慢　慢は自分の心をおごり、他をさげすむことで、これに七または九あるをいう。

空無我の土　常住不変の涅槃の空理に叶った、清らかで自由自在な国。

無極之体　極楽の衆生の体。

然共…おさめ　語録にはこの語なし。

五味　酸・苦・甘・辛・鹹。天台では乳・酪・生酥・熟酥・醍醐をいう。

三世　過去・現在・未来。語録は「十方」につくる。

可思議とほめ給へり。たゞ声にまかせて唱ふれば、*無窮《むぐう》の生死を離《はな》る*言語道断《ごんごだうだん》の法なり。極楽も*指方立相《しはうりつさう》の分《ぶん》は、*法已応捨《ほういおうしや》の分なるべし。

五二　又云、*菩提心論《ぼだいしんろん》に、「遇《あふて》レ栰《いかだに》　達《たつす》ニ於彼岸《かのきしに》一、法已《ほうすでに》応《べし》レ捨《すつ》」といへり。

五三　又云、長門《ながと》の顕性房《けんしやうばう》の「*三心所廃《さんじんしよはい》の法門《はうもん》はよく立《たて》たり。然《(しかれ)》ば往生をとげたり」と、常に称美《しようび》せらるゝものなり。

五四　又云、魔《ま》に付て*順魔《じゆんま》・逆魔《ぎやくま》の二つあり。行者《ぎやうじや》の心に随《したがひ》て魔となるあり、行者の違乱《いらん》となりて魔となるあり。二つの中《なか》には順魔は尚《なを》大事の魔なり。妻子《さいし》等《とう》是なり。*世に多く此証拠《しようこ》あり。

五五　又云、「*聞名欲往生《もんみやうよくわうじやう》《名を聞いて往生せむと欲す》」といふ事、人のよそに念仏するをきけば、我心に南無阿弥陀仏と浮《うか》ぶを聞名《もんみやう》といふなり。然《(しかれ)》ば名号が名号をきく也。名号の外に聞《きく》べきやうのあるにはあらず。又、我自《(みずから)》念仏すれども、南無阿弥陀仏ならぬあり。我体の念を本《もと》として念仏するは、妄《まう》念を念仏と思へり。又口に名号を唱《とな》ふれども、心に本念あれば、いかにも本念こそ臨終《りんじう》にはあらはるれば、念仏は失《うす》るなり。然《(しかれ)》ば妄念を用ゆべからず。さればとて余念《よねん》なかれとにはあらず。*余念をかねざる名号と心得べきなり。

五六　又云、「三業《ごう》の起行《きぎやう》、皆《みな》念仏」といふ事、礼拝《らいはい》*意念《いねん》等《とう》の体を即《すなはち(お)》をさへて念仏といふにはあらず。手に念珠《ねんじゆ》をとれば、口に称せざれども、こゝろにかならず南無阿弥陀仏と浮ぶ。身に礼拝《らいはい》をすれば、心に名号をかならずおもひいでらるゝ。経《きやう》を読《よみ》、仏《ほとけ》を観想《くはんさう》すれば、名号かならずあらはるゝなり。是を三業即《さんごうすなはち》念仏ともいひ、読誦《どくじゆ》等《とう》をも*五種《しゆ》の正行《(しようぎよう)》

無窮　窮まりなく尽きることのないこと。

言語道断　言語の道をたつという意で、さとりの境地をいう。

五二　↓語録巻下九〇

菩提心論　竜樹の著述で、唐の不空が訳出したもの。

指方立相　西方を指さして、極楽の相をしめすこと。

法已応捨　真実の法を得れば、方便の法はまさに捨つべしという意。

五三　↓語録巻下四

三心所廃の法門　証空の流れをひく西山義東山流の廃三心義を指す。

五四　↓語録巻下三六

順魔・逆魔　魔は障りとなるもの。妻子眷属等を順魔、病患災難等を逆魔という。

世に…証拠あり　語録にこの文なし。

五五　↓語録巻下七〇・七一

聞名欲往生　無量寿経巻下に見える。

余念を…心得べきなり　語録にこの文なし。

五六　↓語録巻下九一

意念　心の中で仏を念ずること。

五種の正行　読誦・観察・礼拝・称名・讃嘆供養の、浄土に往生するために修する正しい行ない。

ともいふ。よく〳〵分別すべきなり、只三業五種の正行も名号にて成《(じやう)》ずべし。

五七　又云、「『心外見法名為外道《しんげけんほうみやうゐげだう》《心の外に法を見るを名づけて外道とす》」といふ事、心外に境《きやう》をきて《(お)》、念をおこすをまよひとはいふなり。境を滅《めつ》して独《どく》一なる本分の心は妄念《まうねん》なし。心境各別《しんきやうかくべつ》して、二つとおもひしより、生死には流転《るてん》するなり。種々《しゆく》のたとへあり」。日々夜々の仰なり。されば悪縁悪境《あくゑんあくきやう》をば捨《すて》はつべきなり。

五八　又云、「一念弥陀仏、即滅無量罪《そくめつむりやうざい》、現受無比楽《げんじゆむひらく》、後生清浄土《ごしやうしやうぐど》《一たび弥陀仏を念ずれば、即ち無量の罪を滅し、現《このよ》には無比の楽を受け、後《のちのよ》は清浄の土に生ず》」といふ事。無比楽を世の人おもへらく、世間の楽なりと。しからず、是無貪《むとん》の楽なり。其故は決定《けつぢやう》往生の機《き》となりぬれば、三界・六道の中《なか》に浦山敷所《うらやましきところ》もなし、貪《とん》ずべき事もなし。生々《しやうぐ》世々流転《るてん》生死の間《あいだ》、皆《みな》受《うけ》て過《すぎ》たり。然《(しかれ)》ば一切無著《むぢやく》なるを無比楽《むひらく》といふなり。世間の楽は皆苦なれば、いかんが仏心をろそか《(お)》にして、無比楽とはの給ふべきや。

五九　又云、「自身現是罪悪生死凡夫《じしんげんぜざいあくしやうじぼんぶ》、曠劫以来常没常流転《くはうごうらいじやうもつじやうるてん》、無有出離之縁《むうしゆつりしゑん》《自身は現にこれ罪悪生死の凡夫、曠劫より以来《このかた》、常に没し常に流転して、出離の縁あることなし》」といふ事。世の人おもへらく、「此身の為に種々の財宝《さいほう》を求めはしり、妻子《さいし》等《とう》を帯《たい》したるは、是《(これ)》凡夫のなりくせなり。かゝる事を得すてねばこそ、罪悪生死の凡夫の物の用にもたゝぬ身ぞと信ぜよ」と釈せられたれと云々。此義しからず。わろきものゝ出離の用にもたゝねばこそ、此身をば捨《(すつ)》べけれ。さればこそ下の釈には、「仏のすてしめ給ふをば捨《(すて)》、さらしめたまふをばさされ」と釈せり。わろしとはしりながら弥《(いよいよ)》著《ちやく》し、心やすくはぐゝみたてんとて、財宝《さいほう》

只三業…成ずべし　語録にはこの文なし。

五七　↓語録巻下六六

境　外界の事物。

悪縁悪境　心の外の虚妄の因縁と虚妄の境界をいう。

五八　↓語録巻下六四

一念…清浄土　孝養集に見える文。

機　衆生。

三界六道　三界とは欲・色・無色の衆生の輪廻する世界をいい、六道とは地獄・餓鬼・畜生・修羅・人間・天上の、衆生の迷いの世界をいう。

仏心　語録は、「仏祖」につくる。

五九　↓語録巻下六

自身現是…出離之縁　観経疏散善義の深心釈に見える文。

なりくせ　本来もっている性質。

信ぜよ　語録には、この語なし。

酒肉五辛　飲酒は四十八軽戒中の第二、食肉第三、食五辛は第四によって、口にすることを禁じている。

妻子《さいし》を求《もと》め、*酒肉五辛《しゆにくごしん》等《とう》を以養《もつてやしな》ふ事、*ゑ《(え)》せ者《もの》としりたる甲斐《かひ》なし。わろきものをばすみやかにすつるにはしかず、*此身此心をば頼むべからず。

六〇　「自身現是罪悪生死凡夫《じしんはげんにこれざいあくしやうじのぼんぶにて》、*曠劫已来常没常流転《くはうごうよりこのかたつねにもつしつねにるてんして》、無《なし》レ有《あること》二出離之縁《しゆつりのゑん》一」と信じて、他力に帰するとき、種々の生死は留《(とどま)》るなり。*いづれの教も、此位に入て生死を解脱《げだつ》するなり。今の名号は*能所一体《のうしよいつたい》の法なり。

六一　又云、楽に体なし、苦の息《そく》するを楽といひ、苦に体なし、楽のやむを苦と云なり。*故に苦楽のやみたる所を無為《むい》と称《しよう》す。無為といふは名号なり。

六二　又云、心外《しんげ》に境《きやう》を置《をき》て罪《つみ》をやめ、善を修《しゆ》する面《おもて》にては、*曠劫《くはうごう》を経《ふる》とも生死は離るべからず。*能所《のうじよ》の絶《ぜつ》する位に生死はやむなり。いづれの教《をしへ》も、この位に入て生死を解脱《げだつ》するなり。今の名号は能所一体の法な*れば、声の中に三世をつくす不可思議の法なり。

六三　又、常の仰に云、「いきながら死して静《しづか》に来迎《らいがう》を待《まつ》べし」と云々。万事《ばんじ》に*いろはず、一切を捨離して、孤独《こどく》独一なるを、死といふなり。所以《このゆへ》に生《しやう》ぜしも独《ひとり》なり、死するも独なり。然れば住《ぢう》するも独なり、添ひはつべき人なき故なり。

六四　又、我執《がしう》なくて念仏申《(もうす)》が死するにてあるなり。わがはからひを以て、往生を*あてがはゞ、惣じてあたらぬ事なり。

六五　又云、「*或《あるひは》教《をしへ》二福恵《ふくゑを》一双《ならぶ》二除《のぞく》障《さはりを》一」といふは真言《しんごん》なり。「或教《をしへ》二禅念《ぜんねんを》一坐《ざして》思量《しりやう》」すとは禅門《ぜんもん》なり。*静遍《じやうへん》の続選択《ぞくせんちやく》にかくのごとく当《あて》たり。「無《なし》レ過《すぎたるは》三念仏《ねんぶつして》往《ゆくに》二西方《さいはうに》一」といふは、諸教《しよけう》に念仏は勝れたりといふなり。他力不思議の故なり。

ゑせ者　いかがわしいもの。
此身…頼むべからず　語録にはなし。
六〇　↓語録巻下七
曠劫…常流転　語録は、「乃至」に作る。曠劫は遠いむかし。
いづれの教　顕教・密教、聖道門・浄土門のどの教であってもという意。
能所一体　帰依する衆生(能)と帰依される弥陀(所)が南無阿弥陀仏と唱えることにより一体となること。
六一　↓語録巻下六五
故に苦楽の…名号なり　この文、語録になし。
六二　↓語録巻下六七
曠劫　語録は、「塵劫」につくる。塵劫は塵点劫の略で、長い時間をいう。
能所の絶する位　能観の智と所縁の境を超絶した位。
なれば…法　この文語録になし。
六三　↓語録巻下六八
いろはず　干渉しない。
六四　↓語録巻下六八
あてがはゞ　語録は、「疑ふは」につくる。
六五　↓語録巻下九二
或教…除障　あとの「或教…思量」「無過…西方」とともに法事讃巻下に出る。
静遍　真言宗の学僧。初め法然の法敵であったが、選択集を読むに及んで、翻然として法然を尊信し、続選択を著わすに至る。

六六 又、常の仰にいはく、*当麻曼陀羅《たへままんだら》の*示現《じげん》にいはく、「日来《ひごろ》の功《こう》は功にあらず、徳《とく》は徳にあらず」と云々。善悪の諸法是を以《もつて》心得《う》るなり。当体《たうたい》の南無阿弥陀仏の外に、前後《ぜんご》の沙汰《さた》すべからず。

六七 又云、*念々不捨者《ねんくふしやく》といふは、南無阿弥陀仏の*功能《くのう》なり。人の義には或は機に付《つく》といひ、或は法に付共云《つくともいう》、何《いづ》れも偏《へん》なり。機も法も名号の功能と知《しり》ぬれば、機に付といふもたがはず、法に付といふもたがはず。其謂《いは》れは南無阿弥陀仏は機*法不二の法なれば、名号の外に能帰《のうき》もなく、所帰《しよき》もなき故なり。

六八 又云、*過十万億《くはじうまんおく》といふ事、実《じつ》に十万億の里数《りすう》を過《すぐ》るにはあらず、衆生の妄執《まうしう》を指《さす》なり。善導の釈*にいはく、「妄愛迷深《まうあいまよひふか》ふして隔《へだゝ》る事、竹箆《ちくべつ》なれども、踰《こゆること》レ之《これを》千里とおもへり」といへり。妄分別《まうふんべつ》に約《やく》して過十万億といふ。実には里数を過《すぐ》る事なし。故に経*にも、「阿弥陀仏去此不遠《こしふをん》《阿弥陀仏ここを去ること遠からず》」と説り。衆生の心を不去《ふこ》ともいふなり。凡大乗《をよそだいじよう》の仏法《ぶつぽう》は心の外に別の法なし。但し聖道《しやうだう》は万法《まんぼう》一心と習ひ、浄土は*万法南無阿弥陀仏と成《じやう》ずるなり。万法は*無始本有《むしほんう》の*心徳《とく》なり。然《しかる》に我執《がしう》の妄法《まうぼう》におほはれて、其体あらはれがたし。彼《かの》一切衆生の心徳を願力を以《もつて》、南無阿弥陀仏と成ずる時《とき》、衆生の心地《ち》は開《ひら》く也。然《しかれ》ば名号は即《すなはち》心の本分なり。是を「*去此不遠《こしふをん》《ここを去ること遠からず》」ともいひ、「*莫謂西方遠《まくいさいはうをん》、唯須十念心《ゆいしゆじうねんしん》《西方遠しと謂《い》ふなかれ。ただ十念の心を須《もち》ゐよ》」ともいふなり。

六九 又云、「*即現在彼衆《そくげんざいひしゆ》、及《ぎう》十方法界同生者是《ほうかいどうしやうしやぜ》《即ち現に彼《かしこ》にまします衆、及び十方法界に同じく生ずる者これなり》」といふ事、名号*酬因《しゆういん》の功徳に約《やく》する時は、十*界無差別《むしやべつ》なり、娑婆《しやば》の

六六 →語録巻下九三
当麻曼陀羅 藤原豊成の女、中将姫が天平宝字年中、蓮の糸で織ったと伝えられる極楽浄土の変相。
示現 諺釈巻四には一遍が弘安九年当麻寺において誓願文を書いて念仏を修した時の示現かと述べている。
六七 →語録巻下一〇
念々不捨者 観経疏散善義に見える。
功能 語録は、この上に「機法一体の」の語あり。
機法 機は衆生、法は阿弥陀仏。
六八 →語録巻下七三
過十万億 語録は、「従是西方過十万億仏土」につくる。
釈 観経疏序分義を指す。
経 観経に見える文。
万法 一切差別の現象。
無始本有 無差別平等の真如。
心徳 清浄心。
去此不遠 観経に見える文。
莫謂…十念心 彦琮の願往生礼讃偈にある語で、往生礼讃に引文されている。
六九 →語録巻下九四
即現在…同生者是 観経疏玄義分。
名号酬因の功徳 念仏往生の因願にむくいた阿弥陀仏の功徳。
十界 六道(地獄・餓鬼・畜生・修羅・人間・天上)と四聖(声聞・縁覚・菩薩・仏)を合した世界。

衆生までも極楽の正報《ばう》に列するなり。妄分に約する時は、浄穢《じやうゑ》も各別《かくべつ》になり、生仏《しやうぶつ》も差《しや》別するなり。

七〇　又云、迷《まよひ》も一念なり、悟《さとり》も一念なり。法性《ほつしやう》の都《みやこ》を迷ひ出しも一念の妄心による、迷ひをひるがへすも一念なり。然《しかれ》ば一念に往生せずは、無量念《りやうねん》にも往生すべからず。故に「一声称念罪皆除《いつしやうしようねんざいかいぢよ》《一声称念すれば、罪皆除く》」ともいひ、「一念称得弥陀号《いちねんしようとくみだがう》、至彼還同《しひげんどう》法性身《ほつしやうじん》《一たび念じて弥陀の号を称へ得ば、彼《かしこ》に至りて還つて法性身に同ぜむ》」ともいへり。南無阿弥陀仏こそ、すなはち生死を離れたるを、是を唱《とな》へながら往生せう〳〵と思ひ居《ゐ》たるは、飯《はん》を食《くい》〳〵ひだるさやむる薬やあるとおもへるがごとしと。常の仰なり。凡《をよそ》一念無上の名号にあひぬる上《うへ》は、明日《あす》までもいきて要事《ようじ》なし。即《すなはち》死《し》なん事こそ本意《ほんい》なれ。しかるに、娑婆世界《しやばせかい》にいきて居て念仏をば多く申さん、死にはしなまじと思ふ故に、多年の念仏《ねんぶつ》者《しや》も臨終仕損《りんじうしそん》ずるなり。仏法には、身命を捨《すて》ずしては、証利《しようり》を得《う》る事なし。仏法にはあたひなし、身命を捨る、これあたひなり。是を帰命《きみやう》といふなり。

七一　又云、法照禅師《ほつせうぜんじ》の云《いはく》、「名号とは、無名字故、号《がうす》阿弥陀仏《名字無き故に、阿弥陀仏と号す》」と云々。竜樹《りゆうじゆ》は、「為衆説法無名字《ゐしゆせつぽうむみやうじ》《衆の為に法を説いて名字なし》」といへり。「無名字」といふは是名号なり、名号は寿《じゆ》の名なり、故に阿弥陀の三字を無量寿《むりやうじゆ》と云也。此寿は涅槃常住《ねはんじやうぢう》の寿《じゆ》不生不滅なり。即《すなはち》一切衆生の寿命なり。故に弥陀を法界身《ほうかいしん》と云なり。天台《てんだい》は三観《ぐはん》を阿弥陀の三字にあて、「煩悩即菩提《ぼんなうぼだい》」と釈す。所謂《いはゆる》他力の不思議をあらはす。菩提といふは弥陀なり。

正報　聖衆。
浄穢　浄土と穢土。
七〇　↓語録巻下七三・七四
法性の都　平等の真如界で、浄土を指す。
一声…皆除　般舟讃に見える文。
一念…法性身　法照の五会法事讃に見える。彼は極楽浄土、法性身は弥陀の智慧無為法身を指す。
ひだるさやむる　すき腹のとまる。
娑婆世界　人間の住んでいるこの世。
多年　語録は、「多念」につくる。
証利　さとりの利益。
七一　↓語録巻下四五
法照禅師　中国唐代の人で、念仏宗の興隆につとめた高僧。

無名字…阿弥陀仏　五会法事讃に見える文。

為衆…名字　竜樹の十二礼文に見え、往生礼讃に引文がある。

法界身　無量寿をそなえている弥陀は、全宇宙法界に遍満する真理体であるが故に名づけたもの。

天台は三観…弥陀なり　語録にはこの文なし。

七二　又云、少分《せうぶん》の水をかはらけに入《いれ》たらば、即かはく《わ》べし、恒河《こうが》に入たらば、一味和合《わがう》してひる事有《ある》べからず。如《ごとく》レ然《しかの》命濁《みやうぢよく》中天《ちういやう》の無常の命を、不生不滅の無量寿の命に帰《き》しぬれば、生死ある事なし。*人師の釈にいはく、「*花を五浄に寄《よす》れば、風日にもしぼまず。水を霊河《れいが》に附《ふす》れば、世旱《せかん》にも不《ずと》レ乾《かはか》」云々。

七三　又云、*阿弥陀仏の四字は本願《ほんぐはん》にあらず、南無が本願なり。南無は*始覚《しかく》の機《き》、阿弥陀仏は*本覚の法なり。然《しかれ》ば始《し》本《ほん》不二の南無阿弥陀仏也。*称すれば頓《とん》に迷悟《めいご》をはなるゝなり。

七四　又云、聖道《しやうだう》・浄土《じやうど》の二門を能々《よくよく》分別すべき也。聖道は「*煩悩即菩提《ぼんなうそくぼだい》、生死即涅槃《しやうじそくねはん》」と談《だん》ず。我等《われら》此《この》法門をも教《をしへ》つべけれども、当世の*機根《きこん》にをいて《お》はかなふべからず。いかにも煩悩の本執《ほんしう》に立《たち》かへりて、人を損《そん》ずべき故なり。浄土門は身心を放下《はうげ》して、三界・六道の中に一物も要事《ようじ》有《ある》べからず、此身を置ながら、生死を離るゝ事にはあらず。

七五　又云、名号の外に惣《さう》じて以《もつて》我身《わがみ》に功能《くのう》なし、皆誑惑《みなきやうわく》と信《しん》ずるなり。念仏の外の余《よ》言《ごん》をば、たは事と思ふべし。常の仰なり。

七六　又云、*念仏の下地《したぢ》を造《つく》る事なかれ。惣じて、行ずる風情《ふぜい》も往生せず、声《こゑ》の風情も往生せず、身の振舞《ふるまひ》も往生せず、心の持様《もちやう》も往生せず。南無阿弥陀仏が往生するなり。*全《まつた》く風情無《なき》也。

七七　又云、信《しん》とは、まかすとよむなり。他にまかする故に、人《ひと》の言《ことば》と書《かけ》り。*人たるものゝ言は、まことなるべきなり。我等《われら》は即《すなはち》*法《ほう》にまかすべきなり。然《しかれ》ば衣《え》食住《じきじゆう》の三を我《われ》と求る事なかれ、*天運《てんうん》にまかすべきなり。空也上人《くうやしやうにん》曰《のいはく》、「三業《さんごう》を天運に任《まか》せ、*四儀《ぎ》を菩提《ぼだい》に

七二　↓語録巻下九五
人師の釈　隋代の僧道綽の安楽集巻上の文。
花を五浄…不乾　花と水を無常の命に、五浄と霊河を菩提にたとえたもの。五浄は五浄居天、霊河は竜の住んでいるという霊妙の河の意。
七三　↓語録巻下五〇
阿弥陀仏…本願なり　語録になし。
始覚の機　後天的に教えを受けてはじめてさとる衆生。
本覚の法　先天的にはじめからさとっているところの教え。
称すれば…はなるゝなり　語録にこの語なし。
七四　↓語録巻下一
煩悩…涅槃　法華玄義巻九上に、「生死即涅槃と観ずるが故に解脱を証得し、煩悩即菩提の故に般若を証得す」とあり、この語は別願和讃にも見える。
機根　底本「根機〈こんき〉」。
七五　↓語録巻下九六
七六　↓語録巻下六九
念仏の下地…なかれ　飾らないありのままの念仏でなければならない。
全く風情無也　語録にこの語なし。
七七　↓語録巻下七六
人たるもの…なるべきなり　語録にこの語なし。
法　仏法。
天運　自然の運命。
四儀　四威儀の略で、行住坐臥。

譲《ゆづ》る」と云々。是《(これ)》他力に帰したる色《いろ》なり。古《こ》湛禅師《たんぜんじ》は、「*労《わづら》はしく勿《なかれ》二転破《てんはすること》一、只任《まかす》二天然《てんねんに》一」といへり。

七八 又云、本来無《ほんらいむ》一物《いちもつ》なれば、諸事《しよじ》にをいて《(お)》、*実有《じちう》我物の思ひをなすべからず。一切を捨離すべしと云々。常の仰なり。

七九 又云、或人、上人に問《とふ》ていはく、「諸行も往生すべしや否《いなや》。又、法華《ほつけ》と名号といづれか勝れて候ぞ」と云々。上人答《こたへて》曰、「諸行も往生せばせよ、せずはせず。又名号の法華《ほつけ》にをとらば《(お)》劣《をと》れ、まさらばまされ。*なまさかしから*で物綺《ものいろふ》を停止《ちやうじ》して、一向に念仏申《(もうす)》ものを、善導は、「人中《にんちう》の上々人」とほめたまへり。*法華を出世の本懐《ほんぐはい》と云も経文《きやうもん》なり。*此難信《このなんしん》の法《ほう》を説《とか》むが為なりといふも経文なり。機に随《したがつ》て益《やく》あらば、いづれも勝法《しやうぼう》なり、本懐《ぐはい》なり。益なくば、いづれも劣法なり、仏の本意《い》にあらず。余経余宗《きやうよしう》もあればこそ、此尋《たづね》は出来《いできた》れ。*三宝滅尽《ぼうめつじん》の時は何《いづ》れを対論《たいろん》すべき。念仏の外には物もしらぬ法滅《ほうめつ》百歳《さい》の機《き》に成《なり》て、一向念仏申べき物なり。無道心《むだうしん》の尋なり。*我身《わがみ》に法財《ほうざい》を失《うしな》へる機としらざる故なり」。

八〇 又云、或人、*浄土宗《じやうどしう》の流々《りうく》の異義《いぎ》を尋《(たずね)》申して、「何《(いずれ)》にか付べき」と云々。上人答ていはく、「異義まち〳〵なる事は、我執《がしう》の前《まへ》の事なり。南無阿弥陀仏の名号には義なし。義によりて往生する事ならば、尤此《(この)》尋は有べし。全く往生は義によらず、名号によるなり。たとひ*法師《ほうし》が勧《すゝ》むる名号を信じたるは往生せじと心には思ふとも、念仏申さば往生すべし。いかなる*ゑせ《(え)》義を口にいふとも、心に思ふとも、名号は義によらず、心によらざる法なれ

労はしく…天然 この語、古湛禅師の法語であるとしているが、諺釈巻四にも未考とあるように、出典未詳。

七六 ↓語録巻下七七

実有我物の思ひ 確かに自分の物として所有しているのだという考え。

七九 ↓語録巻下八二

なまさかし 生賢し。中途半ぱにかしこいという意。

物綺 論議すること。

法華を出世の本懐と云 法華経方便品の、「諸仏世尊は唯一大事因縁をもつての故に、世に出現す」という文を指している。↓三四一頁注「出世の本懐」

此難信の法を説むが為なり 阿弥陀経に、「舎利弗、まさに知るべし、我、五濁悪世において、この難事を行じ、阿耨多羅三藐三菩提を得て、一切世間のために、この難信の法を説く」と述べている文を指している。

三宝滅尽 仏法のほろび尽きること。

我身に法財を…故なり 語録にこの語なし。

八〇 ↓語録巻下八三

浄土宗 ここでは、往生浄土を宗とする法然の流れをくむ教団をいう。

法師 一遍自身を指す。

ゑせ義 見かけは似ているが、実質の異なっている教え。

ば、称《しよう》すれば決定《けつぢやう》往生すると信じたるなり。たとへば火を物に付《(つけ)》んに、心にはやけなとおもひ、口にはやけそといふとも、此言《ことば》にもよらず、*念力《ねんりき》にもよらず、只火のを《(お)》のれなりの徳として物をやくなり。水の物をぬらすも、是に同じ事也。然《しか》のごとく名号もを《(お)》のれなりに、往生の*功能《くのう》をもちたれば、努々《ゆめゆめ》義にもよらず、心にもよらず、言にもよらず、唱《とな》ふれば往生するを、他力不思議の行《(ぎやう)》と信ずるなり」。

八一　又云、*常の仰にいはく、*大事《じ》の念仏といふ事《こと》、名号は法界酬因《ほうかいしゆういん》の功徳《くどく》なれば、法をはなれて行ずべき方《かた》、*とゞこほるべき処《ところ》もなし。是を「*法界身《ほつかいしん》の弥陀」とも説《とき》、是を、「*十《じつ》方諸仏国《ばうしよぶつこく》、尽是《じんぜ》法王家《ほうわうけ》《十方諸仏の国は、尽くこれ法王の家》」とも釈するなり。*法界に差別《しやべつ》なきを　即《すなはち》報仏報土《ほうぶつほうど》といふなり。

八二　又云、臨終《りんじう》の念仏の事。皆人おもへらく、死苦病苦《くびやうく》にせめられて、臨終に念仏せでやあらんずらむといふなり。此事無《なし》レ謂《いはれ》。念仏をわが申《まうし》がほに、兼而《かねて》臨終を疑《うたが》ふなり。念仏申も仏《ほとけ》の護念力《ごねんりき》なり、*臨終正念なるも仏の*力《ちから》なり。往生においては、一切の功能《くのう》は*皆仏《ぶつ》力《りき》・法《ほう》力なり。只今の念仏の外に臨終の念仏なし、臨終即平生《へいぜい》なり。前念《ぜんねん》は平生となり、後《ご》念は臨終と取《(とる)》なり。故《かるがゆへ》に、「*恒願一切臨終時《ごうぐはんいつさいりんじうじ》《恒に願はくは、一切臨終の時》」と云なり。只今、念仏の申されぬものが、臨終には得《え》申さぬなり。遠《とを》く臨終の沙汰《た》をやめて、能々《よくよく》念仏を申べきなり。

八三　又云、名号には領《りやう》ぜらるゝとも名号をば領ずべからず。凡万法《まんぼう》は一心なりといへども、自《みづから》其体性《たいしやう》をあらはさず。又木に火の性ありといへども、其火其木をやかず。我《(わが)》目を

念力　五力(信力・勤力・念力・定力・慧力)の一で、憶念の力をいう。

功能　功徳。

八一　↓語録巻下九七

常の仰にいはく　語録にこの語なし。

大事の念仏　語録は、「大地の念仏」につくる。大地が山川草木の依りどころとなっているように、念仏は十方衆生のよりどころとなるものであるという意であるから、大地が正しい。

とゞこほるべき処も　語録になし。

法界身の弥陀　観経に見える。

十方諸仏…法王家　往生礼讃に見える。法王は弥陀、家は浄土を指す。

法界…いふなり　語録にこの語なし。

八二　↓語録巻下七八

臨終正念　命終にのぞみ、正定の信念に住すること。

力　語録は、「加祐力」につくる。

仏力・法力　仏の行者を守護する力が仏力、仏が威神力を衆生に加えることにより利益をあたえるのが法力。

恒願一切臨終時　往生礼讃に見える。

八三　↓語録巻下七九

大円鏡智　さとりの智慧のうえに、一切が如実にあらわれるのを、大きな円鏡にすべてのものが映ずるのにたとえている。五智の一。

以《もって》わが目を得見ず、鏡《かゞみ》をよすれば我目を以《もって》我目を見る、是《これ》鏡の力《ちから》なり。此鏡といふは、衆生本有《ほんう》の*大円鏡智《だいゑんきやうち》の鏡《かゞみ》、*諸仏己証《こしよう》の名号なり。然《しかれ》ば、名号の鏡を以《もって》、本来《ほんらい》の面目《めんもく》を見るべし。故に観経《くはんぎやう》には、「如執明鏡自見面像《によしうみやうきやうじけんめんざう》《明鏡を執りて、自ら面像を見るが如し》」と説《とけ》り。又別《べつ》の火を以《もって》木をやけば、即やけぬ。今の火と木の中の火と別体《べったい》の火にはあらず。然《しかれ》ば万法は必《かならず》*因縁和合《いんゑんわがう》して成ずるなり。其身に*仏性の火ありといへども、我《われ》と煩悩《ぼんなう》のたきゞを焼滅《しやうめつ》する事なし。名号の*智火《ちくは》の力《ちから》を以《もって》、焼滅《しやうめつ》すべきなり。*浄土宗に、機をはなれて機を摂《せつ》すといふ名目《みやうもく》あり。心得合《こゝろえあはす》べきなり。

八四　又云、衣食住《ゑじきぢう》の三《みつ》は三悪道《さんあくだう》なり。衣装《いしやう》を求めかざるは畜生道《ちくしやうだう》の業《ごう》なり。食物《じきもつ》を*貪求《とんぐ》するは餓鬼道《がきだう》の業《ごう》なり。住所《ぢうしよ》をかまへるは地獄道《ちごくだう》の業《ごう》なり。しかれば、三悪道をはなれんと欲《ほっ》せば、衣食住の三つを離るべきなり。南無阿弥陀仏。

八五　西園寺殿《さいをんじどの》の御妹《おんいもうと》の准后《じゆごう》の御法名《ごほうみやう》を一阿《あ》弥陀仏と付《つけ》奉る、此《この》御尋に付《つい》て御返事《おんへんじ》

*此事は申入候ひしに不《ず》レ違《たがは》、此体《たい》に生死無常の理《ことはり》を思ひ知《しり》て、南無阿弥陀仏と一度《ひとたび》*正直《じき》に*帰命《きみやう》しつる一念の後《のち》は、我《われ》われにあらず、心も南無阿弥陀仏の御心《おんこゝろ》、身《み》の振舞《ふるまひ》も南無阿弥陀仏の御振舞、言《ことば》も阿弥陀仏の御言葉なれば、生《いき》たる命《いのち》も阿弥陀仏の御命、*死ぬるいのちも阿弥陀仏の御命なり。然《しかれ》ば昔《むかし》の十悪《じうあく》・五逆《ごぎやく》ながら請取《うけとり》て、今の一念・*十念に滅《めつ》し給ふありがたき慈悲《じひ》の本願に帰しぬれば、弥《いよいよ》三界・六道の果報《くはほう》もよしなく覚え、善悪二つながら*業因《ごういん》物うくして、只仏智よりはからひあてられたる南無阿弥陀仏に*帰命するなり。

*仏こそ命と身とのぬしなれやわがわれならぬこゝろふるまひ

諸仏己証　諸仏が自ら名号の真理を体得し証明すること。
因縁　直接の原因を因、間接の原因を縁という。
仏性　仏の本来もっている性。
智火　智慧を火にたとえたもの。
浄土宗　浄土宗といっても、現在の宗団を意味する浄土宗ではない。機をはなれて機を摂す、即ち衆生を離れて衆生を救いとるという義は、西山義の依主釈・持業釈によったものであるから、浄土宗とは証空の西山義を指したものであろう。
八四　→語録巻下五
貪求　むさぼり求める。
八五　語録巻上の消息法語(三〇三頁)にこの消息が見える。
此事　一阿弥陀仏の法号を授けた事。
正直　正しく素直に。
帰命　阿弥陀仏に身をささげる。
死ぬる…御命　この文、語録になし。
十念　一遍は、一念十念を善導同様、一声十声の意に用いているが、十念を必ずしも十種という数と意味に拘泥しているわけではない。
業因　語録に、この語なし。
に帰命するなり　語録には、「ばかり所詮たるべしとおもひさだめて、名号を唱へ、息たえ命終る。これを臨終正念往生極楽といふなり。南無阿弥陀仏」につくる。脱文か。
仏こそ…こゝろふるまひ　語録にはこの歌見えず。

八六　又云、*念仏往生に付て異義《いぎ》まち〳〵にわかれたる事、一々に己《をの》が私《わたくし》を述《のぶ》る処《ところ》なり。然ば其人の義によりて往生を遂《とぐ》るにはあらず。法蔵菩薩《ほうざうぼさつ》の因中《いんちう》の*誓願乃至《せいぐはんないし》十念の力なり。若彼《もしかの》人の義は仏智に相かなひ、此人の義は仏智を背《そむく》ならば、彼流《かのりう》を信ぜん人は皆往生し、此流を信ぜん人は往生すべからず。然に諸方《しよはう》の道俗《だうぞく》を見聞《けんもん》するに、往生の得否《とくひ》は彼此《ひし》の流《りう》義《ぎ》によらず、本願の名号を二心《にしん》なく、わが決定《けつぢやう》往生の行《ぎやう》とおもひ取《(とり)》て、申《(もうす)》と申さゞるにあり。自力・他力、*三心の具不具は学生《がくしやう》の異義《いぎ》なれば、何《いづ》れを正義とし、何れを邪《じや》義と判《はん》ずべからず。此度受《このたびうけ》がたき人身をうけ、逢《あひ》がたき仏教《ぶつけう》にあふ《(う)》て、生死を離《はな》れんとおもはん人は、念仏申せば、仏の本願の不思議の力にて、罪悪生死の凡夫決定往生するぞとしりたるばかりにて申を、*三心具足《ぐそく》の念仏者《しや》と名付《づく》、法門《ほうもん》の義立《ぎりう》を能々《よく〳〵》心得て、往生せんと思ふは、中々私のはからひにて、多くは本願にそむく方《かた》も有べきなり。只不審《ふしん》あらむ法門をば浄土へまい《(る)》りて、阿弥陀仏にあひ奉りてうけ給はるべきなり。此世の人はわれも人も凡夫の妄《まう》言《ごん》なれば、かならずしもならひきゝしりたりとも、生《しやう》をへだてなばわするべき故に、要事《ようじ》あるべからず。只、誠の仏語《ぶつご》は南無阿弥陀仏、此*念仏三昧は罪悪《ざいあく》生死の凡夫の上《うへ》に、実相《じつさう》所詮《しよせん》の*仏智の名号を持《たもた》せて、速《すみやか》に善悪を忘《まう》じ、諸見《しよけん》を離《はな》れしむ。甚深不《じん〴〵ふ》思議《ぎ》の法門《ほうもん》なる故に、*妄心《まうじん》をなげき善法《ぜんぼう》をはげむを自力と嫌《きら》ひ、妄心をとり善法を捨《(すつ)》るを*悪無悔《あくむげ》と誡《いま》しむ。仍《よつ》て身のよしあしをえらばず、心《こゝろ》のすみすまざるを論《ろん》ぜず、唯《たゞ》南無阿弥陀仏と唱《となへ》て、取捨《しゆしや》の分別《ふんべつ》なければ、彼《かの》*証者《しようじや》の修行《しゆぎやう》に同《おなじく》して往生を遂《とぐ》るなり。このゆへ《(ゑ)》にいかなる心は相応《さうおう》すべし、いかなる心は相応すべからずとおもふ心は、不思議の本願に相違する故に、露ば

八六　この文、語録その他一遍の法語としてあげているものがない。何によって収録したか未詳。

念仏往生　念仏の一行を修して往生する意で、法然は選択集に、「もし道綽禅師の意によらば、往生の行多しといへども、束ねて二とす。一には謂はく念仏往生、二には謂はく万行往生。もし懐感禅師の意によらば、往生の行多しといへども、束ねて二とす。一には謂はく念仏往生、二には謂はく諸行往生」と述べている。

誓願　阿弥陀仏の四十八願。↓九九頁

三心の具不具　三心は浄土往生の正因であるから必ず具すべき要心であるが、中には三心は不必要であると主張した者もあれば、また三心は唯願なるがゆえに無行であると説いて、願のみあっても行がともなわなければ往生しないと主張する者もあった。

三心具足　観経に、「三種の心を発して即便ち往生す、三心を具する者は必ずかの国に往生す」とある。

念仏三昧　↓補

仏智　仏の智慧。五智の一。

妄心　迷いの心。妄念と同意。

悪無悔　懺悔することのない悪しきもの。即ち迷いの心をそのままに、善法すら捨て懺悔することがないという意。

証者　あかしをたてる者。

かりも心品《しんぼん》のさばくりせん程は、他力に帰したりとおもふべからずと云。

播州法語集　終

心品のさばくり　心品は、心のはたらき。心の善し悪しを批判すること。

補注

見出し項目下の（　）内の数字は、本文の頁と行数を示す。例えば、（一二13）は、一二頁13行であることを表わす。

（法　然）

地獄（一二13）　瑜伽師地論巻四によれば、地獄には八熱・八寒・孤独の三種がある。通常、地獄という場合は八熱地獄を指し、源信も往生要集に八熱地獄については詳説しているが、八寒地獄については指示するにとどめ、つぶさには経論によって見るべきことを教示している。八熱地獄は八大地獄ともいい、等活・黒縄・衆合・叫喚・大叫喚・焦熱・大焦熱・無間をいい、仏教世界観に説く南瞻部州の地下にある。以下場所と業因、寿命、別処について表示する。

項目／地獄名	場所	業因	寿命	別処
等活	地下一千由旬	殺生	四天王天の五百歳	屎泥（しでい）処・刀輪処・瓮熱（おうねつ）処・多苦処・闇冥（あんみょう）処・不喜処・極苦処
黒縄	等活地獄の下	殺生・偸盗	忉利天の一千歳	等喚受苦処・畏鷲（いじゆ）処
衆合	黒縄地獄の下	殺生・偸盗・邪婬	夜摩天の二千歳	悪見処・多苦悩処・忍苦処
叫喚	衆合地獄の下	殺生・偸盗・邪婬・飲酒	兜率天の四千歳	火末虫（かまつちゆう）処・雲火霧（うんかむ）処
大叫喚	叫喚地獄の下	殺生・偸盗・邪婬・飲酒・妄語	化楽天の八千歳	受鋒（ぶじゅ）苦処・受無辺苦処
焦熱	大叫喚地獄の下	殺生・偸盗・邪婬・飲酒・妄語・邪見	他化自在天の一万六千歳	分荼離迦（ふんだりか）処・闇火風（あんかふう）処
大焦熱	焦熱地獄の下	殺生・偸盗・邪婬・飲酒・妄語・邪見・浄戒の尼を犯した者	一中劫の半分	普受一切苦悩処（往生要集巻上には一処のみを挙げるが、正法念経巻十二にはこのほかに一切方焦熱処を挙げている）
無間（阿鼻）	大焦熱地獄の下にあって、欲界の最下位	五逆罪を造り、因果を撥無し、大乗を誹謗し、四重を犯し、信施を虚食する者	一中劫	鉄野干食処・黒肚（こくと）処・雨山聚（うせんじゅ）処・閻婆度処

聖衆来迎楽…増進仏道楽（一二16）　極楽浄土に往生する者の受ける悦楽として、群疑論巻五（懐感）には三十種の益ありとし、安国鈔には二十四楽を説き、往生要集巻上には十楽を挙げて、浄土を欣求すべきことを明かしている。㈠聖衆来迎楽は、念仏の行者が命終のとき、弥陀・観音・勢至等の来迎引接をうけて大いに喜び自ら生ずること、㈡蓮華初開楽は、極楽に生じおわり蓮華はじめて開くとき、清浄の眼を得て勝妙尊特の依正荘厳を見、歓楽きわまりなきさま、㈢身相神通楽は、三十二相の身を得、天眼等の五神通を具足すること、㈣五妙境界楽は、浄土の荘厳美をきわめ妙をきわめて、色声香味触の五境、すべてみな適悦ならざるなきこと、㈤快楽無退楽は、浄土は不退の処にして、ながく三塗八難の苦を離れ、受楽無窮なること、㈥引接結縁楽は、浄土に生じて神通洞達すれば、心にしたがって世々生々の結縁を引接し、ないし無縁の者ですら極楽に導きよせようとする楽しみ、㈦聖衆倶会楽は、もろもろの聖者とともに互いに言語をまじえ問訊し、恭敬親近することのできる楽しみ、㈧見仏聞法楽は、浄土においては阿弥陀仏を見奉り、深妙の法を聞いて益を得ること、㈨随心供仏楽は、昼夜六時、意にしたがい虚空を飛翔し、十方の諸仏を供養すること、㈩増進仏道楽は、浄土の勝因縁により仏道を増進して無上菩提を証すること。

止悪修善（一三5）　この源となるものは、七仏通戒偈の「諸悪莫作、衆善奉行」であり、観仏三昧経には、不犯持戒・不起邪見・不生憍慢・不恚不嫉・勇猛精進の五事を挙げ、これに金剛般若論による経典の読誦を加えたものを六法という。

往生の階位（一三13）　往生の品位ともいい、念仏行者が極楽浄土に往生すべき階位。往生人の機根は一様ではない。すなわち機根は雑多であり、信心行業など千差万別であるから、自然各人の往生に階位のあるのは止むを得ない。無量寿経が三輩に分ち、観無量寿経に九品の差別をしているのは、その意である。三輩とは上輩・中輩・下輩であり、九品とは上上・上中・上下・中上・中中・中下・下上・下中・下下であるが、これは名数の上の異なりで、三輩をそれぞれ三品に分けたものが九品であるとみるのが法然の見解である。これは曇鸞や善導が三輩九品は全同にして、ただ開合の相異にしかすぎないという説の踏襲であるが、義寂は全同説を否定している。

黒谷（四二2）　比叡山は、東塔・西塔・横川の三塔十六谷に分れ、東塔には南谷・北谷・東谷・西谷・無動寺谷が、西塔には北谷・東谷・南谷・南尾・北尾が、また横川には兜率谷・香芳谷・飯室谷・戒心谷・解脱谷・般若谷などの谷があり、黒谷はそのうちの西塔にぞくし、北谷をやや下ったところに位置している。黒谷は別所として一の浄域を形成しており、ここに在住していた僧には禅瑜・浄意・智空・叡空があり、ともに黒谷上人と呼ばれていた。建久九年にしたためた法然の没後遺誡には黒谷本房を所有していた旨をしるしており、この本房はのち法然から信空、信空から湛空、更に慧尋へと相伝された。定々規式（坂本西教寺文書）の第二条に「黒谷本堂・経蔵・湯屋・慈眼房等、先師上人一円進止之所也」と記され、叡空の房舎と考えられる慈眼房をも譲渡されていることは、法然が黒谷における叡空の的伝者であったことを示している。黒谷に在住していた法然は自ら天台黒谷沙門と名乗っていたらしい。

四教（四二12）　四教に、化法の四教と化儀の四教の二種があり、前者は蔵・通・別・円、後者は頓・漸・秘密・不定に分れ、両者を合して八教という。蔵教とは、蔵は三蔵の意で、小乗を指し、通教は声聞・縁覚・菩薩も通じて受ける教えという意で、四教儀巻一には通とは同なりと釈している。別教とは、三界から解脱した菩薩の法であって、その教理智断行因果は蔵通と別異し、また円教とも別異しているので別教という。円教とは、円は不偏の意である。すなわち因縁によって生成している万法は、すでに因縁生であるから固定的に実在し孤存しているものではない。換言すれば仮有である。仮有であるから空である。空であるといっても厳然と存在しているところからすれば有である。いわば有のまま空、空のまま有であるという中道実相こそ万有の真相である。こうして但空但有に偏しない中道実相の理は、上仏界から下地獄に至るまで、事象のことごとくに具有していると説くのが円教である。

十住心（四二13）　空海が秘蔵宝鑰（ひぞうほうやく）と十住心論に説く思想で、衆生が生まれながらそなえている浄菩提心を開きのべる状態を十種に分けて、心の安住所を求めんとしたもの。十種の住心とは、異生羝羊心・愚童持斎心・嬰童無畏心・唯蘊無我心・抜業因種心・他縁大乗心・覚心不生心・一道無為心・極無自性心・秘密荘厳心で、第一より第九までの住心が顕教であり、第十の秘密荘厳心が真言密教であると説いている。

三身(四七12)　釈尊がなくなったのち、釈尊を追慕する念がうまれて発展した思想。変化身・受用身・自性身をいう。変化身とは、応身仏とも化身ともいい、化益すべき機に応じ、忽然として姿を現世にあらわし衆生を教化する仏身。受用身は報身ともいい、因位の修行にむくい、万徳をそなえることのできた仏で、永遠にして具体的なものである。宇宙の真理を体験した喜びを自らあじわっている位を自受用、他にその法をあたえて受用せしめるのを他受用という。自性身は法身ともいい、無始以来の万法の本体で、永遠な真理のもと不滅なものである。このように三身に分つといっても、それぞれが別体としてあるのではなく、一身の上に三身がそなわっているのである。

戒日(四八17)　悉曇の尸羅阿迭多の訳。中インド羯若鞠闍国の王で、戒日王ともいい、大いに仏教を保護し、文学を奨励したという。五年ごとに無遮大会を挙行し、また婆羅門をも尊敬したといわれ、大唐西域記巻五には、「六年の中に於て五印度を臣とし、既に其の地を広くし、更に甲兵を増し、象軍六万、馬軍十万あり。三十年に垂んとして兵戈起らず、政教和平にして務めて節倹を修め、福を営み善を樹て寝と食とを忘る。五印をして肉を噉ふを得ざらしむ、若し生命を断たば、誅ありて赦すことなし。殑伽河の側に於て数千の窣堵波を建立し、各高さ百余尺あり。五印度の城邑郷聚達巷交衢に於て精廬を建立し、飲食を儲け医薬を止め、諸の羈貧に施し、周給殆からず。聖迹の所には並に伽藍を建つ。五歳に一たび無遮の大会を設け、府庫を傾竭して群有に恵施す。唯だ兵器を留めて檀捨に充てず。歳に一たび諸国の沙門を集会し、三七日の中に於て四事を以て供養す」と記している。

訪生光基(四九1)　訪生と光基かと思うが、訪・生・光・基はそれぞれ別人かとも考えられる。すなわち光・基は玄奘門下の普光・窺基にあてることができるが、訪・生は未詳。訪は神昉かとも思われるがはっきりしない。ともに長らく玄奘に師事して訳経に従事した人らしく、慈恩大師窺基は、「成唯識論述記」二十巻、「瑜伽論略纂」十六巻等の著述をのこしている。

多とは、上一形…(五一8)　多とは一生涯のあいだ念仏を称えることであり、少とは最後の十声・一声の念仏を指したもので、善導は、観経疏玄義分に「一心信楽求二願往生一、上尽二一形一下収二十念一、乗二仏願力一莫レ不二皆往一」と述べ、往生礼讃に「但使下信心求念、上尽二一形一下至二十声一声等一以二仏願力一易上レ得二往生一」といい、法事讃には「種々法門皆解脱無レ過三念仏往二西方一、上尽二一形一至二十念一、三念五念仏来迎」と記しているが、この説は道綽の安楽集に「若能作意廻願向レ西、上尽二一形一下至二十念一無レ不二皆往一」とあるので、恐らくはこの説を受けたものであろう。

即身是仏・一念不生(八三15)　即身是仏は、発心以後三大無数劫等の修行を経ることなく、現身にこの身がそのまま仏になるという意で、即身成仏に同じ。一念不生は、一念生ぜざるところ、すなわち仏境界であるという意。西方直指巻上に「直に阿弥陀仏の四字を将つて個の話頭と做し、二六時中、晨朝十念の頃より直下に提撕す。(中略)前後際断一念不生、階梯に渉らずして頓に仏地に超ゆ。浄土の見仏は宗門よりも簡易なるに非ざるを得んや」と述べているのは、坐禅工夫をこらすよりも、弥陀を憶念することによって一念不生の境地に達するのをいう。

阿字本不生・三密同体(八三16)　密教では阿字を説き、その字義として阿字本不生論を立てている。阿字は文字上からみれば一切の文字の母で、文字の多くはことごとく阿字より生じている。而してこの阿字には有・空・不生の義がある。およそ一切の法は因と縁とが仮に和合して生ずるものであるから、本より定まった自性はない。無自性であるから空である。しかし既に因縁にしたがい、現に生じているからには仮有である。空であると共に仮有であるから非有・非空の中道である。これを阿字の不生の義という。換言すれば、万物の実相は生滅変化する無常の法である反面、生滅変化のない無為のものである。この有為にして無為、無為にして有為の理を阿字本不生という。三密とは身密・口密・意密で、身体の外面にあらわれた行為を身密、言語の作用を口密、精神の作用を意密という。密教では仏の身口意のはたらきを三密、衆生の身口意のはたらきを三業といって区別している。仏はすでに道をさとった聖者であり、三密はたがいに一致して、自ら真理にかない相応して、あい反することはないので同体という。

末法(八八11)　大集経巻五十六は正法五百年・像法一千年・末法一万年説をとっているが、大乗三聚懺悔経は正像ともに五百年、祇園精舎銘論疏巻一末は正像ともに一千年説をとり、悲華経巻七は正法一千年・像法五百年としている。末法はいずれも一万年。正は証の意で、法すなわち宇宙の大真理を証見する時代。この時代には教えも正しく行なわれ、行ずる人もあり、さとりを開くこともできる。像は似の意で、教えもあり行ずる人もあり、正法に似てはいるが、さとりを得るものはいない。末は微の意で、仏の教えのみあって行ずる人もいなければ、ましてさとりを得ることはできない、いわば微劣の時代を末法という。

本願(九五18)　本願に総願と別願とがあり、総願を四弘誓願という。別願はそれぞれの仏が具有する独自の願で、阿弥陀仏の四十八願のごときそれである。しかし、弥陀四十八願というのは、無量寿経に見える説であるが、異訳の無量寿経は四十八願になっていない。すなわち、大阿弥陀経・平等覚経は二十四願、大乗無量寿荘厳経巻上は三十六願、梵本は四十六願、チベット訳の無量光荘厳経は四十九願、悲華経には五十二願を挙げるなど一様ではないが、観無量寿経にも法蔵比丘の四十八願とあることから、わが国での浄土教は専ら四十八願経によるのを立て前としている。

四智(一〇五4)　大円鏡智は、第八阿頼耶識が転じて相応する智に名づけたもの。すなわち阿頼耶識中に蔵されている一切の有漏種を捨てて、一切清浄の無漏の種子円満し、一切を照らして知らざることのないのを、大円鏡が一切の現象を照らし漏らすことのないのにたとえて名づけたものである。平等性智は第七末那識の自我意識が転化して、自他平等の智となり、大慈悲と相応して、衆生のために報土を示現する作用をする。妙観察智は第六意識が転じたとき相応する智で、第六識の分別計度のはたらきをはなれ、一切世界を見るのにさえぎられるものなく、大衆のために説法断疑する智をいう。成所作智は前五識が転じたとき相応する智。前五識はおのおの対象を認識して自在でない点を捨し、一々がみな色声香味触法を縁じ、一切世界の有情を教化し、仏の八相たる生天下天・托胎・出胎・出家・降魔・成道・転法輪・入涅槃の相をあらわして、種々の教化現象をしめす智をいう。

正教…正智(一二三18)　正教・正義は教義一対で、教は表現をなす言語文字をいい、義はその内容。正行・正解は解行一対で、一切の法門を解了する智と、六度十波羅蜜の修行をいう。正業・正智は業智一対で、正しい一切の生活行為を正業、一切智・一切種智など智慧の成就したのを正智という。

了教・不了教(一二四1)　了教は完全円満な教え、不了教は不完全な教えという意で、仏の説いたものを了教、菩薩等の教えを不了教という。しかし、了・不了の内容については経論の説は一定していない。慈恩は法印非印門の了不了、詮常非常門の了不了、顕了隠密門の了不了、言略語広門の了不了の四種に分類しているが(大乗法苑義林章巻一)、ここでいう了・不了は因果門の場合であって、因位の説は不完全であるから不了教、果位の説は完全であるから了教であるという意に用いている。

初地・十地(一二五8)　十地とは十種の地の意で、初地から十地に至る十種に分け、地とは住処とか生成の義に解している。すなわち地はその処に住し、教えをたもち、それが因縁となり果を生成することをいい、旧華厳経巻二十三には「菩薩摩訶薩の智地に十あり。過去・未来・現在の諸仏は、已に説き今説き当に説くべし。この地のための故に、我かくの如く説く。何等をか十とす、一に曰く歓喜、二に曰く離垢、三に曰く明、四に曰く燄、五に曰く難勝、六に曰く現前、七に曰く遠行、八に曰く不動、九に曰く善慧、十に曰く法雲なり。この十地は三世の諸仏、已に説き今説き当に説くべし。我、諸仏の国土にこの十地を説かざるものあるを見ず。何をもつての故に、この十地はこれ菩薩最上の妙道、最上明浄の法門なればなり」と述べている。また瓔珞経には仏の修行の階位を十信(信心・念心・精進心・定心・恵心・戒心・回向心・護法心・捨心・願心)、十住(発心住・治地住・修行住・生貴住・具足方便住・正心住・不退住・童心住・法王子住・

灌頂住)、十行(歓喜行・饒益行・無違逆行・無屈撓行・無痴乱行・善現行・無着行・難得行・善法行・真実行)、十回向(救護衆生離衆生相・不壊・等一切諸仏・至一切処・無尽功徳蔵・入一切平等善根・等随順一切衆生・真如相・無縛無着解脱・入法界品)、十地(歓喜地・離垢地・発光地・焰恵地・難勝地・現念地・遠行地・不動地・善恵地・法雲地)、等覚、妙覚の五十二位に分ち、初地(歓喜地)以上を聖、すなわち菩薩の能化、それ以下を凡(凡夫)となし、十住・十行・十回向の計三十位を内凡とよんでいる。そのため釈浄土二蔵義巻八には初地を甚深自証仏、二地を説戒方便仏、三地を説定方便仏、四地を降魔方便仏、五地を伏外方便仏、六地を神変方便仏、七地を無着方便仏、八地を授記方便仏、九地を善現方便仏、十地を一切法無所有方便仏と称している。

化仏(一三六14)　良忠門下では、名越の尊観は、すでに弥陀が報身であるということは既定の事実であって動かすことはできない。しかし報身には真化の別があるところより、化身を指して化仏といったのであろうと説き(十六ケ条疑問答)、白旗寂恵は、西方の阿弥陀仏が報身であることはいうまでもない。だが仏には三身が具足しているが故に、この下上の機のために第三の化を遣わされたものと説いている(浄土述聞鈔)。また西山の行観は、来迎の体は報身であって、発遣助成のために報をはなれない化仏が授手迎接したもうたものであるといい(選択集秘鈔巻四)、真宗の柔遠は、経の顕説によれば化身、隠説によれば九品亡泯して唯一機となり、化即真に達するが故に化即報であると述べている(錐指録巻六)。

八万四千…妙法蘊(一四〇3)　正法の数は八万四千あり、そのなかにあらゆる妙法が収蔵されているという意。蘊とは積集の意で、妙法をそれぞれの部類にあつめて八万四千に分けたので妙法蘊という。仏教では八万四千の数は、観無量寿経の八万四千の光明・相好とか、維摩経の八万四千由旬の高座というように、種々な事柄の上に用いられている。

五種の蔵(一四〇6)　仏一代の法を五種に分けて摂めるので五蔵ともいう。三論玄義には経・律・論・呪・菩薩、西域記巻九には素呾纜蔵・毘奈耶蔵・雑集蔵・阿毘達磨蔵・禁呪蔵、成実論巻十四には修多羅蔵・比尼蔵・阿毘曇蔵・雑蔵・菩薩蔵に分けている。選択集にある分類は六波羅蜜経によったものである。

善導の所釈の菩提心(一四四12)　法然は各宗それぞれの菩提心があるとし、また「浄土の人師多しと雖も、みな菩提心をすすめて観察を正とす。ただ善導一師のみ菩提心なくして、観察をもつて念仏の助業と判ず」(浄土随聞記)と述べて、菩提心を雑行として廃捨したが、法然には法然独自の菩提心があった。すなわち、逆修説法に「但し善導の意は、自ら先づ浄土に生じて菩薩の大悲願行を満足して後、還つて生死に入つて遍く衆生を度せんと欲す、即ちこの心を以て菩提心と名づく」とあるのが、それである。他面、明恵(摧邪輪)や導空(選択集述疑)は、一般の菩提心と善導の菩提心は同一であると見、往生行として必須的なものであるとし、法然が廃捨したことを難じている。

貞元の入蔵の録(一四五15)　つぶさには貞元新定釈教目録といい、唐の円照が貞元十五(七九九)年撰述したもので、三十巻ある。後漢明帝の永平十(六七)年より貞元十五年にいたる七三三年間に訳出された大小乗の経律論、賢聖集伝等のすべてを収録しており、巻尾に一二五八部五三九〇巻五一〇帙の標目・巻数・異名・紙数を列記し、別に不入蔵目録として密迹金剛力士経以下一一八部二四七巻を付載している。本目録は智昇の開元釈教録の「特承恩旨録」に列記した開元録からもれたものに多少の増補改訂を加え、開元録以後訳出された経典を追加したものである。本文に「六百三十七部二千八百八十三巻」と記しているのは、廬山寺本選択集にも、日蓮の立正安国論にも選択集を引いて、このように記しているので、当初から明記されていた巻数とみてよいであろう。しかし、諸書を徴するに巻数は一定していない。すなわち高麗本大蔵経には、「大乗経六百八十二部二千四百一十三巻」と初めの標数に記されているが、実数は六三八部二四〇一巻あり、黒板勝美氏旧蔵本の貞元入蔵録は初標に「大乗経六百三十七部二千三百八十三巻」とあったといい、正倉院聖護蔵本にも「大乗経六百三十七部二千三百八十三巻一十二帙」とある。特承恩旨録(一一八部二四八巻)から貞元入蔵録に編入すべき大乗経は、大乗経に属しないもの三巻(大乗縁生論一巻・

金剛頂瑜伽中発阿耨多羅三藐三菩提心論一巻・受菩薩心戒儀一巻)、後世の加筆と認められ得るもの二八巻(千臂千鉢曼殊師利経十巻・守護国界主陀羅尼経十巻・本生心地観経八巻)、別立する必要のないもの八巻(大虚空蔵菩薩所問経八巻)を削除した一二一部二〇九巻があり、更に十二紙をもって二巻とする金剛頂瑜伽文殊師利菩薩経をあまりにも紙数が僅少すぎるので、聖護蔵本にならって一巻とすれば、開元入蔵録には五一六部二一七五巻の大乗経を収めているから、これに一二一部二一〇巻を加えれば、六三七部二三八三巻となる。とすれば二八八三巻とあるのは誤記であろう。

説く(一四九1)　廬山寺本には、「問曰、双巻観経二経前後互有二是非一古今諍論。然今得二何決智一定二寿経前説一乎。就中大阿弥陀経与二双巻経一是同本異訳也。然彼大阿弥陀経云、阿闍世王太子和久聞二二十四願経一発願。此観経云、有二一太子一名二阿闍世一。王及太子前後応レ知。如レ此説者観経是前。答曰、二経前後実雖レ難レ知而以二道理一推験。寿経是前説。一仏与二行者一修因感果之理。二云仏身観中念仏衆生之理。三云法蔵比丘四十八大願等之理也。一仏与二行者一理者、双巻経中説二法蔵比丘修因一、及明二無量寿仏感果一。此観経中説二行者定散修因一、及明二九品往生感果一。若夫前不レ聞二仏与レ土。云何後有二修レ因求レ果也。然則次二於弥陀修因感果一、来二于行者修因感果一。故知寿経前説観経後説也。二念仏衆生之理者、念仏之行相細説二双巻経一。此経之中説二定散諸行一未レ説二念仏行相一。若亦双巻在レ前不レ説二念仏一、以レ何得レ知レ有二念仏法一。而寿経中本願為レ首、説二念仏法一有二七所文一。一謂本願文、二謂願成就文、三謂上輩之中一向専念文、四謂中輩之中一向専念文、五謂下輩之中乃至十念文、六謂同輩之中乃至一念文、七謂流通之初一念無上文是也。若念仏法不レ聞二于前一、云何直説二念仏衆生一、故知寿前観後。三法蔵比丘之理者、第七観終云、是本法蔵比丘願力所成。中品下生之中又云、前説二法蔵比丘四十八大願一。若法蔵因名二六八願一事不レ説二于前一、云何能直云二法蔵比丘四十八大願一也。以二此等理一而推二験之一。寿前観後正是明矣。但至三王与二太子一者、妙楽大師云部別見別不レ須二和会一。須レ仰二荊渓独歩之文一。故知観経所説念仏起レ自二寿経一。所以大経是念仏根本。説二本願一故、観経是念仏枝末。依二本願一故。然則雖レ説二定散諸行一非二本願一故、以不二付属一者也」の五七四字が付加され、東宗要巻五にも「広選択云」としてこの文を所収している。選択要決にはこの文は弟子の付加したものであるといい、私集鈔巻八は、「広本は真観房後日初心者のために、聊か勘文を加ふ」として、真観房感西の付加したものであるとしている。

襄陽の石に阿弥陀経を刻れり(一五一16)　王日休の竜舒増広浄土文巻一に、「阿弥陀経脱文」という題下にある文。王日休は襄陽としているが、戒度は襄州竜興寺にあったものであるとし、宋代に季益が襄陽に守官していたとき、この阿弥陀経を得て銭唐に持ち帰り、さらにこれを元照が見て大いに喜び、模刻して霊芝崇福寺の仏殿の後に造立したといっている(阿弥陀経義疏聞持記巻下)。襄陽石刻の阿弥陀経の全文を記した碑が九州の宗像神社にあり、法然の指示にもとづき平重盛が将来したものと伝えているが(小経随聞講録)、真偽は明らかでない。この碑には追刻銘もあるが、阿弥陀経の文は宋代のものと推定されている。

二十五の菩薩(一五五5)　山海慧菩薩経には二十五菩薩ならびに八千の声聞・縁覚などを相手として十種往生の法を述べ、弥陀法門がすすめられているが、この信仰を特に高調しているのは源信であって、往生要集にも見えているが、源信の場合は十往生経による冥加護持の仏・菩薩としてのことであり、来迎仏としてではない。来迎仏として依用するようになったのは平安末期のことで、来迎思想の普及するにつれ、名を源信にかりて民間信仰の上に流布するようになったものらしい。二十五菩薩とは、観世音菩薩・大勢至菩薩・薬王菩薩・薬上菩薩・普賢菩薩・法自在王菩薩・師子吼菩薩・陀羅尼菩薩・虚空蔵菩薩・徳蔵菩薩・宝蔵菩薩・金光蔵菩薩・金剛蔵菩薩・光明王菩薩・山海慧菩薩・華厳王菩薩・衆宝王菩薩・月光王菩薩・日照王菩薩・三昧王菩薩・定自在王菩薩・大自在王菩薩・白象王菩薩・大威徳王菩薩・無辺身菩薩であり、天台霞標巻六十三には源信作としての「二十五菩薩和讃」を挙げている。

一枚起請文(一六四1)　黒谷金戒光明寺所蔵の一枚起請文には標題と「為証以両手印」以下の添書が付されている。しかし、文永十一年了恵が集録し、元亨元年開板した和語灯録には標題に「御誓言の書」とあり、また九巻伝巻七下および四十八巻伝巻四十五には「一枚消息」、存覚の袖日記には「法然上人御起請文」、貞治四年開板の知恩院蔵版本には「黒谷上人起請文」と、それぞれ標題を記しているが、ともに添書は見えない。西方指南抄には、一枚起請文は所収されていない。

一枚起請文の本文を検討すると、源智相承本と、聖光相承本の両本があり、前掲の諸書にみえるもののうち、知恩院蔵版本、四十八巻伝所収本をのぞく諸本は源智相承にぞくするもので、建暦二年正月二十三日授与されたといわれるものである。聖光相承本として最も早く書写されたものは「仮名法語」(徳富蘇峯氏旧蔵)で、鎌倉末期の転写本であるが、聖光に授与した年時は記されていない。

為証以両手印(二六四10)　吉水遺誓諺論に「此は本朝上古の習ひ、大事の証文には、両手を以て印とせり。事は神代より起りて、押手とも云ふ。世に手形と名るの古事なるべし。今、大師一切衆生出離の一大事を決判し玉へる御遺誓なるが故に、叮嚀に両手の印証を用させ玉ひけるなり」とあり、この文によって前文と後文が分れている。即ち後文は添書である。

かうせうのまんだら(二六六15)　迎接の曼荼羅、来迎引接の相を図した曼荼羅の意で、念仏の行者が命終に臨むとき、阿弥陀仏がもろもろの聖衆と共に、飛雲に乗じて来迎し、行者を引接したもう相をえがいた図像をいう。この曼荼羅は、阿弥陀来迎図とか、聖衆来迎図とよばれているものにあたる。建久六年二月九日付の熊谷直実入道蓮生の置文に「上人御自筆御理書并迎接曼荼羅、可成信心事」とみえる曼荼羅は、蓮生が今もなお大切にしておりますといっている語意からしてもこれと同一のものと思われる。

沙門…(二三五2)　法然が源空と記し、花押した後に百九十名の僧たちが署名している。百八十人と記したあとに、九名の僧が名をつらねているので、百八十九名が署名したと考えられがちであるが、七十人代には十一名連署しているので、実数は百九十名となる。源空の次に署名した信空の署名を元仁元(一二二四)年十一月信空の筆写した、京都高山寺蔵の円頓戒戒脈の署名とくらべてみると、「空」という文字のごとき特徴のあるもので、同一人の筆になったものであることは疑いない。その他、奈良興善寺安置の阿弥陀如来像の胎内から発見された欣西から正行房に宛てた消息に見える欣西と七箇条制誡に署名する欣西の筆蹟を比較しても、両者は同一人の筆と認めることができる。したがって七箇条制誡は原本と見てよいであろう。署名は十一月七日から三日間にわたり書かれたもので、七日に信空以下八十名、八日に尊蓮以下六十一名、九日に覚勝以下四十九名が自署している。しかし、この署名のなかには行西の五か所を筆頭に、安西と実念が三か所に名を記し、二回の重出者は観阿弥陀仏以下十八名におよんでいる。これらの人たちが同一人であるか、同名異人であるかについては異説もあり、はっきりしていない。

(一　遍)

名号酬因の報身(二九一10)　南無阿弥陀仏と名号をとなえる者はすべて救ってやるぞという誓願(因願)に酬報して仏となった万徳円満なる仏身の意で、観経疏玄義分には、「法蔵比丘、世饒王仏の所に在して菩薩の道を行じたまひし時、四十八願を発し一々に願じて言く、「もし我、仏を得たらんに、十方の衆生、我が名号を称して、我が国に生ぜんと願じて、下十念に至るまで、もし生ぜずは正覚を取らじ」と。今、既に成仏したまへり。即ちこれ酬因の身なり」と述べている。報身はまた報身仏ともいい、ここでは阿弥陀仏を指す。

一心三千(三〇八17)　一念三千と同義。一念の心に三千の諸法を具する意で、一念はわれわれのおこす現在刹那の心のいとなみ、すなわち極小・極微の世界をいい、三千は三千世界の略で、宇宙全体をいう。三千について、摩訶止観巻五上には「夫れ一心に十法界を具し、一法界に又十法界を具す、百法界なり。一界に三十種の世間を具し、百法界に即ち三千種の世間を具す。この三千は一念の心に在り。もし心なくんば已(や)みなん、介爾(にけ)も心あらば、即ち三千を具す」と説かれている。地獄・餓鬼・畜生・修羅・人・天・声聞・縁覚・菩薩・仏を十法界とし、この十法界のそれぞれが十法界を具有しているので百法界となり、百法界のそれぞれに性・相・体・力・作・因・縁・果・報・本末究竟の十如の意味があるので千如、これに衆生・国土・五蘊の三世間の別があるので、三千となる。極微の一念に三千の宇宙万有が包含され、三千の宇宙万有に極微の一念が透徹しみなぎっていること。別していえば現在の刹那の心のうちに、無数の一切諸法がそなわっているという意。

金剛宝戒章(三三三6)　訓授・釈義・秘決の三章より成り、著者については撰名に「天台黒谷沙門源空草」とあるところから、法然の著述と伝承されているが、古来この撰者の問題については異説があり、慈脱が真撰とみているほかは、大体偽撰説をとっている。三章一類のものであることは既に定説化し、文雄が、秘決章が門人の集記であるとすれば、内実においてあい異なることのない他の二章も当然偽撰であるとし(金剛宝戒章真偽弁)、望月信亨氏も秘決章の偽作説を述べるにあたり、「之を他の二巻に比するに、用語義理互に異ならず。恐らくは通じて一人の手に出でたるものなるべし」(浄土教の研究)とされているが、三書の内容を検討するに、三章はそれぞれ異なる環境と人とによって成立したものらしい。即ち訓授章は授菩薩戒儀にもとづき嵯峨門徒湛空の流れをひく人の手により、釈義章は天台大師を祖師と仰ぐ法流の人の手により、また秘決章は禅に関心をもつ法然の流れを汲む念仏僧により禅浄融合思想の影響のもとに撰述されたものと考えられる。法然の著とする記録は臥雲日件録抜尤の長禄四(一四六〇)年閏九月二十八日の条下に「黒谷法念(ママ)上人製二金剛宝戒章一、専以レ禅為レ本」とあるのが最も古い。

薩達摩芬陀利経(三四一10)　諺釈巻四に「薩達磨芬陀利経トハ、薩ヲ妙ト翻ズ。達磨ヲ法ト翻ズ。芬陀利ヲ蓮華ト翻ズルナリ。覚彦律師法華秘略要妙第一〈九丁〉ニ云ク、弥陀ハ法曼荼羅ノ仏ニシテ蓮花部ノ尊ノ主ナリ。故ニ妙法蓮華経ノ五字悉ク弥陀ノ全体ナリ。又一部ノ文字悉ク弥陀ナリ。然レバ則チ人ニ約スレバ、弥陀果仏観音因菩薩ナリ。法ニ約スレバ法華経ナリ」と述べているように妙法蓮華経のことで、薩達摩芬陀利とは悉曇の語。これに八巻あり、後秦鳩摩羅什の訳にかかる。法華経には総じて六訳あり、三存(正法華経・妙法蓮華経・添品妙法蓮華経)三欠(法華三昧経・薩芸芬陀利経・方等法華経)といわれ、その中に西晋竺法護訳の薩芸芬陀利経があるが、これは歴代三宝紀巻六には「晋太始元年竺法護訳」としているが、出三蔵記集巻二の竺法護訳経の条下には掲げていないので存在が疑われ、薩曇分陀利経を誤伝したものと考えられている。諺釈はさらに語をつづけて、「又寿量品ノ久遠実成ノ無量阿僧祇劫常住不滅ノ無量寿如来ノ実体ナリ。又ハ無量寿命決定如来トモ名ヅク。〈観智儀軌ニ彼ノ真言ヲ説ケリ〉是即チ阿字ナリ。是ヲ大日経ニハ阿字ハ第一命ト説ケリ。第一命ハ無量寿ノ体ナリト云々。飛錫禅師云ク、念仏・法華ハ同ジク仏恵ニ名ヅク。〈宝王論上ノ四丁〉又云ク、法華三昧トハ即チ念仏三昧ナリ。〈宝王論下ノ十二丁〉西山上人云ク、六字名号ハ略法華ナリ。法華八軸ハ広名号ナリ。〈散善楷定十之廿七丁〉法華・念仏同体ノ義カクノゴトシ」と述べている。

他阿弥陀仏(三四八15)　真教。一遍智真の高弟。時衆教団の第二祖として、智真滅後、一度は壊滅の危機にさらされた教団の確立につとめた功労者で、宗内では大上人と呼ばれている。建治三(一二七七)年秋九州を遊行していたとき一遍に随逐し、正応二(一二八九)年八月一遍の入滅後、摂津の粟河で賦算をはじめ、以来十六年間遊行化益したのち嘉元二(一三〇四)年相模国当麻の無量光寺に独住し、法灯を中聖智得にゆずった。真教は和歌をよくし、冷泉為兼・為相・為守(暁月房)らとも交遊があり、玉葉和歌集に一首、夫木和歌集に三十一首おさめられ、彼の和歌集として「大鏡集」がのこされている。元応元(一三一九)年正月二十七日入滅した。寿八十三。

念仏三昧(三七六13)　観仏三昧に対する語。元来は観仏三昧と同様、仏徳を観念したり、仏の色身相好を観じたりする意に用いられていたが、善導が出るにおよび、称名念仏の意に解するようになった。即ち専心に阿弥陀仏の名号を称えることで、称名三昧・口称三昧ともいい、また弥陀一仏のみを称することから一行三昧ともいう。観経に「ただ当に心眼をして見せしむべし、この事を見るものは、即ち十方一切の諸仏を見たてまつる。諸仏を見たてまつるをもつての故に念仏三昧と名づく」とある念仏三昧を廬山の慧遠は憶念とか観念の謂に用い、曇鸞の略論安楽浄土義や道綽の安楽集は称名三昧の意に解している。それが善導に至ると、本願正定業の称名念仏を修することをもって念仏三昧の正意とするに至った。

解説

法然における専修念仏の形成

法然は長承二(一一三三)年、美作《みまさか》国久米南条稲岡荘に生まれた。父漆間《うるま》時国は久米郡の押領使をつとめていた地方官人であり、漆間家は美作での豪族であった。ところが保延七(一一四一)年、時国は稲岡荘の預所《あずかりどころ》明石源内定明の夜襲にあい、たおれて世を去った。押領使は治安の維持を目的とする警察権力であり、預所は現地管理人であったから、荘園の拡大をめぐって、在地豪族の時国と、領主勢力としての定明とのあいだに私情のもつれがあり、対立をうみ、それが原因で夜討をうけたらしい。父を失った法然は、母の弟観覚にひきとられ、住寺菩提寺にしばらくいたが、天養二(一一四五)年叡山に登り、以来北谷の源光や皇円に師事して天台の学を修め、久安六(一一五〇)年西塔黒谷の叡空の室に移った。そして承安五(一一七五)年余行を捨てて念仏に帰し、専修念仏の法門を開いたという。彼は寿永二(一一八三)年の源平の争乱を回顧して「われ聖教《しょうぎょう》を見ざる日なし。木曾の冠者《かじゃ》花洛《けらく》に乱入のとき、たゞ一日聖教を見ざりき」(四十八巻伝巻五)と述べ、また「貧道、山修山学ノ昔ヨリ五十年ノ間、広ク諸宗ノ章疏ヲ披閲シ、叡岳ニ無キ所ノモノ、コレヲ他門ニ尋ネテ必ラズ一見ヲ遂グ、鑽仰年積リ聖教殆ンド尽クス」(一念義停止起請文)と述懐しているように、学問を第一に研鑽につとめるとともに、常に新しい学問にも目をそそいだ。「チカゴロ唐ヨリワタリタル竜舒浄土文トマウス文候」(無縁集巻一)といって、近く中国から渡来してきた『浄土文』を求め、引文されている『阿弥陀経』の逸文によって論をすすめたことがあった。『浄土文』は王日休が南宋の淳熙八(一一八一)年に撰述したものであるから、撰述されてから筆をとるまで、十二、三年しかたっていない。浄土教関係のものには、是非とも目をとおしておきたい、こうした学問に対する真摯な態度が心中をつらぬいていた。常に学問を究め、修行をつんでいた法然にとって、彼の思想は四十三歳の回心《えしん》した時点で固定してしまったわけではあるまい。一度回心して開宗したからには、その思想は不動でなければならない、とする立場からするならば、決して思想的変化はあり得るはずはないが、不断の研鑽と努力をかさね、新しい社会の要求にこたえんとするものを求めようとしている法然にとって、ある場において思想は固定してしまったと考えるのはどうであろうか。恰かも天台大師智顗《ちぎ》が再度入山して思想を錬磨したというように、思想的遍歴があっても不思議ではない。むしろ進み行く過程において思想的推移があってこそ、人間法然といえる。以下かかる視点にたち、『往生要集』を学んで浄土教に志向し、更に南都に遊学して『観経疏散善義』を披閲し、善導の浄土教を学修した時代、あるいはまた、易・勝の教理の追求とか、当時の社会背景からかもしだされる諸事象を通して、選択本願念仏《せんちゃくほんがんねんぶつ》すなわち専修念仏を形成した推移をたどってみたい。

一　天台的浄土教思想受容期

法然が、執拗な敵の追求をのがれ、僧となり、美作国をあとに比叡山に登ったのは、天養二年のことであった。このころ興福寺と東大寺は、それぞれ多くの僧兵を動員して争い、仏法を学ぼうとして登叡した比叡山(山門)にも園城寺《おんじょうじ》(寺門)との対立があった。法然は、父の死を政治的武力的手段によって解決しようとする道をとらず、むしろ受難は宿命であるとあきらめた上で、自己の心的態度の転換に、新しい解決の道を見出そうとして出家した。悪僧・神人の闘諍と強訴、更に水害・飢饉・悪疫がくりかえし、たゆみなくうちつづく。こうした諸現象は、地方の公領や荘園を地盤として興起した武士の出現とあいまち、「末法到来」の絶望感をいだかせ、これらの諸現象を見聞したことによって、浄土教の基調をなす厭離穢土《おんりえど》の教説は、感じやすい青年期の法然の脳裡に切実に体験されていた。したがって、法然は急激な一家没落の悲運を末法の時点にとらえ、厭離穢土を前提として、人生の解決を浄土教に求めようとした。彼の出世した時代は、釈尊滅後「第五ノ五百年、闘諍堅固ノ時」であり、「末法万年ノハジメ」(念仏大意)にあたっていた。正しく「末法にいりて、いまだ百年にみたざる」時代であるが(往生大要鈔)、当時行なわれていた永承七(一〇五二)年を末法第一年とする説にしたがえば、末法百年は法然の二十歳のときにあたっていたので、百年というのは正確な年次計算をした上で算出した数ではない。その当否はさておき、法然の時代は仏滅後二千年を経過して、『大集経』の説そのままに、闘諍堅固の時代に入っていた。現実の世相を見聞するにつけ、そのいちいちが経説に符合することに驚き、いよいよ末法感を深めるに至ったけれども、この末法観念の深化に思想的影響をあたえたものは、最澄の『末法灯明記』であったらしい。それは『十二問答』に「持戒ノ行者ノ念仏ノ数返ノスクナク候ハムト、破戒ノ行人ノ念仏ノ数返ノオホク候ハムト、往生ノノチノ浅深イヅレカスミ候ベキ」という禅勝房の問に対して、法然は「キテオハシマス、タタミヲササエテノタマハク、コノタタミノアルニトリテコソ、ヤブレタルカヤブレザルカトイフコトハアレ。ツヤツヤトナカラムタタミオバ、ナニトカハ論ズベキ。末法ノ中ニハ持戒モナク、破戒モナシ、無戒モナシ。タダ名字ノ比丘バカリアリト、伝教大師ノ末法灯明記ニカキタマヘルウヘハ、ナニト持戒破戒ノサタハスベキゾ。カカルヒラ凡夫ノタメニオコシタマヘル本願ナレバトテ、イソギイソギ名号ヲ称スベシ」と答え、また『逆修説法《げきしゅせっぽう》』に「そもそも近来の僧尼をば、破戒の僧・破戒の尼といふべからず。持戒・破戒を制するは正法《しょうぼう》・像法《ぞうほう》の時なり。末法には戒なし、只名字《みょうじ》の比丘《びく》のみなり。伝教大師の末法灯明記に云く、末法の中に持戒者ありといふは、これ怪異なり。市の中に虎あらんが如し。誰かこれを信ずべき。又云く、末法の中には、ただ言教《ごんぎょう》のみあつて行証《ぎょうしょう》なし。もし戒法あらんには破戒あるべし。既に戒法なし、何の戒をば破らん。何によつてか、尚《なお》破戒あらん、破戒すら尚なし、何《いか》に況んや持戒をや」と述べて、末法観を強くおしだしていることによって知られるが、引文に先だち「末法には戒なし、只名字の比丘のみなり」と示されたことは、当時僧尼と称される人たちが、如何に持戒・破戒の論をはなれた無受戒の名目だけの僧尼であったかを知らせようとしたものであった。「しかるに近来、持戒の僧を求むるに、尚一人として得難し」という世相であったればこそ、『山槐記』の著者中山忠親は『貴嶺問答』に「近代僧俗、飲酒更に制法を知らざるの由」といって歎きもしたが、当時囲碁の興をもって業とし、和琴の曲を調ぶるをもって業としていた僧も数多く存在していたのであり、そのかぎりにおいて戒品を知らないのが、むしろ出家一般の世情であるといった方が妥当なほど、仏教界に人あってなきが如き状態であったという。「戒律に非ざれば六根守り難く、根本を恣《ほしいまま》にすれば三毒起り易し」としながらも、自らの周囲を見渡してみれば、寂として持戒の声なく、「但《ただ》末法沙門のみ無戒破戒ともに自他説く所」と反省せざるを得ず、「如実に受けざると雖も、如説に持《たも》たざると雖も、これを怖れ、これを悲しむ」と言わざるを得なかった。『末法灯明記』の著者については異論のあるところであるが、この書をはじめて紹介したのは法然であり、次いで栄西であった。末法をつとめて早く感受したのは、藤原貴族をはじめとする政権の座にあった人たちである。すなわち『源氏物語』や『枕草子』に映現されたような生活を、何の苦悩もなしに謳歌でき、「海山稼《かせ》ぐとせしほどに、万《よろず》の仏にうとまれて、後世《ごせ》この世を如何《いか》にせん」となげく衆生の生活をよそに、生ける浄土と仰がれた法成寺を建立し、「極楽不審ならば、平等院に参れ」といわれた鳳凰堂を建てて、経典所説の浄土を再現しようとした貴族たちが、財欲のかぎりを尽してなし得た生活。そして一族のなかから左右大臣以下すべての座がもたれた宮廷の生活も、平安の末を迎えるにしたがって、次々にくずされてくる。反面、大旱魃がおこったとき、京の町通りを死者の供養に行ったら、僅かの間に大変な数に出会ったとか、五条の橋下で子供を食べている人を見かけたという悲惨なありさまを見、保元・平治の骨肉相いはむ世相を見聞するにつけて、これが仏説の末法ではないかという意識が誰人の脳裡にもうかぶ。そして戦乱や非社会的行為という世相を通して、これがいわゆる末法の現実相であり、いよいよ末法の身近にせまってきたという印象をつよめ、早く何とかして末法からのがれたいということを、身をもって感ずるようになってくる。それは宮廷の生活において、藤原貴族が政権の座に安住できなくなった時期と軌を一にしている。そこに、新しい社会の要求をみたすにはどうすればよいか、まず自らが救われねばならないことの自覚が目覚めてくるのであり、他面「救世主出でよ」の声が世人の間に出てくる。その場合、僧侶のなかから、現実を逃避することによって、自らの救済の道を求めようとして出現したのが聖《ひじり》であった。いっぽう、往年のごとき自信をもち得なくなった貴族は、現世が意のままにならぬという宿世の自覚、その自覚を基調としてながめた悲哀感ないし無常感におそわれ、現世に心をひかれながらも、死後の永遠の世界を憧憬するようになった。憧憬への媒介となったのは、美的法悦の浄土教であったといえよう。このように、貴族の浄土教への志向と聖《ひじり》の発生が、末法意識を契機として同一時点においてみられ、しかも異なる方向に向っていったことを知ることができる。法然も、師皇円から「速かに大業をとげて、仏家の枢鍵として円宗の棟梁にそなはり給へ」と勧められたにもかかわらず、「我れいま閑居をねがふ事は、ながく名利の望《のぞみ》をやめて、心静かに仏法を修学せんがため」であると述べ（九巻伝巻一下）、隠遁の志をひるがえさなかった。このことは、後日法然が隠遁することによって名利を離れ、真の出家者として『往生要集』に導かれ、『観経疏』を味読し、自己の救済を人生の問題として対決しようとした心念と軌を一にするものであり、ここに法然の聖としての性格が心底にひそんでいたことを知ることができる。黒谷別所から西山広谷に居を移した過程の中に、「下級僧や隠遁聖が天台教団との経済的連繫をたちきることなく、別所的聚落を形成発展せしめた」（吉田清氏稿「源空教団の成立基盤」）背景を考え、しかも横につながる聖としての歩みがあったとするならば、比叡山を後に下山した法然は天台教団と離別しておらなかったであろう。在叡時と下山後の間に相異があったとすれば、それは念仏のみによって往生が可能であるという思想を、『観経疏』により源信より以上に深化したという点であったと思われる。その時期を、法然伝は専修念仏の帰入としてとらえている。「事のはじめ」（伝法絵巻二）、「ひとへに一向専修に帰し」（琳阿本巻三）、「たちどころに余行を捨てゝ、一向に念仏に帰し」（四十八巻伝巻六）などと表現に差こそあれ、門弟たちは承安五（一一七五）年を宗教的回心の記念すべき年と考えていた。回心したからとて、直ちに叡山と訣別し、天台的色彩のすべてをかなぐりすてたわけではなく、むしろ天台学的な浄土教思想を多分に内包していたらしい。この期に法然によって述作されたと推定されるものに、『往生要集釈』をはじめとする一連の『往生要集』に関する末書と、『三部経大意』があった。ともに天台的な内容をもつので同期のものとしたが、『往生要集釈』は在叡時のものであったかも知れない。以下、両書をもとにして、初期の法然の思想を探ってみよう。

善導への志向　平安朝期における往生浄土思想に関する重要課題としては、（一）弥陀の安養浄土と弥勒の兜率《とそつ》浄土との優劣、（二）弥陀浄土の存在性、（三）弥陀浄土の内容、（四）往生人の階位、といった問題があったが、これらの諸問題は平安朝期の浄土教が独自にとらえた論題ではなく、中国・朝鮮の浄土教においても既に論究されていた課題であった。いわば平安朝浄土教は中国・朝鮮の浄土教を先蹤として受容したものであったが、同じ浄土教とはいえ叡山に流伝された浄土教と南都に発達した浄土教とは、それをささえる伝統と受容する学匠により思想史的な展開を試みる場合、二つの異なった方向性がみられた。すなわち叡山浄土教は常行三昧の念仏が中心主流をなしている関係で、これに関連性をもつ、換言すれば受容するにあたって齟齬をきたさないと認められたもののみが、浄土教発展の組織のなかに組み入れられたのであって、『観経疏』としては天台智顗の『観経疏』のみが依拠され、善導の『観経疏』は見向きもされず、善導の著書としては『観念法門』と『往生礼讃』が用いられているにすぎない。良源の『九品《くほん》往生義』をはじめ、静照の『極楽遊意』『四十八願釈』等にも善導の浄土教を受容したであろう形跡をみることはできない。源信に至りはじめて善導の思想が受容されているとはいうものの、『観経疏玄義分』のみであって、『序分義』『定善義』『散善義』には及んでいない。『玄義分』といっても「観経の善導禅師の玄義には、大小乗の方便以前の凡夫を以て九品の位に判じ、諸師の所判の深高なるを許さず」(往生要集巻下大文第十)とある一文のみで、他に見出し得ないのは、源信が善導の『観経疏』を高く評価しておらなかったことを示すものであろう。法然は『往生要集』一部のなかには、理あり、事あり、観念あり、また称名が説かれているけれども、濁世末代の目足であり、頑魯の者にとって解脱し得る方法は「往生極楽の教行」のみであって、念仏に帰することが、『要集』の根本であることを把握した。源信が「顕密の教法は、その文、一にあらず。事理の業因、その行これ多し。利智精進の人は、いまだ難しと為さざらん」(往生要集序)ということに気付いて念仏を高揚したとしても、観念に重きをおく源信によるかぎり、誰人も一人として漏れなく、往生極楽を期することはできない。濁世末代の衆生にして、菩提心を発《おこ》し戒法を遵守して念仏し得るものは何人いるだろうか。しかし、源信が「問ふ、一切の善業は、おのおの利益ありて、おのおの往生を得。何が故に、ただ念仏の一門のみを勧むるや。答ふ、今念仏を勧むるは、これ余の種々の妙行を遮せんとするにはあらず。ただこれ、男女・貴賤、行住坐臥を簡《えら》ばず、時処諸縁を論ぜず、これを修するに難《かた》からず、乃至、臨終に往生を願ひ求むるに、その便宜を得ること、念仏にしかざればなり」と念仏証拠門に、易行としての念仏を示していることは、明らかに称名念仏へと傾斜しつつあったであろうことを暗示している。行住坐臥をえらぶこともなければ、時処諸縁を論ずることもなしに、貴賤男女が往生し得る教法を念仏に求め、その明文として「導和尚の云く、もし能く上の如く念々相続して畢命を期《ご》とする者は、十は即ち十ながら生じ、百は即ち百ながら生ず。もし専を捨て雑業《ぞうごう》を修せんとする者は、百は時に希《まれ》に一二を得、千は時に希に三五を得」(往生要集巻下大文第十)の文に接した法然が、何故に専心に念仏を行じたならば百即百生し、雑業を修するものは百人が中にまれに一、二を得る程度の期待しか得られないのかという疑問を懐いたのは当然である。ここに源信から善導へと歩みをはこんだ所以がある。この文は『往生礼讃』に見えている。法然は『往生要集』を閲読すること三度。一度は何ともなしに読み、再読してもいまだこれだけでは往生は至難であるとみたが、第三返に至って「乱想の凡夫、称名行により往生すべきの道理を得」たという醍醐本『法然上人伝記』中の「一期物語」の記事は、そのまま法然の苦悩の遍歴を語ったものといえる。ここに「往生要集を先達となし、浄土門に入る」(選択集秘鈔巻一)と述懐し、また「余宗ノ人、浄土門ニソノ志アラムニハ、先ヅ往生要集ヲモテ、コレヲオシフベシ。ソノユヘハ、コノ書ハモノニココロエテ難ナキヤウニ、ソノ面《おもて》ヲミエテ、初心ノ人ノタメニヨキ也」(十七条御法語)と述べ、浄土教を志すものの必読書としている所以があり、法然は『要集』を先達として、善導の『観経疏』に接することになった。つづいて「シカリト雖モ、真実ノ底ノ本意ハ称名念仏ヲモテ、専修専念ヲ勧進シタマヘリ。善導ト一同也」(十七条御法語)と述べ、源信の真意を見ぬいて、源信と善導は同一であるとみたのは、『往生要集料簡』に、「私に云く、恵心(源信)理を尽して往生の得否を定むるには、善導和尚の専修雑行の文を以て指南となすなり。又処々に多く彼の師(善導)の釈を引用す。見るべしと云云。然れば則ち恵心を用ゐるの輩、必ず善導に帰すべし」と述べた立場と軌を一にし、源信を通して善導に接し、『往生礼讃』にしめす百即百生の易行念仏の教に入ることができた。すなわち専修念仏への過程に源信がおり、源信を無視しては法然の善導への指向はあり得なかった。そして源信を「善導と一同」であると見、法然また善導の思想に同じく、

「善導は是れ弥陀」であるとした態度をとっているにしても、法然と源信との間には、例えば「弥陀世尊、本発の深重の誓願、光明名号をもつて十方を摂化す。但し信心求念するものをして、上一形《かみいちぎよう》を尽し、下《しも》十声一声等に至るまで、仏願力をもつて往生を得しむ」(往生礼讃)と、仏願力という根本原理が存している。思うに源信教学にあっては凡夫と解脱《げだつ》との間に溝があり、その溝を如何にしてうずめ、名号に深勝性を見いだし、何故名号をとなえるかについての理由は明示されていない。ここに源信から善導への歩みがあり、法然は「恵心理を尽くして往生の得否を定めたまふには、善導・道綽をもつて指南とすべきなり。……しかれば則ち恵心を用ゐるの輩は必ず善導・道綽に帰すべきなり」(往生要集釈、二二頁)と述べ、念仏往生の道を学び修せんとする人は源信の『往生要集』を依用すると共に、善導・道綽の義をもってすることの必要性を強調し、指南とすべきことを教示した。源信の教学を学ぶ輩は、その後必ず善導・道綽の教えをも学ぶべきであるとしたことは、法然が源信を通して善導に、更には道綽に目を向けるに至った体験を語ったものではなかろうか。

万行随一の念仏　源信による場合、五念門(礼拝・讃嘆・作願・観察・称名)を修するのは、穢土を厭離し浄土を欣求するためであり、しかも五念門の中心は作願と観察の念仏であって、観察の念仏は観念と称念とを合したものである。そのなかで源信は観念の念仏を勝れたものとみている。従って源信を先徳とした法然も『往生要集詮要』に「然るに観念と称念と勝劣あり、難易あり。即ち観念は勝、称念は劣なり」と、有相の念仏のなかにも観念が勝であることを認め、「勝劣に依つて、先づ観念を勧むと雖も、難易に約さば、専ら唯《ただ》称念を勧むる」のであるとして、観念は勝なるが故に勧め、称念は易のために勧むることを強調している。この態度は源信の所説の継承であり、天台をはじめとする聖道家の態度でもあった。今、源信の所説に従い、諸行と念仏につきどのように見ていたかについて表示すれば、次表のごとくなる。ここに、当時の人たちがどのように念仏を見ていたか知ることができよう。『要集』の意を徹見した法然は「往生要集の意、称名念仏を往生の至要となす」と見、『要集』当初の要行は七法(大菩提心・護三業・深信・至誠・常念・仏・随願)助成の略、すなわち惣結要行が念仏であるとして称名念仏をすすめているが、この引証となっているのは『往生礼讃』の「百即百生」

所説		念仏	諸行
行	難		○
	易	○	
勧義	多	○	
	少		○
説	正(直弁)	○	
	傍		○
弥陀	自説	○	
	不自説		○
護念	有	○	
	無		○

の文であって、『観経疏散善義』に説く本願念仏の考えは、いまだみえていない。「一目の羅《あみ》は鳥を得ることあたはざれば、万術もて観念を助けて、往生の大事を成ずるなり」(往生要集巻中大文第五)という源信の考えは、『首楞厳院《しゅりょうごんいん》廿五三昧結縁過去帳』に彼が七十二歳まで修した行として「念仏二十倶胝遍、奉読大乗経五万五千五百巻、奉念大呪百万遍、並弥陀不動光明仏眼等呪少々」と挙げた此の中に、万術をもって補助とした行の実行性をみることができる。すなわち一目の羅であっては往生は不可能である。このように、念仏に独立性はなく、補助を得てようやくひとり立ちできる念仏、すなわち七法具足を正意とした念仏が、源信の念仏であった。換言すれば、「称名念仏を以て、往生の至要となす」といっても、源信の念仏は、「ひとりだち」の「すけささぬ」念仏ではなく、菩提心・持戒・三心を具足してこそ価値のある念仏であって、万行随一の念仏にしかすぎない。要するに『往生要集』における実践の本筋はといえば、それはいうまでもなく観察である。従って「初心の観行は深奥に堪へず。十住毘婆沙に云ふが如し。新発意の菩薩は、まづ仏の色相を念ず」(大文第四)といっているのであるが、これによってもなお相好を観念するに堪えないというのであれば、帰命想によるなり引接想によるなりして、一心に阿弥陀仏を念ずるほかはないと、最後の切り札を称念に求めている。観念を修することの至難な凡夫に勧められたのが称名念仏であるというのであるが、それでは称名念仏だけで万事ことたりるかといえば、やはりそれだけでは不充分であり、他の諸行もあわせ修さなければ、完全なものとはいえない。いわば万行ある中の一行が称名であるから、称名は万行同列の一善であり、『要集』には本願念仏の意は、まったく開顕されていない。しからば本願念仏の意が明示されるようになったのはいつのころからであるかといえば、『三部経大意』成立以後のことであったらしい。『大意』には、

オホヨソ、ソノ四十八願ハ、アルイハ無三悪趣トモタテ、不更悪道トモトキ、或ハ悉皆金色トモイヒ、無有好醜トモ

チカフ。ミナコレ、カノ国ノ荘厳、往生ノノチノ果報ナリ。コノ中ニ、衆生ノ彼国ニムマルベキ行ヲタテタマヘル願ヲ、第十八ノ願トスルナリ。……オホヨソ四十八願ノ中ニ、コノ願コトニスグレタリトス。ソノユエハ、カノ国《クニ》ムマル、衆生ナラバ、悉皆金色ノ願モ、無有好醜ノ願モ、ナニ、ヨリテ成就セム。往生スル衆生ノアルニツケテコソ、身ノイロモ金色ニ、好醜アルコトモナク、五通オモエ、三十二相オモ具スベケレ。コレニヨリテ、善導釈シテノタマハク、「法蔵比丘、四十八願ヲタテタマヒテ、一一ノ願ニミナ、若我得仏、十方衆生、称我名号、下至十声、若不生者、不取正覚」ト云々。(二四頁)

と述べ、第十八願は衆生の救われる根本の本願であって、他の四十七願はみな第十八願のために存するのであり、四十八願中では第十八願が殊にすぐれているものと見ている。そのかぎりにおいて、『往生要集釈』は、在叡時のものであったといえよう。しかし、善導を仰信しているからには、『要集』の末疏のなかに、たとえ明記はなくとも第十八願重視の傾向は存在していたかも知れない。下山後間もないころの法然にとって、第十八願は「名号ヲモテ因トシテ、衆生ヲ引摂セムガタメニ、念仏往生ノ願ヲタテタマ」(二七頁)うたものと見たのであり、凡夫往生の可能であることを示すための文証として第十八願を重視したのであるが、それは「上ノゴトク念念相続シテイノチオワルヲ期トスルモノハ、十ハスナワチ十ナガラムマル。ナニヲモテノユヘニ。仏ノ本願ト相応スルガユヘニ」(三一頁)の「仏ノ本願」が第十八願にあることを開顕したからである。その意味からすれば、少なくとも下山後の法然は但信称名の行者であったといえよう。

かつて法然が乗願の「色相観は観経の説也。たとひ称名の行人なりといふとも、これを観ずべく候か」との問に対して、「源空もはじめはさるいたづら事をしたりき。いまはしからず、但信の称名也」(和語灯録巻五)と述懐しているのは、但信称名の行者となった法然においてさえ、観念を主とした修行の時代のあったことを物語っているのであるが、このことが在叡時の法然を意味しているとすれば、観念を修するのは当然なことであって、「いたづら事」ではすまされないはずである。「はじめ」といい、「いま」というのは対句となっており、「いたづら事」をした初めというのは、『往生要集』に導かれ、観念もあれば称念もある、従って観念も行じてみたし、称念も懸命に修してみた、あれもやればこれもやってみたという時期を指しているものとみれば、その時期は下山時を意味しているのではあるまいか。すなわち専修念仏に入った直前の心的彷徨の時代であったから、「いま」となっては「さるいたづら事」として捉えることができたのであろう。そこには誰人もが通らなければならなかった遍歴があったのであり、苦悩にみちた遍歴があったればこそ、専修念仏という美しい実が結ばれたのであった。しかし『往生要集』の末疏を撰述するにあたって、法然とて『要集』の真意を伝えたいという意図があったと思われるから、著しく『要集』の意に反したものを講述することはなかったであろう。とすれば、『要集』の末疏に記されたものは、源信の祖述であったという見方もできる。その場合『三部経大意』に示された、第十八願を念仏往生願とし「コノ願コトニスグレタリ」とした態度こそ、専修念仏に帰入した当初の思想であったろう。

阿弥陀仏とその浄土　七法を完具して、弥陀の救済を受けることができたとしても、良源の『極楽浄土九品往生義』によれば、第十八念仏往生願よりも第十九来迎引接願がよりすぐれ、現実はどこまでも穢土であって厭いすてなければならず、目的とするところは極楽浄土への往生である。『往生要集』中、本願思想が最も強調され端的に表示されているのは、大文第六別時念仏の第二臨終の行儀である。ここに第十九願と第二十願が引文され、来迎引接が示されている。更に大文第二欣求浄土にも、浄土の十楽を挙げて極楽浄土を讃美しているが、その第一に聖衆来迎楽を挙げ、「弥陀如来、本願を以ての故に、もろもろの菩薩、百千の比丘衆とともに、大光明を放ち、晧然として目前に在します。時に大悲観世音、百福荘厳の手を申《の》べ、宝蓮の台を擎げて行者の前に至りたまひ、大勢至菩薩は無量の聖衆とともに、同時に讃嘆して手を授け、引接したまふ」と述べ、また「その時の歓喜の心は言《ことば》を以て宣ぶべからず」といっているのも、阿弥陀仏をして彼土救済の仏と見ていたからである。聖衆来迎については良源も『九品往生義』に説述しているが、ここに説かれている聖衆来迎は『観経』の所説に従ったもので、九品各別に来迎のあり方を異にしているということを前提に、真仏が来迎するのは中品中生までで、中品下生以下のものは化仏の来迎、下品下生は単に日輪がでるにすぎないとしている。勿論『九品往生義』

は観経九品段の注釈であるから、九品各別の生因得果に相異を見ようとするのは当然であり、従って来迎の在り方にも相異があるのは必然であるが、それにしても良源が九品に詳細な説明を附与しているのは、彼の関心が機類に応じた生因得果にあったからであろう。ここに『九品往生義』における来迎思想の特色がみられるが、良源の教えをうけた源信は、機類に応じて異なるということについては、殆んど関心を示していない。すなわち「上品の人は、階位たとひ深くとも、下品の三生、あに我等が分にあらざらんや」(往生要集巻下大文第十)といい、「観経の善導禅師の玄義には、大小乗の方便以前の凡夫を以て九品の位に判じ、諸師の所判の深高なるを許さず。また経・論は、多く文に依りて義を判ずるものなり。今、経に説く所の上三品の業、なんぞ必ずしも執して深位の行とせんや」(同上)といっているように、源信にとり九品それぞれの相異は問題ではなく、凡夫にとって往生が可能であるかどうかということにこそ主眼があった。九品各別の往生の相違をあまり問題としなかったために、自然来迎の在り方にしても、品位によって異なることは問題にしていない。いずれにせよ、良源・源信がともに来迎の引接を重視していることは、第十九願を第十八願よりも重んじていたことを意味し、ここに平安浄土教の特色を見ることができる。

今、仏身仏土の価値観について、法然はどのように見ていたかを一瞥すれば、

弥陀如来・観音・勢至・普賢・文殊・地蔵・竜樹ヨリハジメテ、乃至カノ土ノ菩薩・声聞等ノソナヘタマヘルトコロノ事理ノ観行、定慧ノ功力、内証ノ実智、外用ノ功徳、スベテ万徳无漏ノ所証ノ法門ミナコト〳〵ク三字ノ中ニオサマレリ。スベテ極楽世界ニイヅレノ法門カモレタルトコロアラム。シカルヲ、コノ三字ノ名号オバ、諸宗オノ〳〵我宗ニ釈シイレタリ。真言ニハ阿字本不生ノ義、八万四千ノ法門阿字ヨリ出生セリ。一切ノ法ハ阿字ヲハナレタルコトナシ。カルガユヘニ功徳甚深ノ名号ナリトイヘリ。天台ニハ空・仮・中ノ三諦、性・縁・了ノ三法義、法・報・応ノ三身如来ナリ、所有ノ功徳莫大ナリトイフ。カクノゴトク諸宗オノ〳〵ワガ存ズルトコロノ法ニツキテ、阿弥陀ノ三字ヲ釈セリ。(三部経大意、三三頁)

といって、阿弥陀を宇宙の真理、三身仏格の根本統一体として観ずる方法を示している。この考えは既に日本天台等において論じられたところであって、法然にはじまるわけではなく、また特色でもない。源信が『正修観記』(巻中)に阿弥陀の三字を三仏に配し、三諦中には一切法を摂しているのであるから、阿弥陀の三字には二千三百九十五巻の大乗経、六百八十巻の小乗経、五十五巻の大乗律、四百四十一巻の小乗律、五百十五巻の大乗論、六百九十五巻の小乗論、五百九十三巻の賢聖集法門、金剛界の一千四百五尊、胎蔵界の五百三尊、蘇悉地七十三尊を備うといい、阿弥陀の三字を唱うれば一万三百二十四巻の一切聖教、また一千九百八十一体の聖衆の名を唱うることになるといっているのも、更に『観心略要集』に「夫《そ》れ名号の功徳は莫大を以てす。所以《ゆえ》に空仮中の三諦、法報応の三身、仏法僧の三宝、三徳、三般若、かくの如き等の一切の法門は悉く阿弥陀の三字に摂す。故にその名号を唱ふれば、即ち八万の法蔵を誦し、三世の仏身を持するなり」と述べているのも、弥陀統一の仏陀観を示しているにほかならない。他面『正修観記』に「来迎引接の誓願は独り弥陀にあり、十方浄土の荘厳悉く極楽に集まる」として聖衆の来迎を憧憬しているのは、平安浄土教の特色を示したもので、法然また『往生要集詮要』に、称念に三想あるなかに「引接想をもつて、その要となす」といっていることをもってすれば、法然初期における法然の思想は、源信の伝灯をうけついだものということができよう。すなわち法然は阿弥陀を宇宙の真理、三身仏格の根本統一体と観じたのであり、この態度が源信の教学を継承したものとすれば、正報(有情)の所住する国土(依報)に関してはどのように見ていたのであろうか。これに関する法然の所徴は見当らないが、源信が「報の浄土に生ずる者は極めて少く、化の浄土の中に生るる者は少からず」(往生要集巻下大文第十)と述べているところからすれば、凡夫の称名劣行なるものは化土往生であるとみていたのではあるまいか。

人間としての善導　源信教学からはなれて念仏をはげむことになった法然が依拠したのは善導であったが、時に善導に対してどのような態度をもってのぞんでいたのであろうか。源信は、天台宗のわく内に生活した僧であったから、あくまでその宗の祖師に傾倒したのであって、『要集』に引文した典籍中、智顗のものが懐感についで最も多く二十三回に及んでいるのはその現われであり、善導は十六回にすぎない。懐感の『浄土群疑論』が多く引用されていることは、本書が浄土教関係のものであるから異論はないとしても、智顗の場合、主体をなしているのは『十疑論』『摩訶止観』『法華文句』など直接的には浄土教に無関係のものである。ここに天台末徒としての源信の態度をみることができよう。善導の『観経疏』はただ一文引用されているのみで、他は『往生礼讃』と『観念法門』である。この両書は善導教学そのものを示すというよりも、叡山浄土教の主流をなす常行三昧の念仏のささえとしての論著であったから、源信にとって、善導は仰ぐべき師としてではなく、自著の論証をささえるものとして依用したにすぎない。とすれば法然が、「恵心を用ゐるの輩、必ず善導に帰すべし」と述べ、必ず善導に帰依して浄土教の真意をさぐるべきであるとしているのは、明らかに法然の立場を示したものといえよう。『三部経大意』には「阿弥陀如来、善導和尚トナノリテ、唐土ニイデ、ノタマハク」として、

如来出現於五濁　随宜方便化群萌　或説多聞而得度　或説少解証三明
或教福慧双除障　或教禅念坐思量　種種法門皆解脱　無過念仏往西方
上尽一形至十念　三念五念仏来迎　直為弥陀弘誓重　致使凡夫念即生

の偈を挙げ、阿弥陀如来が「善導和尚トナノリ」出世した旨を記しているが(三六頁)、この場合の善導は阿弥陀如来の生まれかわりとしての善導であり、化身としての善導ではない。このように法然が善導に直参して祖師と仰いだとしても、それは善導一師のみであって、善導の上に法系をたどるが如きことはなかったらしく、いまだ浄土五祖観は確立されていない。法然にとって、善導を高く評価しているのは、源信に先行する人師としては善導のみが、自らの思想形成の上に役割を果したと判断したからであったが、『往生要集釈』には「しかれば則ち恵心を用ゐるの輩は必ず善導・道綽に帰すべきなり。これによつて先づ綽禅師の安楽集を披《ひら》いて、これを覧《み》て聖道・浄土二門の仏教を分ち釈するなり。次に善導の観経の疏見るべし」(二二頁)と述べ、善導に加えるに道綽をもってしている。そして『安楽集』と『観経疏』が浄土教思想を理解する上に重視すべきことを説述しているのは、道綽—善導という法系を自らの上に加えようとしたために外ならない。

道綽の『安楽集』はすでに『往生要集』にも十回におよぶ引文があるので、『要集』を通じて善導同様道綽にも接近するようになったのであろう。曇鸞の『往生論註』は、『要集』にも引文されなければ良源の『九品往生義』にも引用されていない。だから、法然における見解は専ら『往生要集』に依拠していることが知られる。このとき、もし道綽・善導をはじめとする数多の、いわゆる五師の著述を依用したとすれば、五師の法系をたどり「道綽・善導等」という表現をとったであろう。しかし、ここには「等」の語はみえない。等の語のないのは、法然の浄土教思想が道綽・善導の二師にのみ影響されていたことを物語っている。

二　浄土教思想確立期

法然をして専修念仏に帰入せしめた善導の念仏説の独自性は、阿弥陀仏が衆生救済のために発願された四十八願のなかの第十八願にもとづき、称名念仏を正定業《しょうじょうごう》として専修《せんじゅ》を説くところにあった。法然が『往生要集』から善導にあゆみをすすめ、「専《せん》」「雑《ぞう》」の問題を解決した端緒となったのも、第十八願の発見にあったのであり、『三部経大意』には第十八願について、第十八願以外の四十七願は衆生が浄土に往生してのちに得る果報に対する願であるけれども、その果報をうけるために衆生を往生せしめようとするのが第十八願である。それ故に他の四十七願はこの願をふまえてこそ、その意義が発揮されるのであり、従って第十八願は四十八願の根本であるとみている。すなわち法然は、『往生要集』を通じて機根にかなった教法として称名念仏を把握し、さらに善導により称名念仏が阿弥陀仏の衆生救済の本願に誓われた行法であることを知り、往生の得否について決することができた。

しかし、称名念仏を把握したといっても、「衆生コレヲキヽテトナヘバ、生死ヲ解脱セムコト、ハナハダヤスカルベシトオボシメシテ、コノ願ヲオコシタマヘリ。曠劫ヨリコノカタ、諸仏ヨニイデヽ、縁ニシタガヒ、機ヲハカリテ、オノ〳〵群萌ヲ化シタマフコト、カズ塵沙ニスギタリ。アルイハ大乗ヲトキ小乗ヲトキ、或ハ実教ヲヒロメ権教ヲヒロム。機縁純熟スレバミナコトゞヽクソノ益ヲウ」(三部経大意、三五頁)と述べているように、称名念仏はあくまで末法の世に通ずべき行法であって、末法の罪悪生死の凡夫には機縁純熟しないために、修しやすい称名念仏を修せしめるのであるとしている。『往生要集』には観念と称念とを対比して、観念は勝であるが難、称念は易であるが劣であるとする義が述べられているが、法然は易の義は明示しているが、称名をもって劣行であるとはしていない。むしろ「三世ノ諸仏モイマダカクノゴトキノ願オバオコシタマハズ」(三部経大意、二五頁)という語のうちには、三世の諸仏すらこのような勝《すぐ》れた願はおこさなかったのではあるまいかという意がふくまれていたと考えられるから、勝の義は内在していたとみてよいであろう。しかし、何が故に勝であるかについては言及していない。思うに『三部経大意』に勝であるとしているのは、末世に流通する行法としては、第十八願は称名念仏を行ずるものの救済を誓った願であるから、末法の凡夫の救済という点では他の行法に比して、勝れているとみたのであろう。

およそ第十八願が浄土宗義史上重要な本願としてとりあつかわれるようになったのは曇鸞からであり、彼は第十一・第十八・第二十二の三願を挙げ、これを証拠として速疾成仏する所以を述べ、第十八願を高調しているが(往生論註巻下)、第十八願の内容そのものについての曇鸞のもち得た考え方は明らかでない。曇鸞は乃至十念について、「念といふは、此の時節を取らざるなり。但し阿弥陀仏を憶念するを、若しくは総相、若しくは別相、観念する所に随つて心に他想なく、十念相続するを名づけて十念となす。但し名号を称ふるも、亦復《またまた》かくの如し」(往生論註巻上)と述べ、念とは憶念することであり、また一義として「名号を称する」ことを念というのであるとしている。これが道綽に至ると、「大経に云く、若し衆生ありて、縦令《たとい》一生悪を造るとも、命終の時に臨んで十念相続して我が名字を称せんに、若し生ぜずは正覚を取らじ」(安楽集巻上)といい、称名の義はやや明瞭となるけれども、本意は「或いは仏の法身を念じ、或いは仏の神力を念じ、或いは仏の智慧を念じ、或いは仏の毫相を念じ、或いは仏の相好を念じ、或いは仏の本願を念ず。称名また爾《しか》なり」(同上)と述べ、念と称とを区別し、憶念と称名とをあわせたすがたが本願であると解している。その後、善導は第十八願を「若し我成仏せんに、十方の衆生、我が名号を称するに下《しも》十声に至り、若し生ぜずは正覚をとらじ」と書き改めて称名念仏を願体としていることを明示し、念仏によって凡夫が得脱しうる根拠を易という立場において把握した。「但し能く上《かみ》一形を尽し下《しも》十念に至るまで、仏願力をもつて、皆往《ゆ》かざるといふことなし。故に易と名づくなり」（観経疏玄義分）といい、「すなはち衆生の障り重く、境細に心麁なれば識颺り神飛んで、観成就し難きなり。これをもつて大聖悲憐して直ちに勧めて、専ら名字を称せしむ。正《まさ》しく称名は易きに由るが故に相続して即ち生ず」（往生礼讃）といっているのも、称名が易なる所以を明示したもので、称名念仏を易行とする思想は浄土教理史においては伝統的なものであって、源信も念仏を易行として認めている。とすれば法然が「イマコノ宗ノコヽロハ……スベテ一切ノ万法ヒロクコレニオサムトナラフ。極楽世界ニモレタル法門ナキガユヘナリ。タヾシ、イタク弥陀ノ願ノコヽロハカクノゴトクサトレトニハアラズ、タヾフカク信心ヲイタシテトナフルモノヲムカヘムト也」（三四頁）といっているかぎり、『三部経大意』成立時の法然の思想は、源信の思想につながり、ひいては旧教団の念仏思想からはずれてはいなかった。この段階に法然の思想がとどまっているかぎり、旧教団よりの弾圧が法然ないし彼の教団に向けられることはなかったはずであるが、その弾圧が加えられたのは法然の思想のあゆみ、すなわち専修念仏説の形成と、それにともなう反律令的行為に原因があった。しからば法然の思想は第二期に入って、どのようにかわったのであろうか。この期の撰述と推定されるものに、文治六（一一九〇）年二月、東大寺で講説した「三部経釈」（『無量寿経釈』『観無量寿経釈』『阿弥陀経釈』）がある。以下「三部経釈」を中心に彼の思想を考えてみたい。

浄土教の位置づけ　先ず法然は浄土教の位置づけを試みるにあたり、その標準を法の優劣の面からながめようとして、約機教判、すなわち頓漸判《とんぜんばん》を用いた。『無量寿経釈』に、

「立教開宗」とは、また分つて二とす。一には諸宗の立教の不同、二には正しく二教を立つ。……二に「正しく二教を立つ」とは、綽禅師の意、略して二教を立てて、もつて仏教を判ず。一には聖道の教へ、二には浄土の教へなり。一に聖道の教へとは、もしは小乗、もしは大乗、もしは顕教、もしは密教の中と云々。二に浄土の教へとは、小乗の

中には全く浄土の法門を説かず、大乗の中には多く往生浄土の法を説く。これを名づけて浄土教と謂ふ。今この経は正しくこれ浄土の教へに摂す云々。……天台・真言皆頓教と名づくといへども、惑《まど》ひを断つが故に、なほこれ漸教なり。いまだ惑ひを断たず、三界の長迷を出過するが故に、この教へをもつて頓中の頓とするなり。（四三頁）

とあるのがそれであり、法然にして頓漸判を依用するようになったのは、いつのことであったかははっきりしていないが、管見によれば『無量寿経釈』が最初であったらしい。もしこれが初見でないにしても『逆修説法』や『選択集』には聖浄二門判を用いているので、初期の教判が頓漸判であったことは認めてよかろう。法然によれば、天台・真言では即座にその身そのままの姿で成仏するというけれども、実際それは不可能である。不可能だとするならば、結局それは漸教でしかない。それに対して浄土の法門は、『無量寿経』に「横に五悪趣を截《き》る」といい、曇鸞が「煩悩を断ぜずして、涅槃分を得る」と述べているように、念仏をとなえることにより、直ちに往生の当初において全面的に煩悩を断じ解脱し得るから、浄土教こそ大乗の頓教中の実際的頓教であると主張したのである。この説は善導の『観経疏玄義分』の二蔵二教判によったものらしい。彼は浄土教が菩薩蔵頓教の摂であることを説き、その教法としての優勝性を明示したが、いまだ頓教中における浄土教の地位を明らかにしていないうらみがある。しかるに法然は二蔵二教判を手がかりとして、漸教・頓教・頓中頓の教判を立て、真言・天台等の諸宗を漸教、浄土教をもって「三界の長迷を出過するが故に」頓中の頓であると見た。

本願念仏から選択本願の念仏へ　法然が源信を契機として、善導浄土教へ転進した当時の念仏観は、四十八願のなかに第十八願が「コトニスグ」れているという立場をとり、王本願という位置にまでは達していたが、第二期に入り選択の義がより明瞭となってきた。良忠が師聖光より伝え聞いた言葉として「故上人云く、諸師文を作るに、必ず本意一あり。一には恵心（源信）因明直弁《じきべん》の義を立て、善導本願念仏の一義を立て、予選択の一義を立てて選択集を造る」（西宗要聴書本）と記録しているところに従えば、選択こそは法然の発見した思想を表現した語とみてよいであろう。この選択の語が法然語録の上にあらわれてくるのは「三部経釈」がはじめであり、そのなかで『無量寿経釈』には「選択とは、即ちこれ取捨の義なり。

謂はく、二百一十億の諸仏の浄土の中において人天の悪を捨て、人天の善を取つて、国土の醜を捨て、国土の好を取るなり」(四五頁)と述べ、『阿弥陀経釈』にも「諸行中念仏を選択し、もつて旨帰となす。先づ双巻経の中に三つの選択あり」と述べて、もろもろの行の中から念仏を選択したといっている。

仏身と仏土　浄土教理史上、三身仏格論の上から阿弥陀仏の仏格を考えようとしたのは隋代以来のことで、曇鸞の教学には特に仏格論としての論議はないようである。彼は『大智度論』によって、法性法身と方便法身の二種の仏身を明かしている。しかし、それはいずれの仏についても同様にいえるものであって、仏格論上の問題ではなかった。しかるに阿弥陀仏を低い次元であがめていた教学の隆盛時隋代に出世した道綽は、「阿弥陀仏は是れ化身、土また是れ化土」(安楽集巻上)といって当時仏格論が問題になっていたことを記してのち、これを「大失となす」と評し、「弥陀は是れ報仏、極楽宝荘厳国は是れ報土」と断定し、『大乗同性経』によって、これを証明している。この思想をうけた善導は「是れ報にして化に非ず」(観経疏玄義分)と断じて、化身と判じた浄影の説を破するに、浄影の論理を逆観して弥陀報身説を高調したのである。つまり、『大乗義章』に三身の釈をなし、報身は無量の修行に報いてあらわれたもうた仏であるから、報身といったのであるという浄影の説をとらえて、阿弥陀仏は四十八願をおこし、修行を成就して仏となりたもうた酬因の身であるから、当然報身仏格でなければならないと論じたのである(石井教道氏「浄土の教義と其教団」)。法然もこの説をうけ、「報身とは前因に報《むく》いて感得するところの身なり」(無量寿経釈、五七頁)といい、また「およそ万行の因に答へて万徳の果を感ずること、依因《えいん》感果《かんか》、華の果を結ぶが如し。業《ごう》に酬いて報を招く、響きの声に随ふに似たり。これ則ち法蔵比丘の実修の万行に酬いて、弥陀如来実証の万徳を得たまへる報身如来なり」(同上、五八頁)と述べている。『無縁集』(巻一)には「今且ク真身ト化身トヲ以テ、弥陀如来ノ功徳ヲ讃嘆シ奉ルベシ。此レ真化ノ二身ヲ分ツ事ハ、双巻経ノ三輩ノ文中ニ見タリ」とあって、一見三身仏格論のように見えるが、報身・化身の意にほかならない。すなわち「真身トイフハ真実ノ身」であり、「弥陀如来ノ因位ノトキ、世自在王仏ノミモトニシテ、四十八願ヲオコシテノチ、兆載永劫ノアヒダ、布施・持戒・忍辱・精進等ノ六度万行ヲ修シテ、アラハシタマエル」「修因感果ノ身」、すなわち報身である。また化身は「無而欻有ヲ化ト云ヒ、則機ニ随ヒ時ニ応ジテ、身量ヲ現ル事大小不同ナリ」と述べているように、種々の身をあらわして衆生を救いたもう故に化仏である。この化仏を摂取不捨の化仏、来迎引接の化仏などと名付けている。元来阿弥陀仏は報身であることを原則として、化身を現じたもうとみ、四十八願満足して成就した国土を報土とみるのが、この期の仏身仏土観であって、この思想は善導そのままの思想を継承したものであった。

善導は三昧を発得した人師　善導に直参し、善導の思想を摂取して傾倒した法然は、善導をどのようにみていたのであろうか。これについて『阿弥陀経釈』に「唯、浅く仏意を探り、疎聖訓を窺ひ、三昧発得の輩に任せて一分往生の義を宣《の》ぶ。愚見誠に敏ならず、深理何ぞ当るべきや。何《いか》に況んや章疏有りと雖も、魚魯迷ひ易し。疏釈有りと雖も、文字見ること難し。善導に遇はずは、決智生じ難し。唐方に訪はざれば、遺訓了《おわ》り難し。然れば則ち三経講讃の仁に応じて、三日講讃の会《え》を開きたまふこと、譬へば魚鱗の層雲の上に登るが如し。何ぞ通尽の力あらんや」といい、また「善導は是れ三昧発得《さんまいほっとく》の人なり。道において既に証あり」と述べて、三昧発得した善導とみている。三昧とは「心を一つの対象に集中して散り乱さないこと」であり、それを発得するというのは「修行によってその境地に入り、仏などの聖境を眼前に観想する」ことであるから、三昧発得は、人間として今世において到達し得る絶対の境地といえよう。従って、三昧発得という宗教的体験を得たものは、人師として尊敬にあたいする人と見なされるのであり、法然が善導によったのも、善導が三昧発得の人であるところに原因があった。それは「浄土の祖師、その数また多し。謂く弘法寺の迦才、慈愍三蔵等是れなり。何ぞ彼ら諸師によらずして、唯善導一師のみ用ゐるや」の問いに、「此等の諸師、浄土を宗とすと雖も、いまだ三昧を発《おこ》さず。善導和尚は三昧発得の人なり」と答えていることによっても明らかである。法然は更に、懐感も三昧発得しているけれども、善導の弟子なるが故に用いない、もし師をもってすれば、何故道綽をもってしないのかと問いつめられて、「道綽禅師は、是れ師と雖も、いまだ三昧を発さず。故に自ら往生の得否を知らず」と述べ、三昧発得の行者にあらずと断定し、『新修往生伝』に伝える「行道七日にして、花萎悴せずは、即ち往生を得」の問答をもって、証拠としている。これをもってすれば、法然が三昧発得を宗教体験の成否の標準としたであろうことが推測される。思うに三昧発得は法然にとって、望むべき理想像であったと見てよいであろう。

法然が望むべき理想のすがたを三昧発得とみ、善導を「三昧発得の輩」とあがめたとしても、あくまで法然は善導を、修行によって三昧の境地に到達した人であるとみている。そのかぎりにおいて、法然は念仏三昧に重きをおいていたといえよう。法然は「若念仏者より下《しも》生諸仏家に至る已来は、正《まさ》しく念仏三昧の功能《くのう》超絶して、実《まこと》に雑善をもつて比類となすことを得るに非ざることを」という『観経疏散善義』の文を引き、雑善に対比して、念仏を讃嘆する所以を明かし、更に「往生の教への中に、念仏三昧は是れ惣持の如く、また醍醐の如し。また念仏三昧は醍醐の薬にあらずは、五逆深重の病、甚だ治しがたしとなす」(観経釈)といい、また「念仏三昧は重罪なほ滅す、何《いか》に況んや軽罪をや。余行はしからず。或いは軽を滅することありて、重をば滅せず。或いは一を消することありて、二を消さず。念仏はしからず、軽重兼ねて滅す、一切遍く治す。譬へば阿伽陀薬の遍く一切の病を治するが如し。故に念仏をもつて王三昧となす」(同上)と述べて、弥陀は常念を説き、日に一万遍の念仏を相続すれば来迎にあずかることができるという経文の意と、『観経疏』によって、念仏三昧は五逆の重罪さえ消滅することのできる往生の正定業であると説いている。法然が、この念仏三昧を正受し、修行して三昧を発得した人として善導をみたのは、法然自身の体験が裏付けとなってからのことではなく、恐らく『観経疏』を通しての、所謂文にもとづく観念的な展開であったろう。

相承血脈の法を否定　およそ人格的宗教においては、宗祖の伝灯を重んじて、その背景を権威づけようとするのみでなく、時間的に悠久性を誇ろうとしている。ここに血脈とか伝灯口訣を重んじようとする意図がある。法の伝授に内証と血脈の二面があり、ともに法灯の正しいことを明確に示すことが主眼であることはいうまでもないが、伝灯こそは教団存立の上に不可欠の条件であった。従って古来より血脈相承が重視されきたったのである。例えば最澄が「内証仏法相承血脈譜」

を示し、章安の筆録にかかる『摩訶止観』のはじめに、金口相承と今師相承を挙げているのも、また空海が『広付法伝』『略付法伝』をものしたのも、釈尊より断絶することなく、今日に至るまで代々相承した宗教が自らの教団であることを明示せんがための意図からであった。かつて三論宗の富貴道詮が『群家評論』を著わし、天台・真言の両宗に向って、或いはインド相承なきが故に亀鏡とするにたらずといい、或いは天竺・震旦の師資相承を説くといえども経論の証誠なきが故にといって両宗を否定しようとしたのも（硲慈弘氏「日本仏教の開展とその基調」巻上）、一にかかって相承の有無に論難があったからにほかならない。勿論これに対して、蓮剛ははげしくその非なる所以を説いたけれども、師資相承を説く天台・真言ですらこのような状態であったのに、法然は文治六年二月東大寺で「三部経」の講説をなしたとき、「ここに善導和尚の往生浄土宗においては、経論ありといへども習学するに人なく、疏釈ありといへども讃仰するに倫《ともがら》なし。しかれば則ち相承血脈の法あることなし、面授口決の儀にあらず」（阿弥陀経釈）と、自己の体験にもとづき経釈の指示を仰いで念仏信仰の確立した往生浄土宗には、むしろ面授をうけて口訣されたこともなければ、相承した血脈の法もなかったと述べている。善導自身も念仏法門に入るにあたって、特別な口訣伝承のあったことは示されていない。法然の仰信した善導は経論をよりどころとし、疏釈をのこしているけれども、面受していない法然として口訣を受けることは到底できない。ここに「経論ありといへども習学するに人なく、疏釈ありといへども讃仰するに倫なし」といった理由があったのである。血脈による相承は、師資次第して受法することが前提となっているが、ここに想起されるのは自誓受戒である。受戒するには持戒堅固の、師とするにふさわしい戒和尚・教授阿闍梨《あじゃり》・羯磨《こんま》阿闍梨・証明師を必要とする。しかし鎌倉期にはそれらの人を求めることは至難であったから、覚盛《かくじょう》は叡尊・円晴・有厳らと共に嘉禎二（一二三六）年自誓受戒したのであった。すなわち自誓受戒は無師相承ともいうことができ、相承という型式を墨守するかぎりにおいて、明らかに断層が認められ、三国相承ということがいわれたとしても、自誓受戒は血脈による相承ではない。このかぎりにおいて法然が「血脈相承の法あることなし、面授口決の儀にあらず」と言った思想と自誓受戒とは、必ずしも相反した思想ではなかったと思われる。

しかも相承血脈の法のないことを、東大寺という南都仏教殿堂の真只中にあって公言した。時に講説の対象となったのは、南都所在の旧教団にぞくする僧衆であったから、相承血脈したおぼえはないといった発言は、聴聞の僧衆にとっては意外の言葉として受けとられたに違いない。伝灯を無視し、血脈相承を不必要としながらも、一宗の開立をあえてしょうとするがごときことは、旧教団の人たちにとってみれば誠に許しがたいことであった。法然は大衆を前にして「もし文理において謬《あやま》りあらば、願はくは大衆の御証誡を仰ぎ、宜しく三宝の照見を憑むべし。仰ぎ乞ふ」(無量寿経釈、八五頁)と慎重な態度をとって発言しているにしても、講説の内容を伝え聞いた人たちは「上人自ら善導の素意を識ると称すといへども面受にあらず。また口伝なし」(持阿見聞)とか、「浄土宗ハ定《さだま》レル相伝ナシ。唐土ニモ少々有レ共、有無分明ナラズ」(指月集)といって、一宗を開く以上は伝灯がなければならない。伝灯をもたない宗教は似非事的なものであって、開宗する資格もなければ、また統系のないことを誇り得べきものでもないと、当代社会よりの強い批判を受けなければならなかった。しかし相承のないことを堂々と公言することのできた背景には、少なくとも旧教団を向うにまわしてまで一宗を開立しようとするような意図がなく、また専修念仏の系譜を求めようとするならば、文献によるかぎり相承血脈は認められないという事象が存在したからにほかならない。もし教団をうちたて、専修念仏衆を中心とした宗団を形成しようとするかぎり、何等かの方法により相承に体系化をはからなければならず、法然自身にとっても心的転回が加えられなければならない。法然が文献をよりどころとするかぎり、相承血脈の譜を求めることはできない。とすれば「相承血脈の法あることなし、面授口決の儀にあらず」とする評価は正しかったといわなければならない。

危機思想のめばえ　法然の思想が善導の思想をうけつぎ、源信の立場とつながりをもっているからには、いささか旧教団の行動を逸脱したものがあったとしても、旧教団側よりの圧迫が法然教団に向けられることはなかったであろう。頓漸判は『観経疏玄義分』を依拠として法の優劣に標準をおいて教判を立てたものであり、仏身仏土観にしても善導の思想を継承したものであったし、三昧発得の輩としての善導は中国の文献に散見しているから、たとえ法然の創唱であったにしても、善導の思想にみちびかれての、思想の形成であったといえよう。そのかぎりにおいて旧教団よりの迫害を受けることは考えられないが、専修念仏を形成し、念仏に勝の義のあることを説き、念仏をとなえるだけで往生が可能であるとし、余行のすべてを雑行として廃捨しようとしたところに、旧教団と相いいれない思想的衝突がみられた。念仏に易の義しかないというならば、それは天台教団ないし旧教団の所説であって、念仏は万行中の一行でしかない。易に加えるに勝の義をもってしたことは、念仏それのみで往生が可能であるという、易の限界を超絶しての独自性を自意識のなかにくみ入れたことを意味している。易なるが故に修しやすいとしても、劣であることに躊躇した一般大衆も、易であるとともに勝であると説く念仏に喜んで没入した。大衆―特に公家社会が、浄土門に心を傾け、聖道門＝旧教団から離反し背を向けたとするならば旧教団は社会的経済的基盤を失うことになる。ここに旧教団が法然教団に迫害を加えるに至った発端があったと考えられる。法然教団に志を向け、大衆を向うにまわして専修念仏を宣揚しても、旧教団をおびやかすほどの共鳴者を自らの側に引きいれないかぎり、迫害は表面化してこない。たとえ共鳴者がでたとしても、当初は専修念仏者と旧教団との間に生じた地域的いさかいにしかすぎなかったのではあるまいか。

『阿弥陀経釈』に「五濁増《ごじょくぞう》の時疑謗《ぎほう》多く、道俗相ひ嫌ひて聞くことも用ゐず。修行することあるを見ては瞋毒《しんどく》を起し、方便破壊《はえ》して競つて怨《あた》を生ず。かくのごときの生盲闡提《しょうもうせんだい》の輩は、頓教を毀滅して永く沈淪せん。大地微塵劫《みじんごう》を超過すとも、未だ三途《さんず》の身を離るること得べからず。大衆同心に、皆あらゆる破法罪の因縁を懺悔せよ」という『法事讃』の文を引いて、天王寺をはじめ各地で念仏三昧を誹《そし》っている人のあったことを指摘している。この文は、念仏者にとって末法の当今は専修念仏興行の時代ではあるが、ややもすれば、念仏の盛行につれて、必ず危害を加え妨げをしようとする、所謂「生盲闡提の輩」が出現してくるであろうし、反面、念仏を停止し弾圧しようとする徒輩は、三塗の身に沈淪する罪人となるであろうことを予言した、善導和尚の未来記ともいうべきものである（破邪顕正抄）。従って善導の撰述した『法事讃』の文をささえとして、念仏の勝利を確信した専修念仏者は、打ちつづく念仏禁止にもひるむことなく、却って迫害を法難とうけとめ、「この法の弘通は、人はとゞめむとすとも、法さらにとゞまるべからず。諸仏済度のちかひふかく、冥衆護持の約ねんごろなり。しかればなんぞ世間の機嫌をはゞかりて、経釈の素意をかくすべきや。たゞしいたむところは、源空が興する浄土の法門は、濁世末代の衆生の決定出離の要道なるがゆへに、常随守護の神祇冥道をさだめて無運の障難をとがめ給はむか、命あらむともがら因果のむなしからざる事をおもひあはすべし。因縁つきずは、なんぞ又今生《こんじょう》の再会なからむや」(四十八巻伝巻三十三)という強い信念を披瀝することができたのである。とすれば『法事讃』の文を所収する法然の法語は、多少の差こそあれ、念仏門に対する迫害がおこなわれていた社会を背景にして成立しているとみてよいであろう。『阿弥陀経釈』に「今或る上人、天王寺等処々において、此の念仏三昧を謗る」と記しているのが、管見によるかぎり法然教団に対する念仏誹謗の最も早いものであり、これによれば文治六(一一九〇)年ごろすでに、その発端がみられる。しかし、それはあくまで四天王寺をはじめとする旧教団に接近した地方的ないさかいであり、しかも聞知した程度にしかすぎず、謗難はいまだ教団をゆるがすほどには表面化して生起するまでにはたち至っていない。

三　選択本願念仏思想確立期

法然をして専修念仏に帰入せしめた善導の念仏説の独自性は、四十八願中の第十八願にもとづいて、称名念仏を正定業・本願行として、念仏の専修を説くところにあった。念仏は末法の世に通ずべき行法であり、末世の罪悪生死の凡夫にとって易修易行の法門である。故に専修念仏は「京・田舎サナガラコノヤウニ」(愚管抄巻六)発展することができ、しかもそのメンバーは貧賤者・愚痴者・破戒者というような、総じて当時の一般下層民が主で、それは恰かも法然以前に念仏の専修化につれ帰依した人々と同様であった。専修念仏が農民のあいだに浸透していくにつれて、当時擡頭してきた名主層は次第に旧教団から離脱していき、そのため旧教団は経済的地盤である所領と檀越とを失い、崩壊の危機にさらされることになった。つまり専修念仏を奉ずる人たちの増大に反比例して、旧教団は衰微の道をたどらなければならない運命となったが、旧教団をもおびやかすほどの魅力を、専修念仏がもち得たのは何が故であったろうか。念仏が易行であり劣行であって観成就しがたきもの、他の諸行をなし得ないもののために念仏をすすめるという消極的な立場に立つかぎり、多くの民衆を吸引することはできない。とすればより多くの人々に働きかける積極性が、法然の念仏観に附与されなければならない。また危機感が教団をおそってくるのも、このような社会的背景においてであったが、法然が善導をふまえて、すべての行を廃捨し、念仏のみを選択するという選択本願念仏の思想を形成した要因となったのは何であったろうか。

法然の思想的立場と社会との関係　思うに念仏の専修化は、平安末期すでに民衆のあいだにその萌芽はみられたとしても、この傾向を更に増長せしめたのは鎌倉期に入ってからのことであり、その主役をなしたのが法然であったことはいうまでもない。しからば専修念仏が唱導され、社会の要求に応じて当代の人々に受容されたのは何が故であったろうか。

古代的律令体制が顕著な変化をしめしはじめたのは十世紀にはいるころからであり、これに拍車をかけたのは荘園の成立であったという(安田元久氏「日本荘園史概説」)。荘園領主は時代が下降するにつれて、荘園の拡大とか不輸不入の特権の獲得につとめるなどして、次第にその勢力を強固にしていった。この傾向に対して朝廷は延喜以後しばしば荘園整理令を発し、荘園への立入り介入を励行するなどして、自らの立場を有利にみちびこうとし、そのため国衙《こくが》と荘園ははげしく対立するようになった。すなわち延喜の荘園整理は、今まで朝廷の側にあって協力的であった荘園が、朝廷から独立しようとする動きをしめしたことに対して、国司の監督権を強化し、国検田使の荘園立入りを励行することにより、初期荘園の両属的な性格を維持しようとして惹起した対立であった。こうした政治的経済的な情勢の変化に即して、仏教信仰の上にも重要な変化があらわれた。このことをつとに指摘されたのは赤松俊秀氏で、氏の所説に従えば、浄土教の信仰は神仏混淆とか諸宗の密教化が進行するなかで弘通し、就中下層貴族や庶民のあいだに熱心な信者があらわれた。国衙対荘園の抗争にみられる現実社会のはげしい相克闘争が広範囲に、しかも深刻に展開された反面には、この抗争にまきこまれた国司・在庁官人・荘長・田堵などのあいだに罪の自覚が深まり、弱肉強食の世界からぬけ出し、苦しい生活を改善したいという欲求が熾烈になってくる。この欲求と対応するかのように、此土で実現できなければ、来世で求めたいと願う浄土願生の思想が芽ばえてきた。一方、彼等は浄土信仰への逃避にのみはしることなく、支配関係を単一にして、自己に有利な社会体制をつくりあげることをも願った。単一なるもの、すなわち国衙か荘園かのいずれかに帰一した体制をつくろうとする動きが、仏教の信仰型態としては雑修から専修へという変化となってあらわれた。すなわち政治経済の推移に即して浄土教信仰があらわれてきたのではないかという(「続鎌倉仏教の研究」)。

たしかに社会的闘争にまきこまれ、苦しい生活をしいられていた民衆が、苦悩する生活から遁れようとし、支配関係の単一を求め、同時に救済の宗教を願う気持をいだくのは当然であったろう。井上光貞氏の指摘されるところによれば、平安末期には阿弥陀信仰と並んで地蔵ないし観音のみに帰依し、あるいは弥陀と地蔵をともに信仰する風が流行し、中でも地蔵信仰が広く流布していたというが(「日本浄土教成立史の研究」)、当代社会に受容されたものは、慈悲を説き、救済を約束し、且つ諸善功徳を必要としない容易な信仰であって、信仰の専修化は弥陀信仰のみにはかぎっていなかった。それが民衆にとり、心のささえとなるからには地蔵であり観音であっても一向に差支えはなかったが、浄土願生の思想がおこるにつれて、次第に阿弥陀仏の信仰へと移行し、あたかも専修は弥陀とのみ考えられるようになってしまった。

このような社会的要因が法然の専修念仏思想を形成する一因となったが、阿弥陀仏への絶対帰依という立場が、武士の政権掌握によってひきおこされた社会の混乱を背景としておこなわれたことに注目して、和辻哲郎氏は弥陀への絶対帰依と武士の献身とを結びつけて、阿弥陀信仰の専修化を説明されている(「日本倫理学史」巻上)。赤松俊秀氏は、主従道徳は単に武士社会にだけ成立したのではなく、程度の差こそあれ、当時の社会の各階層にわたって成立していた。法然も地方武士の出身であったから、この主従間の倫理をもって専修念仏の教義を説くことも多く、従って専修念仏に帰する人たちのなかに武士がいたとされている(「続鎌倉仏教の研究」)。法然の専修念仏義と武士道徳の類似が述べられる場合、しばしば引用されるのは、法然の著述とされる『念仏大意』の末代ノ衆生、念仏ヲモハラニスベキ事、(中略)ナニ事モソノ門ニイリナムニハ、一向ニモハラ他ノココロアルベカラザルユヘナリ。タトエバ今生ニモ主君ニツカヘ、人ヲアヒタノムミチ、他人ニココロザシヲワクルト、一向ニアヒタノムト、ヒトシカラザル事也。タダシ家ユタカニシテ、ノリモノ僮僕モカナヒ、面面ニココロザシヲイタスチカラモタエタルトモガラハ、カタガタニココロザシヲワクトイヱドモ、ソノ功ムナシカラズ。カクノゴトキノチカラニタエザルモノハ、所所カヌルアヒダ、身ハツカルトイヱドモ、ソノシルシヲエガタシ。一向ニ人一人ヲタノメバ、マヅシキモノモ、カナラズ其アワレミヲウルナリ。スナワチ、末代悪世ノ無智ノ衆生ハ、カノマヅシキモノノゴトキナリ。ムカシノ権者ハ、イヱユタカナル衆生ノゴトキナリ。シカレバ無智ノミヲモチテ、智者ノ行ヲマナバムニオキテハ、貧者ノ徳人ヲマナバムガゴトキナリ。

の文である。ここにみえる「タトエバ今生ニモ主君ニツカヘ、人ヲアヒタノムミチ、他人ニココロザシヲワクルト、一向ニアヒタノムト、ヒトシカラザル事也」といい、「一向ニ人一人ヲタノメバ、マヅシキモノモ、カナラズ其アワレミヲウルナリ」という態度と、「自然《おのずか》ラ大悲ノ願力ヲ以テ、広ク一切衆生ヲ化度シ給フ」地蔵に対し、「懃《ねんごろ》ニ勤メ行テ六年ヲ経タリ」(今昔物語巻十七)といわれ、また「地蔵菩薩ノ本誓悲願、辺地・下賤ヲ不嫌給《きらいたまわ》ズ」と知り、「口ニハ専ニ地蔵ノ名号ヲ唱ヘテ断ツ事無シ。身ニハ久ウ地蔵ノ形像ヲ負テ、身ヲ放チ奉ル事無シ」(同上)という態度とは、何ら異なるところはないであろう。とすれば絶対帰依の信仰は、阿弥陀仏にのみ独特のものではなかった。地蔵に対し専修口称の業がみられたことは、観音その他の諸菩薩に対しても絶対帰依の信仰があったであろうことを想定せしめる。絶対帰依の信仰が弥陀一仏にかぎったものでないとするならば、専修念仏と武士道徳の類似をもって、直ちに専修念仏教団の拡大にむすびつけることはできない。しかし専修念仏を志向する人々の急激に拡大したことが、信仰の専修化という当時の一般的現象のなかで生じた問題であったとするならば、政治経済情勢の変化とともに、武士道徳との類似ということもあり得たであろう。

しからば法然を中心とする専修念仏が広く世に流布するようになったのは、何故であろうか。これについて念仏の易行性がその一因であるといわれ、念仏の易行性こそは法然が民間浄土教の立場を自らの立場とし、民衆に浄土教を解放せしめ、民間浄土教に確信をあたえた主張であるとされてきた(井上光貞氏「日本浄土教成立史の研究」)。念仏の易行性はすでに平安浄土教に萌芽がみられ、法然独自の見解にもとづくものではなかった。いわば浄土教のもつ伝統的解釈であって、一般民衆のあいだに念仏が流布したのも、念仏が易行であることに原因があった。しかし『興福寺奏状』において専修念仏を攻撃しているのは、念仏の易行性ではなく、勝行なるが故である。栂尾《とがのお》の明恵も「何ぞ名号をもつて殊勝となし、余徳をもつて劣となすや。近代の専修の男子女人等、盛んに此の義を述ぶ。今、思ふに此の集の文をもつて本説となすなり」(摧邪輪巻下)と述べて、念仏門の興隆に背をむけているのは、法然が念仏を勝行であると説いていることに由来している。すなわち、念仏が易行であることを主張しても、それは平安朝期以来の伝統的解釈であって異とするものではなく、教法流布となり得ても、余宗をおびやかすほどの力とたのむことはできない。しかるに念仏が易であるとともに勝であるとすれば、明らかに念仏がおもてにおし出され、力強いあゆみをもって、他教団に比して堂々と教義を宣布することができる。こうなったとき、いずれのものにもひけをとることのない専修念仏は、他宗を凌駕して展開し得る。とすれば念仏勝行説こそは聖道門=旧教団にいたく刺激をあたえ、そのはねかえりとして専修念仏教団への迫害がみられるようになったのではあるまいか。

念仏勝行説が、法然語録の上にあらわれてくるのは『無量寿経釈』であり、専修念仏への迫害が記録に見えているのは元久元(一二〇四)年十月、山門の衆徒が専修念仏の停止を座主に訴えたのが初見であるが(九巻伝巻五上)、法然教団に対する念仏の誹謗が、地域的現象であったとしても、明らかにみえてくるのは、それより前『阿弥陀経釈』成立時ではなかったかと思う。かかる事実から考えてみるならば、念仏勝行説の成立と、念仏誹謗とはほぼ時を同じうしていることが知られ、換言すれば両者のあいだには何らかの関係があったと考えてよいであろう。念仏勝行説が念仏誹謗の原因となったということは、専修念仏教団の拡大したことを意味しているが、しからば何故に念仏勝行説は専修念仏拡大の原因となり得たのであろうか。

鎌倉幕府の成立は、平安時代に下﨟・下衆・田夫・田人・田子と呼ばれてさげすまれ、賤しきものと軽視されていた民衆に基礎をおく政権の確立であり、民衆的勢力が社会の中枢に進出し独歩しはじめ、中世世界が大きく開かれ、逆に古代勢力が次第に後退し没落し、ここで一切の価値観が、百八十度の転回を余儀なくされたのである。法然が専修念仏門に帰入し洛中に念仏を説きはじめたのは、あたかもこの新旧勢力交代のさ中であった。木曾義仲の軍が京都に乱入し「われ聖教を見ざる日なし。木曾の冠者花洛に乱入のとき、たゞ一日聖教を見ざりき」と述懐したのは、寿永二(一一八三)年のことであり、時に法然は五十一歳。平氏が屋島に破れ、壇の浦にのがれて滅亡したのは文治元(一一八五)年で、時に源頼朝は守護・地頭を設置し、建久三(一一九二)年には鎌倉幕府が成立した。このように幕府の成立が決定的になってくるころから、念仏は易行から勝行へという変化を示し、これを契機として旧教団よりの圧迫が強くなってきた。

平安末期の民衆のあいだには、すでに弥陀信仰の専修化は見られるけれども、彼らの修した念仏はあくまで『興福寺奏状』に「往生浄土は行者の自力にあらずは、ただ弥陀の願力を憑む。余経余業においては引摂《いんじょう》の別縁なく来迎の別願なし。念仏人に対し、及ぶあたはざるものは弥陀所化のために、来迎に預かるべし」といい、「口に名号を唱へ観ぜず定ぜず。これ念仏中の麁なり、浅なり」といっているように、下賤のものを救済するための方便・劣行・易行としての念仏であって、この念仏を修し得ない民衆は依然として下賤・下劣なものであり、これによっては如何にしても、貴族対念仏という差別観をこえることはできない。専修念仏に帰入した当時の念仏は、それが弥陀の本願に誓われた行であるという点にまで高められてはいたが、余行の念仏であると見ていたかぎりにおいて、法然の念仏は少なくとも、前代以来の考えを踏襲していたものであって、旧教団的念仏観から完全に訣別したものではなかった。この念仏観から更にぬけいで、「不可思議ノ愚痴無智ノ尼入道」(愚管抄巻六)といわれ、笠置の貞慶が「至愚者」「下賤者」(興福寺奏状)と指弾したような、高才下劣・貴賤男女をえらばず、誰でも往生浄土が可能であることを高調するためには、念仏の易行性に勝行性を附与しなければならない。そのような手段をとらなければ、貴族ないし上層階級を念仏教団にひきいれることはできない。ここに法然が選択本願念仏説に到達し、念仏を勝行として、旧教団的念仏観を顚倒させ、念仏門の独立性を高調するに至った意図が存したのである。すなわち、この選択本願念仏説によるならば、阿弥陀仏は称名の一行のみを善妙・清浄な行として選択し、余行を麁悪・不清浄な行として捨てたのである。換言すれば衆生の往生浄土が、称名の一行のみで可能であるかどうかという、二者択一に帰せられる。従って阿弥陀仏の前においては身分・生業にかかわりなく、世間的差別をこえて一切衆生は平等でなければならない。このような平安朝から鎌倉へという社会変化に即しつつ、念仏易行から勝行へのあゆみがあり、選択本願念仏説の成立があった。

法の優劣よりも実行の可否を重視　頓漸二教判を立てて、教判の価値標準を法の優劣に視点をおいた法然は、第三期に入ると「今、浄土宗は道綽禅師の安楽集によりて聖道・浄土の二教を立つ。一代の聖教五千余軸この二門を出でず」(逆修説法)といい、また「道綽禅師、聖道・浄土の二門を立てて、しかも聖道を捨て正しく浄土に帰するの文」(選択集、八八頁)と述べ、実行の可否による実践価値を標準とした約機教判、すなわち聖浄二門判を依用した。法然にして頓漸二教判から聖浄二門判を依用するようになったのは、何が故であったろうか。およそ教判には道綽の聖道・浄土の二門判、曇鸞の難行・易行の二道判、善導の二蔵(声聞・菩薩)・二教(頓教・漸教)判の三種がある。しかるに法然が二教判を排して二門判を依用するようになったのは、おそらく批判の標準を修道の可否におくことこそ最も要を得たものであると思惟したからであったろう。すなわち法然の出世した平安末期の前半世は生活と遊離した宗論に花を咲かせていた時代であったから、実践の可否よりも理智をもって法の浅深優劣について討論を試みるというように、法体価値の批判に重点がおかれていた。これひとえに当代社会の実情を反映して、教判そのものも約法教判を依用したのであるが、鎌倉期に入ると世情は実証をもってする時代となったから、理智よりも実践が重んじられるようになった。即身成仏を最深最勝のものであるとしても、所詮は理想にしかすぎず、事実上この身このままのすがたで即身成仏をとげるものはあり得ない。ここに法然が縦の段階的なものではなしに、仏教を横に並列的に分類し、旧仏教を捨てて時機相応の教法としての浄土教を求めようとした意図があり、二教判から一歩すすめて二門判を依用することになった。

並列的な二門判である以上、教法の浅深によらず修道の成否によるのであるから、聖道門の教理の深勝であることは、そのまま認めるのである。しかし、実践に主点をおくとすれば聖道門は難解難証であって、時機不相応の法門であり、末法時には得道者も至って少ない。これに反して浄土門は易修易行の法門であるから時機相応の法門であるといえよう。従って浄土門はあまねく一切を摂するもので、修道の成否に関するかぎり浄土門は聖道門に卓越しているというべきである。『選択集』には明らかに「一には大聖を去れること遙遠なるによる。二には理は深く解は微なるによる」(八八頁)と教理の深いことを認めながらも、これに対する衆生の理解と実践の能力からみれば「聖道の一種は今の時証しがたし」というのが実情である。その場合、浄土門は万機普益の易行であり、ここに浄土門の超勝性がみられる。『十二問答』に「抑《そもそも》浄土一宗ノ諸宗ニコエ、念仏一行ノ諸行ニ勝タルト云事ハ、万機ヲ摂スル方《かた》ヲ云也。理観・菩提心・読誦大乗・真言・止観等ハ、イヅレモ仏法ノオロカニマシマスニハアラズ。皆生死滅度ノ法ナレドモ、末代ニナリヌレバ力《ちから》不レ及、行人ノ不法ナルニヨリテ機ハ及バヌ也」と述べているのは、端的に浄土門が易行であり、万機普益の法門である所以をしめしてあまりがない。浄土門からすれば、聖道門は容易に実践し実証し得られる教法ではないから、もし実証を期待するとすれば浄土門しかあり得ない。ここに「ただ浄土の一門のみありて、通入すべき路」であるといわれた所以が存するのである。かくして法然は教えの方便優劣を標準とする教判をさけ、実践価値を標準とする教判を、道綽の聖浄二門判に求めて依用したのであるが、法然の用いた二門判は道綽の二門判そのままではなく、『選択集』には、

今この集の意《こころ》はただ顕大および権《ごん》大を存す。故に歴劫迂廻《りやくこううえ》の行に当れり。これに准じてこれを思ふに、まさに密大および実大を存すべし。しかれば則ち、今、真言・仏心・天台・華厳・三論・法相・地論・摂論、これら八家の意、正しくこれにあり。まさに知るべし。次に小乗は、惣てこれ小乗の経・律・論の中に明かすところの声聞・縁覚・断惑

証理・入聖得果の道なり。上に准じてこれを思ふに、また倶舎・成実・諸部の律宗を摂すべきのみ。(九〇頁)

と述べて、『安楽集』述作当時、所謂聖道門の名のもとにおさめられていたのは顕教と権大乗のみであったが、これらは何れも三大阿僧祇劫を経て仏果を成就しなければならなかったし、密教や実大乗にしても今時証しがたくして、当来成仏を期するほかに道がないとすれば、顕大乗や実大小乗と何ら異なるところはない。小乗はこまかに検討すれば、法門の上に異なるところはあるにしても、見思の二惑を断じて人空の理を証さなければならないし、倶舎・成実の諸宗にしても末法の凡夫には歴劫迂廻の法であるといって、歴劫迂廻という時点について同一水準を認めていたようである。道綽が二門判を用いたのは難易二道判にもとづき、他面、時機相応論に立脚して行の難易を論判し、浄土教を末法時における唯一の教法であるとして立てられたものであったから、聖道門と浄土門は相い対立したものであった。しかるに法然は一切の仏法は浄土宗に統摂されたものとみている。『選択集』に「この宗の中に二門を立つ」といい、『東大寺十問答』に「八宗九宗、みないづれをもわが宗の中に一代をおさめて、聖道浄土の二門とはわかつなり」といっているのは、仏教を聖道・浄土の二門に分けたときには、聖道門は浄土門の立場から見直され立てなおされていることをしめすものであって、一切の仏教は浄土宗に統摂されていることをしめしているとみてよいであろう。

念仏の易勝性　法然により選択本願念仏説がとなえだされたのは文治六年ごろと考えられるが、その念仏説が法然の思想のなかに明瞭に規定され位置づけられたのは『選択集』第三章であり、ここに選択ということばが、『無量寿経』の異訳である『大阿弥陀経』に出ていることをしめしたのち、選択とは取捨・摂取の意であり、具体的には善・妙・清浄なるものをとり、悪・醜・不清浄なるものを捨てることであって、阿弥陀仏の本願もこの選択・取捨・摂取の義にたっておこされたものであると述べている。とするならば第十八願の称名一行も、それが善であり清浄の行であるが故に摂取されたものとしなければならない。従って称名の一行は衆生の機根に応じて選択されたものではなく、善・妙・清浄なるが故の選択であり、法然は更に具体的に阿弥陀仏が称名の一行を選択されたかどうかについて、勝劣・難易の二義をもって、「名号はこれ万徳の帰する所なり。しかれば則ち、弥陀一仏の所有の四智・三身・十力・四無畏等の一切の内証の功徳、相好・光明・説法・利生等の一切の外用《げゆう》の功徳、皆ことごとく阿弥陀仏の名号の中に摂在せり。故に名号の功徳、最も勝とするなり。余行はしからず。おのおの一隅を守る。ここをもって劣とするなり。譬へば世間の屋舎の、その屋舎の名字の中には棟・梁・椽・柱等の一切の家具を摂すれども、棟梁等の一々の名字の中には一切を摂することあたはざるが如し。これをもつてまさに知るべし。しかれば則ち仏の名号の功徳は、余の一切の功徳に勝れたり。故に劣を捨て勝を取つて、もつて本願としたまふか」(一〇五頁)と解説を加えている。すなわち勝劣の義とは、阿弥陀仏の名号中には一切衆生を救済せんがために本願をたて、それを成就することによって得たあらゆる功徳が具備しており、それ故に念仏は一切の余行を包括してあますところはない。他面余行は念仏の功徳の一隅を守るにしかすぎないから、余行は劣であり、念仏は勝である。また念仏はいついかなる所においても修しうる易行であるが、余行は観法などのごとき衆生にとって修しがたい行法である。このような勝易の二面的理由から、阿弥陀仏は称名の一行をえらんだのであるが、称名によって往生ができることが高調された時、第十八願に明示されている「乃至十念」の解釈をめぐって、「上一形《かみいちぎよう》を取り、下《しも》一念を取る」称名念仏であるからには、一念で往生ができると考えたり、また多念でなくては往生できないと解するものもでてきた。ここに一念義・多念義の派生が考えられるのであり、これについて、法然は「一念十念にて往生すといへばとて、念仏を疎相に申せば、信が行をさまたぐる也。念々不捨といへばとて、一念十念を不定におもへば、行が信をさまたぐる也。かるがゆへに信をば一念にむまるととりて、行をば一形にはげむべし」(禅勝房にしめす御詞)と述べ、また「十声一声ノ釈ハ、念仏ヲ信ズルヤウナリ。カルガユヘニ信オバ一念ニ生ルトトリ、行オバ一形ヲハゲムベシ」(十二問答)といい、「行ハ一念・十念ムナシカラズト信ジテ、无間ニ修スベシ、一念ナホムマル、イカニイハムヤ多念オヤ」(黒田の聖人へつかわす御消息、一六九頁)といっているように、一念にかたよることなく、一念往生の信にたって多念相続をすすめたものであったから、殊更一念で往生できるといったこともなければ、多念でなければならないと勧めたこともない。そこにまた何れにも解することのできる思想的表現がなされたために、異義が派生する余地があったとも考えられる。『選択集』は、念仏対諸行の関係に主点をおいて述作したものであったにしても、当時一念多念論が話題にのぼっていたとすれば、当然言及していたであろうに、いささかもそのような思想がみえていないのは、いまだ一念多念が法然教団内において問題にされていなかったことを物語っているようである。

ひるがえって易の義を通してみた法然の念仏は、善導や源信と同様、可能ならば観仏を修してもよいし、また念仏より他の行法であってもよいとする相対的行法としての称名念仏であったから、いわば衆生の機根に応じて念仏およびそれ以外の余行を修することが許された。ここに易としての念仏の選択される意義が存し、その選択は衆生よりの選択であった。一方勝の義にたって説かれる念仏は、因行果徳内証外用の万徳の帰するところであり、他の一切の行法よりも勝れたものとして、阿弥陀仏によって選択されたものである。『選択集』(七)にも「念仏は、これ既に二百一十億の中に、選取するところの妙行なり。諸行は、これ既に二百一十億の中に、選捨するところの麁行なり。故に「全非比校」と云ふなり。また念仏はこれ本願の行なり、諸行はこれ本願にあらず。故に「全非比校」と云ふなり」(一二一頁)と述べているように、念仏は本願の行であり、仏意のこめられているものである。従って無上の尊さが念仏に秘められているとするのが法然の本義である。換言すれば勝劣・難易の二義のうちには、法の立場にたって一切の余行を包括する念仏を選択することと、衆生の機根に応じて、相対的行法としての念仏をえらぶことの二面性が含まれているというべきであろう。これを『選択集』についていうならば、易の義は第三章で述べているのみで、他では一言も言及しておらず、第三章以降において念仏を説明していることばのすべては、念仏が勝れているという勝の義である。勝の義について選択の義にたち称名の位置づけをしている「釈尊、定散の諸行を付属したまはず。ただ念仏をもつて阿難に付属したまふの文」の下に「観無量寿経に云く、「仏、阿難に告げたまはく、汝よくこの語を持て。この語を持てとは、即ちこれ無量寿仏の名を持てとなり」と。同経の疏に云く、「仏告阿難汝好持是語といふより以下は、正しく弥陀の名号を付属して、遐代《かだい》に流通することを明かす。上より来《このかた》、定散両門の益を説くといへども、仏の本願に望むれば、意《こころ》衆生をして一向に専ら弥陀仏の名を称せしむるにあり」と」(一四二頁)の文を引き、善導は定散二善は釈尊が未来世に流通せしめようとした行法ではなく、「一向専称弥陀仏名」こそ弥陀の誓った本願の行であり、釈尊が未来世に流通せしめようとした行法であるとして、『観無量寿経』の結論をここに求め、更に法然はかかる善導の見解をうけつぎ、随自随他の概念を適用して、「まさに知るべし。随他の前には、蹔《しばら》く定散の門を開くといへども、随自の後には、還つて定散の門を閉づ。一たび開いて以後、永く閉ぢざるは、ただこれ念仏の一門なり。弥陀の本願、釈尊の付属、意ここにあり」(一五〇頁)と述べている。すなわち法然はここで念仏一門こそは釈尊が自己の真意を説きあかしたものであって、他の定散両門は方便説にしかすぎない。換言すれば定散の両門は衆生の機根に相応して説述されたものであるが、念仏一門は衆生得脱のために開かれた永遠の道である。阿弥陀仏が本願に示し、釈尊が後世に流通せしめようとされた意図もここにあるのだと結論している。念仏の一門をもって選択本願の勝行とし、また随時の教説と解することによって、法然は仏教の全教門を念仏一門によって統一しようとした。

念仏一門によって全教門を統一しようとすることは、念仏に対する旧教団的価値観の顚倒を意味するものである。旧教団との間には念仏観に対する大いなる相異があり、旧教団の見解に従えば念仏は付属的なものであり、劣行であって、万行中の一行にしかすぎない。従って法然のこのような立場を認めるとするならば、旧教団は教義的にも自らの存在を否定するがごときことになりかねない。『興福寺奏状』がこの点を指摘して「口に名号を唱へて観ぜず定ぜず。これ念仏中の麁なり、浅なり……観経付属の文、善導一期の行、ただ仏名ありとは、下機を誘ふの方便なり。彼の師の解釈、詞《ことば》に表裏あり。慈悲と智恵は善巧《ぜんぎょう》一にあらず、……ただ余行を捨つるをもつて専となし、口と手とを動かすをもつて修となす。不専の専、非修の修といふべし。虚仮《こけ》雑善《ぞうぜん》の行を憑み、決定往生の思ひをなす。いづくんぞ善導の宗、弥陀の正機となすや」と述べている批判と、法然の念仏観とを比較してみるならば、『観経』付属の文から念仏を随自と結論する法然と、それをもって下機をみちびくための方便と解釈している『奏状』とは、まったく逆の立場に立っていることを知ることができる。

かくして随自随他の立場にたつならば、称名念仏を阿弥陀仏によって選択された清浄行とし、余行を不清浄の行として、一向に念仏を行じ、余行を捨てるということは、単に余行を必要なきものとして捨て去ることではない。余行も随他の教説とか方便説という側からみるならば認められることにはなるけれども、随自の教説、真実の教説でないが故に、究極的には捨てなければならない運命におかれている。そのかぎりにおいて余行を捨て、ひたすら念仏すべしというのであり、ここに一向専修といわれる意義が存する。念仏が選択されるためには、易なるがための選択ではなく、余行にまさるが故の選択とすべきであって、易と勝とは次元を異にし並列すべきものではない。「念仏往生の道は正・像・末の三時、および法滅百歳の時に通ず」(選択集、一五〇頁)と解するかぎり、称名念仏は末法の五濁悪世《ごじょくあくせ》に通ずべき行法であって、法然でなくとも中世社会の人たちの心あるものは、末法という時点における救済の唯一の道は念仏であることを認め、そのかぎりにおいて念仏の存在が認識せられていた。称名一行を随自の教説と規定するならば、それは単に末法濁世にのみ通ずる教門であってはならず、勝なる所以が高揚されなければならない。易が勝に包含されたすがたこそ、念仏勝行のあるべきすがたであって、そのかぎりにおいて、ただこれを信じて称すれば勝行となり、極楽往生ができる。思うに『一枚起請文』に「もろ〳〵の智者達のさたし申さるゝ、観念の念ニモ非ズ。又学文をして念の心を悟リテ申念仏ニモ非ズ」といって、観念と学解を排し、「念仏ヲ信ゼン人ハ、たとひ一代ノ法ヲ能々学ストモ、一文不知ノ愚とんの身ニナシテ、尼入道ノ無ちノともがらニ同しテ、ちしやノふるまいヲせずして、只一かうに念仏すべし」(一六四頁)と述べているところに、称名念仏が余行に超勝する絶大なる価値を有し、法然の念仏勝行説の徹底したすがたをみることができる。しかし、この念仏勝行説こそは、旧教団にとっては容易に認めることのできない新儀である。そこで旧教団としては、「これ念仏の中の麁なり、浅なり」「下機を誘ふの方便なり」(興福寺奏状)とか、また「何ぞ名号をもつて殊勝となし、余徳をもつて劣となすや。近代の専修の男子女人等、盛んにこの義を述ぶ。今、思ふにこの集の文をもつて本説となすなり」(摧邪輪巻下)と述べて、念仏勝行というがごときはもってのほかであると批判している。このような反論のめばえは、旧教団にとってみれば、専修念仏は新儀であり特色であるとみなした証左であり、その上での反論であったといえるであろう。

絶対的弥陀統一観と相対的弥陀統一観　およそ全生命の対象である阿弥陀仏が、少なくとも最勝のものであって欲しいと願うのは常であり、自己の信奉する仏が諸仏に劣ってよいはずはないのであるから、最高の仏たらんとねがうのは理の当然である。ここに諸仏のなかから、弥陀一仏を選択する意義が存するのであり、石井教道氏は、選択と統摂という矛盾する意識、すなわち仏教は本来汎神論にたっているから、多仏の存在を認め、そのなかから自己有縁の仏が何であるかをつきとめようとする意識（選択）と、阿弥陀仏を宇宙の本体、ないし一切の根源とみて、そこから一切が生ずるのだという統摂の意識がはたらき、一切の仏・菩薩が阿弥陀仏に統摂され、阿弥陀仏を信ずることによって一切が満足されるとみる、交錯した矛盾する意識があることを指摘されている（『選択集の研究　総論篇』）。

法然が「弥陀一仏の所有の四智・三身・十力・四無畏等の一切の内証の功徳、相好・光明・説法・利生等の一切の外用の功徳、皆ことごとく阿弥陀仏の名号の中に摂在せり」（選択集、一〇五頁）といっているのは、阿弥陀仏が衆生を救済せんがために、修行して成就した仏の内面に具備したもう四智・三身・十力・四無畏などの一切の徳をはじめ、八万四千の相と好、その上にひかりかがやく八万四千の光明、更には光明をもって説法し、衆生を利益せんがための三明六通等の外面的対他的功徳の一切を、みな満足してことごとくこの名号中に摂在せんとすることで（石井教道氏『選択集全講』）、弥陀一仏中にはかかる功徳が内在している。阿弥陀仏は三身具足の仏であるから、法身の弥陀につくならば、一切諸仏の根本が弥陀でなければならないというのであり、換言すれば、この考えは、絶対的弥陀統一観ということができよう。統一観といっても、阿弥陀仏を宇宙の本体、一切の根源とみ、それから一切が生ずるという絶対的統一観と、仏はすべて三身を具足しているが、弥陀は現実に救済仏として、その個性を発揮し、凡夫救済の大慈悲の一点において、恒河沙の諸仏が総意するという、諸仏が同証であるという立場からみる相対的統一観とがある。その場合、『往生浄土用心』に、「弥陀如来、この事をかなしみおぼして、法蔵菩薩と申しゝいにしへ、我等が行じがたき僧祇の苦行を、兆載永劫のあひだ、功をつみ徳をかさねて、阿弥陀ほとけになり給へり。一仏にそなへ給へる四智・三身・十力・四無畏等の一切の内証の功徳、相好・光明・説法・利生等の外用の功徳、さま〳〵なるを、三字の名号のなかにおさめいれて、この名号を十声・一声までも、となへん物をかならずむかへん。もしむかへずは、われ仏にならじとちかひ給へるに、かの仏いま現に世にまし〳〵て仏になり給へり」と述べているのは、絶対的弥陀統一観をしめしたものである。また『選択集』の八種選択を釈した最後に「釈迦・弥陀および十方おのおの恒沙等の諸仏、同心に念仏一行を選択したまふ」(一五八頁)とあるのは、諸仏も同心に弥陀一仏に帰命せよとすすめたもうのであるから、仏格論的価値観からいうならば、諸仏の所証は平等是一である。すなわち救済仏である阿弥陀仏の慈悲の一点において、本願念仏を選択したのであり、同心というところに信仰対象の帰一観がみられ、ここに絶対的価値が見出されるから、相対的弥陀統一観といえよう。

要するに選択的視野にたった法然は、阿弥陀仏は正しく信仰の対象としては十劫の昔に正覚を成就された報身であるとし、更に選択と統摂という二面から、阿弥陀仏をみ、相対的にすべてそれぞれの諸仏の価値を肯定したのち、凡夫一切衆生救済のため慈悲の一点に諸仏総意の絶対的な帰一を見出したのである。

来迎観の推移　平安中期以降において、信仰の世界を魅力的にいろどったものは西方極楽浄土への往生を願求する思想であり、その信仰の展開史上、主導的地位をしめるものは、阿弥陀仏の来迎引接への切望であって、いちじるしく鮮明にそれが表現されているのは、源信の時代であったと思われる。しかも源信をさかいとして、来迎思想はそれ以前と以後とにおいては、画期的な飛躍があったことに注意しなければならない。すなわち源信以前は単なる人心の不安にともなう、ごく自然の宗教的要求としての来迎思想であったが、源信以後は道綽―源信―法然と伝承される末法観にもとづく、時代悪の苦悩による深刻さを加えて、来迎思想が高揚されたことである(千賀真順氏稿「来迎思想史上における問題点」)。『往生要集』は『観経』の所説にもとづいて構成され組織化されたものであって、濁世末代という自覚と、末法期の破戒無慚を内面より考察して、諸経論によつて念仏と諸行とを説き、道俗貴賤をえらばず、おのおのに相いふさわしい行業を修すべきことをすすめている。しかも、厭離穢土・欣求浄土の二門を対照しつつ、人々に現実に穢土を厭離し、浄土を欣求すべきことをしみじみと味わわしめ、必然的に極楽の証拠を得させようとする宗教的心情を抱懐するように編まれている。換言すれば厭離穢土の相を説くために、八大地獄をきわめて微細に叙述して、人間の苦悩と無常とを指摘し、人の世をいとうよう人間の業のおそるべきことを教示している。この深刻なる現実への凝視と、未来世界のおそるべき結果への想到を契機として、一転して欣求浄土への救済を十楽(聖衆来迎楽・蓮華初開楽・身相神通楽・五妙境界楽・快楽無退楽・引接結縁楽・聖衆倶会楽・見仏聞法楽・随心供仏楽・増進仏道楽)によって説いているのであるが、その第一に聖衆来迎楽を挙げ、第六に引接結縁楽を説いている。命終にのぞみ阿弥陀仏は、観音・勢至をはじめ多くの菩薩・比丘とともに光明を放ち、念仏者の面前に出現するという聖衆来迎楽こそ、当時の人々に欣求浄土の念願をおこさせた最大の要因であり、また現実苦になやむ人たちにとっては何よりの救いの手綱となったのである。

この来迎思想を、当時の人たちはどのようにして受けとめたのであろうか。貴族の来迎思想は生ける浄土と呼ばれた法成寺や、「極楽不審ならば平等院に参れ」といわれた鳳凰堂に例をみるがごとき、極楽浄土模倣の享楽的傾向、貴族の富裕なる財力と、発達した感覚によって成立したものであって、その底流には厭離穢土欣求浄土の思想がひそみ、他面、世の栄枯盛衰のならわしが意識として存在していた。まさに現世の栄華をきわめるものには、かえって来世の多幸を願わざるを得なかったのである。貴族生活における現世の享楽と来世願求の両面は、いわゆる「現世来世願満足」の心として、現世の満足を来世にまで延長せしめようとする意味で、来世を祈ったものではあるまいか。そのことはまた、現世の厭相を悟って転換的来世の救済を祈願するものとは異なり、来世の切実なる意識にもかかわらず、なおその底には深く現実肯定の精神に立脚して、自己の力によって現世の栄耀とか寿命・福禄などを、来世にも求めようとした人のあったことを意味している。従って彼等は現世の延長としての極楽を欣求し、しかもそれは人間的努力のつみかさねによって可能とさえ考えたのである。かかる現世と来世との中間にあって、それを結ぶ架け橋となったものが来迎であり、その来迎は自らの善根功徳によって、往生極楽を可能とするかぎりにおいて、当然到達しなければならない浄土への関門であり、同時にその関門は彼岸への往生を確実ならしめる保証でなければならなかった。ここに藤原道長が法成寺を建立し、それをそのまま九品往生の場に擬し、現実に来迎引接にあずかろうとする雰囲気につつまれんとした所以も存するのであるが、それはひとり道長のみにとどまることなく、藤原貴族に共通する傾向であった。

このような「無量寿院いとめでたく、極楽浄土のこの世に現はれけると見えたり」(大鏡)といい、宇治平等院に「めでたくたふときごくらくなどの、あらむやうにしてこもりゐ」(小右記)たというような有相浄土に強い憧憬をもちえた貴族に対し、源信が『要集』に主張したのは無相の自覚であったが、庶民また弥陀が来迎し引接するという形ではなしに、夢幻で感ずる音楽・異香・紫雲のごとき相に来迎相を考え、浄土は現世の理想として荘厳されたものであって、何らかの修行と努力とによって、遠くにはなれていても往生は可能であると考えていた。そこに現世と有相の浄土が来迎によって結ばれているすがたを見出したのである。思うに当時の極楽浄土の観念は、現世を否定して別世界が存在するというのではなく、現世の延長として、現世においてかなえがたい願望を、浄土に生まれて満たしたいという願生浄土の立場で求めた有相の浄土であったから、心ある人は願生浄土に憧憬し、現実逃避の心に流れ、これがやがては身をやき、或いは水中に投じて生命を断ち、すみやかに極楽往生せんとする捨身往生の傾向さえ生ずるに至った。しかし、このような逃避的な願生浄土は、人間精神の真の救いとはならないばかりでなく、信仰も形式に流れがちとなり、弥陀の来迎にあずかるためには、来迎する阿弥陀仏の手より、五色の糸をひいておのれの手にかけるという往生人のすがたもみられた。しかし、これが思想的背景となったのは、いうまでもなく『往生要集』であったが、法然も当初は「されば摂取の光明は、わが身をすて給ふ事なく、臨終の来迎はむなしき事なき也。この文は四十八願のまなこ也、肝なり、神なり。四十八字にむすびたる事は、このゆへ也。よく〳〵身をもきよめ、身をもあらひて、ずゝをもとり、袈裟をもかくべし。不浄の身にて持仏堂にいるべからず」(示或人詞)と述べているところよりすれば、このような説明は『往生要集』所見の臨終行儀と相似しているので、多分に要集的であったといえよう。これが『阿弥陀経釈』に至ると「その人、命終の時に臨んで、阿弥陀仏もろもろの聖《しょう》衆《じゅ》とともに、現にその前にまします等とは、文に二意あり」として、聖衆の来迎と行者の往生とを挙げ、聖衆の来迎について「念仏の行漸く成就し、往生の期、既に至る時、弥陀如来もろもろの聖衆と倶に来たりて行者を迎へたまふなり」と説き、更に語をつづけて「この来迎について、観経の文に九品迎摂の相を説いて云く、上品上生とは無数の化仏、仏とともに来たる。上品中生とは云々。ないし下品下生には、但し金蓮花来たると云々。今この経の来迎とは、九品の中にはこれ何ぞや。不審尤も多し。もし聖衆の多少により、品秩を定むとは、恐らくこれ上品上生の行相に相似するか。何をもつての故に、経に、その人命終の時に臨み、阿弥陀仏もろもろの聖衆とともにといふ」と述べているように、ここに示されている法然の説示は、来迎の条件と来迎の品位とを問題としているのであり、来迎の条件とは、念仏の行ようやく成就したとき、しかも往生の期、換言すれば命終の時を指し、そこにはじめて来迎のあることを説いている。来迎の品位については上品上生の来迎に類似していることを指摘し、来迎の品位を定めるために『称讃浄土経』を引いてしめくくりとし、「この文に準ずるにすでに無量声聞等といふ。故に知りぬ、これ上品上生也」と述べて、上品上生の来迎が仏の意にかなうものであることを説示しているが、『逆修説法』には『阿弥陀経』同様、『称讃浄土経』の文を引きながらも、「心をして乱らしめずと、心顚倒せずとは、これすなはち正念に住せしむるの義なり。明らかに知りぬ、臨終正念の故に来迎あるには非ず。来迎によるが故に臨終正念也」として、『阿弥陀経』のポイントを、心顚倒せずと聖衆の来迎の二点に見出しているとはいえ、聖衆の来迎に重きをおいている。すなわち法然は臨終のその人が正念に住したが故に来迎があるのではなく、来迎にあずかってこそ臨終正念に住することが可能であると説いているのであり、このことは、ややもすれば衆生の称名念仏の功徳の結果として、心は顚倒することもない、その故に臨終時に来迎があるものであるとする既成概念を打破するものであって、来迎の上の正念なることを明示したところに、法然の来迎観の特色がみられる。

　思うに法然により来迎の上の正念であることが明らかにされ、平生の念仏修道者は臨終にかならず仏の来迎を蒙り、来迎を得るとき仏力によって正念に住することができると説かれるようになったのは『逆修説法』成立時に近接したころであったらしく、『法然聖人御説法事』には「シカレバ臨終正念ナルガユヘニ、来迎シタマフニハアラズ。来迎シタマフガユヘニ臨終正念ナリトイフ義アキラカナリ。存生ノアヒダ、往生ノ行成就セム人ハ、臨終ニカナラズ聖衆来迎ヲウベシ。来迎ヲウルトキ、タチマチニ正念ニ住スベシトイフココロナリ。シカルニイマノトキノ行者、オホクコノムネヲワキマエズシテ、ヒトヘニ尋常ノ行ニオイテハ、怯弱ヲ生ジテ、ハルカニ臨終ノトキヲ期シテ正念ヲイノル。モトモ僻韻ナリ。シカレバヨクヨクコノムネヲココロエテ、尋常ノ行業ニオイテ怯弱ノココロヲオコサズシテ、臨終正念ニオイテ決定ノオモヒヲナスベキナリ。コレハコレ至要ノ義ナリ。キカム人、ココロヲトドムベシ」と述べている。この態度は、正治三(一二〇一)年正月撰述されたと考えられる(小川竜彦氏「新定法然上人伝」)『正如房へつかわす御文』にもうけつがれ、「モトヨリ仏ノ来迎ハ、臨終正念ノタメニテ候也。ソレヲ人ノ、ミナワガ臨終正念ニシテ、念仏申タルニ、仏ハムカヘタマフトノミコヽロエテ候ハ、仏ノ願ヲ信ゼズ、経ノ文ヲ信ゼヌニテ候也。……タヾノトキニヨク〱申オキタル念仏ニヨリテ、仏ハ来迎シタマフトキニ、正念ニハ住スト申ベキニテ候也」(一九九頁)といって、仏の来迎によって念仏行者はかならず臨終正念に住することができるのであって、行者の臨終正念によって仏の来迎があるのではないことを強調しているが、ここで注意すべきは「タヾイカナラム人ニテモ、アマ女房ナリトモ、ツネニ御マヘニ候ハム人ニ、念仏マウサセテ、キカセオハシマシテ、御コヽロヒトツヲツヨクオボシメシテ、タヾ中々一向ニ、凡夫ノ善知識ヲオボシメシステヽ、仏ヲ善知識ニタノミマイラセサセタマフベク候」(一九八頁)と述べて、仏を善知識と仰ぐべきであるとしていることである。法然に従えば「タレモ仏ヲタノムコヽロハスクナクシテ、ヨシナキ凡夫ノ善知識ヲタノミテ、サキノ念仏オバムナシクオモヒナシテ、臨終正念ヲノミイノル」ことは、ゆゆしき僻因であって、仏を善知識とたのんでこそ、「阿弥陀仏ノ本願アヤマタズ、臨終ノ時カナラズワガマヘニ現ジテ」(一九九頁)正念に住することができる。法然以前の人たちは臨終の正念をのぞむためには、どうしても苦修練行をつまなければならないとされていたのに対し、「タダノトキ」すなわち平常「ヨク〱申オキタル念仏ニヨリテ、仏ハ来迎シタマフトキニ、正念ニ住」することができるのだとして、聖道門的来迎観を是正し、浄土門としての来迎観をしめして、善導の影響をうけたであろう源信の来迎観に一歩をすすめ、法然独自の見解をしめした。従って「弟子等、仏の御手に五色の糸をつけてすすむ」ることがあっても、法然は「如此のことは是つねの人の儀式なり、我身にをひてはまたかならずしも」(琳阿本法然伝巻八)といって、五色の糸を手にすることはなかったという。しかし、一般の人達が仏像を安置し、五色の糸を仏と病者とのあいだに結んだり散華したりすることは「つねの人の儀式」であるとしてこれを認めているのは、当時このような方式をもつ臨終行儀が一般に行なわれていたことを示唆している。しかし、法然としては形式的なるものを殊更に除去し「これをとり給は」なかったのであろう。慈円が法然の臨終行儀について「サレド法然ハアマリ方人ナクテ、ユルサレテ終ニ大谷ト云東山ニテ入滅シテケリ。ソレモ往生〱ト云ナシテ、人アツマリケレド、サルタシカナル事モナシ。臨終行儀モ増賀上人ナドノヤウニハイワル、事モナシ」(愚管抄巻六)といっているのは、蓋し聖道門すなわち天台教団に育成された慈円として見聞した臨終行儀に比した場合、「つねの人の儀式」として除去した、いわば法然的な行儀で命終したことを認めていたからであったろう。

仏格の位置にまで高められた善導　第一期の思想に善導への指向が見られ、第二期に入り人間善導観が確立し、第三期になると夢想という霊瑞を通して法文や血脈の授受をこえ、善導の三昧発得に直結し、これらの宗教的体験をもとに化身善導という確信がうまれ、更にすすんで仏格善導観があらわれた。その思想を端的にしめすものが『選択集』であって、「大唐に相ひ伝へて云く、「善導はこれ弥陀の化身なり」と。しかれば謂ふべし、またこの文は、これ弥陀の直説なりと。既に写さむと欲はば、一《もっぱ》ら経法の如くせよと云ふ、この言《ことば》、誠なるか。仰いで本地を討《たず》ぬれば、四十八願の法王なり。十劫正覚の唱へ、念仏に憑《たの》みあり。俯《ふ》して垂迹を訪《とぶら》へば、専修念仏の導師なり。三昧正受の語《ことば》、往生に疑ひなし。本迹異なりといへども、化道これ一なり」(一六二頁)と述べている。善導を弥陀の化身とみるのは「大唐に相ひ伝へて」といっているように、中国にすでに所見があり、おそらくそれは慈雲の『浄土略伝』を指しているのではないかと思われるが、『浄土略伝』は佚して、今見ることはできない。しかし『仏祖統記』巻二十六に引文されている『浄土略伝』によれば「阿弥陀仏の化身、長安に至り、滻水の声を聞いて云く、念仏を教ふること三年を満つるに、長安城、皆念仏に帰すべし」とあって、阿弥陀仏の化身と見られていたであろうことを推知し得るが、このほか中国において善導が阿弥陀仏の化身と仰がれていた徴証を寡聞にして知り得ない。

『正如房へつかわす御文』に「善導マタ凡夫ニハアラズ、阿弥陀仏ノ化身ナリ。阿弥陀仏ノ、ワガ本願ヒロク衆生ニ往生セサセムレウニ、カリニ人ニムマレテ善導トハ申候ナリ。ソノオシヘ申セバ仏説ニテコソ候ヘ」(一九八頁)といい、『大胡の太郎実秀へつかはす御返事』にまた「善導マタタヾノ凡夫ニアラズ、スナワチ阿弥陀仏ノ化身ナリ。……ソノオシエ、申セバ仏説ニテコソ候へ。イカニイハムヤ、垂跡ノカタニテモ現身ニ三昧ヲエテ、マノアタリ浄土ノ荘厳オモミ、仏ニムカヒタテマツリテ、タヾチニ仏ノオシヘヲウケタマハリテノタマヘルコトバドモナリ。本地ヲオモフニモ垂跡ヲタヅヌルニモ、カタ〳〵アフギテ信ズベキオシエナリ」(一八二頁)といっているのも、善導の教えを仏説とうけとっていることを示したもので、仏説と見ていたからには、善導をして仏格とみていたのであろう。しからば法然は何故善導を仏格と見るに至ったかということについてはどこにも説明を附与していない。しかし、それにはおそらく二因、すなわち内的原因と外的条件があったであろう。

一に内的原因とは、法然の思想進展の結果、法然をして宗教的回心をなさしめたほど感激をあたえた善導の法語は、救いを求めがたい苦悩にみちていたときの法然にとっては、何ものにもかえがたい超人的救いの神であったに違いない。あたかもその立場は、聖光が「弁阿ガ為ニハ法然上人ヲ以テ大師釈尊ト仰《あおぎ》奉ル矣」(念仏三心要集)といい、親鸞が「親鸞ニオキテハ、タヾ念仏シテ弥陀ニタスケラレマヒラスベシト、ヨキ人(法然上人)ノオホセヲカウブリテ、信ズル外ニハ別ノ仔細ナキナリ。念仏ハマコトニ浄土ニムマルヽタネニテヤハムベルラム。又地獄ニオツベキ業ニテヤハムベルラム。総ジテモテ存知セザルナリ。タトヒ法然上人ニスカサレマヒラセテ、念仏シテ地獄ニ落チタリトモ、サラニ後悔スベカラズサフラウ」（歎異鈔）といっているのと同一の心理であって、宗教的感情の上から仏格の位置にまで高められたのであり、他面、平安朝以来天台教団にみられた本迹二門の思想が、弥陀と善導の連関をなすに有力な規範となったらしく、「本地ヲオモフニモ垂跡ヲタヅヌルニモ、カタ〳〵アフギテ信ズベキ」であるといい、法然が垂迹善導といわれているのも、本地垂迹の思想が弥陀本地、善導垂迹の思想となってあらわれ、仏格善導観形成の一因となったかと思われる。

二に外的条件というのは、教団外から加えられたであろう圧力によって仏格善導観が形成されたことを意味するが、これには伝灯観が大いなる役割をはたしているので、伝灯問題の関連を度外視して考えることはできない。法然は『阿弥陀経』を講ずるにあたり、「ここに善導和尚の往生浄土宗においては、経論ありと雖も、習学するに人なく、疏釈ありと雖も、鑽仰するに倫なし。しかれば則ち相承血脈の法あることなし、面授口決の儀に非ず……善導に遇はずは、決智生じ難し。唐方に訪はずは遺訓了り難し」（阿弥陀経釈）と述べて、善導の『観経疏』にみちびかれて浄土門に入り、専修念仏を主唱するに至ったけれども、法然と善導とは五百年に近い年代のへだたりがあって遇うこともできなければ、善導の真意もたやすく了解しがたいと述懐している。しかのみならず、法然が修学期に師事した学匠で、善導に面受して教えを受けた学者の系譜をひく人はないばかりか、先徳とあがめた源信にも遇って教えを受けてはおらない。いわば法然は源信に導かれ、善導の著書を通して善導に接近し、その真意をさとって浄土門に帰入したのであって、このような視点からするならば、無師独悟ということもできよう。「しかれば則ち相承血脈の法あることなし、面授口決の儀に非ず」と、きっぱりと言いきることのできたのも、蓋し当然の帰結ではあったが、口訣相承とか面授口伝を重んずる南都北嶺の旧教団にとっては黙視しがたい事実として批判の矢面に立たされ、相承を無視する法然の念仏は私義私説であるとの非難をあびせられた。すなわち『興福寺奏状』に、時に源空は勅許を得ず、私に一宗を号することは、はなはだ不当であると非難しているのがそれであるが、当時におけるすべての教団が師資相承・伝灯相承を重んじていた風潮からすれば、非難をうけることは当然予想されるべきことであった。従って新儀をたてようとする場合、新儀のよってきたる源流をしめす必要があり、『選択集』には「聖道家の血脈の如く、浄土宗にまた血脈あり」(九三頁)と述べて、列祖のなかに善導をあげ、善導をもって師とすべきことを教えている。しかるのち「静かに以《おもん》みれば、善導の観経の疏は、これ西方の指南、行者の目足なり。しかれば則ち西方の行人、必ずすべからく珍敬すべし。なかんづくに、毎夜に夢の中に僧あつて、玄義を指授す。僧とはおそらくはこれ弥陀の応現なり。しかれば謂《い》ふべし、この疏はこれ弥陀の伝説なりと。いかにいはんや、大唐に相ひ伝へて云く、「善導はこれ弥陀の化身なり」と。しかれば謂ふべし、またこの文は、これ弥陀の直説なりと。既に写さむと欲はば、一《もっぱ》ら経法の如くせよと云ふ」(一六一頁)といって、善導を弥陀の化身と仰ぎ、その著『観経疏』に示されたところは、弥陀の直説であると仰信したのである。このように善導は弥陀の化身であるといってみたところで、現実には法然は善導に面受して法を受けたのではないから、伝灯を重視する旧教団から私義私説であるといわれても致し方ないことであった。しかし、一宗としての型態をととのえるためには、この批難を黙視することはできず、善導と法然とのあいだに横たわる溝をうめたて、善導から正しく伝灯を相承したことを明らかにしなければならない。ここに夢中善導が来現して『玄義』を法然にじきじきに指授したという路線がしかれる所以が存するのであるが、夢定中に善導に対面したことは、法然自ら述べておらないので(田村圓澄氏「法然上人伝の研究」)、文献の上から論述することはできないにしても、「観経の文疏を条録するの刻に、頗る霊瑞を感ず、しばしば聖化に預かる」(選択集、一六〇頁)と記した心意からするならば、宗教経験としては夢中対面の事実は存在したと思われ、まったく無根のことではなかったであろう。

もし夢中の対面が内面的心的事実としてあったとすれば、霊瑞により法文や血脈の授受をこえて、善導の三昧発得に直結し、これらの宗教体験をもととして、法然に化身善導の確信が生まれ、この時点において宗教経験としては善導より教法を伝授されたと認めても何等誤りではなく、自内証としては相承したものと、納受し得たであろう。このような「霊感、教示ともいわれる超歴史的神秘的な事象をもって、新宗義提唱の基礎」(坪井俊映氏稿「伝法における半金色善導像の形成」)としたのは、必ずしも法然にはじまるのではなく、最澄の「内証仏法相承血脈譜」には『天台法華宗相承師資血脈譜』一巻を出し、次第相承と直授相承とを明かしている。そのなかで次第とは常寂光土第一義諦霊山浄土、久遠実成多宝塔中大牟尼世尊より印度の十八祖を経て南岳慧思禅師に至り、その弟子智者大師より七代を経て最澄に伝わる相承であり、直授相承というのは釈尊より南岳大師へ直授する相承と、智者大師へ相伝する相承であって、南岳直授・天台直授と呼称されている。霊鷲山において南岳慧思禅師並びに天台智者大師が釈尊より法華の教旨を直授相承したということは、『隋天台智者大師別伝』に見える説で、『別伝』には天台大師がはじめて大蘇山で慧思に遇ったとき、「普賢道場を示し、ために四安楽行を説」いたといい、義真の『天台法華宗義集』巻一序には『智者大師別伝』と「内証仏法血脈譜」の意をうけて「陳隋の代に、南岳慧思・天台智顗の両師あり。さきに霊山に在りて、親《まのあた》り妙法を聴き、震旦に降誕し、円《まど》かに一乗を弘め、寂定に入る」と記されている。すなわち、これによれば南岳と天台とがともに前生において、釈尊より法華経を聴聞したという内証、すなわち霊感をもって天台法華宗を開く契機としたというのであるが、これは超歴史的事象であって、相承を裏付けるために南岳・天台による自内証、啓示を基礎としたのである。今、法然が夢中善導にあい教法を伝受したというのも、南岳が釈尊より前生『法華経』を聴聞したというのも、超歴史的神秘性において軌を一にし、南岳直授がささえとなって、善導法然直授相承説が成立したものであろう。善導から法然へという路線が明瞭となり、直授説が成立すれば、中国ですでに善導は弥陀の化身と仰がれていたので、善導の『観経疏』また弥陀の直説であるという考えに到達し、「善導はこれ弥陀の化身なり、しかれば謂ふべし、またこの文は、これ弥陀の直説」であると仰信することができたのであろう。

浄土五祖観の確立　相承血脈の法をうけていないことをもって、誇りとすら思っていた法然であったが、統系なきことを誇りうるものではないし、伝灯は教団をささえゆく基本的要素であるという当代社会よりの強い批判をうけるに至り、建久五(一一九四)年ごろになると社会の批判をさけるために「天台法相等ノ諸宗、ミナ師資相承ニヨル。シカルニ浄土宗ニ師資相承血脈次第アリ。イハク菩提流支三蔵・慧寵法師・道場法師・曇鸞法師・法上法師・道綽禅師・善導禅師・懐感禅師・少康法師等ナリ。菩提流支ヨリ法上ニイタルマデハ、道綽ノ安楽集ニイダセリ。自他宗ノ人師、スデニ浄土一宗トナヅケタリ。浄土宗ノ祖師、マタ次第ニ相承セリ。コレニヨテ、イマ相伝シテ浄土宗トナヅクルモノナリ。シカルヲ、コノムネヲシラザルトモガラハ、ムカシヨリイマダ八宗ノホカニ浄土宗トイフコトヲキカズト、難破スルコトモ候ヘバ、イササカマフシヒラキ候ナリ」(法然聖人御説法事)と述べて、明らかに浄土宗の法脈の上にも、師資相承の血脈のある所以を明かし、また「浄土宗ノ師資相承ニ二ノ説アリ。安楽集ノゴトキハ、菩提流支・慧寵法師・道場法師・曇鸞法師・法上法師等ノ六祖ヲイダセリ。今マタ五祖トイフハ曇鸞法師・道綽禅師・善導禅師・懐感禅師・少康法師等ナリ」(同上)と、浄土五祖を立てるに至り、浄土宗に相承のないことを云々し、八宗のほかに浄土宗のあることすら聞かないという輩がいたならば、浄土宗の師資相承の譜脈をしめして、聊か申し開きたいと、毅然たる態度で対聖道門に批判を向けるに至っている。法然が浄土祖師については道綽の『安楽集』に所見があるといっているのは、「遊歴披勘をもつて師承あることを敬ふとは何ぞや。謂く、中国の大乗法師流支三蔵あり。次に大徳あり、名利を呵避す、則ち慧寵法師あり。次に大徳あり、尋常に敷演して、毎《つね》に聖僧の来聴を感ず、則ち道場法師あり。次に大徳あり、光を和して孤栖し、二国に慕仰せらる、則ち曇鸞法師あり。次に大徳あり、禅観独り秀でたり、則ち大海禅師あり。次に大徳あり、聡慧にして戒を守る、則ち斉朝の上統あり。しかるに前の六大徳は、並びにこれ二諦神鏡なり。これすなわち仏法の綱維なり。志行倫に殊にして、古今実に希なり。皆共に大乗を詳審して、浄土はすなはちこれ無上の要門なりと歎帰す」(安楽集巻下)の文を指すもので、ここには六大徳の師資相承が明示されている。『唐高僧伝』の道綽伝によれば、彼は慧瓚に師事すると共に、四十歳の時には汶水石壁の玄忠寺に遊び、曇鸞の碑文に接し、その芳躅をしたい、同寺にとどまって専ら浄業を勧めはげんだというが、直接的には曇鸞と道綽とのあいだには師資の関係はなかった。思うに道綽の四十歳は隋の大業五(六〇九)年にあたり、時に曇鸞は康存していなかったので、曇鸞から道綽にという法系は成立しない。曇鸞は『続高僧伝』巻六によれば鴈門の人で、その家が五台山に近かったところから、十余歳のとき登山して、つぶさにその遺蹤を見、心神歓悦して出家し、広く内外の諸典を学び、四論仏性をきわめた。その後、菩提流支にあい、仙術を修めんことを告げたところ、流支は、長生不死が此土において決して得らるべきでないことを語り、時に大仙の法として『観経』を授けた。ここにおいて曇鸞はたちまち省悟して仙経を焼き、以来帰郷して専ら浄土の業を修し、また道俗を教えて、これに従わしめた。魏主はために彼を神鸞と号して、并州の大巌寺に住せしめ、のち北山石壁の玄忠寺に移り、徒衆をあつめて念仏を修したという。これによれば菩提流支は弥陀浄土の信仰者であり、曇鸞の師であったと考えられるが、曇鸞は『往生論註』を撰述するにあたって、訳語について批難を加え、就中一尋を註解した下に「訳者、尋をもつて言ふ。何ぞそれ晦《くら》きや」(往生論註巻上)と評している。もしこれが事実ならば、望月信亨氏も指摘されているように、『往生論』の訳者である菩提流支が事実曇鸞の帰浄の師であったとすれば、師を批判したことになるので非礼もはなはだしいといわなければならないが(「支那浄土教理史」)、菩提流支をもって弥陀信仰者としたのは、おそらくは『無量寿経優婆提舎願生偈』(『往生論』)を訳したことから附加された伝説であったろう。しかも『往生論』を曇鸞が訳出したために、流支—曇鸞という法系が形成されるようになったのではあるまいか。もし流支が曇鸞に伝授したものがあったとすれば、それは『観経』ではなしに『往生論』であったかも知れない。

六大徳相承のなかで、慧寵については正伝がなく、椎尾弁匡氏が、『梁高僧伝』所収曇鸞伝に附載されている「北州釈慧龕」が願生安養臨終祥瑞ありといわれているところからすれば、慧寵とは慧龕を指しているのではあるまいかといっていられるが(「曇鸞当時の浄土教」)、流支相承については明らかでなく、また浄土願生者ともいえないようである。これに対して望月信亨氏は「慧寵は恐らく道寵のことで、続高僧伝巻七に依ると、道寵は菩提流支について十地経論を受け、慧光と対峙して頗る盛名があり、北道地論派の祖といはれた人である」(「支那浄土教理史」)として、流支の上足魏鄴下沙門道寵をもって慧寵にあてていられるが、彼の浄土教思想については知ることができない。

道場は光統の弟子で、のち流支の講説を聞き、流支の小瞋をこうむり、ために嵩山に入り、十年の間『大智度論』を研究し、その後鄴下で『大智度論』を講述したといわれ、『集神州三宝感通録』巻中によれば「阿弥陀仏・五十菩薩、文に随つて教を開く。沙門明憲あり、高斉の道長法師に従ひ、得る所の、この一本にその本起を説き、伝とともに符す。これ図写をもつて、偏へに宇内に流布せしむ」と見えている。これによれば道長(場)は弥陀信仰者であったらしく、道寵また流支の法系につらなる人であったから、道寵と道場に師資の関係があったというよりも、同門の僧とみた方がよいかも知れない。道場の門に育成された明瞻も智矩寺において西方を願求し、阿弥陀仏・二菩薩の来迎を得て寂しているから(唐高僧伝巻二十四明瞻伝)、道場とか明瞻の環境から考えると、道寵もまた阿弥陀信仰者であったという可能性はあり得るし、道場・曇鸞ともに『大智度論』に精通していた点から考えると、曇鸞が帰浄し弥陀を信仰したのは道場による感化であったろう。

大海は河東慧海ではなく、安楽寺慧海を指すであろうことは、古来より先徳の認めるところであって、『続高僧伝』によれば、彼ははじめ鄴都広国寺冏法師につかえて、涅槃・楞伽を聞き、のち青州大業寺の道猷について摩訶衍・毗曇などを受け、北周の大象二(五八〇)年江都に安楽寺を建ててここに住し、隋大業五年六十九歳をもって寂したという。大業五年といえば、道綽が曇鸞の芳躅をしたい浄業を励みはじめた年にあたっている。慧海は平生浄土往生を願求し、傍ら斉州の道詮より五通菩薩の図写した無量寿像を得て模写し、願生の心を深くしたというから、五通曼荼羅の信奉者でもあったろう。しかし、彼が曇鸞に師事したことも、また弟子に法上の存在したことも明記がないので、相承があったとみることはできない。ただ浄土願生者としての慧海を知るのみである。

法上は『続高僧伝』巻八によれば、慧光の弟子で、平生弥勒を崇信して兜率浄土に生ぜんことを願い、北周大象二年八十六歳をもって示寂している。とすれば法上は弥勒の信仰者であって、浄土願生思想をもっていたとは考えられないし、年代的には大象二年大海は四十八歳に恰当するので、もしここに法系が認められ得るとするならば、法上―大海とすべきであろう。慧光に浄土願生の思想があったことは「安養に帰らんことを乞ふ。いまだ瞬息を移さず。且つ浄土化仏、化菩薩とともに虚空に充満するを見る」(浄土往生伝巻上)とあることにより知られるが、法上は少なくとも文献の示すところでは浄土願生者ではない。しからば何が故に道綽は浄土歎帰の一人として、法上を加えたのであろうか。これについて望月信亨氏は「恐らく兜率を包含する広義の浄土を意味」させたのであろうとされている(「支那浄土教理史」)。しかし、道綽が大業五年弥陀信仰に帰したころ、大海は示寂し、法上は世を去ってまだ三十年にもみちておらないので、これら諸師の行業は知悉していたであろう。とすれば両師が、弥陀信仰者であったが故に、相承系譜の上に名をつらねたと思われ、弥勒信仰者であったことを承知の上で記載することは、先ずあり得ない。当時の造像銘によれば「比丘僧弥勒石像一軀を造り、願はくは西方無量寿国に生ぜん」とあって、弥勒を念じておりながら西方浄土に願生しようとしている。ここに弥陀・弥勒の信仰が区別なしに受容されていることから推論すれば、法上も師慧光のように両浄土の信仰をあわせ有していたのではあるまいか。以上述べたことによって六大徳相承のうち、師資相承の認められるのは、流支―道寵、流支―道場のみにしかすぎない。思うに六大徳は非相承の系譜をしめしたもので、祖師のそれぞれは弥陀信仰者であったと考えられるが、何故道綽が「浄土師資相承あるを敬ふ」といって、『安楽集』に六大徳を列したのか、はなはだ疑問である。

法然は無批判に『安楽集』の説をとりいれて、「浄土宗ニ師資相承血脈次第アリ。イハク菩提流支三蔵・慧寵法師・道場法師・曇鸞法師・法上法師・道綽禅師・善導禅師・懐感禅師・少康法師等ナリ。菩提流支ヨリ法上ニイタルマデハ、道綽ノ安楽集ニイダセリ」といって、師資相承のある所以を述べたのであるが、これについて東大寺の凝然は「道綽禅師の安楽集の中に、六祖を挙ぐるが如し。親しく承くるにあらずと雖も、ただ彼の芳躅を逐ひ、帰敬し依憑して浄土教を弘む」(浄土法門源流章)と述べ、親しくうけたものでないことを指摘している。善導は、唐貞観中道綽に謁して、つぶさに念仏往生の法を受け、懐感は善導の弟子であるが、少康は貞元の初め洛陽の白馬寺に至り、善導の『行西方化導文』を得て大いに喜び、よって長安の善導の影堂に詣で善導の真身を感見したといい、直接善導や懐感から法系を受けておらない。ここに「浄土宗ハ定レル相伝ナシ。唐土ニモ少々有レ共、有無不分明」という譏りを甘受せねばならなかった。入宋して受法しなかった法然の弱い立場は、ここにあったとしなければならないが、法然としては一面円頓戒の正系を稟承し、天台教団中に身を投ずる人であってみれば、傍受している浄土宗が嫡々相伝の形をとっていなくとも、新宗開立でない以上、意にかいしなかったのではなかろうか。法然とて、一宗を開宗するからには、伝灯相承の必要性は十二分に承知していたはずであるのに、また承知していたから「浄土宗ニ師資相承血脈次第アリ」といっていたはずであるのに、親しくうけたものでないという「相承血脈譜」を提示したのは、専修念仏を唱導したとて私ひとりに始まるものではなく、既に中国にもこのような人がいて、念仏をすすめた人があったのだということを教示するための手段だったのではあるまいか。すでに法然は曇鸞―道綽―善導―懐感―少康とつらなる祖師をもって浄土五祖としたが、終生典籍を手にして常に解行に精進した法然は、建久九年に至り伝灯観を整理して、相承血脈がないとなじる人たちに、「聖道家の諸宗、おのおの師資相承あり。謂はく天台宗の如きは、慧文・南岳・天台・章安・智威・慧威・玄朗・湛然、次第相承せり。真言宗の如きは、大日如来・金剛薩埵・竜樹・竜智・金智・不空、次第相承せり。自余の諸宗、またおのおの相承の血脈あり。しかるに今言ふところの浄土宗に師資相承の血脈の譜ありや」の問に、「聖道家の血脈の如く、浄土宗にまた血脈あり。ただし浄土一宗において、諸家また不同なり。いはゆる盧山の慧遠法師、慈愍三蔵、道綽・善導等これなり。今しばらく道綽・善導の一家によつて、師資相承の血脈を論ぜば、これにまた両説あり。一には菩提流支三蔵・慧寵法師・道場法師・曇鸞法師・大海禅師・法上法師。〈已上、安楽集に出づ〉二には菩提流支三蔵・曇鸞法師・道綽禅師・善導禅師・懐感法師・少康法師。〈已上、唐宋両伝に出づ〉」(選択集、九三頁)と答えている。すなわち浄土教に慧遠・慈愍・善導の三流があるとし、そのなかの道綽・善導の系統を更に二流に分ち、血脈相承を法系の上に明確に位置づけた。慧遠は『般舟三昧経』の念仏につながりをもちながら、念仏三昧の定を中心に観念に傾斜しているが、慈愍は善導の影響を受けながらも観念を廃し称名を主体とする方向をとらず、かえって定と称の併修主義をとり、更に念仏・禅定・戒律をも融合した教禅律一致の思想を多分に包含している。これに対し善導があくまで観念を廃し、称名主義を高く掲げていることは、すでに法然が三流の思想を検討した上で、自からの血脈の受けるべき方向を求むるとすれば、善導によるのを妥当とするという結論をみちびきだしたからであり、従って法然浄土教は善導流を正統としている。かくて浄土五祖を立てるにあたって、その典拠を「唐宋両伝」に求めたのであったが、両伝には別々の伝記は所収されているけれども、浄土五祖として系統づけをなされたところは見当らない。「唐宋両伝」のみならず、中国において浄土五祖を立てた人もなければ、日本においても浄土五祖について言及した人は、法然以前に見当らない。とすれば浄土五祖をうちたてた人は法然であったろう。ここで思い出されるのは、かつて俊乗房重源が入宋の折、五祖を一幅にえがいた画像があるはずであるから取りしらべ請来して欲しいと、法然に頼まれたと伝えられており、時に請来されたのが、京都嵯峨二尊院現蔵の「浄土五祖図」であったという。しかし、この図は美術史的には疑問がもたれ、禅宗系の祖師であろうとの見解が強く、裏辻憲道氏は「図様を見るに、各々印相を異にする禅僧の如き、五師がいずれも椅坐し、中央上座に一師、その左右に各二師を縦に配しているが、浄土五祖の確証はない」(「善導大師像の一考察」)とされている。浄土五祖が法然創称のものであるとすれば、むしろ中国請来のものに見えないのは当然であろう。この画像が請来され、「浄土五祖図」と呼ばれるようになったのは、浄土宗には血脈相承がないという声に応じて作為された結果の所産であろうが、たとえ浄土五祖が認められたとしても、親しく善導ないし中国における浄土祖師に面受しなかった法然に対しては、事あるごとに「もし古より相承、今に始まらずは、誰か聖哲に逢ひ、面たり口決を受くるや」(興福寺奏状)といって、批難攻撃の矢が放たれたのである。善導・懐感・少康から法然に伝灯が相承されたとするには、直接法然を知る人にとって、これを肯定することは容易なことではなく、法然とて時代を超え、国を越えて善導から伝授されたとするには、世人の納得する理由を附与せねばならない。ここに仏格善導思想を助長させる外的条件が生起する原因が存したのである。換言すれば、法然自らの思索と体験とによって専修念仏を受容したというだけでは、旧教団側の人たちは承知しないから、浄土祖師のなかにあっても善導は阿弥陀仏の化身なるが故に、その教法もまた仏説と同じであるという義を附与することによって、一宗を開立する根拠を見出そうとした。仏格善導のレールをしくことによって、つまり善導が阿弥陀仏の化身であるということになれば、恰かも祖師が阿弥陀仏に直参すると同様、法然が善導に直参する路線が開かれるであろう。いわば伝灯観は、社会状勢の変遷と旧教団のつきあげによって、二転三転しながらも、血脈相承が明確に法然教団の上にあたえられ、浄土五祖観が確立された反面、仏格善導観は血脈相承とうらはらの関係において確立されたといえよう。

危機感の推移　法然教団に対する危機が、専修念仏の弾圧というかたちであらわれてきたのは、いつごろからであったろうか。文治六(一一九〇)年ごろ、すでに念仏誹謗の胎動があったらしいことは前述したが、当時謗難はいまだ表面化して生起するまでには至っておらず、あくまで旧教団に接近した地域における地方的ないさかいにしかすぎなかった。それが建久五(一一九四)年ごろになると、「ムカシヨリイマダ八宗ノホカニ、浄土宗トイフコトヲキカズト難破スルコトモ候ヘバ、イササカマウシヒラキ候ナリ」(法然聖人御説法事)といっているほど、専修念仏に対する危機は、より以上に身近の問題となってせまってきており、一面もし専修念仏を認めないというような批難が我が身にせまってきたならば、浄土開宗の意とするところを示したいというように、旧教団に対する対抗意識もかなり濃厚になってきている。このように、専修念仏を認めないならば、難破することもあえて辞さないとする態度をとらしめているのは、謗難が身近なものとして、せまってきていないことを示している。思うに古代制より封建制に移行する過渡期に、専修念仏の一法をもって立宗せんとした浄土宗は、あまりにも差別不平等の多い大衆にとって共感をよぶものであったが故に、専修念仏に心を傾けようとする民衆の帰依をうけたが、その反律令的性格を内包した浄土宗は、国家権威を背景とする旧教団からは受容するところとはならなかった。結党成群を禁止し、別に道場を建てて教化することを禁制し、またみだりに哀音を発してはならないことを規定した僧尼令は、律令国家としては当然守らなければならないはずであり、この律令ないし僧尼令を基調とし背景とした旧教団は、国家権力をたてに、表面的には律令制を堅持していた。しかるに僧尼令にそむき、道場を建て、積極的に大衆に法を説き、哀音(礼讃)を教化の手だてとした法然の態度は、旧教団の容れるところとはならず、むしろ反撥をさえ感じさせていた。念仏禁圧をうける素因は、一にここに存するのであり、時に「もし、それ浄土念仏をもつて別宗と名づけ、一代聖教ただ弥陀一仏の称名を説く。三蔵の旨帰、偏へに西方一界の往生にあるか。今、末代におよび、始めて一宗を建てしめば、源空はその伝灯の大祖か」(興福寺奏状)と伝灯のないことをなじっている。このような主張に対し、法然は浄土五祖をたてて、中国伝来の相承のあることを強調し申し開きしようとしたのである。そもそも法然は浄土五祖を立てるにあたり、典拠を「唐宋両伝」に求めているが、両伝には別々の伝記が記されているけれども、浄土五祖としての系統は立てられていない。『仏祖統記』には蓮社七祖(慧遠・善導・承遠・法照・少康・延寿・省常)を挙げ、『楽邦文類』には蓮社継祖五大法師として善導・法照・少康・省常・宗賾の系統を記しているのみであり、それとてこれらの人師は単なる浄土信仰者でしかなく、思想系統をたどったものではない。しかるに法然所立の五祖は正しく前後に思想的関連をもたせるに至った系列であり、法然創称のものであって、中国に典拠を求め得る五祖でないから、血脈相承という時点にたってみたとき、旧教団のものからは批判の対象となり、新宗の開立まかりならぬとされたのである。『逆修説法』を成立せしめた社会的背景において、申し開きをしてまでも「浄土宗トイフコトヲキカズ」という輩をして、浄土宗を認めさせようとする態度をとっていることは、危機が身近にあるとはいえ、迫害をともない念仏の禁圧が加えられるであろうことは、いまだ予想されていない。

『念仏大意』には「カクノゴトキノ専修念仏ノトモガラヲ、当世ニモハラ難ヲクワヘテ、アザケリヲナストモガラオホクキコユ」とみえ、また「三途ノ旧里ニカヘリテ、生死ニ輪転シテ、多百千劫ヲヘムカナシサヲ、オモヒシラム人ノ身ノタメヲ申スナリ。サラバ諸宗ノイキドホリニハオヨブベカラザル事也」と述べていることは、当時すでに聖道諸宗のいきどおりが生起し、専修念仏者に個的なものではなしに、集団的なものとして、謗難を加えようとする人たちの存在したであろうことを暗示するものであり、専修念仏者に対する迫害が、かげの声として迫ろうとしている動きがみられる。しかし直接的にはいまだ表面化されていない。ということは、念仏禁圧の危機感が念仏者の身にせまっていない時期、聖道門教団よりの破斥を受けたならば聊か申し開きたいという態度をもって臨んだ『逆修説法』成立前に、『念仏大意』は撰述されたものであろう。『鎌倉の二品比丘尼に進ずる御返事』には、

コノ文ノ心ハ、浄土ヲネガヒ、念仏ヲ行ズル人ヲミテハ毒心ヲオコシ、ヒガコトヲタクミメグラシテ、ヤウ〳〵ノ方

便ヲナシテ専修ノ念仏ノ行ヲヤブリ、アタオナシテ申トヾムルニ候也。カクノゴトクノ人ハ、ムマレテヨリ仏性ノマナコシヒテ、善ノタネヲウシナヘル闡提人ノトモガラナリ。コノ弥陀ノ名号ヲトナエテ、ナガキ生死ヲハナレテ、常住ノ極楽ニ往生スベケレドモ、コノ教法ヲソシリホロボシテ、コノ罪ニヨリテナガク三悪道ニシヅムトキ、カクノゴトキノ人ハ、大地微塵劫ヲスグレドモ、ナガク三途ノ身ヲハナレムコトアルベカラズトイフ也。シカレバスナワチ、サヤウニヒガコト申候ラム人オバ、カヘリテアハレミタマフベキモノ也。サホドノ罪人ノ申ニヨリテ専修念仏ニ懈怠ヲナシ、念仏往生ニウタガヒヲナシ、不審ヲオコサム人ハ、イフカヒナキコトニテコソ候ハメ。凡、縁アサク往生ノ時イタラヌモノハ、キケドモ信セズ、念仏ノモノヲミレバ、ハラダチ、声ヲ聞テイカリヲナシ、悪事ナレドモ、経論ニモミエヌコトヲ申也。(一九〇頁)

と述べている。この文をうかがうに「専修ノ念仏ノ行ヲヤブリ、アタオナシテ申トヾ」めようとする人が背景に伏在しているように思われるから、『念仏大意』に対応すべき時代に成立したものであろう。しかも、「念仏ノ行ヲ信ゼヌ人ニアヒテ論ジ、アラヌ行ノ異計ノ人々ニムカヒテ執論候ベカラズ。アナガチニ異解・異学ノ人ヲミテハ、アナヅリソシルコト候マジ」(一九二頁)といい、異解・異学の人に向い決して謗りあなどるようなことがあってはならないと誡めている文意のうちに、念仏の禁圧が何等かの権威をかりて近々弾圧を加えてくるのではないかという懸念が多分にあったらしいことがうかがわれる。

また本消息に、関東の地に念仏を勧化した人の代表として、「クマガヘノ入道、ツノトノ三郎」を挙げている。熊谷直実の入信が建久四(一一九三)年であり、津戸三郎為守は同六年法然の門に帰していることからすれば、建久六年以後の成立とみられるが、更にこの消息が二位禅尼すなわち北条政子に宛てた消息であったことにも注目しなければならない。禅尼が浄土教に関心をもっていたであろうことは、将軍源頼朝が九条兼実と親昵の間柄にあり、兼実また法然に接近して専修念仏を受容していたことに徴しても、頼朝が間接的に法然の教えを理解し、兼実を介して北条政子が浄土教に関心をもつに至ったであろうことは容易に推知し得られる。兼実―法然―頼朝をめぐる関係において考察してみるとき、頼朝の政権掌握時に念仏弾圧のきざしがみえなかったことも、理解できるようである。禅尼も建久のころは、少なくとも念仏に好意をよせていたようで、「釈迦・弥陀ヨリハジメテ、恒沙ノ仏ノ証誠セシメタマヘルコトナレバトオボシメシテ、御コヽロザシ金剛ヨリモカタクシテ、一向専修ノ御変改アルベカラズ」(一九三頁)とさとし、御変改すなわち退転あってはならないと述べている。御変改とあるからには、消息がもたらされた当時は、一向専修の念仏を行じ、且つ理解をもっていたと思われる。それにもかかわらず、正治元(一一九九)年頼朝の薨ずるや、翌二年五月十一日将軍頼家は「念仏名僧等を禁断せしめ」たのであった(吾妻鏡巻十六)。頼家が禁断した趣旨は個人的に黒衣を嫌ったことにあったとはいえ、政権の黒幕が政子にあったことを思えば、政子は容易に阻止し得る位置におかれていたのであり、それがなし得なかったのは、政子の思想また念仏禁圧に傾斜しつつあったが故ではなかったろうか。ここに法然が「一向専修ノ御変改アルベカラズ」とさとした起因があったのかも知れない。

政子に御変改があり、頼家が黒衣を禁じ、専修念仏を禁圧したとすれば、当然東国に念仏を弘通しつつある御家人は尋問を受けなければならぬ覚悟を必要とした。時に津戸三郎は法然に書をおくり、殿に念仏のことを召し問われるようなことになるかも知れないから、「様々に難答をしるし」「くはしき沙汰」をして欲しいと申し入れたのであり、時に召し問われた際の答うべき方法をしめしたのが、十月十八日付で認められた『津戸三郎へつかはす御返事』である。この消息について『九巻伝』の著者は、元久初年からはげしさを加えてきた、京都での専修念仏の迫害に直接関係のあるものとみて、「征夷将軍、鎌倉の右大臣実朝公の御時、元久二年秋の比、津戸三郎為守念仏所を建立し、一向専修を興行して、余行なんどもせざるよし、将軍家に讒し申族あるに付て、御尋《おたずね》あるべき由、内々に其きこえ有しかば、かゝる珍事にこそあひ候はんずれ。召し尋ねらるべき時、申上べき次第を難答の言に調べて、仮名・真名にしるし給《たも》うべきよし、飛脚を立て、上人に申入けるに付て、十月十八日上人御返事に云」(巻四下)と述べて、元久二(一二〇五)年説をとっており、この見解は『四十八巻伝』巻二十八にも受けつがれている。これに対し赤松俊秀氏は、源頼家の念仏禁止に関連あるものとみて、正治二年説をとられている(「本願毀滅のともがらについて」)。思うに元久時になると、念仏教団にとって、南都北嶺の強訴による迫害は強力なる力をもって展開され、専修念仏を破斥しようとする動きはかなり切迫し、それがいつ京都から地方に伝播されるか、はかり知れない状態におかれていた。すなわち「念仏の事、召問はれ候」という時間的余裕は考えられず、いつ弾圧が行なわれるか、その実施が目前にせまりつつあるという緊迫した状勢下におかれ、「召問はれ」るであろう程度ではすまされない事態にあった。にもかかわらず、津戸の消息によって窺われるところでは、念仏について問われた場合、どのように返答したらよいでしょうかという、時間的に余裕のある態度をしめしているのは、将軍頼家は念仏を禁止しはじめたので、念仏者である私はそのうち念仏決択のため召し問われることもあり得るであろうが、その時にはどのように答えたらよいか、法然上人の御指示を仰ぎたい——このように理解して受容した場合、『二位消息』『津戸消息』はともに、赤松氏所説のように正治二年ごろの成立と見てよいのではあるまいか。

『選択集』とほぼ同時代に成立したと推定される『大胡の太郎実秀へつかわす御返事』にも、法然は、「御ヒロフアルマジク候。御ラムジコ丶ロエサセタマヒテノチニハ、トク〳〵ヒキヤラセタマフベク候」とか、「余ノ行人ナリトモ、スベテ人ヲクダシ人ヲソシル事ハ、ユ丶シキトガオモキコトニテ候」「サトリタガヒ、アラヌサマナラム人ナドニ論ジアフ事ハ、ユメ〳〵アルマジキ事ニテ候ナリ」(一八八頁)と述べて、極力諍論をさけ謗法の罪をおかすことのないように配慮している。謗難は今や澎湃として教団をおそわんとしているため、旧教団とのかかりあいをさけようとして、「御ラムジコ丶ロエサセタマヒテノチニハ、トク〳〵ヒキヤラセタマフベク候」といい、「庶幾《こいねが》はくは一たび高覧を経て後に、壁の底に埋めて窓の前に遺すことなかれ」(選択集、一六二頁)と述べているのであるから、『選択集』『大胡消息』の両者はともに同年代の成立とみて大過あるまい。そしてこののちに惹起するのが元久法難である。古代律令国家のなかに寄生し、仏法即王法をもって任じていた旧仏教教団は新儀をたてることを、極力排除しようとしている。新儀が立てられることによって、古来からつちかわれていた伝統的秩序が破壊されることをおそれた。「世ノカハリノ継目」といわれ、自覚せられた時代であったればこそ、専修念仏民衆や、「不可思議ノ尼入道」たちに受容され、今まで高嶺の花としてしか接することのできなかった仏法を、直接聞法でき、体験できる喜びにひたることができた。専修念仏はまさしく新儀であったから、旧教団の人々は布教が公然とおこなわれることを心よしとはしなかったに違いない。しかし、それが源頼朝が政権を掌握し、九条兼実が関白職の座にあればともかく、政権の座からくだり、新しい反兼実政権が樹立された場合、容易に兼実の政治的行為を容認するところとはならず、まして新儀であれば、当然弾圧を受けなければならなかった。建久七年、久我通親が擡頭し、後白河法皇の寵姫丹後局や法皇の皇子で天台座主となった承仁法親王と結び、天皇に讒言して兼実を摂政の座から失脚せしめた。兼実の娘の中宮任子(宜秋門院)は宮廷から去り、十一月には弟慈円も天台座主をおわれ、ついで通親が養女在子を天皇に入れて皇子が出生し、これが即位を実現せしめて土御門天皇としたのは、建久九年四月のことであった。時に通親は自ら内大臣となり、ここに九条勢力は廟堂から一掃されて、通親が朝廷の全権を掌中におさめることになった。このような趨勢にいきどおりを感じた兼実は「桑門の外孫、曾て例なし。通親卿、外祖の威を振はんがためなり」(玉葉巻六十六)といい、また「今、外祖の号を仮り、天下を独歩するの体、ただ自らをもつてすべきか」(同上)といって、外祖の威を仮りて天下を独歩するものであると評しており、慈円も「コレラハ、シレル人モナキサカイノ事也。サテ帝ノ外祖ニテ、能円法印現存シテアリシカバ、人モイカニト思ヒタリシ程ニ、ホドモナク病テシニ、キ、ヨキ事ト世ノ人思ヘリケリ」(愚管抄巻六)とか、「通親公等ウセニケリ。頓死ノ体ナリ。フカシギノ事ト人モ思ヘリケリ」(同上)とかいって、通親に対しては強い反感をいだいていた。他面、幼主の即位に反対した鎌倉幕府の意向をも無視された頼朝は、焦躁と忿懣こもごもおこる兼実に同情の念をよせ、消息をもってその意とするところを明らかにしたらしく、頼朝の消息に接した兼実が「今日、東札到来す。その詞《ことば》快然たり、還つて恐れをなす」(玉葉巻六十六)と恐縮しているのをみれば、恐らく頼朝の消息には兼実をなぐさめ、今後の協力を求めようとする意図が示されていたのであろう(多賀宗隼氏「慈円」)。慈円も頼朝からの書状をうけてこれを兼実に示し、奏聞すべきことを勧めたのであったが、たのみとした頼朝も翌正治元年正月急死してしまった。

　このような社会的背景を考えてみると、『大胡消息』に「御ラムジコ、ロエサセタマヒテノチニハ、トク〱ヒキヤラセタマフベク候」等といっているのは、反兼実派の擡頭によって、兼実の帰依者であった法然が、新儀を立てたことに対する反動として惹起した世論への配慮とみることができる。とすれば、法然教団の専修念仏に対する弾圧は、一つには新儀の樹立を口実に、建久八、九年をさかいにして急速度に高まり、これに法然教団の傾向が反律令的であるということで、比叡山並びに興福寺側が拍車をかけるに至ったものではあるまいか。

　危機感は、法然教団が隆盛におもむけばおもむくほど、更に強い思想となってはねかえってくるのであり、その場合、危機感を克服するためのささえとしたのは『法事讃』であった。安楽房遵西や住蓮が承元の法難で死罪ときまり、庭上にめされて罪科されたとき、遵西が誦したのも「五濁増の時疑謗多く、道俗相ひ嫌ひて、聞くことも用ひず。修行することあるを見ては瞋毒を起し、方便破壊《はえ》して競つて怨《あた》を生ず。かくのごときの生盲闡提《しょうもうせんだい》の輩は、頓教を毀滅して永く沈淪せん。大地微塵劫を超過すとも、未だ三途《さんず》の身を離るることを得べからず。大衆同心に、皆あらゆる破法罪を懺悔せよ」という『法事讃』であれば（四十八巻伝巻三十三）、専修念仏者であった毛利蔵人大夫入道西阿が、宝治元（一二四七）年「諸衆を勧請し、一仏浄土の因を欣《よろこ》ばんがため」に行じたのも『法事讃』であったという（吾妻鏡巻二十一、宝治元年六月五日条）。法然は『法事讃』の文は「浄土ヲネガヒ、念仏ヲ行ズル人ヲミテハ毒心ヲオコシ、ヒガコトヲタクミメグラシテ、ヤウヤウノ方便ヲナシテ専修ノ念仏ノ行ヲヤブリ、アタヲ」（一九〇頁）なすものを申しとどめようとする意図をもっていると述べている。もし専修念仏者が盛んになってくると、必ず毒心をおこして、迫害を加えるようになるであろう。その場合、迫害を加えようとする「生盲闡提の輩」は、迫害を加えたことを契機として罪人となり、ために三途の地獄に沈淪し、大地微塵劫を経ても助かることはない。専修念仏を禁圧する人は罪人になること必定であるから、専修念仏はいずれの時にか勝利を得ることができるという強い信念をもって、ひるむことなく念仏の弘通につとめるべきであるという意味が、『法事讃』の文には潜在している。法難にあたり『法事讃』を引き、また臨終の夕べにとなえたのは、現世にあって念仏禁止の声は高らかであるが、いずれは念仏が勝利を得るのだという確信があったればこそ誦することができたのであり、しかも死にのぞんでまで必勝を誓い、『法事讃』をとなえたところに、「逆鱗いよいよさかん」ならしめた原因があったと考えられる。念仏者をして『法事讃』文が勝利を確信せしめる「未来記」と受けとらしめたことについては、門弟親鸞が「詮ずるところは、そらごとをまふし、ひらごとにふれて、念仏の人々におほせられつけて、念仏をとゞめんと、ところの領家・地頭・名主の御はからひどものさふらふらんこと、よく〳〵やうあるべきことなり。そのゆへは釈迦如来のみことには、念仏する人をそしるものをば、「名无眼人」とゝき、「名无耳人」とおほせおかれたることにさふらふ。善導和尚は「五濁増時多疑謗、道俗相嫌不用聞、見有修行起瞋毒、方便破壊競生怨」とたしかに釈しおかせたまひたり。この世のならひにて、念仏をさまたげん人は、そのところの領家・地頭・名主のやうあることにてこそさふらめ、とかくまふすべきにあらず。念仏せんひとゞは、かのさまたげなさんひとをば、あはれみをなし、不便におもふて、念仏をもねんごろにまふして、さまたげなさんを、たすけさせたまふべしとこそ、ふるき人はまふされさふらひしか」(九月二日付消息)と述べていることによっても知られるのであり、このことはまた法然が、念仏禁止の法難が身にせまってきつつあることを語っている消息には必ず『法事讃』の文を引いていることから徴しても、法然にかかる思想があったとすることは可能であろう。しかも「この世のならひにて、念仏をさまたげんことは、かねて念仏のときおかせたまひてさふらへば、おどろきおぼしめすべからず」といって、弾圧が加えられても微動だもしない信念が、善導の文をささえとしてつちかわれた。念仏者はひるむことなく、『法事讃』を誦することにより念仏の勝利の到来を確信することができたのである。すなわち『法事讃』を念仏弘通のための未来記とうけとったればこそ、法然は「さやうにひがこと申候らん」謗法の人たちこそ救わなければならない人であり、「かへりてあはれみたまふべきもの」であって、強い信念をもって念仏弘通をつづけよと言ったのであり、彼が流罪にあたって、「流刑さらにうらみとすべからず、そのゆへは齢すでに八旬にせまりぬ。たとひ師弟おなじみやこに住すとも、娑婆の離別ちかきにあるべし。たとひ山海をへだつとも、浄土の再会なむぞうたがはん。又いとふといへども存するは人の身なり。おしむといへども死するは人のいのちなり。なんぞかならずしもところによらんや。しかのみならず、念仏の興行、洛陽にしてとしひさし。辺鄙におもむきて、田夫野人をすゝめん事、季来の本意なり。しかれども時いたらずして、素意いまだはたさず。いま事の縁によりて、季来の本意をとげん事、すこぶる朝恩ともいふべし」(四十八巻伝巻三十三)といったのも、その意をしめしたものにほかならない。

四　結

法然の思想は、天台的浄土教思想受容期・浄土教思想確立期・選択本願念仏思想確立期のおよそ三期を経て選択本願の念仏に到達し、称名念仏のみが阿弥陀仏の本願にかなったものであり、(一)名号は万徳の帰するところのものであって、「彼ノ仏ノ因果総別ノ一切ノ功徳、ミナコトゴトク名号ニアラワル、ガユヘニ、一タビモ南無阿弥陀仏ト唱ルニ大善根ヲ得」ることができ(無縁集)、しかも、(二)「南無阿弥陀仏トマウスコトハ、如何ナル愚痴ノモノモ、幼ナキモ老イタルモ、易クマウサルガ故ニ、平等ノ慈悲ノ御心ヲモテ行ヲタテ」られた(同上)普遍平等性を有している。従って、(三)誰でも念仏さえとなえれば往生は可能であり、それは、(四)末法濁世のときばかりではなしに「正・像・末の三時、および法滅百歳の時に通ず」る(選択集、一五〇頁)念仏である。こうした考えを基盤として、法然は晩年になると、中国や日本の先徳たちが勧めてきたような観念の念仏でもなければ、学問をしなければ念の心をさとることのできないという念仏でもない。ただ南無阿弥陀仏と名号をとなえさえすれば、誰でも往生できるのだと、阿弥陀仏を仰信し、念仏を行ずる人は、一文不知の愚痴の身であってさえ間違いなく往生できると、徹底した念仏観を述べるに至り、一向専修の念仏者となった。

これを学問観についていえば、登叡して三大部を学び、智恵第一の誉れ高く、多聞広学のきこえ、世にあまねかった法然は「およそ我朝にわたれる聖教伝記まなこにあてずといふこと」なき有様であり(四十八巻伝巻五)、更に保元元(一一五六)年南都遊学をこころざして、蔵俊に法相宗、寛雅に三論宗を学んだという。南都より帰山した法然は、心に期していたものを得られぬまま、「なげきなげき経蔵に入り、かなしみかなしみ聖教に向」って出離の道を求めたといわれる。その求道の態度はあくまで仏教を学問としてとらえ、学問によって解脱の道を求めようとしていたといえよう。旧仏教の祖師が学解を中心として、論釈をのこしているように、天台に身をおく法然は、在叡時古代仏教を学問としてとらえ、そのなかに出離の道を求めようとしたが、求められぬままに黒谷の報恩蔵にこもり、その結果「一心専念」の文により、専修念仏によって往生できる道を探求した。ここに「往生のためには念仏第一なり、学問すべからず」(和語灯録巻三)と述べ、学問をもてあそぶための学問は不必要であると領解するに至った。そこに至るまでにはまた三転あったことを知ることができる。

すなわち、当初、「往生のためには念仏第一なり、学問すべからず。ただし念仏往生を信ぜん程は、これを学すべし」といい、往生をとげるために肝要なのは、先ず念仏である。名聞利養、栄達をはかるための学問はしてはならない。しかし、例外的措置として、往生するためには念仏のみが重要なのであり、他の行は何ら必要としないということに不安をもっている人は、念仏往生が第一であるというささえのために、学問すべきであるといっている。「学問すべし」というのは、念仏往生を領解するための手段である。ここにいう学問は、経典を学ぶための学問であって、それを否定しているのは、学問が念仏をたすけるための学問でないことを信知しているからであり、いわば信仰をはなれた学問は不必要であるという意にほかならない。

これが第二期になると、「往生の正業は是れ称名なりといふ事、釈文に分明なり。有智・無智を簡ばずといふ事、また顕然なり。しからば往生のためには称名をもつて足るとなすか。もし学問を好まんと欲すれば、ただ一向に念仏して往生をとぐるにしかず。弥陀・観音・勢至に値ひ奉らんとする時、何れの法門か達せざる。彼の国の荘厳、昼夜朝暮に甚深の法を説き、その時見仏聞法を期すべきなり。念仏往生の旨を知らざるの程、これを学すべし」(一期物語)と述べ、学問と念仏とが比較級の形ででている。古代仏教における学問と、一向専修の念仏とを比べてみたとき、より念仏に高い比重をみようとするのが法然の立場であって、学問よりも念仏という考えは、全く学問を否定しているものではない。

しかし、晩年になると、「もろ〳〵の智者たちのさたし申さるゝ、観念の念ニモ非ズ。又学文をして念の心を悟リテ申《もうす》念仏ニモ非ズ。たゞ往生極楽のためニハ、南無阿弥陀仏と申て、疑なく往生スルゾト思とりテ、申外ニハ別ノ子《し》さい候ハず」(一枚起請文、一六四頁)といい、学問から専修念仏へと回心し脱皮した法然は、学問を放擲し、一途に信仰を通して念仏に精進すべきことを教えている。この態度は親鸞が「経釈をよみ学せざるともがら、往生不定のよしのこと。この条すこぶる不足言の義といひつべし。他力真実のむねをあかせるもろ〳〵の正教は、本願を信じ、念仏まふさば仏になる。そのほかになにの学問かは往生の要なるべきや」(歎異抄)といい、経釈も読まず、学問もしない人は往生できないというのは問題外のことであり、救われるためには念仏のほかに何ものも必要としないと述べ、また一遍が「或は学問にいとまをいれて念仏せず、或は聖教をば執して称名せざるは、いたづらに他の財をかぞふるがごとし」(一遍上人語録巻下、三四三頁)といって、学問をし聖教を学ぶのは、他人の財宝をかぞえるようなもので、何ら自分の益になるものではないと述べて、念仏のみをすすめているのと軌を一にしている。すなわち法然には、(一)仏教を学問としてとらえた時期、(二)学問よりは念仏という比較級の表現をもって、念仏と学問を同時点においてみようとした時期、(三)「往生のためには念仏第一なり、学問すべからず」と、念仏することこそ肝要なのであるから、学問は二次的なものであって不要なものであるとみるに至った、すなわち一向専修に帰した時期のあったことを知ることができる。かくて、法然は一切の学問をも余行として廃捨し、選択本願念仏説を確立して、一向専修の念仏行者となったのである。

一遍とその法語集について

時宗といい、一遍智真といっても知る人は少ない。それは藤沢清浄光寺を本山と仰ぐ末寺が、僅か四百十余か寺にしかすぎないこと、従って信徒も三十数万といわれ、同じ阿弥陀仏を信仰の対象とする法然の浄土宗や親鸞の浄土真宗のかげにかくれてしまっているからである。だがそれは現時点にたってのことで、中世には遊行上人と呼ばれる知識が、全国をまたにかけて遊行し、踊躍念仏を行じ、極楽往生を保障する念仏算《ふだ》を有縁の人たちにあたえたことによって、信者は急激に増加した。浄土宗や浄土真宗に比すべくもないほどの人たちが、往生与奪の権をもつ遊行上人を頂点とする僧の傘下に集まって来た。

仏教のめざすところは、仏になることである。仏になるといっても一様ではない。天台によれば、心を静め物を正しく見ることによって、諸法実相の理を体得しなければ仏になることはできない。また空海は、身と口と意《こころ》のなすわざを通じ、仏の所作をくりかえすことによって仏になれると説いているが、こうした方法で成仏するには、時間的余裕や知識、それに経済的にもゆとりがなければならない。誰でも仏になれるというわけのものではない。いわば天台・真言は、一般民衆にとって高嶺の花にしかすぎない。誰でもわけへだてなく容易に、仏になる法はないのか。ここに鎌倉新仏教の誕生が期待された。法然は阿弥陀仏を仰信し、南無阿弥陀仏と名号をとなえることによって浄土に生れ仏になれると説き、親鸞は阿弥陀仏を信ずることで成仏すると教え、日蓮は南無妙法蓮華経の題目をとなえることで仏になれるといっている。しかし、一遍は、この身を阿弥陀仏にまかせ、名号をとなえ、信じ行ずるといっても、その主体となるのは自らのはからいであり、自らのもつ力によって仏となるのであるから、他力といいながらも底流に自力が介在している。衆生が往生することは、法然が出て教えを説いたから、仏になる道がはじめて開かれたものでもない。それは十劫の昔、阿弥陀仏が正覚を得た瞬間に決まったことであり、往生の主体は名号であって名号をとなえる人ではない。人が往生するというのであれば、信も行も必要であろう。だが往生の当体が念仏であれば、信と不信、浄と不浄といった人智とか人力の介在する余地はまったくない。仏のはからいあるのみである。こうした立場にたって一遍は法門を開いた。これが時宗と呼ばれている宗教である。一遍は「決定往生の信たらずとて、人ごとに歎くは、いはれなき事なり。凡夫のこゝろには決定なし。決定は名号なり。しかれば決定往生の信たらずとも、口にまかせて称せば往生すべし。是故に往生は心によらず、名号によりて往生するなり」(一遍上人語録巻下、三二八頁)と述べ、信がないからといって歎くことはない。凡夫には往生の可否をきめる決め手はない。信がなくとも、口に名号をとなえるだけで往生はできるのだといっている。また「我も我にあらず。故に心も阿弥陀仏の御心、身の振舞も阿弥陀仏の御振舞、ことばもあみだ仏の御言なれば、生たる命も阿弥陀仏の御命なり」(語録巻上、三〇三頁)といい、もはや生とか死とかいう、人と弥陀という区別はない。念仏をもって名号に帰命しさえすれば、人はすでに人ではなく、言葉もその振舞も弥陀と一体となり、人は生きたままで弥陀となるのだ。長いあいだ、時間をかけて念仏する必要もなければ、無理に信をおこさなくても、念仏をとなえるだけでよい。それというのも、十劫の昔から浄土に往生することは約束されているからである。その約束が念仏算という、極楽往生を保障する極楽行きの切符を入手したことによって確実となる。算を手にする、これほど確かなことはない。簡明に往生の確実性をしめした一遍の教えは、一般民衆から迎え入れられ、しかも遊行という手段によって、津々浦々にまで弘められた。こうした教説を説いた一遍とはどのような僧であったのだろうか。

一　一遍智真の行業

延応元(一二三九)年河野七郎通広の子として、伊予国に出生。十歳のとき母を失い、無常の理をさとり、父の命によって出家し、名を随縁と称した。建長二(一二五〇)年善入とともに鎮西に赴き、太宰府の聖達を訪れ、浄土の法門を学ぶことになった。聖達は法然の高弟証空の系譜につらなる僧で、『法水分流記』によれば「筑紫原山に住し、大村正覚寺道教の継父」であったという。道教は『楷定記』の著者で顕意ともいい、「予州の川野執行の息で、聖達上人の継子」(法水分流記)であったというから、川野執行が道教の実父であり、執行の歿後、母は道教を連れて聖達に嫁したのであろうか。父が僅か十歳ばかりの子をはるばる九州に送ったのは、聖達が随縁の縁戚であったからではあるまいか。何れにせよ、聖達には妻もおり、聖観という子もいたので清僧ではない。随縁はその後、聖達のすすめによって、肥前国清水の華台を訪い、「浄土の章疏文字をよ」むこと一両年。業成り、時に「随縁の雑善、恐らくは生じ難しといふ文あり、しかるべからず」(聖絵巻一)とて名を智真と改め、同四年春師聖達の膝下に帰り、西山義を究めた。以来彼に師事すること十二年。弘長三(一二六三)年五月二十四日、父如仏の訃報を耳にして帰国したが、それより文永八(一二七一)年春善光寺に参詣するまでのあいだの消息は明らかではない。「或は真門をひらきて勤行をいたし、或は俗塵にまじはりて恩愛をかへりみ、童子にたはぶれて、輪鼓をまはすあそびなどもし給」(聖絵巻一)というから、一時彼には還俗していた時期があった。しかるに、彼は「親類の中に遺恨をさしはさむ事ありて、殺害せんとしけるに、疵をかうぶりながら、かたきの太刀をうばひとりて、命はたすかりにけり」(絵詞伝巻一)という、所領相続にかかわる一族間の内訌が原因で、闘争したこともあったが、僧としてのあるまじき行為を自己批判し、再出家することになった。

彼は義弟聖戒をともない、太宰府に聖達を訪ねた足で、そのまま諸国遍歴の旅に出、文永八年春信州善光寺に参籠した。善光寺には天竺の霊像日域本尊の阿弥陀如来が安置され、三国伝来・生身の弥陀如来として庶民の信仰をあつめていた。ここで浄土は自分の心にあり(己心浄土)、弥陀は自分の身にそなわっている(己身弥陀)という己証の法門を感得し、浄土の弥陀と発遣《はっけん》の釈尊とを一本の白道によってつらね、白道の左右に火と水のよってくるさまをえがいた二河白道図を描写した。同年秋伊予窪寺の山中にかまえた閑室に入り、この図を前にして三年のあいだ万事をなげすてて「もはら称名」し、同十年七月には菅生の岩屋に参籠、ついで翌十一年二月八日「舎宅田園をなげすて、恩愛眷属をはなれ」「堂舎をば法界の三宝に施与し」本尊と僅かばかりの聖教を手にし、超一・超二・念仏房の三人の尼僧を相い具して予州を出立した。時にその一行を別の婦人と二人の子どもが、じっと見送っている。これは『聖絵』にえがかれている描写であるが、ここには何ら説明が加えられていない。説明しないまでも見る者によっては推定ができる、換言すれば説明することにより宗教者としての智真の権威をそこなうであろうことを顧慮して敢えて説明をさけたのかも知れない。すなわち見送る婦人も、見送られる尼もともに智真に縁のある人であり、見送る婦人は父如仏の後妻で、のちに智真の弟子となった聖戒の母にあたる人らしい。その後天王寺から高野山をすぎ、その夏熊野に参詣したが、そのとき「一念の信をおこして、南無阿弥陀仏ととなへて、このふだをうけ給ふべし」と申し、名号をしるした算を僧にあたえようとしたところ、僧は「いま一念の信心をこり侍らず、うけば妄語なるべし」といって辞退した。そこで智真は「仏教の信ずる心おはしまさずや、などかうけ給はざるべき」と非難すると、僧はかたくなに「経教をうたがはずといへども、信心のおこらざる事は、ちからをよばざる事なり」という。この僧が算をとらなければ、周囲に集まった道者たちは、誰も受けとろうとしない気配を感じた智真は「信心おこらずともうけ給へ」といって、無理矢理に名号の算を僧や道者たちの手に渡した(聖絵巻三)。名号算をあたえることを賦算という。賦算をいつごろはじめたかははっきりしていない。すでに高野山には、「六字名号の印板をとゞめて、五濁常没の本尊」とした、弘法大師自作といわれる南無阿弥陀仏と彫られた版木があって本尊として崇拝されていた、その本尊をそのまま紙刷りした念仏算を高野聖は持ち歩き全国有縁の地で算くばりしていたらしいから、この符算にヒントを得て賦算をはじめたものではあるまいか。賦算は一念の信をおこし、南無阿弥陀仏と名号をとなえてから、算をうけるという、起信・称名・賦算の三条件が前提となっていた。しかし、窪寺や菅生で思惟をかさねた智真の領解は、自己領解の観念的な内証であって、実践的な念仏勧進に不可欠な信不信の問題を忘れていた。そこでこの問題を解決するために、熊野証誠殿で「勧進のおもむき冥慮をあふ」ぎたいと、願意の旨を祈誓したところ、「融通念仏をすゝむる聖、いかに念仏をばあしくすゝめらるゝぞ、御房のすゝめによりて、一切衆生はじめて、往生すべきにあらず。阿弥陀仏の十劫正覚に、一切衆生の往生は南無阿弥陀仏と決定するところ也。信不信をえらばず、浄不浄をきらはず、その算をくばるべし」(聖絵巻三)という夢告を得、「六字名号一遍法　十界依正一遍体　万行離念一遍証　人中上々妙好華」という六十万人頌を感得した。熊野権現は、「「御房のすゝめによりて、一切衆生はじめて往生す」ると考えているのは、智真の思いすごしで、衆生が往生するのは、勧める人のはからいによるものではなく、名号の功力《くりき》によるのであって、そのことは十劫正覚の昔、阿弥陀仏が四十八願を成就したときに決定したものである。従って念仏を勧進するにあたり、相手の信心の有無をはかり、しかも念仏したかしないかによって、往生するとかしないとかいうのは当を得ていない。心のはからいを一切すてて賦算せよ」と教示した。すなわち条件をつけて念仏する心をすて、信不信は相手の人の心に任すべきであるというのである。かくて感得した頌により、彼は自ら一遍と名乗り、「南無阿弥陀仏　決定往生六十万人」と書いた木算をもって、遊行の旅をつづけることになった。この時、すなわち文永十一年をもって、一遍成道の年としている。

熊野から京をめぐり、西海道を経て、建治元(一二七五)年ひと先ず本国伊予に帰った一遍は、伊予を勧化したのち、翌二年九州に渡り師聖達に謁し、筑前から南下して大隅八幡宮に参詣、九州をまわって豊後では大友兵庫頭頼泰の帰依をうけ、またここで真教と「同行相親の契《ちぎり》をむすび」同行七、八人を具して、弘安元(一二七八)年夏伊予に渡り、秋には安芸の厳島をまわり、冬備前国に入り、福岡の市では吉備津宮の神主の子息が帰依したのを手はじめに、「弥阿弥陀仏・相阿弥陀仏をはじめとして、出家をとぐるもの、惣じて二百八十余人」いたという。勿論これらの人たちのなかには在俗の時衆も多く含まれていたであろうが、その数も次第に多くなったので、弥陀四十八願になぞらえて、八人宛六番の「一期不断念仏結番」を定めた(清浄光寺文書)。

翌二年京にのぼり因幡堂に入り、八月ここを立って近江路から木曾路を経て、再度長野善光寺に参詣した。善光寺の本尊阿弥陀如来は、三国伝来、わが国初渡の仏として、また一切衆生を結縁する現在仏として、当時の人たちの尊信をあつめていたからである。この年は歳末の別時を伴野の市庭《いちば》で修したが、小田切の里のある武士の屋形で踊躍念仏を修したのも、信州での出来事であった。彼が伴野で別時を修したのは、承久の乱に際し、一遍の祖父河野通信が一族の多くをひいて宮方についたため、乱後一族百四十余人の所領をはじめ、あたえられた特権はことごとく没収され、通信は奥州に流され、その子で一遍のおじにあたる八郎通末は伴野に配流されていた。すでに五十五年の歳月を閲していたが、一遍はこの地に巡錫して、故人となっていた通末の菩提をとむらう意味で、入念な念仏を修したのであろう。それがはしなくも、踊り念仏の濫觴となったらしい。

同三年善光寺から奥州におもむき、白河の関を経て江刺の祖父通信の墳墓をたずねて転経念仏した。通信の墓は、今なお「ひじり塚」と呼ばれて、北上市稲瀬町に現存している。その後松島・平泉地方を化益して常陸国に入り、武蔵国石浜を通って、同五年「ながさご」から鎌倉に入ろうとした。ながさごは、境川沿いの長後ではないかという。しかし、三月一日小袋坂で武士の制止にあい鎌倉入りができず、翌二日片瀬の御堂に入り、七日には地蔵堂に移った。七月十六日片瀬をたち、伊豆三島を経て、駿河国井田・蒲原をすぎ、富士川を渡り、翌六年尾張国甚目寺についた。更に美濃から近江国草津をへて関寺に入り、ここで七日の行法を修し、同七年閏四月十六日四条京極の釈迦堂に入った。一七日の後、再び因幡堂に移ったが、その後「寺の長老の召請」によって、三条悲田院・蓮光寺・雲居寺・六波羅蜜寺などを巡礼し、「空也上人の遺跡市屋」では数日をすごすなど在洛四十八日におよび、五月二十二日「市屋をたちて、桂にうつ」った。秋には桂をたち、篠村・穴生を経て、翌八年五月上旬丹後の久美浜に至り、但馬国くみから因幡をめぐり、伯耆国おおさかを過ぎて、美作国一の宮に参詣。同九年には天王寺に詣で、住吉大社に参詣したのち、和泉国から河内に入った。磯長の聖徳太子の廟に三七日の参籠をすませた一遍は、大和国に入り当麻寺に寄り、冬のころ石清水八幡宮に参詣した。

再び天王寺にもどり歳末の別時を修し、播磨国尼崎・兵庫を経て、印南野の教信寺に詣り、沙弥教信の古跡を追慕した。翌十年の春書写山に詣で、更に国中を巡礼して松原八幡宮に参詣したが、ここで別願和讃をつくったようである。十二道具の持文も「弘安十年三月一日」となっている(聖絵巻十)ので、このころ定められたものであろうか。この年には備中国軽部・備後国一宮を賦算し、秋のころ厳島に詣でた。厳島では内侍等が帰敬して臨時の祭礼を修し、翌正応元(一二八八)年伊予に渡り、修行時の思い出深い菅生岩屋をめぐり、繁多寺では三か月在住したが、時に「親父如仏多年の持経として、西山上人・華台上人の座下にして訓点まのあたりにうけ、読誦功をつむあひだ、相伝のゝち秘蔵して、所持し給へる」(聖絵巻十)三部経を末代利益のために施入し、十二月十六日大三島の三島明神に参詣した。今、大三島の大山祇《おおやまつみ》神社にある、一遍上人奉納と伝える宝篋印塔は、このとき施入されたものであるという。

こうして一遍は、しばしば各地の神社に参詣して結縁している。一遍以前の専修念仏者は神祇をも雑行として廃捨し、「永く神明と別かれ」「権化実類を論ぜず、宗廟大社を憚か」ることがなかったが(興福寺奏状)、一遍は神明の威を仰ぎ、社壇で本地の徳を拝することは雑行でもなければ雑修でもないといっている。このように考えていた背景には、古代的伝統的思想と本地垂迹思想を素直な気持で受容するとともに、諸天善神を仏法守護の神とみていた伝統性がひそんでいたのであろう。それならばどこの神社でもよかったかといえば、そうでもない。熊野に詣でたのは本地が阿弥陀仏であったことに由来していたし、大隅八幡にしても石清水八幡にしても「此の国の教主は阿弥陀仏と申す。衆生利益のために南閻浮提日本に出給へり。其名をば八幡大菩薩と号」(絵詞伝巻十)したが故であった。三島明神に詣でたのは、「聖の曩祖越智益躬が「当社の氏人」であり、また祖父通信が「神の精気をうけて、しかもその氏人」で、「参社のたびには、まのあたり神体を拝し、戦場のあひだには、かねて雌雄をしめ」(聖絵巻十)たという河野家ゆかりの神社であったからであるという。こうして一遍が結縁した神社は、何らかの意味で、一遍自身神祇の信仰に大義名分を明らかにすることのできる、いわば何の抵抗もなしに接近することの可能性をもつ神社であったということができよう。

正応二年讃岐国に入り、善通寺・曼荼羅寺をめぐって、阿波国に移ったが、そのころより病を得ていた一遍は、六月一日より「心神例に違し、寝食つねならずおはしまし」たにもかかわらず、七月初め病をおして阿波をたち、淡路の福良の泊に渡り、国中を化益したのち、七月十八日明石の浦に着いた。病状はかなり進行していたらしい。死期の近づきつつあることを知った一遍は、沙弥教信の風を慕い、「いなみ野の辺にて、臨終すべきよし」を考えたが、兵庫より迎えの船が来たので乗船し、「いづくも利益のためならば、進退まかすべし」といって、兵庫の観音堂に移った(聖絵巻十一)。かくて八月十日の朝、所持する聖教の一部を書写山の僧に託し、その他所持する一切の書籍は「一代聖教みなつきて、南無阿弥陀仏になりはてぬ」(聖絵巻十二)といい、念仏をとなえつつ焼きすて、二十三日の辰の刻に入滅した。時に年五十一。

彼の伝記は聖戒の編纂した『一遍聖絵《ひじりえ》』十二巻と、『一遍上人絵詞伝』十巻中前四巻(後の六巻は二祖真教の伝記)の二種があり、前者は京都六条道場歓喜光寺に所蔵されているので、通常『六条縁起』と呼ばれている。このほか『奉納縁起記』と呼ばれる十巻本があり、熊野権現に納入されたと伝承されているが、現存していない。

二　伝記成立の背景

『聖絵』は、奥書によれば正安元(一二九九)年八月、滅後十年の忌日にあたり、聖戒が筆をとり、法眼円伊が絵筆をふるって描いたものである。内容的には僅か十三歳の一遍が生家を離れ、九州に師を求めて修行の旅にでる光景からはじまり、熊野権現から神託をうけるまでの思想的発展を物語る事蹟を図画し、神託をうけてから諸国を遊行し、入滅するまでの経緯をことこまかに記している。就中臨終の段のごとき、第十一巻の最後の段からはじまり第十二巻のすべてを用いているのは、『絵詞伝』が僅か巻四の第五段のみしかあてていないのにくらべ奇異な感をあたえるが、こうした記述は人間としての一遍の姿を描こうとする意図からでたものではなかったろうか。編者聖戒は文永八年を去ること、あまりへだたらないころ、一遍にしたがい、太宰府におもむき聖達の門に入り、あい従う身となり(巻一)、同十年七月にはただひとり一遍に随従して、「観音影現の霊地」として、また「仙人練行の古跡」として知られていた菅生の岩屋に参籠している。ここで修行したのち、一遍は家をすて土地もすて兄弟ともはなれ、「修行随身の支具」となる「詮要の経教をえらび」、他の一切の本尊聖教を聖戒にゆずり、自らは翌十一年二月超一・超二・念仏房ら三人の同行をともない予州を出立して、天王寺へと向った。『聖絵』には菅生の岩屋について、ことこまかに記しているところをみると、聖戒は一遍の法灯をうけて永くここに留まっていたと思われ、聖戒にとって菅生は記念すべき因縁の地であったらしい。出立にあたり聖戒は、二人の子をつれた女性とともに見送るが、彼はすぐそのあとを追い五、六日ばかり同行し、桜井で「同生を華開の暁に期し、再会を終焉の夕」に約し別れている(巻二)。見送った女性と一遍との関係にしても、また聖戒がたとえ五、六日であったにせよ随従しなければならなかったかについても明らかでない。しかし、別離にあたり、一遍と聖戒は師弟のちぎりを結び、「臨終の時はかならず、めぐりあふべし」と約束し、時に名号を書き十念を授けている。その後、同十一年六月十三日一遍は「たよりにつけて、消息」をしたため、「念仏の形木《かたぎ》」を与え結縁あるべき由を、こまかに説述したが、聖戒がいつごろ一遍に再会するようになったか明らかではない。しかし、建治元(三七五)年秋のころ「有縁の衆生を度せんため」一遍が本国に帰り、国中あまねく勧進したのち、再び翌年にも「事のゆへ」「事のゆへありて」伊予を通っているところからみると、建治二年のころ随従するに至ったものではあるまいか。「事のゆへ」が何を意味するか明示されていないが、思うに一遍は「有縁の衆生」である聖戒を教化しようとして伊予に留錫したが、すぐには返事のできないような状態であったため、再度入門をすすめに訪れたのであろう。ここで聖戒がはっきりと入門の事実を記していないのは、すでに離別のときに現当の約を結んでいるからには、わざわざ入門の事実をしるす必要はないと認めたからではあるまいか。

越えて正応二年八月、もはや遊行もこれまでと、兵庫の観音堂に入ってより以後、聖戒の名はしばしば見えかくれしている。聖戒の名が、明らかに『聖絵』の上にあらわれてくるのは八月二日のことで、この日聖戒は一遍聖の右脇に侍り、師の口述するところを筆にとり法門の要をしるし、十五日には時衆たちの集まったところで、聖は「こころざしのゆくところなれば、みなちかづきぬ。結縁は在家の人こそ大切なれば、今日より要にしたがひて、近習すべし。看病のために相阿弥陀仏・弥阿弥陀仏・一阿弥陀仏ちかくあるべし。又一遍と聖戒が中に人居へだつる事なかれ」といい、「結縁するということは、在家の人こそ大切なことです。きょうからは必要に応じて、近くで奉仕して結構ですが、一遍と聖戒とのあいだにだけは分け入らぬように」と申している。そして十七日の酉時、聖戒が浜に出たところ、御臨終だといって人々が騒いでいたので、一遍のもとにいそぎ行ってみると、「かくて存ぜる事、自のため他のため、其詮なければ、臨終してみれば、其期いまだいたらず、ただ報命にまかすべきか、又しゐて臨終すべきか」と教示したとか、翌十八日には聖戒を呼びよせ、「わが目を見よ、赤き物やある」と仰せられ、また二十一日の日中、踊念仏を修されたときには、聖戒が聖のもとに参ると「時衆みなこり(垢離)かきて、あみぎぬ(阿弥衣)きて来るべきよし」をことづけているというように、殊更一遍と聖戒との関係を説き、就中八月十七日酉に向って合掌し、自ら臨終を待っている場面では、互いに凝視しあい、聖戒はのりだして何事か答えているかのようにみえる。しかも、二人は真剣そのもので、心なしか顔かたちはよく似ている。似ているどころか、瓜二つといった方がよいかも知れない。一遍と聖戒との関係について、聖戒の伝といわれる『開山弥阿上人行状』(歓喜光寺蔵)では二人とも「予州河野家の嫡孫」であるとし、『越智系図』では聖戒を一遍の弟通定にあてている。それはいずれにしても、聖戒は一遍に近い血縁関係にあった人であったらしく、聖戒またそれを認めていたからこそ、相い似た相貌を『聖絵』中にえがかしめたものであろう。一遍の入滅後僅か十年にしかすぎないころの成立である『聖絵』中に、相似の面貌をえがかしめたからには、彼の周囲にはその事実を知っていた人もいたであろうことを考慮にいれてみたとき、それは事実であったとみて大過あるまい。

次に『絵詞伝』について述べてみたい。絵はすでに成人した一遍が賊にあい、危く難をのがれたという場面にはじまり、次は熊野権現から神託を授けられた場が描かれている。いわば一遍の生涯を物語のすじに従って描くということではなしに、やま場というべきものを大うつしにえがき、しかも一遍自身は他の人物より大きめにかいて理想化している。また僧尼をえがく場合、『聖絵』は一群の中央に十二光箱をおき区別しているとはいうものの、どちらが僧であり尼であるかは、はっきりしていない。僧尼の別を敢えてはっきりしなければならないということは、ここでは問題でない。法談する一遍と、熱心に聴聞する時衆を描きさえすればよかった。ところが『絵詞伝』における僧尼は、それが屋内であるにせよ屋外であるにせよ、必ず規律正しく二群に分れ、尼僧の顔は必要以上に白く塗られ、それはいかにも女性であることをしめし、しぐさや目鼻だちでも尼僧であることをはっきりさせている。こうして、僧尼の別をはっきりと描かなければならなかったのは、多数の僧尼が時衆として遊行生活をおくったとき、男女間の問題が生起していたことを物語っている。だが十二光箱等により厳然と区別されている時衆には、かかる風紀問題は微塵もなかった、ということを示そうとする意図が『絵詞伝』にはあったのではあるまいか。『絵詞伝』によれば建治三(一二七七)年九州遊行の折、他阿弥陀仏は弟子となった。他阿弥陀仏は真教であり、真教は一遍にとって、「はじめて随逐した」、いわば根本の弟子であったと伝えている。このことは『聖絵』にも「すでに九州をまはりて、四国へわたり給はむとし給けるに、大友兵庫頭頼泰帰依したてまつりて、衣などたてまつりけり。其所にしばらく逗留して法門など、あひ談じ給あひだ、他阿弥陀仏はじめて、同行相親の契《ちぎり》をむすびたてまつりぬ」(巻四)とあって、彼の入門はすでにかくれもない事実として、衆団内に知れわたっていたのであろう。以来、彼は『絵詞伝』によるかぎり影のかたちにそうがごとく、常に一遍に随逐し、弘安三(一二八〇)年には奥州におもむいている。下向の途次、白河の関で西行が詠んだ歌を思い出し、真教は関屋の柱に「白河のせきぢにも猶とどまらじ　こころのおくのはてしなければ」と書きつけた。時に一遍も、それに和して「ゆく人を弥陀の誓ひにもらさじと　名こそとどむれ白河の関」とよんだといっているが、『聖絵』には「弘安三年、善光寺より奥州へおもむき給に、旅店日をかさねて勝地ひとつにあらず、月は野草の露よりいでゝ、日は海松《みる》の霧をわけて、天水の浪にかたぶくところもあり、漁人商客の路をともなふ。知音にあらざれども、かたらひをまじへ、邑老村叟のなさけなき勧化をまたずして縁をむすぶ。かくて白川の関にかゝりて、関の明神の宝殿の柱にかきつけ給ひける」(巻五)として、歌を書きつけたのは、一遍ひとりであったと述べ、何故か真教については全くふれていない。

更に正応二(一二八九)年、もはやこれまでと一遍が兵庫の観音堂に入ったとき、あたかも真教も病の床に臥する身となったが、時に一遍は、「我、已に臨終近付ぬ、他阿弥陀仏はいまだ化縁つきぬ人なれば、能々看病すべきよし」をのたまい、必ず真教の病は直ると断言し、弟子たちをして看病せしめたといい、また「南無阿弥陀仏はうれしきか」との下問に、真教は、はらはらと落涙した。その由をみた一遍は、「直也人《ただびと》にあらず、化導をうけつぐべき人なり」といい、他阿弥陀仏真教こそ我が教えを領解し、法をうけつぐにたえたる器量の仁であるとして、遺誡の法門を書きあたえたという。八月中旬、病悩重くなったとき、一遍は念仏のほか他事なく、ために訪う人があれば真教が代って接し、書札があれば師にかわって返書をしたためたといわれ(巻四)、一遍命終の後は、「知識にをくれたてまつりぬるうへは、速に念仏して臨終すべし」と丹生山《たんじょうさん》にわけ入り、その日を待ちわび、ひたすら念仏をとなえていた。時に粟河の領主の切なる望みによって、念仏の算をあたえたが、領主の「如此化導ありぬべからんには、徒《いたずら》に死しても何の詮かあるべき、故聖の金言も耳の底に留り侍れば、化度利生し給ふにこそ」という言葉にはげまされ、衆団を組織し、再出発することになった。

こうして『絵詞伝』は、一遍から他阿弥陀仏へと教団の路線がしかれ、両者のあいだにはまったく異途なく、一遍から生前教団をうけつぐにたる人であるという印可をうけていたことを示すために作成されたものであった。しかも「諸国修行の念仏勧進の聖、他阿弥陀仏は権化の人也」(巻九)といい、「観音をば済度利生のために、娑婆へつかはす、其の名を他阿弥陀仏と号す。勢至ぼさつをもつかはしたりき。一遍房といひしが還り来れるなり」(巻十)と述べているところによれば、他阿弥陀仏は権化であり、観音の示現であったとして神格化され、その流れは正しく一遍の流れを汲む法流であって、それは絶えることなく後世にまでつづいていることを示そうとする意図をもっている。『絵詞伝』が成立した年代ははっきりしていない。しかし、第十巻第三段の詞書に「抑々《そもそも》弘安二年六月より嘉元元年十二月に至るまで、首尾廿四ケ年の間、臨終する時衆惣じて二百六十九人也」とあるから、少なくとも嘉元元(一三〇三)年以後であることはいうまでもない。編者が嘉元元年十二月に限ったのは、この年の二月、真教は廻国賦算から相模国当麻の無量光寺に入り、翌二年正月には廻国を三祖智得に譲って独住しているので、事実上の真教の遊行化益は嘉元元年十二月をもって終止符をうったからであろう。

『絵詞伝』が初祖一遍から二祖真教への遊行相続の路線を物語る絵詞伝であるとすれば、物語が真教の廻国の終った年をもって幕を閉じているのは当然である。しかし、この年『絵詞伝』が成立したというのではない。成立年時の上限が、ここにあるという意味である。下限は、藤沢道場本系の模写本の一である京都四条道場本の奥書に「徳治第二之天(一三〇七)初夏上旬之候、馳筆終功畢」とあり、また同系の神戸真光寺本『遊行縁起』の奥書に「元亨三(一三二三)年七月五日謹蒙遊行上人禅命、馳禿筆畢」とあることにより、原本が製作されたのは、少なくとも両本の模写年時以前ということができよう。換言すれば嘉元元年十二月から徳治二年の間に成立年時を求めることができる。禅命したという遊行上人は三祖智得であったが、真教はなお当麻に独住し康存していたので、自己の生存中におのれの行歴が『絵詞伝』にえがかれていたことを承知していた、というより、一遍からうけついだ路線を確かめ、聖戒の流れに比し、自らの正統性を誇示するためにえがかしめたのではあるまいか。

こうして、一遍伝を通して、その行業を考えてみたとき、両者にはかなり隔たった方向性がみられるけれども、子細に検討すれば、およそ二十数か所におよぶ同文が見られる(拙稿「初期時衆教団の動向」仏教史学一四の二)。しかも『聖絵』が『絵詞伝』に先行して成立していることからすれば、『絵詞伝』は『聖絵』を披見し参考にして編纂されたものであったろう。

三　法語集として伝存するもの

一遍は命終にのぞみ「一代聖教みなつきて、南無阿弥陀仏になりはてぬ」と述べて、所持の書籍のすべてを焼き捨てたというから、当然個人的な消息や法語類も焼却してしまったであろう。だが、そのため一遍の筆をとったすべての聖教・法語等の類が、まったく処分されて残っていないということにはならない。『聖絵』によれば、一遍は入滅に先だち、書写山の寺僧に「もち給へる経少々」渡したが、そのなかに彼の著述した聖教はまったくなかったとはいえない。また命終を前にして聖戒は一遍の口述により法門の要を筆録したといい、真教も遺誡の法門を書きあたえられている。まして悟りを開いてから入滅まで一期のあいだ、往生与奪の権をもつ知識すなわち一遍から、念仏なり、往生、更には生活態度について教示された法語・消息の類はおびただしかったであろう。教示を受けた人たちは、これらの教文を亀鏡として、後生大事に所持したであろうし、一遍が世を去ってみれば、こうして教示されたものは、その一つ一つが往生の手だてとなり、今後の生活の指針となるものであったから、それは後のちまで大切に伝えられていたであろう。門弟にしても、もはや教示を受けられないとすると、耳底にのこっている一遍のことばのはしはしは、いつまでたっても忘れられるものではない。時々思い出しては、ことばをかみしめ、法語をとりだしては往時を追想したことであろう。それとて日がたてばたつほど、忘れ去られていく。こうした時に、足跡を再度たずねてみよう、伝記をのこしたい、法語・消息などのこされているすべてを集めたいと考えるような気運がうまれてくる。こうした背景のもとに成立したのが『聖絵』『絵詞伝』といった伝記であり、『法語集』であったと思われる。

『聖絵』には別願和讃・誓願偈文・道具秘釈と、偈頌の類では六十万人偈・十一不二偈・礼書写山頌・答公朝書頌・六字無生頌・本無一物頌の六種、和歌五十二首、それに消息一通、法語一篇、遺誡一篇、門人伝説十二篇が一遍の真撰として収められ、『絵詞伝』には別願和讃・誓願偈文と、偈頌としては六十万人偈・十一不二偈・一称万行頌・答公朝書頌・六字無生頌を、和歌は二十八首、それに消息二通、法語三篇、遺誡一篇、門人伝説三篇を収めている。これを更に、両者に共通して挙げられているものは、何であるかを精査すれば、偈頌・和讃以外では消息・法語・遺誡各一、和歌十六首、門人伝説二篇があるにすぎない。このことは、それぞれの編者が、自らの体験と史観によって一遍の真撰と認めたものを収めた結果であり、和歌のごとき淡路国の二宮大和国魂神社に詣でたとき、一遍は神社の正面に「名にかなふこゝろはにしにうつせみの　もぬけはてたる声ぞすゞしき」と木札に書きつけたとか(聖絵巻十一)、また白河の関の明神の柱に「ゆく人をみだのちかひにもらさじと　名をこそとむれしら川のせき」(同上巻五)と書いたという例をのぞけば、多くは自ら随従していなければ聞知することのできないものばかりである。耳によって聞いたものであるからには、多少の誤りもあったかも知れない。テニヲハに多少の異なりが見られるのは、そのためであろう。ここに収められているもののすべては、自ら教示をうけたものを除けば一遍に随従した人たちから聞いたものであろうが、熊野参詣から入滅の日まで、終始行動をともにし随従した人はひとりもいない。従って伝記を編むにあたっては、丹念に一遍を知る時衆をたずねて聞きただしたものもあったらしい。聖戒のように、後年淡路に行ったとき「この札なほ侍りき」(同上巻十一)といい、一遍の書き記した和歌があったといってなつかしく思っているが、これとて聖戒の手びきをした時衆がおったはずであり、またその人を通して、新しく得た知識もあったであろう。こうして聖戒は、一遍の歩んだ道を辿りながら、絵師円伊と若干の時衆をともない全国を遊行した。

両者に共通する消息一通は『土御門入道前内大臣殿より出離生死の趣、御尋ねに付ての御返事』(聖絵巻七、絵詞伝巻三)であり、法語一篇は弘安七(一二八四)年五月二十九日の記年をもつ『いささか御悩おこしましけるとき、門人にしめしたまふ御法語』(同上)である。この両法語を両者がともに所収しているのは、むしろ巻そのものの構成や語法からみると、『絵詞伝』が『聖絵』そのままを依用したために生じた結果ではないかと思われる。それはいずれにせよ、伝記中に収められている法語・消息の類は極めて少ない。それは両絵詞伝の意図するところが、伝記をしるし、教団の正統性を述べれば、ことたりたからである。換言すれば絵詞伝の主体はあくまで、伝記と教義の叙述にあり、法語や消息の編集ではなかったからであろう。それならば、本格的に遺文の編集を試みたのは、いつ誰によってなされたのであろうか。

現存する法語集の最も古いものは、鎌倉時代末期もしくは南北朝ごろの筆写と認められている金沢文庫所蔵の『播州法語集』(仮題)であるが、巻首・巻尾を欠き、しかも中に錯脱のある残欠本であるため、成立および筆写の年時を知ることはできない(宮崎円遵氏「中世仏教と庶民生活」)。中におよそ前半・後半を欠いたものを含め、七十三条の法語を収めている。これにつぐものとしては、高野山金剛三昧院所蔵の『一遍念仏法語』一巻があり、奥書に「寛正六(一四六五)年六月日」とある。全文は宮坂宥勝氏により翻刻されているが(「仏教文学研究」四)、漢文体のもので、筆写の年時を明確にすることのできる最古の写本、中に百二条の法語が収められている。他に本書と同系のものに、『一遍上人法門抜書』一巻がある。『念仏法語』と『法門抜書』を対比してみると、一条と二条が前後し、後者は末尾の七文を欠いているが、内容的にはほぼ同一であるといえる。今、一、二の相違点について述べてみよう。

『念仏法語』に「亦云、決定者《ト》名号也。我身、我心《ハ》不定也。所以《コノユヘニ》至心信楽欲生我国《ヲ》称我名号釈《トセリ》。故、称名《ノ》外《ニ》全《ク》三心《ハ》無者也」とあるのが、『法門抜書』では「又云、決定者名号也。我身、我心《ハ》不定也。所以身《ニハ》無常遷流之形《ナレバ》念々《ニ》生滅《ス》。心《ハ》妄念《ナレバ》虚無也云々」と「又云、三心《ハ》但名号也。所以《ニ》至心信楽欲生我国文、是《ヲ》称我名号釈《トセリ》。故称名《ノ》外《ニ》全《ク》無《シ》レ有《ルコト》ニ三心一云々」の二条に分れている。この文は金沢文庫本にも「又云、決定といふは、名号なり。わが身わが心は不定なり。このゆへに身は無常遷流の形□(なれば)念々生滅す。心は妄念なれば虚妄なり」「又云、三心といふは名号なり。このゆへに至心信楽欲生我国を称我名号と釈せり。故に称名するほかに三心はなきものなり」となっているので、『念仏法語』は筆写の折、誤って二か条を一か条にしてしまったものらしい。

こうした錯脱は一、二にとどまらない。すなわち『念仏法語』に、「又曰、熊野本地《ハ》弥陀也。和光同塵《ノ》念仏為《シ》ニ勧進一神《ト》現《ジ》玉へり。故名《ク》ニ証誠殿《ト》一。阿弥陀経《ノ》西方無量寿者《ト》、能証誠《ノ》弥陀也。我法門者熊野権化《ノ》御夢想《ノ》口伝也。年来浄土法門《ヲ》十一年《マデ》学、《セントモ》惣《ジテ》意楽《ヲ》習《ヒ》不レ失《ハ》。而《ルヲ》熊野参籠《ノ》時、示現云、三心品《ノ》サハクリ不レ可レ有ニ此心一云云。我《レ》此時《ヨリ》自力《ノ》意楽《ヲ》捨《リ》。是《ヲツテ》善導《ノ》御釈《ヲ》委《クシ》見一文一句《ノ》法《ノ》無レ云レ不《ト》ニ功能一。玄義《ノ》始《メ》、先勧《ヲ》ニ大衆発願帰三宝《ト》ニ云ニ南無阿弥陀仏《ト》一也。此《ノ》御折九帖文々句々、只其名号也。夢想《ノ》御歌《アリ》。一向可《ニ》レ帰ニ名号《ヲ》一也」とあるのを、『法門抜書』は「又云、熊野権現御本地阿弥陀也。和光同塵《シテ》為《メニ》レ勧《メタマハンガ》ニ念仏《ヲ》一現《タマヘリト》レ神。故名《ニク》ニ証誠殿《ト》一。是証ニ誠《スルガ》念仏《ヲ》一故也。阿弥陀経《ニ》西方《ニ》有《リト》ニ無量寿仏一者能証誠之弥陀也」と「又我法門《ガ》、彼権現《ノ》無想《ノ》口伝也。雖三年来守《ルト》ニ種々《ノ》法門《ヲ》一、殊於ニ浄土《ノ》法門一学《スルコト》十一ケ年也。雖レ然未《ト》レ断ニ執気一。然熊野参籠之時《ニ》、権現示現《キ》宣《ノタマハク》、三心四修《ノ》趣不レ可レ有《レ》レ是。此凡情《ハ》善《キ》時《モ》悪《キ》時《モ》皆迷《ナルガ》故、不レ成ニ出離《ノ》要道《トハ》一。只南無阿弥陀仏《ガ》往生《スル》也云々。我従《リ》ニ此時《ノキ》一棄ニ自力《ノ》意楽《ヲ》一也。依ニ宗家《ノ》釈文《ニ》一悉《クルニ》見一文一句《モ》無レ非《ズトイフコト》ニ法《ノ》功能一。玄義《ノ》始《メニ》先勧《テ》大衆発願《シテ》帰《セント》ニ三宝《ニ》一云《ヘルモ》南無阿弥陀仏也。御疏九帖《ノ》文々句々只名号也。夢想歌、一向可レ帰ニ名号ノ心ニ也」の二か条に分けている。二か条に分け、「我ガ法門ハ彼ノ権現ノ夢想ノ口伝也」から二条をはじめていることは、金沢文庫本と同一で、文庫本の「阿弥陀経に、西方に有無量寿仏とは能証誠の弥陀なり」「よき時もあしき時も、まよひなるゆへに、出離の要とはならず、南無阿弥陀仏が往生する也と云々」という文は、『法門抜書』に近く、就中後者の文は「永正十(一五一三)年五月八日於駿州長善寺入滅、遊行廿一代行□表像与観念有之、他阿上人」の識語をもつ『真宗秘要抄』の三十条に見える「已上、権現示《シテ》二元祖《ニ》一云《ク》、三心四修《ノ》趣《キ》不レ可レ有レ之。此《ノ》凡情《ハ》善《キ》時《モ》悪《キ》時《モ》皆迷ナルガ故ニ、不レ成二出離《ノ》要道一。《トハ》南無阿弥陀仏ガ往生スル也ト云云」と全同である。ということは、この文は『法門抜書』に近い、原『一遍上人法語集』から引用したものであろうことを物語っている。それはまた『秘要抄』に引文する「元祖《ノ》云、阿弥陀仏《ハ》本願。《ニテハナキナリ》南無《ガ》本願。《ニテアルナリ》其願《ハ》南無《ハ》始覚《ノ》機也。阿弥陀仏者本覚《ノ》法也。故始本不二《ノ》南無阿弥陀仏也」によっても言える。『播州法語集』には「南無は始覚の機、阿弥陀仏は本覚の法なり。然ば始本不二の南無阿弥陀仏也。称すれば頓に迷悟をはなるゝなり」(三七二頁)とあり、この文は金沢文庫本には「阿弥陀仏の四文字は本願にあらず、南無は本願なり、始覚の機なり。阿弥陀仏は本覚の法なり。然ば始本不二の南無阿弥陀仏也」とある。こうしたことから推定すれば、金沢文庫本や『法門抜書』は『念仏法語』にくらべ、原型に近いかたちをのこしている。原型に近いといっても、両本は後述するように配列が同一でもなければ、漢和による文体の相異もあるので、同系統のものではあるまい。筆写のおり、そのいずれかが内容を検討し精選し、教説にもとづいて配列をかえたものならともかく、そのような配慮がなされているとも思われないので、両本はまったく別系統のものであったろう。思うに伝承を異にする法語集は、これのみではなく、いくつか存在していたのであろう。配列をかえたのには、それ相応の理由があったと思われるが、今は明らかでない。『念仏法語』が、七文を附加しているのは、それを編集した時衆が、曾つて伝承していたものを、自らの法語集に加えたものであったらしい。というのは、六字無生頌・答公朝書頌・六十万人頌・発願文は宗内伝承のものであったが、和歌四首は流布本と大異あり、「夫現世諸縁者、後世ノ為ニテ候ママ、浄土サイワイ疑ナシ。名号ヨリ外機法ナシ、往生ナシ。

一切万法経、内徳ナリ。南無阿弥陀仏、息絶時無レ生レ思。是即十劫正覚一念ナリ」の文はまったく他に所見のないものであったからである。また『法門抜書』という書名からすれば、いくつかあった法語のなかから要をとり抜き出したものかとも思われるが、『聖絵』や『絵詞伝』に収められている法語も、一書に集められていたものがあったかも知れない。とすれば容易に披見し得る法語をさしおいて、抜き出したという意であろうか。

このほか写伝された古態をのこす法語集で伝存するものを知ることはできないが、江戸期に入り教学が興隆するにつれて、刊行されるものもでてきた。『播州問答集』と『播州法語集』、それに『一遍上人語録』がそれである。『問答集』は貞享五(一六八八)年、『法語集』をもとに、数条をまとめ問答体として編集し刊行されたもので、上下二巻より成り、三十二篇の問答が所収されている。元来法語集は和文体のものであったと思われるが、室町期禅宗や朱子学の発達の影響をうけて、漢文体に改めようとする傾向があらわれてきた。『念仏法語』や『法門抜書』はそうした環境のもとに生まれたものと見てよいであろう。これに手直しを加え、問答体に改めたものが『問答集』であったと思われる。しかし『法語集』のすべてが漢文体となり、問答形式に改められ整理されたのではない。和歌のように改めることのできないものもあれば、長門の顕性房を賞美した法語のように問答体になおすことの困難なものもある。従ってこうした法語のいくつかは当然省略されているが、それは次表にしめす具略の表によって明らかにすることができ、『法語集』にあって『問答集』に欠けているものは、二十二条におよんでいる。

法語	金沢文庫本	念仏法語	一遍法門抜書	播州法語集	播州問答集	語録
他力ノ称名者不思議之一行也……		1	2			㊤
夫生死本源ノ形ハ男女和合ノ一念……		2	1			㊤
就二念仏往生一異義逼々ニ沙汰シタリ……		3	3	86		

真縁上人返事曰、此世ノ対面ハ……		4	4			㊤
念仏救世一慈父の偈……		5	5			
播州御在国ノトキ弘峯八幡宮ニテ……	欠	6	6	1 2		㊤ 30
阿弥陀経ノ一心不乱ハ名号也……	欠	7	7	3	3	23
決定ト者名号也……	○	8	8	4 5	5	26 2
名号ヲ念仏ト云事……	○	9	10	6	6	32
念声是一ト云事、念ハ声ノ義……	○	10	11	7		33
三界ハ有為無常ノ境也……	○	11	12	8	21	63
安心ト者南無也、起行ト者……		12	13	9	4	24
摂取不捨ノ四字、三縁ハ釈也……		13	14	10	8	37
名号ニ心ヲバ入ルルトモ、心ヲバ名号……	○	14	15	11	5・9	27 29 38 39
慈悲有二三種一、小悲中悲大悲也……	○	15	16	12	10	40
万法者無ヨリ生ジ、煩悩者……	○	16	17	13	5	28
念仏三昧云事、三昧者……	○	17	18	14	7	34
至誠心者自力我執ノ心ヲ捨テ……	○	18	19	15	2	3
唯信罪福者疑二仏五智一……	○	19	20	16	11	42
極楽者無我真実土ナレバ……	○	20				
往生ト云事、往ハ理也……	○	21	21	17		41
有二念仏機三品一、上根者……	○	22	22	18		44
有レ心者生死ノ道、無レ心者涅槃スト云云……	○	23	23	19	20	60
決定往生ノ信不レ立毎レ人歎ク……	○	24	24	20	5	25
決定心者発也……	○	25				

<table>
<tr><th></th><th></th><th></th><th></th><th></th><th></th><th></th></tr>
<tr><td>深心ノ御尺ニ仏ノ遣レ捨者ニハ……</td><td>○</td><td>26</td><td></td><td>21</td><td rowspan="2">2</td><td>9</td></tr>
<tr><td>上品ノ諸善者……</td><td>○</td><td>27</td><td>25</td><td>22</td><td>11</td></tr>
<tr><td>無量寿ト者、一切衆生……</td><td>○</td><td>28</td><td>26</td><td>23</td><td>12</td><td>46</td></tr>
<tr><td>至誠心ヲ真実ト云事……</td><td>○</td><td>29</td><td rowspan="2">27</td><td>24</td><td>2</td><td>5</td></tr>
<tr><td>竜樹論ニモ人天自レ本偽リ虚妄体也……</td><td></td><td>30</td><td></td><td></td><td></td></tr>
<tr><td>念仏三昧ト者無色無形不可得也……</td><td>○</td><td>31</td><td>28</td><td>25</td><td>17</td><td>54</td></tr>
<tr><td>南無ト者十方衆生……</td><td>○</td><td>32</td><td>29</td><td>26</td><td>14</td><td>49</td></tr>
<tr><td>南無阿弥陀仏ヲ得レ意可二往生一……</td><td>○</td><td>33</td><td rowspan="2">30</td><td>27</td><td rowspan="2">13</td><td>47</td></tr>
<tr><td>十方三世ノ諸仏ハ不可思議ノ功徳……</td><td>○</td><td>34</td><td>28</td><td>48</td></tr>
<tr><td>往生ハ初ノ一念也……</td><td>○</td><td>35</td><td>31</td><td>29</td><td rowspan="2">16</td><td>52</td></tr>
<tr><td>一念十念モ非二本願一……</td><td>○</td><td>36</td><td>32</td><td>30</td><td>51</td></tr>
<tr><td>伊与国ニ有二仏阿弥陀仏云尼一……</td><td>○</td><td>37</td><td>33</td><td>31</td><td></td><td>87</td></tr>
<tr><td>彼仏今現在世成仏……</td><td>○</td><td>38</td><td>34</td><td>33</td><td></td><td>88</td></tr>
<tr><td>我レ弘安十一年正月廿一日ノ夜……</td><td>○</td><td>39</td><td>35</td><td>34
35</td><td>2</td><td>89
22</td></tr>
<tr><td>発二意楽一スハ不レ云レ仏……</td><td></td><td>40</td><td>36</td><td></td><td></td><td></td></tr>
<tr><td>熊野ハ本地弥陀也……</td><td>○</td><td>41</td><td>37
38</td><td>32
37</td><td>31</td><td>84
85</td></tr>
<tr><td>有後心ト無後心ト云事アリ……</td><td>○</td><td>42</td><td>39</td><td>38</td><td>16</td><td>53</td></tr>
<tr><td>自力ノ時、我執憍慢ノ心ハ発ル也……</td><td>○</td><td>43</td><td>40</td><td>39</td><td></td><td>21</td></tr>
<tr><td>漢土ニ有二径山云山寺一、禅院也……</td><td>○</td><td>44</td><td>41</td><td>40</td><td>5</td><td>31</td></tr>
<tr><td>立二浄土一生二欣慕心一……</td><td>○</td><td>45</td><td rowspan="3">42</td><td>41</td><td>2</td><td>8</td></tr>
<tr><td>行者ノ待ニヨリテ仏来迎スト思ヘリ……</td><td>○</td><td>46</td><td rowspan="2">42</td><td rowspan="2">17</td><td>55</td></tr>
<tr><td>一切ノ法ハ名号所具ノ万法……</td><td>○</td><td>47</td><td>56</td></tr>
</table>

説ニ住空無相無願三昧一、此則名号也	○	48	43	43	18	57
称名ノ外ニ不レ可レ求ニ見仏一	○	49	44	44		35
善悪二機ハ機品也	○	50	45	45		59
一代聖教ノ所詮ハ唯名号也	○	51		46	32	86
罪功徳ト云事	○	52		47	19	58
仏法修行スルニ近対治遠対治ト云事	○	53	46	48	21	61
厭苦ト云者苦楽共ニ厭捨ル也	○	54				62
法華経ト名号トハ一体也	○	55	47	49	30	81
名号ハ諸仏已証ノ法也	○	56	48	50		80
随縁雑善恐難レ生云事	○	57	49	51	2	12
我ハ煩悩ノ法体也	○	58				13
今他力不思議ノ名号ハ自受用ノ智也	○	59				14
能機者南無也、十方衆生也	○	60	50			15
捨ニ我本体一南無阿弥陀仏	○	61				16
自己ノ本分ハ非ニ流転一	○	62				17
世ノ人思ラク、他力ヲ分別シテ	○	63	51			18
自力ノ善ハ七慢九慢ヲ不レ離也	○	64				19
極楽ハ空無我ノ浄土也	○	65	52			20
菩提心論遇レ筏達ニ於彼岸一	○	66	53	52		90
長門ノ顕性房ノ三心所廃ノ法門	○	67	54	53		4
付レ魔有ニ順魔逆魔二一	○	68		54		36
聞名欲往生ト云事	○	69	55	55	24	70 71

三業起行皆念仏ト云事	○	70	56	56		91
心外見レ法名為ニ外道一云事	○	71	57	57	23	66
一念弥陀仏即滅無量罪	○	72	58	58	22	64
大方ハ楽ニ無レ体	○	73		61	21	65
置ニ心外境一止レ悪レバ修善ノ面ハ	○	74	59	62	23	67
乍レ生死静ニ可レ待ニ来迎一云云	○	75	60	63 64	24	68
当麻曼陀羅ノ示現	○	76	61	66		93
念々不捨事	○	77	62	67	2	10
従レ是西方過ニ十万億仏土一云事	○	78		68	25	72
即現在彼衆及十方法界同生者ト云事	○	79	63	69		94
迷一念也、悟一念也	○	80	64	70	26	73 74
法照禅師曰、名号者無レ名故	○	81	65	71		45
名号ハ寿ノ名也	○	82	66			
一度皿ノ水ヲ小器ニ入レバ	○	83	67	72		95
阿弥陀仏ノ四ノ文字ハ非ニ本願一	○	84	68	73	15	50
聖道浄土ノ二門能ク可ニ分別一者也	○	85	69	74	1	1
大方衣食住ノ三者三悪道ノ業也		86		84	27	75
名号ノ外ニ惣テ以テ我身ニ無ニ功徳一	○	87		75		96
念仏下地ヲ作事ナカレ	○	88	70	76	24	69
信ト者マカスト読ム	○	89	71	77	27	76
或人問テ曰ク、諸行ハ可ニ往生一ヤ否ヤ		90	72	79	30	82
大地ノ念仏ト云事ハ	○	91	73	81		97

或人浄土宗ノ流々ノ意義多ク候……	○	92	74	80	31	83
臨終ノ念仏ノ事……	○	93	75	82	28	78
名号ニハ領ラルルトモ名号ヲ……	欠	94	76	83	29	79
最後ノ教ニ曰、五蘊ノ中ニ……	欠	95	77			㊤
六字無生頌		96				㊤
十一不二頌		97				㊤
答公朝書頌		98				㊤
六十万人頌		99				㊤
交行道ニ入コソクルシキニ……		100				㊤
夫現世諸縁者後世ノ為ニテ候……		101				
発願文		102				㊤
三心ハ但名号也……			9			2
自身は現にこれ罪悪生死の凡夫……	○			59 60	2	6・7
或教ニ福恵双除ア障といふは真言なり……				65		92
本来無一物なれば、諸事にをいて……	○			78	27	77
西園寺殿の御妹の准后の法名に付ての消息				85		㊤
無心寂静なるを仏といふ……	○			36		43

註㈠　法語の見出しは、「発願文」までは『念仏法語』による。下欄の数字は、各法語集に所収されている順序を示す。

㈡　金沢文庫本の場合は、前後が欠け、また中に錯脱があり、当初の原型を知ることができないので、順序をしるすことなく、存否のみを示し、存するものには○、明らかに欠けているものには欠の記号を附した。

㈢　語録は本書所収の文化八年版により、下巻にあるものには順序を示し、上巻に所収されているものについては、㊤と記して区別した。

『播州法語集』は、『問答集』より八十余年後の安永五(一七七六)年八月遊行上人尊如の教学興隆の熱意により、神戸真光寺洞天と長楽寺義円によって刊行されたもので、「平安城書肆寺町通六角下ル処蓍屋儀兵衛」から発売された。上梓の経緯について、洞天は「安永甲午の冬、尊如上人諸国に巡行し、殊に祖師の廟前に詣で、報恩追孝の勤《つと》め懈《おこた》ることなく、群生化度の行、倦むことなくして、予に命じて曰く、蓋し、この集は宗門の喉領、心行の至要なり。これをして校訂せしめ、永く不朽に垂れよと。予辞することあたはず、数本をもつて正削し、可否を撰捨し、梓《あずさ》に刻す。而も全く差異なきにあらず。猶、後の君子に俟つとしかいふ」と述べているところによれば、幾種かの写本を手にした洞天は、子細に校合し、最も一遍の思想にかなうと認めたものを所収して編集した。いわば、ここにもられているすべては、洞天の史観にもとづいて一遍のものと認めたものといえよう。しからば何故この法語集には播州の語が冠せられているのであろうか。これについて洞天は、播磨国弘峰八幡宮で道俗時衆のために説いたからであると述べ、時に一遍に随従していた門弟持阿が集記したものであるといっているが、これが如何なる伝承にもとづいて述べられたものかは明らかでない。おそらく本文のはじめに「一遍上人播磨御渡りの時、御法門聞書」とあるのによったものであろう。この詞書は以下の全文にかかる言葉と考えられ、また第一条にも「弘嶺八幡宮にて、言語道断心行処滅の心を」とあるので、播磨での説法がもとになり、随従していた持阿が筆をとり、メモとしていたものを後日法語集というかたちで編集したものではなかったろうか。一遍の播磨化益は弘安九(一二八六)年から翌十年にかけてのころで、同九年の冬、天王寺を出立した一遍は播磨に向い、尼崎で土御門内府から送られた和歌一首を受けとり、これに返歌している。更に兵庫の光明福寺をたずね、印南野の教信寺では、「本願上人の古跡をなつかしく思ひ」「教信上人のとゞまり給」うたところだということで、ここに一夜とどまり、翌年春のころには書写山に参詣、国中を遊行し松原八幡宮に詣でている(聖絵巻九)ことからすると、このころの聞書と考えられる。勿論ここにも異論がないとはいえない。弘峰八幡で詠んだという「いはじたゞことばのみちをすぐ〳〵と　ひとのこゝろのゆくこともなし」の和歌は、『聖絵』(巻二)によれば「或時」のもので、弘峰のものとはしていない。聖戒は当時随従していなかったため、弘峰で詠まれたものと知ることなく、ただこうした和歌のあったことを耳にしたので、「或時」のものとして記録にとどめたものであろうか。また末尾に所収された「西園寺殿の御妹の准后の御法名を一阿弥陀仏と付奉る、此御尋に付て御返事」は、語録には「京都御化益の比」(三一五頁)のものであるとしている。准后は京都に在住していたので、尼崎にいたとき土御門内府から和歌を進じられたことを知らない聖戒は、この間の事情を知ることなく、ただ土御門内府の名のみにとらわれて、京都在住時のものと推定したまでのことではあるまいか。こうした一、二の疑問点があるにしても、時に随従していない聖戒の行動を考えてみると、伝承のように播州での聞書を主体として編集したものと考えてもよさそうである。主体ということは、すべてが播州のものであるということではない。弘安十一年正月二十一日の夢想のように、どう考えても播州のものでないと認められるものも、いくつかは含まれているかも知れない。それでは筆録者持阿とは、どのような時衆であったろうか。賞山は、持阿は播州飾磨津の人で、一遍が播磨国を行化していたおり入門したといっているが(播州問答私考鈔巻一)、出典は明らかでない。『語録』(巻下、三二九頁)に見える「飾万津《しかまつ》別時の結願の仰なり」の語にヒントを得た説であったかも知れない。武田賢善氏は二祖真教が熊野参詣の途次、京都で念仏を弘通するための摺形木を四条道場に付属し、浄阿に賦算を許した折、小野の唯阿弥陀仏、高宮の切阿弥陀仏とともに、この処置はもっともであるとして付属に同調した「山王堂の持阿弥陀仏」を、当時宗門における最長老のひとりであったことを理由に、断定はさけながらも「近似の人であるやに思はれる」としていられる(「一遍上人法語集」)。また平田諦善氏は「持阿といふに就いては、七条道場金光寺の初期住持を持阿と号した事は、現在東山長楽寺所蔵の七条道場金光寺過去帳に依つて知られるし、且つは弘安元年の別時番帳にも其名が記されてある」(「一遍上人語録の研究」)として、七条道場の持阿をあてていられるが、時衆には持阿と名乗る僧はただひとりしかいないということではないので、今俄かにどこの持阿と想定することはさけなければならないであろう。事実『別時番帳』に見える持阿と、七条道場の持阿と同一人であるという証拠もない。もし同一人であったとすれば、地域的にみて山王堂の持阿弥陀仏も同一人であったかも知れないのであるが。

四　一遍上人語録の成立

こうして伝存した法語集を整理し編集したのは、遊行五十二代一海であったという。すなわち『語録諺釈』(巻一)に俊鳳は「夫汲二其法流一者不レ可レ不レ尋二其法源一。是以藤沢山主一海上人捜二索多年一校二正祖語一。有二脱字一有二衍字一、有二写誤一有二錯置一。然集録既成、校正未レ全」と述べている。多くの本を求めて祖師の法語を校正したといえば、流伝した法語集の一々にあたり出入を正し整理したのであろうか。宝暦十三(一七六三)年以降しばしば開板された法語集に『一遍上人語録』があるが、それ以前から伝存している古写本もなければ、引文している著書も見当らない。『語録』は巻を上下に分ち、上巻には和讃・偈頌・法語・和歌など、『聖絵』や『絵詞伝』に見えるものを収め、下巻には門人伝説として、前記古写本に収められているような法語を所収している。『聖絵』や『絵詞伝』等に所収されている法語を、一書に収めたものがある可能性はあるが、古写本としては伝存していない。

一海は元禄元(一六八八)年武蔵国本田に出生、姓は真下氏。幼にして遊行四十五代尊遵の弟子となり、長じて水戸神応寺七世を経て、延享四(一七四七)年十一月甲府一蓮寺に進董した(三十七世法阿弁点)。この日昼すぎ初参式を修し、翌五年四月一蓮寺に入り(一蓮寺過去帳)、つづいて三日三夜にわたり開山法阿上人の四百年忌を厳修し(同上)、八月十五日五十一代賦存より遊行の付法を受けたという(遊行過去帳)。越えて宝暦六(一七五六)年三月五日藤沢山に入り、四月二十九日参府、五月五日遊行相続の式を行ない、同月二十一日伝馬御朱印を拝戴した。以来行化出入五年、同十一年八月十三日藤沢山に帰山したが、一海が遊行回国中は甲府一蓮寺三十八世法阿慈門が藤沢御院代をつとめた。慈門は京都二条聞名寺から一蓮寺に進董した僧で、御院代相勤中藤沢山で遷化、一海も明和三(一七六六)年三月二十六日、七十九歳で入寂した。一海の信任をうけた人に俊鳳がいた。俊鳳は諱を妙瑞といい、また蔡華老人とも号した浄土宗西山派の学僧で、常楽寺景光や東山演空に師事して西山教学を究め、宝暦のころ江戸に出たが、そのころ浅草日輪寺の恵秀や、野沢金台寺から品川善福寺に進董してここに隠居していた教岳と知友になった。一遍教学の先蹤が西山教学であったので、その教えを聞きたいというのが、交友のはじまりで、宝暦十二年八月二十二日の晩には、その手びきで藤沢山にのぼり、八月二十五日から九月七日まで二週間にわたり『播州問答集』を講じた(藤沢山日鑑)。『問答集』は二巻より成る、漢文体の法語集で、『播州法語集』を底本として問答体に改め整理されたものらしく、貞享五(一六八八)年上梓されているので、俊鳳はこれをテキストに用い講述したのであろう。藤沢山での講義については『俊鳳和尚行業事実』にも「師、或時相州藤沢山にして播州問答を講ぜしことあり」(巻下)と記しているので知ることができるが、俊鳳の登嶺は開山忌を機会に上山する末寺住職にも宗学を講述してほしいという要請にもとづくものであり、いわば教岳や恵秀を介して約束された、特別講義とでもいうべきものであったろう。しかも、小林宗兵衛が施主となって、講義の費用六両二分を負担している。宗兵衛は円意ともいい、俊鳳の帰依者であった。八月二十三日、開山忌に登嶺していた末寺十一か寺の住職が講釈の聴講を願い出たというのも、また『播州問答集』にしても、たとい西山教学から派生した時宗であったとしても、請われるがままに何らの用意もなしに講ずることは容易なことではなかったろうから、やはり講義は前々から予定されていたスケジュールであったろう。

俊鳳は、この講義に引き続いて九月九日から十五日まで、「其山(藤沢山)の円戒を中興せんことを懇請」されて、円頓戒を授けた。時に山主が伝教和上、俊鳳が羯磨《かつま》阿闍梨となったといわれ、「受者二十人」が如法に戒を受けた(行業事実巻下)が、受者のなかには日輪寺恵秀・善福寺教岳・金台寺知格のほか本山の役僧が参加した。この時の費用も、小林宗兵衛が出している。こうしたことが縁となり、「其時山主及会下の諸宿老の請に応じて、其宝庫に秘蔵せる一華堂古今伝、宗門故実の秘巻等」を見る機会にめぐまれ(同上)、またこれらの秘書を校正し、「一遍上人法語録を撰」したという(同上)。時の山主は一海であったが、『一遍上人法語録』を撰したということが、著述を意味するか、校正を指すか明らかでない。俊鳳自身が撰述したというようにも受けとれるが、多本を集め祖語を校正したといい、一海以前に編集上梓した事実なく、古写本また存しないことからしても、一海が編集したものと見て大過あるまい。一海には尊遵門下の同門に、真光寺監寺で、『私考鈔』はじめ大部の著述をのこした賞山がいたことも資料の所在を知るには至って好都合であったろう。多くの類書をあつめ、正誤を正したといっているのは、『聖絵』や『絵詞伝』に所収されているものを、藤沢山に蔵するものばかりではなく、他山にあるものまで、悉く披見して校合し、更には写本として伝えられている『法語集』の類をも逐一目を通し、意の通ずるようにしたことを、物語っているのではあるまいか。絵伝類にあるものを上巻に、『法語集』に所収されているものを下巻に収めたが、こうしたことを行なうことができたのには、(一)一宗の安心を確立し、宗学を興隆するためには、正しい祖師の語を伝えたものがなければならない。しかるに、現在依用しているものには、まま脱字、錯簡もあれば、衍字もある。これをもって一宗の典籍として依用せんか、後学をまどわすおそれなしとしない。是非とも誰もが躊躇することなしに依用できる宗典をつくっておきたいという一海自身の宗学に対する関心と、報恩の念のために、(二)これはまた延享五(一七四八)年五月創立された学寮で用いる権輿となるべき祖書の編纂という意味もあったであろうし、また(三)彼自身の立場から考えれば、容易に藤沢山や他山の秘籍を披見し得る地位にあったことも、一つの原因になっていたであろう。

編集にあたっては、総論的な意味をもつ『別願和讃』と『百利口語』を巻初にのせ、次いで漢文体の『誓願偈文』『時衆制誡』『道具秘釈』を出し、しかる後に和文体の消息をのせているが、その場合でも地位の高い人のものを先にしている。法語は一般的な念仏法語からはじめて御遺誡におよび、偈頌は神頌・七言頌・四言偈の順に配列し、和歌は『絵詞伝』を主とし、『聖絵』所収のものを従として載せている。こうした『絵詞伝』中心の態度は真教の流れを汲む遊行派の僧としては当然な方法であり、このことはまた下巻所収の態度でも同じことがいえる。すなわち『播州法語集』の順序を主としながら、門人伝説をおさめ、更に類文のある場合、『絵詞伝』等によっている。こうして世に流布するもののなかから、一遍智真の法語と伝承されているすべての伝聞の詞を、一海自身の史観によりあつめたものが『一遍上人語録』である。

しからば本書はいつごろ編集されたものであろうか。その年時につき、平田諦善氏は「上人は宝暦六年二月廿八日、遊行五十一代藤沢山二十八世の賦存上人遷化のあとを受け、翌三月五日に登山、翌年遊行相続の上、御旅立迄一ケ年藤沢に在住せられ、遊行四ケ年の後、又帰山して五ケ年在山せられてゐる。若し一海上人が遊行五十二代登職後に語録を編纂せられたものとするならば、前後六年の藤沢在住時代であるべきである。それは藤沢山秘蔵の絵巻を中心とすることから見ても、又資料蒐覧の便を有つことから考へても推定される。然りとすれば、今藤沢進董の最初の一年間に輯録出来たとして、円意がその草本を見たといふ宝暦十三年迄には七年程より経ないことになる。これは恐らく遊行登職以前に藤沢に在つて纏められたものであらう。然し藤沢山に秘蔵したとあるから、先輩時代のものではあるまい。かくて明確には言へないが、大体宝暦年間の初頃と推察される。即ち円意が見る迄、十年前後秘蔵せられたと見るべきで、之ならば秘すること久しと言ふも過言ではあるまい」(「一遍上人語録の研究」)といって、藤沢上人となった宝暦六年に編纂したとみていられる。この論理には傾聴すべきものはあるが、この所説は藤沢山登職後でなければ編纂の機会にはめぐまれないというのが前提となっている。しかし、藤沢山在山中編纂したものであるから、ここに秘蔵しておかなければならないというわけのものではなく、まして一海は藤沢上人に登職したため、急に編纂を思いたったわけでもあるまい。それ以前すでに関心をもっていたかも知れない。その場合、本山の役職にあるなりして、関係寺院の資料を披見する機会は多分にあったと思うので、宝暦六年以前編纂の功成り、登職と同時に本山の文庫に納めたものではあるまいか。

こうして編集された『語録』は、俊鳳の登嶺が機縁となり、一海の口から『語録』集録の業は一応成ったとはいうものの、未だ充分ではない。それにもかかわらず、早く檀信のものが、印刷に附してしまった。遺憾なことであると思う。上梓するならするで完全なものにしたいから改訂してほしいと、俊鳳に依嘱した(語録諺釈巻一)。改訂に着手した年時ははっきりしていないが、宝暦十三年上梓されているところからみると、下山後直ちに、一海の稿本をもとに『絵詞伝』や『法語集』の写本との校合に着手したとみてよいであろう。

校合なった『語録』は、かつて俊鳳が『播州問答』を藤沢山で開講したとき同伴して登嶺し聴講した小林宗兵衛(円意)の手によって、開板にふみきることになった。その経緯は文化八年十月開板の『語録』の跋文に「宗祖上人の語録写本二巻、藤山の蔵中に秘せらるるや尚《ひさ》し。而るに宝暦季年、東都の居士円意、篤《あつ》く此の書を信じて、之を梓に上《のぼ》さんことを請ふ。既にして摹印《ぼいん》・装輯稍《やや》功成る。明和初年、祝融氏の災に罹り、印版・書冊悉く劫灰となる。嗟乎《ああ》、惜む可き哉。時に孝子小林勘平、其の至顕遺功の湮滅《いんめつ》したるを憾《うれ》ひ傷《いた》み、明和庚寅《かのえとら》の秋、再刻して復《ふた》び成る。惟《こ》れ、先考円意居士の志を嗣ぎたるなり。然るに、去る文化丙寅《ひのえとら》の春三月、堂宇・印版共に燼《ほそくず》となる。之に繇《よ》つて亦、円意居士及び妙有・円了・妙讃・受光・円諦等の菩提無窮《むぐう》の廻向を冀《ねが》はんと欲して、玆《こ》の歳、勘平更に奇厥氏《きげつし》に命じ、雕費《ちょうひ》を吝《おし》まずして復旧す。請ふ、此の書を披覧せん者、十唱一唱永く仏号を闕くこと莫《な》からんことを」と記されている。(一)宝暦季年(十三年)上梓を志し、ようやく摹印(印刷)・装輯(製本)が成ったのに、翌明和元年のころ火災にあい、板木もろとも焼失してしまった。このとき出版されたものには記年はなく、後扉に「相州藤沢山蔵版」とのみ記されていた。焼失後、(二)明和庚寅(七年)の秋、前回の施主円意の子小林勘平が、父の志をついで上梓した。これが明和版と呼ばれるもので、末尾に「相州藤沢山蔵版」とあり、跋文が附されている。宝暦版と明和版とを対比してみると、「別願和讃」は宝暦版が七十句より成るのに対し、明和版には八十六句あり、消息法語の場合明和版は辞句を改め文体をととのえているので、明らかに宝暦版を全面的に改訂していることを知ることができる。また和歌についていえば、宝暦版は『絵詞伝』を基準として構成されているのに、明和版は『聖絵』をよりどころとし、更に門下伝説では、明和版は宝暦版にある長文の法語を削除して、『聖絵』から一文を加えている。こうして『聖絵』を重視しているのは何が故であろうか。一海はすでに明和三年入滅しているので、この由を知ることもあるまい。一海が康存し、相談をうけているとすれば、『絵詞伝』によるべきことを指示したに違いない。思うに俊鳳は晩年京都に帰り、時宗国阿派の本山双林寺塔頭の蔡華庵に住し、明和七年ここで寂しているので、再版の計画は京都で行ない、その折、歓喜光寺や新善光寺の『聖絵』を見る機会にめぐまれ、『絵詞伝』よりも史的価値のあることを観取したため、『聖絵』をもとに校訂するに至ったのではあるまいか。

　こうして上梓された明和版も、文化三(一八〇六)年またもや灰燼に帰し、印刷所と共に板木も焼失してしまったという。三度目の計画が、再び小林勘平の努力によってなされ、文化八年十月上梓された。所謂文化版と呼ばれるもので、内容的には全く明和版と同一で、末尾に「江戸浅草日輪寺境内藤沢山学寮蔵版」とあり、後扉の左下隅に「彫工東都浅草御蔵前宮下遠江」と記されている。こうして『語録』上梓のことを考えてみると、資財を傾けて三たび開板につくした小林一家の功業のはなはだ大であったことを知ることができる。それにしても篤信の実をそそぎ、宗門のためにつくした「円意居士之墓」が、藤沢清浄光寺の黒門から長生院に通ずる墓地の参道の木陰に、ひっそりと忘れ去られたように、ただひとり詣でる人もなく放置されていることに、歳月のへだたりがあるとはいえ、一抹のさびしさを感ずる。

五　結

法語集の編集は、師一遍を失い、もはやたよるべき何ものもないと意識したそのとき、せめて片言隻語であっても、師の法語は門弟たちの心のなかで温存しようとした、弟子たちによって企てられた。私はこう聞いた、こんな話もあったといった言葉のはしばしをまとめたいという気運が生じたのは、師を失いささえを求めようとしていた折のことであった。

持阿は播州随従の折耳にした法語を手控えというかたちで持っていた。もちろん播州でのことと限定することもできず、門人の話をもとに再構成されたものもあったにしても、法語を編集した第一結集というべきものが『播州法語集』であったと思われる。これが後世の法語集の基本をなしている。門弟たちにあたえられた消息や法語を末葉たちはたいせつなものとして長く所持し、また道場にとどめ置かれたものもあったであろう。すべての法語が入滅を前にして焼かれたと考えることは間違いである。焼却したのは一遍の手許にのこされていた、いわば時衆からの書信であって、一遍によって書かれたものは、そう多くはなかったのではあるまいか。

こうした時衆が所持し、道場に残されていた法語が、それぞれの法語集に基本的なもの以外のものとして所収されているものである。たとえば、『一遍念仏法語』の「夫現世諸縁者、後世ノ為ニテ候ママ、浄土サイワイ疑ナシ。名号ョリ外機法ナシ、往生ナシ。一切万法ハ経、内ハ徳ナリ。南無阿弥陀仏、息絶時無レ生レ思。是即十劫正覚一念ナリ」(百一条)、『一遍上人法門抜書』の「三心ハ但名号也。所以ニ至心信楽欲生我国文、是ヲ称我名号釈トセリ。故ニ称名ノ外ニ全ク無シレ有ルコト二三心一云云」(九条)、『播州法語集』の「無心寂静なるを仏と云。意楽をおこすをば仏といはず、意楽は妄執なり」(三六〇頁)、「「或教二福恵一双二除障一」といふは真言なり。「或教二禅念一坐思量」すとは禅門なり。静遍の続選択にかくのごとく当たり。「無レ過三念仏往二西方一」といふは、諸教に念仏は勝れたりといふなり。他力不思議の故なり」(三六九頁)という法語の類である。こうして各道場に伝承されていた法語集と絵詞伝の類にのせられていた法語を、一海の手により集大成したものが『一遍上人語録』であり、絵詞伝類と法語集類をおいて、他に一遍の行業と思想を知る手がかりとなるものはない。

参考文献

【著書・論文集】

望月信亨『浄土教概論』(弘文堂書房、昭和一五)
石井教道『選択集の研究　総論篇』(平楽寺書店、昭和二六)
石田充之『日本浄土教の研究』(百華苑、昭和二七)
小川竜彦『新定法然上人絵伝』(理想社、昭和二九)
石井教道・大橋俊雄『昭和新修法然上人全集』(理想社、昭和三〇)
井上光貞『日本浄土教成立史の研究』(山川出版社、昭和三一)
石井教道『選択集全講』(全講刊行後援会、昭和三四)
田村圓澄『日本仏教思想史研究　浄土教篇』(平楽寺書店、昭和三六)
重松明久『日本浄土教成立過程の研究』(平楽寺書店、昭和三九)
赤松俊秀『続鎌倉仏教の研究』(平楽寺書店、昭和四一)
藤島博士還暦記念論集刊行会『日本浄土教史の研究』(平楽寺書店、昭和四四)
香月乗光『浄土宗開創期の研究』(平楽寺書店、昭和四五)
大橋俊雄『法然―その行動と思想―』(評論社、昭和四五)

*

京都時宗青年同盟『一遍上人の研究』(丁子屋書店、昭和一三)
平田諦善『時宗教学の研究』(時宗教史研究会、昭和四〇)
金井清光『時衆文芸研究』(風間書房、昭和四二)
大橋俊雄『一遍―その行動と思想―』(評論社、昭和四六)

【論文・解説】

香月乗光「法然教学に於ける称名勝行説の成立」(仏教文化研究四)
香月乗光「永観の浄土教―特に法然の浄土教との関連について―」(仏大学報三〇)
藤堂恭俊「禅林寺永観の思想―「往生拾因」を中心として―」(仏教文化研究五・六)
赤松俊秀「鎌倉仏教の課題」(史学雑誌六七の七)
石井教道「法然上人の教判観」(浄土学二六)
大橋俊雄「法然上人の叡山修学について」(浄土学二六)
福井康順「法然上人の捨聖帰浄について」(仏教史学論集)
奈良博順「法然の思想形成―念仏観をめぐって―」(倫理学研究九)
松野純孝「選択本願念仏集における二三の問題」(浄土学二六)
石田充之「選択集に対する摧邪輪の批判精神」(日本仏教学会年報二六)

福井康順「選択集新考」(印度学仏教学研究一〇の二)
大橋俊雄「法然上人撰述浄土三部経末疏の成立前後に就て」(仏教史学八の一・二)
大橋俊雄「法然上人語録の研究―特に伝灯観と危機思想を中心として―」(日本仏教一五)
堀池春峰「興善寺蔵法然上人等消息並に念仏結縁交名状に就いて」(仏教史学一〇の三)
近藤喜博「法然房源空の書状」(ミュージアム一七〇)
吉田　清「源空教団の成立基盤」(日本仏教一六)
香月乗光「法然上人における相承説の問題―特に「浄土五祖相承説」の成立について―」(東洋文化論集)
坪井俊映「法然浄土教における一向専修の形成について―往生要集釈と無量寿経釈を中心として―」(東洋文化論集)
田村圓澄「法然とその教団」(講座『仏教』第五巻)
田村圓澄「法然教の改革性」(『日本宗教史講座』二)
細川行信「源空門下における念仏義の展開―特に其の縁由について―」(大谷大学研究年報一一)
石田瑞麿「法然における二つの性格」(日本教学研究所紀要一)
西川知雄「浄土教における「罪人」について―法然の場合―」(三重県立大学研究年報四)
鈴木恒俊「法然における「選択」の思想史的意義―日本的否定の論理に関する一考察―」(東海高校研究紀要二)
林　霊法「法然浄土教における女性の地位」(東海学園女子短期大学紀要六)
福井康順「平家物語の仏教思想―特に法然義について―」(佐々木博士古稀記念論集)

＊

河野憲善「鎌倉期浄土教の時間的展開」(哲学研究三四の一)
河野憲善「一遍教学の基礎的立場」(印度学仏教学研究三の一)
大橋俊雄「時宗教団の成立」(日本歴史一六七)
大橋俊雄「初期時衆教団の動向」(仏教史学一四の二)
石田善人「一遍の宗教について」(神戸大学教育学部研究集録三三)

日本思想大系 10
法然　一遍

1971 年 1 月25日　第 1 刷発行
1986 年10月15日　第11刷発行
1991 年 1 月 8 日　新装版第 1 刷発行
2017 年 2 月10日　オンデマンド版発行

校注者　大橋《おおはし》 俊雄《しゅんのう》

発行者　岡本 厚

発行所　株式会社 岩波書店
〒 101-8002 東京都千代田区一ツ橋 2-5-5
電話案内 03-5210-4000
http://www.iwanami.co.jp/

印刷／製本・法令印刷

ISBN 978-4-00-730572-6　　Printed in Japan